Vergaberecht bei Zuwendungen

Schriftenreihe des forum vergabe e.V.

Vergaberecht bei Zuwendungen

• Fehlervermeidung
• Rückforderung
• Rechtsschutz

herausgegeben von
Michael Pilarski

unter aktueller Mitarbeit von
Dr. Martin Jansen, Rechtsanwalt, Berlin
Dr. Thomas Jedlitschka, Rechtsanwalt, Berlin
Dr. Desiree Jung, Rechtsanwältin, Frechen
Julia Lipinsky, Rechtsanwältin, Berlin
Michael Pilarski, Rechtsanwalt, Nienburg
Dr. Melanie Plauth, Rechtsanwältin, Berlin

2., überarbeitete Auflage

Band 73

Reguvis

Herausgeber:

forum vergabe e. V.
Spichernstr. 15
10777 Berlin

Telefon (0 30) 23 60 80 60
Telefax (0 30) 23 60 80 621

www.forum-vergabe.de
E-Mail: info@forum-vergabe.de

Reguvis Fachmedien GmbH
Amsterdamer Str. 192
50735 Köln

www.reguvis.de
E-Mail: service@reguvis.de

ISBN (Print): 978-3-8462-1597-5
ISBN (E-Book): 978-3-8462-1614-9

Produktmanagement: Gabriele Heymann-Heß, Reguvis Fachmedien GmbH

Satz: Cicero Computer GmbH, Bonn

Druck und buchbinderische Verarbeitung: Appel & Klinger Druck und Medien GmbH, Schneckenlohe

Printed in Germany

Vorwort

Das öffentliche Vergaberecht ist für sich genommen bereits eine für den Praktiker wegen unterschiedlicher Regelungskompetenzen der jeweils zuständigen Kompetenzträger im Unterschwellenbereich einerseits und Oberschwellenbereich andererseits schwer durchschaubare und nicht zuletzt auch aufgrund der Überlagerung des EU-Rechts immer komplexer werdende Rechtsmaterie. Wenn Zuwendungsgeber sich das öffentliche Vergaberecht aber zum Instrumentarium in der Förderung machen, um die haushaltsrechtlich vorgesehene wirtschaftliche und sparsame Verwendung der öffentlichen Mittel nicht nur durch öffentliche, sondern sogar durch private Zuwendungsempfänger sicherzustellen, dann wird der Umgang für den Praktiker zusätzlich verkompliziert. Aus dem „allgemeinen" Vergaberecht wird auf diese Weise ein „besonderes" Vergaberecht, das sogenannte Zuwendungsvergaberecht. Es spiegelt die besondere Verknüpfung des Vergaberechts mit dem Zuwendungsrecht, also des öffentlichen Vergaberechts im Zuwendungsverhältnis wider. Die Folgen von Vergabeverstößen im Zuwendungsverhältnis, die der Zuwendungsgeber anordnet, wiegen für Zuwendungsempfänger regelmäßig ungleich schwerer als dies bei Prüfungen von Rechnungsprüfungsämtern, Rechnungshöfen oder Nachprüfungsinstanzen der Fall ist. Wo bei letzteren noch Beanstandungen, Rückversetzungen und Aufhebungen von Vergabeverfahren drohen, besteht im Zuwendungsverhältnis die Gefahr erheblicher Rückforderungen von Fördermitteln von Seiten des Zuwendungsgebers. Umso wichtiger sind fundierte Kenntnisse im Zuwendungsvergaberecht, um derartige Folgen von vornherein zu vermeiden.

Bereits die 1. Auflage dieses an der Chronologie des Förderverfahrens ausgerichteten Werks sollte dem Praktiker, der mit Fördergeldern und daher mit dem Zuwendungsvergaberecht in Berührung kommt, als Handreichung und Unterstützung im Tagesgeschäft dienen. Die Autorinnen und Autoren sind ausgewiesene Praktiker, sodass der Fokus auf der Darstellung ihrer praktischen Erfahrungen liegt, die mit einer Vielzahl von Praxistipps und Hinweisen ergänzt wird. Dabei soll der Leser davon profitieren, dass die Autorinnen und Autoren sowohl die Sichtweise des Zuwendungsgebers als auch die des Zuwendungsempfängers vereinen, die Problemfelder daher von beiden Seiten betrachten und diesbezüglich sensibilisieren. Im Rahmen dieser nunmehr 2. Auflage soll das Werk um weitere Inhalte ergänzt werden. So freut es mich, dass neben weiterer aktueller Rechtsprechung z.B. Aspekte wie die vergaberechtlichen Vorgaben im sozialrechtlichen Bereich sowie aus dem Bereich der Sportförderung und die daraus resultierenden Folgen Einzug ins Werk finden konnten.

Über meine E-Mail-Adresse info@kanzlei-pilarski.de wird Anregungen sowie Kritik gerne entgegengesehen.

Ich spreche insbesondere Herrn Prof. Dr. von Wietersheim vom forum vergabe e.V. sowie der Reguvis Fachmedien GmbH, insbesondere in Person von Frau Heymann-Heß, Dank für die Anregungen zum Thema und die Unterstützung sowie für die Möglichkeit aus, dieses Werk herausgeben zu dürfen. Darüber hinaus bedanke ich mich bei den Autorinnen und Autoren, die ihre interessanten und vielfältigen Praxiserfahrungen eingebracht haben, für die gute und stets konstruktive Zusammenarbeit. Zuletzt gilt der Dank der Investitions- und Förderbank

Niedersachsen – NBank, bei der ich die dem Werk zugrundeliegenden wertvollen praktischen Erfahrungen in den letzten Jahren sammeln durfte.

Hannover, Juni 2025

Michael Pilarski

Inhaltsübersicht

Autorinnen und Autoren

Dr. Martin Jansen

Dr. Martin Jansen ist Fachanwalt für Vergaberecht und Partner bei Kapellmann und Partner Rechtsanwälte mbB. Bereits seit über 15 Jahren berät er mittlerweile von Berlin aus bundesweit Auftraggeber und Unternehmen schwerpunktmäßig im Vergaberecht, daneben insbesondere im Bau- und Architektenrecht, wozu auch die gerichtliche Vertretung in Vergabenachprüfungsverfahren bzw. Zivilrechtsstreitigkeiten gehören. Ein besonderer Fokus von Herrn Dr. Jansen liegt dabei auf dem „Zuwendungsvergaberecht“: Hier übernimmt er nicht nur die präventive „Infrastrukturberatung“ geförderter Projekte/Institutionen, sondern gleichermaßen die Abwehr bzw. Durchsetzung von Rückforderungen des Zuwendungsgebers bis hin zu den Verwaltungsgerichten. Spiegelbildlich dazu berät und vertritt er Zuwendungsempfänger auch in zivilrechtlichen Regressfällen wegen förderschädlicher Vergabeberatung durch Dritte. Herr Dr. Jansen ist Mitautor verschiedener Kommentare und Autor diverser weiterer Fachpublikationen. Zudem ist er Lehrbeauftragter für Vergaberecht an der Akademie der Hochschule Biberach sowie regelmäßig als Dozent für diverse Bildungsträger und als Referent auf Fachveranstaltungen tätig.

Dr. Thomas Jedlitschka

Dr. Thomas Jedlitschka ist seit 2004 Rechtsanwalt in Berlin. Im Laufe der Vorbereitungen auf die Fußball-WM 2006 spezialisierte er sich auf die Rechtsfragen im Zusammenhang mit der Durchführung von Sportgroßveranstaltungen, die er seitdem zahlreich rechtlich beraten hat. Da die große Mehrzahl der Veranstaltungen mit Zuwendungsmitteln gefördert werden, zählen das Zuwendungsrecht und das Vergaberecht zu den Schwerpunkten seiner Tätigkeit. Zu seinen Mandanten gehören Sportverbände und Sportvereine als Zuwendungsempfänger und die öffentliche Verwaltung als Zuwendungsgeber. Dr. Jedlitschka ist Autor des Handbuchs Zuwendungsmanagement für Vereine und Verbände, das im Jahr 2021 vom Deutschen Olympischen Sportbund herausgegeben wurde. Für das Handbuch Fußballrecht, das 2024 in der 3. Auflage erschienen ist, hat er das Kapitel Vergaberecht und Ausschreibungen verfasst. Weitere sportrechtliche Themen wurden von ihm in Aufsätzen für juristische Fachzeitschriften aufbereitet. Infolge seiner Spezialisierung wurde er 2019 und erneut 2023 zum Vorsitzenden des Fachanwaltsausschusses Sportrecht der Rechtsanwaltskammer Berlin gewählt.

Dr. Desiree Jung

Dr. Desiree Jung ist Rechtsanwältin und Partnerin der Kanzlei Jung Rechtsanwälte Partnerschaft mbB mit Standorten in Frechen bei Köln und Frankfurt am Main. Die zum 1.1.2017 gegründete Kanzlei ist auf die Rechtsgebiete Architekten-, Bau-, Energie- und Vergaberecht spezialisiert. Frau Dr. Jung ist seit 2008 in der Beratung von Kommunen und kommunalen Unternehmen als Auftraggeber, aber auch von Privaten als Bieter tätig und ausgewiesene Expertin, die seit 2016 den Titel „Fachanwältin für Vergaberecht“ führt. Gemeinsam mit ihrem Team berät Frau Dr. Jung insbesondere Kommunen und kommunale Unternehmen bei der Beschaffung von Waren, Dienst- und Bauleistungen, die dem Vergaberecht unterfallen. Des Weiteren unterstützt die Kanzlei insbesondere Kommunen bei der Vergabe von Strom-, Gas- und Wasserkonzessionsverträgen. Darüber hinaus ist sie Gründungsmitglied und Mitglied des Vorstands von wom.e.n. – Women.Energy.Network e.V. sowie Autorin zahlreicher Veröffentlichungen und gefragte Referentin in den Bereichen des Vergabe- und Energierechts.

Julia Lipinsky, M.E.S.

Julia Lipinsky ist Rechtsanwältin und Senior Counsel der Kanzlei Becker Büttner Held PartGmbB am Standort Berlin. Seit über 17 Jahren berät sie Unternehmen, staatliche Behörden und Einrichtungen umfassend zu allen Fragen des Europäischen Beihilfenrechts (einschließlich der Betreuung von Notifizierungs- und Beschwerdeverfahren bei der EU-Kommission und der Prozessvertretung vor nationalen Gerichten und EuGH, EuG). Weitere Schwerpunkte ihrer Tätigkeit sind das Zuwendungsrecht, das nationale und europäische Förderrecht (EU-Strukturfonds, EU-Fonds und EU-Haushaltsrecht) sowie die Schnittstellen zum Vergaberecht. Frau Lipinsky publiziert regelmäßig in den genannten Rechtsgebieten und hält Vorträge im Rahmen von Lehr- und Vortragsveranstaltungen. Sie ist Co-Autorin des Beihilfenblogs (www.beihilfen-blog.eu).

Michael Pilarski

Der Herausgeber und Autor Michael Pilarski ist als Syndikus im Rechtsbereich der Investitions- und Förderbank des Landes Niedersachsen – NBank – in Hannover in den Bereichen Vergabe-, Zuwendungs-, Verwaltungsrecht tätig. Als Prüfer der Vergabeprüfstelle lag sein Schwerpunkt mehrere Jahre in den Bereichen Zuwendungs- und Vergaberecht. Er führte des Weiteren die nationalen und europaweiten Vergabeverfahren im Rahmen des Vergabe-, Vertrags- und Auslagerungsmanagements für die NBank durch. Nunmehr vertritt er die NBank in verwaltungsgerichtlichen Verfahren, insbesondere wegen Ablehnungen und Aufhebungen von Bewilligungen sowie Rückforderungen von Fördermitteln wegen Vergabe- und Zuwendungsfehlern. Darüber hinaus sitzt er der Vergabekammer Niedersachsen sowie der Vergabekammer des Bundes im Rahmen von Nachprüfungsverfahren bei. Zudem ist er als zugelassener Rechtsanwalt tätig, übernimmt Referententätigkeiten bzw. Schulungen und publiziert außerdem regelmäßig zu zuwendungs- und vergaberechtlichen Themenstellungen, insbesondere auch im eigenen Blog (www.zuwendungsvergaberecht.de).

Dr. Melanie Plauth

Dr. Melanie Plauth ist Rechtsanwältin und Partner Counsel bei Becker Büttner Held PartGmbB am Standort Berlin. Sie konzipiert und begleitet als Expertin für das Vergaberecht komplexe Vergabeverfahren in verschiedenen Bereichen (u.a. IT, Infrastrukturprojekte, Bau). Zudem vertritt sie öffentliche Auftraggeber und Unternehmen in Gerichts- und Nachprüfungsverfahren. Im Kontext des Vergaberechts berät sie auch regelmäßig zu Fragestellungen im Zusammenhang mit dem Förder- und Zuwendungsrecht. Dr. Melanie Plauth publiziert regelmäßig (u.a. Mitautorin in den von Malte Müller-Wrede herausgegebenen Kommentaren zum GWB und zur VgV//UVgO).

Einleitung

Wie bereits im Vorwort angesprochen handelt es sich beim (allgemeinen) Vergaberecht um eine schwer durchschaubare und immer komplexer werdende Rechtsmaterie. Wenn dann durch den Einsatz von Fördermitteln Verknüpfungen zum Zuwendungsrecht entstehen, stellt dieses (besondere) Zuwendungsvergaberecht sowohl den öffentlichen, aber erst recht den privaten Zuwendungsempfänger in der Praxis vor noch größere Herausforderungen. Die wichtigste Aufgabe ist es in diesem Fall, den Überblick über die Vielzahl der geltenden Regelungen und Vorschriften zu bewahren. Das vorliegende an der Chronologie des Förderverfahrens orientierte Werk soll dabei eine praxisnahe Unterstützung und bestmögliche Hilfestellung bieten. Ziel war es, eine möglichst große Vielzahl von praktischen Erfahrungen der Autorinnen und Autoren aus Sicht der Zuwendungsgeber einerseits und aus Sicht der Zuwendungsempfänger andererseits einfließen zu lassen.

Dennoch muss zwingend darauf hingewiesen werden, dass dieses Praxiswerk keinen Anspruch auf Vollständigkeit stellt.

Der Leser muss sich der Tatsache bewusst sein, dass das Zuwendungsvergaberecht nicht nur dem zeitlichen Wandel, sondern zudem, was bei der praktischen Anwendung sogar die größeren Schwierigkeiten bereitet, unterschiedlichen Rechtsetzungskompetenzen unterliegt. Die Kombination aus diesem zeitlichen Aspekt sowie unterschiedlichen Rechtsetzungskompetenzen führt dazu, dass der Rechtsanwender einem stetigen Wandel des Flickenteppichs des Zuwendungsvergaberechts hinterherläuft und versucht auf dem aktuellen Stand der Dinge zu bleiben.

So muss auf der einen Seite beachtet werden, dass nicht nur das (allgemeine) Vergaberecht, sondern auch das (besondere) Zuwendungsvergaberecht regelmäßigen Rechtsreformen und ständigen Anpassungen unterworfen ist.

Auf der anderen Seite ist zu berücksichtigen, dass bereits beim (allgemeinen) Vergaberecht zwar die Rechtsetzungskompetenz für das oberschwellige Vergaberecht als Wettbewerbsrecht beim Bund liegt, jedoch das unterschwellige Vergaberecht als Haushaltsrecht der Kompetenz der einzelnen Bundesländer unterfällt, sodass dieses neben dem Bund noch 16 zusätzliche Kompetenzträger hat. Zugespitzt betrachtet kommen die Kommunen mit ihrer grundrechtlich geschützten Selbstverwaltungsgarantie als weitere Kompetenzträger hinzu, die ihren Haushalt im Rahmen ihrer Finanzhoheit eigenständig verantworten und regeln können. Jeder dieser Kompetenzträger kann unter Umständen voneinander abweichende vergaberechtliche Vorgaben treffen und macht von dieser Möglichkeit auch zuweilen Gebrauch.

Neben diese (allgemeinen) Vergabebestimmungen der unterschiedlichen Kompetenzträger treten im (besonderen) Zuwendungsvergaberecht darüber hinaus die für die Förderung in jedem konkreten und individuellen Einzelfall anzuwendenden zuwendungsvergaberechtlichen Regelungen. Diese können sich zum einen nicht nur von Bund zu Bundesland sowie von Bundesland zu Bundesland unterscheiden, sondern zum anderen von Zuwendungsgeber zu Zuwendungsgeber sowie im Extremfall von Zuwendungsverhältnis zu Zuwendungsverhältnis. Denn maßgeblich ist, welche genauen Regelungen der konkrete individuelle Zuwendungsbescheid bzw. Zuwendungsvertrag für den Zuwendungsempfänger trifft.

Allein an der Situation während der Coronakrise hat sich gezeigt, wie das Vergaberecht sowie das Zuwendungsvergaberecht als steuernde Instrumente der Politik und Wirtschaft dem Wandel unterworfen sein können. Sowohl von der EU als auch vom Bund sowie von einzelnen Bundesländern sind Regelungen erlassen worden, die vereinfachte und beschleunigte Vergabeverfahren in diesen für die Wirtschaft sowie die Allgemeinheit sehr schwierigen Zeiten gewährleisten sollten.

Europaweite Verhandlungsvergaben und nationale freihändige Vergaben bzw. Verhandlungsvergaben sind laut der EU-Kommission unter erleichterten Voraussetzungen durchführbar gewesen. In Nordrhein-Westfalen ist die Anwendung der UVgO befristet vollständig ausgesetzt worden. In Rheinland-Pfalz ist die Direktvergabe unter vereinfachten Anforderungen bei Beschaffungen, die unmittelbar oder mittelbar zur Eindämmung der Corona-Pandemie beitragen, zulässig gewesen. In Niedersachsen sind aus diesem Anlass die Wertgrenzen für den Direktkauf wesentlich erhöht worden. Teilweise bestimmten die Bundesländer zugleich, dass diese Erleichterungen für Zuwendungsempfänger gelten, die das Vergaberecht aufgrund von Regelungen im Zuwendungsverhältnis anzuwenden hatten.

Alle Erleichterungen und Vereinfachungen erfolgten in diesem Fall zu dem Zweck, in der Coronakrise begründete Beschaffungen wie Schutzausrüstung, Medikamente, Desinfektionsmittel, Einmalhandschuhe, Masken, Schutzkittel, Verbandsmaterialien, Tupfer, Bauchtücher, Beatmungsgeräte und andere medizinische Geräte oder IT-Infrastruktur für die Einrichtung von Home-Office-Arbeitsplätzen sowie Beschaffungen von besonderer Dringlichkeit zu ermöglichen.

Aktuell ist das Vergabetransformationspaket bzw. der entsprechende Referentenentwurf in aller Munde. Trotz fortwährender Diskussionen unter Vergabeexperten und Praktikern steht nicht fest, ob, wann oder in welcher Form Änderungen bzw. Anpassungen des aktuellen Vergaberechts vorgenommen werden. Daran anknüpfend werden wiederum etwaige Änderungen über das Instrument des Vergaberechts im Zuwendungsverhältnis unweigerlich Einfluss auf das Zuwendungsvergaberecht nach sich ziehen.

Das sind nur einige Beispiele für den stetigen, auch von Politik und Wirtschaft abhängigen Wandel dieser Rechtsregime.

In diesem Sinne sollte sich der Praktiker dieser zeitlichen und komplexen Herausforderungen bewusst sein und damit gleichzeitig der Tatsache, dass das vorliegende Werk lediglich als eine Unterstützung in der Praxis dienen kann. Ungeachtet des Werks muss sich jeder Praktiker stets über die aktuelle Rechtslage auf dem Laufenden halten und sich durch Schulungen, Tagungen oder Workshops fortbilden, um Vergabefehler vermeiden und eine ordnungsgemäße und effiziente geförderte Beschaffungstätigkeit sicherzustellen zu können. Denn nur auf diese Weise gewährleistet insbesondere der Zuwendungsempfänger den Erhalt seiner Fördermittel und vermeidet bereits im Vorfeld Rückforderungen.

Vergaberecht im zeitlichen Verlauf der Förderung

Übersicht Seite

Die Schnittstellen zwischen dem Vergaberecht und dem Zuwendungsrecht, die es zu beachten gilt, sind vielfältig. Für einen Zuwendungsempfänger sollte sich daher bereits zu Beginn der Förderung die Frage stellen, an welchen Punkten er im zeitlichen Verlauf der Förderung mit dem Vergaberecht in Berührung kommt und welche Auswirkungen bzw. Konsequenzen hieraus für ihn folgen, um von Anfang an entsprechende Maßnahmen zwecks Fehlervermeidung zu ergreifen. Er muss sich verdeutlichen, dass der Zuwendungsgeber als eigenständige Prüfinstanz fungiert und eine rechtsverbindliche und endgültige Prüfung der ordnungsgemäßen Verwendung der Fördermittel erst im Verwendungsnachweis vornimmt. Bis zu diesem Zeitpunkt sind aber grundsätzlich bereits alle Ausgaben auf Seiten des Zuwendungsempfängers getätigt worden, was gleichzeitig bedeutet, dass die Vergabeverfahren für die vergaberelevanten Ausgaben bereits beendet worden sind. Der Zuwendungsgeber kann daher nicht mehr im Laufe der Vergabeverfahren vor dem Zuschlag korrigierend zu Gunsten des Zuwendungsempfängers eingreifen, sondern stellt nur prüfend Vergabeverstöße bei beendeten Vergabeverfahren im Nachhinein fest. An den im Zeitpunkt der abschließenden Prüfung bereits in der Vergangenheit liegenden Vergabeverstößen etwas zu korrigieren, wird der Zuwendungsempfänger in der Regel außer Stande sein. Aus diesem Grunde ist es wichtig, dass er sich im zeitlichen Verlauf der Förderung die „vergaberechtlichen Meilensteine" vergegenwärtigt, sich auf diese rechtlich einstellt und damit ein durchgehend vergabekonformes Verhalten sicherstellt, um im Ergebnis die ihm dem Grunde nach zustehenden Fördermittel nicht zu gefährden. Zu diesen Meilensteinen gehören üblicherweise die Förderberatung, der Förderantrag, der vorzeitige Maßnahmenbeginn, die Bewilligung, die Mittelabrufe bzw. Mittelanforderungen, der Zwischennachweis sowie der Verwendungsnachweis.

A. Förderberatung

Zu Beginn einer jeden Förderung steht grundsätzlich die Idee eines potenziellen Zuwendungsempfängers, dass ein von ihm geplantes Vorhaben unter Umständen staatlich gefördert, das heißt mit öffentlichen Mitteln unterstützt werden könnte. Die Förderlandschaft ist sehr vielfältig, die Anforderung an geförderte Vorhaben sehr komplex. Es existieren Fördermöglichkeiten aus unterschiedlichen öffentlichen Mitteln. Gefördert werden Vorhaben aus EU-, Bundes-, Landes- sowie kommunalen Mitteln. Die in den Haushalten zur Verfügung gestellten Mittel werden, bei EU-Mitteln zunächst entsprechend dem Nationalen strategischen Rahmenplan sowie den operationellen Programmen, unterschiedlichen Förderprogrammen sowie Förderrichtlinien zugeordnet, die wiederum unterschiedliche Förderbereiche und -zwecke verfolgen. Der potenzielle Zuwendungsempfänger muss sich zunächst grob orientieren, welche Förderprogramme und Förderrichtlinien für sein konkretes Vorhaben relevant sein könnten. Er benötigt daher Informationen bzw. eine Beratung dahingehend, ob sein Vorhaben in eines der laufenden Förderprogramme und Förderrichtlinien der jeweils aktuellen Förderperiode (aktuelle EU-Förderperiode 2021 – 2027) passen könnte.

In der Förderdatenbank des Bundesministeriums für Wirtschaft und Energie kann er beispielsweise nach Fördergebern, Fördergebiet, Förderberechtigten, Förderbereich sowie der Förderart die ersten Fördermöglichkeiten ausloten. Darüber hinaus kann er sich in der Regel an die zentrale Landesförderbank des jeweiligen Bundeslandes wenden. Zuweilen wird die Förderabwicklung für bestimmte Förderprogramme aber je nach Zuständigkeit und Aufgabenübertragung auch durch andere Zuwendungsgeber wie bspw. Sozialversicherungsträger, eine IHK oder eine Bezirksregierung durchgeführt. Diese halten regelmäßig einen Fachbereich für allgemeine Beratung vor, die den potenziellen Zuwendungsempfänger informiert, berät und bei der ersten Einordnung seines Vorhabens behilflich ist. An dieser Stelle wird er nach einer groben Vorauswahl an die Förderberater der konkreten, auf sein Vorhaben passenden Förderprogramme und Förderrichtlinien weitergeleitet bzw. weiterverwiesen.

Für jede konkrete Förderrichtlinie werden Förderberater eingesetzt, die den potenziellen Zuwendungsempfänger zu den Voraussetzungen der Förderung im Rahmen der Richtlinie beraten und ihn gegebenenfalls bei der Antragstellung unterstützen. Denn aus den einzelnen

Förderrichtlinien ergeben sich bereits die Anforderungen u.a. an den Förderzweck, die Antragsberechtigung, Förderausschlüsse, Zuwendungsart, Finanzierungsart- und -form, Höchstbeträge für Zuwendungen, Förderquoten sowie unter Umständen beihilferechtliche und vergaberechtliche Vorgaben. Die Berater klären potenzielle Zuwendungsempfänger über die Voraussetzungen für die Förderwürdigkeit ihres Vorhabens sowie die Förderfähigkeit der von ihnen geplanten Ausgaben innerhalb des vorzulegenden Finanzierungs- bzw. Wirtschaftsplans vor.

Praxistipp

▶ *Sobald die konkrete Förderrichtlinie feststeht, nach der das Vorhaben des Antragstellers gefördert werden soll, sollte er die Förderrichtlinie darauf überprüfen, ob sich hieraus unter Umständen schon unmittelbar eine Vergabepflicht ergibt.*

Zum Zeitpunkt der Förderberatung werden die potenziellen Zuwendungsempfänger erstmalig darauf hingewiesen, dass beim Tätigen von Ausgaben in dem zu bewilligenden Vorhaben zwingend das öffentliche Vergaberecht einzuhalten ist und sein wird, was durch den Zuwendungsgeber im Rahmen der Förderberater grundsätzlich dokumentiert wird. Insoweit wird dem Zuwendungsempfänger ein Berufen darauf, dass er keine Kenntnis von einer Vergabepflicht hatte und den Zuwendungsgeber an späteren Vergabeverstößen ein etwaiges Mitverschulden trifft, nicht erfolgreich möglich sein.

Praxistipp

▶ *Der potenzielle Zuwendungsempfänger sollte bei Unklarheiten und Unsicherheiten die Gelegenheit nutzen, um entsprechende Nachfragen bezüglich der Einhaltung des öffentlichen Vergaberechts beim Förderberater zu stellen und im Zweifel bereits erste Abstimmungen zu treffen.*

Der Förderberater ist jedoch grundsätzlich zum einen kein Vergaberechtler, der hierzu ausführlich beraten kann. Im Zweifel wird er den potenziellen Zuwendungsempfänger zwar an die Juristen bzw. Vergaberechtler des entsprechenden Fachbereichs beim Zuwendungsgeber, die über die notwendige Expertise verfügen, verweisen. Zum anderen können bei einer umfangreichen vergabe- und zuwendungsrechtlichen Beratung durch den Zuwendungsgeber im Einzelfall die Grenzen zur unzulässigen Rechtsdienstleistung im Sinne des RDG überschritten sein. Unabhängig davon würde ein Zuwendungsgeber bei regelmäßiger ausführlicher vergaberechtlicher Beratung der Zuwendungsempfänger an die Grenzen seiner Kapazitäten und Ressourcen stoßen. Aus diesem Grunde wird der potenzielle Zuwendungsempfänger regelmäßig keine ausführliche und umfangreiche Rechtsberatung vom Zuwendungsgeber in Form eines „Freischeins" bzw. eine „Blaupause" erwarten können.

Praxistipp

▶ *Sollte der potenzielle Zuwendungsempfänger trotz Förderberatung noch ungeklärte bzw. unbeantwortete vergabe- und zuwendungsrechtliche Fragestellungen haben, so sollte er trotz zusätzlich entstehender Kosten zwingend externen Rechtsrat einholen, da eine umfangreiche Beratung durch Zuwendungsgeber regelmäßig nicht möglich und bei der Vielzahl der potenziellen Zuwendungsempfänger nicht leistbar ist.*

Der Einwand, externer Rechtsrat verursache nicht unerhebliche Kosten, ist zwar nachvollziehbar. Jedoch muss sich der potenzielle Zuwendungsempfänger stets vor Augen halten, welches insbesondere finanzielle Risiko droht, wenn er eine Förderung ohne ausreichende vergabe- und zuwendungsrechtliche Kenntnisse bestreiten würde. Im denkbar schlechtesten Fall besteht die Gefahr eines vollständigen Verlustes der bewilligten Fördermittel, mit denen er schon gerechnet hat und deren Rückzahlung ihn unter Umständen sogar in eine Insolvenz treiben könnte, wenn er sie nicht anderweitig kompensiert. Dies kann vor allem private Zuwendungsempfänger ruinös treffen. In einigen Förderrichtlinien sollten sich potenzielle Zuwendungsempfänger zudem informieren, weil unter Umständen die Möglichkeit besteht, dass derartige Rechtsberatungskosten im Sinne der Förderrichtlinie förderfähig und damit über das geförderte Vorhaben abrechnungsfähig sein können. In diesem Fall reduziert sich aufgrund des Expertenrats nicht nur die Gefahr von Vergabeverstößen samt finanziellem Risiko, sondern aufgrund der Förderfähigkeit der Rechtsberatungskosten auch der Kostenaspekt selbst.

Im Ergebnis endet die Förderberatung optimalerweise damit, dass die Fragen des Zuwendungs- und Vergaberechts, insbesondere der Förderwürdigkeit, Förderfähigkeit sowie der Vergabepflicht geklärt sind und der potenzielle Zuwendungsempfänger mit Unterstützung des Förderberaters den Förderantrag beim Zuwendungsgeber einreichen kann und so endgültig zum Antragsteller wird.

B. Förderantrag

Rechtsförmlich beginnt das Förderverfahren spätestens mit der Antragstellung durch den potenziellen Zuwendungsempfänger. Bei manchen Zuwendungsgebern werden die Förderanträge immer noch schriftlich, das heißt, mit eigenhändiger Unterschrift des Antragstellers versehen, eingereicht. Bei anderen ist die Digitalisierung weiter vorangeschritten, sodass Anträge digital bzw. online über eigens hierfür eingerichtete Portale eingereicht werden können. Als Beispiel können hier Kundeportale einiger Landesförderbanken oder das Bundesportal im Rahmen der Coronahilfsprogramme genannt werden.

Die für den Förderantrag vorgesehenen Formulare bzw. einzureichenden Dokumente sind seitens des Antragstellers genau zu prüfen.

Praxistipp

▶ *Mit Antragstellung bestätigt der Antragsteller abhängig von der konkreten Förderrichtlinie, dass er zum einen noch nicht vorzeitig mit der Maßnahme begonnen hat und bis zum Zugang des Bewilligungsbescheids bzw. der Genehmigung des vorzeitigen Vorhabenbeginns auch nicht beginnen wird sowie zum anderen, dass er darauf hingewiesen wurde und zur Kenntnis genommen hat, dass er beim Tätigen von Ausgaben das öffentliche Vergaberecht einzuhalten hat.*

Spätestens ab diesem Zeitpunkt kann sich der Antragsteller nicht mehr darauf berufen, wie es in der Förderpraxis nicht selten der Fall ist, nichts von der Vergabepflicht oder dem Verbot des vorzeitigen Maßnahmebeginns gewusst zu haben, weil er vermeintlich nicht darauf hingewiesen worden sei. Falsche Angaben des Antragstellers an dieser Stelle und in diesem Zeitpunkt können zu einer späteren (Voll-)Rücknahme des Bewilligungsbescheids führen und können schlimmstenfalls zu einem Strafverfahren wegen Subventionsbetrugs führen, soweit subventionserhebliche Tatsachen betroffen sind, da insbesondere Landesförderbanken grundsätzlich sogar eine Anzeigepflicht nach dem SubvG trifft.

C. Vorzeitiger Maßnahmebeginn und Vergabeverfahren

Ein wichtiger und höchst praxisrelevanter Grundsatz in der Förderung ist das Verbot des vorzeitigen Maßnahmebeginns. Unabhängig davon, dass dieser Grundsatz auf EU-rechtlicher Ebene für die Förderung mit EU-Mitteln sowie für EU-Beihilfen vereinzelt speziell geregelt sein kann, was dann zu einem Anwendungsvorrang führen kann, ist dieses Verbot sowohl in der BHO als auch in den LHOs der Bundesländer in fast identischer Form ausdrücklich in Ziffer 1.3 der Verwaltungsvorschriften zu § 44 BHO, LHO geregelt. Er besagt:

> „Zuwendungen zur Projektförderung dürfen nur für solche Vorhaben bewilligt werden, die noch nicht begonnen haben. Die Bewilligungsbehörde kann im Einzelfall Ausnahmen zulassen. Als Vorhabenbeginn ist grundsätzlich der Abschluss eines der Ausführung zuzurechnenden Lieferungs- oder Leistungsvertrags zu werten. Bei Baumaßnahmen gelten Planung, Bodenuntersuchung und Grunderwerb nicht als Beginn des Vorhabens, es sei denn sie sind alleiniger Zweck der Zuwendung."

An dieser Stelle stellt sich der potenzielle Zuwendungsempfänger zunächst zu Recht die Frage, was dieser Grundsatz des Zuwendungsrechts mit dem Vergaberecht zu tun hat. Dass die Regelung zum Verbot des vorzeitigen Maßnahmebeginns einen vorzeitigen Vertragsschluss verhindern soll, ergibt sich bereits aus ihrem oben zitierten Wortlaut. Um sich nun die Schnittstelle zum Vergaberecht klarzumachen, muss sich der Zuwendungsempfänger vergegenwärtigen, dass das auf einen Vertragsschluss gerichtete Vergabeverfahren durch einen Zuschlag beendet wird. Der Zuschlag ist bei vergabekonformem Verhalten die Annahme des wirtschaftlichsten Angebots eines Bieters. Das heißt, im Zeitpunkt des Zugangs des Zuschlagsschreibens beim Bieter wird der Vertrag zwischen dem Zuwendungsempfänger und dem Bieter geschlossen. Genau dieser Vertragsschluss kann unter Umständen einen Verstoß gegen das Verbot des vorzeitigen Maßnahmebeginns bedeuten. Aus diesem Grunde ist in der Förderpraxis die Berücksichtigung des besonderen Zusammenspiels von Zuwendungsrecht (vorzeitiger Maßnahmebeginn) einerseits und Vergaberecht (Durchführung und Beendigung des Vergabeverfahrens durch Zuschlag) andererseits stets zu beachten.

Dass die genannte Regelung zum vorzeitigen Maßnahmebeginn in den Verwaltungsvorschriften der einzelnen Bundesländer, die grundsätzlich im Innenverhältnis die Bewilligungsbehörden rechtlichen binden, auch Außenwirkung gegenüber dem Antragsteller aufgrund ihrer ständigen Anwendung durch die Zuwendungsgeber/Bewilligungsbehörde in der Verwaltungspraxis über den Gleichheitsgrundsatz nach Art. 3 Absatz 1 GG in Verbindung mit der

Selbstbindung der Verwaltung entfalten, ist in der Rechtsprechung schon lange anerkannt.[1], sodass auf die Auswirkungen des vorzeitigen Maßnahmebeginns für den Antragsteller zwingend eingegangen werden muss.

I. Grundsatz: „Zuwendungen zur Projektförderung dürfen nur für solche Vorhaben bewilligt werden, die noch nicht begonnen haben"

Aus dem ersten Satz der Regelung kann zunächst abgeleitet werden, dass grundsätzlich erst die Bewilligung des Projektes in Form des Zugangs des Bewilligungsbescheids beim Zuwendungsempfänger zum Beginn des Vorhabens berechtigt.

Der Sinn und Zweck des Verbots des vorzeitigen Maßnahmebeginns liegt zum einen darin, den Zuwendungsempfänger vor finanziellen Nachteilen zu schützen. Durch diesen Grundsatz wird er folglich zunächst davor bewahrt, dass er durch die Ablehnung seines Förderbescheids bei bereits vorzeitig begonnener Maßnahme in finanzielle Schwierigkeiten gerät.[2]

Zum anderen soll der Grundsatz die Entscheidungsfreiheit und Steuerungsmöglichkeit der Bewilligungsbehörde hinsichtlich der Verwendung der Fördermittel gewährleisten sowie unnötige Bewilligungen vermeiden.[3] Bei der Entscheidung darüber, ob dem Antragsteller Fördermittel zugesprochen werden, soll die Bewilligungsbehörde nicht beeinflusst und nicht vor vollendete, nicht mehr rückgängig zu machende Tatsachen gestellt werden.

Darüber hinaus soll das Verbot des vorzeitigen Maßnahmebeginns die wirtschaftliche und sparsame Verwendung der öffentlichen Mittel sicherstellen.[4] Durch die Verwendung und Zuwendung öffentlicher Mittel sollen unmittelbar oder zumindest mittelbar öffentliche Aufgaben erfüllt oder im öffentlichen Interesse liegende Ziele gefördert werden. Die Antragsteller sollen durch die Zuwendung einen Anreiz erhalten, neben ihren eigenen privaten Investitionen im Allgemeininteresse liegende Aufgaben für den Staat zu erfüllen. Die Förderung soll die Schaffung staatlicherseits erwünschter Projekte ermöglichen.[5] Bereits § 23 BHO, LHO besagt, dass staatliche Zuwendungen nur dann gewährt werden, wenn ein erhebliches Interesse an der Zweckerfüllung besteht, welches ohne die Zuwendung nicht oder nicht im notwendigen Umfang befriedigt werden kann. Dies wird als fördermittelrechtliches Subsidiaritätsprinzip bezeichnet.[6] Dieser Anreiz ist grundsätzlich nicht vorhanden, wenn der Antragsteller die Finanzierung und Ausführung des Vorhabens ohne staatliche Unterstützung gewährleisten kann. Dies wird vermutet, wenn er ohne verbindliche Zusage der Fördermittel per Bewilligungsbescheid mit dem Vorhaben beginnt. Ein potenzieller Zuwendungsempfänger, der ohne Förderbescheid und ohne Genehmigung des vorzeitigen Maßnahmebeginns

1 BVerwG, Urteil vom 8.4.1997, Az. 3 C 6.95; OVG Lüneburg, Beschluss vom 23.1.2014, Az. 8 LA 144/13.
2 OVG Lüneburg, Urteil vom 19.5.2015, Az. 8 LB 92/14; OVG Lüneburg, Beschluss vom 23.1.2014, Az. 8 LA 144/13.
3 BayVGH, Beschluss vom 12.9.2000, Az. ZB 973544; VG München, Urteil vom 12.11.2015, Az. M 15 K 13.657.
4 OVG Nordrhein-Westfalen, Urteil vom 3.9.2002, Az. 15 A 2777/00; *Häberer*, NVwZ 17/2019, Vorzeitiger Maßnahmebeginn – Nichts geht mehr?, S. 1231 ff.
5 VG München, Urteil vom 12.11.2015, Az. M 15 K 13.657.
6 Häberer, NVwZ 17/2019, Vorzeitiger Maßnahmebeginn – Nichts geht mehr?, S.1231 ff.

mit der Realisierung eines Projekts beginnt, gibt zu erkennen, dass er das Projekt auf jeden Fall und ungeachtet einer möglichen staatlichen Förderung realisieren will und kann.[7]

1. Vorzeitiger Maßnahmebeginn bei Projektförderung

Grundsätzlich berechtigt das Stellen des Förderantrags daher noch nicht dazu, mit dem Vorhaben, das gefördert werden soll, förderunschädlich zu beginnen. Ausnahmsweise regeln jedoch die konkreten Förderrichtlinie, dass mit dem Einreichen des Förderantrags bereits vorzeitig, das heißt vor Zugang des Bewilligungsbescheids beim Antragsteller und ohne eine Ausnahmegenehmigung zum vorzeitigen Maßnahmebeginn mit dem Vorhaben begonnen werden darf.

Praxistipp

▶ *Der Antragsteller sollte die für ihn geltende konkrete Förderrichtlinie darauf überprüfen, ob diese bereits die Regelung enthält, dass mit Antragstellung und ohne Ausnahmegenehmigung zum vorzeitigen Maßnahmebeginn förderunschädlich mit der Maßnahme begonnen werden darf.*

2. Vorzeitiger Maßnahmebeginn bei institutioneller Förderung und Zuweisungen

Zu beachten ist darüber hinaus, dass die Vorschrift von „Zuwendungen zur **Projektförderung**“ spricht. Die Zuwendungsart der institutionellen Förderung ist vom Wortlaut nicht erfasst. Das heißt, ein vorzeitiger Maßnahmebeginn im Sinne der Ziffer 1.3 VV zu § 44 BHO, LHO kann bei der institutionellen Förderung nicht erfolgen.[8] Das macht auch Sinn, da eine Projektförderung im Gegensatz zur institutionellen Förderung ein insbesondere durch den Bewilligungs- bzw. Durchführungszeitraum und die Projektbeschreibung klar abgrenzbares Vorhaben zum Gegenstand hat. In der Folge kann ein vorzeitiger Maßnahmebeginn regelmäßig klar festgestellt werden. Obwohl bei der institutionellen Förderung kein rechtlicher Anspruch auf eine Folgeförderung besteht, so handelt es sich doch faktisch um eine fortlaufende Förderung einer gesamten Einrichtung bzw. eines gesamten Instituts als solches. Bei dieser institutionellen Förderung ist die Feststellung einer solchen „Vorzeitigkeit“ insoweit praktisch regelmäßig kaum möglich und würde leerlaufen.

Außerdem ist bezüglich der Begrifflichkeiten der von Ziffer 1.3 VV zu § 44 BHO, LHO umfassten Zuwendungen zu differenzieren. Zuwendungen sind Leistungen an Stellen außerhalb der Landesverwaltung zur Erfüllung bestimmter Zwecke. Dazu gehören zweckgebundene Zuschüsse, Zuweisungen, Schuldendiensthilfen und andere nicht rückzahlbare Leistungen sowie zweckgebundene Darlehen und andere bedingt oder unbedingt rückzahlbare Leistungen.

7 BayVGH, Beschluss vom 12.9.2000, Az. ZB 973544; VG München, Urteil vom 12.11.2015, Az. M 15 K 13.657.

8 *Müller/Richter/Ziekow*, Handbuch Zuwendungsrecht, 1. Auflage, 2017, Teil B, Rn. 109; *Häberer*, NVwZ 17/2019, Vorzeitiger Maßnahmebeginn – Nichts geht mehr?, S.1231 ff.

Keine Zuwendungen sind insbesondere

- Sachleistungen,
- Leistungen, auf die der Empfänger einen dem Grund und der Höhe nach unmittelbar durch Rechtsvorschriften begründeten Anspruch hat,
- Ersatz von Aufwendungen
- Entgelte aufgrund von Verträgen, die den Preisvorschriften für öffentliche Aufträge unterliegen,
- satzungsmäßige Mitgliedsbeiträge einschließlich Pflichtumlagen.

Unstreitig ist, dass Stellen, die zur unmittelbaren Bundesverwaltung, also zur Rechtsperson der Bundesrepublik Deutschland bzw. zur unmittelbaren Landesverwaltung, also direkt zum Bundesland gehören, ohne eine eigene Rechtspersönlichkeit zu besitzen, keine Stellen außerhalb der Bundes- bzw. Landesverwaltung sind, die unter den Begriff der Zuwendungen im Sinne der Ziffer 1.3 der VV BHO, LHO fallen.[9]

Schwierigkeiten bereitet der Begriff der „Zuweisungen", der in der haushaltsrechtlichen Terminologie und in der Haushaltspraxis mit unterschiedlicher Bedeutung verwendet wird, und zwar,

- als Gegenbegriff zu Zuschuss,
- als Übertragung der Bewirtschaftung bzw. Verteilung von Haushaltsmitteln.

Die Terminologie und Gliederung des Gruppierungsplans geht bei der Unterscheidung der beiden staatlichen Leistungen „Zuschuss" und „Zuweisung" im Sinne der Ziffer 1.3 VV zu §§ 23, 44 BHO, LHO vom Zahlungsverkehr aus. Nach Nr. 3.1 der Allgemeinen Vorschriften zum Gruppierungsplan sind „Zuweisungen" „einmalige oder laufende Geldleistungen innerhalb des öffentlichen Bereichs". „Zuschüsse" demgegenüber sind „Geldleistungen zwischen dem öffentlichen Bereich und den sonstigen Bereichen". Zu den sonstigen Bereichen gehören juristische oder natürliche Personen einschließlich privater und öffentlicher Unternehmen und Einrichtungen, denen Geldleistungen aus staatlichen Haushalten zufließen.

Daher kann aus der Bezeichnung „Zuschuss" oder „Zuweisung" nichts über den Rechtsgrund gefolgert werden, insbesondere sagt die Unterscheidung nichts darüber aus, ob es sich dabei auch um eine „Zuwendung" im Sinne von §§ 23, 44 BHO, LHO handelt. Eine Zuweisung oder ein Zuschuss ist nur dann eine Zuwendung, wenn die Geldleistung zweckgebunden ist, wenn sie an Stellen außerhalb der Bundes- bzw. Landesverwaltung bewilligt und außerdem nicht unter die Negativabgrenzung fällt.[10]

Daher können an Stellen innerhalb der unmittelbaren Bundes- bzw. Landesverwaltung weder Zuschüsse noch Zuweisungen in diesem Sinne und damit auch keine Zuwendungen bewilligt werden.

Da die Ziffer 1.3 VV BHO, LHO jedoch besagt, dass *„Zuwendungen zur Projektförderung nur für solche Vorhaben bewilligt werden dürfen, die noch nicht begonnen haben"*, und die Zuwei-

9 *Krämer/Schmidt*, Zuwendungsrecht, November 2019, TEIL B III 3.3.2.2, Rn. 30.
10 *Krämer/Schmidt*, Zuwendungsrecht, November 2019, TEIL B IV 1.1.3, Rn. 10.

sung an die bundes- bzw. landesunmittelbare Verwaltung keine Zuwendung ist, kann hier auch kein Verstoß gegen das Verbot des vorzeitigen Maßnahmebeginns vorliegen.

Das bedeutet bspw.: Wenn die bundes- oder landesunmittelbare Verwaltung innerhalb ihres eigenen Verwaltungsbereichs Stellen ohne eigene Rechtspersönlichkeit „staatlich und damit öffentlich finanziert unterstützt", dann liegt eine Zuweisung im Sinne der Bewirtschaftungsübertragung bzw. Verteilung von Haushaltsmitteln, nicht jedoch eine Zuweisung im Sinne der Zuwendung nach §§ 23, 44 BHO, LHO vor. Ein Verstoß gegen das Verbot des vorzeitigen Maßnahmebeginns ist nicht möglich.

Wenn aber die bundes- oder landesunmittelbare Verwaltung eine juristische Person des privaten Rechts „staatlich unterstützt", selbst wenn der Bund oder das Land zu 100% an diesen beteiligt ist, dann liegt in der Regel eine Zuwendung, je nach Struktur und Organisation der unterstützten Rechtspersönlichkeit in Form eines Zuschusses oder eine Zuweisung, vor, bei der ein Verstoß gegen den vorzeitigen Maßnahmebeginn möglich ist.[11]

Praxistipp

Zuwendungsempfänger sollten prüfen, ob sie Zuwendungen im Rahmen der institutionellen Förderung oder in Form einer Zuweisung als Bewirtschaftungsübertragung bzw. einer Verteilung von Haushaltsmitteln innerhalb des öffentlichen Bereichs erhalten. In diesem Fall können sie durch den Abschluss des Vergabeverfahrens in Form des Zuschlags keinen vorzeitigen Maßnahmebeginn begehen, der sie die Fördermittel kostet.

II. Ausnahme: „Die Bewilligungsbehörde kann im Einzelfall Ausnahmen zulassen"

Wenn dem Antragsteller der Bewilligungsbescheid noch nicht zugegangen ist und die Förderrichtlinie auch nicht vorsieht, dass mit dem Stellen des Antrags mit dem Vorhaben begonnen werden darf, dann regeln die VV zu den Haushaltsordnungen, dass die Bewilligungsbehörde im Einzelfall Ausnahmen vom Grundsatz des Verbots des vorzeitigen Maßnahmebeginns zulassen kann. Diese kennen potenzielle Zuwendungsempfänger als sogenannte „(Ausnahme-)Genehmigung zum VzM".

Sollte der Bewilligungsbescheid noch nicht zugegangen sein, dann ist eine Ausnahmegenehmigung zwingend erforderlich, um mit der Maßnahme förderunschädlich beginnen zu dürfen. Es würde das System der staatlichen Förderung von Vorhaben sprengen, wenn der Zuwendungsgeber sich nicht auf das Erfordernis der Genehmigung des vorzeitigen Maßnahmebeginns von Vorhaben berufen könnte. Das gilt auch dann, wenn sich die Genehmigung des vorzeitigen Maßnahmebeginns in den Augen des Maßnahmeträgers nur noch als Formalie darstellt, weil die fachlichen Fragen geklärt sind.[12] Sobald ihm diese Genehmigung zugeht, kann der potenzielle Zuwendungsempfänger, obwohl ein Bewilligungsbescheid noch nicht zugegangen ist, mit dem Vorhaben förderunschädlich beginnen.

11 *Krämer/Schmidt*, Zuwendungsrecht, November 2019, TEIL B IV 1.1.5, Rn. 23.
12 VG München, Urteil vom 12.11.2015, Az. M 15 K 13.657.

1. Regelungen auf Bundes- und Landesebene

Die BHO regelt in Ziffer 1.3 VV zu § 44 BHO, dass die Bewilligungsbehörde allein und das zuständige Ministerium für einzelne Förderbereiche im Einvernehmen mit dem Ministerium für Finanzen Ausnahmen vom Verbot zulassen kann.

Gemäß Ziffer 1.3.3 VV zu § 44 BayHO darf die Bewilligungsbehörde im Einzelfall allein und das zuständige bayerische Staatsministerium für einzelne Förderbereiche im Einvernehmen mit dem für Finanzen zuständigen bayerischen Staatsministerium Ausnahmen vom Verbot zustimmen (vorherige Zustimmung = Einwilligung).

Gemäß Ziffer 1.4 AV-LHO Berlin zu § 44 LHO Berlin kann die Bewilligungsbehörde im Einzelfall allein und für einzelne Zuwendungsbereiche im Einvernehmen mit der Senatsverwaltung für Finanzen Ausnahmen vom Verbot des vorzeitigen Maßnahmebeginns zulassen. Dies gilt nicht für bereits abgeschlossene Maßnahmen.

Ziffer 1.3 VV zu § 44 LHO Hessen regelt, dass das zuständige Ministerium im Einzelfall allein und für einzelne Zuwendungsbereiche im Einvernehmen mit dem Ministerium für Finanzen Ausnahmen vom Verbot zulassen kann und spricht von einer Genehmigung.

In Sachsen darf das zuständige sächsische Staatsministerium bzw. eine sächsische Bewilligungsbehörde nach Nr. 1.3.3 VV zu § 44 LHO Sachsen die Zustimmung zum vorzeitigen Maßnahmebeginn nur erteilen, wenn – zumindest überschlägig – die Finanzierung des Vorhabens einschließlich etwaiger Kosten der Vorfinanzierung und der Folgekosten hinreichend gesichert erscheint und die Maßnahme sachlich geprüft ist. Auch die sächsischen Fördermittelbestimmungen sprechen insoweit von einer Genehmigung, die nur erteilt werden darf, wenn sie spätestens zum Zeitpunkt der Entscheidung über die Bewilligung der Zuwendung beantragt worden ist.

In den Landeskrankenhausgesetzen sind zur Zustimmung zum vorzeitigen Maßnahmebeginn teilweise differenzierte Regelungen enthalten.[13]

Den übrigen Bundesländern lassen sich bezüglich der Ausnahmegenehmigung vom Verbot des vorzeitigen Maßnahmebeginns keine weiterführenden Anhaltspunkte entnehmen, als dass Ausnahmen zugelassen werden dürfen.

2. Inhalt der Ausnahmegenehmigung

In dieser Genehmigung zum vorzeitigen Maßnahmebeginn ist grundsätzlich bereits geregelt, dass den potenziellen Zuwendungsempfänger die Pflicht trifft, das öffentliche Vergaberecht einzuhalten. Sie regelt, dass er förderunschädlich mit dem Vorhaben beginnen kann, dass er jedoch keinen Anspruch auf die spätere Bewilligung hat, sondern das Vorhaben auf eigenes Risiko beginnt.

Zwar handelt es sich bei der Frage der Rechtsnatur dieser Ausnahmegenehmigung vom Verbot des vorzeitigen Maßnahmebeginns oftmals nicht um eine in der Praxis relevante Frage, jedoch kann sie sich bei einer Ablehnung des Antrags auf vorzeitigen Maßnahmebeginn und einen entsprechenden Rechtsschutz gegen diese Ablehnung stellen. Nicht unumstritten ist

13 *Häberer*, NVwZ 17/2019, Vorzeitiger Maßnahmebeginn – Nichts geht mehr?, S.1231 ff.

die Rechtsnatur der Ausnahmegenehmigung zum vorzeitigen Maßnahmebeginn. Es wird vertreten, dass die Ausnahmegenehmigung lediglich eine Art formlose Mitteilung ist. Nach Ansicht des Verfassers stellt die Ausnahmegenehmigung abhängig von der Art ihrer Gestaltung aber in der Regel einen Verwaltungsakt nach § 35 VwVfG dar. Denn es wird insbesondere rechtlich geregelt, dass der potenzielle Zuwendungsempfänger förderunschädlich mit einem Vorhaben beginnen darf, dessen Beginn ohne Genehmigung zu einer Ablehnung oder Rücknahme des Bewilligungsbescheids geführt hätte. Diese Rechtsfolge wird durch die Ausnahmegenehmigung verhindert. Da durch die Ausnahmegenehmigung die Wirkungen, die ein vorzeitiger Maßnahmebeginn hätte, nämlich die Förderschädlichkeit verbunden mit einem Ablehnungs- bzw. Rücknahmebescheid, rechtlich „ausgehebelt" werden, dürfte es sich um einen Verwaltungsakt handeln. Dieser dürfte bei Statthaftigkeit in einem Widerspruchsverfahren, aber zumindest in einem Klageverfahren angegriffen werden können. Denn immerhin darf mit Zugang der Ausnahmegenehmigung zum vorzeitigen Maßnahmebeginn der Zuwendungsempfänger das, was er ohne die Ausnahmegenehmigung nicht dürfte: vorzeitig vor Zugang des Bewilligungsbescheids mit der Maßnahme zu beginnen.

Praxistipp

Der Antragsteller sollte die Genehmigung zum Verbot des vorzeitigen Maßnahmebeginns auf die Pflicht zur Einhaltung des öffentlichen Vergaberechts prüfen, da auch ohne wirksam bekanntzugebende Vergabeauflage im erst zu erlassenden Bewilligungsbescheid auch im Zeitpunkt der Ausnahmegenehmigung Verträge aufgrund separater Regelung vergabekonform zu vergeben sein können, um Rückforderungen von Fördermitteln später nicht zu riskieren.

3. Zeitliche Wirkung der Ausnahmegenehmigung

Umstritten ist nach wie vor, welche zeitliche Wirkung die Ausnahmegenehmigung vom Verbot des vorzeitigen Maßnahmebeginns hat.

In der Literatur wird zum einen die Ansicht vertreten, dass die Ausnahmegenehmigung zum vorzeitigen Maßnahmebeginn nur diejenigen vorzeitigen Maßnahmen umfassen könne, die zeitlich zwischen dem Stellen des Förderantrags und dessen Bewilligung begonnen wurden. Anderenfalls würden der Sinn und Zweck des Verbots leerlaufen und das Verbot umgangen.[14]

Entsprechend einem anderen Teil der Literatur komme eine nachträgliche Ausnahme auch dann in Betracht, wenn der Antragsteller vor Stellung des Förderantrags mit dem Vorhaben begonnen habe. Weil mit der Projektförderung jedoch nur Vorhaben gefördert würden, die ohne staatliche Förderung nicht realisiert werden könnten, sei dies nur in sehr eng begrenztem Umfang möglich, so beispielsweise, wenn das Vorhaben vor Stellung des Förderantrags nur in seinem sehr begrenzten Umfang begonnen worden sei.[15]

14 *Krämer/Schmidt*, Zuwendungsrecht, November 2019, TEIL D II 4.3.1.2, Rn. 70; *Müller/Richter/Ziekow*, Handbuch Zuwendungsrecht, September 2017, Teil B, Rn. 116; *Häberer*, NVwZ 17/2019, Vorzeitiger Maßnahmebeginn – Nichts geht mehr?, S.1231 ff.

15 *Häberer*, NVwZ 17/2019, Vorzeitiger Maßnahmebeginn – Nichts geht mehr?, S.1231 ff.; *Dittrich*, Bundeshaushaltsordnung, August 2019, § 44, Rn. 16.12.

Zum anderen wird insbesondere auch in der Rechtsprechung die Ansicht vertreten, dass der erst genannten Meinung nur eingeschränkt gefolgt werden könne. Eine Zustimmung zum vorzeitigen Maßnahmebeginn könne vor Beginn als Einwilligung (§ 183 BGB) sowie nachträglich als Genehmigung (§ 184 BGB) erteilt werden.[16] Daher könne eine nachträgliche Zustimmung im Grundsatz auch noch in der Verwendungsnachweisprüfung erteilt werden.[17] Die sei aber nur unter engen Voraussetzungen möglich, da anderenfalls das Verbot des vorzeitigen Maßnahmebeginns ausgehöhlt werde. Die Fördermittelbedingungen dürften eine nachträgliche Zustimmung nicht ausdrücklich verwehren, der Antragsteller müsse die Notwendigkeit des vorzeitigen Maßnahmebeginns sachlich begründen und die Bewilligungsbehörde hätte auch bei entsprechender Antragsstellung vor Beginn der Maßnahme aus objektiven Gründen zustimmen können und es unter Zugrundelegung ihres diesbezüglichen Ermessensspielraums und ihrer bisherigen Verwaltungspraxis auch getan.[18]

Nach Ansicht des Verfassers kann der Rechtsprechung aufgrund des Sinns und Zwecks des Verbots des vorzeitigen Maßnahmebeginns nicht gefolgt werden. Die Ansicht des Teils der Literatur, der zwischen vorheriger und nachträglicher Zustimmung zum vorzeitigen Maßnahmebeginn unterscheidet, ist zu formalistisch. Ausschlaggebend für den Grundsatz des Verbots des vorzeitigen Maßnahmebeginns ist insbesondere der Gedanke, dass der Antragsteller erst durch die Zuwendung einen Anreiz erhält, neben seinen eigenen privaten Investitionen im Allgemeininteresse liegende Aufgaben für den Staat zu erfüllen. Soweit er ohne Bewilligung oder Ausnahmegenehmigung mit der Maßnahme beginnt, gibt er zu erkennen, dass er unabhängig von der Förderung die finanziellen Mittel zur realisieren gehabt hätte und die Förderung damit keinen Anreiz für ihn geboten hat. Für den Fall, dass der potenzielle Zuwendungsempfänger die Maßnahme beginnt und erst im Nachhinein eine ausnahmsweise Zustimmung zum vorzeitigen Maßnahmebeginn erteilt wird, wird der faktisch fehlende Anreizeffekt, den der potenzielle Zuwendungsempfänger durch seinen Maßnahmebeginn zum Ausdruck gebracht hat, nicht ausgeräumt. Dies kann auch die Erteilung der Ausnahmegenehmigung, die erst in der Verwendungsnachweisprüfung erfolgt, nicht.

Im Ergebnis bedeutet dies, dass eine Ausnahmegenehmigung nur denjenigen Maßnahmebeginn zweifellos für zulässig erklärt, der nach ihrem Zugang beim potenziellen Zuwendungsempfänger vorgenommen wird. An dieser Stelle ist jedoch kein Raum für eine nachträgliche Zustimmung, soweit die Maßnahme ohne Kenntnis des Zuwendungsgebers zunächst angefangen wird und ihm erst im Nachhinein die Ausnahmegenehmigung zugeht. Ebenso wenig kann der potenzielle Zuwendungsempfänger hier faktisch vor finanziellen Nachteilen geschützt werde. Zuletzt verbleibt in solch einer Konstellation faktisch keine Entscheidungs- oder Steuerungsmöglichkeit mehr beim Zuwendungsgeber, weil dieser bei vorzeitigem Beginn der Maßnahme keine Einwirkungsmöglichkeit mehr auf das Projekt des Antragstellers hatte und vor vollendete Tatsachen gestellt wird. Gleichzeitig wären die haushaltsrechtlichen

---

16 VG Schleswig, Urteil vom 13.12.2017, Az. 12 A 215/16; VG Hannover, Urteil vom 19.3.2014, Az. 11 A 3631/10; VG München, Urteil vom 8.10.2009, Az. M 15 K 08.1138; *Häberer*, NVwZ 17/2019, Vorzeitiger Maßnahmebeginn – Nichts geht mehr?, S.1231 ff.

17 OVG Magdeburg, Urteil vom 18.5.2000, Az. A 1 S 167/99; VG München, Urteil vom 8.10.2009, Az. M 15 K 08.1138; *Häberer*, NVwZ 17/2019, Vorzeitiger Maßnahmebeginn – Nichts geht mehr?, S.1231 ff.

18 *Häberer*, NVwZ 17/2019, Vorzeitiger Maßnahmebeginn – Nichts geht mehr?, S.1231 ff.; *Dittrich*, Bundeshaushaltsordnung, § 44, Rn. 16.12;

Grundsätze der Wirtschaftlichkeit und Sparsamkeit in Gefahr, weil diese bei vorzeitig getätigten Ausgaben nur schwer sicherzustellen wären. Sämtliche Aspekte des Sinns und Zwecks des Verbots des vorzeitigen Maßnahmebeginns würden daher ausgehöhlt, ließe man eine nachträgliche Ausnahmegenehmigung für die Zulässigkeit eines vorzeitigen Maßnahmebeginns zu.

Praxistipp

▶ *Zuwendungsempfänger sollten ausschließlich dann mit der Maßnahme beginnen, wenn ihnen der Bewilligungsbescheid oder die Ausnahmegenehmigung zugeht und sich nicht auf nachträgliche Ausnahmegenehmigung von vorzeitig getätigten Ausgaben verlassen.*

4. Form der Ausnahmegenehmigung

Die Zustimmung zum vorzeitigen Maßnahmebeginn kann schriftlich, mündlich oder auf sonstige Weise erteilt werden, das bedeutet gleichzeitig, sie kann sogar konkludent, erteilt werden.[19] Wenn der potenzielle Zuwendungsempfänger dem Zuwendungsgeber vor dem Erlass des Bewilligungsbescheids einen Sachverhalt mitgeteilt hat, der auf einen vorzeitigen Maßnahmebeginn schließen lässt, und der Zuwendungsgeber den Bewilligungsbescheid in Kenntnis des Sachverhalts dennoch erlässt, ist von einer konkludenten Genehmigung zum vorzeitigen Maßnahmebeginn auszugehen, wenn sich aus den konkreten Fördermittelbedingungen nichts Abweichendes ergibt.[20] Sollte der Zuwendungsgeber nach Stellen des Förderantrags durch den Antragsteller in Kenntnis des Sachverhalts, dass dieser mit der Maßnahme vorzeitig begonnen hat, den Bewilligungs- und Durchführungszeitraum mit Erlass des Bewilligungsbescheids rechtlich verbindlich so festlegen, dass die den vorzeitigen Maßnahmebeginn auslösenden vorzeitig getätigten Ausgaben vom Bewilligungszeitraum dann nachträglich umfasst werden, kann unter Umständen auch von der Erteilung einer Ausnahmegenehmigung verbunden mit der Zuwendungsfähigkeit der Ausgaben auszugehen sein.

Bis auf das nach herrschender Meinung bestehende Erfordernis eines prüffähigen Antrags[21] auf Erlass der Ausnahmegenehmigung sind den Verwaltungsvorschriften keine weiteren Voraussetzungen zu entnehmen.

III. „... der Abschluss eines der Ausführung zuzurechnenden Liefer- oder Leistungsvertrags..."

> „Als Vorhabenbeginn ist grundsätzlich der Abschluss eines der Ausführung zuzurechnenden Lieferungs- oder Leistungsvertrags zu werten. Bei Baumaßnahmen gelten Planung, Bodenuntersuchung, und Grunderwerb nicht als Beginn des Vorhabens, es sei denn sie sind alleiniger Zweck der Zuwendung."

19 VG Schleswig, Urteil vom 13.12.2017, Az. 12 A 215/16; VG Hannover, Urteil vom 19.3.2014, Az. 11 A 3631/10; *Häberer*, in: NVwZ 17/2019, Vorzeitiger Maßnahmebeginn – Nichts geht mehr?, S. 1231 ff.

20 OVG Münster, Urteil vom 23.9.2013, Az. 4 A 1288/12; VG Düsseldorf, Urteil vom 8.11.2010, Az. 10 K 3823/07; *Häberer*, NVwZ 17/2019, Vorzeitiger Maßnahmebeginn – Nichts geht mehr?, S. 1231 ff.

21 *Krämer/Schmidt*, Zuwendungsrecht, November 2019, Teil D II 4.3.3.1, Rn 67; *Dittrich*, Bundeshaushaltsordnung, August 2019, § 44, Rn. 16.11; *Müller/Richter/Ziekow*, Handbuch Zuwendungsrecht, September 2017, Teil B, Rn. 116.

Am interessantesten ist der Satz 3 der oben zitierten Regelung, der definiert, was unter einem vorzeitigen Maßnahmebeginn zu verstehen ist. Danach ist als Vorhabenbeginn grundsätzlich der Abschluss eines der Ausführung zuzurechnenden Lieferungs- oder Leistungsvertrags zu werten.

Wird durch den Antragsteller wirksam ein Lieferungs- oder Leistungsvertrag abgeschlossen, bevor ihm der Bewilligungsbescheid zugegangen ist, dann begeht er einen vorzeitigen Maßnahmebeginn, soweit dieser Vertrag der Ausführung des Vorhabens zuzurechnen ist. Die Schnittstelle zum öffentlichen Vergaberecht ergibt sich an dieser Stelle daraus, dass der Vertragsschluss durch den Zuschlag erfolgt, mit dem das Vergabeverfahren beendet wird. Das heißt, jeder das Vergabeverfahren beendender Zuschlag kann einen der Ausführung des Vorhabens zuzurechnenden Lieferungs- und Leistungsvertrags darstellen, soweit die dem Vertrag zugrundeliegenden Ausgaben im Rahmen der Förderung abgerechnet werden sollen.

Ist in der Vergangenheit vor Beantragung der Fördermittel bereits ein Vertrag geschlossen worden, der nicht im Zusammenhang mit der Förderung stand, ergab sich erst später nach Vertragsschluss, dass bei (wesentlicher) Änderung bzw. Erweiterung des Vertrags Ausgaben gefördert werden könnten, dann löst eine Vertragsanpassung des ursprünglichen Vertrags nach dem Zugang des Bewilligungsbescheids keinen vorzeitigen Maßnahmebeginn aus, nur weil sie sich auf den ursprünglichen vor der Bewilligung geschlossenen Vertrag bezieht.

Praxistipp

▶ *Zuwendungsempfänger sollten prüfen, ob die vom Zuwendungsgeber beanstandeten, einen vorzeitigen Maßnahmebeginn vermeintlich auslösenden Ausgaben tatsächlich aus einem Vertrag stammen, der dem geförderten Vorhaben zuzurechnen ist. Der Abschluss von nicht dem geförderten Vorhaben zuzurechnenden Verträgen kann keinen vorzeitigen Maßnahmebeginn auslösen.*

1. Wann liegt ein schädlicher Vertragsschluss vor?

Ziffer 1.3 der VV zu § 44 BHO, LHO besagt, dass als Vorhabenbeginn grundsätzlich der Abschluss eines der Ausführung zuzurechnenden Lieferungs- oder Leistungsvertrags zu werten ist. Gemeint ist der Abschluss eines wirksam zustande gekommenen Vertrags. Das ist der Fall, wenn die gesetzlichen Voraussetzungen für ein wirksames Zustandekommen des Vertrags insbesondere nach den Vorschriften des Bürgerlichen Gesetzbuchs gegeben sind.

Wenn für das wirksame Zustandekommen eines Vertrags besondere Regelungen vorgesehen sind, beispielsweise Vertretungsregelungen, dann liegt ein vorzeitiger Maßnahmebeginn erst dann vor, wenn die besonderen Regelungen erfüllt sind, die für den wirksamen Vertragsschluss vorgesehen sind.[22]

Schließt der potenzielle Zuwendungsempfänger einen Vertrag unter einer aufschiebenden Bedingung, stellt ein solcher Vertrag einen vorzeitigen Maßnahmebeginn dann dar, wenn der Zuwendungsempfänger keinen Einfluss mehr auf den Eintritt der Bedingung hat.[23]

22 OVG Münster, Beschluss vom 12.7.2010, Az. 15 A 2863.
23 OVG Magdeburg, LKV 2000, S. 545 f.

Weist der Zuwendungsempfänger den Vertragspartner darauf hin, dass er erst mit den Arbeiten vor Ort beginnen darf, wenn die Zustimmung zum Maßnahmebeginn vorliegt, so ändert das nichts am Fehlen des für die Vermeidung des vorzeitigen Maßnahmebeginns erforderlichen Rücktrittsrechts.[24]

Die Regelung spricht aber auch davon, dass „grundsätzlich" der Abschluss eines Vertrags als vorzeitiger Maßnahmebeginn zu werten ist. Das bedeutet gleichzeitig, von diesem Grundsatz existieren unabhängig von den ausdrücklichen genannten Ausnahmen weitere Ausnahmen. Für den Zuwendungsempfänger sind diese Ausnahmen von besonderem Interesse, um den Zugang zu Fördermitteln nicht schon vor oder zu Beginn der Förderung durch den unüberlegten Abschluss von Verträgen zu versperren. In der Praxis kommt es regelmäßig vor, dass der Abschluss eines Vertrags an sich, der vor Zugang des Bewilligungsbescheids erfolgt, nicht das eigentliche Problem ist, sondern die Art und Weise der Gestaltung des Vertrags[25], der vor dem Zugang des Bewilligungsbescheids geschlossen wird, die folgend noch besprochen werden.

2. Wann liegt kein schädlicher Vertragsschluss vor?

Das Führen von Vertragsverhandlungen, die nicht zu Ende geführt werden müssen, oder das Einleiten eines Vergabeverfahrens nach den Vertrags- und Vergabeordnungen, das noch jederzeit aufgehoben werden kann, insbesondere weil sich ein Beschaffungsbedarf geändert hat oder nicht weiter fortbesteht, weil keine Verpflichtung besteht, den Zuschlag zu erteilen, ist noch nicht als Vorhabenbeginn zu beurteilen.[26]

Schließt ein potenzieller Zuwendungsempfänger eine (Vor-)Vereinbarung ab, in der er sich nicht zum Abschluss eines späteren Hauptvertrags verpflichtet, sondern sich einen Produktionszeitraum gegen Zahlung einer Reservierungsgebühr vorbehält, liegt darin kein vorzeitiger Maßnahmebeginn. Ist die Reservierungsgebühr jedoch derart hoch bemessen, dass die Entscheidungsfreiheit des Zuwendungsempfängers derart eingeschränkt ist, dass er faktisch gezwungen ist, den Hauptvertrag abzuschließen, kann unter Umständen aber ein Verstoß gegen den vorzeitigen Maßnahmebeginn vorliegen.[27]

Pauschal nicht eindeutig zu beantworten ist folglich, ob ein kostenpflichtiges bzw. entgeltliches Rücktrittsrecht für die Vermeidung eines Verstoßes gegen den vorzeitigen Maßnahmebeginn ausreichend ist. Soweit hier der Gedanke in den Vordergrund gerückt wird, dass der Zuwendungsempfänger in seiner Entscheidung, das einseitige Rücktrittsrecht vom Vertrag frei ausüben zu können, frei sein soll, dann sollte empfohlen werden, ein unentgeltliches Rücktrittsrecht zu vereinbaren. Wenn jedoch berücksichtigt wird, dass die Einleitung eines Vergabeverfahrens keine primärrechtliche Verpflichtung zur Zuschlagserteilung begründet, das Vergabeverfahren aufgehoben werden kann und trotz etwaiger Schadenersatzpflicht aufgrund der rechtswidrigen Aufhebung dennoch nicht zu einem vorzeitigen Maßnahmebeginn führt, dann kann auch durchaus vertreten werden, dass derartige „Kosten" nichts daran än-

24 VG München, Urteil vom 12.11.2015, Az. M 15 K 13.657.

25 OVG Rheinland-Pfalz, DVBl. 1981, S. 219 f., *Krämer/Schmidt*, Zuwendungsrecht/Zuwendungspraxis, November 2019, D II 4.2.1.

26 OVG Lüneburg, Urteil vom 13.9.2012, Az. 8 B LB 58/12; BGH, NZBau 2014, 310; BGH 2003, 168.

27 VG Göttingen, Urteil vom 22.6.2011, Az. 1 A 30/11.

dern, dass ein Rücktrittsrecht einseitig und klar vereinbart wurde und einen vorzeitigen Maßnahmebeginn verhindert.

In diesem Zusammenhang ist auf die hilfreichen Verwaltungsvorschriften der Landeshaushaltsordnung des Landes Sachsen hinzuweisen. Ziffer 1.4.1 Satz 3 der VV zur Sächsischen LHO regelt, dass der Abschluss von Verträgen, in denen ein Rücktrittsrecht des Zuwendungsempfängers für den Fall der Nichtbewilligung der Zuwendung vereinbart ist oder die unter einer aufschiebenden oder auflösenden Bedingung für den Fall der Nichtbewilligung der Förderung geschlossen werden, keinen Vorhabensbeginn begründet. Zwar enthalten, soweit erkennbar, die übrigen Bundesländer in ihren Haushaltsordnungen keine derart konkrete Vorschrift, jedoch hat sich diese Möglichkeit zur Vermeidung des Verstoßes gegen das Verbot des vorzeitigen Maßnahmebeginns in der ständigen Verwaltungspraxis von Bewilligungsstellen und der verwaltungsgerichtlichen Rechtsprechung durchaus niedergeschlagen.

Praxistipp

▶ *Zuwendungsempfänger sollten sich auf das Risiko nicht einlassen, dass ein kostenpflichtiges oder entgeltliches Rücktrittsrecht unter Umständen als vorzeitiger Maßnahmebeginn gewertet werden kann, sodass sie stets ein vollkommen unentgeltliches und kostenloses einseitiges Rücktritts- bzw. Kündigungsrecht, einen Vorbehalt oder eine aufschiebende Bedingung vereinbaren sollten, deren Eintritt in seinem Einfluss liegen sollte.*

3. Ausdrückliche Ausnahme

Die Regelung sieht zudem ausdrückliche Ausnahmen vom Grundsatz des Verbots des vorzeitigen Maßnahmebeginns vor. Bei Baumaßnahmen gelten Planung, Bodenuntersuchung, Grunderwerb oder Herrichten des Grundstücks nicht als Beginn des Vorhabens, es sei denn sie sind alleiniger Zweck der Zuwendung.

Der Abschluss von Verträgen, der die Planung, Bodenuntersuchung, den Grunderwerb sowie das Herrichten des Grundstücks betrifft, bildet häufig die gesamte Grundlage für spätere Baumaßnahmen, ohne die ein konkreter Förderantrag gar nicht gestellt werden könnte. Daher ist der Abschluss derartiger Verträge vom Verbot ausgenommen worden. Sind Planung, Bodenuntersuchung, Grunderwerb, Herrichten des Grundstücks alleiniger Zweck der späteren Förderung, sind diese folglich nicht nur Grundlage einer späteren Förderung. In diesem Fall sind diese Leistungen nicht für einen ordnungsgemäßen und konkreten Förderantrag zwingend erforderlich, sodass der potenzielle Zuwendungsempfänger ohne Weiteres den Zugang des Bewilligungsbescheids abwarten kann.

Der Bundesgerichtshof erblickt den Zweck der Ausnahmeregelung der Ziffer 1.3 Satz 4 VV zu § 44 BHO, LHO darin, dass die Förderwürdigkeit einer zu fördernden Baumaßnahme nur dann vom Zuwendungsgeber beurteilt werden kann, wenn die in der Ausnahme enthaltene Planung bereits vorgenommen worden, eine Bodenuntersuchung durchgeführt und das Grundstück erworben worden ist. Da nur nach Durchführung dieser vorbereitenden Maßnahmen über einen Förderantrag entschieden werden kann, kann es auch keiner Ausnahmegenehmigung vom vorzeitigen Maßnahmebeginn bedürfen, um die Ausgaben im Förderprojekt abzurechnen.[28] Planungsleistungen werden grundsätzlich dann nicht vom Verbot des vorzeitigen Maßnahmebeginns umfasst, wenn sie die Grundlage für die Entscheidung bilden, ob ein Bauvorhaben überhaupt durchgeführt werden soll und gefördert werden kann. Soweit aber die grundsätzliche Entscheidung darüber gefallen ist, ob das Bauvorhaben durchgeführt wird, ist deren Beauftragung förderschädlich, weil sie der Ausführung des Vorhabens zuzurechnen sind.[29]

Eine hilfreiche Vorschrift in Form einer weiteren konkreten ausdrücklichen Ausnahme, die sich in den übrigen Bundesländern nicht wiederfindet, enthalten die Verwaltungsvorschriften zur Sächsischen Haushaltsordnung in Ziffer 1.4. Bei Maßnahmen zur Projektförderung mit vom Zuwendungsempfänger im Antrag zugrunde gelegten Ausgaben von weniger als 100.000 Euro ist der Vorhabensbeginn ausdrücklich ab Antragstellung (Datum Antragseingang bei der Bewilligungsbehörde) zugelassen. Bei Maßnahmen mit im Antrag zugrunde gelegten Ausgaben ab 100.000 Euro dürfen Zuwendungen zur Projektförderung demgegenüber dem Grundsatz folgend weiterhin nur für solche Vorhaben bewilligt werden, die noch nicht begonnen worden sind; dass die Bewilligungsbehörde im Einzelfall allein und das zuständige Staatsministerium für einzelne Zuwendungsbereiche im Einvernehmen mit dem Staatsministerium der Finanzen Ausnahmen zulassen kann, bleibt daneben zusätzlich möglich.

Ein solche Regelung ist sehr sinnvoll und fördert die Beschleunigung und Entbürokratisierung, damit die Förderprojekte ab Antragstellung beschleunigter in Gang gebracht werden können, ohne aufgrund von Formalismen die Gefahr einzugehen, die Fördermittel aufgrund von Verstößen zu verlieren. Zuweilen finden sich solche Ausnahmen nicht in den Verwaltungsvorschriften, sondern in konkreten Förderprogrammen und Förderrichtlinien, die einen Maßnahmebeginn mit Antragstellung erlauben.

Praxistipp

▶ *Zuwendungsempfänger sollten an dieser Stelle zunächst prüfen, ob die Planung, Bodenuntersuchung, der Grunderwerb oder das Herrichten des Grundstücks unter Umständen alleiniger Zweck der Förderung sind. In diesem Fall stellt deren Beauftragung einen vorzeitigen Maßnahmebeginn dar. Nur wenn diese Leistungen die Grundlage des späteren Vorhabens bilden und sie Voraussetzung für den Förderantrag sind, sind sie vom Verbot des vorzeitigen Maßnahmebeginns ausgenommen und deren Beauftragung förderunschädlich. Sollten aber ausdrückliche Ausnahmen in Verwaltungsvorschriften oder Förderrichtlinien vorgesehen sein, sollte von diesen zwecks effizienter Durchführung des geförderten Projekts Gebrauch gemacht werden.*

28 *Krämer/Schmidt*, Zuwendungsrecht/Zuwendungspraxis, November 2019, D II 4.2.2.
29 RdErl. des MF vom 22.6.1978, Nds MBl. 1978. S. 932, Ziffer 5.

IV. Zeitliche Schnittstellen zwischen vorzeitigem Maßnahmebeginn und Vergaberecht

Möchte der potenzielle Zuwendungsempfänger im Vorfeld der Bewilligung für sein Vorhaben im Hinblick auf zu tätigende Ausgaben und zu schließende Verträge möglichst wenig Zeit verlieren, dann muss er einen gut abgestimmten Zeitplan vorhalten.

Im folgenden Abschnitt werden finanziell riskante Konstellationen in der Förderung im Zusammenhang mit dem öffentlichen Vergaberecht und dem vorzeitigen Maßnahmebeginn behandelt, die in einer Vielzahl von Fällen in der Praxis auftreten, wenn Zuwendungsempfänger sich die Schnittstellen nicht vergegenwärtigen.

1. Das Vergabeverfahren nicht zu früh durchführen

Leitet der Antragsteller ein Vergabeverfahren ein und erteilt den Zuschlag, dann bedeutet der Zuschlag die Annahme des vom Bieter abgegebenen Angebots durch ihn als Auftraggeber. Mit dem Zuschlag kommt ein rechtswirksamer Vertrag zustande. Wenn dieser Vertragsabschluss Beschaffungen beinhaltet, die für das zu fördernde Vorhaben notwendig sind, ist er diesem zuzurechnen, sodass ein vorzeitiger Maßnahmebeginn begangen wird, obwohl der potenzielle Zuwendungsempfänger sich vergabekonform verhalten hat.

Hat der Zuwendungsgeber Kenntnis vom vorzeitigen Maßnahmebeginn, dann erlässt er auf den Förderantrag des potenziellen Zuwendungsempfängers hin einen Ablehnungsbescheid, da Vorhaben die schon begonnen worden sind, gemäß Ziffer 1.3 VV zu § 44 BHO LHO nicht bewilligt werden dürfen. Denn er geht davon aus, dass der für die Förderung erforderliche Anreizeffekt aufgrund des Vorhabenbeginns fehlt und der Zuwendungsempfänger zum Ausdruck bringt, dass er sich das Vorhaben finanziell leisten kann und auch ohne die Förderung durchführen würde. Erhält der Zuwendungsgeber erst nach Erlass des Bewilligungsbescheids Kenntnis im Rahmen der Mittelabrufe oder des Verwendungsnachweises von einem vorzeitigen Maßnahmebeginn, dann erlässt er einen Aufhebungsbescheid, da bereits der Bewilligungsbescheid rechtswidrig erlassen worden ist. Hätte der Zuwendungsgeber nämlich bei Bescheidung des Förderantrags gewusst, dass der Antragsteller bereits mit dem zu fördernden Vorhaben vorzeitig begonnen hat, dann hätte er den Bewilligungsbescheid nicht erlassen dürfen.

Die Gefahr besteht daher drin, dass der Zuwendungsempfänger in der trügerischen Vorstellung, sich entsprechend den Förderbedingungen in Form der Vergabeauflage zu verhalten, dabei genau durch diese Vergabekonformität und den daraus resultierenden Zuschlag einen vorzeitigen Maßnahmebeginn verursacht.

2. Das Vergabeverfahren nicht „gar nicht" oder und auch nicht vergabewidrig durchführen

Hat sich der Zuwendungsempfänger an die Regelungen zum vorzeitigen Maßnahmebeginn gehalten und keinen vorzeitigen Vertragsschluss begangen, jedoch ein Vergabeverfahren gar nicht eingeleitet und den dem Vorhaben zuzurechnenden Vertrag direkt ohne ein Vergabeverfahren an ein Unternehmen erteilt oder hat er andere Vergabeverstöße gegen anzuwendende Vergabebestimmungen begangen, dann verhält er sich vergabewidrig. Folglich hat er zwar keinen Verstoß gegen das Verbot des vorzeitigen Maßnahmebeginns durch eine Zuschlagserteilung vor Zugang des Bewilligungsbescheids oder der Ausnahmegenehmigung vom Verbot des vorzeitigen Maßnahmebeginns begangen, jedoch gegen die Vergabepflicht aus dem Bewilligungsbescheid bzw. dem Fördervertrag verstoßen und die entsprechende aus dem direkt abgeschlossenen Vertrag resultierende Ausgabe ist wegen Vergabeverstoßes nicht zuwendungsfähig. Der Zuwendungsgeber widerruft dann den Bewilligungsbescheid zumindest teilweise und fordert die Fördermittel zurück. Gegenüber der oben genannten Konstellation des vorzeitigen Zuschlags stellt die nicht vergabekonform durchgeführte Auftragsvergabe regelmäßig das „geringere Übel" dar, da sie nur zum teilweisen Widerruf, nicht jedoch zur (Voll-)Rücknahme der Bewilligung führt.

3. Das Vergabeverfahren nicht zu spät durchführen

Hat der Zuwendungsempfänger ein rechtskonformes, aber zeitlich zu spätes Vergabeverfahren begonnen und durchgeführt, sodass der Zuschlag erst nach dem Ablauf des Bewilligungszeitraums erteilt werden kann, hat er zwar weder mit einem vorzeitigen Maßnahmebeginn noch mit einem Vergabeverstoß ein Problem, jedoch sind die mit dem geschlossenen Vertrag einhergehenden Ausgaben nicht zuwendungsfähig, weil diese nach dem Ablauf des Bewilligungszeitraums grundsätzlich nicht mehr zweckentsprechend und damit nicht zuwendungsfähig sind. In diesem Fall erfolgt ebenfalls ein zumindest teilweiser Widerruf verbunden mit der einer Rückforderung bereits ausgezahlter Fördermittel. Auch dieser Konstellation ist gegenüber der (Voll-)Rücknahme der Bewilligung wegen vorzeitigen Maßnahmebeginns „geringere Übel" dar.

Praxistipp

▶ *Der Zuwendungsempfänger sollte daher für das geförderte Projekt einen guten und detaillierten Zeitplan mit einer Übersicht aller erforderlichen Ausgaben und der hierfür erforderlichen Vergabeverfahren aufstellen, um sowohl Verstöße gegen das Verbot des vorzeitigen Maßnahmebeginns als auch gegen das Vergaberecht sowie das Zuwendungsrecht bereits im Vorfeld zu vermeiden.*

V. Besonderheiten: Vorzeitiger Maßnahmebeginn und Vergabe von Architektenverträgen

Besonderheiten ergeben sich in der Förderpraxis immer wieder bei dem Abschluss von Architekten- und Ingenieurverträgen, die die Grundlagen des zu fördernden Projekts festlegen und daher in der Regel vor dem Zugang des Bewilligungsbescheids zwingend geschlossen werden müssen, um überhaupt eine Basis für den zu stellenden Förderantrag seitens des potenziellen Zuwendungsempfängers vorhalten zu können. Zuwendungsempfänger müssen vor der eigentlichen Beantragung der Fördermittel regelmäßig die Planungsleistungen von Architekten und Ingenieuren in Anspruch nehmen, um die konkreten Grundlagen für den späteren Förderantrag zu schaffen, insbesondere, wenn Baumaßnahmen gefördert werden sollen.

An dieser Stelle im zeitlichen Ablauf der Förderung entsteht das Problem der Gefahr des Verstoßes gegen das Verbot des vorzeitigen Maßnahmebeginns. Denn zeitlich befindet sich der

Zuwendungsempfänger in der Regel vor Zugang des Bewilligungsbescheids bzw. der Genehmigung der Ausnahme vom Verbot des vorzeitigen Maßnahmebeginns, aber tatsächlich bereits nach Vorhabenbeginn, wenn er die Architekten- und Ingenieurleistungen in Auftrag gibt.

Um das Spannungsverhältnis zwischen einerseits der Tatsache, dass der Zuwendungsempfänger faktisch mit der Maßnahme beginnen muss, um eine Planung als Grundlage für seinen Förderantrag vorzuhalten, und andererseits der Tatsache aufzulösen, dass ein Beginn der Maßnahme zu einem Verstoß gegen das Verbot des vorzeitigen Maßnahmebeginns führt, muss bei den Architekten- und Ingenieurleistungen differenziert werden.

Eine Hilfestellung hierbei ist die HOAI (Honorarordnung für Architekten und Ingenieure). Grundsätzlich regelt sie gemäß § 1 HOAI die Berechnung der Entgelte für die Grundleistung der Architekten und Ingenieure. Bestimmte Anteile am Gesamthonorar werden bestimmten Leistungsphasen der HOAI zugeordnet.

Die Grundleistungen, die zur ordnungsgemäßen Erfüllung eines Auftrags im Allgemeinen erforderlich sind, sind in Leistungsbildern erfasst. Die unterschiedlichen Leistungsbilder im Hinblick auf die besonders relevante Objekt- und Fachplanung gliedern sich nach § 3 Absatz 2 S. 2 i. V. m. Anlage 10-15 HOAI in der Regel nach folgenden Leistungsphasen:

1. Grundlagenermittlung
2. Vorplanung
3. Entwurfsplanung
4. Genehmigungsplanung
5. Ausführungsplanung
6. Vorbereitung bei der Vergabe
7. Mitwirkung bei der Vergabe
8. Objektüberwachung (Bauüberwachung oder Bauoberleitung)
9. Objektbetreuung und Dokumentation

Bei der Beauftragung von Planungsleistungen sind Besonderheiten aus der Rechtsprechung, Literatur und länderspezifischen Regelungen zu beachten, was den Umgang der Zuwendungsempfänger mit dieser Problematik zusätzlich erschwert.

1. Rechtsprechung

Das Verwaltungsgericht Lüneburg kommt zu dem Ergebnis, dass die Ausschreibung einer Leistung allein lediglich eine vorbereitende Maßnahme bezüglich des zu bewilligenden Vorhabens sei und aus diesem Grunde noch nicht der Ausführung des Vorhabens zuzurechnen sei. Im Rahmen eines Ausschreibungsverfahrens führe erst die Erteilung des Zuschlags innerhalb der Leistungsphase 7 zum Vertragsschluss, damit zum Abschluss eines der Ausführung zuzurechnenden Leistungs- oder Lieferungsvertrags und somit wiederum zum vorzeitigen Maßnahmebeginn.[30]

30 VG Lüneburg, Urteil vom 8.12.2010, Az. 5 A 163/09; vgl. RdErl. des MF vom 22.6.1987, Nds. MBl. 1978, 932.

Nach dem OVG Lüneburg würden die Leistungsphase 7 (Mitwirkung bei der Vergabe), Leistungsphase 8 (Bauoberleitung) und Leistungsphase 9 (Objektbetreuung) und gegebenenfalls die Leistungsphase 6 gemäß der HOAI über das Stadium der Planung hinausgehen und seien damit bereits der Ausführung der Baumaßnahme zuzurechnen. Die Beauftragung der vorbenannten Phasen vor Erlass des Zuwendungsbescheids oder vor Genehmigung zum vorzeitigen Maßnahmebeginn würden nach der Rechtsprechung des OVG Lüneburg einen Verstoß gegen das Verbot des vorzeitigen Maßnahmebeginns darstellen.[31]

2. Literatur

Nach Krämer/Schmidt könnten grundsätzlich auch andere Ereignisse als der Abschluss eines Lieferungs- und Leistungsvertrags als vorzeitiger Maßnahmebeginn bewertet werden. Daher seien in der Vergangenheit bereits Ausschreibungsverfahren als vorzeitiger Maßnahmebeginn beurteilt worden. Zu berücksichtigen sei aber, dass der Bund-Länder-Ausschuss (Haushaltsrecht und Haushaltssystematik) der Ansicht gefolgt sei, dass ein vorzeitiger Maßnahmebeginn nicht vorliegen könne, weil die Vergabestelle nach Einleitung eines Vergabeverfahrens stets die Möglichkeit habe, ohne das Risiko von erheblichen Schäden von der Zuschlagserteilung und damit dem Abschluss des Vertrags abzusehen. Ein drohender Schadenersatzanspruch eines Bieters aus dem vorvertraglichen Schuldverhältnis (culpa in contrahendo) wegen rechtmäßiger Aufhebung des Vergabeverfahrens aufgrund fehlender Finanzierung ändere nichts an der förderunschädlichen Durchführung des Ausschreibungsverfahrens.[32]

Nach Schaller sei die Ausschreibung nach den Vergabe- und Vertragsordnungen der Planung zuzuordnen. Die Durchführung eines Vergabeverfahrens vor Erteilung des Bewilligungsbescheids bzw. der Ausnahmegenehmigung zum vorzeitigen Maßnahmebeginn sei daher förderunschädlich. Insbesondere sei die Vorbereitung der Vergabeunterlagen unproblematisch. Die Einleitung ohne gesicherte Finanzierung führe aber zu den vergaberechtlichen Schwierigkeiten der fehlenden Beschaffungsreife. Dies führe zwar nicht zu einem vorzeitigen Maßnahmebeginn, jedoch zu einem Vergabeverstoß, weil die Beschaffungsreife fehle, die Festlegung des Zuschlags- und Bindefrist nicht möglich sei, Schadenersatzansprüche drohen würden und daher die Vorgaben des Bewilligungsbescheids verletzt seien. Spätestens mit Erteilung des Zuschlags sei ein schädlicher Vorhabenbeginn erfolgt.[33]

Nach Häberer sei die genannte Rechtsprechung grundsätzlich differenziert zu betrachten. Da die Durchführung der Ausschreibung bis zur Zuschlagserteilung eine vorbereitende Handlung darstelle, die in einen Vertragsschluss münde, führe sie nicht zu einem vorzeitigen Maßnahmebeginn. Damit könne auch die Beauftragung von auf diese Ausschreibung bezogenen Architekten-/Planerleistungen nicht zu einem vorzeitigen Maßnahmebeginn führen, da diese ebenfalls nur der Vorbereitung des Vertragsschlusses diene. Aus diesem Grunde könne nur

31 OVG Lüneburg, Urteil vom 13.9.2012, Az. 8 LB 58/12; *Häberer*, NVwZ 17/2019, Vorzeitiger Maßnahmebeginn – Nichts geht mehr?, S. 1231 ff.

32 *Krämer/Schmidt*, Zuwendungsrecht/Zuwendungspraxis, November 2019, D II 4.2.1;

33 *Schaller*, KommunalPraxis Bayern 2008, Vorzeitiger Maßnahmebeginn bei Zuwendungsmaßnahmen, S. 405 f.

die Beauftragung der Leistungsphasen 8 und 9 der HOAI förderschädlich sein, wenn insoweit konkrete auf die Baumaßnahme bezogene Leistungen beauftragt werden würden.[34]

3. Länderspezifische Regelungen

Beispielhaft seien folgende klarstellende länderspezifische Regelungen genannt, die den vorzeitigen Maßnahmebeginn in ihren Vorschriften konkretisieren. Soweit ersichtlich, enthalten die übrigen Bundesländer lediglich die allgemeine Regelung, dass der Abschluss eines der Ausführung des Vorhabens zuzurechnenden Vertrags einen vorzeitigen Maßnahmebeginn auslöst und dass allenfalls pauschal die „Planung" vom Verbot ausgenommen ist:

In Bayern war in der Vergangenheit unmittelbar in Nr. 1.3.1 der Verwaltungsvorschriften zu § 44 BayHO ausdrücklich festgelegt, dass bei Baumaßnahmen Planeraufträge nur bis zur Leistungsphase 4 der HOAI (Genehmigungsplanung) nicht als vorzeitiger Maßnahmebeginn gelten.[35] Nunmehr regelt Ziffer 1.3.2, dass der Abschluss von Verträgen, die der Vorbereitung oder Planung des Projekts (einschließlich der Antragvorbereitung und -erstellung) dienen, nicht als Beginn des Vorhabens gilt. Bei Baumaßnahmen gelten dementsprechend Planungsaufträge bis einschließlich Leistungsphase 7 HOAI, Baugrunduntersuchungen und Grunderwerb nicht als Beginn des Vorhabens, es sei denn, sie sind alleiniger Zweck der Zuwendung.

In Hamburg bestimmt Ziffer 1.3 Satz 3 zu § 44 LHO Hamburg, dass das Ausschreibungsverfahren nicht als Beginn des Vorhabens zu bewerten ist.

In Schleswig-Holstein regelt Ziffer 1.3 Satz 4 zu § 44 LHO Schleswig-Holstein, dass ein Ausschreibungsverfahren nicht als Beginn des Vorhabens zu werten ist.

In Hessen differenziert die Ziffer 1.3 Satz 3, 4 der VV zu LHO Hessen weitergehend. Maßgeblicher Zeitpunkt für den Maßnahmebeginn ist danach der Tag, an dem die Auftragsbekanntmachung für den ersten Ausführungsauftrag zur Veröffentlichung abgesendet oder das Vergabeverfahren auf sonstige Weise eingeleitet wird. Muss kein förmliches Vergabeverfahren durchgeführt werden oder kommt das Vergaberecht nicht zur Anwendung, gilt als Vorhabenbeginn der Abschluss eines der Ausführung zuzurechnenden Lieferungs- oder Leistungsvertrags.

Sachsen-Anhalt bestimmt in Ziffer 1.3 Satz 5 VV zu § 44 LHO Sachsen-Anhalt, dass die Durchführung eines Ausschreibungsverfahrens und Planungsarbeiten nicht als Beginn des Vorhabens gilt, es sei denn es ist alleiniger Zweck der Zuwendung.

Die Förderpraxis kann jedoch abhängig vom Bundesland und sogar Zuwendungsgeber unterschiedlich sein. Insoweit sind insbesondere die Förderpraxis des jeweiligen Bundeslandes, der jeweiligen Bewilligungsbehörde sowie die Rechtsprechung der jeweiligen zuständigen Verwaltungs- und Oberverwaltungsgerichte maßgeblich.

Praxistipp

▶ *Wie schon an den vielfältig vertretenen Ansichten zu erkennen ist, kann an dieser Stelle keine einheitliche Vorgehensweise hinsichtlich der Vergabe von Architektenverträgen*

34 *Häberer*, NVwZ 17/2019, Vorzeitiger Maßnahmebeginn – Nichts geht mehr?, S. 1231 ff.
35 *Häberer*, NVwZ 17/2019, Vorzeitiger Maßnahmebeginn – Nichts geht mehr?, S. 1231 ff.

empfohlen werden. Der Zuwendungsempfänger sollte sich hinsichtlich der Handhabung bei der VzM-Problematik bei seinem Zuwendungsgeber absichern, da sich diese je nach Bundesland, Bewilligungsbehörde und länderspezifischer Rechtsprechung unterscheiden kann.

VI. Besonderheiten: Vorzeitiger Maßnahmebeginn und Rahmenverträge

Eine gute und effektive Möglichkeit zum Zwecke der Vereinfachung des Einkaufs erhält der Zuwendungsempfänger beim Abschluss von Rahmenvereinbarungen. Hat er eine Rahmenvereinbarung geschlossen, kann er aus dieser Vereinbarung Leistungen in Form von Einzelabrufen in Auftrag geben, ohne Vergabeverfahren durchzuführen.

Ist die Rahmenvereinbarung durch Zuschlag in einem öffentlichen Vergabeverfahren zustande gekommen, dann braucht der Zuwendungsempfänger die folgenden Einzelabrufe, soweit sie inhaltlich unter den Rahmenvertrag fallen, nicht erneut in einem Vergabeverfahren vergeben. Aus diesem Grunde erleichtert der Abschluss von Rahmenverträgen dem Zuwendungsempfänger die Prozesse und Abläufe im Einkauf und dient gleichzeitig der Vereinfachung und Entschlackung der eigenen Verwaltung sowie der Einhaltung eines etwaigen Projekt-, Bewilligungs- oder Durchführungszeitraums. Das liegt insbesondere daran, dass Vergabeverfahren zeit- und kostenintensiv sind und der Zuwendungsempfänger durch die Rahmenvereinbarung eine Vielzahl von Vergabeverfahren durch schlichte, zulässige Einzelabrufe vermeidet.

Die früher umstrittene Zulässigkeit der Rahmenvereinbarungen im Bereich der Bau-Vergabeverfahren und der freiberuflichen Leistungen ist mit der Vergaberechts-Reform 2016 nunmehr in der VOB/A, der EU VOB/A sowie der VgV geregelt worden.[36]

Der bloße Abschluss eines Rahmenvertrags stellt grundsätzlich keinen Verstoß gegen das Verbot des vorzeitigen Maßnahmebeginns dar. Denn in diesem Fall erfolgt regelmäßig kein der Ausführung des Vorhabens zuzurechnender Vertragsschluss in Form einer Beauftragung in Bezug auf das konkrete geförderte Projekt. Es entsteht keine rechtliche Bindungswirkung, da diese erst mit der Erteilung des Einzelabrufs eintritt.[37] Sofern dies nicht ausdrücklich im Vertrag vorgesehen ist, ist der Zuwendungsempfänger nicht verpflichtet, den Rahmenvertragspartner in Form des Einzelabrufs zu beauftragen, sodass ein Verstoß gegen das Verbot des vorzeitigen Maßnahmebeginns mangels rechtlicher Bindung nicht vorliegen kann, solange der konkrete Einzelabruf aus dem Rahmenvertrag nicht getätigt wird.

Ob trotz des Nichtvorliegens eines vorzeitigen Maßnahmebeginns durch den Abschluss einer Rahmenvereinbarung vor Zugang des Bewilligungsbescheids bzw. der Ausnahmegenehmigung eine Pflicht zur Einhaltung des öffentlichen Vergaberechts für den Zuwendungsempfänger besteht, obwohl er von der Regelung bzw. Auflage mit der Vergabeverpflichtung noch

36 *Häberer*, NVwZ 17/2019, Vorzeitiger Maßnahmebeginn – Nichts geht mehr?, S. 1231 ff.

37 OLG Jena, NZBau 2011, 771; *Häberer*, NVwZ 17/2019, Vorzeitiger Maßnahmebeginn – Nichts geht mehr?, S. 1231 ff.

keine Kenntnis hat und eine Rückwirkung der Vergabeauflage entstehen kann, wird im folgenden Kapitel näher erläutert.

Praxistipp

Dem Zuwendungsempfänger stehen durch die Rahmenvereinbarung effektive Möglichkeiten für die Durchführung seiner Beschaffungsvorgänge zur Verfügung. Grundsätzlich begeht er durch den Abschluss einer Rahmenvereinbarungen nach einem Vergabeverfahren vor dem Zugang des Bewilligungsbescheids bzw. der Ausnahmegenehmigung keinen vorzeitigen Maßnahmebeginn, solange der Vertrag nicht der Ausführung des geförderten Vorhabens zuzurechnen ist. Sollte die Rahmenvereinbarung aber nicht im Vergabeverfahren vergeben worden sein, ist zwingend zu empfehlen, die Einzelabrufe aus dem Rahmenvertrag nicht direkt zu vergeben, sondern Einzelaufträge nach separaten Vergabeverfahren zu erteilen.

VII. Maßnahmen zur Verhinderung des vorzeitigen Maßnahmebeginns

Ist ein Vorhaben begonnen worden, ohne dass dem potenziellen Zuwendungsempfänger der Bewilligungsbescheid oder die Ausnahmegenehmigung zum vorzeitigen Maßnahmebeginn zugegangen ist, dann kann den Erhalt der Fördermittel nur noch eine überlegte vertragliche Gestaltung des betreffenden Vertrags sichern. Der jeweilige, den vorzeitigen Maßnahmebeginn an sich auslösende Vertrag, muss vom Zuwendungsempfänger so gestaltet worden sein, dass er sich rechtlich und tatsächlich ungebunden die Entscheidung vorbehalten hat, das Vorhaben nicht durchzuführen, wenn die Fördermittel nicht bewilligt werden. Es muss ein eindeutiges Recht zur Beendigung des Vertrags für den Fall der Versagung der beantragten Zuwendung vereinbart worden sein.[38]

Ein Verstoß gegen das Verbot des vorzeitigen Maßnahmebeginns liegt des Weiteren nicht vor, wenn der Vertrag Rücktrittsrechte oder auflösende Bedingungen enthält, die es dem Auftraggeber ermöglichen, sich ohne nachteilige, insbesondere finanzielle Folgen vom abgeschlossenen Vertrag zu lösen, wenn die Fördermittel nicht gewährt werden.[39]

Bei der Gestaltung der vertraglichen Klauseln müssen folglich Besonderheiten berücksichtigt werden. Allgemeine vertragliche oder gesetzliche Kündigungs- oder Rücktrittsrechte sind zur Verhinderung eines vorzeitigen Maßnahmebeginns nicht ausreichend. Ein solcher Vorbehalt erfordert unabhängig davon, wie man ihn gestaltet, ein eindeutiges und ohne Folgen für den Aufraggeber bleibendes Recht zur Aufhebung oder Beendigung des geschlossenen Vertrags für den Fall der Versagung der beantragten Zuwendung. Dies ist insbesondere bei den ge-

38 OVG Rheinland-Pfalz, DVBl. 1981, S. 219 f., *Krämer/Schmidt*, Zuwendungsrecht/Zuwendungspraxis, November 2019, D II 4.2.1.

39 OVG Lüneburg, Urteil vom 19.5.2015 – Az. 8 LB 92/14; Beschluss vom 23.1.2014, Az. 8 LA 144/13; OVG Koblenz, Urteil vom 4.9.1981, Az. 8 A 31/80; *Häberer*, NVwZ 17/2019, Vorzeitiger Maßnahmebeginn – Nichts geht mehr?, S. 1231 ff.

setzlichen Rücktritts- und Kündigungsrechten jedoch nicht gegeben, da hier regelmäßig noch Rückabwicklungs- bzw. Zahlungsansprüche gegen den Auftraggeber entstehen.[40]

Ein vorzeitiger Maßnahmebeginn nach Ziffer 1.3 VV zu § 44 BHO, LHO liegt nicht vor, soweit dem potenziellen Zuwendungsempfänger das Recht zukommt, das zunächst geplante Vorhaben bei der Ablehnung seines Förderantrags nicht durchzuführen. Es ist irrelevant, mit Hilfe welcher zivilrechtlichen Gestaltungen der Zuwendungsempfänger sich gegenüber seinem Vertragspartner die Lösung vom Vertrag vorbehalten hat, sofern er tatsächlich und rechtlich Einfluss im Rahmen der ungebundenen Entscheidung hat, das Vorhaben nicht auszuführen, wenn ihm die Förderung versagt wird. Ein Rücktrittsrecht muss eindeutig und ohne Folgen sowie für den Fall der Versagung der Förderung vereinbart werden.[41]

Formal muss gefordert werden, dass das Rücktrittsrecht zwecks erforderlicher Klarheit und Erhaltung der Entscheidungsfreiheit der Beteiligten dann schriftlich vereinbart sein muss, wenn auch der Auftrag selbst schriftlich erteilt wurde und er beinhaltet, dass mündliche Nebenabreden nicht getroffen worden sind.[42] Im Übrigen können auch mündliche Vereinbarung eines Rücktrittsrechts zwar ausreichend sein,[43] jedoch ist zwingend die schriftliche Fixierung zu empfehlen, da auch gegenüber dem Zuwendungsgeber das Rücktrittsrecht zwecks Dokumentation nachgewiesen werden muss.

Zuweilen wird bei der Erstellung der Vergabeunterlagen durch Auftraggeber in die Bewerbungsbedingungen ein Passus aufgenommen, mit dem die Erteilung des Zuschlags bei geförderten Maßnahmen von der tatsächlichen Finanzierung durch den Zuwendungsgeber abhängig gemacht wird. Grundsätzlich ist für die Einleitung eines Vergabeverfahrens die so genannte Beschaffungsreife erforderlich. Soweit diese nicht besteht, darf der Auftraggeber das Vergabeverfahren nicht einleiten. Es soll also grundsätzlich erst und nur begonnen werden, wenn auch die Finanzierung der zu vergebenden Leistung gesichert ist.[44] Ein Vergabeverfahren kann zwar unter dem Vorbehalt der Finanzierung eingeleitet werden, jedoch wird die fehlende Finanzierung in der Regel keinen Grund für eine rechtmäßige Aufhebung des Vergabeverfahrens im Sinne der Vergabe- und Vertragsordnungen darstellen, weil der Auftraggeber in diesen Fällen das Vergabeverfahren in Kenntnis der fehlenden Finanzierung eingeleitet hat. Insofern besteht für den Auftraggeber das Risiko, sich gegenüber den Bietern schadenersatzpflichtig zu machen.[45]

Praxistipp

▶ *Die überlegte Gestaltung der dem geförderten Vorhaben zuzurechnenden Verträge verhindert zwar den vorzeitigen Maßnahmebeginn, es besteht darüber hinaus dennoch das*

40 OVG Lüneburg, Urteil vom 19.5.2015 – Az. 8 LB 92/14; Beschluss vom 23.1.2014, Az. 8 LA 144/13; OVG Koblenz, Urteil vom 4.9.1981, Az. 8 A 31/80; *Häberer*, NVwZ 17/2019, Vorzeitiger Maßnahmebeginn – Nichts geht mehr?, S. 1231 ff.

41 OVG Lüneburg, Urteil vom 13.9.2012, Az. 8 LB 58/12.

42 OVG Rheinland-Pfalz, DVBl. 1982, S. 221.

43 OVG Lüneburg, Urteil vom 13.9.2012, Az. 8 LB 58/12.

44 BGHZ 193, 280; NJW 1998, 3640; OLG Düsseldorf, NZBau 2013, 785.

45 BGHZ 193, 280; NJW 1998, 3640; OLG Düsseldorf, NZBau 2013, 785.

Risiko, sich bei unter dem Vorbehalt der Finanzierung stehenden Aufträgen schadenersatzpflichtig zu machen.

VIII. Heilung des Verstoßes gegen das Verbot des vorzeitigen Maßnahmebeginns

Wenn der potenzielle Zuwendungsempfänger mit der zu fördernden Maßnahme durch den Abschluss eines der Maßnahme zuzurechnenden Vertrags begonnen hat, bevor ihm der Bewilligungsbescheid zugegangen ist, ohne dass ihm eine Ausnahmegenehmigung vom vorzeitigen Maßnahmebeginn erteilt wurde oder die Förderrichtlinie selbst eine Ausnahme vorsieht und ohne dass er den vorzeitigen Maßnahmebeginn durch eine vertragliche Gestaltung vermieden hat, stellt sich letztendlich noch die Frage, ob ein solcher einmal begangener Verstoß in irgendeiner Weise geheilt werden kann.

Zum Teil wird vertreten, dass ein den vorzeitigen Maßnahmebeginn auslösender Vertrag wieder aufgehoben werden könne.[46] Des Weiteren solle die Aufhebung nur eines Teils des Vertrags, der den vorzeitigen Maßnahmebeginn ausgelöst habe, zur Vermeidung eines vorzeitigen Maßnahmebeginns ausreichen, insbesondere wenn es sich um Planungsleistungen handele.[47] Des Weiteren soll dies entsprechend dem oben Gesagten nur dann gelten, wenn die Lösung vom Vertrag für den Zuwendungsempfänger folgenlos erfolge. Mit einer Vertragsaufhebung bestünden keine Zahlungsverpflichtungen oder sonstigen Nachteile für den Zuwendungsempfänger. Darüber hinaus erhalte die Bewilligungsbehörde den notwendigen Einfluss auf das Vorhaben zurück und werde nicht mehr vor vollendete Tatsachen gestellt. Mit der Vertragsaufhebung bekunde der Zuwendungsempfänger seine Absicht, das Vorhaben nicht ohne Fördermittel realisieren zu wollen und zu können.[48]

Die Aufhebung eines den vorzeitigen Maßnahmebeginn auslösenden Vertrags sei noch nach Stellen des Förderantrags bis zum Zeitpunkt des Erlasses des Zuwendungsbescheids möglich, sofern das Lösen vom Vertrag für den Zuwendungsempfänger folgenlos sei und er dies der Bewilligungsbehörde nachweisen könne. Dem Zweck des Verbots sei auf diese Weise Rechnung getragen. Ein derartiges Lösen vom Vertrag sei insoweit vergleichbar mit Fällen der Einräumung eines folgenlosen Rücktrittsrechts oder der Vereinbarung einer auflösenden Bedingung und gehe in ihren rechtlichen Wirkungen sogar darüber hinaus.[49] Mit der Aufhebung existiere die rechtliche Bindung, die den vorzeitigen Maßnahmebeginn verursacht habe, nicht mehr.[50]

Die Aufhebung eines einmal geschlossenen, der Ausführung des Vorhabens zuzurechnenden Vertrags bleibt zwar nach Ausschöpfung der übrigen Maßnahmen zur Vermeidung eines vorzeitigen Maßnahmebeginns die letzte Möglichkeit, den Zuwendungsgeber unter Umständen davon zu überzeugen, die Fördermittel behalten zu dürfen. Obwohl diese Möglichkeit der letzte „Notnagel" ist, ist auch hier Vorsicht geboten. Berücksichtigt man nur den Sinn und

46 VG München, Urteil vom 14.4.2011, Az. M 12 K 11.549.
47 VG Köln, Urteil vom 13.6.2013, Az. 16 K 2116/11.
48 *Häberer*, NVwZ 17/2019, Vorzeitiger Maßnahmebeginn – Nichts geht mehr?, S. 1231 ff.
49 VG München, Urteil vom 14.4.2011, Az. M 12 K 11.549.
50 *Häberer*, NVwZ 17/2019, Vorzeitiger Maßnahmebeginn – Nichts geht mehr?, S. 1231 ff.

Zweck des Verbots des vorzeitigen Maßnahmebeginns, den Zuwendungsempfänger vor finanziellen Schwierigkeiten zu schützen und dem Zuwendungsgeber die Möglichkeit zu belassen, auf das Vorhaben noch steuernd einwirken zu können, so läuft dieser Sinn und Zweck nicht leer, soweit ein Aufhebungsvertrags des ursprünglichen, den vorzeitigen Maßnahmebeginn auslösenden Vertrags geschlossen wurde. Dem ist zuzugestehen, dass der ursprüngliche Vertrag durch den Aufhebungsvertrag keine rechtlichen Wirkungen mehr entfaltet, sodass keine Gefahr der finanziellen Schwierigkeiten seitens des Zuwendungsempfängers mehr besteht und der Zuwendungsgeber die vollständige Entscheidungs- und Steuermöglichkeit hinsichtlich der zu fördernden Maßnahme zurückerhält.

Führt man sich jedoch vor Augen, dass hinter dem Verbot des vorzeitigen Maßnahmebeginns entsprechend dem Subsidiaritätsprinzip in der Förderung der Gedanke steckt, dass die Förderung gerade erst den Anreiz zur Durchführung eines Vorhabens setzen soll, das der Zuwendungsempfänger ohne die staatliche Unterstützung nicht durchgeführt hätte, dann muss die „nachträgliche" Aufhebung eines den vorzeitigen Maßnahmebeginns auslösenden Vertrags anders beurteilt werden. Der durch die Förderung entstehende Anreizeffekt hat ein faktisches Momentum, das auch durch eine rechtlich wirksame Aufhebung eines Vertrags, der grundsätzlich zum vorzeitigen Maßnahmebeginn führt, nicht ausgeräumt werden kann. Durch den vorzeitigen Beginn des Vorhabens hat der Zuwendungsempfänger deutlich zum Ausdruck gebracht, dass er das Vorhaben mit eigenen Mitteln finanzieren kann und er hierfür eine Förderung nicht benötigt. Er gibt klar zu erkennen, dass die Förderung für sein Vorhaben keinen Anreizeffekt hat. Daran ändert auch ein später geschlossener Aufhebungsvertrag nichts. Das Argument, durch den Aufhebungsvertrag zeige der Zuwendungsempfänger wiederum, dass die Förderung doch einen Anreiz für die Durchführung seines Vorhabens biete, ist im Nachhinein für einen Zuwendungsgeber kaum glaubhaft und nicht nachzuweisen.

Praxistipp

Wenn die vorgenannten Möglichkeiten zur Vermeidung des vorzeitigen Maßnahmebeginns nicht mehr in Betracht kommen, sollte der Zuwendungsempfänger als letzten Ausweg versuchen, einen den vorzeitigen Maßnahmebeginn auslösenden Vertrag per folgenloser Aufhebungsvereinbarung aufzuheben.

IX. Folgen des Verstoßes gegen das Verbot des vorzeitigen Maßnahmebeginns

Soweit tatsächlich ein Verstoß gegen das Verbot des vorzeitigen Maßnahmebeginns vorliegt, Gegenmaßnahmen nicht ergriffen worden sind und sich dieser Verstoß nicht mehr heilen lässt, stellt sich die Frage, welche Folgen dies für den Zuwendungsempfänger nach sich ziehen kann.

Stellt der Zuwendungsgeber einen solchen Verstoß im Rahmen der Prüfung des Förderantrags vor Bewilligung fest, so wird er sich auf die ständige Verwaltungspraxis im Sinne des Art. 3 Abs. 1 GG in Verbindung mit der Ziffer 1.3 der VV zu § 44 BHO, LHO beziehen und zugrunde legen, dass Maßnahmen, die bereits begonnen worden sind, nicht bewilligt werden dürfen. Das bedeutet, er wird einen Ablehnungsbescheid erlassen.

Kommt der Zuwendungsgeber erst später im Rahmen einer Mittelabruf- oder Verwendungsnachweisprüfung zu dem Ergebnis, dass ein vorzeitiger Maßnahmebeginn gegeben ist, weil Ausgaben vor dem Zugang des Bewilligungsbescheids oder der Ausnahmegenehmigung vom Verbot des vorzeitigen Maßnahmebeginns getätigt worden sind, dann erfolgt eine Voll-Rücknahme des Bewilligungsbescheids verbunden mit der vollständigen Rückforderung der Fördermittel, soweit diese bereits ausgezahlt worden sind. Denn aus den Nachweisen und Belegen wie Rechnungen wird für den Zuwendungsgeber meist erst im Mittelabruf- oder Verwendungsnachweisverfahren erkennbar, dass der Förderung zuzurechnende Verträge vor Bewilligung geschlossen worden sind.

Da die Antragsformulare in der Förderung meist eine Erklärung bzw. Bestätigung des Antragstellers vorsehen, dass dieser nicht mit der geförderten Maßnahme begonnen hat und bis zum Zugang des Bewilligungsbescheids bzw. der Ausnahmegenehmigung nicht beginnen wird, tätigt er gleichzeitig mit seiner Bestätigung unzutreffende Angaben im Förderantrag, wenn sich aus Rechnungen oder anderen Nachweisen dennoch der vorzeitige Vertragsschluss ergibt.

Diese sind im Rahmen der Rücknahme nach § 48 VwVfG für den Ausschluss des schutzwürdigen Vertrauens nach § 48 Abs. 2 – 4 VwVfG relevant. Selbst wenn der Zuwendungsempfänger im Falle einer solchen unzutreffenden Angabe Verbindlichkeiten eingegangen ist und Dispositionen getroffen haben sollte, hat er kein schutzwürdiges Vertrauen, weil dieses wegen der unzutreffenden Angaben ausgeschlossen ist und das öffentliche Interesse an der Einziehung der Fördermittel das Individualinteresse des Zuwendungsempfängers am Behalt der Zuwendung überwiegt. Gleichzeitig wird das schutzwürdige Vertrauen aus dem Grunde ausgeschlossen sein, weil der Zuwendungsempfänger die Rechtswidrigkeit der Bewilligung aufgrund seiner bewusst unzutreffenden Ausgaben kennt oder zumindest hätten kennen müssen.

Wie ausgeführt wird die Bewilligung im Falle des vorzeitigen Maßnahmebeginns bei Kenntnis vor dem Erlasszeitpunkt des Bescheids abgelehnt und bei Kenntnis nach Erlass des Bewilligungsbescheids zurückgenommen. Grundsätzlich wird die Bewilligung aufgrund des Sinns und Zwecks des vorzeitigen Maßnahmebeginns vollständig zurückgenommen. Denn wer mit dem Vorhaben vor der Bewilligung vorzeitig beginnt, der gibt zu erkennen, dass ein Anreizeffekt der Förderung für ihn nicht besteht und er das Vorhaben auch ohne die Fördermittel aus eigenen finanziellen Mitteln ohnehin durchgeführt.

Die ständige Verwaltungspraxis der Zuwendungsgeber geht grundsätzlich dahin, dass im Falle des vorzeitigen Maßnahmebeginns eine volle Rücknahme gerade aus oben genannten Gründen erfolgt. Dennoch stellt sich auf Seiten der Zuwendungsempfänger oftmals die nicht abwegige Frage, warum denn die Bewilligung vollständig zurückgenommen wird, wenn nur eine einzige Ausgabeneinheit den vorzeitigen Maßnahmebeginn ausgelöst hat. Sie berufen sich regelmäßig darauf, dass nur ein teilweiser Widerruf verhältnismäßig wäre.

Z.B. hat im Rahmen eines geförderten kommunalen Projekts zum Ausbau einer ressourceneffizienten Abwasserbeseitigung das OVG NRW entschieden, dass trotz eines vorzeitigen Vorhabenbeginns aufgrund eines bereits abgeschlossenen Ingenieurvertrags über zumindest eine der Leistungsphasen 7 - 9 eine (Voll-)Rücknahme des Bewilligungsbescheids rechtswidrig ist, und es hat die Entscheidungen der Verwaltungsgerichte, die diese Rücknahmebescheide noch für rechtmäßig gehalten haben, aufgehoben. In der zu entscheidenden Konstellation gelte nach Ansicht des OVG NRW der Grundsatz nicht in gleicher Weise, dass es bei Maßnahmen, mit denen bereits vor Bewilligung von Fördermitteln begonnen wird, wahrscheinlich sei, dass sie auch ohne Förderung durchgeführt würden, weil die mit dem vorab geschlossenen Vertrag abgedeckten baubezogenen Ingenieurkosten im Verhältnis zu dem, was das Bauvorhaben insgesamt koste, gering seien und somit kaum ins Gewicht fielen. Es sei nicht zu erwarten, dass die Zuwendungsempfänger das Projekt auch ohne die Förderung realisiert hätten. Eine solche Verwaltungspraxis sei weder willkürlich noch entgegen dem Grundsatz der Wirtschaftlichkeit und Sparsamkeit oder der Subsidiarität.[51]

Insbesondere ist hier jedoch die Zulassung der Revision durch das OVG NRW hervorzuheben.

Das OVG NRW sieht eine Frage von grundsätzlicher Bedeutung unter dem Aspekt, ob und mit welchem genauen Inhalt sich aus revisiblem Gesetzesrecht ein zwingendes Verbot des vorzeitigen Maßnahmenbeginns ergeben soll, dem zudem Außenwirkung im Verhältnis zum Zuwendungsempfänger zukommt.

Diese Frage ist tatsächlich höchst interessant und würde die Förderpraxis teilweise auf den Kopf stellen. Denn bislang hatten Zuwendungsgeber einen recht großzügigen Ermessensspielraum, der durch seine eigene ständige, zur Selbstbindung führende Verwaltungspraxis im Rahmen des Art. 3 Abs. 1 GG ausgefüllt wurde, die nur nicht willkürlich bzw. ermessensfehlerhaft sein durfte. Würde das Bundesverwaltungsgericht bei Entscheidung über eine Revision zu dieser Frage mit grundsätzlicher Bedeutung tatsächlich zu dem Schluss kommen, es bestehe ein gesetzliches, zwingendes Verbot des vorzeitigen Vorhabenbeginns, das eine Außerwirkung gegenüber dem Zuwendungsempfänger entfaltet, dann wäre jeder Verstoß gegenüber Zuwendungsempfängern unter Umständen zu sanktionieren und läge nicht in den Spielräumen der Verwaltungspraxis der Zuwendungsgeber.

Nunmehr ist jedoch bekannt geworden, dass über eine Revision nicht streitig durch das Bundesverwaltungsgericht entschieden worden ist, sodass die Frage des zwingenden Verbots des vorzeitigen Maßnahmebeginns mit Außenwirkung für den Zuwendungsempfänger, das sich aus revisiblem Gesetzesrecht ergeben könnte, weiterhin ungeklärt ist.

Praxistipp

▶ *Soweit also die ständige Verwaltungspraxis der Zuwendungsgeber, wie sie auch aus Erfahrung des Autors weiterhin besteht, bei Vorliegen eines vorzeitigen Maßnahmebeginns in Richtung einer Voll-Rücknahme geht, sollten Zuwendungsempfänger nach wie vor äußerste Vorsicht zur Vermeidung des vorzeitigen Maßnahmebeginns unter Berücksichtigung der dargelegten Maßnahmen walten lassen.*

51 OVG Münster, Beschluss vom 08.09.2023, Az. 4 A 3042/19; 4 A 2549/20.

D. Bewilligung

Nachdem der Förderantrag durch den potenziellen Zuwendungsempfänger beim Zuwendungsgeber eingereicht worden ist, beginnt das Bewilligungsverfahren. Hier werden unterschiedliche Teilprüfungen vorgenommen, aus deren Ergebnis entweder der Erlass eines Bewilligungsbescheids oder aber eines Ablehnungsbescheids resultiert.

Zunächst wird die Förderwürdigkeit des Vorhabens des Antragstellers geprüft. Diese Prüfungen können sich von Förderinstitut zu Förderinstitut und von Förderrichtlinie zu Förderrichtlinie unterscheiden. Geprüft werden kann unter anderem, ob der Antragsteller bereits straffällig war, ob er ein Unternehmen in Schwierigkeiten führt, also unter anderem, ob er sich in Insolvenz befindet, und ob er eine ordnungsgemäße Geschäftsführung sicherstellt und über ausreichend fachlich qualifizierte personelle Ressourcen verfügt, um den Förderzweck zu erreichen.

Hat der potenzielle Zuwendungsempfänger sich bereits in der Vergangenheit wegen der wettbewerbsbeschränkenden Absprachen bei Ausschreibungen gemäß § 298 StGB strafbar gemacht und darauf im Antrag wahrheitsgemäß hingewiesen, so könnte der Zuwendungsempfänger insbesondere vor dem Hintergrund, dass regelmäßig öffentliche Vergabeverfahren aufgrund Vergabepflichten in Zuwendungsverhältnissen bestehen, von der Förderung ausgeschlossen und sein Förderantrag abgelehnt werden. Hätte er unzutreffend angegeben, dass keine diesbezügliche Strafbarkeit in der Vergangenheit vorliegt, und würde sich dies später herausstellen, so könnte der Bewilligungsbescheid wegen ursprünglich rechtswidriger Bewilligung aufgrund der unzutreffenden Angaben zurückgenommen und die Fördermittel zurückgefordert werden.

Verhält es sich z.B. so, dass der Zuwendungsempfänger mit seiner verantwortlichen Geschäftsführung mehrere Jahre in Folge nicht in der Lage ist, mit den Verwendungsnachweisen die erforderlichen vergaberechtlichen Dokumentationen beim Zuwendungsgeber zwecks Prüfung einzureichen, so darf die ständige Verwaltungspraxis des Zuwendungsgebers aus sachlichen Gründen dahingehend gerichtet sein, dass entsprechende Förderanträge mangels ordnungsgemäßer Geschäftsführung abgelehnt werden. Insbesondere ist hier zu beachten, dass die Beurteilung bzw. Einschätzung, ob eine ordnungsgemäße Geschäftsführung eine Prognose und damit einen großzügigen Ermessensspielraum darstellt. Dieser ist für Gerichte nur eingeschränkt auf Ermessensfehler hin überprüfbar, was dem Zuwendungsgeber im Hinblick auf eine gerichtliche Überprüfung zum Vorteil gereicht. Dennoch ist zu beachten, dass sich diese negative Folge durch den Zuwendungsempfänger unschwer aushebeln lässt, indem eine andere „unbescholtene" Geschäftsführung eingesetzt wird.

Einen Schwerpunkt bildet in der Regel die Bewertung des Konzepts des Antragsstellers, wie er den von der Förderrichtlinie vorgesehenen Förderzweck mit seinem Vorhaben zu erreichen beabsichtigt. Dieses ist insbesondere dann von großer Bedeutung, wenn weniger Haushaltsmittel für ein Förderprogramm zur Verfügung gestellt worden sind als beantragte Fördermittel von Antragstellern vorhanden sind. Denn in diesen Fällen werden die einzureichenden Konzepte nach einem „Scoring" ähnlich einer vergaberechtlichen Bewertungsmatrix hinsichtlich ihrer Qualität bewertet. Es gilt die „Bestenauslese". Nur die besten Konzepte, die für die Zweckerreichung am vielversprechendsten sind, kommen in den Genuss der Fördermittel.

Darüber hinaus erfolgt eine Prüfung der Förderfähigkeit der beantragten Ausgaben. An dieser Stelle wird je nachdem, ob eine Projekt- oder institutionelle Förderung vorliegt, die grundsätzliche Förderfähigkeit der in dem Finanzierungs-, Wirtschafts- oder Investitionsplan eingestellten Ausgaben geprüft. Da die Ausgaben zu diesem Zeitpunkt noch nicht tatsächlich angefallen, sondern nur kalkuliert sind und auf einer Prognose beruhen, wird lediglich die grundsätzliche Förderfähigkeit, nicht jedoch die endgültige Zuwendungsfähigkeit der Ausgaben beurteilt. Soweit Ausgaben für angestelltes Personal geplant sind und abgerechnet werden sollen, so kann darauf hingewiesen werden, dass die zugrunde liegenden Arbeitsverträge, die zuweilen mit den Förderanträgen vorzulegen sind, gemäß § 107 Abs. 1 Nr. 3 GWB vergabefrei sind. Arbeitnehmerüberlassungsverträge demgegenüber müssen als Dienstleistungsaufträge, für die keine Ausnahme einschlägig ist, im Vergabeverfahren vergeben werden. In diesem Stadium werden durch den Zuwendungsgeber bereits Ausgaben aus der Förderung ausgenommen, die zur Erreichung des Förderzwecks entsprechend der konkreten Förderrichtlinie nicht erforderlich sind bzw. mit dem Förderzweck nicht in Zusammenhang stehen. Im Übrigen erfolgt eine Prüfung der für eine Bewilligung einzuhaltenden haushaltsrechtlichen Vorgaben.

Darüber hinaus werden mit dem Förderantrag für eine Bewilligung für bestimmte Ausgaben je nach Förderrichtline Vergleichsangebote durch die Zuwendungsgeber gefordert, die eine „erste" Plausibilität und Wirtschaftlichkeit der bevorstehenden Ausgaben dokumentieren sollen. Die Tatsache, dass auch auf Grundlage dieser beigefügten „Vergleichsangebote" eine Bewilligung erfolgt, führt keinesfalls dazu, dass im Laufe des geförderten Projekts, wenn die entsprechende tatsächlich Leistung benötigt wird, diese nicht im öffentlichen Vergabeverfahren zu vergeben ist. Es stellt also einen zum Widerruf und zur Rückforderung führenden Vergabeverstoß dar, wenn später eine (Direkt-)vergabe durchgeführt wird mit dem Hinweis, es seien mit dem Förderantrag bereits Vergleichsangebote eingereicht worden. Denn allein wegen des Zeitablaufs zwischen Antrag und dem tatsächlich entstehenden Bedarf stellen diese „Vergleichsangebote" keine Vergleichsangebote im Sinne des öffentlichen Vergaberechts und der entsprechenden Auflage bzw. vertraglichen Regelung dar.

Weiterhin wird insbesondere in diesem Stadium eine Prüfung des EU-Beihilfenrechts vorgenommen. Zunächst wird festgestellt, ob durch die Zuwendung eine staatliche Beihilfe im Sinne des Art. 107 Abs. 1 AEUV gewährt wird. Wenn dem so ist, muss die staatliche Beihilfe entweder bei der EU notifiziert bzw. angemeldet werden oder aber eine Grundlage für die Freistellung der staatlichen Beihilfe festgestellt werden, die die Gewährung der Beihilfe ohne die Notifizierung bzw. Anmeldung zulässt. Denn es verhält sich keineswegs so, dass die Förderrichtlinien stets als Ganzes notifiziert bzw. angemeldet oder freigestellt sind. Einzelheiten zu diesen beihilferechtlichen Anforderungen werden noch in einem der folgenden Kapitel erläutert. Solange eine staatliche Beihilfe im Sinne des Art. 107 Abs. 1 AEUV weder freigestellt noch angemeldet sowie notifiziert ist, besteht grundsätzlich gemäß Art. 108 Abs. 3 S. 3 AEUV ein Durchführungsverbot, sodass von der Bewilligungsstelle weder bewilligt noch ausgezahlt werden darf.

Eine vergaberechtliche Prüfung der durch den Zuwendungsempfänger kalkulierten Ausgaben erfolgt in diesem Stadium grundsätzlich nicht, nicht zuletzt da Vergabeverfahren in der Regel wegen des Verbots des vorzeitigen Maßnahmebeginns nicht durchgeführt worden sind.

Sind diese Prüfungen erfolgreich durchgeführt worden, erstellt der Zuwendungsgeber den Bewilligungsbescheid, den der Zuwendungsempfänger mit seinem Förderantrag erwirken wollte. Die §§ 23, 44 BHO, LHO sowie die dazugehörigen Verwaltungsvorschriften enthalten unter anderem Regelungen dazu, was grundsätzlich zum Inhalt des Bewilligungsbescheids gemacht werden soll. Ziffern 4.2.8, 5.1 der VV zu § 44 BHO, LHO enthalten die Vorgabe, dass die Nebenbestimmungen zur institutionellen Förderung (ANBest-I) und zur Projektförderung (ANBest-P) sich aus den Anlagen zu den Verwaltungsvorschriften ergeben und grundsätzlich unverändert zum Bestandteil des Bewilligungsbescheids zu machen sind. Ebenso ist dies in den VV zu § 44 BHO, LHO für die Nebenbestimmungen für die Gebietskörperschaften (ANBest-Gk) geregelt.

In diesem Zeitpunkt wird der Zuwendungsempfänger erstmalig schriftlich mit seiner konkreten Verpflichtung zur Einhaltung des Vergaberechts konfrontiert, die im nächsten Kapitel ausführlich behandelt wird.

Praxistipp

▶ *Der Zuwendungsempfänger sollte sich in diesem Zeitpunkt mit den Regelungen zur Vergabepflicht im Bewilligungsbescheid sowie den entsprechenden Nebenbestimmungen genaustens auseinandersetzen und sich dieser bewusst werden. Hierfür wird empfohlen, dass der Zuwendungsempfänger sich pro Zuwendungsverhältnis einen Grundsatzordner mit den für ihn geltenden vergaberechtlichen Regelungen anlegt.*

E. Mittelanforderung

Nachdem der Bewilligungsbescheid durch den Zuwendungsgeber erlassen worden ist und die ersten Ausgaben durch den Zuwendungsempfänger getätigt worden sind, sehen die Förderbescheide bzw. Förderverträge grundsätzlich vor, dass in bestimmten zeitlichen Abständen sogenannte Mittelabrufe bzw. Mittelanforderungen beim Zuwendungsgeber gestellt werden, um die Fördermittel auszahlen zu lassen. Regelmäßig sind die Mittel quartalsmäßig abzurufen, wobei sogar die Gefahr des Verfalls besteht, wenn diese Vorgabe nicht eingehalten wird.

Nach den Haushaltsordnungen soll die Zuwendung regelmäßig erst ausgezahlt werden, wenn der Bewilligungsbescheid bestandkräftig geworden ist. Die Bestandskraft kann der Zuwendungsempfänger vorzeitig herbeiführen, indem er den Verzicht auf Rechtsbehelfe gegen den Bewilligungsbescheid erklärt. Das soll jedoch gut überlegt sein, weil Rechtsbehelfe dann nicht mehr wirksam eingereicht werden können.

Regelmäßig gilt das Erstattungsprinzip[52], wonach abgerechnete Ausgaben an den Zuwendungsempfänger erst dann erstattet werden, wenn sie tatsächlich getätigt worden sind. Die Zuwendung darf nur insoweit und nicht eher ausgezahlt werden, als sie voraussichtlich innerhalb von zwei Monaten nach Auszahlung für fällige Zahlungen im Rahmen des Zuwendungszwecks benötigt wird. Dies gilt nicht, wenn die Zuwendung in Teilbeträgen zu festgelegten

52 Vgl. BHO, LHO sowie entsprechende Verwaltungsvorschriften.

Terminen ausgezahlt werden darf. Sofern Förderrichtlinien oder Finanzierungsvereinbarungen Ausnahmen zum Erstattungsprinzip zulassen, sind die hierzu erforderlichen Regelungen und Erläuterungen in den Bewilligungsbescheid aufzunehmen. Zuweilen sind in der Vergangenheit auch Auszahlungen auf Grundlage von nur geschätzten Ausgaben in bestimmten Umfang zugelassen worden.

Im Rahmen der Prüfung der Mittelabrufe erfolgt durch den Zuwendungsgeber eine tiefgehende zuwendungs- und vergaberechtliche Prüfung. Hier können je nach Bundesland und Zuwendungsgeber Unterschiede im Hinblick auf den Umfang der Prüfung bestehen. Zum Teil werden lediglich Stichprobenprüfungen, zum Teil Vollprüfungen durchgeführt. Bei letzteren wird jede einzelne durch den Zuwendungsempfänger abgerechnete Ausgabe zuwendungs- und vergaberechtlich überprüft. Die Tiefe der zuwendungs- und vergaberechtlichen Prüfung in den das Förderprojekt abschließenden Verwendungsnachweisverfahren ist nahezu identisch. Der Unterschied zu der zum Ende des Förderverfahrens folgenden Verwendungsnachweisprüfung ist, dass die Mitteilungen über die Ergebnisse der Mittelabrufprüfung lediglich vorläufigen und rechtlich unverbindlichen Charakter haben. Sie ergehen vorbehaltlich einer endgültigen und abschließenden Prüfung im Verwendungsnachweisverfahren und sind daher keine Verwaltungsakte im Sinne des § 35 VwVfG. Zwar gestalten vereinzelte Zuwendungsgeber die Mittelabrufschreiben als Verwaltungsakte mit rechtlich verbindlicher Wirkung. Davon ist jedoch zwingend abzuraten, weil dies zu einem erhöhten bürokratischen Aufwand führt. Denn in diesen Fällen könnten Widersprüche und Klagen gegen jeden „Mittelabruf-Bescheid" eingereicht werden, was das gesamte Förderverfahren insbesondere zeitlich in die Länge zieht. Die Verwendungsnachweisprüfung endet hingegen mit einem endgültigen, abschließenden und rechtsverbindlichen Bescheid. Aus diesem Grunde sind gegen die Mitteilung nach der Mittelabrufprüfung keine Rechtsbehelfe, gegen den Verwendungsnachweisbescheid hingegen Widersprüche und Klagen statthaft. Da aus der Mittelabrufprüfung lediglich vorläufige Entscheidungen resultieren, werden die Einzelheiten der vergaberechtlichen Prüfung im Abschnitt Verwendungsnachweis behandelt.

Praxistipp

Der Zuwendungsempfänger sollte die den vergaberechtlich relevanten Ausgaben zugrunde liegenden Vergabeverfahren bereits im Mittelabrufverfahren ordnungsgemäß dokumentieren, damit diese ohne erneute aufwändige Prüfung durch den Zuwendungsgeber im Verwendungsnachweisverfahren als zuwendungsfähig anerkannt und festgesetzt werden können und um nicht auf Auszahlungen zuwarten zu müssen.

F. Zwischennachweis

In den Bundesländern und Förderverfahren vergleichbar geregelt sind zudem Prüfungen im Rahmen von Zwischennachweisen vorgesehen. Die Haushaltsordnungen regeln für die Projektförderung, die nicht Gebietskörperschaften umfasst, üblicherweise in den ANBest-P, die grundsätzlich zum Gegenstand des Bewilligungsbescheids gemacht werden sollen, dass innerhalb von vier Monaten nach Ablauf des Haushaltsjahres über die in diesem Jahr erhaltenen Beträge ein Zwischennachweis zu führen ist, wenn der Zuwendungszweck nicht bis zum Ablauf des Haushaltsjahres erfüllt ist.[53] Dieser besteht aus einem Sachbericht und einer summarischen Zusammenstellung der Einnahmen und Ausgaben entsprechend der Gliederung des Finanzierungsplans. Der Zwischennachweis ist eine wesentliche Grundlage für die begleitende Erfolgskontrolle. Er lässt die Kontrolle der bisherigen Verwendung der Zuwendung zu und ermöglicht eine Prognose, ob Zweck und Ziel der Förderung erreicht werden.[54]

Die Verwaltungsvorschriften für Zuwendungen an Gebietskörperschaften regeln grundsätzlich, dass bei Projektförderungen, deren Zweck innerhalb von drei Jahren erreicht ist, in der Regel kein Zwischennachweis erforderlich ist. Erstreckt sich der Bewilligungszeitraum über mehr als drei Jahre, so entscheidet die Bewilligungsbehörde nach pflichtgemäßem Ermessen, ob ein Zwischennachweis vorzulegen ist.[55] Das bedeutet im Ergebnis, dass im Gegensatz zu Vorhaben, die unter die ANBest-P fallen, der Zuwendungsgeber im Bereich der ANBest-Gk nach seinem Ermessen entscheiden kann, ob auf einen Zwischennachweis verzichtet wird.

Die ANBest-Gk, die grundsätzlich zum Gegenstand des Bewilligungsbescheids gemacht werden sollen, legen fest, dass der Zwischennachweis aus einem Sachbericht und einem zahlenmäßigen Nachweis besteht. Dieser zahlenmäßige Nachweis muss alle mit dem Zuwendungszweck zusammenhängenden Einnahmen und alle Ausgaben enthalten.[56]

In der Förderpraxis sind die Anforderungen an den Zwischennachweis bei vielen Zuwendungsgebern wesentlich entschlackt worden. Insbesondere findet im Rahmen des Zwischennachweises keine vergaberechtliche Prüfung der im zahlenmäßigen Nachweis enthaltenen Ausgaben wie in den Mittelabrufen und dem Verwendungsnachweis statt.

Praxistipp

▶ *Der Zuwendungsempfänger sollte sich bezüglich der konkreten, für ihn geltenden Anforderungen im Hinblick auf den Zwischennachweis an den Zuwendungsgeber und nach seinem Bewilligungsbescheid mit seinen Bestandteilen richten, wobei er regelmäßig keinen vergaberechtlichen Regelungen wird Rechnung tragen müssen.*

G. Verwendungsnachweis

Zum Abschluss des Vorhabens haben die Zuwendungsempfänger einen Verwendungsnachweis einzureichen. Die Einzelheiten zur Prüfung des Verwendungsnachweises sind in den Verwaltungsvorschriften zu der BHO und den LHOs der Bundesländer geregelt.[57] Auch der

53 Vgl. Ziffer 6.1 ANBest-P der Anlage 2 zu VV zu § 44 LHO Nds.
54 Der Präsident des Bundesrechnungshofs, in: Prüfung der Vergabe und Bewirtschaftung von Zuwendungen – Typische Mängel und Fehler im Zuwendungsbereich, 2. Auflage, 2016, S. 123.
55 Vgl. Ziffer 5.2 VV-Gk zu § 44 LHO Nds.
56 Vgl. Ziffern 5.5, 5.3 der Anlage zu VV-Gk zu § 44 LHO Nds.
57 Vgl. Ziffer 11 der VV zu § 44 LHO Nds.

Verwendungsnachweis besteht aus einem Sachbericht und einem zahlenmäßigen Nachweis.[58]

In der Verwendungsnachweisprüfung werden entsprechend den Regelungen im Bescheid bzw. Vertrag zur Einhaltung des öffentlichen Vergaberechts sämtliche zu fördernden Ausgaben, die der Zuwendungsempfänger eingereicht hat, neben einer zuwendungsrechtlichen zudem einer tiefgehenden vergaberechtlichen Prüfung unterzogen. Diese ermöglicht für den Zuwendungsgeber die endgültige und abschließende Abrechnung der Fördermaßnahme. Der konkrete Ablauf der Prüfung in der Praxis unterscheidet sich von Zuwendungsgeber zu Zuwendungsgeber.

Der Verwendungsnachweis des Zuwendungsempfängers geht grundsätzlich zunächst bei dem für die konkrete Förderrichtlinie zuständigen Fachbereich und Sachbearbeiter ein.

In einigen Förderinstituten übernehmen die für die Förderrichtlinien zuständigen Fachbereiche sowohl die (allgemeine) zuwendungsrechtliche Prüfung als auch die (spezielle) vergaberechtliche Prüfung.

Teilweise sind die Zuwendungsgeber im Hinblick auf die vergaberechtliche Prüfung dezentral strukturiert. Das heißt, bis zu gewissen Grenzen der geschätzten Auftragswerte wird die vergaberechtliche Prüfung von den für die Förderrichtlinie zuständigen Fachbereichen übernommen. Ab Erreichen dieser Grenzen werden die vergaberechtlichen Prüfungen an die eigens eingerichteten Vergabeprüfstellen der Zuwendungsgeber abgegeben.

Bei anderen Zuwendungsgebern ist der Ablauf so gestaltet, dass die vergaberechtlichen Prüfungen zu einer speziellen Vergabeprüfstelle zur weiteren Bearbeitung gegeben werden, um den immer komplexer werdenden Anforderungen des öffentlichen Vergaberechts Rechnung zu tragen.

In diesem Fall ist es so, dass der für die Förderrichtlinie zuständige Fachbereich zunächst im Rahmen einer Vorprüfung prüft, ob der Zuwendungsempfänger überhaupt prüfbare Vergabeunterlagen vorgelegt hat.

Ist das nicht der Fall, werden die betroffenen Ausgaben wegen der fehlenden Vergabedokumentation zunächst vollständig oder teilweise von der Förderung ausgeschlossen und dem Zuwendungsempfänger wird Gelegenheit zur Stellungnahme im Rahmen der Anhörung gewährt, in der er die fehlenden Vergabeunterlagen nachreichen und die Unklarheiten ausräumen kann. Gelingt dem Zuwendungsempfänger das nicht, wird der vollständige bzw. teilweise Ausschluss der Ausgaben aus der Förderung rechtsverbindlich im Verwendungsbescheid bereits durch den Fachbereich festgelegt, ohne dass die vergaberechtliche Prüfung durch die Vergabeprüfstelle durchgeführt werden musste.

Hat der Zuwendungsempfänger bei dem für die Förderrichtlinie zuständigen Fachbereich prüffähige Vergabeunterlagen eingereicht, leitet dieser die Unterlagen zur Prüfung an die Vergabeprüfstelle.

58 Vgl. Ziffer 7 ANBest-I als Anlage 1 zu VV zu § 44 LHO Nds; Ziffer 6 ANBest-P als Anlage 2 zu VV zu § 44 LHO Nds; Ziffer 5 ANBest-Gk als Anlage zu VV-Gk zu § 44 LHO Nds; Ziffer 10 zu VV-Gk zu § 44 LHO Nds.

Regelmäßig hat der Zuwendungsempfänger neben der allgemeinen Auflistung (Belegliste) für die in der Fördermaßnahme getätigten Ausgaben zusätzlich eine Auflistung der vergaberechtlich relevanten Ausgaben (Vergabeliste) einzureichen. Bei digital fortgeschrittenen Zuwendungsgebern ist eine Einreichung bereits elektronisch, auch über so genannte Kundenportale, möglich.

Zum einen wird diese Vergabeliste unabhängig von der Form oder Gestaltung mit der allgemeinen Belegliste abgeglichen, um festzustellen, ob der Zuwendungsempfänger tatsächlich alle vergaberechtlich relevanten Ausgaben in dieser Auflistung erfasst hat. Bereits hier kann es zu ersten Kürzungen kommen, wenn der Zuwendungsempfänger die Ausgaben, denen Vergabeverfahren hätten zugrunde liegen müssen, nicht als solche ausgewiesen hat. In diesem Fall wird dem Zuwendungsempfänger die Gelegenheit zur Stellungnahme im Rahmen einer Anhörung gewährt. Kann der Zuwendungsempfänger die Unklarheiten nicht ausräumen, so wird die Kürzung im Rahmen des Verwendungsbescheids festgesetzt und die Zuwendung ggf. entsprechend der Anteilsfinanzierung reduziert.

Zum anderen dient die Vergabeliste dazu, als Zuwendungsgeber eine transparente Übersicht über die durch den Zuwendungsempfänger vergebenden Aufträge auf einen Blick zu erhalten. Darin enthalten sind üblicherweise die Angaben bezüglich der Beschreibung der Leistung, des geschätzten Auftragswerts, der durchgeführten Verfahrensart sowie der bezuschlagten Bieter. Allein aus dieser Auflistung ist für den Zuwendungsgeber regelmäßig ersichtlich, dass der Zuwendungsempfänger aller Voraussicht nach Vergabeverstöße begangen hat, die zu Kürzungen führen können.

Wenn die Auflistung so weit als vergabekonform beurteilt werden kann, beginnt die inhaltliche und damit vergaberechtliche Prüfung der durch den Zuwendungsempfänger zwecks Dokumentation eingereichten Vergabeunterlagen.

Die Vergabeprüfstelle stellt zunächst fest, ob im konkreten Förderfall eine Regelung zur Vergabepflicht im Bewilligungsbescheid oder den dazugehörigen Bestandteilen enthalten ist. Fehlt diese bereits, endet die Prüfung für die Vergabeprüfstelle, da es einer rechtswirksamen Verpflichtung des Zuwendungsempfängers zur Einhaltung des öffentlichen Vergaberechts im Zuwendungsrechtsverhältnis bedarf, um für ihn nachteilige Rechtsfolgen wegen Vergabeverstößen anknüpfen zu können. Anders kann es sich allenfalls bei der EU-Förderung verhalten. Auf diese Besonderheiten wird in den weiteren Kapiteln im Einzelnen eingegangen.

Ist eine solche Regelung zur Vergabepflicht enthalten, wird überprüft, ob der Zuwendungsempfänger ein grundsätzlich privater oder öffentlicher Auftraggeber ist. Diese Unterscheidung ist aus dem Grunde von großer Bedeutung, weil die Bewilligungsbescheide an die beiden Arten der Auftraggeber unterschiedliche Folgen knüpfen und die Zuwendungsempfänger in der Folge unterschiedlichen vergaberechtlichen Regelungen unterliegen bzw. dem öffentlichen Vergaberecht sogar gar nicht unterworfen sind. Daher wird auch in diesem Zuge festgestellt, welche Art von Allgemeinen Nebenbestimmungen zum Gegenstand des Bewilligungsbescheids gemacht wurden.

Darüber hinaus werden unter Umständen die konkrete Förderquote sowie der Zuwendungsbetrag überprüft, weil auch hiervon die Anwendbarkeit des öffentlichen Vergaberechts abhängen kann.

Des Weiteren findet der konkrete Bewilligungszeitraum des geförderten Vorhabens besondere Berücksichtigung. Der Grund liegt darin, dass auf diese Weise klar herausgearbeitet werden kann, welche Art von rechtlichen Regelungen für die vom Zuwendungsempfänger durchzuführenden Vergabeverfahren Anwendung findet. Abhängig vom Bewilligungszeitraum können nämlich insbesondere unterschiedliche Fassungen der Vertrags- und Vergabeordnungen sowie Wertgrenzenerlasse, -richtlinien und -verordnungen gelten.

Zwar können sich die Prüfungen im konkreten Einzelfall unterscheiden. Jedoch werden insbesondere die maßgeblichen Stufen des Vergabeverfahrens abgeprüft. Hierzu gehören unter anderem die Bekanntmachung bzw. die Aufforderung zur Angebotsabgabe, Eigenheiten der jeweiligen Verfahrensart, Binnenmarktrelevanz, die Eignung, die Teilnahme- und Angebotsfristen, die Wertung der Angebote sowie die Stillhalte-, Zuschlags- und Bindefristen sowie die Vergabedokumentation bzw. der Vergabevermerk an sich.

Welche Aspekte die jeweilige Vergabeprüfstelle des Zuwendungsgebers prüft, orientiert sich an den konkreten Vorgaben der Aufsichts- und Prüfbehörden des Zuwendungsgebers, den Förderprogrammen, Förderrichtlinien und der Gestaltung der Bewilligungsbescheide samt dazugehöriger Bestandteile, als dem individuellen Zuwendungsverhältnis, da nur hieraus die im konkreten Einzelfall geltenden Vergabebestimmungen hervorgehen.

Praxistipp

Der Zuwendungsempfänger muss sich daher zwingend der für seinen Förderfall anzuwendenden Vergabebestimmungen bewusstwerden und insbesondere die Einhaltung dieser Regelungen in dem die Fördermittel rechtlich verbindlich festlegenden Verwendungsnachweisverfahren dokumentieren, um keine Aufhebung der Bewilligung und Rückforderung zu riskieren.

Verpflichtung zur Einhaltung des Vergaberechts in der Förderung

Übersicht

Seite

A. Abgrenzung zwischen Zuwendung und öffentlichem Auftrag

Das Zuwendungsrecht und das deutsche Vergaberecht haben zwar beide im öffentlichen Haushaltsrecht ihren Ursprung. Während das national geprägte sog. Unterschwellenvergaberecht entsprechend der deutschen Tradition weiterhin dem Haushaltsrecht zugeordnet ist, ist das sog. Oberschwellenvergaberecht durch die unionsrechtliche Überlagerung und die Regelung im vierten Teil des GWB (sog. Kartellvergaberecht) jedoch dem Haushaltsrecht entwachsen und orientiert sich primär am Wettbewerbsgedanken. Zuwendungsrecht und Vergaberecht verfolgen daher zumindest teilweise unterschiedliche Ziele und unterliegen auch unterschiedlichen Verfahrensregeln.

Das Zuwendungsrecht dient als Instrument dazu, Aufgaben Dritter, an denen ein erhebliches öffentliches Interesse besteht, staatlich zu fördern. Das Zuwendungsrecht ist dabei als besondere Ausprägung von Leistungen aus dem Haushalt primär am Grundsatz der Wirtschaftlichkeit und Sparsamkeit (vgl. § 7 BHO) zu messen, während das Vergaberecht, das zumindest ab Erreichen der EU-Schwellenwerte unionsrechtlich geprägt ist, primär auf die Marktöffnung im Bereich des öffentlichen Auftragswesens und die Verwirklichung des Binnenmarktes gerichtet ist.[1] Angesichts der unterschiedlichen Rechtsregime, denen die Vergabe von Zuwendungen und die Vergabe von öffentlichen Aufträgen unterliegen, ist es erforderlich, die beiden Instrumentarien voneinander abzugrenzen. Insbesondere im Hinblick auf die Gefahren der Umgehung des Vergaberechts bzw. einer möglichen „Flucht" ins Zuwendungsrecht muss vor dem Ergreifen einer Maßnahme klar differenziert werden, welche Rechtsqualität sie hat. Zunächst sind daher die Rechtsgrundlagen der beiden Rechtsmaterien in den Blick zu nehmen und es ist eine Begriffsbestimmung der Zuwendung und des öffentlichen Auftrags vorzunehmen (hierzu I.). Hieraus lassen sich zwei zentrale Kriterien zur Abgrenzung zwischen Zuwendung und öffentlichem Auftrag herleiten (hierzu II.).

I. Rechtsgrundlagen und Begriffsbestimmung

1. Zuwendung

Rechtliche Grundlage von Zuwendungen ist das öffentliche Haushaltsrecht, konkret die §§ 23, 44 BHO/LHO.[2] Der Begriff der Zuwendung wird in § 23 BHO/LHO umschrieben. Demnach handelt es sich hierbei um *Leistungen an Stellen außerhalb der Verwaltung zur Erfüllung bestimmter Zwecke*. Haushaltsmittel dürfen für diese Leistungen nur veranschlagt werden, wenn der Bund/das Land an der Erfüllung durch solche Stellen *ein erhebliches Interesse* hat, das ohne die Zuwendungen nicht oder nicht im notwendigen Umfang befriedigt werden kann.

Nach der Positivabgrenzung in Nr. 1.1 der Verwaltungsvorschriften zu § 23 BHO/LHO (VV-BHO/LHO) können Zuwendungen die Leistungsformen von zweckgebundenen Zuschüssen, Zuweisungen, Schuldendiensthilfen und anderen nicht rückzahlbaren Leistungen sowie zweckgebundenen Darlehen und anderen bedingt oder unbedingt rückzahlbare Leistungen annehmen. Die Begrifflichkeiten Zuschuss und Zuweisung bilden dabei nach überwiegendem haushaltsrechtlichem Verständnis Gegenbegriffe: und zwar in dem Sinne, dass mit dem Begriff der Zuweisung einmalige oder laufende Zahlungsflüsse zwischen Haushaltsträgern des öffentlichen Bereichs bezeichnet werden, während mit dem Begriff des Zuschusses einmalige oder laufende Geldleistungen der öffentlichen Haushalte an den nicht-öffentlichen Bereich umfasst sind.[3]

1 Vgl. *Müller/Richter/Ziekow*, Handbuch Zuwendungsrecht, 2017, Kapitel E, Rn. 52.

2 Angesichts des gleichlautenden Wortlauts der Landeshaushaltsordnungen und der gleichen anzuwendenden Grundsätze wird nachfolgend im Wesentlichen auf die Bundeshaushaltsordnung (BHO) Bezug genommen.

3 Vgl. *Dittrich*, Bundeshaushaltsordnung, 68. EL 2025, § 23 BHO, Erl. 3.17; auch: *Müller/Richter/Ziekow*, Handbuch Zuwendungsrecht, 2017, Kapitel A, Rn. 199.

Keine Zuwendung sind gemäß der Negativabgrenzung in VV Nr. 1.2.4 zu § 23 BHO hingegen insbesondere Entgelte aufgrund von öffentlichen Aufträgen.

Was zu den öffentlichen Aufträgen zählt und wie diese von der Zuwendung abzugrenzen sind, wird in der Anlage zu Ziffer 1.2.4 VV-BHO zu § 23 näher erläutert. Demnach ist für einen öffentlichen Auftrag maßgeblich, dass ein *Leistungsaustausch zur Deckung des Beschaffungsbedarfs der öffentlichen Hand* erfolgt.[4] Hierunter wird verstanden, dass die öffentliche Hand auf der Grundlage eines Vertrages ein Entgelt zahlt und diesem Entgelt eine gleichwertige Gegenleistung (Lieferung und sonstige Leistungen einschließlich Dienstleistungen) gegenüber steht, wobei die Gegenleistung entweder unmittelbar gegenüber der öffentlichen Hand oder aber in deren Auftrag gegenüber einem Dritten erbracht werden kann.[5] Kennzeichnend für einen öffentlichen Auftrag ist zudem, dass der öffentlichen Hand oder dem Dritten die Leistung grundsätzlich zur vollen Verfügung überlassen wird.[6] Eine Zuwendung ist nach den Auslegungshinweisen des Haushaltsrechts dagegen kein Entgelt für eine Leistung. Es handelt sich vielmehr um eine Geldleistung, die der Zuwendungsempfänger zwar mit Bedingungen und Auflagen hinsichtlich der Verwendung erhält, dies jedoch zur Erfüllung seiner eigenen Aufgaben, an deren Förderung der Zuwendungsgeber ein erhebliches Interesse hat.[7] Der Zuwendungsempfänger räumt dem Zuwendungsgeber in der Regel keine Verfügungsbefugnis ein.[8] Gerade im Bereich der Förderung von Forschung und Entwicklung zeigt sich, dass insoweit fein ausdifferenziert unterschieden wird zwischen Nutzungsbefugnissen und Veröffentlichungsverpflichtungen einerseits und Verfügungsbefugnissen andererseits, um auch die Abgrenzung zur Auftragsforschung zu gewährleisten.

Aus dieser haushaltsrechtlichen Differenzierung zwischen Zuwendung und öffentlichem Auftrag folgt nicht, dass den Behörden haushaltsrechtlich vorgegeben ist, ob sie in Form der Zuwendung oder in Form des öffentlichen Auftrags handeln.[9] Das Haushaltsrecht lässt vielmehr grundsätzlich beide Instrumente zu. Der Verwaltung wird damit zunächst ein gewisser Gestaltungsspielraum eingeräumt. Es ist daher eine Frage des Einzelfalls, welches Instrument anzuwenden ist. Die Entscheidung hierüber obliegt der handelnden Behörde.

So hat auch das OLG Düsseldorf in einer Grundsatzentscheidung betont, dass für öffentliche Stellen im Grunde eine *„Wahlfreiheit"* zwischen dem Instrument der Zuwendung und dem des öffentlichen Auftrags besteht.[10] Allerdings kann diese Freiheit im Einzelfall so eingeschränkt sein, dass es im Ergebnis nur eine Handlungsalternative gibt.[11] Der Grund hierfür liegt darin, dass die Entscheidung der handelnden Behörde an zwei Grundsätzen zu messen ist: Dies ist einerseits der Grundsatz der Wirtschaftlichkeit, der für jegliches Verwaltungshandeln gilt und nach § 7 BHO/LHO auch grundlegender Maßstab für jegliche Verwendung von Haushaltsmitteln ist, und andererseits die Bindung der Verwaltung an Recht und Gesetz gemäß Art. 20 Abs. 3 GG. Hieraus folgt, dass die Entscheidung zwischen der Gewährung einer Zu-

4 Vgl. Leitsatz 04/06 des Bundesrechnungshofs („Abgrenzung zwischen Zuwendungen und öffentlichen Aufträgen bei der Projektförderung").

5 Vgl. Ziffer 1, 1.1 und 1.2 der Anlage zur VV Nr. 1.2.4 zu § 23 BHO.

6 Vgl. Ziffer 1.3 der Anlage zur VV Nr. 1.2.4 zu § 23 BHO.

7 Vgl. Ziffern 2, 2.1 und 2.2 der Anlage zur VV Nr. 1.2.4 zu § 23 BHO.

8 Vgl. Ziffer 2.3 der Anlage zur VV Nr. 1.2.4 zu § 23 BHO.

9 Vgl. *Lipinsky/Plauth*, VergabeR 2019, 1 (3).

10 Vgl. OLG Düsseldorf, Beschluss vom 11.7.2018 – VII-Verg 1/18.

11 Vgl. im Folgenden *Lipinsky/Plauth*, VergabeR 2019, 1 (3).

wendung und der Erteilung eines öffentlichen Auftrags schon deshalb zugunsten des öffentlichen Auftrags ausfallen kann, weil dieser nach § 55 BHO i.d.R. unter Nutzung des Wettbewerbs grundsätzlich nach den Regeln des Vergaberechts zu vergeben und daher ggf. wirtschaftlicher ist als die Gewährung einer Zuwendung. Ein Zuwendungsempfänger ist zudem nur bei zweckwidriger Verwendung der Zuwendungsmittel zur Rückerstattung der Mittel verpflichtet, nicht aber, wenn er die Fördermittel zuwendungskonform einsetzt, das geförderte Vorhaben dann aber im Ergebnis aus anderen Gründen scheitert (z.B. weil sich Nutzungs- oder Marktprognosen nicht verwirklichen).[12] Der Auftragnehmer eines öffentlichen Auftrags hat demgegenüber eine primäre Leistungspflicht.

Für eine Wahl zwischen Zuwendung und öffentlichem Auftrag ist aber auch dann kein Raum, wenn allein die Vergabe eines Auftrags im Einklang mit den Gesetzen, insbesondere dem EU- bzw. dem GWB-Vergaberecht, steht.[13] Das einschlägige Recht kann nicht durch die Wahl eines öffentlich-rechtlichen Handlungsinstruments umgangen werden. Der Bundesrechnungshof und die haushaltsrechtliche Literatur halten die Grenze der zulässigen Gestaltung und damit die Gefahr eines Formenmissbrauchs für erreicht, wenn ein konkretes Beschaffungsinteresse des öffentlichen Geldgebers an den Ergebnissen des Vorhabens eines Dritten besteht (und nicht nur ein allgemeines Bundes- oder Landesinteresse an dem Vorhaben gegeben ist), sodass eigentlich eine Leistungspflicht des Durchführenden und eine Vollfinanzierung der Leistung durch die öffentliche Hand vereinbart werden müsste.[14]

Die handelnde Behörde muss sich somit vor jeder Verwendung von Haushaltsmitteln für eine Leistung Dritter damit auseinandersetzen, ob erstens, ein erhebliches Bundes-/Landesinteresse an der Leistung des Dritten besteht und zweitens, wie eng dieses Interesse im Zusammenhang mit den selbst von der Behörde zu erledigenden Aufgaben steht.[15] Ist angesichts der Erforderlichkeit der Leistungen für die Erfüllung öffentlicher Aufgaben von einem Beschaffungsinteresse auszugehen, ist anzunehmen, dass ein Leistungsaustausch gegen (marktübliches) Entgelt und eine Leistungspflicht des Durchführenden zu vereinbaren wäre. In diesem Fall ist von einem Zuwendungsbescheid Abstand zu nehmen und ein öffentlicher Auftrag ins Auge zu fassen.

2. Öffentlicher Auftrag

Anwendungsvoraussetzung des GWB-Vergaberechts ist das Vorliegen eines öffentlichen Auftrags. In § 103 Abs. 1 GWB werden öffentliche Aufträge als entgeltliche Verträge zwischen öffentlichen Auftraggebern und Unternehmen über die Beschaffung von Leistungen definiert, die die Lieferung von Waren, die Ausführung von Bauleistungen oder die Erbringung von Dienstleistungen zum Gegenstand haben. Aus Sicht des Vergaberechts unterscheidet sich ein Auftrags- von einem bloßen Zuwendungsverhältnis somit im Wesentlichen dadurch, dass

12 Vgl. Leitsatz 04/06 des Bundesrechnungshofs („Abgrenzung zwischen Zuwendungen und öffentlichen Aufträgen bei der Projektförderung").

13 Vgl. im Folgenden *Lipinsky/Plauth*, VergabeR 2019, 1 (3).

14 Vgl. Leitsatz 04/06 des Bundesrechnungshofs („Abgrenzung zwischen Zuwendungen und öffentlichen Aufträgen bei der Projektförderung"); *Dittrich*, Bundeshaushaltsordnung, 68. EL 2025, Ziffer 3.7 zu § 23 BHO.

15 Vgl. im Folgenden *Lipinsky/Plauth*, VergabeR 2019, 1 (3).

es sich bei einem öffentlichen Auftrag um ein entgeltliches Austausch- bzw. Vertragsverhältnis zur Beschaffung einer Leistung handelt.[16]

Im Unterschied zum haushaltsrechtlich geprägten Zuwendungsrecht ist das Vergaberecht unionsrechtlich determiniert. Ziel des unionsrechtlichen Vergaberechts ist es, das öffentliche Auftragswesen für den Wettbewerb zu öffnen.[17] Vor diesem Hintergrund ist der Begriff des öffentlichen Auftrags funktional zu verstehen, d.h. bei Anwendung der Tatbestandsmerkmale des § 103 Abs. 1 GWB ist diese Zwecksetzung zu beachten.[18] Der Begriff des öffentlichen Auftrags ist als Anwendungsvoraussetzung des Vergaberechts mithin weit auszulegen.[19] Insbesondere muss im Wege richtlinienkonformer Auslegung sichergestellt werden, dass ein Beschaffungsvorgang durch Kombination mit anderen Vorgängen nicht der praktischen Wirksamkeit der Vergaberichtlinien entzogen wird.[20]

Danach kommt es für das Vorliegen eines Vertrages im vergaberechtlichen Sinne nicht auf die Rechtsnatur oder die Rechtsform an.[21] Dies folgt auch aus dem unionsrechtlichen Effektivitätsgrundsatz. Dieser gebietet nicht nur, dass die mit dem Unionsrecht befassten Stellen (Behörden, Gerichte, etc.) dieses so auslegen müssen, dass ihm die größtmögliche Wirksamkeit zukommt.[22] Der Effektivitätsgrundsatz untersagt es auch, die praktische Wirksamkeit des Unionsrechts durch wie auch immer geartete Hindernisse zu unterbinden oder wesentlich zu erschweren.[23] Insbesondere darf die Anwendung innerstaatlichen Rechts nicht darauf hinauslaufen, dass die Verwirklichung des Unionsrechts praktisch unmöglich gemacht wird.[24] Mithin darf die Form des Vertrages nicht zu einer Umgehung vergaberechtlicher Bindungen führen. Die Qualifizierung der Handlungsform nach nationalem Recht ist für die Eröffnung des Anwendungsbereichs der europäischen Vergaberichtlinien unerheblich.[25]

3. Öffentlich-rechtlicher Vertrag als eigene Kategorie?

Nach dem eben Gesagten stellt der öffentlich-rechtliche Vertrag keine eigene Kategorie neben der Zuwendung oder dem öffentlichen Auftrag dar. Vielmehr handelt es sich um eine hoheitliche Handlungsform, die je nach konkreter Ausgestaltung bei materieller Betrachtung eine Zuwendung oder einen öffentlichen Auftrag darstellen kann. Öffentlich-rechtliche Verträge i.S.d. § 54 VwVfG können als öffentlicher Auftrag im Sinne des § 103 Abs.1 GWB einzustufen sein, wenn in diesem ein entgeltliches Austauschverhältnis zur Beschaffung einer Leistung „eingekapselt“ ist. Ebenso können mittels eines öffentlich-rechtlichen Vertrags Zuwendungen (sog. Fördervertrag) bewilligt werden.[26]

16 Vgl. *Lipinsky/Plauth*, VergabeR 2019, 1 (4).
17 Vgl. Erwägungsgrund 1 der RL 2014/24/EU.
18 Vgl. *Ziekow*, in: FS Marx, 2013, 883 (892).
19 Vgl. EuGH, Urteil vom 12.7.2001 – Rs. C-399/98 (Teatro alla Bicocca), Rn. 55; *von Engelhardt/Kaelble*, in: Müller-Wrede, GWB, 2. Auflage 2023, § 103 Rn. 8.
20 Vgl. *von Engelhardt/Kaelble*, in: Müller-Wrede, GWB, 2. Auflage 2023, § 103 Rn. 9.
21 Vgl. EuGH, Urteil vom 18.12.2007 – Rs. C-220/06 (Associacón Profesional), Rn. 50 ff. Sowie OLG Karlsruhe, Beschluss vom12.11.2008 – 15 Verg 4/08.
22 EuGH, Urteil vom 4.10.2001 – Rs. C-403/99 (Italien/Kommission“), Rn. 28; EuGH, Urteil vom 24.2.2000 – Rs. C-434/97 (Frankreich/Kommission), Rn. 21.
23 *Karpenstein*, Praxis des EG-Rechts, Rn. 32.
24 Vgl. EuGH, Urteil vom 21.9.1982 – verb. Rs. 205 bis 215/82 (Milchkontor), Rn. 19.
25 Vgl. *von Engelhardt/Kaelble*, in: Müller-Wrede, GWB, 2. Auflage 2023, § 103 Rn. 31.
26 Siehe dazu auch nachfolgend unter B.I.1.

II. Kriterien zur Abgrenzung

Legt man die zuwendungs- und vergaberechtlichen Begriffsbestimmungen nebeneinander, lassen sich zwei zentrale Kriterien zur Abgrenzung zwischen Zuwendung und öffentlichem Auftrag ausmachen: Das Vorliegen eines Beschaffungsvorgangs (hierzu 1.) auf der Basis eines vertraglichen Austauschverhältnisses (hierzu 2.). Nicht zuletzt setzt ein öffentlicher Auftrag auch eine Auswahlentscheidung voraus (hierzu 3.).

1. Beschaffungsvorgang

Zentrales Merkmal eines öffentlichen Auftrags ist das Vorliegen eines Beschaffungsvorgangs. Wann aber ein solches Beschaffungselement vorliegt, ist bislang nicht abschließend geklärt. Nach der Rechtsprechung des EuGH liegt ein Beschaffungsvorgang dann vor, wenn dem Auftraggeber die Leistungen, die Gegenstand des Auftrags oder der Konzession sind, dem Auftrag- bzw. Konzessionsgeber wirtschaftlich zugutekommen bzw. er an der Leistung ein wirtschaftliches Interesse hat.[27] Dabei kann es sich um Leistungen handeln, die dem Auftraggeber unmittelbar körperlich zugutekommen. Dies ist der Fall, wenn der Auftraggeber Eigentümer des Objekts wird, das Gegenstand des Auftrags oder der Konzession ist.[28] Ein Beschaffungsvorgang liegt aber auch dann vor, wenn die Leistungen dem Auftraggeber nur mittelbar zugutekommen.[29] Das OLG München verlangt hierfür, dass die Durchführung einer Aufgabe durch einen Dritten den Auftraggeber von einer eigentlich ihm obliegenden öffentlichen Aufgabe, insbesondere der Daseinsvorsorge, befreit und er mit diesen Leistungen eine ihm obliegende Pflicht für die Bevölkerung sicherstellt.[30] Nicht ausreichend ist, dass die Leistung dem Auftraggeber lediglich bei der Wahrnehmung einer ihm obliegenden Aufgabe in irgendeiner Weise dienlich ist. Erforderlich ist eine *„nennenswerte Unterstützung"*.[31]

Letztlich steht hinter dem Erfordernis eines wirtschaftlichen Interesses des Auftraggebers somit die subsidiarische Beziehung des öffentlichen Auftrags zur Erfüllung einer Primäraufgabe.[32] Demnach kommt es für die Annahme eines wirtschaftlichen Interesses vor allem auf das Vorhandensein einer Primäraufgabe des Staates an, für deren Erfüllung er sich durch einen sekundären Beschaffungsakt die notwendigen Mittel verschafft.[33] Ein öffentlicher Auftrag läge demnach nur vor, wenn ein eigener Bedarf des Staates gedeckt werden soll und es nicht um die Erfüllung fremder Aufgaben, nämlich des Zuwendungsempfängers gehen soll.[34] Dieser Befund deckt sich mit der zuwendungsrechtlichen Abgrenzung, dass dem Zuwendungsempfänger Mittel zur Erfüllung seiner eigenen Aufgaben gewährt werden, an deren För-

---

27 EuGH, Urteil vom 25.3.2010 – Rs. C-451/08 (Helmut Müller), Rn. 49, 58.

28 Vgl. EuGH, Urteil vom 25.3.2010 – Rs. C-451/08 (Helmut Müller), Rn. 50.

29 Auch der europäische Normgeber geht von einem solchen Verständnis aus. Der Begriff „Erwerb" soll nach Erwägungsgrund 4 der RL 2014/24/EU in einem weiteren Sinne verstanden werden, als Erlangung des Nutzens der jeweiligen Bauleistungen, Lieferungen oder Dienstleistungen, was nicht unbedingt den Eigentumsübergang auf den öffentlichen Auftraggeber voraussetzt.

30 Vgl. für die Versorgung der Bevölkerung mit flächendeckender Telekommunikation OLG München, Beschluss vom 25.3.2011 – Verg 4/11. Ebenso OLG Karlsruhe, Beschluss vom 14.11.2014 – 15 Verg 10/14.

31 Vgl. OLG München, Beschluss vom 19.1.2012 – Verg 17/11.

32 *Lipinsky/Plauth*, VergabeR 2019, 1 (4).

33 *Ziekow*, in: FS Marx, 2013, S. 898 f.

34 *Ziekow*, in: FS Marx, 2013, S. 898.

derung der Zuwendungsgeber ein erhebliches Interesse hat. Demnach liegt kein Beschaffungsvorgang vor, wenn der Staat lediglich Zuschüsse dafür gibt, dass ein anderer sich etwas beschafft, was nicht Gegenstand öffentlicher Aufgaben ist,[35] aber dessen Förderung im sozial-, bildungs- oder wirtschaftspolitischem Sinn von öffentlichem Interesse ist.

Die Nachprüfungsinstanzen haben sich vor diesem Hintergrund bei der Frage, ob ein Beschaffungsvorgang vorliegt, intensiv mit den jeweils für die Leistungserbringung maßgeblichen rechtlichen Grundlagen befasst und im Einzelfall untersucht, ob aus diesen eine Aufgabenzuweisung oder Gewährleistungspflicht des Auftraggebers, insbesondere im Bereich der Daseinsvorsorge abgeleitet werden kann.[36]

Unter Hinweis auf Art. 87f GG und die Breitbandrichtlinie hat das OLG München so z.B. die Breitbandkabelerschließung unterversorgter Gebiete als Beschaffungsvorgang eingestuft, da der Staat zu einer Versorgung der Bevölkerung mit flächendeckender Kommunikation verpflichtet ist.[37] Auch der Betrieb einer Spielbank im Rahmen des Glücksspielstaatsvertrags (GlüStV) wurde als Beschaffungsvorgang bewertet, da sich das öffentliche Interesse an dem Betrieb einer Spielbank nach dem GlüStV nicht darin erschöpft, das Spielwesen im ordnungsrechtlichen Sinn zu beaufsichtigen, sondern es vielmehr darum geht, von staatlicher Seite dafür Sorge zu tragen, dass unter staatlicher Aufsicht ein Glückspielbetrieb stattfindet, und den – als gegeben hinzunehmenden – Spieltrieb zu kanalisieren und zu verhindern, dass glücksspielwillige und durch eine Spielsucht gefährdete Personen in die schwerer zu kontrollierende Illegalität getrieben werden.[38]

Kein Beschaffungsvorgang soll hingegen die Einräumung eines Exklusivrechts an eine Brauerei darstellen, einen Festwirt bei einer von der Gemeinde veranstalteten Festwoche mit Bier zu beliefern, welches mit der Verpflichtung des Festwirts gekoppelt ist, nur dieses Bier auszuschenken.[39] Die Erhaltung einer Tradition, dass auf einem Fest nur in einem bestimmten Ort gebrautes Bier ausgeschenkt wird und dadurch auch die regionale Wirtschaft gefördert werden soll, reiche für das Vorliegen einer öffentlichen Aufgabe nicht aus, da diese Ziele nur im weitesten Sinne im öffentlichen Interesse liegen.[40] Die Einschätzung des beschriebenen Falles erscheint mit Blick auf das inzwischen geschaffene Konzessionsrecht zumindest diskussionswürdig. Bei einer Bewertung der Einräumung des Exklusivrechts unter dem Blickwinkel des europäischen Beihilfenrechts wäre zudem jedenfalls zu hinterfragen, ob die Brauerei für die Einräumung des Rechts eine marktübliche Gegenleistung erbringt. Sollte dies – insbesondere angesichts des Fehlens eines öffentlichen, transparenten und bedingungsfreien Auswahlverfahrens – nicht begründet werden können, stellt sich die Frage nach der Rechtfertigung der gewährten Beihilfe.[41]

35 OLG München, Beschluss vom 25.3.2011 – Verg 4/11.
36 Vgl. OLG München, Beschluss vom 19.1.2012 – Verg 17/11. *Lipinsky/Plauth*, VergabeR 2019, 1 (5).
37 Vgl. OLG München, Beschluss vom 19.1.2012 – Verg 17/11.
38 Vgl. OLG Hamburg, Beschluss vom 1.11.2017 – 1 Verg 2/17.
39 Vgl. OLG München, Beschluss vom 19.1.2012 – Verg 17/11.
40 Vgl. OLG München, Beschluss vom 19.1.2012 – Verg 17/11.
41 Vgl. hierzu im Einzelnen im Kapitel „Überlagerung durch das EU-Recht".

Das OLG Düsseldorf hat bezüglich der sozialen Betreuung von Geflüchteten zwar eine Pflichtaufgabe der Gemeinde[42] angenommen, diese jedoch als nachrangig im Verhältnis zu dem eigenen karitativen Auftrag des Zuwendungsempfängers, der über Art. 4 Abs. 1 und 2 GG geschützt ist, angesehen und im Ergebnis daher einen Beschaffungsvorgang im Hinblick auf die Erbringung sozialer Betreuungsleistungen abgelehnt.[43] Die Begründung des Gerichts wirft einige Fragen auf und steht in Widerspruch zu den übrigen Entscheidungen. Bei Vorliegen eines eindeutigen wirtschaftlichen Primärinteresses des Staates an der Erbringung einer bestimmten Leistung kann es nach hier vertretener Auffassung für die Annahme eines Beschaffungselements nicht darauf ankommen, ob daneben auch ein fremdes Interesse besteht.[44] Dies würde zu zufälligen Ergebnissen führen und eine *„Flucht ins Zuwendungsrecht"*[45] begünstigen.[46]

Ob ein vorrangiges Primärinteresse des Staates vorliegt, muss im Einzelfall bestimmt werden. Maßgeblich ist insoweit, ob der Staat zur Erbringung bzw. Sicherstellung der *konkreten gegenständlichen Leistung* verpflichtet ist.[47] Bei einer Zuwendung besteht in aller Regel nur ein allgemeines Förderinteresse, ggf. auch eine Förderungspflicht des Staates (z.B. für die Bereiche Forschung und Kultur), was sich jedoch nicht auf eine konkrete Leistung bezieht. Der Staat ist insoweit frei, auf welche Art er seinem allgemeinen Förderauftrag nachkommt. Vor diesem Hintergrund ist – entsprechend der Abgrenzungsformel des OLG München[48] – darauf abzustellen, ob mit der Durchführung einer Aufgabe durch einen Dritten der Auftraggeber von einer eigentlich ihm obliegenden Aufgabe befreit wird. Bei einer allgemeinen Förderpflicht für einen bestimmten Bereich (z.B. Kulturpflege) wird der Auftraggeber durch die Unterstützung einer konkreten Maßnahme nicht von der allgemeinen Förderaufgabe entlastet. Überträgt der Auftraggeber hingegen Tätigkeiten, die in seinen eigenen Verantwortungsbereich fallen, vollständig auf einen Auftragnehmer, der dann anstelle des Auftraggebers die Dienstleistung erbringt, liegt ein Beschaffungsvorgang vor. Im Ergebnis reicht es für das Vorliegen eines öffentlichen Auftrags somit nicht, wenn dem Auftraggeber nur eine irgendwie geartete allgemeine Förderungspflicht obliegt, bei der es ihm freisteht, auf welche Art und Weise er dieser nachkommt. Maßgeblich ist vielmehr das Vorliegen einer öffentlichen Aufgabe der Daseinsvorsorge, welche den Auftraggeber zur Erbringung bzw. zur Gewährleistung einer bestimmten Leistung verpflichtet.

2. Einklagbare Erfüllungsverpflichtung (vertragliches Austauschverhältnis)

Neben dem Beschaffungselement kommt es für die Anwendung des Vergaberechts aber auch auf das Vorliegen eines entgeltlichen Vertrags an. Hierfür ist grundsätzlich eine einklag-

42 Vgl. § 6 Abs. 1 FlüAG NRW sowie § 1 Abs. 1 i.V.m. § 4 Abs. 2 FlüAG NRW.
43 Vgl. OLG Düsseldorf, Beschluss vom 11.7.2018 – Verg 1/18.
44 *Lipinsky/Plauth*, VergabeR 2019, 1 (5).
45 So *Dobmann*, VergabeR 2018, 666.
46 *Lipinsky/Plauth*, VergabeR 2019, 1 (5).
47 Im Folgenden *Lipinsky/Plauth*, VergabeR 2019, 1 (5 f.).
48 Vgl. OLG München, Beschluss vom 25.3.2011 – Verg 4/11.

bare Erfüllungsverpflichtung des Auftragnehmers erforderlich.[49] Nicht ausreichend hierfür ist die Möglichkeit zur Rückforderung der Zuwendung nach Rücknahme oder Widerruf oder sonstiger Unwirksamkeit des Zuwendungsbescheids.[50] Dies ergibt sich auch aus Erwägungsgrund 4 der RL 2014/24/EU, wonach die Vorschriften über die öffentliche Auftragsvergabe in der Regel nicht für die bloße Finanzierung, insbesondere durch Finanzhilfen, von Tätigkeiten gelten, die häufig mit der Verpflichtung verbunden ist, erhaltene Beträge bei nicht bestimmungsgemäßer Verwendung zurückzuzahlen.

Vor dem Hintergrund des oben dargestellten unionsrechtlichen Effektivitätsgrundsatzes ist es jedoch fraglich, ob das Fehlen einer formalen einklagbaren Erfüllungsverpflichtung in allen Fällen ausreichen kann, um das Vorliegen eines öffentlichen Auftrags abzulehnen.[51] In der nationalen Rechtsprechung wird dies bislang unterschiedlich beurteilt. Ein das Unionsrecht betonende Verständnis kann einer Entscheidung des OLG Hamburg entnommen werden. In einem Beschluss zur Vergabe der Erlaubnis zum Betrieb der Spielbank Hamburg hat das Gericht hervorgehoben, dass es für die Frage, ob ein vergaberechtsrelevanter Auftrag vorliegt, nicht auf die nationalrechtliche Zuordnung der rechtlichen Ausgestaltung ankommen könne, da anderenfalls eine Umgehung der vergaberechtlichen Vorschriften durch eine entsprechende Organisation des Beschaffungswesens drohe.[52] Zudem stellt das Gericht darauf ab, ob die für die Vergabe der Erlaubnis zuständige Stadt angesichts der für sie geltenden Gesetzeslage verpflichtet gewesen wäre, dafür zu sorgen, dass eine Spielbank unterhalten wird. Da von einer entsprechenden Aufgabe auszugehen sei, müsse die Stadt die Spielbank entweder als staatseigenen Betrieb unterhalten oder sich eines Dritten bedienen. Wenn sie letzteres tue, müsse sie aufgrund ihrer gesetzlichen Verpflichtungen auch dafür sorgen, dass dem Dritten eine Betriebspflicht auferlegt werde. Dies gelte auch dann, wenn sich die Stadt mittels Erlaubnis eines Dritten bediene.[53] Es sei daher von einem vergaberelevanten öffentlichen Auftrag auszugehen. Im Ergebnis hat es das OLG Hamburg damit ausreichen lassen, dass eine gesetzliche Verpflichtung des Auftraggebers zur Sicherstellung der Betriebsleistungen bestand.[54] Auf eine dem Auftragnehmer formal durch einen Vertrag auferlegte Betriebspflicht kam es hingegen nicht an. Dies zumal im konkreten Fall die Erbringung der Leistung so lukrativ war, dass eine freiwillige Einstellung der Leistung durch den Auftragnehmer nicht zu erwarten war.

Eine andere Richtung hat das OLG Düsseldorf in seinem Beschluss zur Flüchtlingsbetreuung eingeschlagen. Zwar geht das Gericht offenbar auch davon aus, dass es im Einzelfall erforderlich sein kann, von dem Erfordernis einer einklagbaren Erfüllungsverpflichtung abzusehen.[55] Unklar bleibt jedoch, aus welchen Gründen das Gericht in dem entschiedenen Fall trotz

49 Vgl. EuGH, Urteil vom 25.3.2010 – Rs. C-451/08 (Helmut Müller), Rn. 62; OLG Düsseldorf, Beschluss vom 11.7.2018 – Verg 1/18; *Ziekow*, in: FS Marx, 2013, S. 897 f.; *Röwekamp*, in: Röwekamp/Kus/Portz/Prieß, GWB-Vergaberecht, 5. Auflage 2020, § 103 Rn. 75.

50 Vgl. OLG Düsseldorf, Beschluss vom 11.7.2018 – Verg 1/18; *Ziekow*, in: Ziekow/Völlink, Vergaberecht, 5. Auflage 2024, § 103 GWB Rn. 23; *Krämer/Schmidt*, Zuwendungsrecht – Zuwendungspraxis, Online-Version, 29. Update 2025, B IV, Rn. 81.

51 A.A. *Ziekow*, in: Ziekow/Völlink, Vergaberecht, 5. Auflage 2024, § 103 GWB Rn. 23a.

52 OLG Hamburg, Beschluss vom 1.11.2017 – 1 Verg 2/17, Rn. 37.

53 OLG Hamburg, Beschluss vom 1.11.2017 – 1 Verg 2/17, Rn. 39.

54 Im Folgenden *Lipinsky/Plauth*, VergabeR 2019, 1 (6 f.).

55 OLG Düsseldorf, Beschluss vom 11.7.2018 – Verg 1/18.

umfangreicher inhaltlicher, organisatorischer und struktureller Umsetzungsanforderungen an die Leistungserbringung, die mit einer Leistungsbeschreibung vergleichbar waren, ohne nähere Begründung eine Umgehung des Vergaberechts abgelehnt hat und rein formalistisch auf das Fehlen einer einklagbaren vertraglichen Erfüllungsverpflichtung abgestellt hat.

Praxistipp

Sofern es aufgrund der formalen Ausgestaltung als Zuwendungsverhältnis an einer einklagbaren Erfüllungsverpflichtung fehlt, sprechen unter Zugrundelegung des Beschlusses des OLG Düsseldorf im Ausgangspunkt gute Gründe für die Annahme einer Zuwendung auch im materiellen Sinne. Gleichwohl muss aufgrund des unionsrechtlichen Effektivitätsgebots eine funktionale Gesamtbetrachtung vorgenommen werden und im Einzelfall untersucht werden, ob nicht doch ein Auftragsverhältnis vorliegt. Die Annahme eines Vertragsverhältnisses muss stets im Kontext mit dem Vorliegen einer öffentlichen Aufgabe und einem wirtschaftlichen Interesse des Auftraggebers geprüft werden, welche den Auftraggeber zur Erbringung bzw. zur Gewährleistung einer bestimmten Leistung verpflichten.[56] *Liegt eine solche Verpflichtung vor, kann ein öffentlicher Auftrag nicht allein mit dem Hinweis auf die Formenwahl und das formale Fehlen einer einklagbaren Leistungsverpflichtung abgelehnt werden.*[57]

3. Auswahlentscheidung

Im Bereich des Sozialrechts stellt sich bei Rechtsbeziehungen zwischen dem staatlichen Leistungsträger, dem Leistungserbringer und den Leistungsempfängern (sog. sozialrechtliche Dreiecksverhältnisse) grundsätzlich die Frage, ob es sich hierbei um vergabepflichtige öffentliche Aufträge oder vergaberechtfreie Zulassungssysteme handelt. Maßgebliches Abgrenzungskriterium ist das (ungeschriebene)Tatbestandsmerkmal der Auswahlentscheidung. Öffentliche Aufträge im Sinne des § 103 Abs. 1 GWB setzen voraus, dass das oder die Unternehmen *„ausgewählt werden"* (vgl. Art. 1 Abs. 2 RL 2014/24/EU).[58] Bei Zulassungssystemen handelt es sich hingegen um Verfahren, bei denen alle Unternehmen, die bestimmte Voraussetzungen erfüllen, zur Erbringung bestimmter Leistungen berechtigt sind.[59] Rein fachliche Eignungskriterien, die nicht zu einer wirtschaftlichen Bewertung herangezogen werden können, führen somit nicht zu einer Auswahlentscheidung. Eine Auswahlentscheidung liegt hingegen vor, wenn der Auftraggeber Kriterien aufstellt, die es ermöglichen, zulässige Angebote zu vergleichen und zu ordnen.[60] Die Gesetzesbegründung zu § 103 Abs. 1 GWB nennt *„die Zulassung von Pflegeeinrichtungen sowie die Feststellung der fachlichen Eignung im Rahmen der Zulassung besonderer Dienste oder besonderer Einrichtungen"* als Beispiel für ein vergaberechtsfreies Zulassungssystem.[61]

56 Vgl. *Lipinsky/Plauth*, VergabeR 2019, 1 (7).
57 Vgl. *Lipinsky/Plauth*, VergabeR 2019, 1 (7).
58 Siehe hierzu auch EuGH, Urteil vom 2.6.2016 – Rs. C-410/14 (Falk Pharma), Rn. 32 ff.
59 Vgl. hierzu *von Engelhardt/Kaelble*, in: Müller-Wrede, GWB, 2. Auflage 2023, § 103 Rn. 80 ff.
60 EuGH, Urteil vom 1.3.2018 – Rs. C-9/17 (Tirkkonen), Rn. 35.
61 Gesetzesbegründung zu § 103 Abs. 1 GWB, VergRModG 2016, BT-Drs. 18/6281, 73.

Gleichwohl kann hieraus nicht abgeleitet werde, dass sozialrechtliche Dreiecksverhältnisse *per se* dem Vergaberecht entzogen sind. Vielmehr ist jeweils im Einzelfall zu prüfen, ob der Leistungsträger nach der gesetzlichen Konzeption eine Auswahlentscheidung nach den genannten Kriterien trifft.[62]

Das BSG hat entschieden, dass es sich unter Anlegung dieser Maßstäbe bei dem Vertragsrecht nach dem Zehnten Kapitel des SGB XII (§§ 75 ff. SGB XII) zur Auswahl eines Trägers einer Sozialhilfeeinrichtung bzw. von Sozialhilfediensten nicht um ein System handelt, dass dem Vergaberecht unterfällt.[63] Das Gericht stützt sich dabei darauf, dass der Leistungsträger das Angebot eines Leistungserbringers nicht unter Hinweis auf fehlenden Bedarf oder unter Verweis auf seiner Auffassung nach bessere oder geeignetere Formen der Leistungserbringung ablehnen darf, wenn die Grundsätze der Wirtschaftlichkeit und Sparsamkeit nicht entgegenstehen. Der Vertragsschluss darf insbesondere nicht mit der Begründung abgelehnt werden, dass ein anderer Bewerber die Leistung günstiger erbringen kann, sofern die geforderte Vergütung dem externen Vergleich (§ 75 Abs 2 Satz 10 bis 13 SGB XII, § 124 Abs. 1 Satz 3 bis 6 SGB IX n.F.) standhält. Es handelt sich damit um einen Fall, in dem alle Wirtschaftsteilnehmer, die bestimmte Voraussetzungen erfüllen, zur Wahrnehmung einer bestimmten Aufgabe – ohne Selektivität – berechtigt sind und damit um ein einfaches Zulassungssystem.

B. Verpflichtung zur Anwendung des Vergaberechts aufgrund der Inanspruchnahme von Zuwendungen

Unabhängig von der auf Ebene des Zuwendungsgebers zu treffenden Unterscheidung zwischen der Vergabe eines Auftrags und der Gewährung einer Zuwendung kommen vergaberechtliche Regelungen auch auf der Ebene der Zuwendungsempfänger zum Tragen. Es kommt in der Praxis regelmäßig vor, dass Zuwendungsempfänger zur Erfüllung des Zuwendungszwecks Aufträge vergeben wollen oder müssen, d.h. privatrechtliche Verträge zur Beschaffung von Leistungen gegen Entgelt[64] abschließen. Dem steht das Zuwendungsrecht nicht entgegen. Aus den Verwaltungsvorschriften (VV) zu § 44 BHO/LHO[65] ergeben sich allerdings grundsätzliche Vorgaben für die Vergabe von Aufträgen durch den Zuwendungsempfänger (hierzu sogleich unter I.1). Diese Vorgaben können wiederum durch Ausnahmeent-

62 Vgl. BSG, Urteil vom 17.5.2023 – B 8 SO 12/22 R; *von Engelhardt/Kaelble*, in: Müller-Wrede, GWB, 2. Auflage 2023, § 103 Rn. 83.

63 BSG, Urteil vom 17.5.2023 – B 8 SO 12/22 R. A.A. wohl von Engelhardt/Kaelble, in: Müller-Wrede, GWB, 2. Auflage 2023, § 103 Rn. 86 mit dem Argument, dass nach § 75 Abs. 3 SGB XII ausdrücklich eine Auswahl nach Wirtschaftlichkeitskriterien ausdrücklich vorgesehen sei, da Vereinbarungen vorrangig mit solchen Trägern abgeschlossen werden, „deren Vergütung bei vergleichbarem Inhalt, Umfang und vergleichbarer Qualität der Leistung nicht höher ist als die anderer Leistungsträger".

64 Die Definition des Auftrags wird an die des öffentlichen Auftrags i.S.d. GWB angelehnt, vgl. hierzu zuvor unter A.I.2.

65 Im Folgenden wird im Wesentlichen auf die Bundeshaushaltsordnung sowie die hierzu ergangenen Verwaltungsvorschriften und Erläuterungen Bezug genommen. Auf Regelungen der Länder bzw. einzelner Zuwendungsgeber wird exemplarisch eingegangen.

scheidungen der Bewilligungsbehörde für den Einzelfall oder durch Änderungen bzw. Ergänzungen des zuständigen Bundes- oder Landesministeriums für einzelne Förderbereiche (z.B. mittels Förderrichtlinie) modifiziert sein (dazu unter I.2.).

I. Vergabe von Aufträgen als Zuwendungsempfänger

1. Grundsatz: Anwendung vergaberechtlicher Regelungen aufgrund von Nebenbestimmungen zum Zuwendungsbescheid

Gemäß VV Nr. 5.1 zu § 44 BHO sind die Allgemeinen Nebenbestimmungen (ANBest), die den VV zu § 44 BHO als Anlagen 1-4 beigefügt sind, bei Zuwendungen nach §§ 23, 44 BHO verbindlich vorgegeben und unverändert sowie ausdrücklich zum Bestandteil des Zuwendungsbescheides („Förderbescheid") zu machen. Wird die Zuwendung ausnahmsweise[66] in Form eines öffentlich-rechtlichen oder privat-rechtlichen[67] Zuwendungsvertrages gewährt, gilt diese Vorgabe gleichermaßen. Nach VV Nr. 4.3 sind bei einem öffentlich-rechtlichen Vertrag die Vorschriften für Zuwendungen durch Bescheid sinngemäß anzuwenden. Die ANBest und etwaige Besondere Nebenbestimmungen sind dementsprechend zum Bestandteil des Vertrages zu machen.[68]

Die den VV zu § 44 BHO beigefügten ANBest sind zum einen nach Zuwendungsarten und zum anderem im Fall der Projektförderung nach Zuwendungsempfängern unterteilt.[69] Dementsprechend sehen die VV zu §§ 44 BHO Allgemeine Nebenbestimmungen für Zuwendungen zur institutionellen Förderung (ANBest-I), zur Projektförderung (ANBest-P), zur Projektförderung an Gebietskörperschaften und Zusammenschlüsse von Gebietskörperschaften (ANBest-Gk) sowie zur Projektförderung auf Kostenbasis (ANBest-P-Kosten) vor. Die Bundesländer sehen in den VV zu ihrer jeweiligen Haushaltsordnung zum Teil abweichende bzw. ergänzende Allgemeine Nebenbestimmungen vor, die zum Bestandteil des Zuwendungsaktes gemacht werden müssen. So hat sich z.B. Brandenburg dafür entschieden, neben ANBest-I und ANBest-P auch ANBest-EU zu erlassen, die für Zuwendungen gelten, welche aus bestimmten Europäischen Investitions- und Strukturfonds (EFRE, ESF, ELER, EMFF) kofinanziert werden. Dabei existieren ANBest-EU für verschiedene Förderperioden (2014-2020 und 2023-2027). In anderen Bundesländern existieren wiederum ANBest-EU für Kofinanzierungen aus dem EFRE und dem Fonds für einen gerechten Übergang („Just Transition Fonds = JTF) und gelten über einen Verweis aus der maßgeblichen Rahmenrichtlinie zur Gewährung von Zuwendungen aus dem EFRE-/JTF-Programm des Landes (so z.B. in Nordrhein-Westfalen). Andere Bundesländer sowie der Bund haben hier Besondere Nebenbestimmungen erlassen, um den unionsspezifischen Anforderungen Rechnung zu tragen (vgl. z.B. EFRE NBest-P und NBest-P-ESF-BW in Baden-Württemberg).

---

66 Vgl. VV Nr. 4.3 zu § 44 BHO.

67 Die VV sehen dies zwar nicht ausdrücklich vor, die Wahrnehmung öffentlicher Aufgaben kann aber auch in den Formen des Privatrechts geschehen, vgl. Dittrich, Bundeshaushaltsordnung, 58. EL 2020, § 44 BHO, Erl. 18.3. Gerade bei Zuwendungen an Empfänger im Ausland oder Kooperationen mit ausländischen Unternehmen sind privatrechtliche Zuwendungsverträge häufig anzutreffen – z.B. im Bereich der Entwicklungs- oder der Forschungsförderung.

68 Vgl. *Dittrich*, Bundeshaushaltsordnung, 68. EL 2025, § 44 BHO, Erl. 18.2.

69 Vgl. *Dittrich*, Bundeshaushaltsordnung, 68. EL 2025, § 44 BHO, Erl. 3.6.

Teil der Allgemeinen Nebenbestimmungen ist in der Regel ein Regelungsabschnitt über die Vergabe von Aufträgen. Die dort niedergelegten vergaberechtlichen Verpflichtungen sind i.d.R. als Auflagen i.S.d. § 36 VwVfG einzuordnen.[70] Die Zielsetzung der Vergabeauflagen ist, dass der Zuwendungsempfänger sich bei der Verwendung der ihm gewährten Haushaltsmittel vergleichbar der öffentlichen Hand verhält. Die Auflagen sollen insofern die sparsame und wirtschaftliche Verwendung von Haushaltsmitteln sichern.[71] Sie gelten grundsätzlich nur für Aufträge, für die eine Zuwendung gewährt wird, nicht aber für nicht-zuwendungsfinanzierte (Teil-)Leistungen, die mit dem geförderten Projekt zusammenhängen.[72]

Die Vergabeauflagen gelten zudem regelmäßig nur für Beschaffungen nach Erlass des Zuwendungsbescheides, da die Auflagen erst mit ihrer Bekanntmachung äußere Wirksamkeit entfalten.[73] In Einzelfällen können sich allerdings aus der individuellen Formulierung der Vergabeauflage und den Umständen des geförderten Auftrages Abweichungen ergeben.[74] Dies ist in der Praxis insbesondere häufig der Fall, wenn dem Zuwendungsempfänger im Fall der Projektförderung der vorzeitige Vorhabenbeginn bewilligt wurde (VV Nr. 1.3 zu § 44 BHO) und der Zuwendungsempfänger schon vor Erlass des Zuwendungsbescheides Aufträge vergibt, die nach Erlass des Zuwendungsbescheides durch die Zuwendung finanziert werden. Hier wird sich in der Praxis zumeist damit beholfen, dass bereits die Bewilligung des vorzeitigen Maßnahmenbeginns mit dem Hinweis auf die Vergabeauflage bzw. die Vergabepflicht verbunden wird. Dem Zuwendungsempfänger muss klar sein, dass er mit dieser Auflage rechnen muss.[75] Im späteren Zuwendungsbescheid sollte zudem die rückwirkende Verpflichtung zur Anwendung des Vergaberechts klar formuliert sein. Keine Rückwirkung liegt vor, wenn der Bescheid zur Genehmigung des vorzeitigen Maßnahmenbeginns keine konkrete Ankündigung einer vergaberechtlichen Auflage enthält und nach dem Wortlaut des späteren Zuwendungsbescheides vergaberechtliche Vorschriften bei der Vergabe von zuwendungsfinanzierten Aufträgen zu beachten *„sind"*. Eine so formulierte Auflage soll nach der Rechtsprechung auf ein künftiges Verhalten gerichtet sein und somit keine Rückwirkung entfalten.[76]

Mit der Frage, ob auch bereits vor Beantragung einer Zuwendung vergebene Aufträge, die später Gegenstand einer Zuwendung sind, an der Vergabeauflage des Zuwendungsbescheides zu messen sind, hat sich auch das VG Magdeburg befassen müssen. In dem konkreten Fall war die Vergabeauflage dabei dergestalt formuliert, dass sie nur allgemein verlangte, dass die Vergabe von Aufträgen des Zuwendungsempfängers, der zugleich öffentlicher Auftraggeber i.S.d. § 99 Nr. 2 GWB war, nach den Vorschriften des Vergaberechts zu erfolgen hätte.[77] Der Zuwendungsempfänger ließ sich im konkreten Fall Ingenieursleistungen für ei-

70 Vgl. OVG Sachsen, Urteil vom 11.5.2017 – 1 A 140/16, Rn. 28; OVG Koblenz, Urteil vom 25.9.2012 – 6 A 10478/12, Rn. 27; VGH BW, Urteil vom 28. September 2011 – 9 S 1273/10.

71 Vgl. u.a. OVG Koblenz, Urteil vom 25.9.2012 – 6 A 10478/12; OVG Münster, Urteil vom 20.4.2012 – 4 A 1055/09.

72 So auch: *Laumann/Scharf*, NZBau 2013, 208 (209); *Müller/Richter/Ziekow*, Handbuch Zuwendungsrecht, 2017, Teil E.II, Rn. 64.

73 Vgl. OVG Münster, Urteil vom 12.6.2007 – 15 A 1243/05, Rn. 35 ff.

74 so auch OVG Münster, Urteil vom 12.6.2007 – 15 A 1243/05, Rn. 35 ff: Eine rückwirkende Anwendung kommt grundsätzlich nur in Betracht, wenn der Inhalt der Auflage entsprechend formuliert ist. In diesem Sinne auch VG Cottbus, Urteil vom 21.12.2021 – VG 3 K 2560/17.

75 Vgl. auch *Attendorn*, NVwZ 2006, 991 (992).

76 VG Cottbus, Urteil vom 21.12.2021 – VG 3 K 2560/17.

77 VG Magdeburg, Urteil vom 19.9.2017 – 3 A 180/16.

nen sehr späten Bauabschnitt eines Projektes fördern. Diese Leistungen waren bereits lange Zeit vor der Beantragung der Zuwendung durch den Zuwendungsempfänger vergaberechtswidrig im Rahmen eines Gesamtauftrages vergeben worden. In diesem sehr besonderen Fall entschied das VG Magdeburg, dass die im Zuwendungsbescheid verwendete Formulierung der Vergabeauflage nicht ausschließe, dass die Vergabe von Leistungen bereits im Vorfeld der Zuwendung durchgeführt wurde. Die Nichteinhaltung der Vergabevorschriften bei der Auftragserteilung könne daher einer späteren Förderung der Ingenieursteilleistungen entgegenstehen. Das VG Magdeburg begründet diese Feststellung im Wesentlichen damit, dass anderenfalls das Vergaberecht signifikant unterwandert und damit ausgehöhlt würde.[78] Dieser Begründungsansatz resultiert zwar aus vergaberechtlichen Wertungen und Zielsetzungen und steht damit in einem gewissen Konflikt zu der Zielsetzung der Vergabeauflagen des Zuwendungsrechts, deren Zielsetzung primär gerade nicht die Durchsetzung des Vergaberechts, sondern die Mittelverwendung im Einklang dem Grundsatz der Wirtschaftlichkeit und Sparsamkeit (§ 7 BHO) ist. Für den zugrundeliegenden Ausgangsfall, in dem es um eine Förderung aus dem Europäischen Fonds für landwirtschaftliche Entwicklung (ELER) und damit auch um die hiernach geforderte Einhaltung der europäischen Vergaberichtlinien durch den Zuwendungsempfänger ging, sind die Ausführungen allerdings stimmig. Nicht auseinandergesetzt hat sich das VG Magdeburg hingegen mit der Frage, ob die Vergabeauflage ihrem Inhalt nach erkennbar rückwirkende Wirkung haben sollte und ob für den Zuwendungsempfänger die zuwendungsrechtliche geforderte Einhaltung des Vergaberechts hinreichend deutlich erkennbar war. Die Grundsätze, die für eine zulässige Rückwirkung von Nebenbestimmungen gelten, sind auch bei einer Förderung mit Mitteln der Europäischen Struktur- und Investitionsfonds („ESIF", wie EFRE, ESF, ELER, EMFF) nicht außer Kraft gesetzt. Allerdings wird im Bereich der Verwendung von ESIF-Mitteln in der Regel schon bei der Antragstellung auf die einschlägigen unionsrechtlichen Verordnungen verwiesen, denen sich entnehmen lässt, dass förderfähig nur Ausgaben sind, die im Einklang mit dem maßgeblichen Unionsrecht (d.h. auch dem europäischen Vergaberecht) getätigt wurden. Bei Förderungen, die aus den ESI-Fonds kofinanziert werden, empfiehlt sich gleichwohl, dass sowohl die bewilligende Behörde als auch der Zuwendungsempfänger bereits im Vorfeld der Erteilung des Zuwendungsbescheides ein besonderes Augenmerk auf die Einhaltung der vergaberechtlichen Verpflichtungen legen. Grundsätzlich bleibt festzuhalten, dass die Vergabeauflagen zwar gewissen Grundsätzen folgen, für den jeweiligen Einzelfall jedoch die genaue Betrachtung und Prüfung der hieraus folgenden Verpflichtungen angezeigt ist.

Praxistipp

Angesichts dessen, dass die Vergabeauflagen je nach Fördermittelgeber (Bund, Länder, EU), einzelnem Zuwendungsgeber und ggf. einzelnem Förderfall unterschiedliche Formulierungen und Auswirkungen haben können, ist in der Praxis auch für erfahrene Zuwendungsempfänger und -geber die Prüfung und Klärung der im Einzelfall geltenden Regelung geboten. Dies gilt auch für die Frage der rückwirkenden Geltung der Auflage.

78 VG Magdeburg, Urteil vom 19.9.2017 – 3 A 180/16, Rn.32 (juris).

a) ANBest-P und ANBest-I

Nach **Nr. 3.1. ANBest-P/ANBest-I** gilt für die zuwendungsgeförderte Vergabe von Aufträgen durch den Zuwendungsempfänger im Grundsatz Folgendes: Beläuft sich der *Gesamtbetrag der Zuwendung* (nicht der Betrag des einzelnen Vertrages bzw. Auftrages) auf insgesamt mehr als 100.000 Euro, ist bei der Vergabe von Liefer- und Dienstleistungen die Verfahrensordnung für die Vergabe öffentlicher Liefer- und Dienstleistungsaufträge unterhalb der EU-Schwellenwerte (Unterschwellenvergabeordnung – UVgO) anzuwenden. Bestimmte Vorschriften der UVgO sind gemäß ANBest-P bei der Projektförderung auf Ausgabenbasis von der Anwendung ausgenommen (§ 22 betreffend die Aufteilung nach Losen, § 28 Abs. 1 Satz 3 betreffend die Veröffentlichung von Auftragsbekanntmachungen, § 30 zur Vergabebekanntmachung, § 38 Abs. 2 bis 4 zu Form und Übermittlung der Teilnahmeanträge und Angebote, § 44 betreffend ungewöhnlich niedrige Angebote und § 46 zur Unterrichtung von Bewerbern und Bietern). Für die institutionelle Förderung gilt dies nach den ANBest-I nicht. Jedoch gelten für institutionell geförderte Zuwendungsempfänger die in der UVgO selbst angelegten Verfahrenserleichterungen. Die Bundesressorts können zudem in eigener Verantwortung Wertgrenzen für bestimmte Verfahrensarten per Erlass festlegen.[79] Hiervon hat z.B. das BMAS für Förderungen in seinem Bereich Gebrauch gemacht.[80]

Für die Vergabe von Bauleistungen ist Teil A Abschnitt 1 der Vergabe- und Vertragsordnung für Bauleistungen (VOB/A) anzuwenden. Die ANBest-P und -I des Bundes sind mit dem Verweis auf UVgO und VOB/A somit zwischenzeitlich an die Vorgaben angepasst, die die öffentliche Hand gemäß § 55 BHO bei der Vergabe von öffentlichen Aufträgen unterhalb der EU-Schwellenwerte treffen (vgl. auch VV Nr. 2 zu § 55 BHO).

Der Betrag von 100.000 Euro, ab dem die Vergabeauflagen zum Tragen kommen, kann sich auch durch eine Finanzierung durch mehrere Stellen ergeben. Maßgebend ist, dass es sich um eine Zuwendung für dasselbe Projekt handelt. Werden mehrere, voneinander abgrenzbare, getrennte Projekte desselben Zuwendungsempfängers parallel gefördert, werden die Zuwendungen hingegen nicht zusammengerechnet.[81] Entscheidend ist in einem solchen Fall, ob der Gesamtbetrag der Zuwendung je Projekt den Betrag von 100.000 Euro überschreitet. Überschreitet der Zuwendungsbetrag die 100.000 Euro-Grenze, gelten die vergaberechtlichen Auflagen der ANBest-P und -I grundsätzlich für jeden Auftrag des Zuwendungsempfängers (d.h. sofern keine Ausnahmen oder Ergänzungen durch die Bewilligungsbehörde oder den Fördergeber erfolgt sind, siehe dazu sogleich unter 2.). Eine „de minimis"-Wertgrenze gilt insoweit nicht. Lediglich aus § 14 UVgO folgt, dass Leistungen bis zu einem voraussichtlichen Auftragswert von 1.000 Euro (ohne Umsatzsteuer) im Wege eines Direktauftrages ohne Durchführung eines Vergabeverfahrens beschafft werden können. Der Zuwendungsempfänger hat allerdings auch hier die Grundsätze der Wirtschaftlichkeit und Sparsamkeit zu berücksichtigen (Nr. 1.1. ANBest-P bzw. ANBest-I).

---

79 Vgl. *Dittrich*, Bundeshaushaltsordnung, 68. EL 2025, § 44 BHO, Erl. 42.10.
80 Vgl. Leitfaden für die Vergabe von Aufträgen durch Zuwendungsempfängerinnen und Zuwendungsempfänger, Stand: 27.10.2021.
81 Vgl. *Dittrich*, Bundeshaushaltsordnung, 68. EL 2025, § 44 BHO, Erl. 42.1.

Praxistipp
Zur Vermeidung von Unsicherheiten und rechtlichen Risiken empfehlen sich für Zuwendungsempfänger auch bei zulässigen Direktaufträgen – soweit im Einzelfall möglich – das Einholen und die Dokumentation von mehreren (mindestens drei) Angeboten. Zudem soll der Auftraggeber gemäß § 14 UVgO zwischen den Beauftragten wechseln. Wichtig ist die Dokumentation – auch der Gründe, die gegen das Einholen von drei Angeboten sprechen.

Da der Schwellenwert von 100.000 Euro in der zuwendungsrechtlichen Praxis sehr häufig überschritten wird, ist die Einhaltung der vergaberechtlichen Auflagen sowie die Ahndung von Vergaberechtsverstößen sowohl für die bewilligenden Stellen als auch für die Zuwendungsempfänger ein äußerst virulentes Thema. Erstere versuchen häufig bereits im Vorfeld der Zuwendung insbesondere solchen Zuwendungsempfängern, die keine öffentlichen Auftraggeber sind und daher mit dem Vergaberecht in der auferlegten Form selten bis gar keine Berührungspunkte haben, durch Erläuterungen und Leitfäden Hilfestellung zu leisten.

Praxistipp
Für Zuwendungsempfänger empfiehlt es sich, Fragen, die sich zu den vergaberechtlichen Auflagen ergeben, bestenfalls im Vorfeld der Zuwendung, jedenfalls aber im Vorfeld der Auftragserteilung mit der Bewilligungsbehörde zu thematisieren, um Streitigkeiten und etwaige Zuwendungsrückforderungen wegen des Verstoßes gegen die Vergabeauflagen zu vermeiden.[82]

b) ANBest-Gk

Die vergaberechtliche Auflage in Nr. 3.1 ANBest-Gk ist angesichts des Adressatenkreises (Gebietskörperschaften und Zusammenschlüsse von Gebietskörperschaften) im Vergleich zu den ANBest-P und ANBest-I grundsätzlich allgemeiner formuliert. Demnach sind für Aufträge zur Erfüllung des Zuwendungszwecks, welche die Schwellenwerte des § 106 GWB nicht erreichen oder nicht überschreiten, die nach den einschlägigen haushaltsrechtlichen Bestimmungen des Zuwendungsempfängers anzuwendenden Vergabegrundsätze zu beachten. Eine Wertgrenze wie im Rahmen der ANBest-P und ANBest-I existiert für die Vergabeauflage der ANBest-Gk nicht. Dies ist angesichts der primären Bindung der Zuwendungsempfänger an das Haushaltsrecht aber auch stringent. Die Zuwendungsempfänger sollen sich im Rahmen des Zuwendungsverhältnisses an die gleichen vergaberechtlichen Regeln halten müssen, die für sie auch außerhalb von zuwendungsfinanzierten Projekten (unterhalb der EU-Schwellenwerte) gelten. Zuweilen kommt es aber auch vor, dass die ANBest-GK keine Vergabeauflage enthalten. Diese findet sich in diesen Fällen im Bewilligungsbescheid selbst.

82 Zu den Konsequenzen von Verstößen gegen das Vergaberecht vgl. Kapitel "Typische Fehler in Vergabeverfahren im Zuwendungsrechtsverhältnis" in diesem Buch.

c) ANBest-P-Kosten

Stärker als die ANBest-P tragen die Vergabeauflagen der ANBest-P-Kosten der Tatsache Rechnung, dass es sich bei den potenziellen Zuwendungsempfängern regelmäßig um Unternehmen der gewerblichen Wirtschaft handelt. Zuwendungen auf Kostenbasis setzen voraus, dass der Zuwendungsempfänger ein gewerbliches Unternehmen, d.h. ein Gewerbebetrieb im Sinne des Einkommensteuerrechts ist bzw. einem solchen gleichzustellen ist und die Bemessung der Zuwendung nach Ausgaben im Hinblick auf die Verrechnung von Gemeinkosten einschließlich kalkulatorischer Kosten nicht sinnvoll ist (vgl. VV Nr. 13a zu § 44 BHO).[83] Anders als bei der Projektförderung auf Ausgabenbasis verpflichten die ANBest zur Projektförderung auf Kostenbasis nämlich nicht zur Anwendung der – für gewerbliche Unternehmen in der Regel fremden – UVgO bzw. des ersten Abschnitts der VOB/A. Nach Nr. 3.1. ANBest-P-Kosten ist der Zuwendungsempfänger vielmehr verpflichtet, Aufträge im Sinne eines „Vergaberechts light" nur an fachkundige und leistungsfähige Anbieter nach wettbewerblichen Gesichtspunkten zu wirtschaftlichen Bedingungen zu vergeben. Soweit möglich, sind hierbei mindestens drei Angebote einzuholen. Diese Verpflichtungen gelten unabhängig von der Höhe der gewährten Zuwendung. Die ANBest-P-Kosten unterstellen mithin zum einen, dass gewerbliche Unternehmen ein Eigeninteresse an der Nutzung des Wettbewerbs haben. Andererseits verlangen auch sie allerdings ein Mindestmaß an Wettbewerbsöffnung und Dokumentation.

d) Vergaberechtliche Verpflichtungen für Zuwendungsempfänger, die zugleich öffentliche Auftraggeber oder Sektorenauftraggeber sind

Die zuvor beschriebenen Vergabeauflagen der ANBest-P und ANBest-I gelten grundsätzlich auch dann, wenn für einen Auftrag die maßgeblichen EU-Schwellenwerte überschritten werden. Für Zuwendungsempfänger, die auch als öffentliche Auftraggeber i.S.d. § 99 GWB zu qualifizieren sind, bleibt es neben den zuwendungsrechtlichen Bindungen allerdings bei der gesetzlichen Verpflichtung zur Einhaltung des Vergaberechts. Dies wird in Nr. 3.2 der ANBest-I und ANBest-P klargestellt, wonach die Verpflichtungen des Zuwendungsempfängers als Auftraggeber gemäß Teil 4 des GWB unberührt bleiben. In der Rechtsprechung existieren unterschiedliche Auffassungen dazu, ob in Nr. 3.2 ANBest-I und ANBest-P eine eigenständige Auflage zu sehen ist – mit der Konsequenz, dass Fehler bei der Anwendung des GWB-Vergaberechts auch zuwendungsrechtliche Folgen haben. Überwiegend wird dies allerdings mit Blick auf den Wortlaut (*„bleiben unberührt"*) und des Fehlens der für eine Auflage erforderlichen Bestimmtheit des geforderten Tuns, Duldens oder Unterlassens abgelehnt.[84] Es ist demnach vielmehr davon auszugehen, dass Nr. 3.2 ANBest-P/-I einen deklaratorischen Hinweis darauf enthält, dass die allgemeinen vergaberechtlichen Voraussetzungen durch die vergaberechtlichen Auflagen in Nr. 3.1 ANBest-I und ANBest-P nicht eingeschränkt werden. Ein Verstoß gegen das Kartellvergaberecht löst danach nur dann zuwendungsrechtliche Konsequenzen aus, wenn der Zuwendungsempfänger durch ergänzende Bestimmungen zu den ANBest-P und -I hierzu verpflichtet wird oder aber in dem fraglichen Verstoß zugleich eine

---

83 Vgl. im Einzelnen *Dittrich*, Bundeshaushaltsordnung, 68. EL 2025, § 44 BHO, Erl. 26.3.

84 Vgl. OVG Bautzen, Urteil vom 11.5.2017 – 1 A 140/16; OVG Mannheim, Urteil vom 17.10.2013 – 9 S 123/12; OVG Koblenz, Urteil vom 25.9.2012 – 6 A 10478/12; auch: *Müller/Richter/Ziekow*, Handbuch Zuwendungsrecht, 2017, Kapitel E, Rn. 63.

Verletzung des Grundsatzes der Wirtschaftlichkeit und Sparsamkeit (Nr. 1.1 ANBest-P bzw. -I) zu sehen ist.

Eine ausdrückliche Verpflichtung zur Anwendung des einschlägigen Kartellvergaberechts bei zuwendungsfinanzierten Aufträgen ist vielfach in den Allgemeinen oder Besonderen Nebenbestimmungen vorgesehen, die der Bund und die Länder für Förderungen erlassen haben, die mit Mitteln der Europäischen Struktur- und Investitionsfonds (ESI-Fonds) oder dem JTF kofinanziert werden (ANBest-EU bzw. BNBest-EU). Denn nach den Fondsregeln gehört die Einhaltung des europäischen Vergaberechts durch dessen Adressaten (öffentliche Auftraggeber) zu den Voraussetzungen für eine Verwendung von europäischen Fondsmitteln. Gleichermaßen wird grundsätzlich Nr. 3 ANBest-Gk abweichend zu Nr. 3.2 ANBest-P und -I zu verstehen sein. Demnach gelten einschlägigen haushaltsrechtlichen Bestimmungen zur Vergabe von Aufträgen für den gemeindlichen Zuwendungsempfänger nur dann, *„soweit auf die Vergabe von Aufträgen die Vorschriften des vierten Teils"* des GWB *„nicht anzuwenden sind."* In diesem Fall ist mithin klar die Verpflichtung des Zuwendungsempfängers erkennbar, dass er – sofern er öffentlicher Auftraggeber ist – oberhalb der EU-Schwellenwerte das Kartellvergaberecht anzuwenden hat und diese Anwendung auch in zuwendungsrechtlicher Hinsicht verpflichtend ist. Verstöße gegen das Kartellvergaberecht können daher hier wegen Verletzung der Nebenbestimmung in Nr. 3 ANBest-GK zur Rückforderung der Zuwendung führen.

In der Praxis ergibt sich bei Sektorenaufraggebern, die durch die SektVO verfahrensrechtlichen Erleichterungen unterliegen, in geförderten Projekten regelmäßig das Problem, dass sie über den Zuwendungsbescheid zur Einhaltung eines vergleichsweise strengeren Vergaberechts (UVgO und Abschnitt 1 der VOB/A) verpflichtet werden. Es stellt sich mithin die Frage, ob Sektorenauftraggeber zur Anwendung der UVgO und des Abschnitts 1 VOB/A aufgrund der ANBestP auch im Oberschwellenbereich verpflichtet sind. Soweit ersichtlich, ist bislang noch keine Rechtsprechung zu der Fragestellung ergangen, ob Sektorenauftraggeber zur Anwendung der UVgO und des Abschnitts 1 VOB/A aufgrund der ANBestP auch im Oberschwellenbereich verpflichtet sind. Nach den Maßstäben zur Auslegung der ANBest-P muss hiervon jedoch ausgegangen werden. Insbesondere sieht der Wortlaut von Ziffer 3.1 ANBest-P keine Differenzierung vor.

Nach der Rechtsprechung des OVG Nordrhein-Westfalen[85] soll auch ein Verständnis der Regelung ausgeschlossen sein, nach dem es für das Bestehen der Anwendungsverpflichtung auf den vergaberechtlichen Status des Zuwendungsempfänger ankommt. Die Regelung verfolge vielmehr den Zweck der Gleichbehandlung aller Zuwendungsempfänger. Unter Zugrundelegung dieses Maßstabes ist davon auszugehen, dass die UVgO und Abschnitt 1 VOB/A auch im Oberschwellenvergaberecht unterschiedslos zu gelten haben. Eine Gleichbehandlung wäre nicht gewährleistet, wenn Sektorenauftraggeber im Oberschwellenbereich von der Einhaltung der Vorgaben aus Ziffer 3.1 ANBest-P ausgenommen würden, wohingegen andere Zuwendungsempfänger an diese Vorgaben gebunden wären.

Auch im Schrifttum wird – soweit ersichtlich – einhellig angenommen, dass Sektorenauftraggeber die Vorgaben der Ziffer 3.1 ANBest-P im Oberschwellenbereich zu berücksichtigen haben.[86] Hierdurch entstehen Wertungswidersprüche, da die UVgO und Abschnitt 1 VOB/A mit-

85 OVG Nordrhein-Westfalen, Urteil vom 20.4.2012 – 4 A 1055/09.
86 *Brüning*, ZfBR 2020, 154 (156); *Mayen*, NZBau 2009, 98 (100).

unter strengere Vorgaben als das Sektorenvergaberecht treffen. Diese Wertungswidersprüche werden vom geltenden Recht jedoch hingenommen.[87] Erleichterungen können insoweit nur durch besondere Regelungen von Bundes- oder Landesressorts oder Richtliniengebern geschaffen werden, die wiederum dem Gleichbehandlungsgrundsatz genügen müssen.

Praxistipp
Sektorenauftraggeber sollten frühzeitig mit dem Zuwendungsgeber in Abstimmung darüber zu treten, ob und wie diese Wertungswidersprüche aufgelöst werden können. Im Zweifel sollten die strengeren Vergaberegeln vorrangig beachtet werden.

e) Allgemeine oder Besondere Nebenbestimmungen für die Förderung mit Mitteln der Europäischen Struktur- und Investitionsfonds (ESI-Fonds) oder dem JTF

Wie einleitend (unter B. Ziffer 1.) bereits angesprochen, existieren bei Bund und Ländern für den Fall, dass eine Förderung unter Verwendung von Mitteln aus den Europäischen Struktur- und Investitionsfonds (ESI-Fonds) oder dem Just Transition Fonds (JTF) erfolgt, in der Regel spezielle Allgemeine oder Besondere Nebenbestimmungen, die bei der Gewährung von Zuwendungen verpflichtend anzuwenden sind. In den Bundesländern wird hierbei zum Teil zwischen den einzelnen Strukturfonds (EFRE, ESF, ELER, EMFF) und dem JTF unterschieden, d.h. es existieren so z.B. ANBest-P-EFRE und ANBest-P-ESF[88]. Zum Teil sind die Nebenbestimmungen für die im jeweiligen Bundesland zur Anwendung kommenden Fonds auch in einem Dokument zusammengefasst (z.B. ANBest-EU in Brandenburg). Die speziellen Nebenbestimmungen kommen zum Tragen, sobald die Zuwendung auch nur zu einem Cent aus Strukturfonds oder JTF-Mitteln kofinanziert wird. Hintergrund ist, dass bei einer Förderung mit Mitteln aus den Fonds neben dem deutschen Rechtsrahmen auch die für die Fonds geltenden unionsrechtlichen Regelungen Anwendung finden. Aus diesen folgt u.a., dass die aus den europäischen Fonds geförderten Vorhaben dem Unionsrecht und dem in Bezug auf dessen Umsetzung einschlägigen nationalen Recht entsprechen müssen. Im Bereich des Vergaberechts ist für öffentliche Auftraggeber mithin sowohl das die europäischen Richtlinien umsetzende deutsche Recht, ggf. ergänzendes Richtlinienrecht und das aus den europäischen Grundfreiheiten und Grundsätzen (wie dem Transparenzgrundsatz) folgende Recht zu beachten.

Da Verstöße gegen das Vergaberecht neben Verstößen gegen das europäische Beihilferecht und das allgemeine Förderrecht seit Jahren zu den größten Fehlerquellen bei der Ausgabe von Mitteln in geteilter Mittelverwaltung gehören, die regelmäßig von der Europäischen Kom-

87 *Mayen*, NZBau 2009, 98 (100).

88 So z.B. in der Förderperiode 2021-2027 im Saarland. In Baden-Württemberg NBest-P-ESF Plus-BW und EFRE NBest-P 2021-2027. In NRW umfassen die ANBest-EU in der Förderperiode 2021-2027 den EFRE und den JTF und die ANBest-ESF die Kofinanzierung mit ESF und JTF. In Hessen gelten für Zuwendungsempfänger, die keine originären öffentlichen Auftraggeber sind, im Bereich des ESF Erleichterungen.

mission und dem Europäischen Rechnungshof[89] gerügt werden und zulasten der Mitgliedstaaten z.T. zu erheblichen Mittelkürzungen bzw. Finanzkorrekturen führen, versuchen Bund und Länder die Nebenbestimmungen zumeist so zu gestalten, dass diese einerseits den europäischen Anforderungen gerecht werden und andererseits Fehlerquellen bei der Anwendung des Vergaberechts durch Zuwendungsempfänger, die keine öffentlichen Auftraggeber sind, zu minimieren. Regelmäßig sehen die speziellen Nebenbestimmungen daher Befreiungen oder zumindest Erleichterungen für nicht originär an das Vergaberecht gebundene Zuwendungsempfänger vor (wie z.B. erhöhte Schwellenwerte für die Anwendung der Vergabeauflage oder die grundsätzliche Abforderung von drei Vergleichsangeboten). Hinsichtlich Zuwendungsempfängern, die zugleich öffentliche Auftraggeber sind, wird hingegen zumeist explizit auch die Anwendung des „europäischen" Unterschwellenvergaberechts zum Gegenstand der zuwendungsrechtlichen Auflage gemacht.[90] Die Vergabeauflagen sind auch bei den ANBest/NBest, die für ESIF-Förderungen gelten, regelmäßig unter Ziffer 3 der Nebenbestimmungen geregelt. Bei Verstößen gegen die bei einer Förderung mit Strukturfonds- oder JTF-Mitteln geltenden Vergabeauflagen üben die bewilligenden Behörden ihr Widerrufs- und Rückforderungsermessen regelmäßig im Einklang mit den Leitlinien für die Festsetzung von Finanzkorrekturen[91] aus, welche die Kommission für Vergaberechtsverstöße bei von der Union finanzierten Ausgaben aufgestellt hat.[92] Eine entsprechende Ermessensausübung ist gerechtfertigt, da die Leitlinien der Kommission den Maßstab für Finanzkorrekturen gegenüber den Mitgliedstaaten vorgeben, sollten die zuständigen Verwaltungs- und Prüfbehörden Unregelmäßigkeiten bei der Anwendung des Vergaberechts entgegen ihren Verpflichtungen nicht aufdecken und korrigieren.

2. Ausnahmen bzw. Ergänzungen durch Entscheidung der Bewilligungsbehörde oder Förderrichtlinie

Angesichts der Komplexität der vergaberechtlichen Regeln und der Fehleranfälligkeit ihrer Anwendung – insbesondere durch Zuwendungsempfänger, die außerhalb des Zuwendungsrechts keinen vergaberechtlichen Bindungen unterliegen – wird in der Praxis häufig auf die in den VV zu § 44 BHO vorgesehenen Möglichkeiten zurückgegriffen, Ausnahmen oder Ergänzungen zu den Vergabeauflagen der ANBest zu regeln. Diese Möglichkeiten stehen zum einen der Bewilligungsbehörde sowohl für den Einzelfall als auch für übergreifende generelle Regelungen (Förderrichtlinie, Besondere Nebenbestimmungen) zu (hierzu unter a). Zum anderen können sie den zuständigen Bundesministerien für einzelne Förderbereiche zur Verfügung stehen (hierzu unter b).

---

89 Vgl. z.B. ERH, Jahresbericht zur Ausführung des Haushaltsplans für das Haushaltsjahr 2016, Kapitel 6, Ziffer 6.9 und 6.15 ff., ABl. (EU) C 322 v. 28.9.2017, S. 1; Jahresbericht zur Ausführung des Haushaltsplans für das Haushaltsjahr 2017, Kapitel 6, Ziffer 6.28 ABl. (EU) C 357 v. 4.10.2018, S. 1; Sonderbericht des Europäischen Rechnungshofs Nr. 10/2015; Analyse 03/2024 des Europäischen Rechnungshofs vom 8.7.2024: Überblick über den Zuverlässigkeitsrahmen und die wichtigsten Faktoren, die zu Fehlern bei den Kohäsionsausgaben im Zeitraum 2014–2020 beigetragen haben.

90 Siehe hierzu auch im Kapitel „Überlagerung durch das EU-Recht" unter B.I.

91 Beschluss der Kommission C(2019) 3452 vom 14.5.2019 zur Festlegung der Leitlinien für die Festsetzung von Finanzkorrekturen, die bei Verstößen gegen die Vorschriften für die Vergabe öffentlicher Aufträge auf von der Union finanzierte Ausgaben anzuwenden sind

92 Siehe hierzu auch die Ausführungen in den Kapiteln „Abschluss der Förderung" und „Überlagerung durch das EU-Recht" (dort unter D.).

a) Ausnahme durch Entscheidung der Bewilligungsbehörde im Einzelfall oder durch Förderrichtlinie bzw. Besondere Nebenbestimmungen

Die VV Nr. 5.3.3 und Nr. 5.3.5 zu § 44 BHO ermächtigen die Bewilligungsbehörde, Ausnahmen von den Vergabeauflagen der ANBest in eigener Entscheidung (und ohne das Erfordernis einer Zustimmung durch das BMF) in den Zuwendungsbescheid, eine Förderrichtlinie (soweit kompetenzrechtlich zulässig) oder Besondere Nebenbestimmungen aufzunehmen. Ausnahmen können insoweit auch nach Bekanntgabe des Zuwendungsbescheids noch vorgesehen werden.

Die VV Nr. 5.3.3 zu § 44 BHO ermöglichen es dabei, in begründeten Einzelfällen die für die Anwendung der Vergabeauflage maßgebliche 100.000 Euro-Grenze der Nr. 3.1 ANBest-P bzw. -I zu erhöhen. Die Bewilligungsbehörde hat hierbei die in VV Nr. 5.3.3 genannten Aspekte (wie z.B. die Größe und die administrativen Kapazitäten des oder der Zuwendungsempfänger, den Eigenanteil und das Eigeninteresse sowie das Verhältnis zwischen Wirtschaftlichkeit und Wettbewerblichkeit der Beschaffung) zu berücksichtigen. Setzt die Bewilligungsbehörde eine höhere Wertgrenze fest, hat sie die Festsetzung zwingend mit der in VV Nr. 5.3.3 niedergelegten Regelung zu verbinden, durch die der Zuwendungsempfänger abweichend von Nr. 3.1 ANBest-P bzw. -I verpflichtet wird, Aufträge nur an fachkundige und leistungsfähige Anbieter nach wettbewerblichen Gesichtspunkten und zu wirtschaftlichen Bedingungen zu vergeben und hierzu – soweit möglich – drei Angebote einzuholen sowie Verhandlungen und Ergebnisse zu dokumentieren. Die vorstehende Ermächtigung ermöglicht es, in geeigneten Fällen die Grenze der ANBest-P bzw. -I in Einzelfällen oder Förderrichtlinien so hoch anzusetzen, dass privatwirtschaftliche Zuwendungsempfänger von der Verpflichtung der Anwendung der UVgO und des 1. Abschnitts der VOB/A freigestellt bzw. entlastet werden und im Ergebnis eine Gleichstellung mit den ANBest-P-Kosten hergestellt wird. Wird die Ausnahme in einer Förderrichtlinie vorgesehen, so bedarf es der zusätzlichen Aufnahme in den einzelnen Zuwendungsbescheid, da nur dadurch die ANBest-P bzw. -I gegenüber dem einzelnen Zuwendungsempfänger geändert werden.[93]

Bei der Auflage, Aufträge nur an fachkundige und leistungsfähige Anbieter nach wettbewerblichen Gesichtspunkten und zu wirtschaftlichen Bedingungen zu vergeben und hierzu möglichst drei Angebote einzuholen sowie Verhandlungen und Ergebnisse zu dokumentieren, handelt es sich um ein Vergaberecht *„light"*. Das formalisierte Vergaberecht nach der UVgO und des 1. Abschnitts der VOB/A findet somit grundsätzlich keine Anwendung. Konkret bedeutet dies, dass keine Formvorschriften einzuhalten sind. Unternehmen können somit etwa per E-Mail formfrei zur Angebotsabgabe aufgefordert werden und ihre Angebote entsprechend einreichen. Dabei müssen keine Maßnahmen ergriffen werden, um einen vorfristigen Zugriff des Auftraggebers auf das Angebot vor Ablauf der Angebotsfrist zu verhindern (vgl. § 40 Abs. 1 UVgO). Um vergleichbare Angebote zu erhalten, muss die Angebotsaufforderung jedoch zeitgleich und gleichlautend an mindestens drei geeignete Anbieter versendet werden. Aus Gründen der Transparenz sollten zudem – wenn der Preis nicht das einzige Bewertungskriterium ist – die maßgeblichen Bewertungskriterien in der Aufforderung zur Angebotsabgabe angegeben werden. Kritisch zu bewerten ist in diesem Zusammenhang die teilweise Förderpraxis von Zuwendungsgebern, wonach diese – unter anderem nach Vorgaben wie-

93 Vgl. im Einzelnen *Dittrich*, Bundeshaushaltsordnung, 68. EL 2025, § 44 BHO, Erl. 42.7.

derum ihrer Prüfbehörden – das Vergaberecht „light" an das formalisierte Vergaberecht anlehnen, um eine Vereinheitlichung der Förderabwicklung sowie Gleichbehandlung der Zuwendungsempfänger zu gewährleisten. Im Ergebnis werden dadurch den Zuwendungsempfängern die beabsichtigen Erleichterungen und Vereinfachungen wieder genommen.

In der Praxis stellt sich zudem immer wieder die Frage, ob es ausreicht, drei Aufforderungen zur Angebotsabgabe zu versenden oder aber ob am Ende tatsächlich drei Vergleichsangebote vorliegen müssen. Der Wortlaut der Auflage deutet darauf hin, dass tatsächlich mindestens Vergleichsangebote *vorliegen* müssen. Andernfalls hätte die Formulierung analog zu § 12 Abs 2 UVgO lauten müssen: *„Es sind grundsätzlich mehrere, grundsätzlich mindestens drei Unternehmen zur Abgabe eines Angebots aufzufordern"*. Es ist allerdings nicht ersichtlich, wieso die zuwendungsrechtliche Auflage *„light"* strenger sein soll als das formalisierte Vergaberecht. Bei einer Verhandlungsvergabe ohne Teilnahmewettbewerb ist der Auftraggeber bei nur einem oder zwei Angebotseingängen nicht verpflichtet, weitere „Ersatzangebote" einzuholen. Dementsprechend hat das VG Köln für den vergleichbaren Fall einer freihändigen Vergabe nach VOL/A entschieden, dass es nach dem Wortlaut der Vorschrift nicht erforderlich ist, dass auch sämtliche Unternehmer positive, d.h. zusagende Angebote abgeben.[94] Dass zwei der angefragten Bieter abgesagt haben, fällt als Tatsache an sich nicht in die Verantwortungssphäre des Auftraggebers. Dies gilt jedenfalls insoweit, als die grundsätzliche Auswahl der angefragten Dienstleister nicht zu beanstanden ist.

Nach der hier vertretenen Auffassung kann für das Vergaberecht *„light"* nichts anderes gelten. Eine Auslegung der Auflage dahingehend, dass tatsächlich drei Vergleichsangebote vorliegen müssen, stünde im diametralen Widerspruch zur der regelmäßig beabsichtigen Vereinfachung für den Zuwendungsempfänger und würde diesem ein unverhältnismäßiges Risiko aufbürden, da er keinen Einfluss darauf hat, ob die angefragten Unternehmen tatsächlich ein Angebot abgegeben. Wichtig ist gleichwohl die Dokumentation des Vorgehens.

Praxistipp

Zuwendungsempfänger sollten frühzeitig mit dem Zuwendungsgeber klären, wie dieser die Auflage interpretiert. Zudem sollten im Falle von „Absagen" die Gründe dafür erfragt und dokumentiert werden (z.B. mangelnde Kapazitäten).

Nach VV Nr. 5.3.5 zu § 44 BHO wiederum darf die Bewilligungsbehörde in *Einzelfällen* Ausnahmen auch von Nr. 3 ANBest-I, ANBest-P, ANBest-Gk und ANBest-P-Kosten regeln. Nach dem Wortlaut der Regelung ist grundsätzlich auch eine Abweichung zulasten des Zuwendungsempfängers möglich[95]; im Allgemeinen wird die Bewilligungsbehörde hier allerdings Erleichterungen für den Zuwendungsempfänger vorsehen, die sich aus den Umständen des konkreten Projektes ergeben. Grundsätzlich müssen bei auf der Grundlage der VV Nr. 5.3.5 ergriffene Abweichungen bzw. Ergänzungen zu den vergaberechtlichen Auflagen der ANBest zwei Begrenzungen beachtet werden: Erstens dürfen insbesondere strengere Ergänzungen nur vorgenommen werden, wenn sie der generellen Zielsetzung der ANBest nicht entgegen-

94 VG Köln, Urteil vom 01.07.2015 – 16 K 6872/14.
95 Vgl. *Dittrich*, Bundeshaushaltsordnung, 68. EL 2025, § 44 BHO, Erl. 4.2.

stehen,[96] und sie verhältnismäßig sind. Zweitens müssen die Ergänzungen hinreichend klar und bestimmt sein. D.h., der Inhalt und Gegenstand der Auflage muss für die am Verwaltungsverfahren Beteiligten, insbesondere für den bzw. die Adressaten des Zuwendungsbescheides so vollständig und unzweideutig erkennbar sein, dass sie ihr Verhalten danach ausrichten können.

Das VG Köln hat unter diesem Maßstab mehrfach Ergänzungen an den ANBest-P, die eine Bewilligungsbehörde in einem Zuwendungsbescheid geregelt hatte, wegen Doppelungen und Widersprüchlichkeiten zurückgewiesen und den von der Bewilligungsbehörde auf einen Auflagenverstoß gestützten Widerrufsbescheid aufgehoben. Im Ergebnis stellte es fest, dass für den Zuwendungsempfänger aus der Regelung nicht mehr erkennbar gewesen sei, ob und nach welchen (zeitlich anwendbaren) Regelungen die streitgegenständlichen Bauaufträge hätten ausgeschrieben werden müssen.[97] Auch konkrete Hinweise und Erläuterungen zur Vergabepflicht, die im Ergebnis mit den ANBestP nicht zu vereinbaren und teilweise in sich unklar sind, können demnach zur Nichtigkeit der Vergabeauflage führen. Dem Empfänger des Bescheides müsse gerade hinsichtlich einer – grundsätzlich selbstständig vollziehbaren – Auflage klar sein, was konkret vom ihm verlangt wird.[98]

b) Abweichende Regelungen für einzelne Förderbereiche

Etwas seltener genutzte Ausnahmen ermöglichen die VV Nr. 14 zu § 44 BHO und VV Nr. 15.2 und 15.1 zu § 44 BHO.

Nach VV Nr. 14 zu § 44 BHO kann das zuständige Bundesministerium für Fälle von geringer finanzieller Bedeutung für einzelne Förderbereiche und ohne weitere Beteiligung des Bundesministeriums für Finanzen (BMF) Erleichterungen bei der Anwendung auch der Anwendung der VV Nr. 5 zu § 44 BHO, d.h. der Anwendung der ANBest, vorsehen. Eine geringe finanzielle Bedeutung liegt demnach vor, wenn der Gesamtbetrag der Zuwendung bei einer Projektförderung sowie bei institutioneller Förderung für ein Haushaltsjahr weniger als 50.000 Euro beträgt. Beträgt die Zuwendung in diesem Sinne weniger als 25. 000 Euro wird die Kompetenz zum Zulassen von Ausnahmen in Einzelfällen auf die Bewilligungsbehörde zurückverwiesen.

Nach VV Nr. 15.2 zu § 44 BHO kann das zuständige Bundesministerium mit Zustimmung des BMF für einzelne Zuwendungsbereiche abweichende Verwaltungsvorschriften erlassen. Dies ermöglicht grundsätzlich auch die Regelung von Abweichungen zu VV Nr. 5 zu § 44 BHO bezüglich der Einbeziehung der ANBest und über die VV Nr. 5.3 hinausgehender Änderungen an den ANBest. Angesichts der Erheblichkeit des Eingriffs in das bestehende Gefüge und zur Gewährleistung einheitlicher Maßstäbe ist vor dem Erlass entsprechender Verwaltungsvorschriften auch der Bundesrechnungshof (BHO) einzubeziehen.[99] Entsprechende Abweichungen finden sich z.B. im Rahmen spezifischer Förderrichtlinien bzw. Förderprogramme für besondere Zuwendungsbereiche. Neben einer Abweichung für ganze Förderbereiche ermöglicht VV Nr. 15.1 zu § 44 BHO die Regelung von Abweichungen mit Zustimmung des BMF auch für den Einzelfall.

---

96 Vgl. *Dittrich*, Bundeshaushaltsordnung, 68. EL 2025, § 44 BHO, Erl. 4.2.
97 VG Köln, Urteil vom 13.11.2014 – 16 K 7404/12; VG Köln, Bescheid vom 13.4.2016 – 16 K 3382/14.
98 VG Köln, Bescheid vom 13.4.2016 – 16 K 3382/14.
99 Vgl. *Dittrich*, Bundeshaushaltsordnung, 68. EL 2025, § 44 BHO, Erl. 4.5.

II. Vergaberechtliche Verpflichtungen bei der Weiterleitung von Zuwendungen

Nach VV Nr. 12 zu § 44 BHO kann die Bewilligungsbehörde die Zuwendung auch in einem gestaffelten Zuwendungsverhältnis bewilligen und zwar dergestalt, dass sie in ihrem Zuwendungsbescheid den Zuwendungsempfänger als Erstempfänger ermächtigt, die Zuwendung ganz oder teilweise in öffentlich-rechtlicher oder privatrechtlicher Form an einen Letztempfänger weiterzuleiten. Der Erstempfänger erfüllt mit der Weiterleitung entsprechend den Vorgaben in seinem Zuwendungsbescheid den Zuwendungszweck. Ihm ist die Weiterleitung nur zur Projektförderung möglich. Hinsichtlich der vergaberechtlichen Auflagen bleibt es bei Weiterleitungskonstellationen auf der ersten Ebene zwischen der Bewilligungsbehörde und dem Erstempfänger zunächst bei den üblichen Grundsätzen. Auf der zweiten Ebene der Weiterleitung – d.h. zwischen Erstempfänger und Letztempfänger – ist dann wiederum der Erstempfänger dafür verantwortlich, dass der Letztempfänger die Fördermittel zweckentsprechend einsetzt. Das bedeutet, dass der Erstempfänger an den Letztempfänger die Verpflichtungen und Auflagen aus dem Zuwendungsbescheid – soweit sie die weitergeleiteten Mittel betreffen – weitergeben muss. Dies betrifft auch vergaberechtliche Auflagen, wie z.B. die Anwendung der Nr. 3.1 und 3.2. ANBest-P. Das Verhältnis zwischen Erst- und Letztempfänger ist selbst allerdings nicht als Auftragsverhältnis zu verstehen, denn es handelt sich hierbei um ein zuwendungsrechtliches Verhältnis (auch wenn dieses ggf. durch privatrechtlichen Vertrag ausgestaltet sein sollte, weil der Erstempfänger nicht zur öffentlich-rechtlichen Weiterleitung befugt ist). Die Auswahl des Letztempfängers bedarf mithin keiner förmlichen Ausschreibung bzw. eines bestimmten vergaberechtlichen Verfahrens. Auf der Ebene zwischen Erst- und Letztempfänger findet kein Leistungsaustausch mit verbindlichen Leistungspflichten statt, sondern eine Zurverfügungstellung von Fördermitteln an den Letztempfänger zur zweckentsprechenden Verwendung. Verstößt der Letztempfänger gegen die ihm durch den Erstempfänger weitergegebenen Auflagen, wie z.B. die vergaberechtlichen Verpflichtungen, erfolgen Widerruf und Wiedereinziehung der Fördermittel durch die Bewilligungsbehörde regelmäßig zunächst gegenüber dem Erstempfänger. Dieser wiederum hat sich dann auf der Grundlage des zwischen ihm und dem Letztempfänger bestehenden Zuwendungsverhältnisses an diesen zu halten. Widerruf und Rückforderung der Bewilligungsbehörde gegenüber dem Erstempfänger haben damit unmittelbaren Einfluss auf das Verhältnis zwischen Erstempfänger und Letztempfänger. Angesichts dieser Betroffenheit, der Verantwortung des Letztempfängers für die die Einziehung der Fördermittel verursachende Handlung sowie seine Einbeziehung in das förderrechtliche Normprogramm wird in der Rechtsprechung angenommen, dass der Letztempfänger gegen den gegenüber dem Erstempfänger ergangenen Widerrufs- und Rückforderungsbescheid klagebefugt i.S.v. § 42 Abs. 2 VwGO ist.[100] Eine entsprechende Klage – und nicht das Zuwarten auf die Rückforderung durch den Erstempfänger – dürfte sich für den Letztempfänger in vielen Fällen auch empfehlen, damit ihm nicht die Bestandskraft der Entscheidung der Bewilligungsbehörde entgegengehalten werden kann. Bei Rückforderungen, die auf einen Beschluss der EU-Kommission zurückgehen, ist zudem die Nichtigkeitsklage gegen den Beschluss nach Art. 263 AEUV zu prüfen.

---

100 Vgl. VG Regensburg, Urteil vom 14.6.2018, Rn. 49; zur Klagebefugnis von Drittbetroffenen auch: BVerwG, Urteil vom 6.5.2015 – 6 C 11/14.

C. Billigkeitsleistungen

Durch die Überbrückungshilfen des Bundes zur Abfederung von wirtschaftlichen Schwierigkeiten, die Unternehmen durch die Corona-Pandemie erlitten haben und durch die Hilfen, die nach der Hochwasserkatastrophe 2021 gewährt wurden, sind die Billigkeitsleistungen nach § 53 BHO, die bislang eher ein haushaltsrechtliches Schattendasein geführt haben, in einen größeren Fokus der Öffentlichkeit getreten. Auf Billigkeitsleistungen besteht – ähnlich wie bei ihrer „Verwandten" der Zuwendung – kein Anspruch. Anders als Zuwendungen werden Billigkeitsleistungen allerdings aus Gründen der staatlichen Fürsorge zum Ausgleich oder der Milderung von Schäden und Nachteilen gewährt.[101] Sie sollen in der Regel nur zum Ausgleich von Härten gewährt werden, die ihre Ursache in einem Ereignis haben, das für den betroffenen Personenkreis nicht vorhersehbar war und von ihm auch nicht zu vertreten ist (VV Nr. 1.1 zu § 53 BHO). Es handelt sich bei Billigkeitsleistungen daher eher um Nothilfen. Sie sind gegenüber Zuwendungen subsidiär.[102] Ihre Gewährung setzt stets voraus, dass Ausgabemittel für sie besonders zur Verfügung gestellt sind. D.h. es bedarf immer einer entsprechenden Ermächtigung durch den Haushaltsgesetzgeber oder das BMF im Wege einer außerplanmäßigen Ausgabe nach § 37 bei einem unvorhergesehenen und unabweisbaren Bedarf.[103] Zudem sollen gemäß VV Nr. 2.2. zu § 53 BHO grundsätzlich allgemeine Richtlinien für ihre Gewährung (Billigkeitsrichtlinien) erlassen werden.

Da Billigkeitsleistungen von ihrem Charakter her auf die Vergangenheit gerichtet sind und bei bereits eingetretenen Härten entlasten sollen, laufen Auflagen, die eine künftige Verwendung der Mittel regeln, regelmäßig ins Leere. Üblicherweise sind daher vergaberechtliche Auflagen im Bereich der Billigkeitsleistungen nicht zu finden.

101 VV Nr. 1 zu § 53 BHO.
102 VV Nr. 3 zu § 53 BHO.
103 VV Nr. 2.1 zu § 53 BHO.

Typische Fehler in Vergabeverfahren im Zuwendungsrechtsverhältnis

Übersicht

Seite

A. Vorbereitung des Vergabeverfahrens[1]

I. Vorbemerkung

Gemeinsames Ziel von Zuwendungsgeber und Zuwendungsnehmer[2] ist der sichere Weg zum Fördererfolg. Ein wesentlicher Grundstein für eine stabile Ausgangsposition wird in der Vorbereitung der Vergabe von geförderten Aufträgen gelegt.

Organisatorische oder vergaberechtliche Ungenauigkeiten bei der Grundsteinlegung führen zu langen sichtbaren Rissen und Schräglagen auf dem vergaberechtlichen Weg. Wenn überhaupt, lassen sie sich im weiteren Verlauf nur mit hohem zeitlichem und finanziellem Aufwand korrigieren.

Hinweis

Aus Sicht der EU-Kommission kommt der Vorbereitung des Vergabeverfahrens eine besondere Bedeutung zu: ***„Vorbereitung erfordert Zeit und Fachwissen. Die Vorbereitung nimmt mitunter viel Zeit in Anspruch, ist aber immer eine entscheidende Phase. Je nach Größe und Umfang des Auftrags kann die Vorbereitung mehrere Tage oder sogar Monate vor der erforderlichen Auftragsbekanntmachung in Anspruch nehmen. Mit Hilfe einer soliden Planung sollte jedoch das Risiko möglicherweise notwendiger Auftragsänderungen oder -anpassungen während der Auftragsausführung gemindert werden; zudem kann sie helfen, Fehler zu vermeiden."***[3]

1 *Hinweis zum Bearbeiterwechsel:* Der in der Vorauflage dieses Buches (Bd. 65 der Schriftenreihe) erstellte Beitrag zu „A. Vorbereitung des Vergabeverfahrens" wurde dankenswerterweise von *Frau Dagmar Baecker* zur aktuellen Fortschreibung durch *Herrn Michael Pilarski* zur Verfügung gestellt.

2 Zuwendungsnehmer werden im Folgenden auch als öffentliche Auftraggeber bezeichnet - unabhängig davon, ob sie das öffentliche Vergaberecht aufgrund des Zuwendungsbescheides oder aufgrund originärer, vergaberechtlicher Verpflichtung anwenden müssen.

3 Europäische Kommission, Februar 2018, https://ec.europa.eu/regional_policy/sources/guides/public_procurement/2018/guidance_public_procurement_2018_de.pdf, Seite 16 ff.

Selbst wenn Zuwendungsnehmer nicht originär in den Anwendungsbereich des öffentlichen Vergaberechtsregimes fallen, ergibt sich die Anwendungsverpflichtung doch aus dem Zuwendungsrechtsverhältnis.

Praxistipp

Den genauen Umfang der anzuwendenden vergaberechtlichen Regelungen, auch in Bezug auf die Vorbereitung des Vergabeverfahrens, gibt der jeweilige Zuwendungsbescheid vor. Letztlich werden auf diesem Weg alle Zuwendungsnehmer in unterschiedlicher Ausprägung verpflichtet, das Recht über die Vergabe öffentlicher Aufträge anzuwenden.

Sie bewegen sich als Zuwendungsnehmer neu im „Vergaberechtsdschungel" oder haben schon einschlägige Erfahrung gesammelt: die Themen in diesem Kapitel sind die Säulen für eine solide Vorbereitung von Vergabeverfahren.

Hinweis

Anhand von praktischen Fallbeispielen werden neben den Grundlagen auch die Auswirkungen von vergaberechtlichen Entscheidungen für die Vergabe- und Zuwendungspraxis beleuchtet. Dabei wird die Einschätzung der Verfasserin wiedergegeben. Andere Lösungsmöglichkeiten sind natürlich nicht ausgeschlossen. ***Vor diesem Hintergrund sind die allgemeinen Tipps und Hinweise sowie die Ausführungen zu den Beispielsfällen als Ideen und Anregungen für den Umgang mit Ihren praktischen Anwendungsfällen gedacht.***

Am Ende dieses Kapitels wissen Sie,

- welche Vorteile Ihnen nachvollziehbar dokumentierte und begründete Entscheidungen bieten,
- wie Sie den Beschaffungsbedarf so ermitteln können, dass er hilft, Vergabefehler zu vermeiden,
- was eine zulässige Markterkundung ausmacht und welchen Nutzen sie bietet,
- wie Sie den Auftragswert richtig schätzen,
- welchen Gestaltungsrahmen Sie bei der Erstellung der Leistungsbeschreibung haben,
- wie Sie den Weg zum richtigen Vergabeverfahren finden,
- wann und wie Sie welche Vergabeunterlagen für die Bieter bereitstellen.

II. Dokumentation und Begründung von Entscheidungen

1. Grundsätzliches

Die rechtlichen Grundlagen, die in diesem Kapitel besprochen werden, befassen sich immer mit einem *Regelfall* und eventuell mit einigen, häufig vorkommenden *Ausnahmen*. Sobald *Ihr konkreter Praxisfall* davon abweicht, ist die *Auslegung* der jeweiligen Regelung erforderlich.

Praxistipp

Ganz gleich, zu welcher Lösung Sie als ***Zuwendungsnehmer*** *für Ihren konkreten Praxisfall kommen:* ***Wichtig ist eine auch für Dritte nachvollziehbare, fachlich und rechtlich fundierte Begründung sowie deren Dokumentation in den Förderunterlagen.*** *Nur dann kann sie vom Zuwendungsgeber für eine Verwaltungsprüfung herangezogen werden und eventuell sogar als „goldene Brücke" zur Vermeidung von Kürzungen dienen.*

Als Faustregel gilt: Was nicht dokumentiert ist, gibt es nicht und kann nicht als Begründung für eine ordnungsgemäße Vergabe herangezogen werden. Die Vorbereitung und Durchführung eines Vergabeverfahrens können objektiv noch so gut gewesen sein, sind sie jedoch nicht dokumentiert, kann die ordnungsgemäße Durchführung gegenüber dem Zuwendungsgeber nicht nachgewiesen werden, sodass es zu unnötigen Kürzungen kommen kann.

Werden die Unterlagen für das Vergabeverfahren in unterschiedlicher Weise abgelegt und gespeichert, muss die geführte Vergabedokumentation dennoch aus sich heraus schlüssig sein.

Praxistipp

Für eine aus sich heraus schlüssige und verständliche Vergabedokumentation sollte z.B. die in Papierform geführte Vergabeakte einen Ausdruck der elektronisch vorgehaltenen Dokumente oder einen Hinweis auf das Vorhandensein weiterer elektronischer Aktenbestandteile enthalten.[4]

Nicht selten wechseln für das Vergabeverfahren maßgebliche Personen intern die Position oder scheiden aus der Organisation des Zuwendungsnehmers aus. Außerdem kann der Zeitablauf für Erinnerungslücken sorgen.

Praxistipp

Zuwendungsnehmer bleiben auch für diese Fälle ohne zeitraubendes Suchen von Nachweisunterlagen sprechfähig. Hilfreich sind Gesprächsnotizen mit Datum und Verfasser z.B. über interne Abstimmungen sowie Schrift- und E-Mailverkehr. Das alles wird bereits während der Vorbereitung laufend in der Vergabedokumentation gebündelt.

2. Ausgewählte Rechtsgrundlagen für die Dokumentation und Begründung

Unabhängig vom strategischen Nutzen gibt es für den Zuwendungsnehmer auch rechtliche Verpflichtungen für die Dokumentation und die Begründung seiner Entscheidungen bei geförderten Beschaffungen, die von der jeweiligen Regelung im Förderbescheid bzw. Fördervertrag abhängen.

4 OLG Düsseldorf, Beschluss vom 14.11.2018 – VII Verg 31/18.

a) … nach nationalem Zuwendungsrecht

Die Verpflichtung zur Begründung und Dokumentation von Entscheidungen ist in den VV zu § 44 BHO/LHO bzw. den entsprechenden Allgemeinen Nebenbestimmungen (ANBest) geregelt. Diese werden regelmäßig Gegenstand des Zuwendungsbescheides und sind damit für die Zuwendungsnehmer verbindlich.

So sieht z.B. **Ziffer 11.1.3 der VV zu § 44 BHO** vor, dass der Zuwendungsgeber Ergänzungen und Erläuterungen zum Verwendungsnachweis des Zuwendungsnehmers verlangen kann.

Daneben sieht z.B. **Ziffer 6.1 ANBest-GK-Bund**[5] vor, dass der Zuwendungsempfänger im Sachbericht die Notwendigkeit und Angemessenheit der geleisteten Arbeit sowie das erzielte Ergebnis darzustellen und den vorgegebenen Zielen gegenüberzustellen hat.

Hinweis

Oft nehmen Zuwendungsgeber im Zuwendungsbescheid die Verpflichtung auf, die Vergabe anhand vorgegebener Formulare (wie Vergabe-Checklisten bzw. Übersichten über vergebene Aufträge) zu dokumentieren und diese Dokumentation den Nachweisunterlagen z.B. für den Mittelabruf oder den Verwendungsnachweis beizufügen. Hintergrund ist, dass die Vergabedokumentation durch die Zuwendungsnehmer oftmals nicht einheitlich geführt wird. Das wiederum führt zu Nachfragen in Verwaltungsprüfungen, die sowohl für den Zuwendungsnehmer als auch für den Zuwendungsgeber zeitaufwendig sind. Die genannten Formulare sollen dem abhelfen und Rückfragen ersparen. Zuwendungsempfängern ist zwingend anzuraten, diese vom Zuwendungsgeber zur Verfügung gestellten Formulare für die Abrechnung in der Förderung zu nutzen.

b) … nach Vergaberecht im Oberschwellenbereich

§ 8 Abs. 1 und 2 VgV sehen die fortlaufende Dokumentation von Beginn an nach **§ 126b BGB** und den (förmlichen) Vergabevermerk mit gesetzlichen Mindestangaben in Textform nach **§ 126b BGB** durch den öffentlichen Auftraggeber vor.

§ 8 Abs. 3 VgV bestimmt eine Ausnahme von der Dokumentationspflicht bei der Vergabe spezieller Rahmenvereinbarungen nach § 21 Abs. 3 und Abs. 4 Ziffer 1 VgV. Es ist die Bezugnahme auf die Angaben in der Vergabebekanntmachung möglich.

§ 8 Abs. 4 VgV regelt die Aufbewahrungspflicht mindestens für 3 Jahre ab dem Tag des Zuschlags.

§ 20 EU VOB/A, 2. Abschnitt 2016/2019 verweist pauschal auf § 8 VgV.

c) … nach Vergaberecht im Unterschwellenbereich[6]

§ 6 UVgO Abs. 1 bestimmt die Dokumentation von Anbeginn fortlaufend nach § 126b BGB.

5 Vergleichbare Regelungen treffen auch ANBest-P/P-Kosten/I-Bund sowie die entsprechenden Vorschriften in den Haushaltsordnungen der Länder.

6 Das Vergaberecht der Länder sieht entweder über die Inbezugnahme von VOB/A, 1. Abschnitt und UVgO oder durch gesonderte Regelungen vergleichbare Vorschriften vor.

§ 6 UVgO Abs. 2 bestimmt die Aufbewahrungspflicht drei Jahre ab dem Tag des Zuschlags.

§ 23 Abs. 5 und § 41 Abs. 5 UVgO regelt besondere Dokumentationspflichten im Zusammenhang mit der Leistungsbeschreibung.

§ 20 VOB/A Abs. 1, 1. Abschnitt 2019 sieht ebenfalls die zeitnahe Dokumentation in Textform mit definierten Mindestinhalten vor.

§ 20 VOB/A Abs. 4, 1. Abschnitt 2019 sieht die fortlaufende Information über beschränkte Ausschreibungen ab einem voraussichtlichen Auftragswert von 25 T € netto vor.

3. Fazit: Vorteile von nachvollziehbar dokumentierten und begründeten Entscheidungen

Zuwendungsnehmer verhalten sich

- rechtskonform, indem sie ihre nach Zuwendungs- und Vergaberecht vorgegebenen Dokumentations- und Begründungspflichten erfüllen

und können

- jederzeit ihren vergabe- und zuwendungsrechtlichen Nachweispflichten nachkommen.

Dadurch haben Zuwendungsnehmer jederzeit die Möglichkeit, ihre bisherigen Entscheidungen auch auf kritische Nachfragen z.B. von Bietern, Zuwendungsgeber, EU- oder nationalen Rechnungshöfen plausibel und fundiert zu erläutern.

III. Beschaffungsbedarf

Die Ermittlung des Beschaffungsbedarfs ist der erste Schritt und damit wesentlicher Teil der Maßnahmenplanung des Zuwendungsnehmers.

Hinweis

▶ ***Als Faustregel gilt:*** *Je konkreter der Beschaffungsbedarf ermittelt wird, desto passgenauer kann die benötigte Leistung beschrieben und ausgeschrieben werden. Dadurch können z.B. fehleranfällige Nachbeauftragungen, die grundsätzlich zu Mehrkosten führen, stark eingeschränkt werden.*

Die Ermittlung des Beschaffungsbedarfs ist vergaberechtlich nicht geregelt.

Ziele, Bedeutung in der Vergabepraxis sowie Hinweise zur Ermittlung des Beschaffungsbedarfs werden im Folgenden besprochen.

1. Ziele

Die Ermittlung des Beschaffungsbedarfs ist maßgeblich für

- die Auftragswertschätzung,
- die Leistungsart,
- die Leistungsbeschreibung,

- die Wahl der richtigen Verfahrensart für den Hauptauftrag und die Nachträge,
- die Eignungs- und Zuschlagskriterien,
- die Aufhebung des Vergabeverfahrens aus wirtschaftlichen Gründen,
- die Ermittlung der Zuwendungshöhe,
- den Zeit- und Ressourcenplan.

Je sorgfältiger und umfassender der Beschaffungsbedarf ermittelt wird, desto weniger Änderungen und Anpassungen sind im laufenden Vergabeverfahren oder auch im Rahmen der Umsetzung der durchzuführenden Maßnahme erforderlich.

Hinweis

Jede Änderung am Beschaffungsgegenstand im laufenden Vergabeverfahren oder auch im Rahmen der Umsetzung der Maßnahme birgt das Risiko von Vergabefehlern. Diese führen regelmäßig zur Rückforderung von Zuwendungsmitteln.

2. Praktische Bedeutung

Die Bedeutung der Ermittlung des Beschaffungsbedarfs für eine zielgerichtete Auftragsvergabe wird mit folgendem Fall aus der Zuwendungspraxis verdeutlicht:

Beispiel

Der Zuwendungsnehmer saniert einen Krankenhauskomplex. Seit Jahren bestehende Brandschutzmängel wurden wegen eines Planungsfehlers des beauftragten Architekten bei der Ermittlung des Beschaffungsbedarfs nicht berücksichtigt. Dieser Planungsfehler wird erst in der laufenden Sanierung bemerkt, sodass die erforderlichen Arbeiten nachbeauftragt werden müssen.

Um das weitere Vorgehen im Umgang mit dem Planungsfehler sowohl verwaltungsrechtlich als auch vergaberechtlich sicher zu gestalten, behält der Zuwendungsnehmer zwei wesentliche Themenkreise im Auge:

- Welche vergaberechtlichen Vorgaben müssen für die Nachbeauftragung erfüllt werden?
- Wer ist im Rahmen des Zuwendungsrechtsverhältnisses auf der Seite des Zuwendungsnehmers gegenüber dem Zuwendungsgeber verantwortlich?

Beide Themen werden nachfolgend anhand des *o.g. Beispielsfalls* besprochen

a) Vergaberechtliche Vorgaben für die Nachbeauftragung

Die unzureichende Ermittlung des Beschaffungsbedarfs führt häufig dazu, dass nachträglich Aufträge geändert oder erweitert werden müssen.

Hinweis

Die Möglichkeiten, Nachbeauftragungen bzw. Auftragsänderungen- oder Erweiterungen direkt zu vergeben, sind als Ausnahmetatbestände in den vergaberechtlichen Vorschriften abschließend geregelt. Die Voraussetzungen zur Nutzung dieser Ausnahmetatbestände sind immer eng auszulegen.[7]

Im Beispielsfall wird der Zuwendungsnehmer prüfen, welche vergaberechtlichen Möglichkeiten er hat, die erforderlichen Arbeiten zur Behebung der Brandschutzmängel möglichst zügig zu beauftragen. Ob und inwieweit er Ausnahmetatbestände z.B. für eine Direktvergabe nutzen kann, bedarf einer eingehenden, vergaberechtlichen Prüfung. Die Entscheidung wird der Zuwendungsnehmer ausführlich begründen und in der Vergabeakte dokumentieren.

b) Verantwortlichkeiten im Zuwendungsrechtsverhältnis

Bei der Nachbeauftragung ist der Zuwendungsnehmer gegenüber dem Zuwendungsgeber für

- die Einhaltung der vergaberechtlichen Bestimmungen,
- die vorherige Anzeige der Änderung des Zeitplans bzw. Bewilligungs- und Durchführungszeitraums,
- die vorherige Anzeige der Änderung des Kosten- und Finanzierungsplans,

verantwortlich.

Sind für die Planung von Fördermaßnahmen externe Dienstleister eingeschaltet, werden zwei Rechtsverhältnisse unterschieden.

- *Einerseits das zuwendungsrechtliche Rechtsverhältnis zwischen Zuwendungsnehmer und Zuwendungsgeber. Der Zuwendungsnehmer ist für die Folgen von Planungsfehlern gegenüber dem Zuwendungsgeber verantwortlich. Das gilt auch dann, wenn die Planung aufgrund einer zivilrechtlichen Vereinbarung durch Externe durchgeführt wurde. Im Sinne des § 278 BGB hat der Zuwendungsnehmer also auch das Verschulden des Dritten als Erfüllungsgehilfen im gleichen Umfang zu vertreten wie eigenes Verschulden.*
- *Andererseits besteht oft – z.B. im Baubereich – das zivilrechtliche Verhältnis zwischen Zuwendungsnehmer und externem Planer. Hier können zwischen dem Zuwendungsnehmer und dem externen Planer Regressansprüche wegen der Folgen von Planungsfehlern entstehen.*

Im Beispielsfall wird der Zuwendungsnehmer den Zuwendungsgeber aufgrund des Zuwendungsbescheides vorab über die geplante Nachbeauftragung informieren müssen. Denn darin liegt eine Änderung der bewilligten Maßnahme, die grundsätzlich informationspflichtig ist. Grundlage dafür sind die Allgemeinen Nebenbestimmungen (ANBest) zur Förderung, auf die

7 (siehe auch D. „Umgang mit Änderungen während der Vertragslaufzeit – Nachträge“).

im jeweiligen Zuwendungsbescheid Bezug genommen wird. In diesem Zusammenhang werden auch die Ausnahmen von der grundsätzlichen Informationspflicht festgelegt.

3. Das Vorgehen bei der Ermittlung des Beschaffungsbedarfs

Die Antworten auf folgende Fragen können den Zuwendungsnehmer bei der Ermittlung des Beschaffungsbedarfs unterstützen:

- Welches Ziel wird verfolgt (politisch, unternehmerisch)?
- Welche Maßnahmen sind erforderlich, um dieses Ziel zu erreichen?
- Welche Leistungen werden zur Umsetzung dieser Maßnahmen benötigt?
- Welche Leistungen können (und müssen dann auch) intern zur Verfügung gestellt werden?
- Welche Leistungen fehlen noch und sollen am Markt beschafft werden?

Hinweis

Die EU-Kommission hat sich grundlegend mit der Ermittlung des Beschaffungsbedarfs im Vorfeld von Auftragsvergaben befasst. Dafür hat sie ihre Erkenntnisse aus der Prüfung von Vergabeverfahren zusammengetragen und in zwei Leitfäden für öffentliche Auftraggeber eingearbeitet. Zuwendungsempfänger können sie als Ideengeber für ihre Bedarfsermittlung heranziehen:

- *Praktischer Leitfaden für die öffentliche Auftragsvergabe, Februar 2018*[8]
- *Leitfaden für die innovationsfördernde öffentliche Auftragsvergabe, Mai 2018*[9].

4. Sonderfall: Planung von internen Leistungen

Gerade auch wenn es darum geht, *interne Leistungen* bei der Umsetzung der zu fördernden Maßnahme einzubringen, zeigt sich nicht selten eine Diskrepanz zwischen Wunsch und Wirklichkeit. So kann sich z.B. im Umsetzungsablauf herausstellen, dass doch mehr externe Leistungen als ursprünglich geplant (oder erwünscht) erforderlich werden.

Praxistipp

Bei der Planung von ***intern zu erbringenden Umsetzungsleistungen wird das ohnehin anfallende Tagesgeschäft sowie schon absehbarer, zusätzlicher Arbeitsaufwand z.B. durch Sonderprojekte berücksichtigt.*** *Damit können Zuwendungsnehmer Nachbeauftragungen aufgrund von unzureichenden Personaleinsatzplanungen vermeiden. Denn die Nachbeauftragungen sollen häufig sehr schnell vorgenommen werden, um den Durchführungsplan so wenig wie möglich zu stören. Dabei werden nicht selten Ausnahmetat-*

8 Europäische Kommission, Februar 2018, https://ec.europa.eu/regional_policy/sources/guides/public_procurement/2018/guidance_public_procurement_2018_de.pdf, Seiten 17-19.

9 Europäische Kommission, 15.5.2018, C(2018) 3051 final, https://www.koinno-bmwk.de/fileadmin/user_upload/publikationen/EU_Kommission_Leitfaden_fuer_eine_innovationsfoerdernde_oeffentliche_Auftragsvergabe.PDF, Ziffer 4.1.1.

bestände über die gemeinhin vertretenen Möglichkeiten hinaus ausgelegt, was zu Vergabefehlern z.B. im Zusammenhang mit Auftragsänderungen[10] führt. Die Folge ist regelmäßig eine Zuwendungskürzung.

5. Fazit: Beschaffungsbedarf sorgfältig ermitteln – Vergabefehler vermeiden

Mit einem sorgfältig ermittelten Beschaffungsbedarf können Vergabefehler vermieden werden, indem

- Änderungen und Anpassungen im laufenden Vergabeverfahren z.B. auf unvorhersehbare Ereignisse begrenzt und dadurch
- vorhersehbare, fehleranfällige Nachbeauftragungen vermieden werden.
- Zur Ermittlung des Beschaffungsbedarfs kann der Zuwendungsnehmer
- eine Checkliste mit zielgerichteten Fragen erstellen und dafür auf
- hilfreiche und öffentlich zugängliche Quellen der EU-Kommission zurückgreifen sowie
- vergaberechtliches und fachliches Know-how einbinden.

Dabei behält der Zuwendungsnehmer immer auch die Interessen des Zuwendungsgebers, das Förderziel zu erreichen, im Auge.

IV. Markterkundung

Die Markterkundung soll eine fundierte Leistungsbeschreibung auf einer realistischen Kalkulationsgrundlage ermöglichen.[11] Die Markterkundung, auch Marktkonsultation oder Marktanalyse genannt, findet sich teilweise in den vergaberechtlichen Bestimmungen wieder.

Im Folgenden werden die

- *praktische Bedeutung sowie die vergaberechtlichen Eckpunkte für*
- *das „Ob",*
- *das „Wie" sowie*
- *die flankierenden Maßnahmen*

einer zulässigen Markterkundung besprochen.

10 (siehe dazu auch D. „Umgang mit Änderungen während der Vertragslaufzeit – Nachträge").

11 BT-Drucks. 18/7318, S. 169; *zur Markterkundung in der COVID-19-Krise* z.B. auch: Leitlinien der Europäischen Kommission zur Nutzung des Rahmens für die Vergabe öffentlicher Aufträge in der durch die COVID-19-Krise verursachten Notsituation, 1.4.2020, 2020/C 108 1/01.

1. Praktische Bedeutung

a) Grundsätzliche Bedeutung

Die Ergebnisse der Markterkundung spielen im gesamten Vergabeverfahren eine Rolle. Angefangen bei der Vorbereitung, z.B. bei der Schätzung des Auftragswertes[12]über das Erstellen der Leistungsbeschreibung[13] sowie der Wahl der richtigen Verfahrensart[14].

Aber auch im weiteren Verlauf des Vergabeverfahrens können Mängel bei der Markterkundung sichtbar werden und sich negativ auf richtungsweisende Entscheidungen des öffentlichen Auftraggebers auswirken. Das wird anhand des Fallbeispiels im nachfolgenden Gliederungspunkt deutlich.

b) Beispielsfall zur Aufhebung von Ausschreibungen

Die Bedeutung der Markterkundung wird z.B. bei der Aufhebung von Vergabeverfahren deutlich. Dafür dient aus der Zuwendungspraxis folgendes Beispiel:

Beispiel

Der Zuwendungsnehmer plant die energetische Sanierung einer Schule. Die Kosten werden nach vorheriger Befragung am Markt bei mehreren Bauunternehmen inklusive einem Sicherheitszuschlag von 10% geschätzt. Dennoch liegen die eingehenden Angebote oberhalb der aufgrund der Planung zur Verfügung stehenden Haushaltsmittel. Der Zuwendungsnehmer kann die Finanzierungslücke nicht schließen. Daher möchte er die Ausschreibung aufheben.

c) Grundlagen für die Aufhebung einer Ausschreibung

Der Zuwendungsnehmer ist grundsätzlich nicht verpflichtet, einen Auftrag zu erteilen. Allerdings können Bieter Schadensersatzansprüche gegen ihn geltend machen, wenn er die Ausschreibung außerhalb des vergaberechtlich zulässigen Rahmens aufhebt.[15]

Innerhalb des vergaberechtlich zulässigen Rahmens kann der Zuwendungsnehmer die Ausschreibung wegen eines schwerwiegenden Grundes nach **§ 17 Abs. 1 Nr. 3 EU VOB/A Abschnitt 2**[16] bzw. **VOB/A Abschnitt 1** aufheben.

Als ein schwerwiegender Grund kann z.B. eine Finanzierungslücke in Betracht kommen[17], wenn

- die Umstände für die Überschreitung der Haushaltsmittel nicht vorhersehbar gewesen sind

12 S.u. Ziffer V.

13 S.u. Ziffer VI.

14 S.u. Ziffer VII.

15 Zu den Voraussetzungen und dem Ersatz von negativem (Vertrauensschaden) versus positivem (entgangener Gewinn) Interesse z.B.: OLG Schleswig, Urteil vom 19.12.2017 – 3U 15/17.

16 Es wird im Folgenden die VOB/A, Ausgabe 2019 zitiert.

17 OLG Düsseldorf, Beschluss vom 29.8.2018 – VII Verg 42/18.

und

- die Finanzierung nicht in unwesentlichem Umfang berührt ist.

Bei der Entscheidung muss der Zuwendungsnehmer im konkreten Einzelfall

- das Interesse des Bieters an einer sorgfältigen Prüfung der Finanzierung unter
- Einbeziehung erkennbarer Eventualitäten

berücksichtigen.

Schließlich darf

- die Finanzierungslücke nicht auf einen Fehler bei der Ermittlung des Finanzbedarfs zurückzuführen sein.

Praxistipp

Die Ermittlung des Finanzbedarfs wird einschließlich der sonstigen Erkenntnisse aus der Markterkundung in der Vergabeakte dokumentiert. Darauf kann z.B. bei der Begründung für die Aufhebung des Vergabeverfahrens zurückgegriffen werden.

d) Lösungsvorschlag für den Beispielsfall

Übertragen auf den Beispielsfall ergibt sich folgendes Bild: Der Zuwendungsnehmer hat die Kosten aufgrund einer Markterkundung zuzüglich einem Sicherheitszuschlag ermittelt. Er hat also im Vorfeld alle Maßnahmen ergriffen, um die Kosten und den entsprechenden Finanzbedarf gemäß der Marktsituation zu schätzen. Es ist kein Grund ersichtlich, dass die Überschreitung der Haushaltsmittel für den Zuwendungsnehmer vorhersehbar war oder dass er erkennbare Eventualitäten außer Acht gelassen hat. Dass die Kosten nunmehr doch die vorhandenen Haushaltsmittel überschreiten, liegt nicht an seiner Vorbereitung. Dem Zuwendungsnehmer kann nicht vorgeworfen werden, er habe die Finanzierung nicht sorgfältig geprüft. Da die angebotenen Kosten die verfügbaren Haushaltsmittel überschreiten und der Zuwendungsnehmer die Finanzierungslücke nicht schließen kann, ist die Finanzierung der Maßnahme nicht möglich und daher wesentlich berührt. Unter den genannten Bedingungen ist es gut vertretbar, in der Finanzierungslücke einen schwerwiegenden Grund im Sinne **von § 17 Abs. 1 Nr. 3 EU VOB/A Abschnitt 2** bzw. **VOB/A Abschnitt 1** zu sehen, sodass der Zuwendungsnehmer die Ausschreibung aufheben kann**.**

2. Rechtliche Grundlagen – „Ob" der Markterkundung

Für *Bauaufträge im Oberschwellenbereich* gemäß **§ 2 Abs. 5 EU VOB/A Abschnitt 2** und für *Bauaufträge im Unterschwellenbereich* gemäß **§ 2 Abs. 5 VOB/A Abschnitt 1** gilt**,** dass die Durchführung von Vergabeverfahren zum Zwecke der Markterkundung untersagt ist. Daraus folgt aber nicht, dass die Markterkundung ausgeschlossen wird. Aus dem Umkehrschluss ergibt sich vielmehr daher, dass zwar Vergabeverfahren nicht zum Zwecke der Markterkundung durchgeführt werden dürfen, die Markterkundung im Übrigen aber gerade zulässig ist, weil nur eine Markterkundung mittels Vergabeverfahrens untersagt ist. Es besteht darüber hinaus kein Grund, warum die Marktkonsultation oder Markterkundung für EU-weite Ausschreibungen von Bauleistungen erlaubt und im nationalen Bereich nicht erlaubt sein sollte. Daher wird im nationalen Bereich auch ohne konkret ausgestaltete Erlaubnis die Markterkundung ebenfalls zulässig sein.

Für die *Vergabe von Liefer- und Dienstleistungen* gilt **§ 28 VgV**, wonach der Auftraggeber Markterkundungen u.a. zur Vorbereitung der *EU-weiten Auftragsvergabe* durchführen darf.

Für Ausschreibungen von *Dienst- und Lieferleistungen des Bundes im Unterschwellenbereich* sieht **§ 20 UVgO** nahezu wortgleiche Regelungen vor; auf Landesebene wurden vielfach vergleichbare Regelungen getroffen.

3. Durchführung der Markterkundung – „Wie" der Markterkundung

Mangels Vorgaben zur Art und Weise der Durchführung der Markterkundung gelten die *allgemeinen Grundsätze des fairen Wettbewerbs: Transparenz, Gleichbehandlung, Diskriminierungsverbot.*

Praxistipp

▶ *Um eine möglichst breite, wettbewerbskonforme Marktübersicht dokumentieren zu können, sollten wenn möglich mehrere Marktteilnehmende zu Stellungnahmen aufgefordert werden.*

Hinweis

▶ *Die angefragten Unternehmen dürfen bei der Markterkundung nicht den Eindruck erhalten, dass sie zur Angebotsabgabe aufgefordert werden. Entsteht dieser Eindruck und wird daraufhin ein Angebot eingereicht, müsste wohl von der faktischen Einleitung einer Direktvergabe ausgegangen werden. War diese nicht zulässig, müsste ein Vergabefehler angenommen werden. Die Folgen könnten sein:*

- *Zuwendungskürzung wegen eines Vergabeverstoßes,*
- *Zuwendungskürzung wegen eines vorzeitigen Maßnahmenbeginns (je nachdem, ob in den jeweiligen Verwaltungsvorschriften die Einleitung des Vergabeverfahrens oder der Abschluss eines der Ausführung der Maßnahme zuzurechnenden Leistungsvertrages als Maßnahmenbeginn definiert ist).*

Praxistipp

▶ *Zuwendungsnehmer müssen in ihrer Anfrage deutlich darauf hinweisen, dass es sich um eine Markterkundung handelt und dass keine Angebote eingereicht werden dürfen.*[18]

18 Weiterführende Hinweise zur Marktanalyse gibt die Europäische Kommission in zwei Leitfäden: Europäische Kommission, 15.5.2018, C(2018) 3051 final (s.o. FN 2), Ziffer 4.1.2; Europäische Kommission, Februar 2018, (s.o. FN 2) Seiten 23-28.

4. Ausgleich von Wissensvorsprüngen – flankierende Maßnahmen

Regelmäßig kann es im Rahmen von Beschaffungen vorkommen, dass Bieter des späteren Vergabeverfahrens bereits im Rahmen der Markterkundung befragt worden sind oder sogar mit Vorstudien oder ähnlichem vom Auftraggeber beauftragt waren. Aus der Erbringung dieser Vorarbeiten, die für die später auszuschreibende Leistung nicht unerhebliche Relevanz haben können, weil sie dessen Grundlage bilden, kann sich eine Art „Mehrwissen" einzelner Bieter im späteren Vergabeverfahren ergeben. Unter diesem Aspekt stellt sich die Frage, ob dieses „ungleiche Wissen" durch den Auftraggeber auszugleichen ist und, falls dies der Fall ist, wie und durch welche Maßnahmen Wissensvorsprünge ausgeglichen werden können.[19] Hierauf gibt es eine klare Antwort: Erlangen die im Wege der Markerkundung vorbefassten Unternehmen Wissensvorsprünge, sind diese zur Vermeidung von Wettbewerbsverzerrungen auszugleichen. Auf der anderen Seite sind öffentliche Auftraggeber nicht verpflichtet, Wettbewerbsvorteile, die durch die unterschiedliche Markstellung der Unternehmen bedingt sind, auszugleichen. Anders liegt es in Fällen, in denen die zu erwartenden Unterschiede in den Angeboten nicht aus der Marktstellung des Unternehmens, sondern aus den vom Auftraggeber festgelegten Leistungsanforderungen resultieren.[20]

Hinweis

Zum Ausgleich von Wissensvorsprüngen erfolgt die ***Dokumentation*** *aller ausgetauschten Schlussfolgerungen und Informationen einschließlich Schriftverkehr und Gesprächsnotizen in der Vergabeakte. Diese Informationen* ***werden allen Mitbietern des sich anschließenden Vergabeverfahrens zur Verfügung gestellt****. Möglichst große Transparenz kann z.B. erreicht werden, indem die Ergebnisse und wesentlichen Inhalte in die Leistungsbeschreibung eingearbeitet werden. Angebotsfristen orientieren sich am* ***nicht vorbefassten*** *Markt.*

5. Fazit: Die zielgerichtete und nutzbringende Markterkundung

- Die Markterkundung ist vergaberechtlich zulässig und auch erwünscht.
- Es gelten bei der Durchführung der Markterkundung die allgemeinen Grundsätze des fairen Wettbewerbs: Transparenz, Gleichbehandlung, Diskriminierungsverbot.
- Die Wissensvorsprünge des im Rahmen der Markterkundung „vorbefassten Marktes" werden zur Vermeidung von Wettbewerbsverzerrungen ausgeglichen.
- Die Ergebnisse der Markterkundung
  - helfen bei der Beurteilung der Wirtschaftlichkeit und Sparsamkeit von Angeboten.
  - sind die Grundlage für strategische Vergabeentscheidungen über die Vorbereitung des Vergabeverfahrens hinaus, z.B. bei der Aufhebung des Vergabeverfahrens wegen nicht wirtschaftlichen Angeboten.

19 Vgl. zur Projektanten-Problematik: OLG Düsseldorf, Beschluss vom 11.12.2024 – Verg 24/24.
20 OLG Schleswig-Holstein, Beschluss vom 13.6.2019 – 54 Verg 2/19.

- helfen im Rahmen der Vorbereitung des Vergabeverfahrens insbesondere bei der Erstellung der Auftragswertschätzung, der Erstellung der Leistungsbeschreibung, der Wahl der zulässigen Verfahrensart.

V. Schätzung des Auftragswerts

1. Rechtliche Grundlagen für Vergaben oberhalb der EU-Schwellenwerte

Die Schätzung des Auftragswertes nach **§ 3 VgV** ist grundlegend für die Wahl der richtigen Verfahrensart.

Die Schätzung des Auftragswertes ist ein wesentlicher Aspekt bei der Prüfung, ob ein Vergabeverfahren *oberhalb* des jeweils gültigen EU-Schwellenwertes durchzuführen ist.

Der jeweils gültige EU-Schwellenwert wird gemäß **§ 106 Abs. 3 GWB** im Bundesanzeiger bekannt gegeben. Die EU-Schwellenwerte werden grundsätzlich alle zwei Jahre überprüft und bei Bedarf angepasst.[21]

Praxistipp

Zum 01.01.2024 wurden die EU-Schwellenwerte neu festgelegt.[22] Bleiben Sie wegen der Anpassungen, die im ein- bis zwei-Jahreszeitraum erfolgen, auf dem Laufenden. Hinweise zum aktuellen Stand bieten z.B. die Informationsportale der Auftragsberatungsstellen in Deutschland.

2. Rechtliche Grundlagen für Vergaben unterhalb der EU-Schwellenwerte

Hinweis

Die Schätzung des Auftragswerts erfolgt auch für Vergaben unterhalb der EU-Schwellenwerte ***sinngemäß*** *nach den Grundsätzen des* ***§ 3 VgV****.*

Der geschätzte Auftragswert ist maßgeblich dafür, ob gewisse Grenzwerte nach den Vergabevorschriften des Bundes und der Länder erreicht werden. Je nachdem können Auftraggeber die jeweils vorgesehenen Erleichterungen in Anspruch nehmen.

So sieht z.B. ***§ 14 UVgO*** *für Liefer- und Dienstleistungsaufträge des Bundes die Direktvergabe[23] bis zu einem voraussichtlichen Auftragswert von 1.000 € netto vor. Eine entsprechende Regelung gibt es für Bauleistungen des Bundes bis zum einem voraussichtlichen Auftragswert von 3.000 € netto in* ***§ 3a Abs. 4 VOB/A Abschnitt 1****. Die Wertgrenzen*

21 *Pilarski*, www.vergabeblog.de vom 4.1.2018, Nr. 34910, Die EU-Schwellenwerte.

22 DELEGIERTE VERORDNUNG (EU) 2023/2495 – 2497 und 2023/2510 DER KOMMISSION vom 16. November 2023, Amtsblatt EU OJ L – C/2023/7642.

23 S.u. VII.2.b.

können unter Umständen bei Bedarf, auch befristet, in bestimmten Situationen wie der Krisenzeiten (Pandemie, Kriege) vom jeweiligen Kompetenzträger angepasst werden.

Praxistipp

Das Vergaberecht im Unterschwellenbereich ist bundesweit nicht einheitlich geregelt. Die Bundesländer sehen vielfach individuelle Freigrenzen für Erleichterungen vor, über die Zuwendungsnehmer sich jeweils aktuell informieren sollten, weil auch diese im Zuwendungsrechtsverhältnis je nach Formulierung im Förderbescheid oder Fördervertrag Beachtung finden müssen.

Nähere Informationen zum aktuellen Regelungsstand im Unterschwellenbereich können Sie z.B. bei der Auftragsberatungsstelle des jeweiligen Bundeslandes erfragen.

3. Zeitpunkt für die Schätzung

Dazu aus der Zuwendungspraxis ein Beispiel:

Beispiel

Der Zuwendungsnehmer möchte eine Standardsoftware einführen. Er schätzt den Auftragswert aufgrund einer zurückliegenden Markterkundung und Bedarfserhebung. Danach wäre eine nationale Ausschreibung unterhalb der EU-Schwellenwerte möglich. Zwischenzeitlich hat der Zuwendungsnehmer das Geschäftsfeld erweitert. Eine aktuelle Bedarfserhebung wurde ebenso wenig durchgeführt wie eine aktuelle Erkundung der Marktsituation. Was wären die nächsten Schritte des Zuwendungsnehmers vor der Einleitung des Vergabeverfahrens?

a) Rechtliche Grundlagen

Maßgeblicher Zeitpunkt der Schätzung ist nach **§ 3 Abs. 3 VgV** der Tag, an dem die Auftragsbekanntmachung abgesendet oder das Vergabeverfahren auf sonstige Weise eingeleitet wird.

Hinweis

Der geschätzte Auftragswert ist maßgeblich dafür, ob gewisse Grenzwerte nach den Vergabevorschriften des Bundes und der Länder erreicht werden. Je nachdem können Auftraggeber die jeweils vorgesehenen Erleichterungen in Anspruch nehmen.

So sieht wie ausgeführt z.B. ***§ 14 UVgO*** *für Liefer- und Dienstleistungsaufträge des Bundes zurzeit die Direktvergabe*[24] *bis zu einem voraussichtlichen Auftragswert von 1.000 € netto vor. Eine entsprechende Regelung gibt es für Bauleistungen des Bundes bis zum einem voraussichtlichen Auftragswert von 3.000 € netto in* ***§ 3a Abs. 4 VOB/A Abschnitt 1****.*

24 S.u. VII.2.b.

Unabhängig von der Auftragsbekanntmachung beginnt das Vergabeverfahren jedenfalls mit dem Schritt, mit welchem die Vergabestelle nach außen erkennbar mit der Durchführung desjenigen Vergabeverfahrens beginnt, welches zu einem konkreten Vertragsschluss führen soll.[25]

Wenn der Auftragsgegenstand Wertschwankungen am Markt unterliegt, kann z.B. eine Schätzung, die sechs Monate vor Veröffentlichung vorgenommen wurde, nicht mehr zeitnah sein.[26]

Praxistipp

Kurz vor der Veröffentlichung empfiehlt sich eine nachvollziehbare Erläuterung in der Vergabedokumentation, ob und inwieweit (keine) Gründe ersichtlich waren, die vorab durchgeführte Auftragswertschätzung wegen geänderter Markt- oder Bedarfsbedingungen zu überprüfen und ggf. zu überarbeiten. Es bietet sich ein Kostenschätzungs-Formular an, auf dem unmittelbar bei Einleitung des Vergabeverfahrens die Kostenschätzung aktuell verifiziert wird.

b) Lösungsvorschlag für den Beispielsfall

Übertragen auf den Beispielsfall empfehlen sich für den Zuwendungsnehmer die *folgenden Schritte* zur Auftragswertschätzung:

- Die zurückliegende *Bedarfserhebung* sowie die ebenfalls zurückliegende *Markterkundung*[27] werden *anhand von aktuellen Daten überprüft, ggf. angepasst oder bestätigt.*
- Das Vorgehen wird *nachvollziehbar begründet und dokumentiert*, indem der Zuwendungsnehmer einschlägige Korrespondenz, Rechercheergebnisse z.B. aus dem Internet, Gesprächsergebnisse und -notizen in die Vergabeakte aufnimmt.

Hinweis

Es gilt die Faustregel: Je näher der Auftragswert am EU-Schwellenwert oder einem nationalen Grenzwert liegt, desto größer sind die Anforderungen an die Sorgfalt und Genauigkeit der Schätzung. *In diesem Maß sind auch die Prüfinstanzen im Zuschussbereich sensibilisiert, eventuelle Umgehungstatbestände zu untersuchen.*[28] ***Denn der vergaberechtskonforme Wettbewerb ist nach dem nationalen sowie dem EU-Haushaltsrecht die Grundlage für die wirtschaftliche und sparsame Verwendung der Zuwendungsmittel.***

25 OLG München, Beschluss vom 19.9.2018 – Verg 6/18.
26 Brandenburgisches OLG, Beschluss vom 17.5.2011 – Verg W 17/10.
27 S.o. IV.
28 OLG Celle, Beschluss vom 12.7.2007 – 13 Verg 6/07.

4. Sonderfall: Planungsleistungen

Zur Schätzung von Planungsleistungen aus der Zuwendungspraxis ein Beispiel:

Der Zuwendungsnehmer möchte zur generellen Neukonzeption eines Krankenhauskomplexes Aufträge im Sinne von § 34 HOAI direkt an das Planungsbüro A vergeben. Im Rahmen der Vorbereitung wurden folgende Auftragswerte geschätzt: Leistungsphasen 1-4: 110 T€ netto, Leistungsphasen 5-7: 115 T€ netto und Leistungsphasen 8-9: 120 T€ netto. Er fragt sich, ob er die Leistungen zur Berechnung des Auftragswertes zusammenrechnen muss.

a) Grundlagen

§ 3 Abs. 7 Satz 1 VgV bestimmt, dass bei einem Auftrag, der in mehreren Losen vergeben wird, der geschätzte *Gesamtwert aller Lose* zugrunde zu legen ist.

Für Planungsleistungen galt dies nach **§ 3 Abs. 7 Satz 2 VgV a. F.** nur für Lose über *gleichartige Leistungen.*

Teilweise wurde vertreten, dass Planungsleistungen verschiedener Leistungsbilder oder sogar Planungsleistungen eines Leistungsbildes nach HOAI nicht gleichartig im Sinne von **§ 3 Abs. 7 Satz 2 VgV a. F.** sind. Folglich müssten sie bei der Berechnung des Auftragswertes auch nicht zusammengerechnet werden. Im Thema war also Bewegung, sodass ein gewisses Maß an *Rechtsunsicherheit* und damit auch ein *Rechtsrisiko* bestand.

Die *Europäische Kommission* vertrat die Auffassung, dass gemäß Artikel 5 Abs. 3 RL 2014/24/EU alle Lose einer Gesamtmaßnahme bei der Schätzung des Auftragswertes zusammen zu rechnen gewesen seien. Die Ausnahmeregelung **in § 3 Abs. 7 Satz 2 VgV a. F.** habe dagegen verstoßen. Das habe unabhängig davon gegolten, ob die Planungsleistungen einem Leistungsbild angehören oder nicht.

Die nationale Rechtsprechung dazu war uneinheitlich. Sie näherte sich allerdings zunehmend der Sichtweise der Europäischen Kommission an, wonach der wirtschaftliche und technische Zusammenhang im Vordergrund stehe und nicht die Gleichartigkeit der Leistungen.[29] Für Planungsleistungen eines Leistungsbildes hat der *EuGH* bereits in seiner „Autalhallen"-Entscheidung bestätigt, dass diese für die Schätzung des Auftragswertes einer Gesamtmaßnahme zusammen zu rechnen gewesen seien. Das habe auch gelten müssen, wenn die Leistungserbringung in mehreren Bauabschnitten erfolgt sei.[30]

§ 3 Abs. 7 Satz 2 VgV a. F. ist mittlerweile aufgrund des gegen die Bundesrepublik Deutschland geführten Vertragsverletzungsverfahrens[31] seitens der EU-Kommission gestrichen worden. Diese sah in **§ 3 Abs. 7 Satz 2 VgV a. F.** einen Verstoß gegen die europäischen Vergaberichtlinien. Die Aufteilung eines Projektes in Lose dürfe nicht zur Umgehung der Transparenzvorschriften der Richtlinie 2014/24/EU führen. Auf die Gleichartigkeit dieser Leistungen kommt es daher nicht mehr an.

29 Zum Streitstand: OLG München, Beschluss vom 13.3.2017 – Verg 15/16, Ziffer 1.2.3.1.
30 EuGH, Urteil vom 15.3.2012 – Rs. C 574/10.
31 Vertragsverletzungsverfahren der EU-Kommission gegen die Bundesrepublik Deutschland INFR (2018)2272.

Praxistipp

Nicht zuletzt aufgrund der Streichung des § 3 Abs. 7 S. 2 VgV a. F. sind nunmehr ungeachtet der vormals bestehenden uneinheitlichen Auffassungen in EU-Kommission, Rechtsprechung und Literatur die Auftragswerte mehrerer Planungsleistungen ***eines Leistungsbildes*** *nach HOAI bei der Schätzung allein wegen der Gefahr des Fördermittelverlustes zu addieren.*

b) Lösungsvorschlag für den Beispielsfall

Übertragen auf den Beispielsfall wäre nach dem *Vorsichtsprinzip* folgendes Vorgehen zu empfehlen: Die Planungsleistungen sind Leistungen eines Leistungsbildes und werden daher zur Auftragswertberechnung zusammengerechnet. Da der Nettoauftragswert insgesamt mit 345 T€ oberhalb des aktuell gültigen EU-Schwellenwertes[32] für Dienstleistungen liegt, sind die Vorschriften für die EU-weiten, öffentlichen Auftragsvergaben anzuwenden.

5. Technisch funktionaler und zeitlicher Zusammenhang

Dazu aus der Zuwendungspraxis ein Beispiel:

Beispiel

Die Zuwendungsnehmerin ist eine Gemeinde und möchte zur Entwicklung und Implementierung eines in sich geschlossenen Marketingkonzepts in den nächsten 12 Monaten drei verschiedene Agenturleistungen zu je 80 T€ netto vergeben. Die Gemeinde fragt sich, ob sie die Leistungen zur Berechnung des Auftragswertes zusammenrechnen soll.

a) Grundlagen

Besteht eine Gesamtmaßnahme aus mehreren Teilleistungen, so wird das Vorliegen einer Gesamtmaßnahme nach dem *technisch funktionalen und zeitlichen Zusammenhang* ermittelt.

Hinweis

Der technisch funktionale und zeitliche Zusammenhang wird in drei Schritten geprüft.[33]

Er wird angenommen, wenn die Teilleistungen

1. *ähnlich in Zielrichtung und technischem Zweck*

oder

2. *untrennbar miteinander verbunden sind, um das Beschaffungsziel zu erreichen*

und

3. *in einem zeitlichen Zusammenhang von in der Regel 2-3 Jahren zu erbringen sind.*

32 Achtung: ab 1.1.2024 gelten neue EU-Schwellenwerte, s.o. V.1.
33 OLG Köln, Beschluss vom 24.10.2016 – 11 W 54/16 m.w.N.

b) Lösungsvorschlag für den Beispielsfall

Übertragen auf den Beispielsfall müsste die Zuwendungsnehmerin die Agenturleistungen zur Schätzung des Auftragswertes zusammenrechnen, da zwischen ihnen ein technisch funktionaler[34] und zeitlicher Zusammenhang besteht. Denn das Beschaffungsziel kann nur mit allen drei Agenturleistungen in zeitlich enger Abfolge erbracht werden. Soweit der geschätzte Auftragswert mit 240 T€ netto oberhalb des jeweils geltenden EU-Schwellenwertes[35] für Dienstleistungen liegt, wären die Vorschriften für die EU-weite Auftragsvergabe anzuwenden.

Praxistipp

Als Auslegungshilfe für die Entscheidung, ob ein technisch funktionaler und zeitlicher Zusammenhang besteht, kann auch die individuelle Beschaffungsentscheidung[36] des Zuwendungsnehmers dienen, der sich z.B. folgende Fragen stellen sollte:

- *Was ist das Ziel der Beschaffung?*
- *In welchem Zeitraum soll die Beschaffung erfolgen?*
- *Welche Leistungen sind mit welchen Parametern erforderlich, um das Beschaffungsziel zu erreichen?*

Zur Verdeutlichung folgende Beispielvariante:

Beispiel

Der Magistrat der Zuwendungsnehmerin beschließt, dass die Gesamtmaßnahme insgesamt innerhalb der nächsten fünf Jahre umgesetzt werden muss. Die zeitliche Streckung für die Vergabe der erforderlichen Teilleistungen erfolgt aus Haushaltsgründen.

Im Beispielsfall wäre es für die Zuwendungsnehmerin naheliegend, den technisch funktionalen und zeitlichen Zusammenhang aufgrund der Entscheidung des Magistrats anzunehmen. Denn der Magistrat hat das Ziel und den zeitlichen Ablauf der Maßnahme als Gesamtmaßnahme konzipiert. Die zeitliche Streckung ist nach der Entscheidung des Magistrats wesentlich für die Erreichung des Beschaffungsziels. Ohne sie wäre eine Finanzierung und damit die Durchführung der Maßnahme nicht möglich.

6. Fazit: Den Auftragswert richtig schätzen

- Die Auftragswertschätzung wird von nahezu allen Prüfinstanzen im Zuwendungsbereich geprüft, da sie eine wesentliche Grundlage für die Wahl des richtigen Vergabeverfahrens ist.
- Für die Schätzung des Auftragswertes gilt bei Vergaben oberhalb der EU-Schwellentwerte **§ 3 VgV** direkt.

34 EuGH, Urteil vom 29.5.2013 – Rs. T 384/10; Frenz, VergabeR 2018, 489 ff.
35 Achtung: ab 1.1.2024 gelten neue EU-Schwellenwerte, s.o. V.1.
36 S.o. III.

- Unterhalb der EU-Schwellenwerte werden die Grundsätze **des § 3 VgV entsprechend** herangezogen.
- Grundlage für die Auftragswertschätzung sind die Ergebnisse aus der Ermittlung des Beschaffungsbedarfs sowie aus der Markterkundung.
- Bestehende Auftragswertschätzungen werden kurz vor der Einleitung des Vergabeverfahrens auf Aktualität überprüft.
- Ein weiteres Augenmerk ist auf die Ermittlung des Auftragswertes bei einer aus mehreren Einzelleistungen bestehenden Gesamtmaßnahme zu legen. Hier gelten die Grundsätze des technisch funktionalen und zeitlichen Zusammenhangs. Im Zweifel werden die Auftragswerte zusammengerechnet.
- Sind mehrere Vorgehensweisen möglich, wird der strengere Maßstab zugrunde gelegt.

VI. Erstellen einer Leistungsbeschreibung

Durch die Leistungsbeschreibung wird Art und Umfang des Gegenstandes eindeutig bestimmt, der am Markt beschafft und letztlich durch die Zuwendung gefördert werden soll.

1. Unterschiedliche Interessen und Rechte

Der Zuwendungsnehmer bringt bei der Erstellung der Leistungsbeschreibung drei Interessen zusammen.

1. Die eigenen Interessen des Zuwendungsnehmers: Was ist sein originäres Beschaffungsziel?
2. Die Interessen des Zuwendungsgebers: Was soll mit der geförderten Beschaffung politisch erreicht werden?
3. Die Interessen des jeweiligen Marktes: Können sich möglichst viele Marktteilnehmer am Vergabeverfahren beteiligen?

Hinweis

Aus der Sicht des Marktes werden die Interessen des Zuwendungsgebers und des Zuwendungsnehmers zusammen als diejenigen des Zuwendungsnehmers angesehen. Denn der Zuwendungsnehmer wird als öffentlicher Auftraggeber[37] Vertragspartner des ausgewählten Bieters.

Außerdem soll die Leistungsbeschreibung die folgenden *unterschiedlichen Rechte* von öffentlichem Auftraggeber (Zuwendungsnehmer) und Marktteilnehmer zusammenbringen und zwischen ihnen einen *Ausgleich im Sinne eines fairen Wettbewerbs* schaffen:

1. Der *Zuwendungsnehmer* hat (zusammen mit dem Zuwendungsgeber) als öffentlicher Auftraggeber das Recht, den Beschaffungsgegenstand zu bestimmen und zu definieren. Die

37 Zur Erinnerung: der Zuwendungsnehmer wird hier auch als öffentlicher Auftraggeber bezeichnet – unabhängig davon, ob er das öffentliche Vergaberecht „nur“ aufgrund des Zuwendungsbescheides oder direkt aufgrund des öffentlichen Vergaberechts anwenden muss.

Leistungsbeschreibung soll sein Beschaffungsziel (wirtschaftlich, technisch, personell) optimal widerspiegeln. Außerdem muss sie vergleichbare Angebote ermöglichen.

2. Die *Marktteilnehmer* haben das Recht auf eine eindeutige und erschöpfende Leistungsbeschreibung. Sie müssen in der Lage sein, den vertraglich geschuldeten Leistungsumfang für eine Angebotsabgabe zu bestimmen. Ausnahme: die Vergabevorschriften lassen Verhandlungen zu.
3. Die *Marktteilnehmer* haben das Recht auf eine transparente und diskriminierungsfreie Leistungsbeschreibung. Die Teilnahme am Vergabeverfahren muss interessierten Marktteilnehmern in gleicher Weise möglich sein.[38]

2. Rechtsgrundlagen zur Erstellung einer Leistungsbeschreibung

Das Vergaberecht hat zum Ausgleich der vorgenannten Interessen von Markt und öffentlichem Auftraggeber/ Zuwendungsnehmer umfassende Regelungen zur Erstellung der Leistungsbeschreibung getroffen:

§ 121 GWB, § 31 ff. VgV, § 23 UVgO, §§ 7 ff. VOB/A Abschnitt 1 und §§ 7 ff. (EU) VOB/A Abschnitt 2.

Hinweis

*Mit diesen Regelungen verfolgt der Gesetzgeber die folgenden **allgemeinen Ziele** für die Erstellung der Leistungsbeschreibung:*

- *Maßstab sind der Transparenzgrundsatz und das Diskriminierungsverbot.*
- *Öffentliche Auftraggeber stellen sicher, dass die Leistungsbeschreibung allen Bietern und Bewerbern den gleichen Zugang zum Vergabeverfahren gewährt.*
- *Mit diesem Grundsatz unvereinbar wäre beispielsweise eine Leistungsbeschreibung, die – ohne sachliche Notwendigkeit – auf ein bestimmtes Produkt, einen bestimmten Hersteller oder ein bestimmtes Unternehmen zugeschnitten ist und nur von diesem erfüllt werden kann.*
- *Zudem darf der öffentliche Auftraggeber die Öffnung des nationalen Beschaffungsmarktes für den Wettbewerb durch Unternehmen aus anderen Mitgliedstaaten der Europäischen Union oder aus anderen Staaten nicht in ungerechtfertigter Weise behindern.*[39]

Zu einer guten Vorbereitung der Leistungsbeschreibung gehört das umfassende Verständnis der vorgenannten Regelungen inklusive eventueller Ausnahmetatbestände, Auslegungsspielräume und Interpretationshintergründe.

38 BT-Drucks. 18/7318, S. 171.
39 BT-Drucks. 18/7318, S. 171.

Praxistipp

In der Zuwendungspraxis werden die Zuwendungsnehmer oftmals keine Vergabeprofis sein. In diesen Fällen empfiehlt es sich, fehlendes vergaberechtliches Know-how des Zuwendungsnehmers z.B. durch externe Beratung zu ergänzen.

Ein wesentlicher Gegenstand der Verwaltungsprüfungen im Zuwendungsverfahren ist die Einhaltung der Regelungen für eine transparente und diskriminierungsfreie sowie eindeutige und erschöpfende Leistungsbeschreibung.

Verstöße gegen diese Regelungen führen regelmäßig zu Zuwendungskürzungen. Denn *Ziel der Verwaltungsprüfungen ist es, die wirtschaftliche und sparsame Verwendung von Zuwendungsmitteln zu gewährleisten. Ein wesentliches Indiz dafür ist nach den Haushaltsvorschriften des Bundes und der Länder ein fairer und transparenter Wettbewerb.*

3. Gebot der Produktneutralität

In der Gesetzesbegründung zu **§ 31 Abs. 6 VgV** heißt es für die Vergabe von *Liefer- und Dienstleistungen*, dass die Leistungsbeschreibung „... nicht auf eine bestimmte Herstellung, eine bestimmte Herkunft, besondere Verfahren oder Marken, Patente, Typen, einen bestimmten Ursprung oder eine bestimmte Produktion...“ Bezug nehmen darf.[40] Dies bezieht sich sowohl auf die offene als auch verdeckte produkt- und herstellerbezogene Leistungsbeschreibung. Im Gegensatz zur offenen, bei der die Produkt- und Herstellerangaben ausdrücklich genannt werden, entsteht die produkt- und herstellerbezogene Leistungsbeschreibung ohne diese ausdrückliche Nennung nur durch die auf das Produkt oder den Hersteller in ihren Eigenschaften und Merkmalen zugeschnittene Leistungsbeschreibung.

Hinweis

Dieser Grundsatz gilt ***unabhängig von der Erreichung des EU-Schwellenwertes*** *und spiegelt sich außerdem entsprechend in den Regelungen für* ***Bauleistungen*** *wider.*

Die Ausnahmen werden im Folgenden anhand von Beispielsfällen besprochen.

a) Produktscharfe Ausschreibung

Dazu aus der Rechtsprechung ein Beispiel:

Beispiel

Der Auftraggeber möchte Sonden beschaffen, die die Messergebnisse über eine bestimmte Funktechnik vorschreiben. Die umfassenden sowie dokumentierten Marktanalysen und Informationsauswertungen haben ergeben, dass die sonst ebenfalls gebräuchlichen Übertragungsmöglichkeiten insbesondere in Katastrophensituationen

40 BT-Drucks. 18/7318, S. 171.

(z.B. Hochwasser) nicht sicher genug sind. Es sind Ausfälle zu befürchten.[41] *Ist die Einschränkung auf eine bestimmte Funktechnik zulässig?*

aa. Grundlagen

§ 31 Abs. 6 Satz 1 VgV lässt die sogenannte produktscharfe Ausschreibung streng sachbezogen zu. Der Verweis auf ein bestimmtes Produkt oder Verfahren ist möglich, wenn dieser Verweis durch den Auftragsgegenstand gerechtfertigt ist. In diesem Umfang können auch Alternativprodukte- oder Verfahren ausgeschlossen werden.

Entsprechende Regelungen finden sich in

- **§ 23 Abs. 5 Satz 2 UVgO** für die Vergabe von Liefer- und Dienstleistungen unterhalb der EU-Schwellenwerte,
- **§ 7 Abs. 2 Ziffer 1 VOB/A Abschnitt 1** für die Vergabe von Bauleistungen unterhalb der EU-Schwellenwerte,
- **§ 7 Abs. 2 Satz 1 EU VOB/A Abschnitt 2** für die Vergabe von Bauleistungen oberhalb der EU-Schwellenwerte.

Hinweis

Wichtig ist, dass der Auswahl- und Beschaffungsentscheidung ***keine sachfremden, willkürlichen oder diskriminierenden Erwägungen*** *zugrunde liegen. Darüber hinaus nehmen die Prüfinstanzen keine weitergehende Überprüfung auf sachliche Richtigkeit oder Nachvollziehbarkeit der Gründe vor. Sie wäre mit dem Leistungsbestimmungsrecht unvereinbar.*[42]

Wegen der wettbewerbsbeschränkenden Wirkung sind die o.g. normierten Voraussetzungen für eine zulässige, produktscharfe Ausschreibung *immer eng* auszulegen. Die *Begründung* der Entscheidung für eine Anwendung sowie deren Herleitung führen die Zuwendungsnehmer fachlich und vergaberechtlich fundiert durch und *dokumentieren* sie in der Vergabeakte. Besondere Bedeutung haben in diesem Zusammenhang die Ergebnisse der Ermittlung des *Beschaffungsbedarfs*[43] sowie der *Markterkundung*[44].

Praxistipp

Das Thema ist regelmäßig Gegenstand von Verwaltungsprüfungen im Zuwendungsverfahren. ***Ziel ist es, die wirtschaftliche und sparsame Verwendung von Zuwendungsmitteln durch einen fairen und transparenten Wettbewerb zu gewährleisten.*** *Die Rechtslage sollte daher durch die Zuwendungsnehmer objektiv mit Blick auf eine* ***enge Auslegung*** *der rechtlichen Vorgaben geprüft werden. Ist die Rechtslage nicht eindeutig, ist es ratsam, zumindest Alternativprodukte- oder Verfahren zuzulassen.*

41 OLG Düsseldorf, Beschluss vom 17.2.2010 – Verg 42/09.
42 OLG Düsseldorf, Beschluss vom 17.2.2010 – Verg 42/09.
43 S.o. III.
44 S.o. IV.

Praxistipp

Fällt dem Zuwendungsgeber in der Verwaltungsprüfung eine produktscharfe Leistungsbeschreibung auf, bieten sich folgende Fragen ***als Orientierung für die Zulässigkeitsprüfung*** *an:*

- *Liegen Anhaltspunkte vor, die Zweifel an einer sachgerechten, nicht willkürlichen und diskriminierungsfreien Beschaffungsentscheidung aufkommen lassen?*
- *Woher stammen diese Hinweise: z.B. Vergabeakte, sonstige Verwendungsnachweisunterlagen, Presseberichte?*
- *Kann der Zuwendungsnehmer (auch auf Nachfrage) diese Zweifel nachvollziehbar ausräumen?*

Dieses Vorgehen wird einschließlich der Entscheidung mit entsprechenden Gesprächsnotizen, dem Schriftverkehr sowie den Entscheidungserwägungen des Zuwendungsgebers in der Verwaltungsakte dokumentiert.

bb. Lösungsvorschlag für den Beispielsfall

Bezogen auf den Beispielsfall hat das Gericht entschieden: die Einschränkung des Auftragsgegenstands auf eine Produktart ist in diesem Einzelfall durch die Eigenart des Auftragsgegenstands durch den Auftraggeber umfassend geprüft und belegt. Anhaltspunkte für eine willkürliche oder diskriminierende Beschränkung auf ein Produkt sind nicht ersichtlich. Sie ist damit gerechtfertigt und vom Leistungsbestimmungsrecht des öffentlichen Auftraggebers umfasst.[45]

b) Produktscharfe Ausschreibung „oder gleichwertig“

§ 31 Abs. 6 Satz 2 VgV lässt außerdem eine Produkt- oder Verfahrensangabe ausnahmsweise zu, wenn der Auftragsgegenstand anderenfalls nicht hinreichend genau und allgemein verständlich beschrieben werden kann. Gleichzeitig müssen aber auch Alternativprodukte erlaubt werden.

Entsprechende Regelungen finden sich in

- **§ 23 Abs. 5 Satz 1 UVgO** für die Vergabe von Liefer- und Dienstleistungen unterhalb der EU-Schwellenwerte,
- **§ 7 Abs. 2 Ziffer 2 VOB/A Abschnitt 1** für die Vergabe von Bauleistungen unterhalb der EU-Schwellenwerte,
- **§ 7 Abs. 2 Satz 2 EU VOB/A Abschnitt 2** für die Vergabe von Bauleistungen oberhalb der EU-Schwellenwerte.

Hinweis

Werden z.B. Leitfabrikate/-Produkte/-Verfahren zur besseren Beschreibbarkeit der gewünschten Leistung verwendet, ist immer der Zusatz ***oder gleichwertig*** *aufzuneh-*

45 OLG Düsseldorf, Beschluss vom 17.2.2010 – Verg 42/09.

men. Wichtig ist, dass die Produkt-/Fabrikat- oder Verfahrensangabe nicht doch zu einer faktischen Beschränkung auf ein Produkt/Fabrikat oder Verfahren führt.

Praxistipp

*Zuwendungsnehmer dürfen die **konkrete Produkt- oder Verfahrensbeschreibung von Marktteilnehmern nicht als Pauschalverweis** (per copy & paste) in die Leistungsbeschreibung aufnehmen. Das würde im Zweifel auf eine vergaberechtlich unzulässige Marktbeschränkung hindeuten. Die Leistungsbeschreibung folgt vielmehr der Ermittlung des Beschaffungsbedarfs[46] und konkretisiert diesen. Dabei kann für die Beschreibung von einzelnen Leistungsbestandteilen **beispielhaft auf konkrete Produkte oder Verfahren zurückgegriffen werden**.*

c) Zugeschnittene Leistungsbeschreibung

Zur zugeschnittenen Leistungsbeschreibung aus der Rechtsprechung ein Beispiel:

Beispiel

Es soll ein Impfstoff für Personen ab dem sechsten Lebensmonat beschafft werden. Die Leistungsbeschreibung sieht Fertigspritzen entweder ohne oder mit abnehmbarer Kanüle vor. Fertigspritzen mit festsitzender Kanüle sind ausgeschlossen. Ziel ist es, das Wahlrecht des Arztes in Bezug auf die Art der Kanüle nicht zu beeinflussen. Er muss als Arbeitgeber nach den Arbeitsschutzrichtlinien für sichere Arbeitsmittel sorgen. Dafür verwendet die Mehrheit der Ärzte Fertigspritzen entweder ohne oder mit abnehmbarer Kanüle.[47] Ist der Zuschnitt der Leistungsbeschreibung auf eine Produktart zulässig?

aa. Grundlagen

Teilweise wird die Auffassung vertreten, dass der Auftraggeber sich *vor der Erstellung einer zugeschnittenen Leistungsbeschreibung* zunächst einen *Marktüberblick* verschaffen und dann begründen muss, warum eine andere als die von ihm gewählte Lösung nicht in Betracht kommt.[48]

Einheitlich wird in der zugeschnittenen Leistungsbeschreibung jedenfalls eine Einschränkung des Wettbewerbs gesehen.

Praxistipp

*Das bestehende Rechtsrisiko bei der Verwendung von zugeschnittenen Leistungsbeschreibungen kann eingegrenzt werden, indem die Entscheidung über den Zuschnitt der Leistungsbeschreibung in der Vergabeakte **sorgfältig dokumentiert und begründet** wird.*

*Wesentlich dabei ist, dass **sachlich gerechtfertigte, objektive und plausible Gründe die sachfremdes, willkürliches und diskriminierendes Verhalten des öffentlichen Auftrag-***

46 S.o. III.
47 OLG Düsseldorf, Beschlüsse, 27.6.2012 – Verg 7/12.
48 OLG Düsseldorf, Beschluss vom 27.6.2012 – Verg 7/12 m.w.N.

gebers ausschließen, führend für die Entscheidung zur Ausgestaltung der Leistungsbeschreibung sind.[49]

Besondere Bedeutung haben dabei auch die Ergebnisse der Ermittlung des **Beschaffungsbedarfs**[50] *sowie der* **Markterkundung**[51]*. Z.B. können im Rahmen der Markterkundung zumindest die Alternativen berücksichtigt werden, die im jeweiligen (Fach)Markt bekannt sind.*

bb. Lösungsvorschlag für den Beispielsfall

Bezogen auf den Beispielsfall war die Beschaffung mittels zugeschnittener Leistungsbeschreibung nach Ansicht des Gerichts vom Leistungsbestimmungsrecht des öffentlichen Auftraggebers gedeckt.[52] *Im dargestellten und entschiedenen Fall wird die auf eine Produktart zugeschnittene Leistungsbeschreibung nicht als schrankenlose Produktbestimmung gewertet. Es gab mehrere Anbieter, die die eine oder die andere Variante anbieten konnten.*

4. Eindeutige und erschöpfende Leistungsbeschreibung

Die Merkmale des Auftragsgegenstandes sind so genau zu fassen, dass sie ein *klares Bild vom Auftragsgegenstand vermitteln und dem öffentlichen Auftraggeber die Erteilung des Zuschlags ermöglichen.*[53] Immerhin dient die Leistungsbeschreibung dazu, dass miteinander vergleichbare Angebote von den Bietern abgegeben werden, die die Ermittlung des besten Preis-Leistungs-Verhältnisses ermöglichen.

Hinweis

Der öffentliche Auftraggeber soll sich also auch selbst in die Lage versetzen, eine diskriminierungsfreie und transparente Auswahlentscheidung zu treffen.

Daraus folgt der Grundsatz der eindeutigen und erschöpfenden Leistungsbeschreibung.

Er wurde wörtlich in **§ 23 Abs. 1 UVgO** und **§ 7 Abs. 1 VOB/A Abschnitt 1** bzw. **§ 7 Abs. 1 EU VOB/A Abschnitt 2** übernommen.

Hinweis

Aus den Legaldefinitionen ergeben sich folgende, grundsätzliche Anforderungen an die Konkretisierung der Leistungsbeschreibung, die als allgemeingültig herangezogen werden können:

Alle Bewerber müssen

- *die Beschreibung im gleichen Sinne verstehen und*
- *ihre Preise sicher und ohne umfangreiche Vorarbeiten berechnen*

49 OLG München, Beschluss vom 9.3.2018 – Verg 10/17, Rn. 37 m.w.N.
50 S.o. III.
51 S.o. IV.
52 OLG Düsseldorf, Beschluss vom 27.6.2012 – Verg 7/12.
53 BT-Drucks. 18/7318, S. 171.

können.

Sie müssen darüber hinaus

- *alle beeinflussenden Umstände sowie*
- *den Zweck und die vorgesehene Beanspruchung anhand der Vergabeunterlagen*

feststellen können.

Technische Spezifikationen sind zur Konkretisierung erwünscht. Jede Bezugnahme ist dabei mit dem Zusatz „oder gleichwertig" zu versehen.

Die Verwendung von technischen Spezifikationen erfolgt ausschließlich fachlich und vergaberechtlich fundiert. Fehlt es an allgemeingültigen Normbezeichnungen für wesentliche Leistungsvorgaben, werden diese so genau und zweifelsfrei wie möglich für den verständigen und fachkundigen Bieter beschrieben. Jede Ungenauigkeit geht zu Lasten des öffentlichen Auftraggebers.

Hinweis

Die technischen Spezifikationen sind für die ***EU-weiten*** *Vergaben von Liefer-, Dienst und Bauleistungen in den Anhängen zu den jeweiligen Vergabevorschriften gesondert definiert. Gleiches gilt im* ***Unterschwellenbereich*** *für die Vergabe von Bauleistungen. Für die Dienst- und Lieferleistungen im* ***Unterschwellenbereich*** *sieht die UVgO keinen besonderen Katalog für technische Spezifikationen vor.*

Aufgrund der Leistungsbeschreibung müssen hinreichend vergleichbare Angebote **(§ 31 Abs. 2 Satz 1 Ziffer 1 VgV)** erwartet werden bzw. die Angebote miteinander verglichen **(§ 23 Abs. 1 Satz 1 UVgO)** werden können.

Hinweis

Für Bauleistungen wird der Grundsatz, dass mit der Leistungsbeschreibung die Vergleichbarkeit der Angebote erreicht werden muss, nicht explizit geregelt. Er lässt sich aber aus dem Sinngehalt des § 7 Abs. 1 Ziffer 1 (EU) VOB/A ableiten, wonach alle Unternehmen die Leistungsbeschreibung „im gleichen Sinne verstehen müssen". Hintergrund ist, dass vergleichbare Angebote eingereicht werden, um eine transparente und faire Auswahlentscheidung überhaupt erst zu ermöglichen.

Ausgewählte Besonderheiten bei der Erstellung der Leistungsbeschreibung werden im Folgenden anhand von Beispielsfällen besprochen.

a) Korrekturen im laufenden Vergabeverfahren

Zur Besonderheit der Korrektur im laufenden Vergabeverfahren aus der Rechtsprechung ein

Beispiel

Vergeben wurde eine Rahmenvereinbarung zur Lieferung, Montage und betriebsbereiten Übergabe von Inkubatoren. Das Angebot einer Bieterin wurde mit folgender Erwägung

ausgeschlossen: der angebotene Luftvorhang verhinderte nicht, dass beim Öffnen der Seitenklappen kalte Luft in den Inkubator-Innenraum strömt. Dadurch wurden Gesundheitsgefährdungen befürchtet. Ansonsten erfüllten die angebotenen Inkubatoren die Anforderungen. Die zum Ausschluss führende Erwägung stellte der Auftraggeber aber erst nach Ablauf der Angebotsfrist an. Sie war aus der Leistungsbeschreibung objektiv nicht ersichtlich gewesen.[54] Erfolgte der Ausschluss zu Recht?

aa. Grundlagen

Bis zum Ablauf der Angebots- oder Teilnahmefrist sind Korrekturen an den Vergabeunterlagen möglich, **§ 20 Abs. 3 VgV**[55]**, § 10a Abs. 6 EU VOB/A Abschnitt 2, § 13 Abs. 4 UVgO**. Bei wesentlichen Änderungen ist jeweils eine angemessene Verlängerung der Angebots- oder Teilnahmefrist erforderlich. *Ziel ist es, dass alle Unternehmen Kenntnis von den Änderungen nehmen können.*

Praxistipp

Der wettbewerbskonforme Umgang mit Änderungen an den Vergabeunterlagen ist regelmäßig Gegenstand der Verwaltungsprüfungen. ***Ziel ist es, die wirtschaftliche und sparsame Verwendung von Zuwendungsmitteln durch einen fairen und transparenten Wettbewerb zu gewährleisten.*** *Um Zuwendungskürzungen zu vermeiden, sollte*

- *im Zweifel von einer wesentlichen Änderung ausgegangen und eine entsprechende Fristverlängerung vorgesehen werden,*
- *die Entscheidung über die Einordnung der Änderung als wesentlich oder unwesentlich sowie die Bemessung der Fristverlängerung fachlich und vergaberechtlich geprüft werden,*
- *die Entscheidung inklusive der Begründung in der Vergabeakte dokumentiert werden.*

bb. Lösungsvorschlag für den Beispielsfall

Im Beispielsfall hat das Gericht entschieden, dass das Angebot zu Unrecht ausgeschlossen wurde. Die erst *nach Ablauf der Angebotsfrist* im Nachprüfungsverfahren dargelegten Erwägungen des Auftraggebers zur Art des Luftvorhangs traten im Vorfeld nicht nach außen. Sie wurden als objektiv nicht zwingend eingestuft und konnten daher einen Ausschluss des Angebots der Antragstellerin nicht begründen. Bei objektiver Auslegung aus Sicht eines verständigen und fachkundigen potenziellen Bieters erfüllte das Angebot die Anforderungen der Produktbeschaffenheit.[56]

b) Bedeutung des objektiven Empfängerhorizonts

Zum objektiven Empfängerhorizont bei der Interpretation der Leistungsbeschreibung aus der Rechtsprechung ein Beispiel:

54 VK Sachsen, Beschluss vom 28.11.2017 – 1 SVK/024-17.
55 OLG Düsseldorf, Beschluss vom 28.3.2018 – VII Verg 40/17: gilt auch für Teilnahmeanträge.
56 VK Sachsen, Beschluss vom 28.11.2017 – 1 SVK/024-17.

Beispiel

Es soll die Konzeption, Organisation, Durchführung und Nachbereitung des jährlichen Medienkongresses vergeben werden. In den letzten zehn Jahren wurden die Veranstaltungen regelmäßig im Veranstaltungsort „MC" durchgeführt. Die Leistungsbeschreibung sieht nunmehr vor, dass das Veranstaltungskonzept „mehrere Vorschläge für adäquate Veranstaltungsorte in X unter Berücksichtigung der MC, ..." enthalten soll. Der unterlegene Bieter macht u.a. geltend, dass das obsiegende Angebot auszuschließen gewesen sei. Es habe das „MC" nicht als Veranstaltungsort enthalten.[57] Hat er Recht?

aa. Grundlagen

Grundsätzlich gilt: Welche Leistungen durch die Leistungsbeschreibung erfasst sind, ist durch Auslegung nach dem *objektiven Empfängerhorizont* nach **§ 133 und § 157 BGB** zu ermitteln.[58]

Eine Auslegung nach dem *objektiven* Empfängerhorizont erfolgt aber nur dann, wenn sich der Inhalt z.B. bei Widersprüchlichkeiten nicht ohne Weiteres ergibt.[59] Völlig unmaßgeblich ist, wie der Bieter aus seiner *individuellen bzw. subjektiven Sicht* und vor dem Hintergrund der Abwicklung vorausgegangener Verträge mit dem öffentlichen Auftraggeber den Ausschreibungstext versteht.[60]

Hinweis

Der öffentliche Auftraggeber kann Art und Weise des Beschaffungsgegenstands bei jeder Ausschreibung (neu) festlegen.

Es gibt es keinen wie auch immer gearteten Vertrauensschutz in einen gleichbleibenden Beschaffungsbedarf des öffentlichen Auftraggebers.[61]

bb. Lösungsvorschlag für den Beispielsfall

Entsprechend hat das Gericht im Beispielsfall entschieden: Entgegen der Auffassung des unterlegenen Bieters war die Leistungsbeschreibung als eindeutig anzusehen. Sie hat nicht der Auslegung bedurft. Es seien lediglich alternative Veranstaltungsorte gefordert gewesen. Das „MC" sei nicht zwingend anzubieten gewesen. Allein die Erfahrung aus den letzten zehn Jahren ließ nicht den Schluss zu, dass der Auftraggeber auch künftig das „MC" als Veranstaltungsort in Betracht ziehen möchte.[62]

c) Funktionale Leistungsbeschreibung – vergleichbare Angebote

Bei einer funktionale Leistungsbeschreibung wird nicht die Leistungsbeschrieben, sondern eine zu lösende Aufgabe. Das heißt, dass das Ergebnis feststeht und das „Wie" der Leistungs-

57 VK Sachsen, Beschluss vom 29.8.2018 – 1 SVK 027/18.
58 VK Sachsen, Beschluss vom 28.11.2017 – 1 SVK/024-17.
59 BGH, Beschluss vom 7.1.2014 – X ZB 15/13.
60 OLG Frankfurt, Beschluss vom 26.3.2019 – 21 U 17/18.
61 VK Sachsen, Beschluss vom 29.8.2018 – 1 SVK 027/18.
62 VK Sachsen, Beschluss vom 29.8.2018 – 1 SVK 027/18.

erbringung bleibt offen. Es ist dann Aufgabe der Bieter, bei der Ermittlung einer technisch, wirtschaftlich und gestalterisch funktionsgerechten Lösung mitzuwirken. Zur funktionalen Leistungsbeschreibung folgende *Beispielsvariante* zur Vergabe des jährlichen Medienkongresses:

Beispiel

Es soll die Konzeption, Organisation, Durchführung und Nachbereitung des jährlichen Medienkongresses vergeben werden. Die Leistungsbeschreibung sieht vor, dass das Veranstaltungskonzept „mehrere Vorschläge für adäquate Veranstaltungsorte in X unter Berücksichtigung der MC, ..." enthalten soll. Der unterlegene Bieter macht u.a. geltend, die Angebote seien aufgrund der offenen Leistungsbeschreibung nicht vergleichbar gewesen.[63] Zu Recht?

aa. Grundlagen

Grundlage für die Festlegung des Gestaltungsspielraums der Bieter ist der definierte Beschaffungsbedarf des öffentlichen Auftraggebers.[64]

Bei sog. funktionalen Ausschreibungen (festgelegtes Ziel, offener Weg) können die angebotenen Lösungen sehr unterschiedlich ausfallen.

HINWEIS

Die Prüfung, ob eine funktionale Leistungsbeschreibung und damit eine Einschränkung des Bestimmtheitsgrundsatzes in Betracht kommt, kann in zwei Schritten erfolgen:

1. *Ist die Art und Weise der Realisierung der Leistung durch die Bieter mit einer eigenen Planung oder einem eigenen Konzept darzustellen?*

und

2. *Beschreibt der öffentliche Auftraggeber lediglich die Funktion bzw. die Ziele der zu erbringenden Leistung?*[65]

Die Auswahlentscheidung muss auch in diesen Fällen transparent und diskriminierungsfrei sein. Dafür sehen z.B. das Verhandlungsverfahren oder der wettbewerbliche Dialog Regelungen vor ***(§§ 3, 3a, 3b EU VOB/A Abschnitt 2, §§ 14, 17, 18 VgV, § 119 GWB)****.*

bb. Lösungsvorschlag für den Beispielsfall

Im Beispielsfall war das Verfahren nicht zu beanstanden. Der Bestimmtheitsgrundsatz galt in diesem Einzelfall eingeschränkt.

Denn es wurden konzeptionelle Lösungen aufgrund einer funktionalen Leistungsbeschreibung angeboten. Den Bietern wurde ein Gestaltungsspielraum für die Angebotserstellung eröffnet, der vom Leistungsbestimmungsrecht des öffentlichen Auftraggebers

63 VK Sachsen, Beschluss vom 29.8.2018 – 1 SVK 027/18.
64 S.o. III.
65 VK Sachsen, Beschluss vom 29.8.2018 – 1 SVK 027/18.

Praxistipp

Zur Dokumentation und Begründung einer transparenten und diskriminierungsfreien Auswahl-/Vergabeentscheidung kann der Einsatz von Entscheidungs- und Abstimmungsgremien hilfreich sein. Bei der Zusammensetzung werden möglichst keine Personen eingebunden, bei denen Interessenskonflikte im Sinne von ***§ 6 VgV, § 4 UVgO, § 6e Abs. 6 Ziffer 5 EU VOB/A Abschnitt 2*** *auftreten könnten. Die Arbeit der Abstimmungsgremien wird vergaberechtlich und fachlich eng begleitet.*

cc. *Exkurs: Innovative Beschaffungen*

Bei innovativen Angeboten gilt: Es liegt im Wesen der Innovation und ist daher zulässig, dass die Vergleichbarkeit der Angebote mit herkömmlichen Ansätzen erschwert ist.[66] Die Europäische Kommission hat einen Leitfaden für eine innovationsfördernde öffentliche Auftragsvergabe entwickelt, der weiterführende Hinweise für die Entwicklung einer Leistungsbeschreibung bei innovativen Beschaffungen enthält.[67] Dabei wird auch dem Umstand der nur eingeschränkten Vergleichbarkeit von Angeboten Rechnung getragen. Sinngemäß können diese Hinweise auch für die Gestaltung einer Leistungsbeschreibung zur Beschaffung einer konzeptionellen Leistung herangezogen werden.

5. Organisatorische Maßnahmen bei der Erstellung der Leistungsbeschreibung

Aufgrund der in den vorangegangenen Themenabschnitten behandelten Fragestellungen zeigt sich, dass der Leistungsbeschreibung im Vergabeverfahren eine große Bedeutung zukommt. Dieser sollte im organisatorischen Ablauf des Vergabeverfahrens Rechnung getragen werden.

Praxistipp

Zur Vermeidung von Zuwendungskürzungen *aufgrund von Fehlern bei der Erstellung der Leistungsbeschreibung können folgende Maßnahmen des Zuwendungsnehmers hilfreich sein:*

- *Für die Erstellung der Leistungsbeschreibung werden ausreichend Zeit und personelle Kapazitäten eingeplant.*
- *Fachlich und vergaberechtlich verantwortliche Personen werden von Anfang an eingebunden.*
- *Erforderliche Abstimmungsprozesse, sowohl intern beim Zuwendungsnehmer als auch im Verhältnis zum Zuwendungsgeber, werden frühzeitig angestoßen.*

66 BT-Drucks. 18/7318, S. 171.

67 Europäische Kommission, 15.8.2018, C(2018) 3051 final: Leitfaden für die innovationsfördernde öffentliche Auftragsvergabe, Mai 2018; *zu innovativen Beschaffungen in der COVID-19-Krise* z.B. auch: Leitlinien der Europäischen Kommission zur Nutzung des Rahmens für die Vergabe öffentlicher Aufträge in der durch die COVID-19-Krise verursachten Notsituation, 1.4.2020, 2020/C 108 1/01.

6. Fazit: Gestaltungsrahmen bei der Erstellung der Leistungsbeschreibung

- Die Voraussetzungen für eine vergaberechtskonforme Leistungsbeschreibung sind in **§ 121 GWB, § 31 ff. VgV, § 23 UVgO, §§ 7 ff. VOB/A Abschnitt 1 und §§ 7 ff. (EU) VOB/A Abschnitt 2** grundsätzlich geregelt.
- Vom Grundsatz der Produktneutralität kann in besonderen Ausnahmefällen abgewichen werden.
- Ein weiterer Grundsatz ist die eindeutige und erschöpfende Leistungsbeschreibung. Sie soll vor allem das Einreichen von vergleichbaren Angeboten ermöglichen.
- Vom Leistungsbestimmungsrecht des Auftraggebers umfasst sind konzeptionelle Lösungen aufgrund einer funktionalen Leistungsbeschreibung. Sie eröffnen auch einen Gestaltungsspielraum für die Erstellung von Angeboten.
- Der Leitfaden für eine innovationsfördernde öffentliche Auftragsvergabe der EU-Kommission enthält weiterführende Hinweise für die Entwicklung einer Leistungsbeschreibung bei innovativen Beschaffungen.
- Für die Erstellung der Leistungsbeschreibung wird ausreichend Zeit und personelle Kapazität eingeplant.
- Fachlich und vergaberechtlich verantwortliche Personen werden von Anfang an eingebunden.
- Abweichungen von den vergaberechtlichen Grundsätzen werden sorgfältig geprüft, begründet und dokumentiert. Im Zweifel wird der strengsten Auslegung gefolgt.
- Die Leistungsbeschreibung kann im laufenden Vergabeverfahren nur in engen Grenzen geändert werden.
- Erforderliche Abstimmungsprozesse, sowohl intern beim Zuwendungsnehmer als auch im Verhältnis zum Zuwendungsgeber, werden frühzeitig angestoßen.

VII. Wahl der zulässigen Verfahrensart

Der öffentliche Auftraggeber hat die Wahl zwischen verschiedenen Verfahrensverfahren. In welchen Fällen welche Verfahrensart zulässig ist, wird in den Vorschriften zur öffentlichen Auftragsvergabe festgelegt.

Fehler bei der Wahl der richtigen Verfahrensart führen regelmäßig zu einer unzulässigen Beschränkung des Wettbewerbs und damit zu einem schweren Vergabefehler, der Zuwendungskürzungen nach sich ziehen kann.

Hinweis

! ***In den Zuwendungsbescheiden und Förderrichtlinien sind teilweise Erleichterungen vorgesehen****, die dem Zuwendungsnehmer Freiräume bei der Wahl der Verfahrensart und bei der Durchführung von Vergabeverfahren anbieten. Diese Freiräume können über die Grenzen des öffentlichen Vergaberegimes hinaus gelten.* ***In diesen Fällen gelten sie***

ausschließlich für Zuwendungsnehmer, die das Vergaberecht nur aufgrund des Zuwendungsrechtsverhältnisses und nicht originär aufgrund der öffentlichen Vergabevorschriften anzuwenden haben.

1. Unterschiedliche Rechtsgrundlagen auf Bundes- und Landesebene

Aus den Vergabevorschriften ergibt sich ein buntes Bild aus vergaberechtlichen Regelungen des Bundes und der Länder.

a) Oberhalb der EU-Schwellenwerte

Grundsätzlich gilt: Für die Vergabe von Liefer-, Dienst- und Bauleistungen stehen dem öffentlichen Auftraggeber das offene und das nicht offene Verfahren mit Teilnahmewettbewerb nach seiner Wahl zur Verfügung **(§ 14 Abs. 2 VgV, §§ 3a Abs. 1, 3b Abs. 2 Ziffer 1 EU VOB/A Abschnitt 2)**.

Alle anderen Verfahrensarten sind die Ausnahme und ausschließlich im jeweils definierten Umfang möglich.

Hinweis

▶ *Zum Teil abweichende Regelungen sehen die SektVO, KonzVgV und die VSVgV für ihren jeweiligen Anwendungsbereich vor.*

b) Unterhalb der EU-Schwellenwerte

Hier gilt grundsätzlich: Für die Vergabe von Liefer-, Dienst- und Bauleistungen des *Bundes* stehen dem öffentlichen Auftraggeber die Öffentliche Ausschreibung und Beschränkte Ausschreibung mit Teilnahmewettbewerb nach seiner Wahl zur Verfügung **(§ 8 Abs. 2 UVgO, § 3a Abs. 1 VOB/A Abschnitt 1)**.

Alle anderen Verfahrensarten sind die Ausnahme und ausschließlich im jeweils definierten Umfang möglich.

Für die Vergabe von Liefer-, Dienst- und Bauleistungen der *Länder* wird teilweise über einen haushaltsrechtlichen Anwendungsbefehl die VOB/A Abschnitt 1 bzw. die UVgO uneingeschränkt für anwendbar erklärt. Allerdings gibt es zum Teil auch abweichende Regelungen in den Landesvergabevorschriften, die einzelne Vorschriften der UVgO anders regeln. Mittlerweile haben fast alle Bundesländer die UVgO per Anwendungsbefehl zur Anwendung gebracht. Soweit ersichtlich hat Sachsen als einziges Bundesland noch die VOL/A in Anwendung, wobei ein Entwurf für ein neues Landesvergabegesetz von der Regierung vorgelegt wurde, der bislang doch keine Umsetzung erfahren hat.

Der Unterschied im Regelungsgehalt wird z.B. bei der Vergabe von Dienstleistungen und der Anwendung von öffentlicher und beschränkter Ausschreibung mit öffentlichem Teilnahmewettbewerb deutlich. Nach UVgO stehen beide gleichrangig nebeneinander. Etwas anderes gilt nach § 3 Abs. 2 VOL/A Abschnitt 1, wonach die öffentliche Ausschreibung als Regelverfahren und die beschränkte Ausschreibung nur in begründeten Ausnahmefällen möglich ist.

Praxistipp

Nähere Informationen zu den landesrechtlichen Vergaberegelungen können z.B. bei den Auftragsberatungsstelle des jeweiligen Bundeslandes erfragt werden.

2. Ausnahmetatbestände und Wertgrenzen

a) Enge Auslegung von Ausnahmetatbeständen

Grundsätzlich gilt: Wegen der *wettbewerbsbeschränkenden Wirkung* werden die Ausnahmetatbestände von den Prüfinstanzen nicht nur in den vergaberechtlichen, sondern auch in den verwaltungsrechtlichen Verfahren *eng ausgelegt*. Denn Zuwendungsnehmer müssen sich vor Augen führen, dass grundsätzlich die Verfahrensarten mit dem größtmöglichen Wettbewerb die Regel sind. Jedes Abweichen hiervon und Nutzen von Ausnahmetatbeständen darf daher nur restriktiv gehandhabt werden.

Hinweis

Vor dem Hintergrund der COVID-19-Krise haben z.B. die EU-Kommission Leitlinien und das BMWi ein Rundschreiben entwickelt, in denen sie jeweils die Nutzung von bestehenden Ausnahmetatbeständen in dieser speziellen Notsituation beschreiben und teilweise mit Beispielen erläutern.[68]

Praxistipp

Die konkrete Fördermaßnahme kann von mehreren Prüfinstanzen der nationalen sowie der EU-Verwaltung geprüft werden. Die Prüfrechte und auch -pflichten ergeben sich aus den nationalen sowie den Haushaltsvorschriften der EU. Naturgemäß können dabei unterschiedliche Auffassungen zur Anwendbarkeit von Ausnahmetatbeständen im konkreten Einzelfall vertreten werden. ***Um dabei auf der sicheren Seite zu sein und Rechtsrisiken zu vermeiden, sollten Zuwendungsnehmer ihre Entscheidung zugunsten eines Ausnahmetatbestandes fachlich und vergaberechtlich fundiert prüfen und das Ergebnis in der Vergabeakte dokumentieren.*** *Es empfiehlt sich dabei, im Zweifel der strengsten Auffassung zu folgen. Denn die Nutzung des gewünschten Ausnahmetatbestandes wird regelmäßig nicht nur eine Erleichterung für das Beschaffungsverfahren, sondern gleichzeitig auch eine Einschränkung des Wettbewerbs bedeuten.*

68 Leitlinien der Europäischen Kommission zur Nutzung des Rahmens für die Vergabe öffentlicher Aufträge in der durch die COVID-19-Krise verursachten Notsituation, 1.4.2020, 2020/C 108 1/01; Rundschreiben zur Anwendung des Vergaberechts im Zusammenhang mit der Beschaffung von Leistungen zur Eindämmung der Ausbreitung des neuartigen Coronavirus SARS-CoV-2 (beides z.B. abrufbar unter: www.absthessen.de).

b) Ausnahmetatbestände und Wertgrenzen richtig nutzen

Vor allem im Bereich der Vergaben unterhalb der EU-Schwellenwerte treten häufig Unsicherheiten bei der Wahl der richtigen Verfahrensart auf. Diese sind oft darauf zurückzuführen, dass *Wertgrenzen* und *Ausnahmetatbestände* nur unzureichend bekannt sind.

Mit einem Beispielsfall aus der Zuwendungspraxis werden im Folgenden Strategien zur Vermeidung der beiden o.g. Fehlerquellen besprochen:

Beispiel

Der Zuwendungsnehmer möchte einen Dienstleister mit einer nicht abschließend beschreibbaren Leistung zur Umsetzung eines Kommunikationskonzeptes beauftragen. Der Nettoauftragswert beträgt 95 T€. Er möchte weder einen Teilnahmewettbewerb durchführen noch Unternehmen zur Angebotsabgabe auffordern. Er ist der Meinung, er könne die Leistung direkt vergeben, da es sich um eine freiberufliche Leistung handelt. Hat er Recht?

Die vergaberechtliche Zulässigkeit des geplanten Vorgehens im Beispielsfall wird in zwei Schritten geprüft:

1. Gibt es einen Ausnahmetatbestand zur Durchführung von Direktvergaben bei freiberuflichen Leistungen und ist dieser anwendbar?
2. Gibt es eine Wertgrenze zur Durchführung von Direktvergaben und ist diese anwendbar?

aa. Irrtümliche Annahme von Ausnahmetatbeständen

Der Zuwendungsnehmer hat im Fallbeispiel übersehen, dass die Vergabe von freiberuflichen Leistungen des Bundes mittlerweile in **§ 50 UVgO** geregelt ist.

Danach sind freiberufliche Leistungen im Wettbewerb zu vergeben. Dabei ist so viel Wettbewerb wie möglich zu schaffen.

Näheres regelt **§ 50 UVgO** dazu nicht. Das Rechtsrisiko bei der Interpretation trägt der Zuwendungsnehmer.

Die *vergaberechtlichen Regelungen in den Ländern* nehmen teilweise zum Umgang mit den freiberuflichen Leistungen auf **§ 50 UVgO** Bezug. Zum Teil werden aber *auch abweichende Regelungen* getroffen. Jedenfalls wird durch die Formulierung *„so viel Wettbewerb wie möglich"* grundsätzlich keine Direktvergabe gerechtfertigt.

Hinweis

Es gelten für die Beantwortung der Frage, in welchem ***Umfang der Wettbewerb bei der Vergabe von freiberuflichen Leistungen zu schaffen ist*** *die allgemeinen Grundsätze der Vergabe nach* ***§ 2 UVgO****, insbesondere:* ***Transparenz, Wirtschaftlichkeit, Verhältnismäßigkeit, Gleichbehandlung, Mittelstandsförderung****.*

Praxistipp

Um das ***Rechtsrisiko möglichst gering zu halten und im konkreten Einzelfall den fairen Wettbewerb zu gewährleisten****, bietet es sich für den Zuwendungsnehmer an, unter Beachtung der vorgenannten Grundsätze* ***formlose Vergleichsangebote*** *einzuholen. Die Erfahrung in der Zuwendungspraxis zeigt, dass die Einholung von drei bis fünf Vergleichsangeboten wenig Angriffsfläche bietet.* ***Die Angebotseinholung und -auswahl wird nachvollziehbar in der Vergabeakte dokumentiert.***

bb. Berufung auf nicht anerkannte Ausnahmetatbestände

Andere Ausnahmetatbestände als die vergaberechtlich normierten gibt es in der Praxis grundsätzlich nicht. Selbst wenn die Rechtsprechung im Rahmen der Rechtsfortentwicklung die Erweiterung oder analoge Anwendung von normierten Ausnahmetatbeständen anerkennt, sind das immer Einzelfallentscheidungen, die einer engen Auslegung der vergaberechtlichen Grundsätze folgen.

Hinweis

In der Zuwendungspraxis werden grundsätzlich nur die Ausnahmetatbestände anerkannt, für die es entweder im vergaberechtlichen Regelwerk oder in der Rechtsfortentwicklung durch die Rechtsprechung eine Grundlage gibt. ***Das gilt sowohl für Vergabeverfahren oberhalb als auch unterhalb der EU-Schwellenwerte.*** *Die Missachtung dieses Grundsatzes führt regelmäßig zu schweren Vergabefehlern mit Zuwendungskürzungen im Verwaltungsverfahren.*

Praxistipp

Folgende Argumente (beispielhafte Aufzählung) entbehren jeglicher vergaberechtlichen Grundlage und sollten daher vom Zuwendungsnehmer ***nicht*** *als Argument für Erleichterungen im Vergabeverfahren herangezogen werden:*

- *„Der Anbieter hat seinen Sitz vor Ort – die örtliche Wirtschaft soll gefördert werden." Darin wird eine wettbewerbswidrige Einschränkung des Bieterkreises gesehen.*
- *„Die Zusammenarbeit mit dem bekannten Anbieter hat sich in der Vergangenheit bewährt." Das Argument widerspricht den vergaberechtlichen Vorgaben. Z.B. heißt es explizit in* **§ 14 UVgO**[69] *zum Direktauftrag: „Der Auftraggeber soll zwischen den beauftragten Unternehmen wechseln."*
- *„Der Anbieter war vor Ort, sodass er sich eine weite Anfahrt sparen konnte." Der Wettbewerb soll nach den vergaberechtlichen Grundsätzen gerade nicht regional begrenzt werden. Ob und inwieweit sich der Angebotsweg auf das Angebot auswirkt, ist im Rahmen der Angebotswertung zu prüfen und damit Bestandteil des Bewertungsergebnisses insgesamt.*

69 Das Vergaberecht der Länder sieht teilweise vergleichbare Regelungen vor.

- *„Es ist nur dieser eine Anbieter in der Lage, die Leistung zu erbringen." Diese Aussage ist nur nach einer umfassenden* **Markterkundung**[70] *möglich. Anderenfalls führt das pauschale Argument mangels Belegbarkeit zum Vergabeverstoß.*
- *„Der Anbieter wäre ohnehin der wirtschaftlichste gewesen". Diese Aussage kann erst nach der Durchführung des Vergabeverfahrens getroffen werden. Anderenfalls führt das Argument mangels Belegbarkeit zum Vergabeverstoß, weil es nur auf Spekulationen beruht.*
- *„Die Zusammenarbeit mit dem Anbieter ist politisch gewollt." Die politische Motivation hat bei der Bieterauswahl keinen Raum.*
- *„Das Zuwendungsziel wurde zu 100% erreicht." Das Zuwendungsziel muss immer erreicht werden. Anderenfalls erfolgt eine Kürzung wegen nicht zweckentsprechender Verwendung von Zuwendungsmitteln. Es muss durch Einhaltung des Vergaberechts aber auch wirtschaftlich und sparsam erreicht werden. Denn die Vergabeauflage dient dem Zuwendungszweck.*
- *„Die Leistung musste wegen Dringlichkeit direkt vergeben werden, weil:*
  - *der Bewilligungszeitraum endet,*
  - *der Fördermittelverlust (Abrufbarkeit/Ende der Förderperiode) droht,*
  - *der Anbieter ohnehin schon eine enge Zeitplanung hatte (oder andere interne Gründe)."*

Das Argument der Dringlichkeit ist vergaberechtlich auf wenige Ausnahmefälle begrenzt. Dabei dürfen die Gründe, die zur Dringlichkeit führen, vom Auftraggeber nicht vorhersehbar bzw. nicht beeinflussbar gewesen sein. *Die vorgenannten Gründe sind alle vom Auftraggeber beeinflussbar oder zumindest vorhersehbar und können daher nicht wirksam herangezogen werden.*

cc. Unkenntnis über Wertgrenzen

Die Wertgrenzen spielen vor allem im Bereich der Vergaben unterhalb der EU-Schwellenwerte eine wichtige Rolle. In diesem Zusammenhang hat der Zuwendungsnehmer im Fallbeispiel übersehen, dass es auf Bundesebene für die Direktvergabe unterhalb der EU-Schwellenwerte eine abschließende Regelung gibt. Gemäß **§ 14 UVgO** sind Direktvergaben ausschließlich bis zu einer Wertgrenze von 1.000 € netto möglich. Für Bauleistung wurde in **§ 3a Abs. 4 VOB/A Abschnitt 1** eine entsprechende Wertgrenze von **3.000 €** netto eingeführt.

Zum Beispiel hat das BMWK eine Bekanntmachung der Abweichenden Verwaltungsvorschriften zur Vereinfachung der Vergabe von niedrigvolumigen öffentlichen Aufträgen im Unterschwellenbereich vom 11.12.2024 veröffentlicht. Die Bundesregierung hat sich auf geplante Anpassungen der vergaberechtlichen Regelungen im Unterschwellenbereich im Rahmen des Vergabetransformationspaketes bereits geeinigt. Deshalb wird mit diesen Abweichenden Verwaltungsvorschriften die Direktauftragswertgrenze für die Bundesverwaltung befristet für die Dauer von einem Jahr bis zum beabsichtigten Inkrafttreten neuer Regelungen

70 S.o. IV.

allgemein erhöht beziehungsweise verlängert. Damit wird unverhältnismäßig hoher Aufwand für die Vergabe dieser niedrigvolumigen öffentlichen Aufträge deutlich reduziert sowie ein effizientes und wirtschaftliches Verwaltungshandeln des Bundes im Rahmen der öffentlichen Beschaffung sichergestellt.[71]

Nach Ziffer I. der Verwaltungsvorschriften können Direktverträge für Liefer- und Dienstleistungen der Vergabestellen des Bundes abweichend von § 14 UVgO bis zu einem Auftragswert in Höhe von 15.000 € netto vergeben werden.

Nach Ziffer II. der Verwaltungsvorschriften können abweichend von § 3a Absatz 4 der Vergabe- und Vertragsordnung für Bauleistungen – Teil A (VOB/ A) Direktaufträge der Vergabestellen des Bundes, die im Zusammenhang mit dem russischen Angriffskrieg gegen die Ukraine stehen, bis zu einem Auftragswert von 8.000 € netto und Direktaufträge des Bundesministeriums der Verteidigung und seines Geschäftsbereichs daneben bis zu einem Auftragswert von 5.000 € netto vergeben werden. Die übrigen Voraussetzungen nach § 3a Absatz 4 VOB/ A bleiben unberührt.

Gemäß Ziffer III. der Verwaltungsvorschriften sollen die Regelungen nach Nummern I und II gleichermaßen für Zuwendungsempfänger (§§ 23, 44 der Bundeshaushaltsordnung), die die UVgO oder die VOB/ A gemäß Zuwendungsrecht anzuwenden haben, gelten. Die zuständigen Stellen des Bundes haben dies bei den Zuwendungsbewilligungsverfahren und Verwendungsnachweisprüfungen zu beachten.

Praxistipp

Die Direktvergabe meint die Vergabe ohne Aufforderung von Unternehmen zur Angebotsabgabe. Sie kann beim Bund sowie in den Ländern unterschiedlich und mit unterschiedlichen Wertgrenzen geregelt sein.

Weitere Wertgrenzen z.B. für die Inanspruchnahme von beschränkter Ausschreibung ohne Teilnahmewettbewerb oder das Verhandlungsverfahren sind in ***§ 3a Abs. 2 und Abs. 3 S. 2 VOB/A Abschnitt 1*** *für die Vergabe von Bauleistungen zu finden. Außerdem sehen* ***zahlreiche landesrechtliche Vergabevorschriften Wertgrenzen*** *für verschieden Leistungsarten vor, z.B. Wertgrenzenverordnung, Wertgrenzenerlasse etc. Letztere sind von Bundesland zu Bundesland unterschiedlich ausgestaltet. Demgegenüber sieht die* ***UVgO selbst keine weiteren eigenen Wertgrenzen*** *vor.*

Die Prüfung der Wertgrenzen *ist Grundlage für die rechtskonforme Anwendung von Ausnahmeregelungen bei der Wahl des richtigen Vergabeverfahrens. Sie gehört in* ***jede Checkliste zur Vorbereitung von Vergabeverfahren.*** *Einschlägige Informationen zu den aktuellen Wertgrenzen können z.B. über die* ***Auftragsberatungsstelle des jeweiligen Bundeslandes*** *eingeholt werden.*

71 BAnz AT 24.12.2024 B1.

3. Fazit: Der Weg zum richtigen Verfahrensart

- Grundsätzlich stehen dem öffentlichen Auftraggeber für die Vergabe von Liefer-, Dienst- und Bauleistungen *oberhalb* der EU-Schwellenwerte das offene und das nicht offene Verfahren mit Teilnahmewettbewerb nach seiner Wahl zur Verfügung **(§ 14 Abs. 2 VgV, §§ 3a Abs. 1, 3b Abs. 2 Ziffer 1 EU VOB/A Abschnitt 2)**.
  - Alle anderen Verfahrensarten sind die Ausnahme und ausschließlich im jeweils definierten Umfang möglich.
  - Zum Teil abweichende Regelungen sehen die SektVO, KonzVgV und die VSVgV für ihren jeweiligen Anwendungsbereich vor.
- Für Vergabeverfahren *unterhalb* der EU-Schwellenwerte gilt für Beschaffungen des Bundes die UVgO bzw. die VOB/A, Abschnitt 1. Die Länder nehmen darauf zum Teil vollinhaltlich Bezug. Teilweise werden aber auch abweichende Regelungen getroffen.
- Auf Bundesebene sieht die UVgO bzw. die VOB/A, Abschnitt 1 sowie das teilweise davon abweichende Landesvergaberecht unterschiedliche Wertgrenzen für Erleichterungen im Vergabeverfahren vor. Die Wertgrenzen sind abschließend geregelt und streng anzuwenden.
- Das Vergaberecht für Beschaffungen oberhalb sowie unterhalb der EU-Schwellenwerte sieht unterschiedliche Ausnahmetatbestände (neben den vorbenannten Wertgrenzen) vor. Diese Ausnahmetatbestände sind in den jeweiligen Regelungswerken grundsätzlich abschließend geregelt und streng anzuwenden.
- Hinweise zum aktuellen Regelungsstand in den Ländern können z.B. bei den entsprechenden Auftragsberatungsstellen erfragt werden.

VIII. Erstellen der übrigen Vergabeunterlagen

1. Die sorgfältige Vorbereitung vermeidet Verzögerungen und Mehraufwand

Zu den grundlegenden Vergabeunterlagen gehören neben

- der Leistungsbeschreibung, die zusammen mit den Vertragsbedingungen z.B. in Form von Vertragsmustern die Vertragsunterlagen bildet,

grundsätzlich auch

- die Bewerbungsbedingungen mit den Eignungs- und Zuschlagskriterien

sowie

- die Schreiben, mit denen z.B. zur Abgabe von Teilnahmeanträgen, Angeboten oder angeforderten Unterlagen aufgefordert wird.

Diese werden durch eine Reihe von Unterlagen ergänzt, deren Erforderlichkeit für jede Verfahrensart zu prüfen ist. Beispielhaft seien hier genannt: Formulare für Eigenerklärungen wie Mindestentgelterklärungen oder das Nichtvorliegen von Ausschlussgründen, Verpflichtungserklärungen zum Datenschutz.

Hinweis

Welche Unterlagen und Angaben konkret zu den Vergabeunterlagen gehören ist abhängig davon, ob

- *Bauleistungen (§ 6a bis § 8a VOB/A 1. Abschnitt, § 6a bis § 8c EU VOB/A) oder*
- *Liefer- bzw. Dienstleistungen (§ 29 VgV, § 21 UVgO)*

beschafft werden sollen.[72]

Praxistipp

Das Spektrum der bereit zu stellenden Unterlagen ist breit und nicht für alle Vergabeverfahren einheitlich geregelt. ***Je sorgfältiger die Vorbereitung der Vergabeunterlagen, desto weniger Bieterrügen oder -fragen treten in der Interessensbekundungs- oder Angebotsphase auf****. Daher sollten Zuwendungsempfänger die Vergabeunterlagen unter* ***Einbindung von vergaberechtlichem und fachlichem Know-how*** *erstellen. Denn jede* ***Bieterrüge oder -frage kostet zusätzliche Zeit und personelle Kapazität****, zieht oft die Verlängerung der Angebotsfrist nach sich* ***und kann somit das Vergabeverfahren verzögern****.*

2. Zeitpunkt der Bereitstellung

Grundsätzlich gilt: Die Vergabeunterlagen müssen *mit Auftragsbekanntmachung*, in der zur Abgabe von Teilnahmeanträgen oder Angeboten aufgefordert wird, *unentgeltlich, uneingeschränkt, vollständig und direkt zur Verfügung gestellt werden (können)*. Das gilt unabhängig vom Leistungsgegenstand und davon, ob es sich um ein Vergabeverfahren oberhalb oder unterhalb der EU-Schwellenwerte handelt.

Hinweis

Die vergaberechtlichen Vorschriften sehen dafür nahezu übereinstimmende Regelungen vor: ***§ 29 UVgO***[73]***, § 41 VgV, §§ 12, 12a VOB/A Abschnitt 1, § 12a EU VOB/A Abschnitt 2****.*

Bei der Umsetzung in die Praxis ergeben sich zum Zeitpunkt der Bereitstellung häufig Fragen. Dazu aus der Rechtsprechung ein Beispiel:

72 Teilweise sehen die landesrechtlichen Vergabevorschriften spezielle Vorgaben vor.

73 Soweit die landesrechtlichen Vergabevorschriften die Anwendung der VOL/A Abschnitt 1 vorsehen gelten §§ 8, 12 VOL/A Abschnitt 1.

Beispiel

Es wurden Reinigungsdienstleistungen im nichtoffenen Verfahren mit Teilnahmewettbewerb EU-weit ausgeschrieben. Die Vertragsbedingungen wurde nicht mit der Auftragsbekanntmachung und auch nicht vor Ablauf der Teilnahmefrist dem Kreis der interessierten Bieter zur Verfügung gestellt.[74] *Die Bereitstellung erfolgte erst mit Aufforderung zur Angebotsabgabe. Zu Recht?*

Die Antwort, zu welchem Zeitpunkt welche Vergabeunterlagen bereitgestellt werden müssen, wird im Folgenden anhand von vier Fragestellungen erarbeitet:

- In welchem Umfang müssen die Unterlagen bereitgestellt werden?
- Welche Unterlagen müssen bereitgestellt werden?
- Welche Risiken bestehen bei einer eingeschränkten Bereitstellung?
- Gibt es Ausnahmen für einzelne Beschaffungsgegenstände?

a) Umfang der bereit gestellten Unterlagen?

§ 41 VgV gibt nicht vor, *welche* Unterlagen zum Abruf bereitgestellt werden müssen. Das Adjektiv „vollständig" bezieht sich vielmehr darauf, in welchem Umfang die *bereit gestellten* Unterlagen elektronisch abrufbar sein sollen.[75]

Praxistipp

Medienbrüche sind bei der Bereitstellung von Unterlagen zu vermeiden. Das bedeutet ***grundsätzlich****, dass die Unterlagen z.B. nicht teilweise elektronisch und teilweise in Papierform, sondern insgesamt elektronisch zur Verfügung gestellt werden müssen.*[76] *Schon bei der Vorbereitung muss darauf geachtet werden, dass sämtliche Vergabeunterlagen elektronisch zur Verfügung gestellt werden können. Das kann im besonderen* ***Ausnahmefall****, z.B. bei sehr großen Bauplänen, nicht möglich sein. Dann erfolgt die alternative Bereitstellung unter Einhaltung der o.g., allgemeinen Grundsätze.*

b) Welche Unterlagen werden bereitgestellt?

Welche Unterlagen zum Abruf zur Verfügung stehen sollen, regelt **§ 29 VgV**. Dazu gehören alle Angaben, die erforderlich sind, um die Entscheidung über eine Teilnahme am Vergabeverfahren zu ermöglichen.

Hinweis

§ 29 VgV *legt die „in der Regel" bereit zu stellenden Unterlagen fest, wozu auch die Vertragsbedingungen gehören. Von dieser Regel kann im begründeten Einzelfall abgewichen werden. Parameter dafür sind die*

74 OLG Düsseldorf, Beschluss vom 17.10.2018 – VII Verg 26/18.
75 OLG Düsseldorf, Beschluss vom 17.10.2018 – VII Verg 26/18.
76 OLG Düsseldorf, Beschluss vom 17.10.2018 – VII Verg 26/18.

- *Verfahrensart (zweistufiges oder einstufiges Verfahren),*
- *Bedeutung, die die Angaben für die Entscheidung des Bieters oder Bewerber haben, sich am jeweiligen Verfahren zu beteiligen.*[77]

c) Risikoabwägung des Zuwendungsnehmers

Ziel des Zuwendungsnehmers es, das Vergabeverfahren *zeiteffizient und risikoarm* durchzuführen. Die Einzelfallentscheidung, die Vertragsbedingungen nicht von Anfang an zur Verfügung zu stellen, birgt auch im zweistufigen Verfahren immer das Risiko einer Rüge. Selbst wenn der Rüge nicht abgeholfen werden muss, verzögert die Entscheidung darüber regelmäßig den Verfahrensablauf.

Praxistipp

▶ *Mit der Vorbereitung der Vertragsbedingungen sollte so rechtzeitig begonnen werden, dass sie im Zweifel mit der Auftrags- bzw. Teilnahmebekanntmachung zur Verfügung gestellt werden können.*

d) Sonderregelung bei Bauleistungen

Bei der Vergabe von *Bauleistungen* stellen sich die vorab diskutierten Themen nicht. Die Vertragsbedingungen gehören zu den mit der Auftragsbekanntmachung zur Verfügung zu stellenden Vergabeunterlagen. Denn nach den einschlägigen Vorschriften ist die Zusammensetzung der Vergabeunterlagen konkret und ohne die Einschränkung „in der Regel" festgelegt. Dazu gehören auch die Vertragsbedingungen, **§ 8 VOB/A Abschnitt 1, § 8 EU VOB/A Abschnitt 2**.

e) Lösungsvorschlag zum Beispielsfall

Das Vorgehen im Beispielsfall war nach der Auffassung des Gerichts[78] in diesem *Einzelfall* vergaberechtlich nicht zu beanstanden. Im zweistufigen Verfahren zur Vergabe von Dienstleistungen komme es erst in der zweiten Stufe darauf an, ein Angebot abzugeben. Erst dann müssten alle Kalkulationsgrundlagen einschließlich Vertragsbedingungen bekannt sein.

Hinweis

▶ *Es ist immer eine **Einzelfallbetrachtung** bei der Frage erforderlich, welche Unterlagen schon für den Teilnahmewettbewerb zur Verfügung gestellt werden müssen. Auch im zweistufigen Verfahren muss daher immer geprüft werden, welche Unterlagen im konkreten Einzelfall bereits für die Entscheidung über einen Teilnahmeantrag der Bieter von Bedeutung sind.*

---

77 OLG Düsseldorf, Beschluss vom 17.10.2018 – VII Verg 26/18.
78 OLG Düsseldorf, Beschluss vom 17.10.2018 – VII Verg 26/18.

3. Nachträgliche Änderung von Eignungskriterien

Zur nachträglichen Änderung von Eignungsbedingungen aus der Rechtsprechung ein Beispiel:

Beispiel

Zu vergeben war der Betrieb von sieben regionalen Beratungszentren. Gemäß der Bekanntmachung war die Leistungsfähigkeit bis zum Ablauf der Teilnahmefrist nachzuweisen. Dies sollte u.a. durch Vorlage der letzten Bilanz des Bieters erfolgen, sofern die Verpflichtung zur Bilanzerstellung bestand. Ein Bieter verwies im fristgerecht eingereichten Teilnahmeantrag auf die über seine Homepage veröffentlichte Bilanz. Nach Ablauf der Teilnahmefrist forderte der Auftraggeber die Bilanz nach. Der Bieter reichte sie daraufhin ein.[79] Durfte der Auftraggeber die Bilanz nachfordern und werten?

a) Grundlagen

Grundsätzlich gilt: Wenn der öffentliche Auftraggeber möchte, dass die Nichtvorlage von *Eignungskriterien* im Teilnahmeverfahren zum Ausschluss führt, muss er das ausdrücklich in den Teilnahmebedingungen regeln. Davon kann er aber im laufenden Verfahren nicht mehr abweichen. Denn es obliegt einem öffentlichen Auftraggeber, die von ihm selbst festgelegten Kriterien strikt einzuhalten.[80]

Praxistipp

Die Bestimmungen zur Ausgestaltung der Eignungskriterien haben bieterschützende Wirkung zur Sicherung der Gleichbehandlung. Alle Bewerber sollen ihre Angebote auf dem Stand gleicher Informationen abgeben können.[81] Zur Vermeidung von Rechtsrisiken muss der Zuwendungsnehmer die Entscheidung zum Umgang mit Eignungskriterien in der Vorbereitung des Vergabeverfahrens treffen. Es bietet sich für den Zuwendungsnehmer an, das Thema z.B. als Bestandteil seiner Vorbereitungscheckliste für die Durchführung von Vergabeverfahren zu prüfen.

b) Lösungsvorschlag für den Beispielsfall

Im Beispielsfall war das Vorgehen nicht zu beanstanden. Der öffentliche Auftraggeber hatte die Nichtvorlage der veröffentlichten Bilanz im Teilnahmeverfahren nicht ausdrücklich als Ausschlusskriterium formuliert. Daher durfte der öffentliche Auftraggeber die Vorlage im Teilnahmewettbewerb nachfordern, da die Bilanz objektiv nachprüfbar vor Ablauf der Teilnahmefrist veröffentlicht und damit grundsätzlich zur Verfügung stand.[82]

---

79 EuGH, Urteil vom 10.10.2013 – Rs. C 336/12.
80 EuGH, Urteil vom 10.10.2013 – Rs. C 336/12.
81 VK Sachsen-Anhalt, Beschluss vom 5.9.2018 – 3 VK LSA 52/18.
82 EuGH, Urteil vom 10.10.2013 – Rs. C 336/12.

4. Nachträgliche Forderung von Eignungsnachweisen

Zur nachträglichen Forderung von Eignungsnachweisen aus der Rechtsprechung ein Beispiel:

Beispiel

Ausgeschrieben wurde die Errichtung eines Flächenpools. Der Nachweis der Eignung sollte für präqualifizierte Unternehmen durch den Eintrag in die Liste des Vereins für die Präqualifikation von Bauunternehmen e.V. (Präqualifikationsverzeichnis) erfolgen. Entsprechend wurde das Angebot durch die Bieterin eingereicht. Im Rahmen der Eignungsprüfung wurde sie zusätzlich zur Vorlage aktueller Referenzen für vergleichbare Leistungen aufgefordert. Die nachgereichte, dreiseitige Referenzliste wurde als nicht eindeutig und unvollständig gewertet. Daraufhin wurde die Bieterin vom Vergabeverfahren ausgeschlossen.[83] *Zu Recht?*

Hinweis

Es gelten für den Umgang mit nachträglich angeforderten Eignungsnachweisen die gleichen Grundsätze wie für die nachträgliche Änderung von Eignungsbedingungen.[84]

Vor diesem Hintergrund erfolgte *im Beispielsfall* der Ausschluss zu Unrecht. Die nachträgliche Forderung von zusätzlichen Eignungsnachweisen war unzulässig. Soweit zur Prüfung der Eignung die Vorlage von Referenzen für notwendig erachtet wird, die über den Inhalt der Präqualifikation hinausgehen, hätte dies in den Vergabeunterlagen ausdrücklich verlangt werden müssen.[85]

5. Fazit: Wann und wie werden welche Vergabeunterlagen bereitgestellt?

- Welche Unterlagen und Angaben konkret zu den Vergabeunterlagen gehören ist abhängig davon, ob
  - Bauleistungen (§ 6a bis § 8a VOB/A 1. Abschnitt, § 6a bis § 8c EU VOB/A) oder
  - Liefer- bzw. Dienstleistungen (§ 29 VgV, § 21 UVgO[86])

  beschafft werden sollen.
- Grundsätzlich gilt: die Vergabeunterlagen müssen mit Auftragsbekanntmachung, in der zur Abgabe von Teilnahmeanträgen oder Angeboten aufgefordert wird, unentgeltlich, uneingeschränkt, vollständig und direkt zur Verfügung gestellt werden (können).

83 VK Sachsen-Anhalt, Beschluss vom 5.9.2018 – 3 VK LSA 52/18.
84 S.o. VIII.3.
85 VK Sachsen-Anhalt, Beschluss vom 5.9.2018 – 3 VK LSA 52/18.
86 Soweit die landesrechtlichen Vergabevorschriften die Anwendung der VOL/A Abschnitt 1 vorsehen, gelten §§ 8, 12 VOL/A Abschnitt 1.

- Bei Dienst- und Lieferleistungen kann von diesem Grundsatz in engen, streng auszulegenden Grenzen abgewichen werden.
- Bei der nachträglichen Änderung von Anforderungen gilt: es obliegt dem Auftraggeber, die von ihm selbst festgelegten Kriterien strikt einzuhalten. Änderungen sind daher nur in streng auszulegenden Ausnahmefällen im laufenden Verfahren möglich.

B. Durchführung des Vergabeverfahrens

Mindestens genauso viele Vergabeverstöße wie in der Phase der Vorbereitung des Vergabeverfahrens werden in der Phase der Durchführung des Vergabeverfahrens im Zuwendungsrechtsverhältnis begangen. So wie es im Rahmen der Vorbereitung der Vergabe von großer Bedeutung ist, die Grundlagen des durchzuführenden Vergabeverfahrens durch eine gute Bedarfsermittlung, Markterkundung, Kostenschätzung und Leistungsbeschreibung zu bestimmen, ist es im Rahmen der Durchführung des Vergabeverfahrens sehr wichtig, unter dem zeitlichen Druck der Angebots-, Zuschlags-, Bindefrist sowie Stillhalte- und Wartefrist als Zuwendungen empfangende Vergabestelle vergabekonform zu handeln. In der Durchführung des Vergabeverfahrens passieren Zuwendungsempfängern immer wieder die gleichen Vergabeverstöße, die es zu vermeiden gilt, weil Zuwendungsgeber sowie andere unabhängige Prüfinstanzen genau auf diese häufig vorkommenden Vergabeverstöße besonderen Fokus in ihrer Prüfung legen.

I. Bekanntmachung/Aufforderung zur Angebotsabgabe

1. Allgemeines

Das Vergabeverfahren wird grundsätzlich entweder durch eine Bekanntmachung oder durch die Aufforderung zur Angebotsabgabe eingeleitet. Ob eine Bekanntmachung oder eine Angebotsaufforderung erfolgt und auf welche Art und Weise bzw. in welchem Umfang die Bekanntmachung bzw. die Angebotsaufforderung vorgenommen wird, hängt insbesondere von der Wahl der zulässigen Verfahrensart in der Phase der Vorbereitung des Vergabeverfahrens ab. Denn erst die Phase der Vorbereitung mit ihrer Bedarfsermittlung, Markterkundung, Kostenschätzung sowie der Leistungsbeschreibung ermöglicht überhaupt erst zu ermitteln, ob Liefer-, Dienst-, Bau- oder freiberufliche Leistung und mit welchem geschätzten Auftragsvolumen beschafft wird. Nur mit diesen Informationen können die anzuwendenden vergaberechtliche Vorschriften erst bestimmt werden.

Praxistipp

An dieser Stelle ist zu beachten, dass eine Schaffung von mehr Wettbewerb als erforderlich grundsätzlich keine Vergabewidrigkeit auslöst, soweit der Zuwendungsempfänger sich im Rahmen der Regelungen für die richtige Leistungsart bewegt, da die Verfahrensarten hierarchisch von „viel Wettbewerb" (öffentliche Ausschreibung) über „wenig Wettbewerb" (beschränkte Ausschreibung/freihändige Vergabe/Verhandlungsvergabe) zu „kein Wettbewerb" (Direktvergabe) gestaltet sind. Wenn er im Rahmen einer beschränkten Aus-

schreibung oder freihändigen Vergabe also den zu vergebenden Auftrag öffentlich bekanntmacht, dann ist dies im Allgemeinen unschädlich.

Dies gilt jedoch nur so lange, wie die mit der strengeren Verfahrensart verbundenen vergaberechtlichen Vorgaben eingehalten werden. Führt der Zuwendungsempfänger ein Vergabeverfahren durch, das zulässig, aber nicht zwingend erforderlich ist, und hält sich nicht an dessen Vorgaben, so begeht er einen Vergabeverstoß. Pauschale Begründungen des Zuwendungsempfängers, *„er habe ja mehr getan als erforderlich, daher könne ihm der Verstoß gegen die für die strengere Verfahrensart geltenden Vorschriften nicht vorgehalten werden"*, werden daher keine Berücksichtigung beim Zuwendungsgeber finden.

2. Regelungen

Die VgV legt in § 14 Abs. 2 für den Oberschwellenbereich fest, dass dem öffentlichen Auftraggeber das offene Verfahren und das nicht offene Verfahren, das stets einen Teilnahmewettbewerb erfordert, nach seiner Wahl gleichrangig zur Verfügung stehen.

§ 8 Abs. 1 UVgO regelt für den Unterschwellenbereich, dass die Vergabe von öffentlichen Aufträgen bei Liefer- und Dienstleistungen durch öffentliche Ausschreibungen, durch beschränkte Ausschreibungen mit und ohne Teilnahmewettbewerb und durch Verhandlungsvergaben mit und ohne Teilnahmewettbewerb erfolgt.

Nach § 8 Abs. 2 S. 1 UVgO stehen dem Auftraggeber die öffentliche Ausschreibung sowie die beschränkte Ausschreibung mit Teilnahmewettbewerb nach seiner Wahl zur Verfügung. Die anderen Verfahrensarten stehen ihm gemäß § 8 Abs. 1 S. 2 UVgO nur zur Verfügung, soweit dies nach § 8 Abs. 3, 4 UVgO gestattet ist.

Die VOL/A ging in § 3 Abs. 2 S. 1 noch davon aus, dass die Vergabe von Aufträgen für Liefer- und Dienstleistungen grundsätzlich in öffentlicher Ausschreibung erfolgt und nur in begründeten Ausnahmefällen eine beschränkte Ausschreibung oder eine freihändige Vergabe zulässig ist. Dies galt sowohl für die beschränkte Ausschreibung sowie die freihändige Vergabe mit und ohne Teilnehmerwettbewerb.

Mit Umsetzung der UVgO ist das nationale Vergaberecht in Anlehnung an die im Oberschwellenbereich nach der VgV geltende Gleichrangigkeit des offenen und des nicht offenen Verfahrens an das europaweite Vergaberecht insoweit angeglichen worden. Die Gleichrangigkeit zwischen öffentlicher Ausschreibung und beschränkter Ausschreibung mit Teilnahmewettbewerb, die in der UVgO festgelegt wurde, existierte in der VOL/A nicht. Für letztere Verfahrensart regelt § 10 UVgO die Einzelheiten und Abweichungen.

Nach §§ 3a Abs. 1 EU VOB/A sind gleichrangig das offene und nicht offene Verfahren zulässig. Nach 3a Abs. 1 VOB/A a. F. musste eine öffentliche Ausschreibung bei der Vergabe von Bauleistungen stattfinden, soweit nicht die Eigenart der Leistung oder besondere Umstände eine Abweichung rechtfertigen. Nunmehr regelt § 3a Abs. 1 VOB/A, dass die öffentliche und beschränkte Ausschreibung mit Teilnahmewettbewerb dem öffentlichen Auftraggeber nach seiner Wahl zur Verfügung stehen. Die weiteren Verfahrensarten stehen ihm nur dann zur Verfügung, wenn anderweitig geregelte Ausnahmetatbestände erfüllt sind.

3. Bekanntmachung

a) Europaweit

Im Oberschwellenbereich ist die Bekanntmachung für die Verfahrensarten mit öffentlichem Teilnahmewettbewerb (offenes, nicht offenes und Verhandlungsverfahren mit TW) gemäß § 37 VgV, § 12 Abs. 3 Nr. 2 EU VOB/A nach den Vorgaben der Spalte 16 der Tabelle 2 des Anhangs der Durchführungsverordnung (EU) 1780/2019 in Verbindung mit § 10a VgV unter https://ted.europa.eu/de/simap/eforms zu erstellen und dem Amt für Veröffentlichungen der Europäischen Union elektronisch über den zentralen Datenservice Öffentlicher Einkauf unter https://www.bescha.bund.de/DE/Home/home_node.html zu übermitteln.

Wenn die Pflicht zur Veröffentlichung im EU-Amtsblatt besteht, so stellt die Aufforderung eines nur beschränkten Kreises von Unternehmen und jede Veröffentlichung in einem anderen Veröffentlichungsblatt oder Internetportal grundsätzlich einen Vergabeverstoß dar. Lediglich der Umfang und die Schwere des Vergabeverstoßes können im Rahmen des Ermessens des Zuwendungsgebers in Bezug auf den Umfang des Ausschlusses der Ausgaben aus der Förderung Berücksichtigung finden und unter Umständen zu einem geringeren Prozentsatz sanktioniert werden.

Die vergaberechtliche Problematik, dass die Eignungskriterien bei europaweiten Vergabeverfahren in der Bekanntmachung enthalten sein müssen, weil sie unentgeltlich, uneingeschränkt, vollständig und direkt abgerufen werden können müssen, wird im Verhältnis zu Rügen und Nachprüfungsverfahren in der Förderprüfung relativiert. Da in der Förderung ein bereits beendetes Vergabeverfahren abgerechnet wird, ist für den Zuwendungsgeber grundsätzlich nicht mehr nachzuvollziehen, ob die Eignungskriterien unmittelbar in der elektronischen Bekanntmachung oder lediglich unter einem unter Umständen unzulässigen weiterführenden Link mitgeteilt wurden, da die Bekanntmachung im Zeitpunkt der Prüfung durch den Zuwendungsgeber nicht mehr online abrufbar sein wird. Dem Zuwendungsgeber steht bestenfalls ein papierener Ausdruck oder ein Screenshot der Bekanntmachung digital zur Verfügung, in dem er entweder die aufgeführten Eignungskriterien oder die Verlinkung vorfindet. Im letzteren Fall kann er aber, weil es sich nicht um ein laufendes Vergabeverfahren handelt und die Bekanntmachung online nicht mehr abrufbar ist, nicht nachvollziehen, ob hinter der Verlinkung unmittelbar die Eignungskriterien abrufbar waren und das Vorgehen unter Umständen vergabekonform ist. Daher wird er an dieser Stelle in Regel keinen Vergabeverstoß zu Ungunsten des Zuwendungsempfängers feststellen können.

b) National

Gemäß § 9 Abs. 1 UVgO, § 3 Abs. 1 S. 1 VOL/A fordert der Auftraggeber bei einer öffentlichen Ausschreibung eine unbeschränkte Anzahl von Unternehmen öffentlich zur Abgabe von Angeboten auf, wobei jedes Unternehmen ein Angebot abgeben kann.

Gemäß § 3b Abs. 1 VOB/A werden bei öffentlichen Ausschreibungen Bauleistungen im vorgeschriebenen Verfahren nach öffentlicher Aufforderung einer unbeschränkten Anzahl von Unternehmen zur Einreichung von Angeboten vergeben.

Öffentliche Ausschreibungen sind gemäß § 27 Abs. 1 S. 1 UVgO, § 12 Abs. 1 S. 1 VOL/A, § 12 Abs. 1 Nr. 1 VOB/A in einer Auftragsbekanntmachung mitzuteilen. Das kann in Tageszeitungen, amtlichen Veröffentlichungsblättern, Fachzeitschriften oder auf Internetseiten sowie in Internetportalen geschehen. Zwingend zu beachten ist an dieser Stelle, dass Auftragsbekanntmachungen auf Internetseiten und in Internetportalen gemäß § 12 Abs. 1 S. 2 VOL/A, § 28 Abs. 1 S. 3 UVgO zentral über die Suchfunktion des Internetportals www.service.bund.de ermittelt werden können müssen. Demgegenüber regelt § 12 Abs. 1 VOB/A für die Veröffentlichung über http://www.service.bund.de keine Pflicht, sondern lediglich die Möglichkeit.

Darüber hinaus muss die Bekanntmachung zumindest die in § 28 Abs. 2 UVgO, § 12 Abs. 2 VOL/A, § 12 Abs. 1 Nr. 2 VOB/A aufgeführten Angaben beinhalten.

Werden die zwingenden Anforderungen im Rahmen der Bekanntmachung nicht erfüllt, so begeht der Zuwendungsempfänger einen Vergabeverstoß, weil der zu vergebende, öffentliche Auftrag nicht mit der erforderlichen Transparenz veröffentlich wurde. Lediglich der Umfang und die Schwere des Vergabeverstoßes können im Rahmen des Ermessens des Zuwendungsgebers in Bezug auf den Umfang des Ausschlusses der Ausgaben aus der Förderung Berücksichtigung finden und unter Umständen zu einem geringeren Prozentsatz sanktioniert werden.

4. Aufforderung zur Angebotsabgabe (europaweit und national)

Bei Verhandlungsverfahren ohne Teilnahmewettbewerb sehen die VgV und die VOB EU für den Oberschwellenbereich zwar keine ausdrückliche Regelung zur Mindestanzahl der aufzufordernden geeigneten Unternehmen vor. Jedoch ist wegen des Wettbewerbsgrundsatzes und der Regelung des § 51 Abs. 2 VgV stets zu empfehlen, zumindest drei geeignete Unternehmen zur Angebotsabgabe aufzufordern.

Bei beschränkten Ausschreibungen und freihändigen Vergaben bzw. Verhandlungsvergaben ohne Teilnahmewettbewerb im Unterschwellenbereich fordert der Zuwendungsempfänger gemäß § 11 Abs. 1, 2, § 12 Abs. 2 UVgO, § 3 Abs. 1 S. 4 VOL/A mehrere, grundsätzlich mindestens drei geeignete Unternehmen zur Abgabe eines Angebots auf. § 3b Abs. 2, 3 VOB/A sieht zwar grundsätzlich nur vor, dass bei einer beschränkten Ausschreibung mehrere, im Allgemeinen mindestens drei geeignete Unternehmen aufgefordert werden, regelt dies für die freihändige Vergabe aber nicht ausdrücklich. Jedoch ist allgemein anerkannt, dass diese Voraussetzungen bei der freihändigen Vergabe in gleicher Weise vorliegen müssen.[87]

a) Geeignete Bieter auffordern

Bei zweistufigen Verfahrensarten mit vorgeschaltetem Teilnahmewettbewerb hat der Zuwendungsempfänger stets die Möglichkeit, sich zunächst im Rahmen einer ersten Stufe von der Eignung der Unternehmen zu überzeugen und sodann in einer zweiten Stufe die Angebote nur der geeigneten Bieter zu prüfen und zu werten.

Bei den grundsätzlich einstufigen Verfahrensarten ohne Teilnahmewettbewerb wie der beschränkten Ausschreibung, freihändigen Vergabe bzw. der Verhandlungsvergabe ohne Teilnahmewettbewerb entsteht in der Praxis die Schwierigkeit für den Zuwendungsempfänger, nur diejenigen Unternehmen zur Angebotsabgabe aufzufordern, die auch geeignet sind, ohne

87 *Stickler*, in: Kapellmann/Messerschmidt, VOB, 8. Auflage, 2022, § 3b, Rn. 26f.; *Völlink*, in: Ziekow/Völlink, Vergaberecht, § 3b VOB/A, 5. Auflage, 2024, Rn. 4.

vor Aufforderung bereits Teilnahmeanträge der aufgeforderten Unternehmen auf die Eignung hin überprüfen zu können. Im Ergebnis muss sich also der Zuwendungsempfänger bereits vorab über die Eignung vergewissert haben. In der Praxis wird sich kaum ein Auftraggeber im Rahmen der Verfahrensarten ohne Teilnahmewettbewerb zunächst die Eignungsnachweise vorlegen lassen, um erst dann zur Angebotsabgabe aufzufordern. Die Eignungsprüfung muss jedoch bei Aufforderung zur Angebotsabgabe vorliegen und dokumentiert werden. Umso wichtiger ist bei diesen Verfahrensarten die Markterkundung in der Phase der Vorbereitung der Vergabeverfahren, in der man sich bereits vorab über die Eignung der aufzufordernden Bieter vergewissern kann. Da Nachweise vorab aber praxisgerecht kaum gefordert werden können, wenn eine bestimmte Anzahl von Unternehmen zur Angebotsabgabe aufgefordert wird, ist es an dieser Stelle anzuraten, stets mehr als die erforderlichen drei Unternehmen aufzufordern. Denn aufgrund der fehlenden Möglichkeit, die Eignungsprüfung vor Aufforderung umfassend durchzuführen, besteht ein Risiko seitens des Zuwendungsempfängers, auch nicht geeignete Unternehmen aufzufordern. In diesem Fall hätte er die Vorgaben der UVgO, VOL/A bzw. VOB/A nicht erfüllt und würde einen Vergabeverstoß begehen.

Praxistipp

▶ *Zuwendungsempfänger sollten bei einstufigen Verfahrensarten ohne Teilnahmewettbewerb stets mehr Unternehmen auffordern als vergaberechtlich zwingend erforderlich, um Vergabeverstöße dadurch zu vermeiden, dass sich im Nachhinein aufgeforderte Unternehmen als ungeeignet erweisen.*

b) Internetrecherchen und Katalogauszüge als „Angebotsaufforderung“

Wie bereits ausgeführt müssen Zuwendungsempfänger, wenn die Durchführung einer beschränkten Ausschreibung, einer freihändigen Vergabe oder Verhandlungsvergabe zulässig ist, die Vergabe nicht zwingend öffentlich bekanntmachen, sondern können lediglich ohne vorherige Durchführung eines Teilnahmewettbewerbs eine beschränkte Anzahl von Unternehmen zur Angebotsabgabe auffordern.

Zuwendungsempfänger haben ein Interesse daran, ihre Beschaffungstätigkeiten schlank zu halten und stellen sich daher insbesondere bei den „kleineren“ Unterschwellenvergabeverfahren häufig die Frage, in welcher Weise bzw. in welchem Umfang die Angebotsaufforderung erfolgen muss. Denn das Internet sowie Katalogauszüge bieten eine Möglichkeit, schnell und effektiv, insbesondere bei Liefer- und Dienstleistungen, den Markt zu erkunden und die Leistung zu beschaffen.

Über einen längeren Zeitraum sind vereinzelt durch Zuwendungsgeber und Prüfbehörden im Rahmen von freihändigen Vergaben beispielsweise Screenshots von Internetanzeigen oder Kopien von Katalogauszügen als „Vergleichsangebote“ für die Vergabedokumentation in der Förderung akzeptiert und die entsprechenden Ausgaben als zuwendungsfähig anerkannt worden, weil an die freihändige Vergabe insoweit nicht derart hohe formale Anforderungen gestellt werden wie an die übrigen Verfahrensarten. In der Folge führte diese Vorgehensweise zu Beanstandungen des Zuwendungsgebers und zu Ausschlüssen der betroffenen Ausgabeneinheiten aus der Förderung wegen Vergabeverstößen.

Diese Vorgehensweise seitens der Zuwendungsgeber bzw. Prüfbehörden als Vergabeverstoß zu werten, ist nachvollziehbar und durchaus vertretbar, auch wenn dies nicht gerade der Verwaltungsvereinfachung in der Förderung dient und ebenso wenig praxisgerecht erscheint.

Nach den Vergabe- und Vertragsordnungen wird für die freihändige Vergabe sowie die Verhandlungsvergabe gefordert, dass Unternehmen *„zur Angebotsabgabe aufgefordert"* werden. Um sich die Problematik zu vergegenwärtigen, muss der Beschaffungsvorgang mit Hilfe von Internetrecherchen und Katalogauszügen zivilrechtlich betrachtet werden.

Grundsätzlich sind Internetanzeigen bzw. Katalogauszüge lediglich sogenannte Aufforderungen zur Angebotsabgabe seitens der Dienstleister gegenüber den Interessenten, in diesem Fall dem Zuwendungsempfänger (invitatio ad offerendum). Das hieße, erst der Zuwendungsempfänger gibt das rechtsverbindliche Angebot an den Dienstleister auf Abschluss eines Vertrags im Sinne des § 145 BGB ab. Der Dienstleister wiederum kann dieses Angebot gemäß §§ 147ff. BGB annehmen, sodass der Vertragsschluss zustande kommt. Die Aufforderung zur Angebotsabgabe selbst beinhaltet noch keinen Rechtsbindungswillen des Dienstleisters. Das hat den Hintergrund, dass der Dienstleister sich nicht durch die Annahme seines verbindlichen Angebots schadenersatzpflichtig machen möchte, weil er bspw. für den Fall einer nicht absehbar hohen Vielzahl von Interessenten keinen oder nur begrenzten Vorrat an der zu beschaffenden Ware mehr hat.[88]

Das Vergaberecht sieht den Beschaffungsvorgang aber gerade anders bzw. sogar im Vergleich zu obigen Ausführungen umgekehrt vor. Der Auftraggeber gibt die Bedingungen für die Beschaffung vor und muss entweder bekanntmachen oder Unternehmen zur Angebotsabgabe auffordern, sodass der Dienstleister das Angebot zum Vertragsschluss abgibt, das der Auftraggeber (Zuwendungsempfänger) wiederum mit dem Zuschlag annimmt, vgl. § 43 UVgO, § 18 VOL/A, § 18 VOB/A.

Die Einhaltung der vergaberechtlichen Vorgaben ist im Rahmen der Beschaffungen mit Hilfe von Internetanzeigen und Katalogauszügen in der Praxis nicht möglich, soweit im Hinblick auf die zivilrechtliche Einordnung grundsätzlich daran festgehalten wird, dass die Internetanzeigen und Katalogauszüge der Dienstleister lediglich eine Aufforderung zur Angebotsabgabe sind und damit der Zuwendungsempfänger das Angebot abgibt.

Praxistipp

▶ *Zuwendungsempfänger sollten auch bei freihändigen Vergaben und Verhandlungsvergaben auf Beschaffungen über Internetanzeigen oder Katalogauszüge verzichten, die Unternehmen zumindest per E-Mail oder Fax in Textform auffordern und dies für die Abrechnung beim Zuwendungsgeber ordnungsgemäß dokumentieren. Von einer telefonischen Aufforderung zur Angebotsabgabe ist aufgrund der geringeren Beweiskraft abzuraten.*

88 So auch *Bonsack*, www.vergabeblog.de vom 1.3.2018, Nr. 35877, Vergaberechtswidrige Vergleichsangebote: Internetanzeigen stellen keine Aufforderung zur Angebotsabgabe dar.

c) Aufforderung zur Angebotsabgabe oder Vorliegen von Vergleichsangeboten?

Die vergaberechtlichen Vorgaben sprechen für die Verfahrensarten ohne Teilnahmewettbewerb von einer Pflicht, eine beschränkte Anzahl von Unternehmen zur Angebotsabgabe *„aufzufordern"*. Bei einer Vielzahl von Zuwendungsempfängern bestehen trotz des an sich klaren Wortlauts Unsicherheiten, was diese Formulierung für die Praxis bedeuten soll. Womöglich entstehen diese Unsicherheiten in der Praxis deshalb, weil Förderbescheide und Förderverträge regelmäßig neben einer Verpflichtung zur Einhaltung des Vergaberechts für bestimmte Fälle in den ANBest oder weiteren Bestimmungen und Hinweisen zuweilen auch die Pflicht festlegen, vereinfachte Verfahren im Sinne eines so genannten „Vergaberechts light" durchzuführen. In diesem Zusammenhang fällt dann die Formulierung *„Einholung von drei Vergleichsangeboten"* von *„drei fachkundigen und leistungsfähigen Unternehmen"*.[89]

Hier ist zu unterscheiden, ob es im konkreten Einzelfall um eine formalisierte vergaberechtliche Pflicht geht oder eine vom Vergaberecht losgelöste Pflicht, ein vereinfachtes Verfahren zur Gewährleistung der Wirtschaftlichkeit und Sparsamkeit der Mittelverwendung im Sinne eines „Vergaberechts light" durchzuführen.

Handelt es sich um ein Verfahren, das aufgrund der Verpflichtung zur Einhaltung des Vergaberechts dem öffentlichen Vergaberecht unterliegt, so ist in den vergaberechtlichen Regelungen ganz klar die Rede von der „Aufforderung von Unternehmen zur Angebotsabgabe". In diesem Fall genügt der Zuwendungsempfänger seiner vergaberechtlichen Pflicht im Rahmen der beschränkten Ausschreibung, der freihändigen Vergabe und der Verhandlungsvergabe mindestens drei Unternehmen zur Abgabe eines Angebots aufzufordern.

Verlangt wird keinesfalls, dass nach der Aufforderung auch tatsächlich mindestens drei wertbare Angebote vorliegen. Erhält der Zuwendungsempfänger also zwei Absagen oder geben zwei aufgeforderte Dienstleister kein Angebot ab, dann darf der Zuwendungsempfänger dem einzigen form- und fristgerecht eingegangen Angebot den Zuschlag erteilen, soweit es wirtschaftlich ist und trägt allen Vorgaben des Zuwendungsrechtsverhältnisses Rechnung. Eine anderweitige Auslegung und Anwendung der Vergabeauflage bzw. Vergaberegelung durch den Zuwendungsgeber ist an dieser Stelle juristisch nicht vertretbar und eine unzulässige Anforderung, die nicht zum Gegenstand des Zuwendungsrechtsverhältnisses gemacht wurde.

Handelt es sich demgegenüber um ein angeordnetes vereinfachtes Verfahren („Vergaberecht light") unabhängig vom formalisierten öffentlichen Vergaberecht, so kann der Zuwendungsgeber zunächst mangels anderweitiger Vorgaben aus dem Vergaberecht bspw. per Auflage festlegen, dass der Zuwendungsempfänger *„drei Vergleichsangebote von fachkundigen und leistungsfähigen Unternehmen einzuholen hat"*. An dieser Stelle würde sich die Frage stellen, welche Anforderungen der Zuwendungsgeber an das Erfüllen dieser Verpflichtung stellt.

89 So bspw. in der Richtlinie über die Gewährung von Zuwendungen zur Förderung von Investitionen im Bereich der Verarbeitung und Vermarktung landwirtschaftlicher Erzeugnisse in Schleswig-Holstein (V & V) des Ministeriums für Energiewende, Landwirtschaft, Umwelt, Natur und Digitalisierung in Schleswig-Holstein; Thüringer Verwaltungsvorschrift zur Vergabe öffentlicher Aufträge des Ministeriums für Wirtschaft, Arbeit und Technologie; Richtlinie des Ministeriums für Infrastruktur und Landwirtschaft über die Gewährung von Zuwendungen für einzelbetriebliche Investitionen in landwirtschaftlichen Unternehmen des brandenburgischen Ministeriums für Infrastruktur und Landesplanung.

Sollte er lediglich den „Versuch" meinen, drei Vergleichsangebote einzuholen, dann wäre nichts dagegen einzuwenden.

Sollte er sich jedoch auf den Standpunkt stellen, der Zuwendungsempfänger müsse so oft Unternehmen zur Abgabe von Angeboten auffordern, bis tatsächlich drei Vergleichsangebote vorliegen, so müsste zumindest hinterfragt werden, ob solch eine Auflage sich innerhalb der verwaltungsrechtlich zulässigen Grenzen bewegt.

Vom Zuwendungsempfänger wird Unmögliches und Unzumutbares verlangt, sofern der Zuwendungsgeber eine tatsächliche Einholung bzw. ein tatsächliches Vorliegen von mindestens drei Angeboten fordert, weil der Zuwendungsempfänger im Ergebnis keinen Einfluss darauf hat, ob tatsächlich Angebote durch die aufgeforderten Interessenten abgegeben werden und ihm dann zwecks Prüfung und Wertung vorliegen. Ob Unternehmen tatsächliches Interesse oder Kapazitäten für die Abgabe eines Angebots vorhalten, liegt nicht im Einflussbereich des Zuwendungsempfängers. Insbesondere verhält es sich in bestimmten Marktbereichen so, dass nur wenige Anbieter existieren, so genannte Quasi-Monopole bestehen können und die Anzahl der Angebote in einigen Branchen damit gering ausfällt. Gerade in solchen Konstellationen kann vom Zuwendungsempfänger unmöglich verlangt werden, so lange Angebote abzufordern, bis tatsächlich wertbare Angebote vorliegen. Dies müsste dann konsequent auch bei Ausschlüssen von Angeboten gelten. Denn in diesen Fällen würden auch keine wertbaren Angebote tatsächlich vorliegen. Das kann kein hinnehmbares Ergebnis sein. Würden die Unternehmen so lange aufgefordert werden, bis sie schließlich ein Vergleichsangebot abgeben, würde dies unter Umständen dazu führen, dass die Unternehmen Angebote nach eigener Maßgabe abgeben und damit für den Zuwendungsgeber die Bedingungen für die Auftragsvergabe vorgeben, was vor dem Hintergrund der Wirtschaftlichkeit und Sparsamkeit vom Zuwendungsgeber nicht bezweckt sein kann. Dies würde im Rahmen von Beschaffungen zu noch längeren Beschaffungszeiten führen als sie durch förmliche Vergabeverfahren hervorgebracht werden, was im Ergebnis den mit einem geförderten Projekt verfolgten Förderzweck, der nur während des Bewilligungs- und Durchführungszeitraums erreicht werden kann, regelmäßig gefährden würde. Eine Vergabeauflage muss für ihre Zulässigkeit aber der Erfüllung des Zwecks des Förderbescheids zumindest dienen. Wenn sie aber wie geschildert zum einen die Wirtschaftlichkeit sowie Sparsamkeit und zum anderen sogar die Erreichung des Förderzwecks gefährdet, so dürfte sie bei entsprechender Handhabung durch den Zuwendungsgebe, die Unmögliches bzw. Unzumutbares vom Zuwendungsempfänger fordert, sogar unzulässig sein. Zuzugestehen ist jedoch ausdrücklich, dass hierzu verwaltungsgerichtliche Rechtsprechung nicht ersichtlich ist, sodass sowohl für die Seite der Zuwendungsgeber als auch diejenige der Zuwendungsempfänger ein nicht unerhebliches Risiko für die jeweils eigene Abwicklung des Förderverhältnisses des verbleibt.

Praxistipp

▶ *Der Zuwendungsempfänger sollte mit seinem Zuwendungsgeber abstimmen, was im Falle der Pflicht zur Einholung von Vergleichsangeboten tatsächlich gemeint ist, um möglichst nach dessen Vorgaben im Zuwendungsrechtsverhältnis zu handeln.*

d) Besonderheit: Ex-ante-Transparenzbekanntmachung nach § 135 Abs. 3 GWB

§ 135 Abs. 3 GWB besagt:

Die Unwirksamkeit nach § 135 Abs. 1 Nr. 2 GWB tritt nicht ein, wenn

1. der öffentliche Auftraggeber der Ansicht ist, dass die Auftragsvergabe ohne vorherige Veröffentlichung einer Bekanntmachung im Amtsblatt der Europäischen Union zulässig ist,
2. der öffentliche Auftraggeber eine Bekanntmachung im Amtsblatt der Europäischen Union veröffentlicht hat, mit der er die Absicht bekundet, den Vertrag abzuschließen, und
3. der Vertrag nicht vor Ablauf einer Frist von mindestens zehn Kalendertagen, gerechnet ab dem Tag nach der Veröffentlichung dieser Bekanntmachung, abgeschlossen wurde.

Die Bekanntmachung nach Satz 1 Nummer 2 muss den Namen und die Kontaktdaten des öffentlichen Auftraggebers, die Beschreibung des Vertragsgegenstands, die Begründung der Entscheidung des Auftraggebers, den Auftrag ohne vorherige Veröffentlichung einer Bekanntmachung im Amtsblatt der Europäischen Union zu vergeben, und den Namen und die Kontaktdaten des Unternehmens, das den Zuschlag erhalten soll, umfassen.

Die Regelung enthält die sogenannte Ex-ante-Transparenzbekanntmachung. Zunächst besteht der Grundsatz, dass geschlossene Verträge rechtlich bindend und einzuhalten sind (pacta sunt servanda). Wenn der Zuwendungsempfänger bei der Durchführung seiner Vergabeverfahren gegen § 134 Abs. 1 GWB verstoßen hat oder aber gesetzlich nicht gestattete Direktvergaben vorgenommen hat, dann legt § 135 Abs. 1 GWB fest, dass ein solcher öffentlicher Auftrag von Anfang an unwirksam ist, wenn dies in einem Nachprüfungsverfahren festgestellt worden ist.

An dieser Stelle setzt § 135 Abs. 3 S. 1 GWB an. Wenn die Voraussetzungen Nrn. 1 – 3 kumulativ vorliegen, tritt die an sich die von § 135 Abs. 1 Nr. 2 GWB vorgesehene Unwirksamkeit des öffentlichen Auftrags nicht ein. Das heißt im Ergebnis, § 135 Abs. 3 GWB regelt eine Rückausnahme von der Ausnahme des Grundsatzes, dass wirksam geschlossene Verträge unter bestimmten Voraussetzungen unwirksam werden.

Ob der Zuwendungsempfänger die Bekanntmachung nach Nr. 2 der Regelung im Amtsblatt veröffentlicht hat und ob er nach der Nr. 3 mindestens zehn Kalendertage vor Vertragsschluss gewartet hat, ist im Vergleich zu der Voraussetzung unter Nr. 1 verhältnismäßig einfach festzustellen. Schwierigkeiten bereitet in der Praxis die Voraussetzung des § 135 Abs. 3 S. 1 Nr. 1 GWB, dass der Zuwendungsempfänger der Ansicht ist, dass die Auftragsvergabe ohne vorherige Veröffentlichung einer Bekanntmachung im Amtsblatt der EU zulässig ist.

Nach der für diese Regelung wegweisenden EuGH-Entscheidung in Sachen „Fastweb" wird gefordert, dass der Auftraggeber seine Entscheidungsfindung nachvollziehbar dokumentiert, die Sach- und Rechtslage sorgfältig, vollständig und zutreffend geprüft hat sowie zu einer zum Zeitpunkt der Entscheidungsfindung tatsächlich und rechtlich vertretbaren Einschätzung gelangt ist.[90]

90 EuGH, Urteil vom 11.9.2014, Rs. C-19/13; ausführlich vgl. *Pilarski*, Verwaltungspraxis mittendrin: Öffentliche Verwaltung und Privatwirtschaft, S. 42-43.

Nun kann es bei Anwendung dieser Regelung in der Förderung zu folgender Konstellation kommen:

Der Zuwendungsempfänger als Auftraggeber hat eine Direktvergabe mit einer Ex-ante-Transparenzbekanntmachung durchgeführt, weil er gemäß § 135 Abs. 3 S. 1 Nr. 1 GWB der Ansicht war, dass die Auftragsvergabe ohne vorherige Bekanntmachung zulässig ist. Dies hat er im Amtsblatt bekundet und nach Ablauf von zehn Kalendertagen den Vertrag geschlossen. Zwar hat ein unterlegener Bieter diese Verfahrensweise im Nachprüfungsverfahren beanstandet, die Vergabekammer hat jedoch festgestellt, dass der Vertrag wirksam ist, weil der Zuwendungsempfänger insbesondere gemäß § 135 Abs. 3 S. 1 Nr. 1 GWB der Ansicht sein durfte, dass die Direktvergabe zulässig sei.

Der Auftrag, um den es im Nachprüfungsverfahren ging, war gleichzeitig öffentlich gefördert. Im Zuwendungsrechtsverhältnis war der Zuwendungsempfänger verpflichtet, das Vergaberecht bei allen Auftragsvergaben einzuhalten. Der Zuwendungsgeber stellt bei dem im Nachprüfungsantrag überprüften Auftrag fest, dass ein Vergabeverstoß vorlag, da der Zuwendungsempfänger den Auftrag objektiv nicht hätte direkt vergeben dürfen, weil die Voraussetzungen für eine Direktvergabe nicht vorlagen.

Die Situation stellt sich nunmehr so dar, dass die Vergabekammer den öffentlichen Auftrag im Nachprüfungsverfahren für wirksam betrachtet, der Zuwendungsgeber beim Zuwendungsempfänger wegen der Direktvergabe dennoch nachträglich in der Verwendungsnachweisprüfung einen Verstoß gegen die Auflage zur Einhaltung des Vergaberechts feststellt.

Hieran wird die Gefahr bei dem Gebrauch der Regelung des § 135 Abs. 3 GWB deutlich: Zum einen haben Vergabekammer und Zuwendungsgeber gesetzlich unterschiedliche Prüfungsmaßstäbe, weil sie eigenständige unabhängige Prüfinstanzen sind. Zum anderen entsteht die Problematik deshalb, weil die durch die Vergabekammer geprüfte Regelung des § 135 Abs. 3 GWB lediglich an die Rechtfolgen für den öffentlichen Auftrag knüpft und es trotzdem objektiv bei einem Vergabeverstoß bleibt. Die Vorschrift sagt nichts darüber aus, dass der Vergabeverstoß ausgeräumt, beseitigt oder geheilt worden ist. An dieser Stelle klafft folglich eine Lücke, aufgrund derer ein Vertrag durch die Nachprüfungsinstanz für wirksam erklärt worden sein kann, weil das vergaberechtliche Bestandsinteresse überwog, obwohl der Zuwendungsgeber einen Vergabeverstoß wegen vergabewidriger Direktvergabe feststellt und entsprechende Ausgaben aus der Förderung ausschließt und unter Umständen eine Rückforderung geltend macht,[91] weil das öffentliche Interesse an der Wiedereinziehung der öffentlichen Fördermittel wegen des Auflagenverstoßes überwiegt.

Praxistipp

▶ *Zuwendungsempfänger sollten, so verlockend die Regelung für eine Direktvergabe ist, keinen Gebrauch von der Ex-ante-Transparenzbekanntmachung in der Förderung machen.*

91 *Pilarski*, Verwaltungspraxis mittendrin: Öffentliche Verwaltung und Privatwirtschaft, S. 42-46.

II. Teilnahme- und Angebotsfrist

Ein häufiger und gleichzeitig unschwer vermeidbarer Vergabeverstoß liegt auf Seiten der Zuwendungsempfänger darin, gar keine oder zu kurze Teilnahme- und Angebotsfristen in Vergabeverfahren festzulegen.

Sinn und Zweck von Teilnahme- und Angebotsfristen ist, dass Bieter, die Angebote abgeben, über genügend Zeit verfügen, die Entscheidung zur Teilnahme an einem Vergabeverfahren zu treffen, ein qualitativ hochwertiges Angebot zu erarbeiten und dieses bei der Vergabestelle auch form- und fristgerecht einzureichen. Insbesondere verhindern ausreichende Angebotsfristen fehlerhafte Angebotskalkulationen.[92]

Bei der Festlegung der Fristen sind insbesondere die Komplexität der Leistung, die beizubringenden Erklärungen und Nachweise (Unterlagen), die Zeit für die Ausarbeitung der Teilnahmeanträge und Angebote, die Zeit für die Auswertung der Teilnahmeanträge und Angebote, die gewählten Kommunikationsmittel und die zuvor auf Beschafferprofilen veröffentlichten Informationen angemessen zu berücksichtigen, vgl. § 20 Abs. 1 VgV, § 13 Abs. 1 UVgO. Bei Vergabeverfahren nach der VOB/A sowie der VOB/A EU ist der zusätzliche Aufwand für die Besichtigung von Baustellen bzw. Ortsbesichtigungen sowie etwaige erforderliche Einsichtnahmen in nicht übersandte Unterlagen zu berücksichtigen, vgl. § 10 Abs. 1 VOB/A, § 10 Abs. 2 VOB/A EU, sodass unter Umständen sogar längere Fristen als die Mindestfristen festzulegen sind.

Die Vergabe- und Vertragsordnungen enthalten unterschiedliche Regelungen zu den Teilnahme- und Angebotsfristen.

1. VgV

Nach § 15 Abs. 2 VgV beträgt die Angebotsfrist im offenen Verfahren mindestens 35 Tage. Unter den Voraussetzungen des § 15 Abs. 3, 4 VgV kann diese verkürzt werden.

Nach § 16 Abs. 2 VgV beträgt die Teilnahmefrist im nicht offenen Verfahren mindestens 30 Tage und kann unter den Voraussetzungen des § 16 Abs. 3 VgV verkürzt werden. Die sodann zu setzende Angebotsfrist nach § 16 Abs. 5 VgV beträgt ebenfalls 30 Tage. Diese kann gemäß § 16 Abs. 7, 8 VgV unter Umständen verkürzt werden, wobei sie gemäß § 16 Abs. 6 VgV auch einvernehmlich mit den Bewerbern festgelegt werden kann.

Wie für das nicht offene Verfahren regelt § 17 VgV die Fristen für das Verhandlungsverfahren unter Berücksichtigung der möglichen Verhandlungen bei dieser Verfahrensart im Wesentlichen gleich.

Gerechnet werden die Fristen jeweils ab dem Tag nach der Absendung der Auftragsbekanntmachung.

Da es im VgV-Bereich klare und fixe Vorgaben bezüglich der Teilnahme- und Angebotsfristen gibt, entstehen bei Nichteinhaltung klare Vergabeverstöße, die durch die Zuwendungsempfänger grundsätzlich nicht mehr gerechtfertigt werden können und zu Rückforderung führen.

92 *Pilarski*, www.vergabeblog.de vom 2.11.2017, Nr. 33565, Die Angebotsfrist bei der Freihändigen Vergabe nach der VOB/A.

Denn sowohl der transparente gleichberechtigte Wettbewerb als auch damit verbunden die Wirtschaftlichkeit und Sparsamkeit der Verwendung öffentlicher Mittel werden in der Regel gefährdet.

2. EU VOB/A

§§ 10, 10a, 10b und 10c EU VOB/A regeln die Fristen im Bereich der Bauleistungen oberhalb der EU-Schwellenwerte ebenfalls im Wesentlichen gleich. Für das Verhandlungsverfahren ohne Teilnahmewettbewerb legt § 10c Abs. 2 EU VOB/A ausdrücklich als Pendant zu § 10 Abs. 1 VOB/A eine zehntägige Mindestfristfest, die selbst bei Dringlichkeit nicht unterschritten werden darf.

Da es im VOB/A-EU-Bereich ebenfalls klare und fixe Vorgaben bezüglich der Teilnahme- und Angebotsfristen gibt, entstehen bei Nichteinhaltung klare Vergabeverstöße, die durch die Zuwendungsempfänger grundsätzlich nicht mehr gerechtfertigt werden können und zu Rückforderung führen.

3. UVgO und VOL/A

Nach § 13 Abs. 1 UVgO, § 10 Abs. 1 VOL/A sind im Bereich der Liefer- und Dienstleistungen für die Bearbeitung und Abgabe der Teilnahmeanträge und der Abgabe der Angebote sowie für die Geltung der Angebote angemessene bzw. ausreichende Fristen (Teilnahme-, Angebots- und Bindefristen) vorzusehen. Eine konkrete bzw. fixe Länge in Bezug auf die Angebotsfrist im Bereich der Liefer- und Dienstleistungen, die nach der VOL/A vergeben werden, besteht nicht. Der Begriff der „ausreichenden Fristen" ist ein unbestimmter und auslegungsbedürftiger Begriff, sodass ein Zuwendungsgeber in diesem Bereich lediglich in Ausnahmefällen Vergabeverstöße bei der Fristsetzung feststellen und sanktionieren wird. Das Gleiche gilt für die „angemessene Frist" nach § 13 Abs. 1 UVgO.

Vorstellbar ist dies allenfalls im Rahmen von Vergabeverfahren mit sehr kurzen Fristen, die dem Umfang und der Komplexität der zu vergebenden Leistung nicht Rechnung tragen und zu gleichzeitigem Ausbleiben von Angeboten führen. In diesen Fällen können zu kurz bemessene Fristen seitens der Zuwendungsempfänger den Schluss zulassen, dass die Fristen nicht im Sinne des § 13 Abs. 1 UVgO „angemessen" oder des § 10 VOL/A „ausreichend" waren.

§ 13 Abs. 2 UVgO regelt unabhängig von den Vorgaben für die Länge der Fristen zudem, dass allen Bewerbern und Bietern die gleichen Fristen zu setzen sind. Das hört sich zunächst aufgrund des Gleichbehandlungsgrundsatzes im Vergaberecht selbstverständlich an, ist es in der Praxis aber mitnichten. Unterschiedliche Angebotsfristen für unterschiedliche Bewerber und Bieter führen dazu, dass ein gleichberechtigter und transparenter Wettbewerb nicht möglich ist. Ein Verstoß gegen diese fundamentalen Grundsätze des Vergaberechts stellt einen Vergabeverstoß dar. Insofern werden nach Erfahrung des Autors auf diese Art und Weise im unterschwelligen Liefer- und Leistungsbereich im Hinblick auf die Fristen häufiger Vergabeverstöße begangen als durch Festlegung zu kurzer Fristen.

4. VOB/A

Nach § 10 VOB/A ist für den Bereich der Bauleistungen im Vergleich zur UVgO und VOL/A konkreter geregelt, dass eine Angebotsfrist vorzusehen ist, die auch bei Dringlichkeit nicht unter zehn Kalendertagen bemessen sein darf.

Viele Zuwendungsempfänger unterliegen dem Irrtum, dass die zehntägige Angebotsfrist aus § 10 Abs. 1 VOB/A lediglich für die öffentliche und beschränkte Ausschreibung, nicht jedoch für die freihändige Vergabe gelten würde. Im Rechtsstreit wird dann damit argumentiert, dass durch die Geltung der Mindestfrist der freihändigen Vergabe die Flexibilität genommen werden würde.

Der mit § 10 Abs. 1 VOB/A verfolgte Sinn und Zweck muss jedoch gleichfalls bei der freihändigen Vergabe von Bauleistungen erfüllt werden. Bauleistungen sind gemäß § 1 VOB/A Arbeiten, durch die eine bauliche Anlage hergestellt, instandgehalten, geändert oder beseitigt wird. Zwar können Bauleistungen einen geringen Umfang einnehmen, bei dem ein Angebot aufgrund des geringen Aufwands qualitativ hochwertig auch in einer Frist unter zehn Kalendertagen erarbeitet werden kann. Für diese Bauleistungen bietet aber bereits § 3a Abs. 4 VOB/A die Erleichterung, dass sie bis zu einem geschätzten Auftragswert in Höhe von 3.000 € netto unter Berücksichtigung der Haushaltsgrundsätze der Wirtschaftlichkeit und Sparsamkeit ohne die Durchführung eines Vergabeverfahrens beschafft werden dürfen (Direktauftrag).

Grundsätzlich erfordern die Bauleistungen über diesen Werten im Vergleich zu reinen Liefer- und Dienstleistungen jedoch umfangreiche Planungs- und Konzeptarbeiten. Hierfür benötigen die Bieter ausreichende Angebotsfristen, sodass zum Schutz der Bieter zugunsten qualitativ hochwertiger Angebote eine Mindestfrist sachgerecht ist. An dieser Stelle darf für die Anwendung der Angebotsfrist die konkrete Verfahrensart keinen Unterschied ausmachen, da dieses Bedürfnis bei der freihändigen Vergabe ebenso wie bei der öffentlichen und beschränkten Ausschreibung besteht.[93]

Regelmäßig begehen Zuwendungsempfänger Vergabeverstöße durch das Festlegen gar keiner oder zu kurzer Angebotsfristen, insbesondere bei der freihändigen Vergabe nach der VOB/A. Wie im Bereich der Liefer- und Dienstleistungen ist auch hier selbstverständlich gleichsam zu beachten, dass die Zuwendungsempfänger für alle Bewerber und Bieter gleiche Angebotsfristen setzen.

Darüber hinaus ist zwingend zu beachten, dass § 10 VOB/A begrifflich Kalendertage voraussetzt. Damit sind zehn „volle" Kalendertage gemeint. Zwecks Vermeidung von „angebrochenen" Kalendertagen wird der Fristbeginn auf den auf die Einleitung des Vergabeverfahrens folgenden Tag im Sinne des § 187 BGB und der Artikel 3 Absatz 1 EU-Verordnung Nr. 1182/71 (EWG, EURATOM) gesetzt. Wenn zudem das Ende der Angebotsfrist, zu dem die Angebote geöffnet werden sollen, mitten in den laufenden Kalendertag fällt, dann sind sowohl der Tag der Einleitung als auch der Tag der Beendigung der Angebotsfrist kein „voller" Kalendertag. Im Ergebnis bedeutet dies, dass Zuwendungsempfänger vorsichtshalber 10 „volle" und 2 „an-

93 *Pilarski*, www.vergabeblog.de vom 2.11.2017, Nr. 33565, Die Angebotsfrist bei der Freihändigen Vergabe nach der VOB/A.

gebrochene", mithin „12 Kalendertage", für eine vergabekonforme Angebotsfrist benötigen, wenn der Beginn und das Ende der Frist mitten in den Lauf des Kalendertages fallen.[94]

Selbst wenn diese Vorgaben vom Zuwendungsempfänger eingehalten werden, so ist nicht zu vergessen, dass diese „richtig" gesetzten Fristen den Bieter auch tatsächlich in Form von Bekanntmachung und Angebotsaufforderungen mitgeteilt werden müssen. Wenn den Bietern die Teilnahme- und Angebotsfristen nicht transparent mitgeteilt werden, dann können sie sich nicht im Rahmen eines transparenten und gleichberechtigten Wettbewerbs auf eine ordnungsgemäße Angebotserstellung und -einreichung einstellen.

Praxistipp

▶ *Zuwendungsempfänger sollten sowohl im Oberschwellen- als auch im Unterschwellenbereich stets angemessene/ausreichende (Mindest-) Fristen setzen sowie den Bietern gleichzeitig mitteilen, um nicht nur den vergaberechtlichen Vorgaben gerecht zu werden, sondern auch qualitativ hochwertige Angebote der Bieter mit ordnungsgemäßen Preiskalkulationen zu gewährleisten.*

III. Bieterfragen

Wenn das Vergabeverfahren durch Bekanntmachung oder Aufforderung zur Angebotsabgabe eingeleitet worden ist und die Angebotsfrist in Gang gesetzt wurde, dann besteht für die Bieter die Möglichkeiten, Unklarheiten bezüglich der Vergabeunterlagen durch Bieterfragen aufzuklären, um zusätzliche Informationen von der Vergabestelle, also im Fall der Förderung dem Zuwendungsempfänger, zu erhalten. Bieterfragen stellen ein bedeutendes Instrument im Vergabeverfahren dar, um als Bieter qualitativ hochwertige Angebote erarbeiten und einreichen zu können. Darüber hinaus können anhand der Bieterfragen anderer Bieter Schlussfolgerungen für die Bieterstrategien der Mitbewerber gezogen werden.

Im Rahmen der Beantwortung oder Nicht-Beantwortung der gestellten Bieterfragen können dem Zuwendungsempfänger als Vergabestelle Fehler unterlaufen, die als Vergabeverstöße zum Ausschluss der betroffenen Ausgabeneinheit von der Förderung führen.

Unabhängig davon, ob sich in allen Vergabe- und Vertragsordnungen ausdrückliche Regelungen zu Bieterfragen wiederfinden, wird die Möglichkeit von Bieterfragen zumindest für alle Vergabeverfahren zumindest mittelbar vorausgesetzt. Daneben gelten die vergaberechtlichen Grundsätze des gleichen, geheimen und transparenten Wettbewerbs.[95]

§ 12a Abs. 4 VOB/A ist ein guter Anknüpfungspunkt für eine entsprechende Anwendung der Regelung zu Bieterfragen für alle vergaberechtlichen Bereiche.[96] Auf Bieterfragen hin müssen zusätzliche sachdienliche Auskünfte über die Vergabeunterlagen erteilt werden, die allen Unternehmen unverzüglich in gleicher Weise zur Verfügung zu stellen sind.

94 *Pilarski*, www.vergabeblog.de vom 2.11.2017, Nr. 33565, Die Angebotsfrist bei der Freihändigen Vergabe nach der VOB/A.

95 *Pilarski*, www.vergabeblog.de vom 2.11.2017, Nr. 33565, Die Zulässigkeit der Abänderung von Bieterfragen durch die Vergabestelle.

96 *Schwabe/Henzel*, in: Müller-Wrede, UVgO, 5. Auflage. 2017, § 28 UVgO, Rn. 220.

„Sachdienlich" sind Auskünfte, wenn sie objektiv mit dem Auftragsgegenstand im Zusammenhang stehen und Missverständnisse ausräumen oder Verständnisfragen zu den Vergabeunterlagen beantworten. Die Sachdienlichkeit einer Auskunft ist aus Sicht des bietenden Unternehmens und dessen Verständnis von der Ausschreibung zu beurteilen.[97] Auf die inhaltliche Qualität der Frage kann es hingegen nicht ankommen, sodass auch irrelevante Verständnisfragen, die sich bei einer sorgfältigen Lesart der Vergabeunterlagen nicht stellen würden, grundsätzlich beantwortet werden müssen. Da die Vorschrift einen fairen, mit möglichst großer Beteiligung geführten Wettbewerb gewährleisten soll, besteht grundsätzlich eine uneingeschränkte Auskunftspflicht der Vergabestelle. Sie ist auf der anderen Seite jedoch auch keine allgemeine „Rechtsauskunftsstelle" für vergaberechtliche oder andere Rechtsfragen. Auskünfte zu Fragen, die auf eine Verlängerung der Teilnahme- oder Angebotsfrist abzielen, oder sich eindeutig aus den Vergabeunterlagen beantworten lassen, sind jedoch nicht sachdienlich.[98] Die Erteilung der ergänzenden Auskunft ist insoweit eine bieterschützende Verpflichtung der Vergabestelle.[99]

Werden sachdienliche Bieterfragen gar nicht oder zu spät beantwortet, sodass die Bieter nicht mehr die Möglichkeit haben, ihre Angebote entsprechend den zusätzlichen Auskünften der Vergabestelle anzupassen bzw. die neuen Informationen in die Angebote einzuarbeiten, dann können hieraus Vergabeverstöße resultieren, die zum Ausschluss der betroffenen Ausgabeneinheiten aus der Förderung führen. Dabei wird seitens des Zuwendungsgebers im konkreten Einzelfall zu berücksichtigen sein, ob und wie sich die fehlende oder fehlerhafte Beantwortung der Frage auf die wettbewerblichen und haushalterischen Grundsätze ausgewirkt hat. Jedenfalls dann, wenn der Bieter um zusätzliche sachdienliche Auskünfte gebeten hat, ihm diese durch die Vergabestelle nicht oder verspätet gewährt werden und daraufhin Angebote nicht abgegeben werden, konkretisiert sich die Möglichkeit eines Wettbewerbs- und Vergabeverstoßes, der sanktioniert werden kann.

Es kann ebenfalls zu Vergabeverstößen kommen, wenn die sachdienlichen Bieterfragen zwar durch die Vergabestelle beantwortet werden, jedoch dabei die Grundsätze des transparenten, gleichberechtigten und geheimen Wettbewerbs verletzt werden. Diese sind Grundpfeiler des öffentlichen Vergaberechts, die nach Ermessensausübung im konkreten Einzelfall regelmäßig zu schweren Vergabeverstößen und zum Ausschluss der betroffenen Ausgabeneinheiten aus der Förderung führen werden.

Wird eine Bieterfrage lediglich einem oder vereinzelten Bietern beantwortet, während den übrigen Bietern keine Antworten zur Verfügung gestellt werden, dann wird es insbesondere dann zu einem schweren Vergabeverstoß kommen, wenn die Antwort derartigen Einfluss auf die Angebotsinhalte hatte, dass keine vergleichbaren Angebote eingereicht werden, weil ein Teil der Bieter die Antwort einarbeiten konnte, der andere Teil hingegen nicht. Denn in diesem Fall fehlt es an einem transparenten, gleichberechtigten Wettbewerb. Darüber hinaus liegt neben der fehlenden Vergleichbarkeit der Angebote eine Benachteiligung einzelner Bieter vor.

---

97 *von Wietersheim*, in: Ingenstau/Korbion, VOB, 22. Auflage, 2022, § 12a VOB/A, Rn. 47; *Völlink*, in: Ziekow/Völlink, Vergaberecht, § 12a VOB/A, 5. Auflage, 2024, Rn. 11.

98 *Franzius*, in: Pünder/Schellenberg, Vergaberecht, § 12a VOB/A, 3. Auflage, 2019, Rn. 12.

99 *Pilarski*, www.vergabeblog.de vom 7.12.2017, Nr. 34532, Die Zulässigkeit der Abänderung von Bieterfragen durch die Vergabestelle.

Werden Bieterfragen zwar beantwortet, aber den Bietern in der Antwort Informationen zur Verfügung gestellt, die Rückschlüsse auf Namen, Anschriften, Preisbestandteile oder Identitäten der Mitbieter zulassen, dann führt dies zu einem Verstoß gegen den Grundsatz der Geheimhaltung. Es entsteht die Gefahr der Absprachen und des kollusiven Zusammenwirkens. Hierin liegt ein schwerer Vergabeverstoß, der im Regelfall mit dem Ausschluss aus der Förderung sanktioniert wird.

Für den nicht unproblematischen Fall, dass Konzepte, Prozessabläufe oder Methoden auf konkrete und wesentliche Angebotsinhalte schließen lassen, ist eine präzise Prüfung im Einzelfall anzuraten. Unter Umständen kann auch in diesen Konstellationen ein Verstoß gegen den Geheimhaltungsgrundsatz vorliegen.[100]

Praxistipp

▶ *Zuwendungsempfänger sollten sachdienliche Bieterfragen an alle Bieter transparent, gleichberechtigt und unter Wahrung der Geheimhaltung im Vergabeverfahren beantworten. Soweit die Beantwortung ohne Verletzung nicht möglich erscheint, ist eine Abwägung zwischen den Interessen vorzunehmen und eine Abänderung der Bieterfrage zu erwägen.*[101]

IV. Prüfung der Angebote

Nachdem das Vergabeverfahren eingeleitet worden ist und während der Angebotsfrist ggf. Bieterfragen beantwortet worden sind, steht der Zuwendungsempfänger vor der Prüfung der Angebote. In dieser Phase werden häufig schwere Vergabeverstöße begangen, da die Prüfung zum Ergebnis hat, ob ein Angebot ausgeschlossen wird oder für den Zuschlag im Rahmen der Wertungsphase in Betracht kommt. Das bedeutet, die Entscheidungen des Zuwendungsempfängers in dieser Phase haben für das Vergabeverfahren und die Vergabeentscheidung weitreichenden Einfluss.

Gemäß §§ 56 Abs. 1, 57 VgV, §§ 41 Abs. 1, 42 UVgO, § 16 Abs. 1, 3, 4 VOL/A, §§ 16c, 16 Abs. 1, 2 VOB/A, §§16c, 16 EU VOB/A sind die Teilnahmeanträge bzw. Angebote auf Ausschlussgründe, das heißt im Wesentlichen auf Vollständigkeit und auf fachliche sowie rechnerische Richtigkeit hin zu überprüfen.

1. Prüfung von Angeboten auf formale und inhaltliche Richtigkeit

a) Ausschlüsse nach VgV

- Angebote, die nicht form- oder fristgerecht eingegangen sind, es sei denn, der Bieter hat dies nicht zu vertreten, § 57 Abs. 1 Nr. 1 VgV

100 *Pilarski*, www.vergabeblog.de vom 7.12.2017, Nr. 34532, Die Zulässigkeit der Abänderung von Bieterfragen durch die Vergabestelle.

101 *Pilarski*, www.vergabeblog.de vom 7.12.2017, Nr. 34532, Die Zulässigkeit der Abänderung von Bieterfragen durch die Vergabestelle.

- Angebote, die nicht die geforderten oder nachgeforderten Unterlagen enthalten, § 57 Abs. 1 Nr. 2 VgV
- Angebote, in denen Änderungen des Bieters an seinen Eintragungen nicht zweifelsfrei sind, § 57 Abs. 1 Nr. 3 VgV
- Angebote, bei denen Änderungen oder Ergänzungen an den Vergabeunterlagen vorgenommen worden sind, § 57 Abs. 1 Nr. 4 VgV
- Angebote, die nicht die erforderlichen Preisangaben enthalten, es sei denn, es handelt sich um unwesentliche Einzelpositionen, deren Einzelpreise den Gesamtpreis nicht verändern oder die Wertungsreihenfolge und den Wettbewerb nicht beeinträchtigen, § 57 Abs. 1 Nr. 5 VgV oder
- nicht zugelassene Nebenangebote, § 57 Abs. 1 Nr. 6 VgV

b) Ausschlüsse nach EU VOB/A

- Angebote, die nicht fristgerecht eingegangen sind, § 16 Nr. 1 EU VOB/A
- nicht formgerechte Angebote und Angebote, die Änderungen an Vergabeunterlagen enthalten oder bei denen Eintragungen nicht zweifelsfrei sind, § 16 Nr. 2 EU VOB/A, § 13 Abs. 3 S. 2, 3 EU VOB/A
- Angebote, die nicht die geforderten Unterlagen enthalten, § 16 Nr. 3 EU VOB/A
- Angebote, die nicht die nachgeforderten Unterlagen enthalten, § 16 Nr. 4 EU VOB/A
- nicht zugelassene Nebenangebote sowie Nebenangebote, die nicht den Mindestanforderungen entsprechen, § 16 Nr. 5 EU VOB/A,
- nicht zugelassene Einreichung mehrere Hauptangebote, § 16 Nr. 6 EU VOB/A
- Nebenangebote, die nicht auf einer besonderen Anlage erstellt und nicht besonderes gekennzeichnet werden, § 16 Nr. 7 EU VOB/A, § 13 Abs. 3 S. 2 EU VOB/A
- mehrere Hauptangebote, von denen nicht jedes für sich zuschlagsfähig ist, § 16 Nr. 8 EU VOB/A, § 13 Abs. 3 S. 3 EU VOB/A

c) Ausschlüsse nach UVgO und VOL/A

- nicht form- und fristgerecht eingegangene Angebote, § 42 Abs. 1 Nr. 1 UVgO, § 16 Abs. 3 lit e) VOL/A
- Angebote, die nicht die geforderten/nachgeforderten Unterlagen enthalten, § 42 Abs. 1 Nr. 2 UVgO, § 16 Abs. 3 lit. a) VOL/A
- Angebote, an denen Änderungen des Bieters an seinen Eintragungen nicht zweifelsfrei sind, § 42 Abs. 1 Nr. 3 UVgO, § 16 Abs. 3 lit. c) VOL/A
- Angebote, bei denen Änderungen oder Ergänzungen an den Vergabeunterlagen vorgenommen worden sind, § 42 Abs. 1 Nr. 4 UVgO, § 16 Abs. 3 lit. d) VOL/A
- Angebote, die nicht die erforderlichen Preisangaben enthalten, § 42 Abs. 1 Nr. 5 UVgO, § 16 Abs. 2 S. 2 VOL/A
- nicht zugelassene Nebenangebote, § 42 Abs. 1 Nr. 6 UVgO, § 16 Abs. 3 lit. g) VOL/A

- Angebote, die nicht unterschrieben bzw. elektronisch signiert sind, § 16 Abs. 3 lit. b) VOL/A
- Angebote von Bietern, die in Bezug auf die Vergabe eine unzulässige, wettbewerbsbeschränkende Abrede getroffen haben, § 16 Abs. 3 lit. f) VOL/A
- Angebote von Bietern, die auch als Bewerber von der Teilnahme am Wettbewerb hätten ausgeschlossen werden können, § 16 Abs. 4 VOL/A, § 6 Abs. 5 VOL/A

d) Ausschlüsse nach VOB/A

- nicht fristgerechte Angebote, § 16 Abs. 1 Nr. 1 VOB/A
- nicht formgerechte Angebote und Angebote, die Änderungen an Vergabeunterlagen enthalten oder bei denen Eintragungen nicht zweifelsfrei sind, § 16 Abs. 1 Nr. 2 VOB/A
- Angebote, die die geforderten Unterlagen nicht enthalten, wenn der Aufraggeber festgelegt hat, dass nicht nachgefordert wird, § 16 Abs. 1 Nr. 3 VOB/A
- Angebote, bei denen der Bieter Erklärungen oder Nachweise, deren Vorlage sich der Auftraggeber vorbehalten hat, auf Anforderung nicht vorgelegt werden, § 16 Abs. 1 Nr. 4 VOB/A
- Angebote von Bietern, die in Bezug auf die Ausschreibung eine Abrede getroffen haben, die eine unzulässige Wettbewerbsbeschränkung darstellt, § 16 Abs. 1 Nr. 5 VOB/A
- nicht zugelassene Nebenangebote, § 16 Abs. 1 Nr. 6 VOB/A
- nicht zugelassene mehrere Hauptangebote, § 16 Abs. 1 Nr. 7 VOB/A
- Nebenangebote, die nicht auf einer besonderen Anlage erstellt und nicht besonders gekennzeichnet werden, § 16 Abs. 1 Nr. 8 VOB/A, § 13 Abs. 3 S. 2 VOB/A
- mehrere Hauptangebote, von denen nicht jedes für sich zuschlagsfähig ist, § 16 Abs. 1 Nr. 9 VOB/A, § 13 Abs. 3 S. 3 VOB/A
- Angebote von Bietern, die im Vergabeverfahren vorsätzlich unzutreffende abgegeben haben, § 16 Abs. 1 Nr. 10 VOB/A
- Angebote von Bietern, wenn ein Insolvenzverfahren oder ein vergleichbares gesetzlich geregeltes Verfahren eröffnet oder die Eröffnung beantragt worden ist oder der Antrag mangels Masse abgelehnt wurde oder ein Insolvenzplan rechtskräftig bestätigt wurde, § 16 Abs. 2 Nr. 1 VOB/A
- Angebote von Bietern, deren Unternehmen sich in Liquidation befindet, § 16 Abs. 2 Nr. 2 VOB/A
- Angebote von Bietern, wenn nachweislich eine schwere Verfehlung begangen wurde, die die Zuverlässigkeit als Bewerber oder Bieter in Frage stellt, § 16 Abs. 2 Nr. 3 VOB/A
- Angebote von Bietern, die Verpflichtung zur Zahlung von Steuern und Abgaben sowie der Beiträge zur Sozialversicherung nicht ordnungsgemäß erfüllt haben, § 16 Abs. 2 Nr. 4 VOB/A
- Angebote von Bietern, die nicht bei der Berufsgenossenschaft angemeldet sind, § 16 Abs. 2 Nr. 5 VOB/A

Die oben genannten Vorschriften der Vertrags- und Vergabeordnungen sehen zwingende Ausschlüsse von Angeboten ohne Ermessensspielraum vor. Es handelt sich um gebundene Entscheidungen der Vergabestelle, soweit die tatbestandlichen Voraussetzungen der Regelungen erfüllt sind. Die Vergabestelle hat insoweit keinen Spielraum im Hinblick auf den Ausschluss.

e) Praxisrelevante Konstellationen

- **Erstens** wird ein Angebot, das zwingend ausgeschlossen werden muss, weil die tatbestandlichen Voraussetzungen einer der genannten Regelungen erfüllt sind, nicht ausgeschlossen und erhält den Zuschlag.
- **Zweitens** wird ein Angebot, das zwingend ausgeschlossen werden muss, weil die tatbestandlichen Voraussetzungen einer der genannten Regelungen erfüllt sind, nicht ausgeschlossen, erhält jedoch nicht den Zuschlag.
- **Drittens** wird ein Angebot, das nicht ausgeschlossen werden darf, weil die tatbestandlichen Voraussetzungen einer der genannten Regelungen nicht vorliegen, ausgeschlossen, obwohl es bei Wertung den Zuschlag hätte erhalten müssen.
- **Viertens** wird ein Angebot, das nicht ausgeschlossen werden darf, weil die tatbestandlichen Voraussetzungen einer der genannten Regelungen nicht vorliegen, ausgeschlossen, jedoch keine Chance auf den Zuschlag gehabt hätte.

aa. Nicht ausgeschlossen und bezuschlagt

In der ersten Konstellation entsteht der Vergabeverstoß dadurch, dass ein vergabewidriges Angebot nicht ausgeschlossen, sondern gewertet und bezuschlagt wird. In diesen Fällen wird insbesondere das Angebot des Bieters benachteiligt, der sich vergabekonform verhalten hat, dessen Angebot wertbar und ohne Berücksichtigung des nicht wertbaren Angebots am wirtschaftlichsten gewesen wäre sowie den Zuschlag hätte erhalten müssen. Unabhängig von dem Verstoß gegen die klaren und ausdrücklichen Vergabebestimmungen zu den Ausschlüssen, liegt ein Verstoß gegen die Grundsätze der Gleichbehandlung und Nichtdiskriminierung vor. Dieser Verstoß hat eine beschränkende Auswirkung auf den gleichberechtigten Wettbewerb, weil er insbesondere zu einer anderen Bieterreihenfolge und einem anderen bezuschlagten Bieter führt, als dies bei vergabekonformem Verhalten der Vergabestelle der Fall gewesen wäre. Die Zuwendungsgeber werten dieses vergabewidrige Verhalten des Zuwendungsempfängers grundsätzlich als schweren Verstoß, der zum Ausschluss der betroffenen Ausgabeneinheiten aus der Förderung führt.

In dieser Konstellation wird von den Zuwendungsempfängern regelmäßig zur Rechtfertigung vorgebracht, der nicht vorgenommene Ausschluss habe sich finanziell nicht auf die Wirtschaftlichkeit und Sparsamkeit der Verwendung der öffentlichen Mittel ausgewirkt. Vielmehr habe er ein, wenn auch vergabewidriges, aber günstigeres Angebot bezuschlagt und damit staatliche Mittel sogar „eingespart".

Mit dieser Behauptung dringen Zuwendungsempfänger beim Zuwendungsgeber jedoch grundsätzlich nicht durch. Die Frage, ob sich ein Vergabeverstoß für einen Ausschluss der Ausgaben aus der Förderung finanziell ausgewirkt haben muss, ist in der Literatur umstritten und wird an dieser Stelle nicht abschließend beantwortet werden können. Insoweit kann nur auf die ständige Rechtsprechung der für Streitigkeiten in Zuwendungsrechtsverhältnissen zuständigen Verwaltungsgerichte, Oberverwaltungsgerichte und des Bundesverwaltungsgerichts sowie des EuGHs verwiesen werden, die ein solches Erfordernis im Grundsatz nicht aufstellen. Gefordert wird von der Rechtsprechung, dass sich ein Vergabeverstoß bzw. eine Unregelmäßigkeit auf den öffentlichen Haushalt ausgewirkt hat oder zumindest ausgewirkt haben könnte. Aber auch die Rechtsprechung sieht Rückforderungen aufgrund solcher Vergabeverstöße nicht als gerechtfertigt an, bei denen eine finanzielle Auswirkung auf den öffentlichen Haushalt nachweislich vollständig ausgeschlossen werden kann.[102]

Praxistipp

Zuwendungsempfänger sollten sich nicht darauf verlassen, dass es seitens des Zuwendungsgebers nicht zu Rückforderungen der Zuwendung kommt, weil der Vergabeverstoß sich unter Umständen nicht nachweislich finanziell ausgewirkt hat. Mit dieser Behauptung dringen Zuwendungsempfänger grundsätzlich nicht durch.

bb. Nicht ausgeschlossen und nicht bezuschlagt

In der zweiten Konstellation wird ein Angebot des Bieters zwar entgegen den Vergabebestimmungen nicht ausgeschlossen, erhält jedoch nicht den Zuschlag, weil es in der Phase der Wertung, obwohl es nicht hätte gewertet werden dürfen, nicht das wirtschaftlichste gewesen ist. Hier kommt es zwar unter Umständen zu einer Verschiebung der Bieterreihenfolge, jedoch hat diese keinen Einfluss auf die Erteilung des Zuschlags an den wirtschaftlichsten Bieter. Der fehlende Ausschluss wirkt sich insoweit nicht aus. Zwar verstößt der Zuwendungsempfänger gegen Vergabebestimmungen, jedoch wird dieser Vergabeverstoß in der Regel nach Ausübung des Ermessens nicht als schwerer Verstoß gewertet werden, da er nachweislich keinen Einfluss auf die Grundsätze der Wirtschaftlichkeit und Sparsamkeit gehabt hat und eine finanzielle Auswirkung des Verstoßes ausgeschlossen werden kann.

Praxistipp

Zuwendungsempfänger sollten nur als „ultima ratio", selbst wenn einmal ein Vergabeverstoß begangen worden sein soll, stets prüfen, ob und welche Auswirkungen diese auf die Fördermittel haben, um unter Umständen begründen zu können, dass es sich nicht um schwere Vergabeverstöße handelt, falls eine finanzielle Auswirkung nachweislich ausgeschlossen werden kann.

cc. Ausgeschlossen, obwohl zuschlagsfähig

In der dritten Konstellation wird zu Unrecht das Angebot eines Bieters ausgeschlossen, obwohl der Ausschluss entsprechend den Vergabebestimmungen nicht gerechtfertigt ist und das Angebot die Chance auf den Zuschlag gehabt hätte. Kommt es in diesem Fall dazu, dass das zu Unrecht ausgeschlossene Angebot sogar das wirtschaftlichste gewesen wäre und

102 EuGH, Urteil vom 6.12.2017, Az. C-408/16; EuGH, Urteil vom 14.7.2016, Az. C-406/14; EuGH, Urteil vom 21.12.2011, Az. C-465/10; BVerwG, Urteil vom 13.2.2013, Az.3 B 58.12; NZBau 2/2009, S. 98 102; OVG Münster, Urteil vom 12.6.2007, Az. 15 A 1243/05; *Pilarski*, in VergabeR 2020, 149 ff.; *Attendorn*, in: NWVBl 2007, 293, 296.

den Zuschlag hätte erhalten müssen, dann liegt ein Vergabeverstoß vor, der sich ersichtlich ausgewirkt hat.

Im Rahmen der Ermessensleitlinien, die nach leichten und schweren Vergabeverstößen qualifizieren, würde ein solcher Verstoß in der Regel als schwerer Verstoß bewertet werden und zu einem Ausschluss der betroffenen Ausgabe aus der Förderung führen. Im Rahmen der COCOF-Leitlinien besteht der Grundsatz, dass, bevor auf die pauschalierten prozentualen Kürzungstatbestände zurückgegriffen wird, vorrangig auf einen konkreten Betrag wegen des Vergabeverstoßes gekürzt wird, soweit dieser als Schaden für den öffentlichen Haushalt bezifferbar ist.[103]

In dieser dritten Konstellation ist beispielsweise die genaue Preisdifferenz zwischen dem zu Unrecht bezuschlagten Angebot und demjenigen, das zu Unrecht ausgeschlossen und bei Durchführung der Wertung das wirtschaftlichste gewesen wäre, ermittelbar. Mit diesem konkreten Betrag wird die Unregelmäßigkeit in Form des Vergabeverstoßes sanktioniert. Tiefergehende Ausführungen zur genauen Bezifferung des Schadens durch Vergabeverstöße im Rahmen der COCOF-Leitlinie folgen in den weiteren Kapiteln.

Praxistipp

▶ *Zuwendungsempfänger sollten in diesen Konstellationen trotz des Vergabeverstoßes anhand der COCO-Leitlinien stets prüfen, ob die Kürzung der Zuwendung durch den Zuwendungsgeber nicht unter Umständen nur auf den exakt bezifferbaren Differenzbetrag reduziert werden muss, was im Vergleich zu pauschalierten Prozentsätzen unter Umständen vorteilhafter sein kann.*

dd. Ausgeschlossen, aber nicht zuschlagsfähig

In der vierten Konstellation verhält es sich vergleichbar wie in der zweiten Konstellation. Zwar unterläuft der Vergabestelle ein Vergabeverstoß, weil ein Angebot zu Unrecht ausgeschlossen wird, jedoch hätte dieses Angebot ohnehin keine Chance auf den Zuschlag gehabt, weil es für den Fall der Wertung nicht das wirtschaftlichste gewesen wäre. Auch in diesem Fall kann sich ein Vergabeverstoß zwar auf die Bieterreihenfolge insgesamt, jedoch nicht darauf auswirken, dass trotzdem das wirtschaftlichste Angebot bezuschlagt worden ist. Ein solcher Vergabeverstoß wird in der Regel nicht als schwerer Vergabeverstoß im Sinne der Leitlinien eingestuft werden, da eine finanzielle Auswirkung nachweislich vollständig ausgeschlossen werden kann.

Praxistipp

▶ *Zuwendungsempfänger sollten nur als „ultima ratio", selbst wenn einmal ein Vergabeverstoß begangen worden sein soll, stets prüfen, ob und welche Auswirkungen diese auf die Fördermittel haben, um unter Umständen begründen zu können, dass es sich nicht*

103 Vgl. Ziffer 1.1 des Beschlusses der EU-Kommission vom 14.5.2019 zur Festlegung der Leitlinien für die Festsetzung von Finanzkorrekturen, die bei Verstößen gegen die Vorschriften für die Vergabe öffentlicher Aufträge auf von der Union finanzierte Vorhaben anzuwenden sind (COCOF-Leitlinien).

um schwere Vergabeverstöße handelt, falls eine finanzielle Auswirkung nachweislich ausgeschlossen werden kann.

2. Eignungsprüfung

Für die Phase der Wertung sind nur diejenigen Angebote zu berücksichtigen, die von geeigneten Bietern abgegeben werden. Ist ein Unternehmen bereits nicht geeignet bzw. weist dies nicht nach, so darf dessen Angebot nicht gewertet werden. Ein solches Angebot muss ausgeschlossen werden.

a) Oberschwellenbereich

§ 122 GWB regelt die Eignung für den Oberschwellenbereich. Nach Absatz 1 sind öffentliche Aufträge an fachkundige und leistungsfähige (geeignete) Unternehmen vergeben, die nicht nach den §§ 123 ,124 GWB ausgeschlossen worden sind.

Ein Unternehmen ist nach § 122 Abs. 2 GWB geeignet, wenn es die durch den öffentlichen Auftraggeber im Einzelnen zur ordnungsgemäßen Ausführung des öffentlichen Auftrags festgelegten Kriterien (Eignungskriterien) erfüllt, wobei sie ausschließlich Folgendes betreffen dürfen:

- Befähigung und Erlaubnis zur Berufsausübung
- wirtschaftliche und finanzielle Leistungsfähigkeit
- technische und berufliche Leistungsfähigkeit

Gemäß § 123 Abs. 3 GWB kann der Nachweis der Eignung und des Nichtvorliegens von Ausschlussgründen nach den §§ 123, 124 GWB ganz oder teilweise durch die Teilnahme an Präqualifizierungssystemen erbracht werden.

Insbesondere müssen Eignungskriterien gemäß § 123 Abs. 4 GWB mit dem Auftragsgegenstand in Verbindung und zu diesem in einem angemessenen Verhältnis stehen. Sie sind in der Auftragsbekanntmachung, der Vorinformation oder der Aufforderung zur Interessensbestätigung aufzuführen.

Ergänzend regeln §§ 42-51 VgV die Eignung für Liefer- und Dienstleistungen sowie §§ 2 Abs. 3, 16b Abs. 1 EU VOB/A für Bauleistungen.

aa. Einstufige Vergabeverfahren

Welches Problem bezüglich der Eignung bei einstufigen Vergabeverfahren ohne Teilnahmewettbewerb entsteht, in denen lediglich ein beschränkter Kreis von Unternehmen zur Angebotsabgabe aufgefordert wird, ist bereits oben ausgeführt worden. Im Oberschwellenbereich ist daher beim Verhandlungsverfahren ohne Teilnahmewettbewerb darauf zu achten, dass eine ausreichende Anzahl von geeigneten Unternehmen zur Angebotsabgabe aufgefordert wird. Da ein Wettbewerb mit zumindest drei Unternehmen herzustellen ist, muss der Zuwendungsempfänger sich davon vorab überzeugen, dass diese drei aufzufordernden Unternehmen auch tatsächlich geeignet sind. Im Falle des Verhandlungsverfahrens ohne Teilnahmewettbewerb hat er in der Praxis wie bei der beschränkten Ausschreibung und der freihändigen Vergabe bzw. der Verhandlungsvergabe gerade nicht die Möglichkeit sich vorab separat die

Eignungsnachweise vorlegen zu lassen. Umso wichtiger ist die Markterkundung, in der er sich von der Eignung der aufzufordernden Unternehmen vergewissern muss.

Praxistipp

Zuwendungsempfänger sollten bei einstufigen Verfahrensarten ohne Teilnahmewettbewerb stets mehr Unternehmen auffordern als vergaberechtlich zwingend erforderlich, um Vergabeverstöße dadurch zu vermeiden, dass sich im Nachhinein aufgeforderte Unternehmen als ungeeignet erweisen.

bb. Zweistufige Vergabeverfahren

Bei zweistufigen Vergabeverfahren bzw. Vergabeverfahren mit Teilnahmewettbewerb besteht diese Schwierigkeit für Zuwendungsempfänger nicht. Im Rahmen des offenen Verfahrens wird die Auftragsbekanntmachung an einen unbeschränkten Kreis von Interessenten veröffentlicht, sodass hier regelmäßig aus der Vielzahl von Angeboten die Eignung anhand der eingereichten Eignungsnachweise überprüft werden kann. Bei dem nicht offenen Verfahren und dem Verhandlungsverfahren mit vorgeschaltetem Teilnahmewettbewerb kann sich der Zuwendungsempfänger vor der Wertung der Angebotsunterlagen bereits ausschließlich mit der Prüfung der Eignung anhand der eingereichten Nachweise im Rahmen des öffentlichen Teilnahmewettbewerbs befassen, sodass er keine Gefahr läuft, von Vornherein nicht geeignete Unternehmen zur Angebotsabgabe aufzufordern.

b) Unterschwellenbereich

Für den Unterschwellenbereich sieht § 31 Abs. 1 UVgO wie die VgV vor, dass öffentliche Aufträge an fachkundige und leistungsfähige (geeignete) Unternehmen vergeben werden, die nicht in entsprechender Anwendung der § 123 GWB oder § 124 GWB ausgeschlossen worden sind.

Gemäß § 33 Abs. 1 UVgO kann der Auftraggeber im Hinblick auf die Befähigung und Erlaubnis zur Berufsausübung und die wirtschaftliche, technische und berufliche Leistungsfähigkeit Anforderungen stellen, die sicherstellen, dass die Bewerber oder Bieter über die erforderliche Eignung für die ordnungsgemäße Ausführung des Auftrags verfügen. Die Anforderungen müssen mit dem Auftragsgegenstand in Verbindung und zu diesem in einem angemessenen Verhältnis stehen. Sie sind bei Öffentlichen Ausschreibungen und Verfahrensarten mit Teilnahmewettbewerb bereits in der Auftragsbekanntmachung, ansonsten in den Vergabeunterlagen aufzuführen. Soweit eintragungs-, anzeige- oder erlaubnispflichtige Tätigkeiten Gegenstand der Leistung sind, kann der Auftraggeber gemäß § 33 Abs. 2 UVgO zu jedem Zeitpunkt des Verfahrens entsprechende Nachweise der Befähigung und Erlaubnis zur Berufsausübung verlangen.

Die VOL/A regelt in § 2 Abs. 1, dass Aufträge in der Regel im Wettbewerb und im Wege transparenter Vergabeverfahren an fachkundige, leistungsfähige und zuverlässige (geeignete) Unternehmen zu angemessenen Preisen vergeben.

Ergänzend regeln §§ 2 Abs. 3, 16b VOB/A die Eignung für Bauleistungen in vergleichbarer Weise.

c) Praxisrelevante Konstellationen

In Bezug auf die Kürzungen von Ausgaben wegen Vergabeverstößen in der Förderung ähneln die Konstellationen vor dem Hintergrund der Eignungsprüfung denen der oben genannten Ausschlüsse von Angeboten wegen formeller und inhaltlicher Unrichtigkeit.

aa. Vorliegende Eignung

Ergibt die Eignungsprüfung ein positives Ergebnis und darf das Angebot des dann geeigneten Bieters gewertet werden, liegt unabhängig von der Wertung zumindest kein Vergabeverstoß in der Phase der Eignungsprüfung vor.

Wird die Eignung vom Zuwendungsempfänger jedoch zu Unrecht verneint, obwohl sie nach vergaberechtlichen Maßstäben gegeben ist, dann kann dies dazu führen, dass sogar der wirtschaftlichste Bieter im Vergabeverfahren rechtswidrig ausgeschlossen wird. Soweit feststellbar ist, dass das wirtschaftlichste Angebot eines geeigneten Bieters trotz seiner Eignung zu Unrecht ausgeschlossen wurde, das mit Sicherheit den Zuschlag erhalten hätte, so dürfte in der Regel ein schwerer Vergabeverstoß vorliegen. Denn in diesen Fällen wird offensichtlich das nicht wirtschaftlichste Angebot bezuschlagt. Die Bieterreihenfolge wird beeinflusst. Zuweilen wird aber nicht feststellbar sein, ob das zu Unrecht ausgeschlossene Angebot des an sich geeigneten Bieters, der fehlerhaft mangels Eignung ausgeschlossen wird, den Zuschlag erhalten hätte, weil das Angebot erst gar nicht in die Phase der Wertung der Angebote gelangt. Insoweit sind für den Zuwendungsgeber zu beanstandende Vergabeverstöße aufwändig festzustellen und in einem etwaigen Rückforderungsprozess schwierig darzulegen und nachweisbar.

bb. Fehlende Eignung

Fehlt die Eignung des Bewerbers oder Bieters bzw. wird sie nicht durch geforderte Belege oder Erklärungen nachgewiesen, so darf das Angebot nicht mehr gewertet werden. Hier sind wiederum verschiedene Konstellationen zu unterscheiden.

Wird das Angebot trotz fehlender Eignung gewertet und ergibt die Wertung, dass es das Wirtschaftlichste ist, erhält es auch den Zuschlag. In diesem Fall wird durch den Vergabeverstoß die Bieterreihenfolge beeinflusst. Das zweitwirtschaftlichste Angebot, das die Eignungsanforderungen erfüllt hat, erhält nicht den Zuschlag, obwohl das „wirtschaftlichste" mangels Eignung nicht einmal hätte gewertet werden dürfen. In diesem Fall wird der Zuwendungsgeber den Vergabeverstoß in der Regel als schweren Verstoß werten, der zur Kürzung der Zuwendung führt.

Wird das Angebot trotz fehlender Eignung des Unternehmens gewertet, erhält es aber nicht den Zuschlag, weil es ohnehin nicht das wirtschaftlichste gewesen wäre, so wirkt sich der Vergabeverstoß nicht auf die Bieterreihenfolge aus. Insoweit wird ein Zuwendungsgeber dies nicht als Vergabeverstoß werten und die betroffenen Ausgaben nicht von der Förderung ausschließen.

In diesem Zusammenhang müssen Zuwendungsempfänger stets die Regelungen zur Nachforderung von Unterlagen beachten, vgl. § 56 Abs. 2, 3 VgV, § 16a Abs. 1, 2 EU VOB/A, § 41 Abs. 2, 3 UVgO, § 16 Abs. 2 VOL/A, § 16a Abs. 1, 2 VOB/A.

Werden zum einen Unterlagen trotz einer Pflicht zur Nachforderung nicht nachgefordert und der Bieter mangels Eignung ausgeschlossen, obwohl sein Angebot, da am wirtschaftlichsten, den Zuschlag hätte erhalten müssen, so wird der Zuwendungsgeber dies in der Regel als schweren Vergabeverstoß werten, der zu Sanktionen führt.

Fordert der Zuwendungsempfänger Unterlagen nach, obwohl die tatbestandlichen Voraussetzungen hierfür nicht vorliegen, und erhält dieser aufgrund der Nachforderung nunmehr geeignete Bieter den Zuschlag, weil es das „wirtschaftlichste" ist, so beeinflusst dies die Bieterreihenfolge und wird grundsätzlich einen schwerer Vergabeverstoß darstellen, der zur Kürzung der Ausgaben aus der Förderung führt.

Die weiteren Konstellationen, wenn der Zuwendungsempfänger ein Angebot aufgrund vergabewidriger Nachforderung wertet, es jedoch nicht den Zuschlag erhält, oder wenn er es vergabewidrig mangels Nachforderung nicht wertet und es nicht den Zuschlag erhalten hätte, weil es nicht das wirtschaftlichste gewesen wären, wirken sich auf die Bieterreihenfolge nicht aus. In diesen beiden Fällen wird ein Zuwendungsgeber keine Kürzung der Ausgaben aus der Förderung generieren.

Praxistipp

▶ *Im Rahmen der Eignungsprüfung sollten die Zuwendungsempfänger die eingereichten Erklärungen und Nachweise stets genau prüfen und im Rahmen der Nachforderung von Unterlagen Vorsicht walten lassen, um in der Wertungsphase nicht Angebote an sich nachweislich ungeeigneter Bieter zu bezuschlagen.*

3. Preisprüfung

a) Auskömmlichkeit der Angebote, § 60 VgV, § 16d Abs. 1 EU VOB/A, § 44 UVgO, § 16 Abs. 6 VOL/A, § 16d Abs. 1 Nrn. 1-4 VOB/A

Ein besonderes Problem bei der Prüfung der Angebote ist die Preisprüfung. Relevant ist hier die Frage der Auskömmlichkeit der Angebotspreise.

aa. Allgemeines

Auf den ersten Blick mag die Prüfung der Auskömmlichkeit der im Vergabeverfahren angebotenen Preise im Spannungsverhältnis zu den haushaltsrechtlichen Grundsätzen der Wirtschaftlichkeit und Sparsamkeit in der Förderung stehen. Denn man könnte dem Irrglauben unterliegen, dass doch ein nicht auskömmliches und daher besonders günstiges Angebot doch erst recht wirtschaftlich sein muss. Das wäre jedoch nur dann der Fall, wenn man Wirtschaftlichkeit mit Günstigkeit gleichsetzen würden. Das ist aber gerade nicht der Fall. Denn Wirtschaftlichkeit bedeutet das beste Preis-Leistungs-Verhältnis. Nicht gemeint ist damit der günstigste Preis.

Unabhängig davon, welche der genannten Regelungen zur Prüfung der Auskömmlichkeit der Preise im konkreten Einzelfall anwendbar ist, geht es im Kern auf der ersten Stufe um die Frage, ob die Vergabestelle eine Pflicht zur Aufklärung hat und wann diese Pflicht entsteht. Auf der zweiten Stufe geht es dann um die Frage, ob die Vergabestelle trotz Aufklärung der

Preise das Angebot im Zweifel ausschließen muss. Denn auf einen ungewöhnlich niedrigen Preis darf der Zuschlag unter Umständen nicht erteilt werden.

Die Vertrags- und Vergabeordnungen für Liefer- und Dienstleistungen regeln sowohl im Oberschwellen- als auch im Unterschwellenbereich, dass eine Pflicht der Vergabestelle besteht, bei ungewöhnlich niedrig erscheinenden Preisen, Aufklärung vom Bieter zu verlangen, vgl. § 60 Abs. 1 VgV, § 44 Abs. 1 UVgO, § 16 Abs. 6 VOL/A.

Im Rahmen der Auskömmlichkeitsprüfung des § 60 VgV sowie des § 44 UVgO ist jeweils in Absatz 3 S. 1 geregelt, dass die Vergabestelle den Zuschlag auf das Angebot, bei dem die geringe Höhe des Preises nicht zufriedenstellend aufgeklärt werden konnte, ablehnen darf. Das bedeutet, selbst wenn noch Zweifel hinsichtlich der Auskömmlichkeit verbleiben, bleibt es der Vergabestelle unbenommen, den Zuschlag auf dieses Angebot dennoch zu erteilen. Lediglich für den Fall, dass der Preis oder die Kosten des Angebots ungewöhnlich niedrig sind, weil die Verpflichtungen aus § 44 Abs. 2 S. 2 Nr. 4 UVgO nicht eingehalten werden, ist das Angebot zwingend abzulehnen. Dabei handelt es sich um die Verpflichtungen des § 128 Abs. 1 GWB, insbesondere der für das Unternehmen geltenden umwelt-, sozial- und arbeitsrechtlichen Verpflichtungen. Darüber hinaus entsteht die nach § 44 Abs. 3 S. 3 UVgO eine zusätzliche Ablehnungspflicht, wenn der Bieter an der geforderten Aufklärung nicht mitgewirkt hat.

Demgegenüber regelt § 16 Abs. 6 VOL/A, dass zwar zunächst auch eine Aufklärungspflicht besteht, wenn ein Angebot im Verhältnis zu der zu erbringenden Leistung ungewöhnlich niedrig erscheint, jedoch der Zuschlag nicht erteilt werden darf, wenn die Preise in offenbarem Missverhältnis zu Leistung stehen.

Die Vergabe- und Vertragsordnungen für Bauleistungen legen die Aufklärungspflicht ebenso fest. § 16d Abs. 1, § 16d Abs. 1 Nr. 1 S. 1 EU VOB/A sowie § 16d Abs. 1 Nr. 1, 2 VOB/A regeln wie § 16 Abs. 6 VOL/A ebenso, dass ein Zuschlag auf ein Angebot mit einem unangemessen niedrigen Preis oder unangemessen niedrigen Kosten nicht erteilt werden darf. Insbesondere ist es nach § 16 Abs. 1 Nr. 1 S. 2 EU VOB/A abzulehnen, wenn es deshalb unangemessen niedrig ist, weil es den geltenden umwelt-, sozial- oder arbeitsrechtlichen Anforderungen nicht genügt.

Die Regelungen über den Umgang mit ungewöhnlich niedrigen Angeboten wie § 60 VgV sollen in erster Linie dem Schutz des Auftraggebers dienen, der bei Zuschlagserteilung auf ein Angebot mit einem ungewöhnlich niedrigen Preis Gefahr läuft, dass der Bieter entweder in eine qualitativ schlechte Leistung erbringt oder aber in unberechtigte Nachforderungen auszuweichen versucht.[104] Nach der aktuellen Rechtsprechung[105] steht den Mietbietern ein Anspruch auf die in § 60 Abs. 2 VgV genannte Prüfung zu, wenn ein Angebotspreis aufgrund des signifikanten Abstands zum nächstgünstigen Gebot oder ähnlicher Anhaltspunkte, wie etwa der augenfälligen Abweichung von preislichen Erfahrungswerten aus anderen Beschaffungsvorgängen, ungewöhnlich niedrig erscheint. Diese Rechtsprechung steht auch im Einklang

104 BayObLG Beschluss vom 12.9.2000, Az. Verg 4/00; *Steck*, in: Ziekow/Völlink, Vergaberecht, § 60 VgV, 5. Auflage, 2024, Rn. 27-31.

105 BGH Beschluss vom 31.1.2017, Az. X ZB 10/16; *Steck*, in: Ziekow/Völlink, Vergaberecht, § 60 VgV, 5. Auflage, 2024, Rn. 27-31.

mit der Rechtsprechung des EuGHs[106] wonach durch die für die Preisprüfung geltenden Vorschriften Willkür des öffentlichen Auftraggebers verhindert und ein gesunder Wettbewerb zwischen den Unternehmen gefördert werden soll.

§ 60 Abs. 3 Nr. 1 VgV stellt anders als die Vorgängerregelungen eine Ermessensnorm dar. Ein Mitbewerber hat einen Anspruch darauf, dass der Auftraggeber eine ermessensfehlerfreie Entscheidung darüber trifft, ob ein ungewöhnlich niedriges Angebot angenommen werden kann, weil z.B. mit der Preisgestaltung wettbewerbskonforme Ziele verfolgt werden und eine ordnungsgemäße Auftragsausführung zu erwarten ist.[107]

Uneingeschränkt bieterschützend ist die zwingende Ausschlussnorm des § 60 Abs. 3 Nr. 2 VgV. Stellt der öffentliche Auftraggeber fest, dass ein Angebot wegen Nichteinhaltung der Verpflichtungen nach § 128 Abs. 1 GWB ungewöhnlich niedrig ist, hat er das Angebot zwingend auszuschließen. Konkurrierende Bieter werden daher in ihren Rechten verletzt, wenn der Auftraggeber entweder die Prüfung auf derartige Verstöße unterlässt (insbesondere, wenn Indizien für solche Verstöße vorliegen) oder das Angebot eines Bieters bei festgestellten Verstößen nicht ausschließt.[108]

bb. Folgen

Ob ein Vergabeverstoß im Rahmen der Prüfung der Auskömmlichkeit zu einem Ausschluss der betroffenen Ausgabeneinheiten aus der Förderung führen kann, hängt sehr von den Umständen des konkreten Einzelfalls ab. Unabhängig davon, welche konkrete Regelung zur Auskömmlichkeit einschlägig ist, spielt grundsätzlich zum einen die Frage eine Rolle, ob der Ausschluss mangels nachgewiesener Auskömmlichkeit des Angebots zwingend ist und zum anderen ob sich der Nichtausschluss trotz Zweifeln der Vergabestelle an der Auskömmlichkeit des Angebotspreises auf den öffentlichen Auftrag ausgewirkt hat.

Denkbar sind zu sanktionierende Verstöße seitens des Zuwendungsgebers in der Regel zum einen dann, wenn der Zuwendungsempfänger gegen seine Pflicht zur Aufklärung des Angebots verstößt, auf den durch die Auskömmlichkeits-Regeln bezweckten Schutz verzichtet und sich tatsächlich herausstellt, dass der öffentliche Auftrag nicht oder mangelhaft erbracht wird bzw. der Auftragnehmer sogar in Insolvenz geraten ist, sodass der Auftrag neu vergeben werden muss. In diesem Fall wirkt sich der Vergabeverstoß auf die Wirtschaftlichkeit und Sparsamkeit der Verwendung der öffentlichen Mittel aus, da die für den vergabewidrig vergebenen öffentlichen Auftrag verausgabten Mittel unwirtschaftlich verbraucht worden sind.

Zum anderen sind derartige Verstöße vorstellbar, wenn der Zuwendungsempfänger zwar der Pflicht zur Aufklärung des ungewöhnlich niedrig erscheinenden Angebotspreises nachkommt, jedoch trotz weiterhin bestehender Zweifel nach Offenlegung der Kalkulation der Preise durch den Bieter den Zuschlag erteilt und sich dieser in der gleichen Weise auswirkt wie in der ersten Konstellation.

---

106 EuGH, Urteil vom 29.3.2012, Az. C-599/10; *Steck*, in: Ziekow/Völlink, Vergaberecht, § 60 VgV, 5. Auflage, 2024, Rn. 27-31.

107 BGH Beschluss vom 31.1.2017, Az. X ZB 10/16; *Steck*, in: Ziekow/Völlink, Vergaberecht, § 60 VgV, 5. Auflage, 2024, Rn. 27-31.

108 *Steck*, in: Ziekow/Völlink, Vergaberecht, § 60 VgV, 5. Auflage, 2024, Rn. 27-31.

Praxistipp

Zuwendungsempfänger sollten auch die Prüfung der Auskömmlichkeit nicht auf die leichte Schulter nehmen, nicht zuletzt, weil sie den durch die Regelungen bezweckten Schutz aufgeben, leistungsstarke und Auftragnehmer zu bezuschlagen, die eine ordnungsgemäße Leistungserbringung gewährleisten.

b) Exkurs: Öffentliches Preisrecht

Da wo die Prüfung der Auskömmlichkeit der Preise einer Absicherung „nach unten hin" dient, so dient das öffentliche Preisrecht der Absicherung „nach oben hin". Denn auch auf unangemessen hohe bzw. unwirtschaftliche Angebotspreise darf der Zuschlag nicht erteilt werden.

Das öffentliche Preisrecht ist in der Verordnung VO 30/53 geregelt und dient der Sicherung des Preisstandes. Unter die Vorschriften des öffentlichen Preisrechts fallen öffentliche Aufträge, wenn sie von Institutionen des Bundes, der Länder, der Gemeinden und der Gemeindeverbände oder von juristischen Personen des öffentlichen Rechts vergeben werden, vgl. § 2 Abs. 1 VO 30/53. Bauaufträge sind von der Verordnung gemäß § 2 Abs. 5 ausgenommen. Für Leistungen aufgrund öffentlicher Aufträge dürfen höhere Preise nicht gefordert, versprochen, vereinbart, angenommen oder gewährt werden, als nach den Bestimmungen der Preisrechtsverordnung zulässig ist, vgl. § 1 Abs. 3 VO 30/53.

Gehen im Rahmen eines öffentlichen Vergabeverfahrens mehrere Angebote ein, sichert grundsätzlich bereits der transparente und gleichberechtigte Wettbewerb in Form einer Selbstregulierung durch die sich ergebenden Marktpreise den Preisstand. Von Bedeutung wird das öffentliche Preisrecht in Branchen, in denen Marktpreise schwer oder nicht ermittelbar sind, unter anderem, wenn ein bestimmter Anbieter eine Art Monopol- oder monopolähnliche Stellung besitzt. In diesem Fall wird die Auseinandersetzung des Auftraggebers mit dieser Materie unumgänglich.

Auch an dieser Stelle gilt jedoch, dass eine Verpflichtung zur Einhaltung des öffentlichen Preisrechts gegenüber dem Zuwendungsgeber begründet worden sein muss, um Sanktionen an Verstöße gegen diese Preisvorschriften als Zuwendungsgeber knüpfen zu dürfen. Ist eine solche im Zuwendungsrechtsverhältnis nicht vorhanden, entfällt jegliche diesbezügliche Verpflichtung. Davon unberührt bleibt jedoch grundsätzlich die Bindungen des Zuwendungsempfängers zur wirtschaftlichen und sparsamen Verwendung der öffentlichen Mittel, die sich aus den Haushaltsordnungen ergeben, die grundsätzlich zum Gegenstand der Förderung gemacht werden.

Praxistipp

In Vergabeverfahren für öffentliche Aufträge, auch im Rahmen der Förderung, sollten Zuwendungsempfänger daher, auch wenn durch Zuwendungsgeber regelmäßig nur anlassbezogen geprüft wird, das öffentliche Preisrecht im Hinterkopf behalten, soweit sich diesbezüglich Verpflichtungen im Bewilligungsbescheid oder in den Nebenbestimmungen finden.

V. Wertung der Angebote

Nachdem die Prüfung der Angebote positiv erfolgt ist, werden die Angebote, die nicht ausgeschlossen wurden, gemäß §§ 127 GWB, 58 VgV, 43 UVgO, 16 Abs. 6-8 VOL/A, 16d EU VOB/A, 16d VOB/A einer Wertung unterzogen.

Hierbei müssen sich die Zuwendungsempfänger an die bei Einleitung des Vergabeverfahrens bekanntgemachten und festgelegten Zuschlagskriterien halten und die Angebote hiernach werten.

An dieser Stelle wird nicht auf die unterschiedlichen Methoden zur Bewertung des besten Preises oder anderer Zuschlagskriterien eingegangen, weil Vergabewidrigkeiten, die durch die Wahl einer unzulässigen Bewertungsmethode entstehen, nach Erfahrung des Autors keine förderspezifischen Vergabefehler darstellen.[109] Bewertungsmethoden anhand der Bewertungsmatrizen sind komplex und haben teilweise einen hohen mathematischen Bezug, sodass an dieser Stelle nicht von typischen Vergabeverstößen gesprochen werden kann.

Die klassischen Vergabeverstöße werden in erheblich weniger komplexen Bereichen begangen, was umso ärgerlicher für Zuwendungsempfänger ist:

Die Vergabe- und Vertragsordnungen sehen vor, dass der Zuschlag auf das wirtschaftlichste Angebot erteilt wird. Die Ermittlung des wirtschaftlichsten Angebots erfolgt nach Maßgabe des besten Preis-Leistungs-Verhältnisses. Neben dem Preis oder den Kosten können auch bspw. qualitative, umweltbezogene oder soziale Zuschlagskriterien berücksichtigt werden, insbesondere:

- die Qualität, einschließlich des technischen Werts, Ästhetik, Zweckmäßigkeit, Zugänglichkeit der Leistung insbesondere für Menschen mit Behinderungen, ihrer Übereinstimmung mit Anforderungen des „Designs für Alle", soziale, umweltbezogene und innovative Eigenschaften sowie Vertriebs- und Handelsbedingungen,
- die Organisation, Qualifikation und Erfahrung des mit der Ausführung des Auftrags betrauten Personals, wenn die Qualität des eingesetzten Personals erheblichen Einfluss auf das Niveau der Auftragsausführung haben kann, oder
- die Verfügbarkeit von Kundendienst und technischer Hilfe sowie Lieferbedingungen wie Liefertermin, Lieferverfahren sowie Liefer- oder Ausführungsfristen.

Zuwendungsempfänger begehen Vergabeverstöße klassischerweise im Hinblick auf die Transparenz, die Wahl sowie die Gewichtung der Zuschlagskriterien.

1. Transparenz der Zuschlagskriterien

Die Zuschlagskriterien müssen in der Auftragsbekanntmachung oder in den Vergabeunterlagen aufgeführt sein. Die Zuschlagskriterien müssen so festgelegt und bestimmt sein, dass

109 Hinsichtlich der Zulässigkeit der unterschiedlichen Bewertungsmethoden, von denen in öffentlichen Vergabeverfahren Gebrauch gemacht wird, wird auf folgende Beiträge verwiesen: *Bartsch*, NZBau, „Keine zutreffende Ermittlung des besten Preis-Leistungs-Verhältnisses mit Interpolationsformeln"; *Bartsch/v. Gehlen/Hirsch*, NZBau, „Mit Preisgewichtung vorbei am wirtschaftlichsten Angebot?"; *Steck*, in: Ziekow/Völlink, Vergaberecht, § 58 VgV, 5. Auflage, 2024, Rn. 5-8; BGH, Beschluss 4.4.2017, Az. X ZB 3/17, OLG Düsseldorf, Beschluss vom 8.3.2017VII-Verg 39/16.

die Möglichkeit eines wirksamen Wettbewerbs gewährleistet wird, der Zuschlag nicht willkürlich erteilt werden kann und eine wirksame Überprüfung möglich ist, ob und inwieweit die Angebote die Zuschlagskriterien erfüllen, vgl. §§ 127 GWB, 43 Abs. 5, UVgO, 16d Abs. 2 Nr. 3 EU VOB/A, 16d Abs. 1 Nr. 5 VOB/A.

Zum einen vergessen Zuwendungsempfänger überhaupt Zuschlagskriterien in der Bekanntmachung/Angebotsaufforderung bzw. den Vergabeunterlagen ausdrücklich zu benennen. Im Nachhinein bewerten sie die Angebote sodann anhand von Zuschlagskriterien, die den Bietern nicht transparent mitgeteilt worden sind und die den Bietern unbekannt waren. Die Bieter werden erstmalig im Zeitpunkt der Mitteilung der Nichtberücksichtigung darüber in Kenntnis gesetzt. In diesem Fall ist es den Bietern nicht möglich, sich auf diejenigen Zuschlagskriterien, die für die Wertung ihrer Angebote maßgeblich sind und über den Zuschlag entscheiden, einzustellen und ihr Angebot dementsprechend qualitativ hochwertig zu bearbeiten und einzureichen.

Allenfalls könnte der Zuwendungsgeber unter Umständen von einem nur leichten Vergabeverstoß dann ausgehen, wenn der Zuwendungsempfänger zwar keine Zuschlagskriterien vergabekonform mitgeteilt hat, die Angebote jedoch ausschließlich nach dem Preis als einzigem Zuschlagskriterium gewertet hat, da grundsätzlich davon auszugehen ist, dass Angebote ausschließlich nach dem Preis gewertet werden, soweit sich in den Vergabeunterlagen keine Anhaltspunkte für bestimmte Zuschlagskriterien wiederfinden.

Zum anderen werden bestimmte Zuschlagskriterien zwar in der Bekanntmachung oder den Vergabeunterlagen ausdrücklich festgelegt und mitgeteilt, jedoch noch vor der Wertung der Angebote im Laufe des Vergabeverfahrens abgeändert. In diesen Fällen ist für die Bieter wie in der obigen Konstellation nicht transparent, nach welchen Kriterien ihr Angebot zu erstellen ist und wie es gewertet wird. Das Vergabeverfahren wird im Kern intransparent und willkürlich für sie.

In beiden Konstellationen liegt ein schwerer Vergabeverstoß vor, der grundsätzlich zum Ausschluss der betroffenen Ausgaben au der Förderung führt.

Praxistipp

▶ *Zuwendungsempfänger sollten zwingend darauf achten, die Zuschlagskriterien, nach denen die eingegangenen Angebote gewertet werden sollen, unmittelbar in der Auftragsbekanntmachung bzw. in den Vergabeunterlagen transparent gemacht werden.*

2. Wahl der Zuschlagskriterien

Insbesondere bei der Frage, welche Zuschlagskriterien überhaupt für die Wertung der Angebote herangezogen werden dürfen, bestehen bei den Zuwendungsempfängern zum Teil Unkenntnisse, zum Teil aber zumindest Unsicherheiten.

Die Zuschlagskriterien müssen entsprechend den Vergabe- und Vertragsordnungen mit dem Auftragsgegenstand in Verbindung stehen. Das bedeutet im Umkehrschluss, sie dürfen nicht willkürlich festgelegt werden. Diese Verbindung mit dem Auftragsgegenstand ist auch dann anzunehmen, wenn sich ein Zuschlagskriterium auf Prozesse im Zusammenhang mit der Herstellung, Bereitstellung oder Entsorgung der Leistung bezieht, auch wenn sich diese Faktoren nicht auf die materiellen Eigenschaften des Auftragsgegenstandes selbst auswirken, vgl. § 127 Abs. 3 GWB.

a) Mindestanforderungen als Zuschlagskriterien

In den Vergabeunterlagen vorgesehene Mindestanforderungen müssen durch die Bieter im Rahmen ihrer Angebote zwingend erfüllt werden. Erfüllen die Angebote nicht die durch den Zuwendungsempfänger festgelegten Mindestanforderungen, so ist das Angebot des Bieters ohne Ermessensspielraum des Zuwendungsempfängers auszuschließen, da es nicht den Vergabebedingungen entspricht. In diesem Fall darf das Angebot nicht gewertet werden. Die Mindestanforderungen dürfen an dieser Stelle nicht wie in der Praxis regelmäßig anzutreffen gleichzeitig als Zuschlagskriterien festgelegt und die Angebote anhand der Zuschlagskriterien, die dann gleichzeitig Mindestanforderungen darstellen, gewertet werden. Eine Abstufung ist lediglich möglich, wenn bestimmte Eigenschaften reine Zuschlagskriterien mit entsprechenden Stufen und Gewichtungen sind, jedoch nicht zu den Mindestanforderungen gemacht werden, deren Nichterfüllung den Ausschluss bedeutet.

Praxistipp

Die Zuwendungsempfänger sollten sich bereits vor Einleitung des Vergabeverfahrens festlegen, ob bestimmte Eigenschaften zwingende Mindestanforderungen oder Zuschlagskriterien darstellen soll, anhand derer die Angebote bewertet werden.

b) Erfahrungen und Qualifikationen von Personal als Zuschlagskriterien

Grundsätzlich ist im Vergabeverfahren zwischen Eignungs- und Zuschlagskriterien scharf zu trennen und zu unterscheiden. Es ist unzulässig, Eignungs- und Zuschlagskriterien zu vermischen. Denn die Eignungskriterien betreffen unternehmensbezogene und die Zuschlagskriterien leistungsbezogene Kriterien.

In der Vergangenheit haben die Vergabekammern regelmäßig restriktiv entschieden und bspw. folgende Kriterien als Zuschlagskriterien als unzulässig angesehen:

- Erfahrungen
- Referenzen
- Mitarbeiterqualifikationen
- personelle/sachliche Ausstattung
- Beschreibung des Personalkonzepts[110]

Der EuGH hat sodann mit Urteil vom 26.03.2015 über ein Vergabeverfahren für Fortbildungs- und Beratungsleistungen entschieden. Eines der Zuschlagskriterien, anhand derer der Auftraggeber die Angebote werten wollte, war die Bewertung des Teams, der nachgewiesenen Erfahrung sowie der beruflichen Werdegänge. Nach Rüge der unzulässigen Vermischung von

110 EuGH, Urteil vom 12.11.2009, Rs. C-199/07, Urteil vom 24.1.2008, Rs. C-532/06, Urteil vom 19.6.2003, Rs. C-315/01; OLG Karlsruhe, Beschluss vom 20.7.2011, Az. 15 Verg 6/11; OLG München, Beschluss vom 29.7.2010, Az. Verg 9/10.

Eignungs- und Zuschlagskriterien, entschied der EuGH, dass die Qualität des Teams, das den konkreten Auftrag ausführt, bei Dienstleistungen mit individuellem Charakter als Zuschlagskriterium berücksichtigt werden darf. Die Qualität der Auftragsausführung hängt in einem solchen Fall nämlich maßgeblich von derjenigen des Teams ab. Die Qualität des übrigen Personals des an dem Auftrag interessierten Unternehmens, das nicht an der Auftragsausführung beteiligt wird, darf allerdings nicht in der Wertung berücksichtigt werden.[111]

Mittlerweile ist seit der Vergaberechtsreform 2016 in § 58 Abs. 2 S. 2 Nr. 2 VgV geregelt, dass die Organisation, Qualifikation und Erfahrung des mit der Ausführung des Auftrags betrauten Personals als Zuschlagskriterium festgelegt werden darf, wenn die Qualität des eingesetzten Personals erheblichen Einfluss auf das Niveau der Auftragsausführung haben kann. Ebenso ist dies in § 43 Abs. 2 Nr. 2 UVgO in identischer Form festgelegt. Für Bauleistungen im Oberschwellenbereich ist dies in § 16d Abs. 2 S. 2 Nr. 2 EU VOB/A, für den Unterschwellenbereich § 16d Abs. 1 Nr. 5 S. 2 lit. b VOB/A vorgesehen. In der VOL/A ist eine solche Regelung nicht enthalten, jedoch ist davon auszugehen, da es sich um über die Vergabe- und Vertragsordnungen hinaus übertragbare Regelungen handeln, dass Organisation, Qualifikation und Erfahrung des einzusetzenden Personals als Zuschlagskriterium zulässig festgelegt werden dürfen.

Obwohl es sich zumindest zum Teil um unternehmensbezogene Kriterien handeln kann, die insbesondere die personelle Leistungsfähigkeit auf der Eignungsebene betreffen können, wird an dieser Stelle deshalb eine Ausnahme gemacht, weil derartige Kriterien bei bestimmten „personenbezogenen" Leistungen einen erheblichen Einfluss auf die Qualität der Auftragsausführung haben können und aus diesem Grund auch mit dem Auftragsgegenstand in Verbindung stehen.

Zuwendungsempfängern unterlaufen an dieser Stelle Vergabeverstöße, weil sie voreilig unternehmensbezogene Kriterien wie Erfahrung und Qualifikation des einzusetzenden Personals unabhängig von der Art der Leistung zu Zuschlagskriterien machen. Wenn ein Zuwendungsempfänger, plakativ gesagt, eine IT-Ausschreibung durchführt, mit der er Hardware beschaffen möchte, dann werden die Erfahrung und Qualifikation vor dem Hintergrund, dass es sich um eine schlichte Lieferleistung handelt, kaum einen erheblichen Einfluss auf die Auftragsausführung haben. Denn eine Verbindung zum Auftragsgegenstand ist hier nicht feststellbar. Dem Zuwendungsempfänger wird in diesem Fall ein schwerer Vergabeverstoß durch die Vermischung von Eignungs- und Zuschlagskriterien vorgehalten werden, der grundsätzlich zu einem Ausschluss der Ausgaben aus der Förderung führen kann. Handelt es sich demgegenüber um Coachingleistungen, bei denen es hauptsächlich auf die „höchstpersönliche" Art der Leistungserbringung und darauf ankommt, wie der persönliche Eindruck und die rhetorische sowie methodische Leistung des Coaches ist, dann wird die „Erhebung" der Eignungskriterien zu den Zuschlagskriterien gerechtfertigt sein und keinen Vergabeverstoß darstellen. Denn im letzteren Fall stehen die Kriterien ersichtlich im Zusammenhang mit dem Auftragsgegenstand.

111 EuGH, Urteil vom 26.3.2015, Az. c-601/13); OLG Düsseldorf, Beschluss vom 29.4.2015, Az. Verg 35/14.

Praxistipp

Zuwendungsempfänger sollten Kriterien zur Erfahrung und Qualifikation des einzusetzenden Personals mit Bedacht und unter guter Begründung als Zuschlagskriterien festlegen, da sie ansonsten Vergabeverstöße durch Vermischung von Eignungs- und Zuschlagskriterien begehen könnten.

c) Geringe Entfernung/örtliche Nähe zum Leistungsort (regionale Anbieter)

Regelmäßig legen Zuwendungsempfänger als Zuschlagskriterium fest, dass eine geringe Entfernung bzw. eine örtliche Nähe des Dienstleisters zum Leistungsort für die Zuschlagsentscheidung bewertet wird. Dieses Kriterium ist zwar nicht per se unzulässig. Das ist jedoch nur der Fall, wenn überhaupt denkbar ist, dass die geringe Entfernung tatsächlich mit dem Auftragsgegenstand in Verbindung steht. Die Bevorzugung dieser „regionalen Anbieter" kann durchaus gerechtfertigt sein, wenn es bspw. wie bei Cateringleistungen darauf ankommt, dass die zuzubereitenden und warmzuhaltenden Speisen tatsächlich auch warm und genießbar zu verköstigen sind, wenn sie den Leistungsort erreichen. Auch mittelbar ist eine Wertung der örtlichen Nähe zum Leistungsort denkbar, wenn als Zuschlagskriterium nicht unmittelbar der Leistungsort festgelegt wird, sondern bspw. in Form des Umfangs des CO^2-Ausstoßes, was wiederum ausdrücklich als ein zulässiges umweltbezogenes Zuschlagskriterium in den Vergabe- und Vertragsordnungen genannt ist. Gleichsam wird man sagen können, dass die kurze Entfernung und örtliche Nähe im Falle von Notfalldiensten bzw. Notdiensten im Rahmen von Reparatur-, Wartungs- und Pflegeleistungen oder aber handwerklichen Leistungen, die nur vor Ort beim Auftraggeber und nicht remote erbracht werden können, als Zuschlagskriterien im konkreten Einzelfall durchaus zulässig sein können.

Zuwendungsgeber legen ihren Fokus in der Prüfpraxis gerade und insbesondere auf Verstöße gegen den Grundsatz des gleichberechtigten Wettbewerbs. Formulierungen für die Zuschlagskriterien wie „regional", „örtlich", „schnell erreichbar", „geringe Entfernung" usw. sind „Alarm-Wörter", auf die der Zuwendungsgeber besonders sensibilisiert ist. Wie gesagt bedeutet der Gebrauch solcher Kriterien nicht stets, dass sie unzulässig sind. Jedoch sollten für die Zulässigkeit des Kriteriums gute und ausführliche Dokumentationen vorgehalten werden. Sollte der Zuwendungsempfänger an dieser Stelle nämlich nicht eine gute Begründung für die Verbindung des Kriteriums zum Auftragsgegenstand vorhalten, wird der Zuwendungsgeber grundsätzlich einen schweren Vergabeverstoß feststellen und die entsprechenden Ausgaben kürzen.

Praxistipp

Zuwendungsempfänger sollten die genannten „Alarm-Wörter" vermeiden, weil Zuwendungsgeber in der Prüfpraxis sensibel auf sie reagieren, wenn keine ausführliche und bedachte Begründung vorgehalten wird.

d) Bekannt und bewährt (Haus- und Hoflieferant)

Als Zuschlagskriterium häufig anzutreffen ist die Formulierung „bekannt und bewährt". In die gleiche Richtung gehen Argumentationen von Zuwendungsempfängern, dass zwischen dem Auftragnehmer und ihm ein vertrauensvolles Verhältnis besteht oder in der Vergangenheit stets eine vertrauensvolle Zusammenarbeit gelebt wurde. Diese Zuschlagskriterien sind per se unzulässig. Sie sind vergabefremd und damit vergabewidrig. Gemeint ist mit dieser Wendung seitens der Zuwendungsempfänger grundsätzlich, dass ein Bieter für den Zuschlag bevorzugt wird, weil er dem Zuwendungsempfänger bereits aus Aufträgen in der Vergangenheit bekannt ist und sich im Rahmen der Auftragsausführung bereits (mehrfach) bewährt hat, sodass für ihn eine qualitativ hochwertige Leistungserbringung und eine vertrauensvolle Kooperation zu erwarten ist. Bezeichnet werden in der Praxis derartige, häufig wiederkehrende Lieferanten und Dienstleister regelmäßig auch als „Haus- und Hoflieferanten", die bei Bedarf immer wieder, sogar direkt, bezuschlagt werden. Solche Zuschlagskriterien sind jedoch vergaberechtlich nicht durchsetzbar. Ob ein potenzielles Unternehmen aus anderen öffentlichen Aufträgen „bekannt und bewährt" ist, betrifft grundsätzlich die (unternehmensbezogene) Eignung des Bieters, nicht jedoch die konkret zu vergebende Leistung. Ob ein Bieterunternehmen für die Leistungserbringung „bekannt und bewährt" ist, kann sich der Zuwendungsempfänger im Rahmen von Eigenerklärungen zu den Referenzen nachweisen lassen und mit den Referenzgebern Kontakt aufnehmen, um sich auf diese Weise die Eignung der Bieter bestätigen zu lassen. Mit der „künftig" zu vergebenden Leistung stehen die vergangenen Leistungen aber grundsätzlich nicht in Verbindung. Es ist zwar nachvollziehbar, dass der Zuwendungsempfänger zu solchen „Haus- und Hoflieferanten", die für ihn als „bekannt und bewährt" gelten, ein besonderes Vertrauen im Hinblick auf die Leistungsdurchführung hat. Jedoch sind dies Umstände, die dem öffentlichen Vergaberecht mit seinen Grundsätzen des transparenten, gleichberechtigten und diskriminierungsfreien Wettbewerbs fremd sind und ihm entgegenstehen.

Praxistipp

▶ *Zuwendungsempfänger sollten Formulierungen wie „bekannt und bewährt" und „Haus- und Hoflieferant" tunlichst vermeiden, um keine unnötigen Vergabeverstöße zu begehen, die grundsätzlich zu Kürzungen der Zuwendung führen.*

e) „Der Bieter war bereits im Rahmen der Erbringung einer anderen Leistung vor Ort"

Die Behauptung bzw. Begründung, *„der Bieter sei bereits vor Ort gewesen"* ist ebenfalls eine beliebte Begründung bei Zuwendungsempfängern, um anhand dieses Kriteriums den Zuschlag an dasjenige Unternehmen zu erteilen, das sich bereits am Leistungsort aufhält und deshalb keine Anfahrtswege hat, die Beauftragung keinen Zeitaufwand und geringen Kostenaufwand verursacht. Dieses Kriterium kann auch im Zusammenhang mit demjenigen der „regionalen Anbieter" verwendet werden. Das sind genau diejenigen Auftragsvergaben, die das öffentliche Vergaberecht verhindern und vermeiden möchte, um die Herstellung von Wettbewerb zu gewähren und letztendlich die Sparsamkeit und Wirtschaftlichkeit bei der Verwendung von öffentlichen Mitteln zu gewährleisten.

Eine Beauftragung, um in Ausnahmesituationen Zeit zu sparen, kann im Rahmen einer Direkt- oder freihändigen Vergabe bzw. Verhandlungsvergabe bei Vorliegen einer (besonderen) Dringlichkeit erfolgen. Hierfür ist aber ein unvorhersehbares Ereignis außerhalb der Sphäre des Zuwendungsempfängers, die er insbesondere nicht zu vertreten hat, vorliegen, und somit Gründe gegeben sind, die für die zeitliche Enge ursächlich sind.[112]

Dringlichkeit bejaht:

- Abwendung akuter Gefahrensituationen oder unvorhersehbarer Katastrophenfälle
- drohender vertragsloser Zustand in Fällen der Daseinsvorsorge
- hochwasserbedingte Beschaffungen
- u. U. Insolvenz des Auftragnehmers

Dringlichkeit verneint:

- interne Gründe (Finanznot)
- Termindruck wegen eigener Planungsfehler
- Abrufbarkeit von Fördermitteln/Ende der Förderperiode
- Jährlichkeitsgrundsatz beim Verfall von Haushaltsmitteln[113]

Ein Zeitvorteil bzw. eine Zeitersparnis dadurch, dass ein potenzieller Bieter sich bereits vor Ort am Leistungsort befindet, bspw. auf einer Baustelle, auf der er bereits im Rahmen eines anderen Gewerks Leistungen für den Zuwendungsempfänger erbringt, rechtfertigt für sich genommen jedoch nicht, es zum Zuschlagskriterium zu erheben und diesen Bieter zu bevorzugen.

Der Kostenvorteil ist kein tragbares Argument, um einen Bieter, der bereits vor Ort ist, zu bevorzugen. Vermutungen oder vorweggenommene Behauptungen des Zuwendungsempfängers ins Blaue hinein, dass der Bieter vor Ort ohnehin das günstigste bzw. wirtschaftlichste Angebot abgegeben hätte, akzeptiert das Vergaberecht nicht. Welches das günstigste bzw. das wirtschaftlichste Angebot ist, soll ja gerade das Vergabeverfahren für eine zu beschaffende Leistung nach einer transparenten und gleichberechtigten Wertung ergeben.

Darüber hinaus muss dem Bieter überlassen bleiben, wie er die Leistung im Zeitpunkt des Auftragsbeginns erbringt und ob er unter Umständen sogar eine Niederlassung oder Geschäftsstelle am Leistungsort einrichtet, um das Angebot kostengünstiger zu gestalten, als es der Zuwendungsempfänger vermutet.

Praxistipp

▶ *Der Zuwendungsempfänger sollte die Begründung, **„der Bieter sei bereits vor Ort gewesen und habe deshalb zeit- und kostenschonend beauftragt werden können“** vermeiden, weil sonst schwere Vergabeverstöße drohen.*

112 *Pilarski*, www.vergabeblog.de vom 17.11.2016, Nr. 27946, (Besondere) Dringlichkeit im nationalen Zuwendungs- und Vergaberecht.

113 *Pilarski*, www.vergabeblog.de vom 17.11.2016, Nr. 27946, (Besondere) Dringlichkeit im nationalen Zuwendungs- und Vergaberecht.

3. Gewichtung der Zuschlagskriterien

Nach den Vergabe- und Vertragsordnungen ist die Gewichtung der Zuschlagskriterien in der Auftragsbekanntmachung oder den Vergabeunterlagen mitzuteilen, um zu verdeutlichen, wie das wirtschaftlichste Angebot ermittelt wird. Die Gewichtung kann mittels einer Spanne angegeben werden, deren Brandbreite angemessen sein muss, vgl. 58 VgV.

An dieser Stelle wird wie bei der Wahl der Zuschlagskriterien zunächst die Mitteilung bezüglich der Gewichtungen in der Bekanntmachung oder der Angebotsaufforderungen durch die Zuwendungsempfänger vergessen. Im Nachhinein wollen die Zuwendungsempfänger die Zuschlagskriterien dann doch noch unterschiedlich gewichten, was wiederum zu einer Intransparenz und einem Vergabeverstoß führt, weil die Bieter sich nicht auf darauf einstellen können, worauf sie bei der Erstellung ihrer Angebote Wert legen müssen, um gute Chancen bei der Zuschlagsentscheidung zu haben.

Ein weiterer Vergabeverstoß liegt darin, dass eine zu niedrige Gewichtung des Preises angesetzt wird. Zwar regeln die Vergabe- und Vertragsordnungen, dass der Preis für die Zuschlagsentscheidung nicht allein maßgeblich sein muss. Jedoch darf er keine vollständig untergeordnete Rolle spielen. Die Rechtsprechung zu der Mindestgewichtung des Preises ist zwar nicht ganz einheitlich. Es hat sich in der Praxis jedoch die Tendenz herausgebildet, dass eine Wertung des Preises mit mindestens 30% neben anderen Zuschlagskriterien grundsätzlich vergabekonform ist. Der Preis wird unabhängig davon stets dann mit einer niedrigeren Gewichtung anzusetzen sein, je mehr Bedeutung die übrigen Kriterien haben sollen bzw. ihnen ein höherer Wert beigemessen wird, weil es bspw. auf die bereits oben genannten „personenbezogenen" Kriterien ankommt, wenn es sich um eine Leistung mit hohem „persönlichen Einschlag" handelt.

Vermeidbare und ärgerliche Vergabeverstöße werden durch Zuwendungsempfänger dadurch begangen, dass die Zuschlagskriterien bei unterschiedlicher Gewichtung in der Gesamtheit eine über 100%ige oder unter 100% liegende Gewichtung ergeben, wobei regelmäßig zu beobachten ist, dass es sich nicht nur um offensichtlich Tipp- oder Rechenfehler handelt, sondern um fehlendes vergaberechtliches Systemverständnis. Daher ist auch an dieser Stelle zwingend Vorsicht geboten.

Praxistipp

▶ *Zuwendungsempfänger sollten im Hinblick auf die Gewichtung der unterschiedlichen Zuschlagskriterien höchste Aufmerksamkeit walten lassen, insbesondere den Preis maßgeblich berücksichtigen, um hier unnötige Vergabeverstöße zu vermeiden.*

VI. Stillhalte- und Wartefrist sowie Zuschlags- und Bindefrist

Eine Besonderheit der Vergabeverfahren im Oberschwellenbereich ist die Stillhalte- und Wartefrist nach § 134 Abs. 1 GWB. Hiernach darf der Zuschlag nicht vor Ablauf von mindestens 15 Kalendertagen nach Absendung der Mitteilung über die Nichtberücksichtigung an die unterlegenen Bieter in Textform erteilt werden. Diese Frist kann bei elektronischer Mitteilung auf zehn Kalendertage verkürzt werden. Bei der Regelung handelt es sich um ein Verbotsgesetz im Sinne des § 134 BGB. § 135 Abs. 1 GWB bestimmt, dass ein öffentlicher Auftrag unter Verstoß gegen diese Stillhalte- und Wartefrist von Anfang an unwirksam ist, wenn dies in einem Nachprüfungsverfahren festgestellt wurde.

Im Ergebnis bedeutet dies, dass der Zuschlag, der den öffentlichen Auftrag begründet, von Anfang an unwirksam ist und der Vertrag daher nach bereicherungsrechtlichen Grundsätzen rückabgewickelt werden muss, weil sein Rechtsgrund entfallen ist. Der Zuwendungsempfänger kann in diesem Fall neben der Rückabwicklung und dem Erfordernis der Neuausschreibung bei fortbestehender Beschaffungsabsicht mit Regressansprüchen von Seiten des bezuschlagten Bieters konfrontiert werden, da dieser die Vergabebestimmungen nicht beachtet hat und der bezuschlagte Bieter auf den Auftrag vertrauen durfte. Denn die Einleitung des Vergabeverfahrens begründet ein vorvertragliches Schuldverhältnis, in dessen Rahmen durch Vergabeverstöße Pflichtverletzungen vorliegen, die der Zuwendungsempfänger aufgrund der gesetzlichen Vermutung des § 280 Abs. 1 S. 2 BGB zu vertreten hat. Sollten in Form des entgangenen Gewinns seitens des bezuschlagten Bieters Schäden entstanden sein, könnte der Zuwendungsempfänger als Vergabestelle schadenersatzpflichtig sein.

Neben diesen nicht-förderrechtlichen Folgen bedeutet die Nichteinhaltung der Stillhalte- und Wartefrist, die Ausfluss des Transparenzgrundsatzes ist und den Bietern Rechtsschutz gegen Entscheidungen der Vergabestelle ermöglicht, einen Vergabeverstoß, der grundsätzlich zum Ausschluss der betroffenen Ausgabeneinheit von der Förderung führen wird, weil es sich um einen Verstoß gegen die Grundpfeiler des öffentlichen Vergaberechts handelt.

Neben der Stillhalte- und Wartefrist spielt die Zuschlags- und Bindefrist in Vergabeverfahren eine wesentliche Rolle, da die Bindefrist festlegt, wie lange die Bieter rechtlich an das abgegebene Angebot gebunden sind und die Zuschlagsfrist festlegt, wann spätestens der Zuschlag das Vergabeverfahren beenden und das Angebot des Bieters angenommen wird. Grundsätzlich sprechen die Vergabe- und Vertragsordnungen davon, angemessene bzw. ausreichende Fristen und somit auch Zuschlags- und Bindefristen zu setzen. Die Bindefrist soll so kurz wie möglich und nicht länger bemessen werden, als der Auftraggeber für eine zügige Prüfung und Wertung der Angebote benötigt.

Relevanz kommt der Zuschlags- und Bindefrist in unterschwelligen Bauvergabeverfahren zu, für die § 10 Abs. 4 S. 3 VOB/A vorsieht, dass eine längere Bindefrist als 30 Kalendertage nur in begründeten Fällen festgelegt werden soll.

In der Förderpraxis kommt es zum einen regelmäßig vor, dass der Zuwendungsempfänger die von ihm gesetzte Zuschlags- und Bindefrist mit weitaus mehr als 30 Kalendertagen bemisst und festlegt. In diesem Fall liegt zunächst ein Verstoß gegen § 10 Abs. 4 S. 3 VOB/A vor. Die Frage, die sich dann stellt, ist, ob ein solcher Vergabeverstoß zu einer Kürzung der Ausgaben und der Förderung führen kann.

Im Rahmen des durch die Leitlinien gesteuerten Ermessens wird an dieser Stelle gesagt werden müssen, dass es sich zwar bei der Überschreitung der Zuschlags- und Bindefrist um einen Vergabeverstoß handelt. Der wirkt sich jedoch in nur sehr geringem Umfang auf den gleichberechtigten, transparenten Wettbewerb aus, da das Vergabeverfahren zu diesem Zeitpunkt vergabekonform abgelaufen ist, die Vergabebestimmungen in sämtlichen Phasen des Vergabeverfahrens eingehalten worden sind und daher eine überschrittene Zuschlags- und Bindefrist nichts daran ändert, dass der Zuwendungsempfänger als Vergabestelle eine vergabekonforme Vergabeentscheidung getroffen hat. Folglich handelt es sich lediglich um einen leichten Vergabeverstoß, der nicht zum Ausschluss der Ausgabeneinheiten von der Förderung führt.

Zum anderen gerät der Zuwendungsempfänger zuweilen in die Situation, dass er eine Zuschlags- und Bindefrist vergabekonform gesetzt hat, sich jedoch nicht an diese hält und sie verstreichen lässt. Da die Bindefrist für die rechtliche Bindung der Bieter an ihr Angebot maßgeblich ist, entfällt diese nach Ablauf der Zuschlags- und Bindefrist. Wenn der Bieter an sein Angebot nicht mehr rechtlich gebunden ist, dann kann der Zuwendungsempfänger das Angebot nach den zivilrechtlichen Grundsätzen nicht mehr annehmen und den Zuschlag als Annahme erteilen. An diesem Punkt stellt sich die Frage, wie weiter zu verfahren ist, um die Förderung nicht zu gefährden.

Werden grundsätzlich Erweiterungen, Einschränkungen oder Änderungen vorgenommen oder wird der Zuschlag verspätet angenommen, so ist der Bieter bei Erteilung des Zuschlags aufzufordern, sich unverzüglich über die Annahme zu erklären, vgl. § 18 Abs. 2 EU VOB/A, § 18 Abs. 2 VOB/A. Das bedeutet, die Vergabebestimmungen lassen eine Zuschlagserteilung trotz Nichteinhaltung der vorgegebenen Zuschlags- und Bindefrist grundsätzlich zu, verlangen zwecks Rechtsklarheit jedoch die Aufforderung an den Bieter, ob er in diesem Fall den Zuschlag des Zuwendungsempfängers, der wegen § 150 Abs. 1, 2 BGB einen neuen Antrag bzw. ein neues Angebot darstellt, annimmt. In den förderrechtlichen Folgen verhält sich dieser Fall genauso wie derjenige der zu lang festgesetzten Zuschlags- und Bindefrist. Grundsätzlich wird es hier nicht zum Ausschluss der betroffenen Ausgabeneinheit von der Förderung kommen, da der Wettbewerb im Vergabeverfahren bis auf den verspäteten Zuschlag im Übrigen gleichberechtigt und transparent gestaltet war.

Praxistipp

▶ *Zuwendungsempfänger sollten die Stillhalte- und Wartefrist genauestens beachten und nicht auf die leichte Schulter nehmen, da die Folgen der Verletzung aufgrund des mit den Fristen bezweckten effizienten Rechtsschutzes zur Wahrung des transparenten, gleichberechtigten Wettbewerbs erheblich sein können. Bei Nichtbeachtung der Zuschlags- und Bindefrist hat der Zuwendungsempfänger demgegenüber ausreichend Begründungsspielraum, um eine Kürzung der Ausgaben wegen Vergabeverstoßes zu vermeiden.*

C. Dokumentation des Vergabeverfahrens

I. Allgemeines

Eines der wichtigsten Dinge im Vergaberecht ist, zunächst unabhängig von der Förderung, die Vergabedokumentation, da sie sich über die Vorbereitung, die Durchführung des Vergabeverfahrens sowie die Vertragsänderungen während der Vertragslaufzeit erstreckt.

Die Vorschriften zur Dokumentation entsprechen sich im Wesentlichen mit geringfügigen Abweichungen.[114] Die Dokumentation der einzelnen Stufen des Vergabeverfahrens ist im Oberschwellenbereich Ausfluss des in § 97 Abs. 1 S. 1 GWB verankerten Transparenzgrundsatzes.[115] Ein Verstoß gegen die Dokumentationspflicht hat daher grundsätzlich auch einen Verstoß gegen § 97 Abs. 1 GWB zur Folge.[116] Im Unterschwellenbereich verhält es sich vergleichbar.

1. Dokumentation gegenüber der Nachprüfungsinstanz

Die Dokumentation und der von manchen Vergabe- und Vertragsordnungen geforderte Vergabevermerk dienen der Überprüfbarkeit der Entscheidung durch die Nachprüfungsinstanzen und Aufsichtsbehörden. Daneben sollen auch Bewerber oder Bieter die Entscheidungen der Vergabestellen im Vergabeverfahren nachvollziehen können. Die in der Dokumentation und dem Vergabevermerk enthaltenen Ausführungen müssen so detailliert sein, dass sie für einen mit der Sachlage des jeweiligen Vergabeverfahrens vertrauten Leser nachvollziehbar sind.[117]

Diese Funktion der Dokumentation und des Vergabevermerks lässt es grundsätzlich nicht zu, dass eine Vergabestelle später den Einwand erhebt, die Dokumentation oder der Vergabevermerk seien inhaltlich noch unzutreffend oder dass die Zuschlagsentscheidung auf anderen als den aufgeführten Erwägungen beruhe.[118] Ein solcher Einwand würde der Vergabestelle Manipulationsmöglichkeiten eröffnen und damit gegen das Transparenzprinzip verstoßen. Die Rechtsprechung hält die Vergabestelle daher in der Regel am Inhalt der Dokumentation und des Vergabevermerks fest.[119]

Eine fehlende Dokumentation wird von der Rechtsprechung so behandelt, als habe die Vergabestelle zu den betreffenden Aspekten des Vergabeverfahrens keine Erwägungen angestellt, sie wird zulasten der Vergabestelle ausgelegt.[120]

Eine Heilung von Dokumentationsmängeln in der Form, dass eine Vergabestelle ihre Erwägungen erst im Laufe eines Nachprüfungsverfahrens, also nachträglich, lediglich ergänzt oder präzisiert, ist zwar grundsätzlich möglich. Zum einen ist dies jedoch nur dann zulässig, soweit keine Anhaltspunkte für etwaige Manipulationen ersichtlich sind und keine Gefahr besteht, dass durch die nicht ausreichende Dokumentation keine vergabekonforme Zuschlagserteilung sichergestellt wird. Zum anderen können die anerkannten Grundsätze zum Nachschieben von Gründen im verwaltungsgerichtlichen Prozess entsprechend herangezogen werden, wonach ein Nachschieben für die behördliche Entscheidung tragender Erwägungen und damit für die Entscheidung wesentlicher Teile des Streitstoffes unzulässig ist. Das be-

114 *Fülling*, in: Müller-Wrede, VgV/UVgO, 5. Auflage, 2017, § 6, Rn. 1.

115 VK Bund, Beschluss vom 19.9.2003, Az. VK 1-77/03; OLG Düsseldorf, Beschluss vom 14.8.2003, Az. VII-Verg 46/03.

116 VK Bund, Beschluss vom 2.12.2004, Az. VK 2-181/04.

117 OLG Düsseldorf, Beschluss vom 11.7.2007, Az. VII-Verg 10/07; VK Bund, Beschluss vom 30.9.2010, Az. VK 2-80/10.

118 OLG Karlsruhe, Beschluss vom 31.1.2014, Az. 15 Verg 10/13.

119 OLG Düsseldorf, Beschluss vom 14.8.2003, Az. VII-Verg 46/03.

120 VK Baden-Württemberg, Beschluss vom 31.3.2008, Az. 1 VK 4/08; VK Niedersachsen, Beschluss vom 21.9.2004, Az. 203-VgK-42/2004.

deutet, die Dokumentation der für eine Vergabeentscheidung relevanten Umstände muss dem Grunde nach in der vorhandenen, wenn auch während des Vergabeverfahrens „noch" unvollständigen Dokumentation zumindest angelegt sein. Für den Fall, dass die Vergabeentscheidung der Vergabestelle auch nachträglich nicht mehr aufgeklärt werden kann, weil sie auch unter Berücksichtigung der nachgeschobenen Gründe nicht nachvollziehbar ist, führt dieser Dokumentationsmangel dazu, dass das Vergabeverfahren vergaberechtswidrig ist und je nach Umständen entweder zurückzuversetzen oder sogar aufzuheben ist.[121]

2. Dokumentation gegenüber dem Zuwendungsgeber

In der Förderung bestehen darüber hinaus zuwendungsrechtliche Dokumentationspflichten. Diese gehen über die reinen vergaberechtlichen Dokumentationspflichten hinaus. Insofern sind letztere eine Teilmenge der zuwendungsrechtlichen Dokumentationspflichten, die sich aus der Gesamtheit der einer Förderung zugrundeliegenden Regelungen (unter anderem Haushaltsordnungen, Verwaltungsvorschriften, Förderrichtlinien, Förderbescheide) für das jeweilige Zuwendungsrechtsverhältnis in jedem individuellen konkreten Einzelfall ergeben.

Im Zuwendungsrechtsverhältnis dient die Dokumentation nicht in erster Linie der Nachvollziehbarkeit der Entscheidungen gegenüber einer Nachprüfungsinstanz bzw. Aufsichtsbehörde wie im „allgemeinen Vergaberecht", sondern gegenüber dem Zuwendungsgeber als einer eigenen unabhängigen Prüfinstanz. Wo bei Dokumentationsfehlern der Rechnungshof nur beanstanden, die Nachprüfungsinstanz einen Vertrag für unwirksam erklären oder das Vergabeverfahren zurückversetzen bzw. aufheben kann, so ist der Zuwendungsgeber bei Dokumentationsfehlern demgegenüber berechtigt, mit finanziell erheblichen Auswirkungen Fördermittel einzubehalten bzw. zurückzufordern, die sogar schwerwiegendere Folgen wie die Insolvenz für den Zuwendungsempfänger nach sich ziehen können.

Die Schwierigkeit für die Dokumentation im Zuwendungsrechtsverhältnis ist, dass der Zuwendungsgeber regelmäßig keine detaillierten Vorgaben zu Art und Umfang der Dokumentation der Vergabeverfahren im Zuwendungsrechtsverhältnis macht. Das, was der Zuwendungsgeber dokumentiert sehen möchte, richtet sich insbesondere danach, was er im Rahmen der mit den Mittelabrufen und Verwendungsnachweisen abzurechnenden Vergabeverfahren abprüft und in welchem Förderprogramm bzw. welche Förderrichtline die Förderung erfolgt. Dies wiederum wird stark von den übergeordneten Prüfbehörden beeinflusst, nach deren Vorgaben die Prüfung des Zuwendungsgebers ausgerichtet wird.

In der Regel werden interne Prüfvermerke, Checklisten und Leitfäden der Zuwendungsgeber in der Förderpraxis an der Chronologie des Vergabeverfahrens ausgerichtet. Das heißt, insbesondere werden die Einleitung des Vergabeverfahrens durch Bekanntmachung bzw. Angebotsaufforderung, die Formalien des Angebots, die Teilnahme- und Angebotsfrist, die Eignungskriterien, die Wertung der Angebote, die Angebotspreise, etwaige Angebotsausschlüsse sowie der Zuschlag mit seiner Zuschlags- und Bindefrist sowie Stillhalte- und Wartefrist überprüft. Mittlerweile ist bei einer Vielzahl von Zuwendungsgebern insbesondere bei EU-Förderungen zu verzeichnen, dass die Prüfung der Binnenmarktrelevanz, die sich insbesondere auf die Transparenzpflicht bei Vergabeverfahren auswirkt, in die Prüfkataloge auf-

121 BGH, Beschluss vom 8.2.2011, Az. X ZB 4/10; OLG Düsseldorf, Beschluss vom 10.2.2021, Az. Verg 23/20.

genommen worden ist. Auch im Nachgang der im geförderten Projekt durchgeführten Vergabeverfahren rechnen Zuwendungsempfänger regelmäßig die so genannten Nachträge bzw. Vertragsänderungen während der Vertragslaufzeit ab. Diese werden im Hinblick auf die Dokumentation regelmäßig vernachlässigt, weil Zuwendungsempfänger der Ansicht sind, dass diese vergaberechtlich nicht relevant seien, da bereits eine Vergabeverfahren vorgeschaltet war und der Nachtrag dazugehört. Auch diese werden aber einer zuwendungsvergaberechtlichen Prüfung in Bezug auf ihre Zulässigkeit nach den § 132 GWB, § 47 UVgO unterzogen. Denn unzulässige, also insbesondere wesentliche Vertragsänderungen und Nachträge erfordern grundsätzlich ein neues Vergabeverfahren.[122] Wird ein Vergabeverfahren in den Fällen unzulässiger Vertragsänderungen während der Vertragslaufzeit nicht durchgeführt, erfolgt damit gleichzeitig eine unzulässige Direktvergabe, die wiederum einen Vergabeverstoß im Zuwendungsrechtsverhältnis bedeutet und zu einem Ausschluss des Ausgabeneinheit aus der Förderung führt.

Zu guter Letzt unterscheiden sich diese Vorgaben unter Umständen je nach Bundesland, Zuwendungsgeber und Förderbereich.

Aus diesem Grunde ist dem Zuwendungsempfänger zu empfehlen, zunächst Rücksprache mit seinem Zuwendungsgeber hinsichtlich des Umfangs und der Tiefe der Dokumentation zu halten. Zuwendungsgeber halten oftmals vor allem eine Vielzahl an Leitfäden und -leitlinien, Checklisten, Vorlagen und anderen Informationen für Zuwendungsempfänger vor, die veröffentlicht werden. An dieser Stelle sollten sich Zuwendungsempfänger den Gefallen tun, diese für die Abrechnung und Abwicklung ihres geförderten Projekts zu gebrauchen. Denn der Zuwendungsgeber erstellt und veröffentlich diese nicht grundlos als Hilfestellung für die Zuwendungsempfänger. Er richtet sie vielmehr individuell an seiner spezifischen Förder- und Prüfpraxis aus. Dies hat darüber hinaus den Vorteil, dass sich der Zuwendungsgeber durch seine Vorgaben und Verlautbarungen auf diesem Wege in seiner ständigen Verwaltungspraxis bereits selbst binden kann. Dann kann der Zuwendungsempfänger darauf vertrauen und es kann sich in mittelbarer Außenwirkung ein Anspruch auf Gleichbehandlung für ihn gegenüber dem Zuwendungsgeber ergeben. Außerdem kann dem Zuwendungsgeber und einer etwaigen Rückforderung ein Verwaltungshandeln entgegen seiner eigenen Verlautbarungen unter Umständen im Rahmen des Mitverschuldens im Sinne des §§ 242, 254 BGB zugerechnet werden, was dazu führen kann, dass eine Aufhebung- und Rückforderungsentscheidung rechtswidrig wird.[123]

Praxistipp

▶ *Für den Zuwendungsempfänger gilt bei der Vergabedokumentation in der Förderung das Motto: Je „fortlaufender", „zeitnaher" und umfangreicher die Dokumentation und je genauer er sich an die Checklisten, Vorlagen und Leitfäden sowie -leitlinien des Zuwendungsgebers hält, desto besser die Chancen, den spezifischen Dokumentationspflichten des jeweiligen Zuwendungsgebers im Zuwendungsrechtsverhältnis zu genügen.*

122 EuGH, Urteil vom 19.6.2008, Az. C-454/06.
123 VG Düsseldorf, Urteil vom 4.9.2013, Az. 10 K 5144/12.

II. Regelungen

Regelungen zur Vergabedokumentation finden sich in den unterschiedlichen Vergabe- und Vertragsordnungen.

§ 8 VgV enthält eine im Verhältnis zum Unterschwellenbereich ausführliche Regelung. Sie ähnelt den Regelungen für den Unterschwellenbereich, macht die Dokumentation jedoch davon abhängig, dass sie für die Begründung von Entscheidungen der Vergabestelle auf jeder Stufe des Vergabeverfahrens erforderlich ist. Sodann nennt die Regelung Beispiele. Zu dieser Dokumentation gehört die Dokumentation der Kommunikation mit Unternehmen und interner Beratungen, der Vorbereitung der Auftragsbekanntmachung und der Vergabeunterlagen, der Öffnung der Angebote, Teilnahmeanträge und Interessensbekundungen, der Verhandlungen und der Dialoge mit den teilnehmenden Unternehmen sowie der Gründe für Auswahlentscheidungen und den Zuschlag.

Über jedes Vergabeverfahren ist nach § 8 Abs. 2 VgV ein Vergabevermerk nach § 126b BGB zu fertigen, dessen Inhalt sich nach den Vorgaben in Absatz 2 richtet. Ausnahmen bestehen für Rahmenvereinbarungen, die mit einem oder mehreren Unternehmen gemäß § 21 Abs. 3, 4 VgV geschlossen worden sind. In § 21 Abs. 4 VgV findet sich wiederum eine Regelung zur Aufbewahrung, wonach die Dokumentation, der Vergabevermerk sowie die Angebote, Teilnahmeanträge, Interessensbekundungen und ihre Anlagen bis zum Ende der Laufzeit des Vertrags oder der Rahmenvereinbarung, aufzubewahren sind, mindestens jedoch für drei Jahre ab dem Tag des Zuschlags.

§ 20 VOL/A bestimmt, dass das Vergabeverfahren von Anbeginn fortlaufend zu dokumentieren ist, sodass die einzelnen Stufen des Verfahrens, die einzelnen Maßnahmen sowie die Begründung der einzelnen Entscheidungen festgehalten werden.

§ 6 Abs. 1, 2 UVgO bestimmt dies in fast identischer Weise, stellt zusätzlich klar, dass die Dokumentation der Textform nach § 126b BGB entsprechen muss. Ergänzend regelt der zweite Absatz, dass die Angebote, Teilnahmeanträge und ihre Anlagen mindestens drei Jahre ab dem Tag des Zuschlags aufzuheben sind, wobei anderweitige Vorschriften zur Aufbewahrung unberührt bleiben. Anders als § 8 Abs. 2 VgV ist in der UVgO kein eigenständiger Vergabevermerk vorgeschrieben. Der Auftraggeber genügt daher der Dokumentationspflicht, wenn er eine ordnungsgemäße Vergabeakte führt, in der die Maßnahmen und Entscheidungen im Vergabeverfahren sowie deren Begründung dokumentiert sind.[124]

§ 20 EU VOB/A verweist bezüglich der Dokumentation für Bau-Vergabeverfahren im Oberschwellenbereich auf § 8 VgV.

§ 20 VOB/A regelt die Dokumentation von Vergabeverfahren für Bauleistungen. Danach ist das Vergabeverfahren so zeitnah zu dokumentieren, dass die einzelnen Stufen des Verfahrens, die einzelnen Maßnahmen, die maßgebenden Feststellungen sowie die Begründung der einzelnen Entscheidungen in Textform festgehalten werden.

124 *Fülling*, in: Müller-Wrede, VgV/UVgO, 5. Auflage, 2017, § 6, Rn. 6.

III. Bestandteile des Vergabevermerks nach VgV und EU VOB/A

Über die Dokumentation des Vergabeverfahrens hinaus, die alle Vergabe- und Vertragsordnungen im Wesentlichen in der gleichen Weise fordern, sind nach § 8 VgV und § 20 EU VOB/A, der auf ersteren verweist, zusätzlich Vergabevermerke erforderlich, der spätestens bei Abschluss des Vergabeverfahrens zu erstellen ist.[125] Der Vergabevermerk umfasst lediglich eine Teilmenge der grundsätzlich zu dokumentierenden Umstände und dient der Begründung wesentlicher Entscheidungen im Vergabeverfahren.[126] Er umfasst mindestens:

- den Namen und die Anschrift des öffentlichen Auftraggebers sowie Gegenstand und Wert des Auftrags, der Rahmenvereinbarung oder des dynamischen Beschaffungssystems,
- die Namen der berücksichtigten Bewerber oder Bieter und die Gründe ihrer Auswahl,
- die nicht berücksichtigten Angebote und Teilnahmeanträge sowie die Namen der nicht berücksichtigten Bewerber oder Bieter und die Gründe für ihre Nichtberücksichtigung,
- die Gründe für die Ablehnung von Angeboten, die für ungewöhnlich niedrig befunden wurden,
- den Namen des erfolgreichen Bieters und die Gründe für die Auswahl seines Angebots sowie, falls bekannt, den Anteil am Auftrag oder an der Rahmenvereinbarung, den der Zuschlagsempfänger an Dritte weiterzugeben beabsichtigt, und gegebenenfalls, soweit zu jenem Zeitpunkt bekannt, den Namen der Unterauftragnehmer des Hauptauftragnehmers,
- bei Verhandlungsverfahren und wettbewerblichen Dialogen die in § 14 Abs. 3 VgV genannten Umstände, die die Anwendung dieser Verfahren rechtfertigen,
- bei Verhandlungsverfahren ohne vorherigen Teilnahmewettbewerb die in § 14 Abs. 4 genannten Umstände, die die Anwendung dieses Verfahrens rechtfertigen

und gegebenenfalls

- die Gründe, aus denen der öffentliche Auftraggeber auf die Vergabe eines Auftrags, den Abschluss einer Rahmenvereinbarung oder die Einrichtung eines dynamischen Beschaffungssystems verzichtet hat,
- die Gründe, aus denen andere als elektronische Mittel für die Einreichung der Angebote verwendet wurden,
- Angaben zu aufgedeckten Interessenskonflikten und getroffenen Abhilfemaßnahmen,
- die Gründe, aufgrund deren mehrere Teil- oder Fachlose zusammen vergeben wurden,
- die Gründe für die Nichtangabe der Gewichtung von Zuschlagskriterien.

---

125 *Fülling*, in: Müller-Wrede, VgV/UVgO, 5. Auflage, 2017, § 8, Rn. 3; Verordnungsbegründung, BR-Drs. 87/16, 162.

126 *Fülling*, in: Müller-Wrede, VgV/UVgO, 5. Auflage, 2017, § 6, Rn. 6.

IV. Folgen von Dokumentationsmängeln

1. Gegenüber der Nachprüfungsinstanz

Das Nichteinhaltung der Dokumentationspflicht führt zu Dokumentationsmängeln, die zunächst in Nachprüfungsverfahren und gegenüber den Rechnungshöfen zulasten der Vergabestelle wirkt.[127] Eine unvollständige oder fehlerhafte Dokumentation kann von Beweiserleichterungen bis hin zur Beweislastumkehr zugunsten der Bieter führen.[128]

Gänzlich fehlende Dokumentationen, bei denen das Nachschieben von Gründen in einem Nachprüfungsverfahren nicht mehr zulässig ist, können wie ausgeführt zur Rückversetzung oder zur Aufhebung des Vergabeverfahrens führen.[129]

2. Gegenüber dem Zuwendungsgeber

Das Vorliegen von Dokumentationsmängeln im Zuwendungsrechtsverhältnis in Form des Fehlens von Vergabeunterlagen führt grundsätzlich dazu, dass der Zuwendungsgeber die von den Mängeln betroffenen Ausgaben von der Förderung ausschließt. Selbst wenn unter Umständen ein Vergabeverfahren tatsächlich ordnungsgemäß durchgeführt worden ist, führt die fehlende Dokumentation dazu, dass der Zuwendungsgeber zulasten des Zuwendungsempfängers davon ausgeht, dass die nicht oder fehlerhaft dokumentierten Schritte des Vergabeverfahrens tatsächlich nicht ordnungsgemäß durchgeführt worden sind.

Je nach Ausgestaltung der Leitlinien für die Kürzung von Fördermitteln bei Vergabeverstößen führt aber nicht zwingend jeder Dokumentationsfehler zu einer Kürzung der Zuwendung.

Wird ein Verstoß entsprechend einer Leitlinie sanktioniert, die zwischen schweren und leichten Verstößen unterscheidet, und bezieht sich die fehlende Dokumentation auf einen Verstoß, der ohnehin als leichter Verstoß zu werten wäre, dann führt in diesem Fall auch der Dokumentationsmangel nicht zu einer Kürzung der betroffenen Ausgaben und der Fördermittel.

Sind jedoch Schritte des Vergabeverfahrens nicht ordnungsgemäß dokumentiert worden, deren Nichteinhaltung einen schweren Vergabeverstoß bedeuten würde, dann führt die nicht ordnungsgemäße Dokumentation zu einer Kürzung der betroffenen Ausgabeneinheiten und dem Ausschluss aus der Förderung.

Bei Anwendung der COCOF-Leitlinien der EU-Kommission führen diejenigen Dokumentationsfehler zur prozentualen Kürzung der Zuwendung, die sich insbesondere auf jene Vergabepflichten beziehen, die Gegenstand der in der Leitlinie enthaltenen Ziffern sind, weil die jeweiligen Verfahrensschritte mangels Dokumentation nicht nachweisbar und belegbar sind.

---

127 VK Baden-Württemberg, Beschluss vom 23.1.2013, Az. 1 VK 45/12.

128 *Hänsel*, in: Ziekow/Völlink, Vergaberecht, § 20 VOB/A, 3. Auflage, 2018, Rn. 4.

129 OLG Düsseldorf, Beschluss vom 10.2.2021, Az. Verg 23/20.

V. Heilung von Dokumentationsmängeln

1. Gegenüber der Nachprüfungsinstanz

Wie bereits ausgeführt sind die einzelnen Stufen, die Maßnahmen, Feststellungen und Begründungen des Verfahrens grundsätzlich zeitnah und fortlaufend zu dokumentieren. Kommt die Vergabestelle dieser Pflicht nicht nach, liegt zunächst ein Dokumentationsmangel und damit ein Vergabeverstoß vor.

Der BGH hat bezüglich der Heilung von Dokumentationsmängeln jedoch entschieden, dass die Vergabestelle im Nachprüfungsprüfungsverfahren nicht per se und pauschal mit allen Begründungen und Argumenten präkludiert ist, die womöglich zuvor nicht in ihrer Dokumentation oder dem Vergabevermerk vorzufinden waren. Grund ist, dass die Durchführung des Vergabeverfahrens durch das Nachprüfungsverfahren nicht unangemessen im Sinne des § 163 Abs. 1 S. 4 GWB beeinträchtigt werden soll.[130] Die Anordnung einer vollständigen oder teilweisen Wiederholung eines im Übrigen rechtskonform durchgeführten Vergabeverfahrens ohne Berücksichtigung des konkreten Einzelfalls ist daher nicht verhältnismäßig und unzulässig.[131] Die Heilung von Mängeln der Dokumentation oder des Vergabevermerks im Nachprüfungsverfahren muss daher grundsätzlich möglich bleiben.[132]

Demgegenüber ist eine Heilung von Dokumentationsmängeln unzulässig, soweit die Auftragserteilung aufgrund der nachgeholten Dokumentation nicht mehr wettbewerbskonform wäre,[133] was der Fall ist, wenn sie mit den Grundsätzen der Transparenz und Gleichbehandlung nicht mehr in Einklang zu bringen ist.[134]

Entsprechend dem verwaltungsrechtlichen Rechtsgedanken aus § 114 S. 2 VwGO ist für die Vergabestelle eine Ergänzung der in der Dokumentation oder im Vergabevermerk zugrunde gelegten Informationen zulässig.[135] Aus diesem Grunde darf eine Vergabestelle Aspekte und Umstände, die bereits in der Dokumentation oder dem Vergabevermerk dem Grunde nach angelegt waren, im Nachprüfungsverfahren nachdokumentieren. Denn § 114 S. 2 VwGO besagt, dass die Verwaltungsbehörde ihre Ermessenserwägungen hinsichtlich des Verwaltungsakts auch noch im verwaltungsgerichtlichen Verfahren ergänzen kann. Da das Nachprüfungsverfahren vor der Vergabekammer, die in die Verwaltung eingegliedert ist und deren Beschlüsse die Qualität eines Verwaltungsaktes haben, einem verwaltungsgerichtlichen Verfahren ähneln, ist die Anwendung des Rechtsgedankens des § 114 S. 2 VwGO sachgereicht.

Zu beachten ist jedoch, dass bei durch die Vergabestelle verursachten Dokumentationsmängeln, die erst im Laufe des Nachprüfungsverfahrens durch Nachholung geheilt werden, der Vergabestelle die Kosten auferlegt werden können.[136]

130 BGH, Beschluss vom 8.2.2011, Az. X ZB 4/10.
131 OLG Düsseldorf, Beschluss vom 21.7.2010, Az. VII-Verg 19/10.
132 BGH, Beschluss vom 8.2.2011, Az. X ZB 4/10; OLG Düsseldorf, Beschluss vom 21.10.2015, Az. VII-Verg 28/14.
133 BGH, Beschluss vom 8.2.2011, Az. X ZB 4/10.
134 Beschluss vom 21.10.2015, Az. VII-Verg 28/14.
135 VK Mecklenburg-Vorpommern, Beschluss vom 27.1.2014, Az. 2 VK-15/13.
136 *Weyand*, Vergaberecht, 4. Auflage, 2013, § 97 GWB, Rn. 353; *Fülling*, in: Müller-Wrede, VgV/UVgO, 5. Auflage, 2017, § 8, Rn. 89.

Nicht zulässig ist die vollständige Nachholung oder Ersetzung der in der Dokumentation oder dem Vergabevermerk enthaltenen, tragenden Gründe der Vergabeentscheidung im Nachprüfungsverfahren.[137] Die wettbewerbskonforme Auftragserteilung ist nur bei Einhaltung der Grundsätze der Transparenz und Gleichbehandlung möglich, die aber vor dem Hintergrund der Funktion einer Dokumentation bzw. eines Vergabevermerks leerlaufen würden, wenn erst im Nachprüfungsverfahren die Heilung der Dokumentationsmängeln durch vollständige Nachholung oder Ersetzung zulässig wäre.[138]

Eine Heilung ist bei denjenigen Vergabeentscheidungen nicht zulässig, denen situationsbezogene Entscheidungen zugrunde liegen, weil bei diesen eine situationsbedingte Einschätzung der Vergabestelle für die Vergabeentscheidung maßgeblich ist. Das kann regelmäßig der Fall sein, wenn Angebotspräsentationen, bei denen es auf einen persönlich gewonnenen Eindruck ankommt, als Zuschlagskriterium verwendet werden. Hier kann nicht ausgeschlossen werden, dass spätere Erkenntnisse der Vergabestelle Einfluss auf die Dokumentation nehmen, die dann durch weitere Erwägungen vollständig nachgeholt, ersetzt, ergänzt oder abgeändert wird.[139]

2. Gegenüber dem Zuwendungsgeber

Wie oben ausgeführt gehen die zuwendungsrechtlichen Dokumentationspflichten unter Umständen sogar weiter als die reinen vergaberechtlichen Pflichten, die lediglich eine Teilmenge von ersteren bilden. Nach Erfahrung des Autors haben Zuwendungsempfänger im Zuwendungsrechtsverhältnis jedoch im Vergleich zur Heilung von Dokumentationsmängeln im Nachprüfungsverfahren umfassendere Möglichkeiten der Nachholung der Dokumentation. Das ist dem Umstand geschuldet, dass der Zuwendungsgeber eine eigene Prüfinstanz ist und die Abwicklung des Förderverfahrens grundsätzlich erst mit dem Verwendungsnachweis in eine endgültige und verbindliche Festsetzung mündet, also zu einem Zeitpunkt, zu dem sämtliche Vergabeverfahren, die gegenüber dem Zuwendungsgeber abgerechnet werden, bereits durch Zuschlag beendet sind.

Das bedeutet: Selbst, wenn die Dokumentation bzw. der Vergabevermerk des Zuwendungsempfängers für ein Vergabeverfahren Mängel aufweist und nicht im Laufe des betreffenden Vergabeverfahrens zeitnah dokumentiert worden ist, so hat er zunächst dennoch die Gelegenheit, im Rahmen der Einreichung des Verwendungsnachweises zum Abschluss der Förderung für vergaberechtlich relevanten Ausgaben die entsprechenden Vergabeverfahren zu dokumentieren und Vergabevermerke einzureichen und im diesem Zuge dem Zuwendungsgeber die zunächst mangelbehaften Vergabedokumentationen und -vermerke ohne Mängel vorzulegen.

Wenn der Zuwendungsempfänger die Dokumentation nicht zeitnah und fortlaufend während der Vergabeverfahren, sondern erst unmittelbar vor der Verwendungsnachweisprüfung eingereicht hat, wird der Zuwendungsgeber eine solche Dokumentation der durchgeführten Ver-

137 *Weyand*, Vergaberecht, 4. Auflage, 2013, § 97 GWB, Rn. 354; *Fülling*, in: Müller-Wrede, VgV/UVgO, 5. Auflage, 2017, § 8, Rn. 90.

138 *Schneider*, in Kapellmann/Messerschmidt, VOB, 6. Auflage, 2018, § 20, Rn. 9; OLG Karlsruhe, Beschluss vom 31.1.2014, 15 Verg 10/13; *Weyand*, Vergaberecht, 4. Auflage 2013, § 97 GWB, Rn. 358/2; *Fülling*, in: Müller-Wrede, VgV/UVgO, 5. Auflage, 2017, § 8, Rn. 90.

139 VK Bund, Beschluss vom 17.4.2014, Az. VK 1-18/14.

gabeverfahren üblicherweise für die Anerkennung der Ausgaben als zuwendungsfähig ausreichen lassen. An dieser Stelle ist jedoch darauf hinzuweisen, dass sich diese praktische Handhabung je nach Bundesland und Zuwendungsgeber unterscheiden kann.

Selbst wenn der Zuwendungsempfänger die ordnungsgemäße Dokumentation der Vergabeverfahren nicht im Rahmen der erstmaligen Einreichung der Verwendungsnachweisprüfung vorlegen kann und die vergaberechtlich relevanten Ausgaben mangels Dokumentation vorläufig von der Förderung ausgeschlossen werden, so erhält er im Rahmen der Anhörung nach § 28 VwVfG die Gelegenheit, zu den Beanstandungen Stellung zu nehmen und die Dokumentationsmängel auszuräumen und damit „zu heilen".

Sollte der Zuwendungsempfänger diese Gelegenheit zur Ausräumung der beanstandeten Dokumentationsmängel im Rahmen des Anhörungsverfahrens nicht genutzt haben, halten einige Bundesländer für das Verwaltungsverfahren noch die Möglichkeit des Widerspruchsverfahrens vor, mit dem die negative Behördenentscheidung angegriffen werden kann. Im Rahmen des Widerspruchs hat der Zuwendungsempfänger grundsätzlich erneut Gelegenheit, die auf die Dokumentation bezogenen Beanstandungen durch weiteren Vortrag und weitere Nachweise auszuräumen und damit im Ergebnis die Dokumentationsmängel, die zunächst vorläufig zur Kürzung der Zuwendung geführt haben, „zu heilen".

Sollte der Zuwendungsempfänger diese Möglichkeiten versäumt haben, so verbleibt ihm im äußersten Fall noch die Möglichkeit, die Dokumentationsmängel im Klageverfahren grundsätzlich bis zum Schluss der mündlichen Verhandlung zulässig zu beseitigen und zumindest in der Hauptsache eine positive Entscheidung zu erwirken.

Zu beachten ist allerdings, dass trotz der weitgehenden Möglichkeit ursprüngliche Dokumentationsmängel im zuwendungsrechtlichen Verfahren „zu heilen" aufgrund der Versäumnisse des Zuwendungsempfängers die Kostentragung unter Umständen zu seinen Lasten gehen kann.

Praxistipp

▶ *Zuwendungsempfänger sollten den Umfang und die Tiefe der Dokumentation im Zuwendungsrechtsverhältnis mit dem Zuwendungsgeber in jedem konkreten Einzelfall abstimmen.*

D. Umgang mit Änderungen während der Vertragslaufzeit – Nachträge

Im Rahmen von Förderprojekten sind Nachträge zu bereits vergebenen Aufträgen an der Tagesordnung. Denn oftmals zeigt sich, dass der bereits vergebene Auftrag später geändert werden muss und/oder zusätzliche Leistungen erfordert, um diesen erfolgreich zum Abschluss zu bringen. Dabei liegt nahe, dass der Zuwendungsempfänger als Auftraggeber auch diese weiteren Leistungen im Wege eines direkten Zusatzauftrages (Nachtrages) – mithin ohne erneute Ausschreibung – von seinem vertrauten Bestandsauftragnehmer erbringen lassen will. Dann jedoch handelt es sich vergaberechtlich gesehen womöglich um eine wesentliche Auftragsänderung, welche grundsätzlich ein neues Vergabeverfahren erfordert.

Oftmals fehlt in der Praxis der Zuwendungsempfänger insoweit bereits das notwendige „Störgefühl" dafür, dass ein solcher Zusatzauftrag womöglich erneute Ausschreibungspflichten auslösen kann. Neben den – tendenziell vergaberechtlich unerfahrenen – privaten Zuwendungsempfängern ist dies selbst bei – eher ausschreibungserfahrenen – öffentlichen Zuwendungsempfängern zu beobachten, insbesondere dann, wenn es innerhalb der eigenen Organisation unterschiedliche Zuständigkeiten für die – vorgelagerte – Vergabe und die anschließende Ausführungsbegleitung – das Vertragsmanagement – gibt. Denn wurde der Auftrag einmal vergeben, erachten viele Verantwortliche das Vergaberecht endgültig für erledigt, d.h. die Verfolgung vergaberechtlicher Implikationen gerät während des laufenden Auftrages in vielen Fällen völlig aus dem Fokus.

Diejenigen Zuwendungsempfänger, welche erfreulicherweise bereits die notwendige Sensibilität für womöglich ausschreibungspflichtige Änderungen des Ursprungsauftrages besitzen, beherrschen in der jeweils zu bewertenden Einzelfallkonstellation indes vielfach nicht die einschlägige Klaviatur, welche das in 2016 umfassend novellierte deutsche Vergaberecht nun auch für Auftragsänderungen ursprünglich ober- bzw. unterschwellig vergebene Aufträge bereitstellt.[140]

Damit einher geht in vielen Fällen dann ein erhebliches Rückforderungsrisiko. Denn ist die Änderung des Ursprungsauftrages erneut ausschreibungspflichtig und wird hierauf durch direkte Weiterbeauftragung des Bestandsauftragnehmers verzichtet, stellt dies in der Regel als sog. „de facto-Vergabe" einen relevanten Vergabeverstoß dar.

Auch und insbesondere auf solche Verstöße achten daher viele Zuwendungsgeber im Rahmen ihrer späteren Überprüfung, ob also die zugewandten Mittel durchgehend – also auch nach Zuschlagserteilung – vergaberechtskonform verwandt wurden. Finden sich Nachtragsbeauftragungen entweder gar nicht in der Vergabedokumentation des Zuwendungsempfängers wieder oder hat dieser das Fehlen einer Neuausschreibungspflicht dort falsch begründet, erfolgt regelmäßig eine finanzielle Sanktion durch den Zuwendungsgeber.

Die finanziellen Auswirkungen derartiger Vergabeverstöße können somit erheblich sein, sodass hier seitens der Zuwendungsempfänger stets mit der gebotenen Weitsicht und Sachkunde agiert werden sollte. Jeder Zuwendungsempfänger ist gut beraten, sich mit dem vergaberechtlichen „Nachtragsregime" bestmöglich auszukennen und sich darüber hinaus auch insoweit innerhalb seines Projektes bzw. seiner Institution entsprechend organisatorisch aufzustellen. Denn nur hierdurch vermeidet er das ansonsten latent vorhandene Rückforderungsrisiko wegen Verletzung der Neuausschreibungspflicht.

140 Die neuen deutschen Regelungen zum Thema „Auftragsänderungen" (§ 132 GWB, § 22 VOB/A(EU), § 47 UVgO) sind insoweit im Wesentlichen auf die bisherige EUGH-Rechtsprechung zurückzuführen, vgl. insb. EuGH, Urteil vom 19.6.2008 – C-454/06 („Pressetext") sowie Urteil vom 13.4.2010 – Rs. C-91/08 („Wall AG").

Praxistipp

Zuwendungsempfänger sollten den vergaberechtlich sicheren Umgang mit den besonders praxisrelevanten Nachträgen zum Ursprungsauftrag fachlich und organisatorisch sicherstellen. Sodann sollten sie sich rechtzeitig einen konkreten Überblick über entsprechende Vorgaben des Zuwendungsgebers speziell zu Auftragsänderungen verschaffen (Vergabeauflage, Vergabeleitfaden, etc.) und notfalls auch nochmals Rücksprache mit diesem Themenkomplex halten, um z.T. erhebliche Mittelkürzungen möglichst frühzeitig auf ein Mindestmaß zu reduzieren.

I. Falsche Einordnung der vergaberechtlichen Nachträge

Vor diesem Hintergrund ist es also unabdingbar, zu wissen, welche Regelungen das Vergaberecht für Auftragsänderungen (Nachträge) bereithält (sofern die entsprechende Vergabeauflage hierauf verweist). Hierzu ist zunächst wie folgt nach der jeweiligen Leistungsart des Ursprungsauftrages sowie anschließend danach zu unterscheiden, ob der änderungsbedürftige Ursprungsauftrag zuvor europaweit oder national vergeben wurde:

1. Änderung von Liefer- und Dienstleistungsaufträgen

Bestimmungen zur europaweiten Vergabe von Liefer- und Dienstleistungsaufträgen sind maßgeblich in der Vergabeverordnung (VgV) enthalten. Die VgV selbst enthält indes keine eigenständige Regelung für den Umgang mit Nachträgen zu EU-Aufträgen. Die Ausschreibungsfreiheit von Änderungen ursprünglich europaweit vergebener Liefer- und Dienstleistungsaufträge beurteilt sich dementsprechend stets nach § 132 GWB. Für die Änderung ursprünglich national vergebener Liefer-/Dienstleistungsaufträge – also für den Unterschwellenbereich – existiert hingegen in Gestalt von § 47 UVgO nunmehr eine eigene Regelung, welche indes – mit gewissen Privilegierungen – im Kern wiederum auf § 132 GWB verweist.[141]

Eine Anwendbarkeit von § 132 GWB ist dabei – trotz fehlender Regelung – im Übrigen auch mit Blick auf Rahmenvereinbarungen anzunehmen.[142]

Eine analoge Anwendung von § 132 GWB auf Konstellationen vor Zuschlagserteilung ist umstritten, scheidet nach zutreffender Auffassung im Ergebnis allerdings aus. Dies hat zutreffend etwa das OLG Celle[143] für während des laufenden Vergabeverfahrens geänderte Vergabebedingungen entschieden. Denn die Vorschrift des § 132 Abs. 1 GWB ist nach ihrem eindeutigen Wortlaut unmittelbar nur auf Änderungen eines öffentlichen Auftrags „während der Vertragslaufzeit" anwendbar, was zumindest erfordert, dass die formale Zuschlagserteilung bereits erfolgt – und damit das ursprüngliche Vergabeverfahren abgeschlossen – ist. Mit Blick auf vorvertragliche Konstellationen spricht überdies der Gesetzeszweck von § 168 Abs. 2 Satz 1 GWB dagegen, § 132 GWB analog auf Fälle anzuwenden, in denen der Auftrag-

141 Soweit in einigen Bundesländern im Unterschwellenbereich vereinzelt noch die VOL/A Anwendung findet, fehlt dort eine Regelung zu Auftragsänderungen von Liefer- und Dienstleistungsaufträgen.

142 Vgl. VK Berlin, Beschluss vom 13.9.2019 – VK B 1-13/19; *Contag*, in: Heiermann/Zeiss/Summa, jurisPK-Vergaberecht, 6. Aufl. 2022, Stand 15.9.2022, § 132 GWB Rn. 6.

143 OLG Celle, Beschluss vom 24.10.2019 – 13 Verg 9/19 m.w.N.; a.A. OLG Rostock, Beschluss vom 25.9.2013 – 17 Verg 3/13.

geber vor Zuschlagserteilung von bekanntgemachten Bedingungen für das Vergabeverfahren abgewichen ist und dies Bietern nicht transparent mitgeteilt hatte.

Schließlich kann es auch nicht auf rein faktische Änderungen ankommen, welche jedoch ohne Auswirkung auf die per Zuschlag vereinbarten Vertragsregelungen bleiben. Derartige Änderungen ohne Vertragsanpassung lösen mangels Wesentlichkeit nach der Rechtsprechung ebenfalls keine erneute Ausschreibungspflicht aus.[144]

Aus § 29 Abs. 2 Satz 1 VgV, welcher bestimmt, dass die VOL/B (Fassung 2003) auch weiterhin als Allgemeine Vertragsbedingungen standardmäßig in den Vertrag einzubeziehen sind, folgt darüber hinaus, dass § 2 Nr.1 VOL/B vertragsrechtliche Grundlage für die Änderung des ursprünglich oberschwellig vergebenen Liefer-/Dienstleistungsvertrages ist, es sei denn, es wurde ein eigenes Vertragswerk konzipiert oder auf ein vorgegebenes Muster zurückgegriffen (z.B. Vergabehandbuch des Bundes – VHB). Für die Änderung ursprünglich unterschwellig vergebener Liefer-/Dienstleistungsverträge folgt dies entsprechend aus § 21 Abs. 2 UVgO. Nach umstrittener, aber zutreffender Ansicht handelt es sich mangels hinreichender Bestimmtheit bei § 2 Nr. 1 VOL/B allerdings um keine vergaberechtsfreien „Optionen" i.S.d. § 132 Abs. 2 Satz 1 Nr. 1 GWB bzw. i.S.d. § 47 UVgO.[145]

Praxistipp

Für den Anwendungsbereich der jeweiligen „Änderungsnorm" ist zunächst strikt danach zu differenzieren, ob der Ursprungsauftrag im Ober- bzw. im Unterschwellenbereich vergeben wurde. Ferner muss der Zuschlag bereits erteilt sein und es müssen mit Blick auf den Ursprungsauftrag relevante Vertragsanpassungen vorgenommen werden.

a) Änderung europaweit vergebener Liefer- und Dienstleistungsaufträge (EU-Aufträge)

Mangels vorhandener VgV-Bestimmung ist also auf die übergeordnete gesetzliche Regelung in § 132 GWB (Auftragsänderungen während der Vertragslaufzeit) zurückzugreifen[146].

§ 132 GWB folgt dem Grundverständnis, dass wesentliche Änderungen eines öffentlichen Auftrages während der Vertragslaufzeit stets ein neues Vergabeverfahren erfordern, vgl. § 132 Abs. 1 Satz 1 GWB.[147]

Welche Änderungen „wesentlich" sind, konkretisieren sodann § 132 Abs. 1 Satz 2 und 3 GWB.[148] Danach darf sich der veränderte Auftrag grundsätzlich nicht erheblich vom Ur-

144 VK Bund, Beschluss vom 26.6.2019 – VK 2-34/19.

145 Vgl. *Geitel/Jansen*, in: Röwekamp/Kus/Portz/Prieß, GWB-Kommentar, 5. Aufl. 2020, § 132 Rn. 93 m.w.N.

146 Vgl. ausführlich hierzu mit vielen weiteren Beispielen die Kommentierung von *Geitel/Jansen*, in: Röwekamp/Kus/Portz/Prieß, GWB-Kommentar, 5. Aufl. 2020, § 132 Rn. 1 ff..

147 Vgl. dazu im Übrigen OLG Düsseldorf, Beschluss vom 16.6.2023 - Verg 29/22 zur Frage der Anwendbarkeit von § 132 GWB auf ursprünglich ausschreibungsfreie Inhouse-Konstellationen i.S.v. § 108 GWB (EuGH-Vorlage); EuGH, Urteil vom 7.12.2023 – Rs. C-441/22 zum mangelnden Schriftformerfordernis für wesentliche Auftragsänderungen i.S.d. § 132 GWB; Czaki/Sieber, ZfBR 2023, 329 zur fehlenden Anwendbarkeit von § 132 GWB auf (vertragliche/gesetzliche) Preisanpassungsansprüche bei gestörter Geschäftsgrundlage i.S.d. § 313 BGB.

148 Vgl. OLG Düsseldorf, Beschluss vom 26.1.2022 – Verg 30/21 zur „Wesentlichkeit" i.S.v. § 132 Abs. 1 GWB und zur „Änderung des Gesamtcharakters" i.S.d. § 132 Abs. 2 Satz 1 Nr. 1, 3 GWB.

sprungsauftrag unterscheiden, was insbesondere in den § 132 Abs. 1 Satz 3 Nr. 1-4 GWB genannten Konstellationen der Fall ist. Vereinfacht gesprochen ist eine Änderung danach immer dann wesentlich, wenn der ursprünglich vergebene EU-Auftrag durch seine Änderung eine neue wettbewerbliche Relevanz entfacht. Dahinter steht der Gedanke, dass sich voraussichtlich weitere Bewerber/Bieter um den Auftrag beworben hätten, wenn er ursprünglich mit der Änderung – mithin auch wirtschaftlich attraktiver – ausgeschrieben worden wäre.

Ein Ausschluss der Wesentlichkeit der jeweiligen Änderung auf Grundlage von § 132 Abs. 1 GWB – welcher mit vielen unbestimmten Rechtsbegriffen gespickt ist – erscheint oftmals schwierig zu prüfen und ist dementsprechend auch vergleichsweise anfällig für die anschließende Überprüfung durch den Zuwendungsgeber. Daher sollten zunächst die beiden Abs. 2 und 3 des § 132 GWB geprüft werden, welche unabhängig von Abs. 1 Ausnahmen von der Neuausschreibungspflicht einer Auftragsänderung enthalten. Mit anderen Worten: Kann das fehlende Neuausschreibungserfordernis bereits nachvollziehbar auf Grundlage von Abs. 2 und/oder von Abs. 3 begründet werden, kommt es auf eine Prüfung nach Abs. 1 nicht mehr an.

Dementsprechend empfiehlt sich, in einem 1. Schritt die Norm des § 132 Abs. 2 GWB zu prüfen, um festzustellen, ob der konkrete Nachtrag womöglich bereits unter eine der dort in Satz 1 Nr. 1-4 genannten Regelausnahmen subsumiert werden kann. Generell ist im Rahmen dieser Prüfung dann jeweils die aktuelle Rechtsprechung zu berücksichtigen, da zu beobachten ist, dass sich nun sukzessive auch zu den Regelausnahmen des „neuen" § 132 GWB eine nachhaltige Spruchpraxis der Nachprüfungsinstanzen etabliert.[149]

Soweit sich ein Zuwendungsempfänger zur Begründung des fehlenden Neuausschreibungserfordernisses für den Nachtrag auf die Regelausnahmen in § 132 Abs. 2 Satz 1 Nr. 2 bzw. Nr. 3 GWB beruft, ist als zusätzliches Korrektiv allerdings zusätzlich die „50%-Grenze" des § 132 Abs. 2 Satz 2 GWB zu berücksichtigen. Diese ist dann – wiederum tendenziell günstig – bis zur Grenze des vergaberechtlichen Umgehungsverbotes für jeden weiteren Nachtrag „unverbraucht" erneut zu beachten ist. Ferner sind beide Ausnahmen dann unter Verwendung des einschlägigen EU-Standardmusters nach § 132 Abs. 5 GWB (nachträglich) im EU-Amtsblatt bekanntzumachen, vgl. § 39 Abs. 5 VgV. Soweit der Zuwendungsempfänger nach den zuwendungsvergaberechtlichen Bestimmungen die Sektorenverordnung (SektVO) zu beachten hat, etwa als gefördertes Verkehrs- oder Energieunternehmen, kommt ihm abweichend hiervon das Privileg aus § 142 Nr. 3 GWB zugute, wonach die vorgenannte „50 %-Grenze" von ihm grundsätzlich nicht zu beachten ist. Wenngleich damit keine kodifizierte Grenze gilt, wird zur Wahrung des Missbrauchsverbots immer wieder gefordert, dass Nachträge im Sektoren-

149 Vgl. etwa BayObLG, Beschluss vom 21. 2.2024 – Verg 5/23 zum ausschreibungspflichtigen „Ersetzen" des Auftragnehmers i.S.d. § 132 Abs. 1 Satz 3 Nr. 4 GWB bei kündigungsbedingter Ersatzvornahme, nachdem dort kein privilegierter Fall des § 132 Abs. 2 Satz 1 Nr. 4 GWB vorlag und auch eine Anwendung von § 132 Abs. 2 Satz 1 Nr. 3 verneint wurde sowie dazu *Walter*, VergR 2022, 162, der das Problem einer Neuausschreibungspflicht durch einen Rückgriff auf die Angebote aus dem vorangehenden Vergabeverfahren löst, namentlich gestützt auf eine sog. „Überprüfungsklausel" i.S.d. § 132 Abs. 2 Satz 1 Nr. 1 Var. 1 GWB; OLG Frankfurt, Beschluss vom 24.11.2022 - 11 Verg 5/22 zur „Unvorhersehbarkeit" einer Vertragsverlängerung i.S.d. § 132 Abs. 2 Nr. 3 GWB; EuGH, Urteil vom 3. 2.2022 – Rs. C-461/20 zum Vorliegen einer vergaberechtsfreien „Umstrukturierung" i.S.d. § 132 Abs. 2 Nr. 4 lit. b) bei Verwertung nach Insolvenz des ursprünglichen Auftragsnehmers.

bereich ebenfalls einer wertmäßigen Grenze unterliegen müssen, wobei diese nach Auffassung des Autors frühestens bei 70 % des Ursprungswertes beginnen dürfte.

Soweit § 132 Abs. 2 GWB als tragfähige Begründung ausscheidet, sollte die Auftragsänderung in einem 2. Schritt sodann auf Grundlage der sog. „Bagatellklausel" in § 132 Abs. 3 GWB überprüft werden. Hierbei handelt es sich um eine rein wertmäßige Betrachtung anhand bestimmter Wertgrenzen. Ein Nachtrag ist hiernach ausschreibungsfrei, wenn sein Wert unterhalb des für Liefer- und Dienstleistungen einschlägigen Schwellenwertes liegt (Abs. 3 Satz 1 Nr. 1) und der Wert des Ursprungsauftrages hierdurch um nicht mehr als 10 % erhöht wird (Abs. 3 Satz 1 Nr. 2).

Nach § 132 Abs. 3 Satz 2 GWB sind die einzelnen Nachtragswerte fortlaufend bis zu dieser Grenze zu addieren. Kurzum: Erreicht die Addition der Nachtragswerte die nach § 132 Abs. 3 Nr. 2 GWB relevante Bagatellgrenze, scheidet die Bagatellklausel als Rechtfertigung eines vergaberechtsfreien Nachtrages aus.

Praxistipp

§ 132 GWB sollte am besten in der Reihenfolge Abs. 2 (Regelausnahmen), Abs. 3 (Bagatellgrenzen), Abs. 1 (Generalklausel) geprüft werden. Dabei ist stets eine sehr sorgfältige Prüfung der jeweiligen Tatbestandsmerkmale unter Berücksichtigung der einschlägigen Vergaberechtsprechung und Kommentarliteratur angezeigt. Im Sektorenbereich sollte der Zuwendungsempfänger zusätzlich die privilegierende Vorschrift des § 142 Nr. 3 GWB kennen. Zu empfehlen ist im Übrigen insbesondere die Aufnahme klarer, genauer und eindeutig formulierter „Überprüfungsklauseln" bzw. „Optionen" iSd § 132 Abs. 2 Satz 1 Nr. 1 GWB in die ursprünglichen Vergabe- und Vertragsunterlagen. Sind solche vorhanden, wird der Auftraggeber für seine Weitsicht dahingehend belohnt, dass die spätere Nachtragsvereinbarung im Rahmen des vorab umrissenen Änderungsszenarios (Überprüfungsklausel) bzw. sein (einseitiger) Leistungsabruf (Option) vergaberechtsfrei sind. Erfahrungsgemäß machen Zuwendungsempfänger in der Praxis gerade von Überprüfungsklauseln viel zu wenig Gebrauch und nehmen sich dadurch die notwendige Flexibilität für eine ausschreibungsfreie Fortsetzung der erfolgreichen Zusammenarbeit mit dem bewährten Bestandsauftragnehmer.

Für die Änderung von Verträgen über freiberufliche Leistungen (Planer, Rechtsanwälte, etc.), also insbesondere für Planerleistungen, welche nach dem 6. Abschnitt der VgV vergeben werden, gilt § 132 GWB übrigens gleichermaßen. Rechtsgrundlage für die Änderung des Ursprungsvertrages mit freiberuflich Tätigen ist gem. § 29 Abs. 2 Satz 2 VgV allerdings nicht die VOL/B, sondern vielmehr das eigens erstellte Vertragswerk oder Vertragsmuster.

Praxistipp

Besonders praxisrelevant sind Planer-Nachträge bei langjährigen und großvolumigen Bauprojekten, deren Anforderungen regelmäßig vielfache Änderungen und/oder Zusätze erfahren. Angesichts des – verglichen mit dem Baubereich – vergleichsweise niedrigen EU-Schwellenwertes für (freiberufliche) Dienstleistungen wird dieser Grenzwert oftmals bereits allein durch den Wert eines einzigen Planer-Nachtrags – spätestens aber deren Summe – überschritten. Damit scheidet eine Begründung über § 132 Abs. 3 GWB (Baga-

tellklausel) vielfach aus, sodass sich die Nachtragsbegründung in der Praxis v.a. auf die vergaberechtlich privilegierten Regelausnahmen des § 132 Abs. 2 GWB fokussieren sollte, bevor notfalls in eine Rechtfertigung auf Grundlage der Generalklausel des § 132 Abs. 1 GWB eingestiegen werden muss.[150]

b) Änderung national vergebener Liefer- und Dienstleistungsaufträge (nationale Aufträge)

Vorgaben zur Änderung ursprünglich national vergebener Liefer- und Dienstleistungsaufträge enthält § 47 UVgO[151]. Verglichen mit der VOL/A, welche von der UVgO zwischenzeitlich sowohl auf Bundesebene als auch in den meisten Bundesländern abgelöst wurde und was sich folglich vielfach – aber nicht immer – auch an einer entsprechend aktualisierten „UVgO-Vergabeauflage" für unterschwellige Liefer- und Dienstleistungsvergaben zeigt, findet sich dieser Themenkomplex auch für den Unterschwellenbereich erstmalig geregelt.

Hierzu wird – regelungstechnisch für die gesamte UVgO charakteristisch – in § 47 Abs. 1 UVgO im Wesentlichen auf die Vorgaben von § 132 GWB verwiesen, konkret auf dessen Abs. 1, 2 und 4.

Mit Blick auf § 132 Abs. 3 GWB (Bagatellklausel) bestimmt § 47 Abs. 2 UVgO in modifizierter Form, dass Auftragsänderungen so lange vergaberechtsfrei sind, soweit sich der Gesamtcharakter des Auftrages nicht ändert und der Wert der Änderung nicht mehr als 20 % des Wertes des Ursprungsauftrages beträgt. Dementsprechend muss der Wert des jeweiligen Nachtrages unterschwellig sein und die Summe aller unterschwelligen Nachträge darf 20 % des Ursprungswertes nicht überschreiten. Verglichen mit dem Oberschwellenbereich wurde damit die Bagatellgrenze von 10 % (vgl. § 132 Abs. 3 Nr. 2 GWB) auf 20 % des Ursprungswertes erhöht, um den Besonderheiten des privilegierten Unterschwellenbereiches entsprechend Rechnung zu tragen.

Den UVgO-Erläuterungen des Bundeswirtschaftsministeriums (BMWi) vom 07.02.2017[152] ist darüber hinaus zu entnehmen, dass § 47 Abs. 2 UVgO im Übrigen auch Aufträge erfasst, die bereits voll erfüllt oder abgewickelt worden sind und damit auch Nachbestellungen im Anschluss an einen bestehenden Vertrag erfasst sind. Auf eine Einschränkung wie im Oberschwellenbereich, wonach die Auftragsänderung noch während der Vertragslaufzeit erfolgen muss, wurde für den Unterschwellenbereich damit bewusst verzichtet, wie sich insoweit bereits aus der Überschrift von § 47 UVgO („Auftragsänderung") ergibt.

Schließlich bedarf es – mangels Verweises in § 47 Abs. 1 UVgO auf § 132 Abs. 5 GWB – auch keiner anschließenden Vergabebekanntmachung, d.h. soweit ein ausschreibungsfreier Nachtrag auf Grundlage von § 47 Abs. 1 UVgO i.V.m. § 132 Abs. 2 Satz 1 Nr. 2 bzw. Nr. 3 GWB begründet wird.

---

150 Vgl. *Geitel/Jansen*, in: Röwekamp/Kus/Portz/Prieß, GWB-Kommentar, 5. Aufl. 2020, § 132 Rn. 87 ff. mit weiteren Beispielen, auch für den Planerbereich.

151 Vgl. ausführlich auch hierzu mit weiteren Beispielen die Kommentierung von *Geitel/Jansen*, in: Röwekamp/Portz/Friton, UVgO-Kommentar, 2. Aufl. 2023, § 47 Rdnr. 1 ff.

152 Vgl. UVgO-Erläuterungen des BMWi vom 7.2.2017, BAnZ AT 7.2.2017 B2, dort S.13.

Für freiberufliche Leistungen (Planer, Rechtsanwälte, etc.) gilt § 47 UVgO nicht. Denn diese werden ohne Bindung an die übrigen Vorschriften der UVgO[153] ausschließlich nach § 50 UVgO vergeben – und dementsprechend wohl auch geändert.[154]

Bei § 50 UVgO, welcher erstmals die Vergabe freiberuflicher Leistungen im Unterschwellenbereich regelt (in der VOL/A existierte hierzu keine Regelung), handelt es sich bei genauerer Betrachtung um eine sehr rudimentär gehaltene Regelung („grundsätzlich im Wettbewerb zu vergeben"... „dabei so viel Wettbewerb wie möglich"), welche zunächst nur Vorgaben für die Vergabe – nicht aber für die Änderung – des freiberuflichen Ursprungsauftrages enthält.

Zu berücksichtigen im Rahmen der Schätzung des ursprünglichen Auftragswertes ist das – nach Streichung von § 3 Satz 7 Satz 2 VgV a.F. – nunmehr auch für Planungsleistungen als freiberufliche Dienstleistungen geltende „Additionsgebot" (§ 3 Abs. 7 VgV). Dessen Einhaltung führt bei Bauprojekten mit einem Gesamtbauvolumen ab ca. 1 Mio. € tendenziell aus dem Anwendungsbereich von § 50 UVgO heraus, soweit nicht zulässig vom nationalen „20%-Kontingent" (§ 3 Abs. 9 VgV) Gebrauch gemacht wird, um das Planerlos gleichwohl national zu vergeben.

Ausgehend hiervon mag sich der Zuwendungsempfänger bei der Änderung eines ursprünglich nach § 50 UVgO vergebenen Vertrages über freiberufliche Leistungen vergleichsweise frei verhalten dürfen.[155] Gleichwohl sollte zur Vermeidung eines aus nachträglicher Sicht des Zuwendungsgebers vermeintlich willkürlichen Änderungsverhaltens zumindest vorsorglich in Anlehnung an § 47 UVgO verfahren werden, um ernsthafte Rückforderungsrisiken zu minimieren. Mit Blick auf § 50 UVgO empfiehlt sich ohnehin dringend, stets zu prüfen, ob der Zuwendungsgeber für die Vergabe – und ggf. auch Änderung – freiberuflicher Leistungen konkretisierende Vorgaben gemacht hat, welche entweder bereits in der Vergabeauflage oder aber in weiteren konkretisierenden Bestimmungen (Vergabeleitfaden, etc.) enthalten sein können. Denn erfahrungsgemäß sind behauptete Vergabeverstöße bei der Vergabe – und somit auch Änderung – freiberuflicher Leistungen im Unterschwellenbereich ein sehr beliebtes Streitfeld mit dem Zuwendungsgeber, sodass der Zuwendungsempfänger gerade in diesem Bereich mit größter Sorgfalt und Vorsicht verfahren sollte. Wie im Oberschwellenbereich scheidet dabei im Übrigen die VOL/B als Rechtsgrundlage für die Änderung des Ursprungsvertrages mit freiberuflich Tätigen aus, vgl. § 21 Abs. 2 UVgO.

Wird insoweit etwa ein Architekturbüro (national) zunächst mit der Planung einer Kindertagesstätte beauftragt, stellt die (nationale) – bei gebotener funktionaler Betrachtung des Auftrages schwellenwertüberschreitende – Erweiterung des Vorhabens auf Planungsleistungen für eine zusätzlich zu integrierende Ganztagesbetreuung von Schülern eine wesentliche Auftragsänderung i.S.d. § 132 Abs. 1 GWB dar, sodass der gesamte – lediglich national vergeben und erweiterte – Planungsauftrag dann europaweit auszuschreiben ist[156]. Derartige Konstellationen sind in der Praxis der Zuwendungsempfänger häufig anzutreffen, d.h. die nach der

153 Vgl. UVgO-Erläuterungen des BMWi vom 7.2.2017, BAnZ AT 7.2.2017 B2, dort S.14.

154 z.T. enthalten die jeweiligen „UVgO-Modifikationen" der Länder und dementsprechend ggf. auch die zuwendungsvergaberechtlichen Vorgaben insoweit allerdings abweichende Bestimmungen, was somit stets im Vorfeld vom Zuwendungsempfänger sorgfältig geprüft werden sollte.

155 Vgl. *Geitel/Jansen*, in: Röwekamp/Portz/Friton, UVgO-Kommentar, 2. Aufl. 2023, § 50 Rdnr. 125.

156 Vgl. VK Baden-Württemberg, Beschluss vom 7.6.2018 – 1 VK 10/18.

einschlägigen Vergaberechtsprechung bestehenden Grenzen sind auch im (vermeintlich) unterschwelligen Planerbereich stets zu beachten.

2. Änderung von Bauaufträgen

Die Ausschreibungsfreiheit von Änderungen ursprünglich europaweit vergebener Bauaufträge richtet sich nach § 22EU VOB/A 2016, diejenige ursprünglich national vergebener Bauaufträge (privilegiert) nach § 22 VOB/A 2019.

Wie die Praxis zeigt, übersteigt insoweit die Zahl der Nachträge am Bau diejenige der Nachträge im Liefer- und Dienstleistungsbereich um ein Vielfaches. Auftragsänderungen auf Grundlage der im Oberschwellenbereich nach § 9EU Abs. 1 Satz 1 VOB/A 2016 bzw. im Unterschwellenbereich gem. § 8a Abs. 1 Nr. 1 VOB/A 2019 standardmäßig mit dem Auftragnehmer zu vereinbarenden VOB/B sind also gerade beim öffentlich geförderten Bau an der Tagesordnung.

Rechtsgrundlage für die Anordnung geänderter Leistungen durch den Zuwendungsempfänger ist insoweit § 1 Abs. 3 VOB/B, zusätzliche Leistungen können von ihm einseitig auf Grundlage von § 1 Abs. 4 Satz 1, 2 VOB/B angeordnet werden. Nach umstrittener, aber zutreffender Ansicht handelt es sich mangels hinreichender Bestimmtheit hierbei allerdings um keine vergaberechtsfreien „Optionen" i.S.d. § 132 Abs. 2 Satz 1 Nr. 1 GWB bzw. gleichermaßen i.S.d. § 22EU Abs. 2 Nr. 1 VOB/A.[157]

Praxistipp

▶ *Für den Anwendungsbereich der jeweiligen „Änderungsnorm Bau" ist wiederum zunächst strikt danach zu differenzieren, ob der Ursprungsauftrag im Ober- bzw. Unterschwellenbereich vergeben wurde.*

a) Änderung europaweit vergebener Bauaufträge (EU-Aufträge)

§ 22EU VOB/A 2016 als relevanter Maßstab zur Bewertung der Ausschreibungsfreiheit von Auftragsänderungen (Nachträgen) zu ursprünglich europaweit vergebenen Bauaufträgen entspricht wortgleich der Vorschrift des § 132 GWB, sodass insoweit nahezu einschränkungslos auf die vorstehenden Ausführungen[158] verwiesen werden kann, indes mit dem Unterschied, dass die nach § 132 Abs. 3 Nr. 2 GWB relevante Bagatellgrenze für vergaberechtsfrei geänderte EU-Bauaufträge nicht nur 10% (Liefer-/Dienstleistungen), sondern sogar 15 % des Ursprungswertes beträgt, was letztendlich den deutlich höheren Auftragswerten am Bau geschuldet ist.

157 Vgl. *Geitel/Jansen*, in: Röwekamp/Kus/Portz/Prieß, GWB-Kommentar, 5. Aufl. 2020, § 132 Rn. 94 ff. m.w.N.

158 Vgl. vorstehend unter Ziff. D.I.1.a) – Änderung ursprünglich europaweit vergebener Liefer- und Dienstleistungsaufträge (EU-Aufträge).

b) Änderung national vergebener Bauaufträge (nationale Aufträge)

Verglichen mit der Oberschwellenregelung des § 22EU VOB/A 2016 hat der Unterschwellenbereich in Gestalt von § 22 VOB/A 2019 hingegen eine spürbare Privilegierung erfahren, welche jeder Zuwendungsempfänger kennen sollte:

Denn nach § 22 VOB/A 2019 erfordern „Vertragsänderungen nach den Bestimmungen der VOB/B kein neues Vergabeverfahren". Hiermit ist gemeint, dass (unterschwellige) Nachträge, welche der Zuwendungsempfänger auf Grundlage von § 1 Abs. 3 VOB/B (geänderte Leistungen) bzw. § 1 Abs. 4 Satz 1 VOB/B (zusätzliche Leistungen, auf die der Betrieb des AN eingerichtet ist) einseitig gegenüber seinem Bestandsauftragnehmer anordnet, grundsätzlich kein erneutes Vergabeverfahren erfordern.

Freilich sollte man diese praxisorientierte Erleichterung für den Großteil aller Bauaufträge (ca. 90 % aller Bauvergaben erfolgen im Unterschwellenbereich) nicht als uneingeschränkten „Persilschein" verstehen. Auch insoweit dürfte im Lichte des vergaberechtlichen Umgehungsverbotes von jedem Zuwendungsempfänger als Faustregel zu beherzigen sein, dass ein Neuausschreibungserfordernis spätestens dann droht, sobald die Summe aller Nachträge den EU-Schwellenwert für Bauleistungen für Bauleistungen erreicht. Denn es kann und darf jedenfalls nicht sein, dass sich ein ursprünglich national vergebener Bauauftrag allein durch die Summe seiner Nachträge in einen EU-relevanten Bereich hinein entwickelt. Dies würde dem Missbrauch von § 22 VOB/A 2019 Tür und Tor öffnen.

Eine Einschränkung enthält § 22 VOB/A 2019 gleichwohl, indem jedenfalls „Vertragsänderungen nach § 1 Abs. 4 Satz 2 VOB/B" von der privilegierenden Wirkung ausgenommen sind. Derartige Nachträge („andere Leistungen") kann der Zuwendungsempfänger gerade nicht einseitig anordnen, sondern Bedarf hierzu der Zustimmung seines Bestandsauftragnehmers. Zur vergaberechtlichen Bewertung ihrer Neuausschreibungspflicht empfiehlt sich folgerichtig eine Beurteilung in Anlehnung an die (strengere) Oberschwellenregelung des § 22EU VOB/A (= § 132 GWB).[159]

Praxistipp

Anders als im Liefer- und Dienstleistungsbereich ist im Baubereich nicht nur zwischen Ober- und Unterschwellenbereich, sondern im Unterschwellenbereich auch zwischen der einschlägigen vertraglichen „Änderungsnorm" – dem jeweiligen VOB-Anordnungsrecht – zu differenzieren, wobei dann tendenziell ohne erneute Ausschreibung verfahren werden kann.

II. Fehlende Dokumentation der Nachträge

Ausgehend von Vorstehendem dürfte es jedem Zuwendungsempfänger mehr als einleuchten, dass gerade der Bereich der Auftragsänderungen einem gesteigerten Dokumentationserfordernis unterliegt. Denn dieser Themenbereich ist nicht nur besonders praxisrelevant, sondern auch besonders fehleranfällig. Dies wissen viele Zuwendungsgeber, was sich in der Zu-

159 Vgl. *Geitel/Jansen*, in: Röwekamp/Kus/Portz/Prieß, GWB-Kommentar, 5. Aufl. 2020, § 132 Rn. 94 ff. m.w.N.

wendungspraxis nicht zuletzt daran zeigt, dass Zuwendungsempfänger hierfür bereits entsprechende Muster (z.B. zum Download, etc.) bereitgestellt werden, um eine „Nachtragsbegründung gemäß Formblatt" vorzunehmen.

Einschlägige „Dokumentationsnorm" für die Änderung eines ursprünglich europaweit vergebenen Liefer- bzw. Dienstleistungsauftrages ist § 8 VgV. Soll ein ursprünglich national vergebener Auftrag in diesem Bereich geändert werden, ist § 6 UVgO (bzw. § 20 VOL/A) als Maßstab zu beachten. Im Baubereich gilt für die Vergabedokumentation von Nachträgen (Auftragsänderungen) zu ursprünglich europaweit vergebenen Bauaufträgen wiederum § 8 VgV, auf welchen § 20EU VOB/A 2016 uneingeschränkt verweist. Nachträge zu ursprünglich national vergebenen Bauaufträgen werden auf Grundlage von § 20 VOB/A 2019 dokumentiert.

Insbesondere dann, wenn also auf eine Neuausschreibung verzichtet werden soll, sollte der Zuwendungsempfänger dies auf Grundlage der einschlägigen „Änderungsnorm" besonders gründlich im Vergabevermerk dokumentieren, um spätere Mittelkürzungen zu vermeiden. Die Vergabedokumentation über jeden Nachtrag sollte sodann stets zum geänderten Hauptauftrag genommen werden, um eine einheitliche Überprüfung zu ermöglichen.

Für Zuwendungsempfänger ist ein gutes Nachtragsmanagement von großer Bedeutung, da sie insbesondere bei der im Verhältnis zum Hauptauftrag häufig hohen Zahl an Nachträgen den Überblick im Laufe der Förderprojekte verlieren. In der Förderpraxis können die Zuwendungsempfänger dem Zuwendungsgeber im Rahmen der Verwendungsnachweisprüfung erfahrungsgemäß oftmals keine vollständige bzw. nachvollziehbare Übersicht über die einzelnen Nachträge, geschweige denn über den Gesamtwert der Nachträge vorlegen.

Hierzu exemplarisch folgender Praxisfall: Der Zuwendungsempfänger hatte zunächst einen Hauptauftrag in Höhe von ca. 1 Mio. € vergeben. Da Änderungsbedarf im laufenden Projekt entstand, hatte er anschließend eine Vielzahl von Nachträgen an den Bestandsauftragnehmer direkt vergeben und dies pauschal damit begründet, dass es sich jeweils doch nur um unwesentliche Auftragsänderung gehandelt habe. Eine Übersicht mit den genauen Nachtragsbeträgen nebst vergaberechtlicher Begründung konnte er indes nicht vorlegen. In der Verwendungsnachweisprüfung stellte sich dann letztendlich heraus, dass die Nachträge, die der Zuwendungsempfänger jeweils als unwesentlich begriff, in Summe tatsächlich einen Gesamtwert von zusätzlichen 2 Mio. Euro ergaben. Dies bedeutete, der Zuwendungsempfänger hatte im Verhältnis zum Hauptauftrag also einen zusätzlichen Wert von 200 % (!) an Nachträgen in Auftrag gegeben, was in der Abrechnung schwerwiegende Folgen hatte, weil nahezu sämtliche mit den Nachträgen verbundene Ausgaben wegen schwerer Vergabeverstöße von der Förderung ausgeschlossen wurden.

Praxistipp

! *Jede Auftragsänderung (Nachtrag) ist nicht nur anhand der einschlägigen Vorgaben vergaberechtlich zu bewerten, sondern der Umgang mit ihr ist stets gründlich zu dokumentieren, um dies für die spätere Verwendungsnachweisprüfung zur Dokumentation des Hauptauftrages zu nehmen. Zuwendungsgeber halten hierfür in vielen Fällen bereits entsprechende Muster (z.B. zum Download, etc.) bereit, sodass Zuwendungsempfänger deren Existenz für den späteren Einsatz im Projekt bzw. innerhalb ihrer Institution rechtzeitig prüfen bzw. erfragen sollten.*

Abschluss der Förderung[1]

Übersicht

1 *Hinweis zum Bearbeiterwechsel:* Der in der Vorauflage dieses Buches (Bd. 65 der Schriftenreihe) erstellte Beitrag zu „Abschluss der Förderung" wurde dankenswerterweise von *Frau Dagmar Baecker* zur aktuellen Fortschreibung durch Herrn *Dr. Thomas Jedlitschka* zur Verfügung gestellt.

A. Inhaltlicher Überblick und Bearbeitungshinweise

I. Inhaltlicher Überblick

In diesem Abschnitt wird diejenige Förderphase besprochen, die sich an die Bewilligung und die Prüfung der zweckentsprechenden Verwendung (Verwendungsnachweisprüfung) anschließt. Hier wird festgelegt, in welchem Umfang Ausgaben anerkannt und zur Förderung zugelassen werden können. Dabei wird z.B. auch entschieden, in welchem Umfang die ursprüngliche Bewilligung aufrechterhalten werden kann. Eine besondere Rolle spielen dabei die Kürzungstatbestände[2] im Zusammenhang mit Verstößen gegen das öffentliche Vergaberecht. Sowohl das nationale als auch das Haushaltsrecht der Europäischen Union sehen dafür besondere Regelungen vor.

II. Bearbeitungshinweise

In den folgenden Abschnitten werden neben grundsätzlichen Darstellungen auch konkrete *Spezialthemen* behandelt, die in der Förderpraxis häufig eine Rolle spielen.

Dabei wird sowohl die Perspektive des Zuwendungsgebers als auch die des Zuwendungsnehmers beleuchtet.

Der folgende *Beispielsfall dient als roter Faden* bei der Arbeit mit diesem Kapitel. Er bietet eine *Orientierung für die Übertragung in Ihre Zuwendungspraxis.*

Beispiel

Der Sachverhalt: *Der Zuwendungsnehmer ist öffentlicher Auftraggeber. Ihm wurde eine Zuwendung zur Erstellung einer Webseite mit einer interaktiven Datenbank seiner Sportangebote bewilligt. Die Zuwendung sollte neben nationalen auch mit EU-Mitteln erfolgen. Für die Beauftragung eines IT-Unternehmens waren 25.000 € als (Netto-)Ausgaben förderfähig. Nach einer konkreten Verpflichtung im Zuwendungsbescheid muss der Zuwendungsnehmer das für ihn geltende Vergaberecht anwenden; insoweit wurde auf die einschlägigen, vergaberechtlichen Bestimmungen Bezug genommen. Die Prüfung der eingereichten Unterlagen ergab, dass der Auftrag direkt vergeben wurde. Zu Recht?*

Der vergaberechtliche Verstoß nach UVgO – ein Beurteilungsvorschlag im Überblick: *Der Ausnahmetatbestand nach* ***§ 14 UVgO***[3]*, wonach eine Direktvergabe bis 1.000 € möglich ist, kommt hier nicht zur Anwendung, da der zulässige Grenzwert von 1.000 € überschritten war. Auch die im Dezember 2024 per Kabinettsbeschluss befristet angehobene Wertgrenze für Liefer- und Dienstleistungen des Bundes auf 15.000 €*[4] *führt im Beispielsfall zu keinem anderen Ergebnis. Zwar gibt es auch bei der Verhandlungsvergabe Möglichkeiten, mit nur einem Bieter zu verhandeln oder nur ein Unternehmen zur Angebotsabgabe aufzufordern. Dabei handelt es sich nach* ***§ 8 Abs. 4 i.V.m. § 12 Abs. 3 UVgO*** *allerdings wieder um eng auszulegende Ausnahmetatbestände, die im Beispielsfall nicht zur Anwendung kommen.*

2 Das EU-Haushaltsrecht spricht von Korrekturen oder Finanzkorrekturen.

3 In den Ländern sind teilweise andere Grenzwerte vorgesehen. Z.B. in Hessen: 10.000 €: Ziffer 2.2 Vergabeerlass Hessen, Bekanntmachung vom 10.08.2021 (StAnz. 34/2021).

4 https://forum-vergabe.de/wp-content/uploads/2025/01/MI012025-N-Bekanntmachung-Abweichende-VV-Vereinfachg-USB-BAnz-AT-24.12.2024-B1.pdf.

Hinweis

*Auf dem Weg zum **rechtssicheren Umgang** mit dem Vergabeverstoß bieten folgende Fragen Ideen für eine **Selbstkontrolle** bei der Bearbeitung eines **Prüfpfads**:*

- *Ist der Zuwendungsnehmer grundsätzlich verpflichtet, das öffentliche Vergaberecht einzuhalten?*[5]
- *Wenn ja: in welchem Umfang muss der Zuwendungsnehmer das öffentliche Vergaberecht beachten?*[6]
- *Wie und auf welcher Grundlage wird der Umfang der Kürzung bestimmt?*[7]
- *Welche Rolle spielen dabei Art und Schwere des Vergabeverstoßes?*[8]
- *Welche vergaberechtlichen Beurteilungsspielräume gibt es?*[9]
- *Welche Rolle spielen Ermessen, unterschiedliche Interessen, Besonderheiten des Einzelfalls?*[10]
- *Welche Besonderheiten sind bei EU-finanzierten Zuwendungen zu beachten?*[11]
- *Wie entscheiden die Zuwendungsgeber über die Kürzung (Widerruf, Rücknahme oder Schlussbescheid)?*[12]
- *Wie können die Zuwendungsgeber ihren Erstattungsanspruch für bereits ausgezahlte Zuwendungsmittel geltend machen?*[13]
- *Welche Rolle spielen dabei Ermessen, unterschiedliche Interessen und Besonderheiten des Einzelfalls?*[14]
- *Müssen Zinsen erhoben werden?*[15]
- *Wenn ja: wie erfolgt die Zinsberechnung bei einer Rückforderung?*[16]
- *Welche Rolle spielen dabei Ermessen, unterschiedliche Interessen und Besonderheiten des Einzelfalls?*[17]
- *Wie (und wann) wird der Zinsanspruch geltend gemacht?*[18]
- *Welche Fristen sind zu beachten?*[19]

5 Siehe B.II. in diesem Kapitel.
6 Siehe B.II. in diesem Kapitel.
7 Siehe C. II., III.in diesem Kapitel.
8 Siehe C.II., III. in diesem Kapitel.
9 Siehe C.II., III. in diesem Kapitel.
10 Siehe C.II., III. in diesem Kapitel.
11 Siehe C.III. in diesem Kapitel.
12 Siehe D.I.1.e), D.I.2.b), D.I.6. b) in diesem Kapitel.
13 Siehe E.IV. in diesem Kapitel.
14 Siehe E.V.2., E.VI.2. in diesem Kapitel.
15 Siehe F.I.2. in diesem Kapitel.
16 Siehe F.II.2. in diesem Kapitel.
17 Siehe F.III.3. in diesem Kapitel.
18 Siehe F.IV.2. in diesem Kapitel.
19 Siehe G. I.4., G.II.3., G.III.4. in diesem Kapitel.

- *Muss vor Bescheiderlass eine Anhörung durchgeführt werden?*[20]
- *Gibt es Vorgaben für die Form und den Inhalt/Aufbau einer Anhörung?*[21]
- *Gibt es Ausnahmen von der Anhörungspflicht?*[22]

Hinweis

*Die **Fragen zur Selbstkontrolle werden in diesem Kapitel anhand des Beispielsfalls** im Anschluss an einzelne Themenabschnitte **beispielhaft beantwortet**. Dabei wird die Einschätzung des Verfassers wiedergegeben. Andere Lösungsmöglichkeiten sind aber nicht ausgeschlossen. **Vor diesem Hintergrund sind die allgemeinen Tipps, Hinweise sowie die Ausführungen zum Beispielsfall als Ideen und Anregungen für den Umgang mit Ihren praktischen Anwendungsfällen gedacht.***

Die rechtlichen Grundlagen, die in diesem Kapitel behandelt werden, befassen sich immer mit einem *Regelfall* und eventuell mit einigen, *häufig vorkommenden Ausnahmen*. Sobald *Ihr konkreter Praxisfall* davon abweicht, ist die *Auslegung* der jeweiligen Regelung erforderlich.

Praxistipp

Ein und derselbe Fall wird aus der Blickrichtung des Zuwendungsnehmers sowie aus derjenigen des Zuwendungsgebers beurteilt.** Ganz gleich, zu welcher Lösung Sie als Zuwendungsnehmer oder Zuwendungsgeber für Ihren konkreten Praxisfall kommen: das Ergebnis muss aus jeder Blickrichtung **nachvollziehbar** sein. Daher ist eine **fachlich und rechtlich fundierte Begründung sowie deren Dokumentation in

- *der Verwaltungsakte des Zuwendungsgebers bzw.*
- *den Antrags- und Verwendungsnachweisunterlagen des Zuwendungsnehmers*

erforderlich.

Nur dann kann sie für eine Verwaltungsprüfung herangezogen werden und eventuell sogar zugunsten des Zuwendungsnehmers als „goldene Brücke" zur Vermeidung von Kürzungen dienen.

20 Siehe H.I.2., H.II.2. in diesem Kapitel.
21 Siehe H.VI. in diesem Kapitel.
22 Siehe H.VII.3. in diesem Kapitel.

B. Einzuhaltende Vergabevorschriften in der Zuwendungsförderung

I. Überblick zu den haushaltsrechtlichen Grundlagen für die Anwendung des öffentlichen Vergaberechts

1. Die unterschiedlichen Rechtsgrundlagen

Ob und welche öffentlichen Vergabevorschriften *grundsätzlich* bei der Verwendung von Zuwendungsmitteln eingehalten werden müssen, wird in unterschiedlichen Rechtsgrundlagen geregelt:

- Verordnungen der EU-Kommission,
- Haushaltsordnungen (vor allem die Verwaltungsvorschriften zu § 44 BHO/LHO und die diese ergänzenden Allgemeinen Nebenbestimmungen)

sowie die diese konkretisierenden

- Förderrichtlinien und ggf. Ausführungsbestimmungen von Bund und Ländern und
- ggf. Entscheidungen von Bewilligungsbehörden.

Hinweis

*Die **EU-Kommission** verweist auf das im jeweiligen Mitgliedsstaat anzuwendende, öffentliche Vergaberecht.*

*Teilweise sehen **Förderrichtlinien, Ausführungsbestimmungen** der Länder bzw. des Bundes oder **Entscheidungen von Bewilligungsbehörden** gegenüber der jeweiligen Haushaltsordnung abweichende Regelungen zur Anwendung des öffentlichen Vergaberechts vor. Sie gehen als **spezielleres Recht** den ANBest bzw. VV zu § 44 BHO/LHO vor.*

2. Der Zuwendungsbescheid als „Ordner" in der Regelungsvielfalt

Auf nationaler Ebene werden bundesweit Art und Umfang der einzuhaltenden vergaberechtlichen Vorgaben für die Zuwendungsförderung *nicht einheitlich* geregelt. *Das gilt vor allem für den Umgang mit Vergaben unterhalb der EU-Schwellenwerte*, für die Bund und Länder unterschiedliche Regelungen vorsehen. Ebenso wenig ist bundesweit einheitlich festgelegt, in welchem Umfang z.B. die ANBest-P(Kosten)/GK/I Gegenstand des Zuwendungsbescheides sein müssen und wann der Zuwendungsgeber selbst als Bewilligungsbehörde z.B. durch „einfache" Regelungen im Bescheid (auch ohne entsprechende Vorgaben des Regelungsgebers) davon abweichen kann.

Hinweis

*Führend wird daher in diesem Themenabschnitt mit dem Haushaltsrecht des Bundes gearbeitet und allgemein auf Abweichungen im Haushaltsrecht der Länder hingewiesen. **Zuwendungsnehmer und Zuwendungsgeber blicken wegen der Regelungsvielfalt***

immer auch auf eventuelle Besonderheiten des jeweils für ihre Fälle einschlägigen Rechts. *Zur Verdeutlichung der unterschiedlichen Möglichkeiten werden teilweise konkrete, landesrechtliche Regelungen herausgegriffen. Die Ausführungen dazu können* ***sinngemäß*** *auf entsprechende Regelungen anderer Länder angewendet werden, wobei dennoch die Umstände des konkreten Einzelfalls im jeweiligen Zuwendungsrechtsverhältnis zu berücksichtigen sind.*

Zur Veranschaulichung der unterschiedlichen Regelungssysteme dient diese Gegenüberstellung für Vergaben **unterhalb** der EU-Schwellenwerte. Dabei werden die Regelungen des Bundes *beispielhaft* mit den Regelungen des Landes Hessen verglichen:

	Anwendbares Vergaberecht unterhalb der EU-Schwellenwerte	Ausnahme durch „einfache" Regelung im Bescheid möglich
Bund	**Ziffer 3.1 ANBest-I:** Gesamtbetrag der Zuwendung > 100.000 Euro: UVgO, VOB/A Teil A Abschnitt 1	ja (Ziffer 5.3.5 VV zu § 44 BHO)
	Ziffer 3.1 ANBest-P: Gesamtbetrag der Zuwendung > 100.000 Euro: UVgO (teilweise), VOB/A Teil A Abschnitt 1	
	Ziffer 3 ANBest-P-Kosten: Soweit möglich sind 3 Angebote einzuholen.	
	Ziffer 3 ANBest-GK: Vergabegrundsätze nach den haushaltsrechtlichen Bestimmungen des Zuwendungsempfängers.	
Land Hessen	**Ziffer 3.1 Absatz 1 ANBest-P/I:** Gesamtbetrag der Zuwendung > 100.000 Euro: Teil 1 des Gemeinsamen Runderlasses zum öffentlichen Auftragswesen (Vergabeerlass) sowie §§ 10 Abs. 3 bis 5, 11 Abs. 1,15 Abs. 1 und 2 des HVTG	nein
	Ziffer 3.1 ANBest-GK: Kommunale Zuwendungsempfänger wenden das für sie geltende Vergaberecht an.	
Andere Bundesländer sehen dazu unterschiedliche, teils konkretisierende Regelungen vor.		

[23]

Fazit:

In Anbetracht der Vielfalt an Regelungsmöglichkeiten wird schon hier die Bedeutung des Zuwendungsbescheides als ***„Ordner" der Regelungsvielfalt*** *deutlich. Die Ausgestaltung von Art und Umfang der Verpflichtung der Zuwendungsnehmer, die öffentlichen Vergabevorschriften anzuwenden, wird regelmäßig über den Zuwendungsbescheid vorgenommen. So* ***ordnet*** *der Zuwendungsgeber dem Zuwendungsnehmer die jeweils einschlägige Verpflichtung z.B. nach der jeweiligen Haushaltsordnung bzw. den Förderrichtlinien zu.*

23 Teilweise wird in den ANBest für Zuwendungsgeber im Land Hessen in Neufassungen bereits auf Teil 1 des Gemeinsamen Runderlasses zum öffentlichen Auftragswesen (Vergabeerlass) sowie die §§ 12 ,13 des HVTG vom 12.07.2021 verwiesen. Dies hängt aber davon ab von der Aktualität der Zuwendungsrechtsverhältnisse ab, die oftmals keine dynamischen Verweisungen enthalten.

II. Auflage zur Einhaltung des öffentlichen Vergaberechts im Zuwendungsbescheid

1. Rechtscharakter und Inhalt von Auflage und Zuwendungsbescheid

Mit dem Zuwendungsbescheid legen die Zuwendungsgeber die Bestimmungen des öffentlichen Vergaberechts fest, die nach

- dem Haushaltsrecht der EU-Kommission,
- den nationalen Haushaltsordnungen,
- den Förderrichtlinien und ggf.
- den Ausführungsbestimmungen oder Entscheidungen der Bewilligungsbehörden[24]

bei der Beschaffung der Leistungen zur Erreichung des Zuwendungsziels zu beachten sind.

Praxistipp

*Als **Faustregel** gilt: Nur das, was im Zuwendungsbescheid steht oder auf das dieser Bezug nimmt, regelt die Rechte und Pflichten von Zuwendungsnehmer und Zuwendungsgeber.*

Unabhängig davon, ob der Zuwendungsbescheid vorläufige oder abschließende Regelungen[25] trifft: es handelt sich jeweils um einen Verwaltungsakt nach **§ 35 VwVfG.**[26]**.**

Die Zuwendungsgeber legen im Zuwendungsbescheid fest, ob und in welchem Umfang die Zuwendungsnehmer bei der Durchführung der Fördermaßnahme das öffentliche Vergaberecht einzuhalten haben.

Das Haushaltsrecht sieht **in Ziffer 5.1 VV zu § 44 BHO/LHO** i.V.m. mit den jeweiligen ANBest vor, dass der Zuwendungsgeber diese Festlegung in Form von Nebenbestimmungen zum Zuwendungsbescheid im Sinne von **§ 36 VwVfG**[27] vorzunehmen hat.

Da die Verpflichtung zur Einhaltung von öffentlichen Vergabevorschriften nach den *ANBest (oder die diese konkretisierenden Förderrichtlinien, Ausführungsbestimmungen, Entscheidungen der Bewilligungsbehörde)* ein konkretes „Tun" vorsieht, ist diese Nebenbestimmung jeweils als **Auflage nach § 36 Abs. 2 Ziffer 4 VwVfG** zu charakterisieren.

Fazit:

*Die Verpflichtung des Zuwendungsnehmers, das öffentliche Vergaberecht bei der Umsetzung des Fördervorhabens zu beachten, wird nach den vorgenannten haushaltsrechtlichen Grundlagen **durch den Zuwendungsbescheid** in folgenden **Rechtsrahmen** gegossen:*

24 Siehe B.I. in diesem Kapitel.
25 Zur Abgrenzung siehe Abschnitt D.I.1. und 2. in diesem Kapitel.
26 Die Landesverwaltungsverfahrensgesetze sehen vergleichbare Regelungen vor.
27 Die Landesverwaltungsverfahrensgesetze sehen vergleichbare Regelungen vor.

- *Bei dem Zuwendungsbescheid handelt es sich um einen Verwaltungsakt nach* **§ 35 VwVfG**.
- *Die Verpflichtung zur Einhaltung der vergaberechtlichen Vorschriften ist eine Nebenbestimmung im Sinne von* **§ 36 VwVfG**. *Sie ist als Auflage im Sinne von* **§ 36 Abs. 2 Ziffer 4. VwVfG** *einzuordnen, die mit dem Zuwendungsbescheid verbunden ist. Denn dem Zuwendungsempfänger wird ein konkretes „Tun" bei der Durchführung der Fördermaßnahme vorgeschrieben.*

2. Gemeinsames Ziel von Zuwendungsgeber und Zuwendungsnehmer

Zuwendungsgeber und Zuwendungsnehmer haben in der Zuwendungsförderung unterschiedliche Aufgaben. Dennoch sitzen sie in einem Boot und verfolgen ein *gemeinsames Ziel: Beide wollen die Fördermaßnahme zum Erfolg führen*. Das gelingt, wenn der Zuwendungszweck unter Einhaltung der zuwendungs- und vergaberechtlichen Vorschriften erreicht wird. Zuwendungsnehmer und Zuwendungsgeber können – jeweils in ihrem Aufgabengebiet – *schon in der Bewilligungsphase* einen wesentlichen Beitrag dazu leisten:

Praxistipp

Zuwendungsgeber *achten bei der Bewilligung darauf, dass alle erforderlichen Regelungen im Zuwendungsbescheid* ***hinreichend klar***[28] *getroffen werden. Dafür wird anhand der o.g. Regelungen und Verwaltungsentscheidungen geprüft und festgelegt, welche Zielgruppe welche vergaberechtlichen Bestimmungen anzuwenden hat. Diese Festlegung wird als* ***unmissverständliche und eindeutige Auflage*** *in den Zuwendungsbescheid aufgenommen.*

Zuwendungsnehmer *lesen den Bewilligungsbescheid aufmerksam von Anfang bis Ende.* ***Offene Fragen*** *z.B. zum Umfang der anzuwendenden vergaberechtlichen Vorschriften werden mit dem Zuwendungsgeber* ***geklärt, bevor mit dem Beschaffungsvorgang begonnen wird****. Denn dann kann eventuell noch korrigierend in die geplanten Abläufe eingegriffen werden.*

3. Kontrollfragen für den Beispielsfall

- Ist der Zuwendungsnehmer grundsätzlich verpflichtet, das öffentliche Vergaberecht einzuhalten?

Im Beispielsfall verpflichtet der *Zuwendungsbescheid als Verwaltungsakt* nach **§ 35 VwVfG** *mit einer Nebenbestimmung in Form der Auflage nach* **§ 36 Abs. 2 Ziffer 4 VwVfG** den Zuwendungsnehmer zur Einhaltung der für ihn geltenden, öffentlichen Vergabevorschriften.

- Wenn ja: In welchem Umfang muss der Zuwendungsnehmer das öffentliche Vergaberecht beachten?

28 Sächsisches OVG, Urteil vom 11.5.2017 – 1 A 140/16 Rn. 32.

Im Beispielsfall fällt der Zuwendungsnehmer als *öffentlicher Auftraggeber* in den Anwendungsbereich der UVgO. Er darf daher die Direktvergabe grundsätzlich nur nach Maßgabe **von § 14 UVgO** durchführen.

Die *Regelung im Zuwendungsbescheid lässt keinen Zweifel* an der Verpflichtung des Zuwendungsnehmers *zu*.

Damit ist die vergaberechtliche Grundlage, aufgrund der die Leistungen zu beschaffen waren, *eindeutig zu identifizieren*. Der Zuwendungsempfänger hat im Beispielsfall gegen die Auflage im Zuwendungsbescheid, das für ihn geltende Vergaberecht einzuhalten, verstoßen.

C. Umfang der Kürzung wegen eines Auflagenverstoßes

I. Überblick

Der Umfang des abschließenden Kürzungsbetrages (die EU-Kommission spricht von Finanzkorrektur) ist das Ergebnis einer umfassenden Verwaltungsprüfung. Dabei steht dem Zuwendungsgeber nach den zuwendungsrechtlichen Vorschriften ein Ermessensspielraum zu. Die Grundlagen zur Anwendung des Ermessensspielraums finden sich

- zum einen im *nationalen Haushaltsrecht*, das z.B. auch Erlasse, Förderrichtlinien sowie Ermessensleitlinien umfasst,[29]
- zum anderen auf EU-Ebene in den *Leitlinien der EU-Kommission für die Festsetzung von Finanzkorrekturen* bei Vergabeverstößen (künftig: „COCOF-Leitlinien“) vom 14.05.2019[30].

II. Umfang der Kürzung nach nationalem Haushaltsrecht

Auf nationaler Ebene sind die Grundlagen für die Festlegung des Umfangs der Kürzung grundsätzlich direkt oder über Verweisungen im *Zuwendungsbescheid* zu finden.

Darin legt der Zuwendungsgeber nicht nur fest, welche *vergaberechtlichen Vorgaben* tatbestandlich nach allgemeinem (Haushaltsordnung) und besonderem Haushaltsrecht (z.B. Förderrichtlinie) im konkreten Zuwendungsfall zu beachten sind.[31] Gleiches gilt auch für die *Rechtsfolgen im Rahmen des Ermessens*, die sich aus einer Zuwiderhandlung ergeben.

Hinweis

▶ *Auch wenn es darum geht, den Umfang der Kürzung aufgrund eines Vergabeverstoßes zu bestimmen, sehen Bund und Länder unterschiedliche Regelungen vor. In einzelnen Bundesländern werden die Parameter für die Kürzungsentscheidung auch in* ***speziellen***

29 Zur Regelungswirkung von Richtlinien: BVerwG, 11.5.2006 – 5 C 10.05.

30 Anhang zum Beschluss der Kommission zur Festlegung und Genehmigung der Leitlinien für die Festsetzung von Finanzkorrekturen, die bei Verstößen gegen die Vorschriften für die Vergabe öffentlicher Aufträge auf von der EU finanzierte Ausgaben anzuwenden sind, C (2019) 3452 final („COCOF-Leitlinien“).

31 S.o. B.I.-II. in diesem Kapitel.

***Ermessensleitlinien** festgelegt, die im Internet abrufbar sind*[32] *oder sogar in eigens hierfür erlassenen Richtlinien*[33].

Für die Beurteilung des Kürzungsumfangs spielt es grundsätzlich keine Rolle, ob es sich um eine nationale oder EU-weite Auftragsvergabe handelt.

Hinweis

Im Rahmen der Ermessensprüfung[34] *zum Kürzungsumfang kann die Frage allerdings relevant werden, ob es sich um eine EU-weite oder nationale Ausschreibung handelt. Das gilt vor allem dann, wenn die Bedeutung des Auftrags für den Markt in den Abwägungsprozess einbezogen wird.*

Im Folgenden werden *praxisrelevante Einzelthemen* besprochen, wenn es um die Bestimmung der Zuwendungskürzungen aufgrund von Vergabeverstößen geht. Außerdem wird untersucht, ob und welche Auswirkungen diese Themen auf den Umgang mit dem Vergabeverstoß im o.g. *Beispielsfall* haben können.

Dabei werden die haushaltsrechtlichen Vorgaben beispielhaft insbesondere für den Bund und das Land Hessen beleuchtet.

Hinweis

Andere Bundesländer sehen in unterschiedlicher Ausprägung vergleichbare Regelungen vor,[35] *auf die die nachfolgenden Überlegungen **sinngemäß** übertragen werden können, wobei die Übertragung je nach Gestaltung im Zuwendungsrechtsverhältnis für jeden konkreten Einzelfall zu prüfen ist.*

1. Beurteilungsgrundlagen nach Bundeshaushaltsrecht

a) Grundsatz

Es gibt *keine konkrete Beurteilungsregel* zur Bemessung des Umfangs der Kürzung im Falle eines Vergabeverstoßes in den VV zu § 44 BHO bzw. den ANBest:

- **Ziffer 3.1 und 3.2 ANBest-P/GK/I** schreiben vor, welche Vergabevorschriften einzuhalten sind, aber nicht, wie Verstöße dagegen zu werten sind. Gleiches gilt für **Ziffer 3. ANBest-P-Kosten**.
- **Ziffer 8.3.2 ANBest-P/GK bzw. Ziffer 9.3.2 ANBest-I/P-Kosten** regeln, dass ein Widerruf in Betracht kommen *kann*, wenn der Zuwendungsempfänger gegen eine Auflage verstößt. Die Verpflichtung zur Einhaltung der Vergabebestimmungen im Zuwendungsbescheid ist

32 z.B.: https://www.nbank.de/Die-NBank/Rechtliches/Vergaberecht/index.jsp.

33 Richtlinien zur Rückforderung von Zuwendungen bei schweren Vergabeverstößen, Bekanntmachung des Bayerischen Staatsministeriums der Finanzen und für Heimat, 25.02.2021 (BayMBl. Nr. 182).

34 S.u. C.II.1.d., C.II.2.e), C.III.5., E.V., E.VI., F.III. in diesem Kapitel.

35 Einen grundsätzlichen Überblick über die einzelnen Regelungen in den Bundesländern bietet *Krämer/Schmidt*, Zuwendungsrecht Zuwendungspraxis, August 2016, Abschnitt G I, Rn. 13.

eine Auflage im Sinne von § 36 Abs. 2 Ziffer 4 VwVfG.[36] Ein weiterführender Hinweis, in welchem Umfang zu widerrufen ist, wird nicht gegeben.

- **VV zu § 44 BHO** trifft keine konkretere Regelung zum Umgang mit Vergabeverstößen.

Hinweis

*Es gilt der **Grundsatz**: Die Einhaltung der öffentlichen Vergabevorschriften ist nach den **VV zu § 44 BHO und den ANBest verpflichtend**. Jeder Vergabeverstoß gilt erst einmal als **Gefährdung des Haushaltsgrundsatzes** einer wirtschaftlichen und sparsamen Mittelverwendung und wird daher als **schwerwiegend** einzuordnen sein. **Ein schwerwiegender Vergabeverstoß führt regelmäßig zum Widerruf des Zuwendungsbescheids.**[37]*

b) Kontrollfragen für den Beispielsfall (Grundsätze nach Bundeshaushaltsrecht)

- Wie und auf welcher Grundlage wird der Umfang der Kürzung bestimmt?

Im Beispielsfall wird für den Fall einer Bundesförderung die BHO zugrunde gelegt.

- Welche Rolle spielen dabei Art und Schwere des Vergabeverstoßes?

Nach Bundehaushaltsrecht gilt: Jeder Vergabeverstoß impliziert eine Gefährdung der wirtschaftlichen und sparsamen Mittelverwendung. Entsprechend ist dann auch von einem schweren Vergabeverstoß auszugehen.

- Welche vergaberechtlichen Ermessensspielräume gibt es (z.B. minder schwere Fälle)?

Zugunsten des Zuwendungsempfängers können im Beispielsfall keine Besonderheiten aus dem Sachverhalt entnommen werden, die für eine vertretbare Direktvergabe sprechen. Der Auftrag wurde direkt vergeben, obwohl der nach **§ 14 UVgO** zulässige Grenzwert für eine Direktvergabe überschritten wurde. Ein Beurteilungsspielraum bei der Frage, ob ein Vergabeverstoß vorlag, ist nicht ersichtlich. Ebenso wenig liegen Anhaltspunkte dafür vor, dass das Ermessen in Richtung Verzicht auf die Aufhebung des Bewilligungsbescheids wegen eines nur „leichten" Vergabeverstoßes auszuüben ist.

c) Härtefall

Eine spezielle Härtefallregelung sehen die VV zu § 44 BHO nicht vor.

Hinweis

*Die **VV zu § 59 BHO** sehen zwar eine Regelung zur **erheblichen** oder **besonderen Härte** bei der **Veränderung von Ansprüchen** des Bundes gegen Zahlungspflichtige vor. Allerdings behandeln sie **bestehende Ansprüche**. Sie sind daher auf die Kürzungsprüfung nach den VV zu § 44 BHO **nicht direkt anwendbar**. Denn bei der Kürzungsprüfung geht es darum, ob der Anspruch des Zuwendungsgebers auf eine Rückforderung überhaupt erst herbeigeführt werden und damit entstehen soll.[38]*

36 S.o. B.II. in diesem Kapitel.
37 *Krämer/Schmidt*, Zuwendungsrecht Zuwendungspraxis, Oktober 2016, Abschnitt G III Rn. 87.
38 *Piduch/Nebel*, Bundeshaushaltsrecht, § 59 BHO Rn. 1 (Stand: Februar 2015).

d) Ermessen

Die *„kann"-Regelung* in **Ziffer 8.3.2 ANBest-P/GK bzw. Ziffer 9.3.2 ANBest-I/P-Kosten** impliziert aber, dass der Umfang der Kürzung im Einzelfall unter Berücksichtigung der jeweiligen Besonderheiten festzulegen ist.

Im Rahmen des *Ermessens*[39] wird zu prüfen sein, ob von der Regelvorgabe, vollständig zu widerrufen, ausnahmsweise ganz oder teilweise *trotz des Vergabeverstoßes* abgewichen werden kann. So wird der konkrete Prüffall auf Hinweise untersucht, ob ein vom Regelfall abweichender Tatbestand vorliegt, wonach ein vollständiger Widerruf trotz des konkreten Verstoßes im Rahmen der Rechtsfolgenbetrachtung *nicht interessengerecht* wäre.

Dabei sind auch die *unterschiedlichen Interessen* nach den allgemeinen *Ermessensgrundsätzen*, die jeder Verwaltungsentscheidung zugrunde liegen, gegeneinander abzuwägen.

Hinweis

Die Ermessensprüfung orientiert sich an folgenden Grundsätzen:

- *Der Ermessensrahmen ist durch den Zweck der Widerrufsermächtigung gesetzt:*[40] *Der Widerruf soll die Korrektur einer Bewilligung ermöglichen, wenn die wirtschaftliche und sparsame Mittelverwendung nicht (mehr) gewährleistet ist. Teilweise wird auch vertreten, dass der Widerruf eine Korrektur ermöglicht, um den freien Wettbewerb zu schützen.*[41] *Kritiker dieser Auffassung monieren, dass die Zuwendungsgeber nicht die Wächter des Wettbewerbs sind.*[42] *Der Umgang mit dieser Thematik wird von den Zuwendungsgebern des Bundes und der Länder unterschiedlich gehandhabt.*
- *Es dürfen keine sachfremden Erwägungen herangezogen werden.*[43]
- *Die Interessen des Zuwendungsnehmers*[44]*, die dieser mit dem gewählten Vergabeverfahren verfolgt hat, werden gegen*
- *die Interessen der Allgemeinheit*[45]*, hier des öffentlichen Haushalts, die mit der regelgerechten Durchführung der öffentlichen Auftragsvergabe geschützt werden sollen, abgewogen.*
- *Dabei werden an die Interessen des Zuwendungsempfängers hohe Ansprüche gestellt. Denn die Einhaltung der Vergabegrundsätze wird in der Risikosphäre des Zuwendungsempfängers verortet.*[46]
- *Eine konkrete Kausalitätsprüfung, ob der Vergabeverstoß nachweislich einen finanziellen Schaden versursacht hat, wird nicht verlangt.*[47]

39 S.u. C.II.1.d., C.II.2.e), C.III.5., E.V., E.VI., F.III. in diesem Kapitel.
40 VG Magdeburg, Urteil vom 19.9.2017 – 3 A 180/16.
41 VG Magdeburg, a.a.O.
42 VG Gießen, Urteil vom 13.2.2012 – 4 K 4455/11.GI.
43 VG Magdeburg, a.a.O.
44 VG Magdeburg, a.a.O.
45 VG Magdeburg, a.a.O.
46 VGH München, Beschluss vom 22.5.2017 – 4 ZB 16.577.
47 VGH München, a.a.O.; *Pilarski*, in VergabeR 2020, S. 149 ff.

- *Sobald die Vergabeverstöße geeignet sind, sich negativ auf die Wirtschaftlichkeit und Sparsamkeit der Mittelverwendung auszuwirken, kann eine Kürzungsentscheidung nicht grundlegend ermessensfehlerhaft sein.*[48]

Praxistipp

Häufig wird in Verwaltungsstreitverfahren die Rechtswidrigkeit der Kürzungsentscheidung damit begründet, die entscheidende Behörde habe von ihrem ***Ermessen nicht oder fehlerhaft Gebrauch*** *gemacht. Um dem entgegenzuwirken, legen Zuwendungsgeber ihre Ermessensabwägungen für den Zuwendungsnehmer nachvollziehbar in der Kürzungsentscheidung dar und* ***dokumentieren*** *sie in ihrer Verwaltungsakte. Ein* ***Nachschieben*** *von Ermessensgründen z.B. im Verwaltungsstreitverfahren ist an strenge Anforderungen geknüpft.*[49] *Es besteht immer das Risiko, dass die nachgeschobenen Gründe von den Verwaltungsgerichten nicht akzeptiert werden.*

e) Kontrollfrage für den Beispielsfall (Härtefall, Ermessen)

- Welche Rolle spielen Ermessen, unterschiedliche Interessen, Besonderheiten des Einzelfalls?

Der Vergabeverstoß im Beispielsfall impliziert nach Bundeshaushaltsrecht eine *Gefährdung der wirtschaftlichen und sparsamen Mittelverwendung*, sodass in der Regel von einem schweren Vergabeverstoß auszugehen ist. Im Beispielsfall sind *keine besonderen Gründe* ersichtlich, die ein Abweichen von dieser Folgerung im Interesse des Zuwendungsnehmers erforderlich und im Interesse des Zuwendungsgebers vertretbar erscheinen lassen. So wird von einem Schaden zulasten des öffentlichen Haushalts auszugehen sein, der zu korrigieren ist. Eine *Härtefallregelung sehen die VV zu § 44 BHO nicht vor.*

2. Regelungen nach Landeshaushaltsrecht

Die Haushaltsordnungen der Länder sehen, auch durch Verweise in den entsprechenden Verwaltungsvorschriften auf die ANBest, teilweise konkretere Regelungen zum Umfang der Kürzung vor. Diese sind sehr unterschiedlich gefasst und bedürfen daher einer individuellen Betrachtung. Häufig finden sich dort auch konkretisierende Vorgaben z.B. für den Umgang mit *Härtefällen* und *Ermessensentscheidungen*.

Die *VV zu § 44 LHO/ANBest* sehen neben den oben bereits besprochenen Vorgaben, welche vergaberechtlichen Regelungen den Zuwendungsempfängern grundsätzlich aufzuerlegen sind,[50] also teilweise auch Auslegungsregeln vor für die Frage, wie der Umfang der Kürzung zu bemessen ist.

48 OVG Berlin-Brandenburg, Urteil vom 27.2.2013 – OVG 6 B 34.12 m.w.N.
49 Sächsisches OVG, Urteil vom 11.5.2017 – 1 A 140/16, Rn. 41 m.w.N.
50 S.o. B.I.-II. in diesem Kapitel.

Hinweis

Die Bedeutung in der Praxis wird beispielhaft anhand der Rechtslage in ***Hessen*** *beleuchtet. Soweit andere Landeshaushaltsordnungen vergleichbare Regelungen vorsehen, können die nachfolgenden Ausführungen* ***sinngemäß*** *übertragen werden, wobei die Umstände des konkreten Einzelfalls zu berücksichtigen sind*

a) Grundsatz

Zum Beispiel unterscheidet **Ziffer 3.1 ANBest-P zu VV zu § 44 LHO/Hessen** zwischen einem *schweren* und einem *sonstigen Verstoß* gegen das einzuhaltende Vergaberecht.

> *„Bei einem* ***schweren*** *Verstoß gegen das geltende bzw. auferlegte Vergaberecht wird der Zuwendungsbescheid ganz oder teilweise widerrufen und die Zuwendung gekürzt. Bei einem* ***sonstigen*** *Verstoß gegen das geltende bzw. auferlegte Vergaberecht wird der Zuwendungsbescheid grundsätzlich teilweise widerrufen."* (Hervorhebung durch den Autor)

Hinweis

Die Regelung unterscheidet schon durch das Wort „grundsätzlich" hinsichtlich der Rechtsfolge zwischen schweren und sonstigen Vergabeverstößen. Bei schweren Vergabeverstößen sind – vorbehaltlich der Ermessensabwägung – in der Regel keine Ausnahmefälle denkbar, die ein Absehen von einem Widerruf ermöglichen würden. Anders liegt der Fall bei sonstigen Vergabeverstößen. Hier wird ***grundsätzlich*** *widerrufen, sodass es von vornherein im konkreten Einzelfall Anhaltspunkte für ein Absehen vom Widerruf geben kann. Denkbar wäre z.B. der Vergabeverstoß, der im konkreten Einzelfall den Wettbewerb nur in geringem Umfang eingeschränkt und letztlich keine Auswirkungen auf das Vergabeergebnis hat.*

Sodann werden *beispielhaft schwere Vergabeverstöße* in einem nicht abschließenden Katalog aufgeführt. Dazu gehört unter anderem die

> *„Freihändige Vergabe, Verhandlungsvergabe oder Verhandlungsverfahren, ohne dass dies vergaberechtlich zulässig gewesen wäre."*

b) Kontrollfragen für den Beispielsfall (Grundsätze nach Landeshaushaltsrecht am Beispiel Hessen)

- Wie und auf welcher Grundlage wird der Umfang der Kürzung bestimmt?

Im Beispielsfall wäre nach Ziffer 3.1 ANBest-P zu VV zu § 44 LHO/Hessen bei einem schweren Vergabeverstoß die betroffene Auftragseinheit aus der Förderung herauszunehmen.

- Welche Rolle spielen dabei Art und Schwere des Vergabeverstoßes?

Ein schwerer Vergabeverstoß ist anzunehmen, da die freihändige Vergabe (Direktvergabe) durchgeführt wurde, wenngleich die vergaberechtlichen Voraussetzungen dafür nicht vorlagen. Denn nach Hessischem Vergaberecht wäre eine Direktvergabe nur bis zu einem Nettoauftragswert von 10.000 €[51] möglich gewesen. Dieser Grenzwert wurde überschritten.

- Welche vergaberechtlichen Beurteilungsspielräume gibt es (z.B. minder schwere Fälle)?

51 Ziffer 2.2 Vergabeerlass Hessen, Bekanntmachung vom 10.08.2021 (StAnz. 34/2021).

Gründe, die für eine zulässige Direktvergabe sprechen würden, gibt es im Beispielsfall nicht. Ein Ermessensspielraum für eine mildere Beurteilung des Vergabeverstoßes ist daher nach Ziffer 3.1 ANBest-P zu VV zu § 44/LHO Hessen nicht eröffnet.

c) Härtefall

Ziffern 8.2.5 und 8.2.5.1 VV zu § 44 LHO/Hessen sehen eine Härtefallregelung vor. Werden die Ausgaben für die Auftragseinheit, bei der der schwere Verstoß ermittelt wurde, von der Förderung ausgeschlossen,...

> *„...kann der Zuwendungsbetrag für die Gesamtmaßnahme* ***ganz oder weitgehend*** *wegfallen, etwa weil keine oder nur große Teillose ohne ausreichende wirtschaftliche oder technische Gründe vergeben wurden. Bedeutet das eine* ***erhebliche*** *Härte für den Zuwendungsempfänger, ist der Kürzungsbetrag auf* ***20 bis 25 v. H. der Gesamtzuwendung*** *zu beschränken. Dieser Rahmen kann sowohl* ***über- als auch unterschritten*** *werden, sofern besondere Gründe vorliegen."* (Hervorhebung durch die Autorin)

Hinweis

Teilweise haben die Länder Ermessensleitlinien für die Beurteilung von Vergabeverstößen entwickelt. Dort werden teilweise auch Härtefallregelungen getroffen.[52]

Der Begriff der „erheblichen Härte" wird in dieser Regelung nicht besonders definiert. Jedenfalls muss aber wohl die Folge für den Zuwendungsnehmer über die „normale" Härte, die jeder Kürzung immanent ist, hinausgehen.

Praxistipp

Anhaltspunkte *für die Prüfung, ob eine erhebliche Härte vorliegt, kann z.B. eine andere Regelung in der LHO/Hessen bzw. BHO bieten. In* ***Ziffer 1.2 VV zu § 59 LHO/Hessen (gleichlautend z.B. § 59 Abs. 1 Ziffer 1 BHO; andere Haushaltsordnungen sehen vergleichbare Regelungen vor)*** *wird der Umgang mit Härtefällen bei der Veränderung von bestehenden Ansprüchen der öffentlichen Hand geregelt.*[53] *Danach liegt ein* ***erheblicher Härtefall*** *vor, wenn sich der Verpflichtete*

- *aufgrund ungünstiger wirtschaftlicher Verhältnisse*
- *vorübergehend in ernsthaften Zahlungsschwierigkeiten befindet oder*
- *im Falle der sofortigen Forderungseinziehung in diese geraten würde.*

Die Zahlungsschwierigkeiten müssen dabei tatsächlich in Aussicht stehen und nicht nur eintreten können. Demgegenüber müssen sie aber nicht unbedingt existenzgefährdend sein.[54]

52 https://www.nbank.de/Die-NBank/Rechtliches/Vergaberecht/index.jsp.

53 Die VV zu § 59 LHO/Hessen bzw. BHO behandeln bestehende Ansprüche. Sie sind daher auf die Kürzungsprüfung nach den VV zu § 44 LHO/BHO nicht direkt anwendbar und können nur Anhaltspunkte liefern. Denn dort geht es darum, ob der Anspruch des Zuwendungsgebers überhaupt herbeigeführt werden soll, vgl. *Piduch/Nebel*, Bundeshaushaltsrecht, Februar 2015, § 59 BHO Rn. 1.

54 *Piduch/Nebel*, Bundeshaushaltsrecht, Februar 2015, § 59 BHO Rn. 3.

Unabhängig davon, welche Prüfungsparameter bei der Härtefallprüfung angewendet werden:

*Die Prüfung, ob eine erhebliche Härte vorliegt, wird in jedem **Einzelfall** besonders **begründet** und in der Verwaltungsakte der entscheidenden Behörde **dokumentiert**. Die zugrundeliegenden Parameter werden nach dem Grundsatz der **Gleichbehandlung** in der Verwaltungspraxis fest- und zugrunde gelegt.*

d) Kontrollfrage für den Beispielsfall (Härtefall)

- Welche Rolle spielen die Besonderheiten des Einzelfalls?

Im Beispielsfall wird wohl aufgrund des schweren Vergabeverstoßes, der alle geförderten (Teil)Maßnahmen betrifft, eine umfassende Kürzung vorgenommen werden. Anhaltspunkte, dass das im besonderen Einzelfall eine erhebliche Härte z.B. in Analogie zu Ziffer 1.2 VV zu § 59 LHO für den Zuwendungsnehmer bedeuten würde, sind nicht ersichtlich. Daher kommt eine Beschränkung der Kürzung auf 20-25 % der Gesamtzuwendung nicht in Betracht.

e) Ermessen

Ziffer 3.1 ANBest-P/I/GK Hessen regelt, dass vor einer (anteiligen) Aufhebung der Bewilligung und Rückforderung eine Interessensabwägung zwischen den Interessen des Zuwendungsnehmers und des Zuwendungsgebers durchzuführen ist.

Hinweis

Für die Ermessensabwägung geben die VV zu § 44 LHO/Hessen und die ANBest-P/I Hessen Prüfungsregeln vor. Sie konkretisieren die allgemeinen Ermessensgrundsätze, wie sie oben im Zusammenhang mit den Ausführungen zur BHO[55] erläutert wurden. Die dortigen Hinweise und Tipps gelten sinngemäß.

Grundsätzlich regeln **Ziffer 8.2.6 VV zu § 44 LHO und Ziffer 3.1 ANBest-P/I/GK/Hessen**, dass der Zuwendungsgeber bei der Ausübung seines Ermessens

- die Besonderheiten des Einzelfalles (u. a. die Zeitdauer der zweckentsprechenden Verwendung) sowie
- die Interessen des Zuwendungsempfängers und
- die öffentlichen Interessen
- gleichermaßen

zu berücksichtigen und gegeneinander abzuwägen hat.

Dabei gilt zusätzlich nach **Ziffer 3.1, 2. Abs. ANBest-P/I**, dass das öffentliche Interesse im Regelfall überwiegt.

Hinweis

Das Überwiegen des öffentlichen Interesses folgt bundesweit dem Grundsatz, dass die Zuwendungsmittel *sparsam und wirtschaftlich* zu verwenden sind.

55 S.o. C.II.1. in diesem Kapitel.

- Die Einhaltung dieses Grundsatzes ist nach dem Regelungsgedanken der *Haushaltsordnungen* immer dann gegeben, wenn die aufgegebenen, vergaberechtlichen Bestimmungen durch den Zuwendungsnehmer eingehalten wurden.
- Umgekehrt wird grundsätzlich dann von einer *nicht* wirtschaftlichen und sparsamen Mittelverwendung ausgegangen, wenn ein (schwerer) Vergabeverstoß vorliegt.[56] Es müssen also schon *besondere Gründe* im Einzelfall vorliegen, die eine wirtschaftliche und sparsame Mittelverwendung *trotz* des Vergabeverstoßes rechtfertigen. Dann kann von einer Kürzung der Zuwendungsmittel ganz oder teilweise abgesehen werden.
- Dabei gilt: Sobald die Vergabeverstöße *geeignet* sind, sich *negativ* auf die Wirtschaftlichkeit und Sparsamkeit der Mittelverwendung auszuwirken, kann eine Kürzungsentscheidung nicht grundlegend ermessensfehlerhaft sein. Keinesfalls muss ein *konkreter Schaden* des Zuwendungsgebers bzw. öffentlichen Haushalts nachgewiesen werden.[57]

f) Kontrollfrage für den Beispielsfall (Ermessen)

- Welche Rolle spielen Ermessen und unterschiedliche Interessen?

Im Beispielsfall kann auch im Rahmen des Ermessens kaum eine Argumentation gefunden werden, von einer Kürzung ganz oder teilweise abzusehen. Es wurden *keine Vergleichsangebote eingeholt, wenngleich die vergaberechtlichen Voraussetzungen für eine Direktvergabe nicht vorlagen*. Darin liegt ein schwerer Vergabeverstoß.[58] Grundsätzlich könnte darüber nachgedacht werden, ob die Mittel trotz des Vergabeverstoßes dennoch wirtschaftlich und sparsam verwendet wurden. Allerdings ist auch dieser Weg eher verschlossen. Denn es kann mangels Vergleichsangeboten nicht ausgeschlossen werden, dass es *wirtschaftlichere Angebote* gegeben hätte, wenn Vergleichsangebote eingeholt worden wären. *Der Vergabeverstoß war daher geeignet, sich negativ auf die wirtschaftliche und sparsame Mittelverwendung auszuwirken*. Im Ergebnis überwiegt daher wohl das *öffentliche Interesse*.

g) Vermeidbare Mehrausgaben

Nach **Ziffer 8.2.5.2 VV zu § 44 LHO/Hessen** wird ein Auffangtatbestand für die Fälle geregelt, in denen von einer Kürzung der Zuwendung trotz des Vergabeverstoßes abgesehen wurde:

Danach müssen in jedem Fall *vermeidbare Mehrausgaben wegen Nichtbeachtung oder fehlerhafter Anwendung der Vergabegrundsätze* in entsprechender Höhe aus der Förderung herausgenommen werden. Denkbar sind z.B. Mehrausgaben, die durch eine unvollständige Leistungsbeschreibung, fehlerhafte Mengenansätze oder ähnliches entstanden sind. Es handelt sich nach dem Willen des Regelungsgebers insoweit um die förderrechtlich gebotene Ausscheidung nicht notwendiger und damit nicht zuwendungsfähiger Ausgaben (unwirtschaftliches Verhalten des Zuwendungsempfängers).

56 VGH München, Beschluss vom 22.5.2017 – 4 ZB 16.577; VG Magdeburg, Urteil vom 19.9.2017 – 3 A 180/16.

57 OVG Berlin-Brandenburg, Urteil vom 27.2.2013 – OVG 6 B 34.12 m.w.N.; *Pilarski*, in VergabeR 2020, S. 149 ff.

58 S.o. A. in diesem Kapitel.

Hinweis

▶ ***Vergleichbare Regelungen*** *finden sich auch in den Haushaltsordnungen oder die diese ergänzenden Regelungen anderer* ***Bundesländer****. Unabhängig davon, ob ein schwerer Vergabeverstoß vorliegt und in welchem Umfang daraufhin gekürzt wurde: Ziel ist es, bei Vergabeverstößen gleich welcher Art immer die* ***vermeidbaren Mehraufwendungen*** *aus der Förderung herauszunehmen.*[59]

Praxistipp

▶ *In der Praxis wird die Regelung, wonach die vermeidbaren Mehrausgaben aus der Förderung herauszunehmen sind, selbst wenn wegen eines Vergabeverstoßes nicht gekürzt wird, jedenfalls dort eine praktische Rolle spielen, wo die Haushaltsordnung eine Kürzung nur aufgrund von schweren Vergabeverstößen vorsieht. Dann wird wegen der sonstigen Vergabeverstöße nicht gekürzt, sondern es werden die vermeidbaren Mehrausgaben aus der Förderung herausgenommen. Sieht die jeweilige Haushaltsordnung demgegenüber bereits eine abgestufte Kürzungsverpflichtung für schwere Vergabeverstöße einerseits und für sonstige Verstöße andererseits vor, so ist die Prüfung der vermeidbaren Mehrausgaben z.B. im Rahmen der (übrigen) Ermessensausübung denkbar. Danach kann sich z.B. ergeben, dass die Aufträge trotz der Vergabeverstöße nicht von der Förderung ausgeschlossen werden sollen, es also keine Sanktionierung des Vergabeverstoßes im engeren Sinne geben soll. Dann wird aber weiter geprüft, ob vermeidbare Mehrausgaben ersichtlich sind, die bei ordnungsgemäßer Vergabe nicht angefallen wären. Diese sind dann ebenfalls von der Förderung auszuschließen.*

III. Leitlinien der EU-Kommission für die Festsetzung von Finanzkorrekturen bei Vergabeverstößen – „COCOF-Leitlinien"

Die EU-Kommission erläutert mit den „COCOF-Leitlinien"[60] allgemeine Beurteilungsgrundsätze und gibt zum Teil auch konkrete Handlungshinweise. *Wegen des Umfangs der Leitlinien wird die Besprechung in diesem Abschnitt auf einige praxisrelevante Themen beschränkt.*

Die „COCOF-Leitlinien" richten sich in erster Linie an die zuständigen EU-Kommissionsdienststellen. Sie dienen als Orientierungshilfe bei der Beurteilung von Vergabeverstößen und der Festsetzung entsprechender Finanzkorrekturen in ganz oder teilweise EU-finanzierten Fördervorhaben.

---

59 Z.B. Ziffer 2.1 der Richtlinien zur Rückforderung von Zuwendungen bei schweren Vergabeverstößen, Bekanntmachung des Bayerischen Staatsministeriums der Finanzen und für Heimat, 25.02.2021 (BayMBl. Nr. 182).

60 Anhang zum Beschluss der Kommission zur Festlegung und Genehmigung der Leitlinien für die Festsetzung von Finanzkorrekturen, die bei Verstößen gegen die Vorschriften für die Vergabe öffentlicher Aufträge auf von der EU finanzierte Ausgaben anzuwenden sind, C (2019) 3452 final („COCOF-Leitlinien").

Hinweis

Die „COCOF-Leitlinien" wurden neu gefasst und die Erfahrungen aus der praktischen Anwendung der Vorgängerversion eingearbeitet.[61] *Sie gelten ab dem* ***15.5.2019*** *für die Prüfungen der EU-Kommissionsdienststellen. Den nationalen Förderverwaltungen hat die EU-Kommission die „COCOF-Leitlinien" uneingeschränkt zur Anwendung empfohlen, wenn diese selbst Vergabeverstöße in Zuwendungsverfahren identifizieren. Sie werden demnach von den nationalen Förderverwaltungen als ermessenslenkende Vorschriften bei der Beurteilung von Vergabeverstößen und Festsetzung von Korrekturen herangezogen.*

Praxistipp

Sieht das jeweilige, nationale Haushaltsrecht strengere Regelungen vor, ist eine Festlegung zum Umgang mit den abweichenden Regelungen im Sinne einer einheitlichen Verwaltungspraxis des Zuwendungsgebers sinnvoll. Ziel dieser Festlegung sollte zum einen eine ***einheitliche Verwaltungspraxis*** *des Zuwendungsgebers und zum anderen eine* ***einheitliche Kürzungsentscheidung*** *im konkreten Prüffall sein. Das gilt vor allem, wenn die Zuwendung auch nationale Fördermittel enthält. Zumindest für diesen Teil dürfte das jeweilige Kürzungsergebnis nach nationalem Haushaltsrecht maßgeblich sein.*

Nachfolgend wird eine *Auswahl* von Themen besprochen, die in der Förderpraxis immer wieder zu Fragen führen. Wenn und soweit sie *Auswirkungen auf die Behandlung des Fallbeispiels* haben, erfolgt die Besprechung an entsprechender Stelle.

1. Allgemeiner Anwendungsbereich

a) Überblick

Die EU-Kommission regelt in ihren Leitlinien den Umgang mit Vergabeverstößen bei Fördermaßnahmen, für die ganz oder teilweise EU-Mittel eingesetzt werden.

Hinweis

Die EU-Kommission spricht in ihren Leitlinien von sogenannten „Unregelmäßigkeiten". Sie meint damit Verstöße gegen anwendbare Rechtsvorschriften für das öffentliche Beschaffungswesen, die einen Schaden für den Unionshaushalt bewirken oder bewirken können.

Die EU-Kommission stellt unter *Ziffer 1.* der Leitlinien klar, nach welchen Grundsätzen Vergabeverstöße zu korrigieren sind.

In *Ziffer 2.* der Leitlinien hat die EU-Kommission einen Katalog für Korrekturen der häufigsten Unregelmäßigkeiten erstellt. Er enthält die Art sowie die Beschreibung des jeweiligen Verga-

61 Die Überarbeitung nimmt die EU-Kommission in unregelmäßigen Abständen vor. Informationen können z.B. unter https://ec.europa.eu abgerufen werden.

beverstoßes und letztlich auch den darauf anzuwendenden, pauschalen Korrektursatz. Dieser Katalog ist nicht abschließend.

Praxistipp

Wenn eine ***Unregelmäßigkeit festgestellt wird, die nicht ausdrücklich im Katalog aufgenommen wurde,*** *bieten sich die folgenden beiden Schritte zum weiteren Vorgehen an:*

- *Zunächst wird geprüft, ob die Unregelmäßigkeit Auswirkungen auf den EU-Haushalt haben kann. Wenn das der Fall ist, wird*
- *im nächsten Schritt die Frage beantwortet, mit welcher im Katalog definierten Unregelmäßigkeit sie nach Art und Schwere am ehesten vergleichbar ist. Diese dient dann als Maßstab für die Prüfung, ob und in welchem Umfang zu korrigieren ist.*

b) Kontrollfrage für den Beispielsfall

- Welche Besonderheiten sind bei EU-finanzierten Zuwendungen zu beachten?

Die Förderung des Beispielsvorhabens wird auch mit EU-Mitteln finanziert. In solchen Fällen wird immer geprüft, ob und in welchem Umfang der jeweils festgestellte Vergabeverstoß von den „COCOF-Leitlinien" umfasst ist.

2. Auftragsvergaben unterhalb der EU-Schwellenwerte

a) Überblick

Die „COCOF-Leitlinien" sind auch für Auftragsvergaben unterhalb der EU-Schwellenwerte anwendbar, wenn

- ein eindeutiges grenzüberschreitendes Interesse (Binnenmarktrelevanz[62]) besteht *und*
- bei der Vergabe den Grundsätzen der Transparenz und des Diskriminierungsverbotes nicht Rechnung getragen wurde *oder*
- bei der Auftragsvergabe ein eindeutiger Verstoß gegen die nationalen Vorschriften zur öffentlichen Auftragsvergabe vorliegt *oder*
- die nationalen Regelungen – wozu auch der Zuwendungsbescheid zählt – vorschreiben, dass nationale Vergabevorschriften einzuhalten sind.[63]

Hinweis

Bei der Beurteilung des eindeutigen Verstoßes gegen nationale Vergabevorschriften liegt es in entsprechender Anwendung der Vorgaben der EU-Kommission[64] nahe, ***Vergabeverstöße rein formaler Art***[65] *außen vor zu lassen.*

62 S.u. C.III.8. in diesem Kapitel.
63 Zur Anwendung beim Verstoß gegen nationale Regelungen: EuGH, 26.5.16, Az. C-260/14 und C-261/14.
64 S.u. C.III.4. in diesem Kapitel.
65 S.u. C.III.4. in diesem Kapitel.

b) Kontrollfrage für den Beispielsfall

- Wie und auf welcher Grundlage wird der Umfang der Kürzung bestimmt?

Zwar liegt der Nettoauftragswert mit 25.000 € unterhalb des aktuellen EU-Schwellenwertes von 221.000 € netto[66]. Dennoch finden die „COCOF-Leitlinien" Anwendung, da ein *eindeutiger Verstoß gegen nationales Vergaberecht* festgestellt wurde.

3. Anwendung des Korrekturkatalogs

Anhand des *Korrekturkatalogs gemäß Ziffer 2. der „COCOF-Leitlinien"* wird überprüft, ob und in welchem Umfang die EU-Kommission für den festgestellten Vergabeverstoß Korrekturmaßnahmen vorsieht.

Zur Veranschaulichung dient der *Auszug aus der Korrekturtabelle*

Nr.	Art der Unregelmäßigkeit	Anwendbares Recht	Beschreibung der Unregelmäßigkeit	Korrektur-satz
1.	Auftragsbekanntmachung wurde nicht veröffentlicht *oder* unbegründete unmittelbare Vergabe (d. h. Anwendung des Verhandlungs-verfahrens ohne vorherige Veröffentlichung einer Vertragsbekanntmachung).	Artikel 31 der Richtlinie 2014/23/EU Artikel 26, 32 und 49 der Richtlinie 2014/24/EU Artikel 44, 67 und 69 der Richtlinie 2014/25/EU	Die Auftragsbekanntmachung wurde nicht gemäß den einschlägigen Vorschriften veröffentlicht (z. B. Veröffentlichung im Amtsblatt der Europäischen Union(ABl.), sofern dies in den Richtlinien vorgeschrieben ist). Dies gilt auch für die unmittelbare Vergabe oder Anwendung des Verhandlungsverfahrens ohne vorherige Veröffentlichung einer Vertragsbekanntmachung, wenn die Kriterien für deren Anwendung nicht erfüllt sind.	100%
			Wie oben, es sei denn, die Veröffentlichung ist mit anderen angemessenen Mitteln erfolgt.	25%

Hinweis

Die EU-Kommission nimmt bei der Beschreibung der Unregelmäßigkeitstatbestände Bezug auf die von ihr erlassenen EU-Vergaberichtlinien und die diese erläuternden Vorgaben. Daher muss die jeweilige Beschreibung immer auf die nationalen Vergabevorschriften ***„übersetzt"*** *und* ***sinngemäß*** *angewendet werden.*

Praxistipp

Zum besseren Verständnis der einzelnen Unregelmäßigkeitstatbestände kann der ***„praktische Leitfaden für die öffentliche Auftragsvergabe"***[67] *als* ***Interpretationshilfe*** *herangezogen werden. Er wurde von der EU-Kommission für die öffentlichen Auftraggeber entwi-*

66 Angabe gültig bis Ende 2025. Ab dem 1.1.2026 gelten neue EU-Schwellenwerte: DELEGIERTE VERORDNUNG (EU) 2023/2495 DER KOMMISSION vom 15.11.2023, Amtsblatt EU OJ L – C/2023/7642.

67 https://ec.europa.eu/regional_policy/de/information/publications/guidelines/2018/public-procurement-guidance-for-practitioners-2018.

ckelt. Ziel des Leitfadens ist es, die öffentlichen Auftraggeber zu sensibilisieren und ihnen Strategien zur Vermeidung von Vergabefehlern zu geben.

Die Prüfung der Korrekturmaßnahmen nach den „COCOF-Leitlinien“ erfolgt in *zwei Schritten*, die anhand des *Beispielfalls* erläutert werden:

1. *Schritt: Entspricht der Vergabeverstoß einem Regelfall?*
2. *Schritt: Liegt ein minder schwerer Fall vor?*

a) Entspricht der Vergabeverstoß einem Regelfall?

aa. Überblick

Der Regelfall im Korrekturkatalog entspricht immer dem aus Sicht der EU-Kommission denkbar *schwersten Fall* des Verstoßes gegen die jeweilige Vergabevorschrift.

Praxistipp

▶ *Der o.g.* ***„praktische Leitfaden für die öffentliche Auftragsvergabe“***[68] *kann auch als Interpretationshilfe für die Frage herangezogen werden, ob ein schwerer Fall der Unregelmäßigkeit vorliegt. So hält er z.B. für die* ***nicht ordnungsgemäße Bekanntmachung*** *fest:*

„Eine nicht ordnungsgemäße Bekanntmachung zählt zu den schwersten Fehlern. Liegen Aufträge unter den EU-Schwellenwerten, sind aber von potenziell grenzübergreifendem Interesse, besteht der sicherste Weg zur Vermeidung jedweder Risiken, dass es zu Unregelmäßigkeiten und möglichen Finanzkorrekturen kommt, in der Anzeige des Auftrags im Amtsblatt und einer nationalen Website für öffentliche Auftragsvergaben oder einer allgemein bekannten Website für öffentliche Auftragsvergaben.[69]***“***

Hinweis

▶ *Die EU-Kommission gibt vor, dass der ermittelte Korrektursatz bei allen Ausgaben in Abzug gebracht wird, die ihr künftig für den gleichen Auftrag zur Erstattung gemeldet werden.*

bb. Kontrollfrage für den Beispielsfall

- Welche Rolle spielt die Schwere des Vergabeverstoßes?

Im Beispielsfall wurde nach Bundesrecht gegen **§ 14 UVgO** verstoßen. Der zulässige Nettoauftragswert für Direktvergaben wurde überschritten – dennoch wurde der Auftrag ohne Einholung von Vergleichsangeboten, also direkt, vergeben. Das kann als Verwirklichung des als Regelfall definierten Unregelmäßigkeitstatbestandes nach der laufenden Ziffer 1 des Korrekturkatalogs angesehen werden.

68 https://ec.europa.eu/regional_policy/de/information/publications/guidelines/2018/public-procurement-guidance-for-practitioners-2018.

69 https://ec.europa.eu/regional_policy/de/information/publications/guidelines/2018/public-procurement-guidance-for-practitioners-2018, Seite 81.

Hinweis

Die Anwendung der Unregelmäßigkeitstatbestände auf nationales Vergaberecht bedarf der Übersetzung im Sinne einer Interpretation. Diese lässt in der Regel mehrere Auslegungsmöglichkeiten zu. Das gilt zumindest so lange, wie eine eindeutige Festlegung durch die Rechtsprechung oder die EU-Kommission selbst noch nicht stattgefunden hat.

Die dort beschriebenen EU-Vergabevorschriften können mit Blick auf **§ 14 UVgO** in nationales Recht *übersetzt* werden: Direktvergaben sind nach beiden Regelwerken nur in den konkret erlaubten Fällen möglich. Wird dagegen verstoßen, sehen die „COCOF-Leitlinien" für den Regelfall eine Korrektur von 100 % vor. *Der Regelfall entspricht immer dem aus Sicht der EU-Kommission denkbar schwersten Fall des Verstoßes gegen die jeweilige Vergabevorschrift.* Der Betrag der *Finanzkorrektur* errechnet sich aus den Ausgaben, die der EU-Kommission gemeldet werden und die mit dem von der Unregelmäßigkeit betroffenen Auftrag (oder Teilen davon) zusammenhängen. Das sind im Beispielsfall die Ausgaben für den gesamten Auftrag von 25.000 € netto.

b) Liegt ein minder schwerer Fall vor?

aa. Überblick

Neben dem denkbar schwersten Fall des Verstoßes gegen eine Vergabevorschrift definiert die EU-Kommission im Korrekturkatalog Verstöße gegen die gleiche Vergabevorschrift, die aber aus speziellen Gründen weniger schwer wiegen, beispielsweise, weil der Wettbewerb auf andere Weise als in der Vergabevorschrift vorgesehen mit angemessenen Mitteln gewährleistet wurde. Denkbar wäre die Nutzung eines Bekanntmachungsmediums, das den angefragten Markt im vergleichbaren Umfang erreicht wie die vorgeschriebene TED-Bekanntmachung. Dabei handelt es sich um sogenannte *minder schwere Fälle.*

bb. Kontrollfrage für den Beispielsfall

- Welche Beurteilungsspielräume gibt es?

Ein *minder schwerer Fall*, wie er in der laufenden Ziffer 1. des Korrekturkatalogs beschrieben ist, kann im Beispielsfall wohl nicht angenommen werden. Erforderlich wäre nach dem Willen der EU-Kommission eine Veröffentlichung mit anderen angemessenen Mitteln gewesen. Der *„praktische Leitfaden für die öffentliche Auftragsvergabe"*[70] der EU-Kommission gibt dafür eine *Interpretationshilfe:* In Betracht kommt danach z.B. die *„Anzeige des Auftrags im Amtsblatt und einer nationalen Website für öffentliche Auftragsvergaben oder einer allgemein bekannten Website für öffentliche Auftragsvergaben".*

Übersetzt auf das nationale Vergaberecht könnte dies z.B. so interpretiert werden:

Das nationale Vergaberecht geht vom Grundsatz von der öffentlichen Ausschreibung aus. Bei dieser wird ein unbeschränkter Kreis von Unternehmen zur Angebotsabgabe aufgefordert. Jedes interessierte Unternehmen kann ein Angebot abgeben, vgl. § 9 Abs. 1 UVgO.

70 https://ec.europa.eu/regional_policy/de/information/publications/guidelines/2018/public-procurement-guidance-for-practitioners-2018.

Die UVgO sieht neben der Direktvergabe auch die Verhandlungsvergabe mit oder ohne Teilnahmewettbewerb vor. Wird von einem Teilnahmewettbewerb abgesehen, müssen aber nach **§ 12 Abs. 2 UVgO** grundsätzlich mehrere Unternehmen zur Angebotsabgabe aufgefordert werden. Die Ausnahmeregelung nach **§ 12 Abs. 3 UVgO**, wonach nur ein Unternehmen zur Angebotsabgabe aufzufordern wäre, ist im Beispielsfall nicht einschlägig. Den Vorgaben für eine zulässige Verhandlungsvergabe nach **§ 8 Abs. 4 und § 12 UVgO** wäre also nur genüge getan gewesen, wenn *entweder ein vorheriger Teilnahmewettbewerb durchgeführt oder mehrere Vergleichsangebote eingeholt worden* wären. Beides ist im Beispielsfall schon nicht erfolgt.

Unabhängig davon sieht der minder schwere Fall vor, dass eine Bekanntmachung des Auftrags mit anderen angemessenen Mittel erfolgt sein muss. Wäre im Ausgangspunkt nur eine öffentliche Ausschreibung zulässig und stattdessen eine beschränkte Ausschreibung oder Verhandlungsvergabe ohne Teilnahmewettbewerb durchgeführt worden, wäre nur eine beschränkte Anzahl von Unternehmen zur Angebotsabgabe aufgefordert worden, wobei die Mindestzahl der aufzufordernden Unternehmen drei beträgt. Unterlässt der Auftraggeber gleichzeitig die Bekanntmachung des beschränkt oder per Verhandlungsvergabe zu vergebenden Auftrags, so schränkt er den Wettbewerb von einem vollkommen unbeschränkten Bieterkreis auf einen in der Zahl auf drei Bieter eingeengten Bieterkreis ein. Daher ist in diesen Fällen eine 100%ige Kürzung nach den COCOF-Leitlinien gerechtfertigt, da eine anderweitige Bekanntmachung mit angemessenen Mitteln gerade nicht erfolgte.

In dieser Konstellation ist, soweit ersichtlich, noch keine Rechtsprechung dazu existent, ob die Informationspflicht nach § 20 Abs. 4 VOB/A in Bezug auf beabsichtigte beschränkte Ausschreibungen ab einem voraussichtlichen Wert in Höhe von 25.000 € die Anforderungen eines „mit angemessenen Mitteln bekanntgemachten Auftrags" erfüllen können. Dagegen spricht jedenfalls, dass es sich ausdrücklich nicht um eine Bekanntmachungspflicht, sondern nur eine Informationspflicht handelt, die gemäß § 20 Abs. 4 S. 2 VOB/A nicht die gleichen Angaben enthält.

Daher ist im genannten Beispielfall eine mildere Korrekturregelung weder aus originärer noch aus übersetzter Sicht der EU-Kommission *weder direkt noch sinngemäß* denkbar.

4. Unregelmäßigkeiten formaler Art

a) Überblick

Die EU-Kommission stellt klar: *Es gibt keine Finanzkorrekturen bei Unregelmäßigkeiten lediglich formaler Art ohne tatsächliche oder potenzielle Auswirkungen auf den EU-Haushalt.*

Hinweis

Die EU-Kommission nennt als ***Beispiel für eine rein formale Unregelmäßigkeit*** *die Vergabebekanntmachung (Bekanntmachung über abgeschlossene Verträge), die später als erforderlich oder überhaupt nicht veröffentlicht wurde.*[71]

b) Kontrollfrage für den Beispielsfall

- Welche Rolle spielt die Art des Vergabeverstoßes?

Der Vergabeverstoß im Beispielsfall kann finanzielle Auswirkungen auf den EU-Haushalt haben. *Immer dann, wenn ein Vergabeverstoß unter den Katalog für pauschale Korrekturen nach Ziffer 2. der „COCOF-Leitlinien" gefasst werden kann, geht die EU-Kommission davon aus, dass es sich um einen Verstoß mit finanziellen Auswirkungen auf den EU-Haushalt handelt.*[72] So liegt der Fall auch hier.

5. Einzelfall- und Verhältnismäßigkeitsbeurteilung

a) Überblick

Der Korrekturkatalog nach Ziffer 2. der „COCOF-Leitlinien" gibt einen Rahmen von Korrektursätzen für den jeweiligen Unregelmäßigkeitstatbestand vor (5 %, 10 %, 25 % und 100 %).

Hinweis

Die EU-Kommission hat die grundlegende Verhältnismäßigkeitsprüfung im Korrekturkatalog bereits „eingepreist".

Unbeschadet dessen sind nach dem Willen der EU-Kommission bei der konkreten Bemessung des Korrektursatzes sämtliche Eigenheiten des Einzelfalls im Vergleich zum Grundfall, der im Korrekturkatalog beschrieben ist, zu berücksichtigen. Wie diese Einzelfallbeurteilung konkret aussehen soll, gibt die EU-Kommission nicht vor.

Praxistipp

Für die Einzelfallbeurteilung können folgende Fragen eine Orientierungshilfe für einen Prüfpfad sein:

- *Welche Besonderheiten fallen im konkreten Einzelfall auf, die von der Beschreibung der Unregelmäßigkeit im Korrekturkatalog abweichen?*
- *Welche Auswirkungen haben diese auf die Art und den Schweregrad der Unregelmäßigkeit?*

71 Anhang zum Beschluss der Kommission zur Festlegung und Genehmigung der Leitlinien für die Festsetzung von Finanzkorrekturen, die bei Verstößen gegen die Vorschriften für die Vergabe öffentlicher Aufträge auf von der EU finanzierte Ausgaben anzuwenden sind, C (2019) 3452 final („COCOF-Leitlinien"), Seite 2, Fußnote 3, https://ec.europa.eu/regional_policy/sources/guidance/GL_corrections_pp_irregularities_annex_DE.pdf.

72 Anhang zu den „COCOF-Leitlinien" a.a.O., Ziffer 1.1.

- *Welche Auswirkungen haben die Besonderheiten auf den finanziellen Verlust für den EU-Haushalt? Wurden die Mittel trotz des Vergabeverstoßes wirtschaftlich und sparsam verwendet?*
- *Sind die Abweichungen aufgrund der Besonderheiten so schwerwiegend, dass sich eine Anpassung (nach unten oder nach oben) der Korrektursätze aufdrängt?*
- *Wenn ja: Welcher Korrektursatz ist unter Abwägung der Interessen zwischen EU-Haushalt und Zuwendungsempfänger angemessen?*

Hinweis

Zuwendungsgeber ***begründen und dokumentieren*** *ihre Einzelfallbeurteilung fundiert und nachvollziehbar in der Verwaltungsakte.*

b) Kontrollfrage für den Beispielsfall

- Welche Rolle spielen unterschiedliche Interessen und Besonderheiten des Einzelfalls im Rahmen der Ermessensausübung?

Im Rahmen der *Interessensabwägung* ist für eine mildere Beurteilung als im Korrekturkatalog vorgesehen *kein* Raum. Der festgestellte Vergabeverstoß weicht, wenn man ihn auf die Regelungen im Korrekturkatalog der „COCOF-Leitlinien" *übersetzt*, nicht von der Beschreibung der zu korrigierenden Unregelmäßigkeit ab. Es gibt also insofern *keine Besonderheiten des Einzelfalls*, die bei der Beurteilung des Korrektursatzes ins Gewicht fallen könnten.

6. Vereinfachte Kostenoptionen

Die Leitlinien finden keine Anwendung auf Unregelmäßigkeiten, die Ausgaben gemäß den Regeln für *vereinfachte Kostenoptionen* betreffen.[73]

Hinweis

Für die vereinfachten Kostenoptionen werden die förderfähigen Kosten gemäß einer vordefinierten Methode berechnet, die auf der Leistung, den Ergebnissen oder einigen anderen Kosten basiert. Es ist dann nicht mehr erforderlich, jeden Euro einer EU-kofinanzierten Ausgabe zu einzelnen Buchungsbelegen zurückzuverfolgen.[74]

7. Systembedingte Unregelmäßigkeiten

Die EU-Kommission regelt nunmehr das Verfahren bei der Prüfung von Unregelmäßigkeiten, die auf systembedingte Fehler beim Zuwendungsnehmer zurückzuführen sind. Die Prüfung erfolgt in zwei Stufen:

73 Anhang zu den „COCOF-Leitlinien" a.a.O., Ziffer 1.2. Fußnote 7.

74 Leitlinien für vereinfachte Kostenoptionen (VKO) der EU-Kommission, Ziffer 1.2.2, https://ec.europa.eu/regional_policy/sources/funding/financial-instruments/simpl_cost_de.pdf.

1. Stufe: *Prüfungs- und Korrekturmaßnahmen des Zuwendungsgebers*:
   - Prüfung und Korrektur im konkreten Vergabeverfahren.
   - Prüfung, ob außerdem in anderen Vergabeverfahren des Zuwendungsempfängers, für die EU-Zuwendungsmittel eingesetzt werden, der gleiche Systemfehler begangen wurde. Wenn ja, nimmt der Zuwendungsgeber die entsprechende Korrektur vor.
2. Stufe: *Prüfungs- und Korrekturmaßnahme der EU-Kommission*:
   - Wenn die Prüfungs- und Korrekturmaßnahmen des Zuwendungsgebers nicht vollständig sind, führt die EU-Kommission diese Prüfungen selbst durch.
   - Die Korrekturen werden von der EU-Kommission selbst vorgenommen – bis hin zu Nettofinanzkorrekturen.

Hinweis

*Bei **Nettofinanzkorrekturen** dürfen die Mittel nicht mehr für neue Projekte und neue Ausgaben wiederverwendet werden. Sie gehen dem Mitgliedsstaat endgültig verloren.*[75] *Daher kann im Zweifel die umfassende Prüfung und Korrektur von Fördermaßnahmen beim jeweiligen Zuwendungsnehmer auf den konkreten Systemfehler hin bereits durch den Zuwendungsgeber sinnvoll sein. Die Prüfungs- und Korrekturmaßnahmen werden in den Verwaltungsakten nachvollziehbar begründet und dokumentiert.*

8. Binnenmarktrelevanz

Die EU-Kommission hat bereits in ihrer Mitteilung zu Auslegungsfragen aus 2006 ihr Verständnis der Binnenmarktrelevanz dargelegt.[76]

Daneben fasst sie im Zusammenhang mit den Finanzkorrekturen bei Vergabeverstößen die wesentlichen Eckpunkte in den „COCOF-Leitlinien“ zusammen, die ein grenzüberschreitendes Interesse (Binnenmarktrelevanz) im Sinne der „COCOF-Leitlinien“ untermauern können:

- die technischen Anforderungen des Auftrags *(NEU!)*
- der Auftragsgegenstand,
- der geschätzte Wert,
- die geographische Lage des Orts der Leistungserbringung,
- der Nachweis von Angeboten oder Interessensbekundungen aus anderen Mitgliedsstaaten.

---

75 Mitteilung der EU-Kommission zur Vornahme von Nettofinanzkorrekturen gegenüber Mitgliedstaaten im Bereich Landwirtschaft und in der Kohäsionspolitik, 13.12.2013 – COM(2013) 934 final, Ziffer 1, https://eur-lex.europa.eu/LexUriServ/LexUriServ.do?uri=COM:2013:934:FIN:DE:PDF.

76 Mitteilung der Kommission zu Auslegungsfragen in Bezug auf das Gemeinschaftsrecht, das für die Vergabe öffentlicher Aufträge gilt, die nicht oder nur teilweise unter die Vergaberichtlinien fallen vom 1.8.2006 – (2006/C 179/02), https://eur-lex.europa.eu/LexUriServ/LexUriServ.do?uri=OJ:C:2006:179:0002:0007:DE:PDF.

Hinweis

*Die EU-Kommission geht davon aus, dass sie für das Vorliegen der Binnenmarktrelevanz **beweispflichtig** ist. Es handelt sich immer um eine **Einzelfallentscheidung**, bei der sich die anzuführenden Gründe konkret auf den zu vergebenden Auftrag beziehen müssen.*[77]

Praxistipp

*Aufgrund des Einzelfallcharakters besteht im Umgang mit der Binnenmarktrelevanz immer auch ein **Rechtsrisiko**. Eine Eingrenzung ist sowohl für Zuwendungsgeber als auch für Zuwendungsnehmer z.B. mit folgenden Maßnahmen möglich:*

- *Zuwendungsgeber legen im Einvernehmen mit den zuständigen Ansprechpartnern auf Fördermittelgeberseite die Parameter zur Prüfung der Binnenmarktrelevanz im Sinne einer Verwaltungspraxis fest. Die so durchgeführte Prüfung wird in der Verwaltungsakte nachvollziehbar begründet und dokumentiert.*
- *Zuwendungsnehmer prüfen im Rahmen der Vorbereitung des Vergabeverfahrens, ob sich für das betreffende Vorhaben Hinweise ergeben, wonach sich das Vorliegen einer oder mehrerer der vorgenannten Anhaltspunkte für die Binnenmarktrelevanz aufdrängt. Zur Beurteilung werden die Erkenntnisse aus der Markterkundung (s.o. III.3.) und der Ermittlung des Beschaffungsbedarfs (s.o. III.2.) herangezogen. Die Entscheidung wird in der Vergabeakte nachvollziehbar begründet und dokumentiert.*

9. Keine Kumulation von Korrektursätzen

Sofern mehr als eine Unregelmäßigkeit nach den „COCOF-Leitlinien“ im selben Vergabeverfahren festgestellt wird, werden die Korrektursätze nicht kumuliert.

Hinweis

Die EU-Kommission zieht die gravierendste Unregelmäßigkeit als Grundlage für die Bemessung der Korrektur heran.

10. Sonderfall Betrug/Bestechung/Bestechlichkeit

Betrug, Bestechung, Bestechlichkeit (sowie Anstiftung, Beihilfe und Versuch) führen bei entsprechender Feststellung eines nationalen Gerichts oder einer entsprechend zuständigen/spezialisierten nationalen- bzw. EU-Behörde immer zu einer Finanzkorrektur von 100 % auf die von der Unregelmäßigkeit betroffenen Ausgaben.

77 EuGH, Urteil vom 2.3.2018 – C 187/16.

Hinweis

Die EU-Kommission stellt klar: Nationale Prüfinstanzen sowie Prüfinstanzen der EU-Kommission ermitteln nur dann in den vorgenannten Straffällen, wenn sie dafür spezifische Zuständigkeiten besitzen.

IV. Abschließende Festlegung des Kürzungsumfangs bei EU-geförderten Projekten

Bei der abschließenden Festlegung des Kürzungsumfangs besteht *bei EU-geförderten Projekten eine Besonderheit*. Denn dort müssen die Ergebnisse aus der Kürzungsprüfung nach nationalem Haushaltsrecht[78] und nach EU-Haushaltsrecht („COCOF-Leitlinien")[79] miteinander abgeglichen werden.

1. Höheres Korrekturergebnis nach „COCOF-Leitlinien"

Entsprechend der Logik der EU-Kommission für den Umgang mit mehreren Kürzungstatbeständen[80] wird der Kürzungs- bzw. Korrektursatz zugrunde gelegt, der die höchste Kürzung zur Folge hat. Das gilt zumindest für die Fälle, in denen die Kürzung aufgrund der Anwendung der „COCOF-Leitlinien" höher ausfällt als diejenige nach den nationalen Haushaltsvorschriften.

2. Höheres Korrekturergebnis nach nationalem Haushaltsrecht

Für den Fall, dass die nationalen Haushaltsvorschriften eine höhere Kürzung vorsehen, ist eine Festlegung zum Umgang mit den von den „COCOF-Leitlinien" abweichenden Regelungen empfehlenswert. Denn wir erinnern uns: die „COCOF-Leitlinien" werden den nationalen Behörden von der EU-Kommission zur Anwendung empfohlen.[81]

Ziel dieser Festlegung sollte zum einen eine *einheitliche Verwaltungspraxis* des Zuwendungsgebers und zum anderen eine *einheitliche Kürzungsentscheidung* im konkreten Fall sein. Das gilt vor allem, wenn die Zuwendung auch nationale Fördermittel enthält. Zumindest für diesen Teil dürfte das jeweilige (höhere) Kürzungsergebnis nach nationalem Haushaltsrecht maßgeblich sein.

3. Kontrollfrage für den Beispielsfall

- Welche Besonderheiten sind bei EU-finanzierten Zuwendungen zu beachten?

Im Beispielsfall bestimmt sich der Umfang der Kürzung wie folgt: Es wären sowohl nach nationalem Haushaltsrecht als auch nach den „COCOF-Leitlinien" der vom Vergabeverstoß betroffene Auftrag zu 100 % aus der Förderung herauszunehmen. Die Zuwendung wäre für diesen Auftrag im Umfang von 100 % zu kürzen.

---

78 S.o. C.I-II. in diesem Kapitel.
79 S.o. C.III. in diesem Kapitel.
80 S.o. C.III.9. in diesem Kapitel.
81 S.o. C.III. in diesem Kapitel.

D. Handlungsformen der Kürzung

I. Überblick

Nachdem der Zuwendungsgeber festgestellt hat, ob und in welchem Umfang die ursprünglich bewilligte Zuwendung zu kürzen ist, stellt sich die Frage, wie er die Entscheidung über die Kürzung gegenüber dem Zuwendungsnehmer trifft.

Dem Zuwendungsgeber stehen dafür Handlungsformen zur Verfügung, die nach nationalem Verwaltungsverfahrens- bzw. Haushaltsrecht zulässig sind.

Grundsätzlich kommen dafür zwei Möglichkeiten Betracht, die abhängig von der Art des Zuwendungsbescheides sind:

- Wurde die Zuwendung durch einen *vorläufigen* Zuwendungsbescheid bewilligt, kommt der *Schlussbescheid* in Betracht.
- Wurde die Zuwendung durch einen *abschließenden* Zuwendungsbescheid bewilligt, steht dem Zuwendungsgeber der *Widerruf* nach **§ 49 VwVfG**[82] zur Verfügung.

Daneben gibt es noch eine dritte Möglichkeit, die in der Zuwendungspraxis aber in Bezug auf Vergabeverstöße grundsätzlich nicht vorkommt und daher in diesem Kapitel nur der Vollständigkeit halber erwähnt wird:

- Wurde die Zuwendung durch einen *abschließenden* Zuwendungsbescheid bewilligt, der *von Anfang an rechtwidrig* war, steht dem Zuwendungsgeber die *Rücknahme* nach **§ 48 VwVfG**[83] zur Verfügung.

Hinweis

Rechtsgrund ist sowohl für den Widerruf als auch für den Schlussbescheid die ***Kürzung infolge der Nichterfüllung der Auflage bzw. des Vorbehalts****, nach der bzw. dem die Vorschriften über die öffentliche Auftragsvergabe gemäß Zuwendungsbescheid zu beachten sind.*

II. Schlussbescheid aufgrund des „vorläufigen" Zuwendungsbescheides

1. Der „vorläufige" Zuwendungsbescheid als Verwaltungsakt

Das Instrument des „vorläufigen" Zuwendungsbescheides ist nicht ausdrücklich geregelt. Er ist aber als zulässige Handlungsform eines *Verwaltungsaktes nach* **§ 35 VwVfG analog** in der Zuwendungsförderung anerkannt.[84]

82 Die Landesverwaltungsverfahrensgesetze sehen vergleichbare Regelungen vor.
83 Die Landesverwaltungsverfahrensgesetze sehen vergleichbare Regelungen vor.
84 *Krämer/Schmidt*, Zuwendungsrecht Zuwendungspraxis, Januar 2021, Abschnitt D VIII Rn. 166 ff.

Hinweis

*Zwar sehen die **Haushaltsvorschriften der Länder** teilweise folgende Verpflichtung vor:*

„Die Bewilligungsbehörde hat zu prüfen, ob der Zuwendungsbescheid nach §§ 49 Abs. 3, 49a HVwVfG mit Wirkung auch für die Vergangenheit ganz oder teilweise zu widerrufen und die Zuwendung (...) zurückzufordern ist, (...).“[85]

*Das Haushaltsrecht geht mit dieser Vorgabe vom verwaltungsverfahrensrechtlichen **Regelfall** eines **abschließenden Zuwendungsbescheides**[86] aus, der mit einem Widerruf abgeändert werden kann. Da aber die Bewilligungsbehörde den Auftrag hat, die Möglichkeit des Widerrufs zu prüfen, impliziert dies auch, dass andere Handlungsformen für die Festsetzung der Kürzung in Betracht kommen können.*

*Die **BHO** trifft diesbezüglich keine Entscheidung und regelt die Durchführung der Kürzung weder in die eine noch in die andere Richtung.*

Daher wird davon ausgegangen, dass die BHO ebenfalls sowohl abschließende als auch sog. „vorläufige“ Zuwendungsbescheide zulässt.

Charakteristisch für den *„vorläufigen“ Zuwendungsbescheid* ist, dass er unter dem *deutlichen Vorbehalt* einer späteren, abschließenden Entscheidung erlassen wird.

2. Auflage zur Einhaltung des Vergaberechts als Vorläufigkeitsgrund

Die Vorgabe zur Einhaltung des öffentlichen Vergaberechts ist im Zuwendungsbescheid regelmäßig als *Auflage* ausgestaltet.[87] Sie gehört zu den Vorgaben, wonach der Zuwendungsgeber bestimmt, welche Ausgaben letztlich zuwendungsfähig sind und welche nicht. Die Prüfung dieser *Auflage ist damit ein Baustein für das Verfahren*, mit dem der Zuwendungsgeber die Zuwendung der Höhe nach bestimmt.

Exkurs

*Zuwendungsbescheide enthalten Regelungen **dem Grunde und der Höhe** nach.*

***Dem Grunde nach** wird für die im Bescheid definierte Maßnahme verbindlich zugesagt,*

- *dass grundsätzlich eine Finanzierung erfolgen wird und*
- *wie die Verfahrensmodalitäten für die Bestimmung der endgültigen Zuwendungshöhe aussehen. Dazu gehört im Rahmen der Verwendungsnachweisprüfung auch die Prüfung der Auflage zur Einhaltung der einschlägigen Vergabebestimmungen.*

***Der Höhe nach**[88] kann oft eine verbindliche Zusage im Bewilligungsbescheid zum Erlasszeitpunkt nicht erfolgen, wenn die Höhe der Zuwendung von der **abschließenden Verwendungsnachweisprüfung** durch den Zuwendungsgeber abhängt.*

85 Z.B.: Ziffer 8.2.5 VV zu § 44 LHO/Hessen.
86 S.u.D.I.2. in diesem Kapitel.
87 S.o. B.II. in diesem Kapitel.
88 S.u. D.I.4. in diesem Kapitel.

Verwaltungsverfahrensrechtliches Ziel ist es, durch den Zuwendungsbescheid als Verwaltungsakt *Rechtsfrieden und Bestandskraft*[89] herbeizuführen. Darin liegt wohl auch der Grund, dass das *Verwaltungsverfahrensrecht in* **§ 35 VwVfG** *grundsätzlich von abschließenden Verwaltungsakten (Zuwendungsbescheiden)* ausgeht. Das heißt nicht, dass diese unverrückbar wären. Im Gegenteil, sie können später infolge der Verwendungsnachweisprüfung sowohl *dem Grunde* als auch *der Höhe nach* geändert werden, jedoch nur unter bestimmten Voraussetzungen.

Exkurs

Das Verwaltungsverfahrensrecht hat für die nachträgliche Änderung von abschließenden Zuwendungsbescheiden (Verwaltungsakten) daher Regeln[90] *geschaffen:*

- *für die Rücknahme von rechtswidrigen Zuwendungsbescheiden gilt* ***§ 48 VwVfG***[91]*,*
- *für den Widerruf von rechtmäßigen Zuwendungsbescheiden gilt* ***§ 49 VwVfG***[92]*,*
- *für die Erstattung von zu viel gezahlten Zuwendungen infolge einer Rücknahme, eines Widerrufs oder einer auflösenden Bedingung gilt* ***§ 49a VwVfG***[93]

Da es für den „vorläufigen" Zuwendungsbescheid als Verwaltungsakt *keine gesetzliche Regelung* gibt, hat die *Rechtsprechung* den grundsätzlichen Anwendungsrahmen eingegrenzt.

Hinweis

Zur Beurteilung, ***ob*** *und* ***wie*** *die Auflage zur Einhaltung der vergaberechtlichen Bestimmungen Gegenstand einer Vorläufigkeitsregelung sein kann, sind folgende Kriterien hilfreich:*[94]

- *Es besteht eine Ungewissheit im Hinblick auf den zu regelnden Gegenstand, z.B:*
  - *der Sachverhalt kann nicht endgültig ermittelt werden oder*
  - *eine abschließende rechtliche Wertung ist nicht möglich.*[95]
- *Aus dieser Ungewissheit muss ein sachlicher Grund für die vorläufige Regelung abgeleitet werden können.*
- *Der sachliche Grund steckt auch den Rahmen für die Vorläufigkeitsregelung ab.*

Vor diesem Hintergrund ist es möglich, dass die Bewilligung als *vorläufige* Regelung im Hinblick auf die Einhaltung der Auflage zur Anwendung der öffentlichen Vergabevorschriften ausgestaltet wird. Denn die Einhaltung der vergaberechtlichen Regelungen ist Voraussetzung für die Zuwendungsfähigkeit der Ausgaben. Darin kann der sachliche Grund gesehen werden, den Vorbehalt auf die abschließende Entscheidung im Anschluss an die Prüfung der Einhaltung der vergaberechtlichen Bestimmungen zu beziehen und die Zuwendung vorläufig zu bewilligen.

---

89 VG Ansbach, Urteil vom 10.11.2015 – AN 4 K 14.00983
90 Die Landesverwaltungsverfahrensgesetze sehen entsprechende Regelungen vor.
91 S.u. D.I.6. in diesem Kapitel.
92 S.u. D.I.6. in diesem Kapitel.
93 S.u. E. in diesem Kapitel.
94 VG Ansbach, Urteil vom 10.11.2015 – AN 4 K 14.00983 m.w.N.
95 *Krämer/Schmidt*, Zuwendungsrecht Zuwendungspraxis, Januar 2021, Abschnitt D VIII Rn. 167.

3. Entscheidung durch Schlussbescheid

Wurde ein „vorläufiger" Zuwendungsbescheid erlassen, steht die abschließende Entscheidung über die Zuwendungsfähigkeit der im Vorhaben getätigten Ausgaben unter dem *Vorbehalt eines abschließenden Schluss- oder Festsetzungsbescheides*. Der Vorbehalt wird im Zweifel so zu verstehen sein, dass die Anerkennung der Förderfähigkeit im Bewilligungs- bzw. Ausgangsbescheid zunächst nur bis zum Erlass der endgültigen Regelung Bestand haben soll.[96]

Praxistipp

Um Missverständnisse zu vermeiden, formulieren die Zuwendungsgeber den gewünschten ***Vorbehalt eines Schlussbescheides*** *deutlich im* ***Entscheidungstenor des Zuwendungsbescheides****.*

Hintergrund:

Häufig kommt es in der Förderpraxis zum Streit darüber, ob für die Kürzungsentscheidung der ***Schlussbescheid oder der Widerruf*** *das richtige Mittel gewesen wäre. Hintergrund ist u.a., dass der Schlussbescheid nicht der Entscheidungsfrist nach* ***§ 48 Abs. 4 VwVfG*** *unterliegt.*[97] *So kann die Formulierung zur Förderhöhe mit Zusätzen wie „bis zu" oder „höchstens" sowohl auf einen abschließenden Zuwendungsbescheid mit Widerrufsrecht oder einen „vorläufigen" Zuwendungsbescheid unter dem Vorbehalt eines Schlussbescheides hindeuten.*[98] *Fehlt eine eindeutige Aussage zur Vorläufigkeit, kann z.B. ein Gericht die Regelung nach seiner richterlichen Überzeugung in die eine oder die andere Richtung auslegen. Beruht diese Auslegung nicht auf* ***„einer Verletzung von Denkgesetzen"****, kann sie nicht angegriffen werden.*[99]

Auch für den Erlass des Schlussbescheides prüfen die Zuwendungsgeber, ob die Auflage bzw. der Vorbehalt zur Anwendung der öffentlichen Vergabevorschriften eingehalten wurde und ob und in welcher Höhe eventuell eine Kürzung erforderlich ist.

Hinweis

Am Ende dieser Prüfung steht

- *die abschließende Entscheidung über Art und Umfang der Förderfähigkeit der Maßnahme,*
- *in Form eines Schlussbescheides,*
- *der die vorläufige Regelung im Zuwendungsbescheid*
- *rückwirkend und damit für die Vergangenheit von Anfang an ersetzt.*

---

96 *Krämer/Schmidt*, Zuwendungsrecht Zuwendungspraxis, Januar 2021, Abschnitt D VIII Rn. 167 f.
97 S.u. G.II. in diesem Kapitel.
98 BVerwG, Urteil vom 23.1.2019 – 10 C 6.17.
99 BVerwG, Urteil vom 23.1.2019 – 10 C 6.17.

4. Änderung des Schlussbescheides

Der Schlussbescheid beendet die Vorläufigkeit des Ausgangsbescheides und schafft damit als Verwaltungsakt das Ziel, Rechtsfrieden und Bestandskraft herbeizuführen.

Insofern erscheint es zweifelhaft, den Schlussbescheid wiederum mit einem Vorbehalt[100] oder einer auflösenden Bedingung[101] zu versehen.

Demgegenüber kann eine *Änderung* jedenfalls mit den verwaltungsverfahrensgesetzlich vorgesehenen Mitteln erfolgen:

- Widerruf nach **§ 49 VwVfG** und
- Rücknahme nach **§ 48 VwVfG**.

5. Kontrollfragen für den Beispielsfall (Schlussbescheid)

- Wie entscheidet der Zuwendungsgeber über die Kürzung?

Im Beispielsfall hätte der Zuwendungsgeber die Zuwendung *vorläufig und unter dem Vorbehalt der abschließenden Prüfung der Auflage zur Einhaltung der öffentlichen Vergabevorschriften* bewilligen können. Dann wäre der Schlussbescheid die richtige Entscheidungsform über die Kürzung der zunächst und vorläufig ausgesprochenen Zuwendung. Mit dem Schlussbescheid hätte der Zuwendungsgeber

- den vorläufigen Zuwendungsbescheid rückwirkend und von Anfang an ersetzt,
- die abschließende Entscheidung über die Zuwendungshöhe getroffen sowie
- auf die Möglichkeit des Widerrufs oder der Rücknahme hingewiesen.

Praxistipp

Entscheidet sich der Zuwendungsgeber für eine ***vorläufige Regelung, so begründet und dokumentiert seine Entscheidung****. Entscheidungsparameter sind:*

- *es besteht eine Ungewissheit im Hinblick auf den zu regelnden Gegenstand zum Erlasszeitpunkt des Bescheids, woraus sich*
- *ein sachlicher Grund für die vorläufige Regelung ergibt.*

100 S.o. D.I.1. in diesem Kapitel.
101 S.u. D.I.5. in diesem Kapitel.

III. Widerruf eines rechtmäßigen, abschließenden Zuwendungsbescheides

1. Überblick

Der Widerruf des Zuwendungsbescheides nach **§ 49 Abs. 3 S.1 Nr. 2 VwVfG**[102] kommt in Betracht, wenn gegen eine Auflage in einem *abschließenden Zuwendungsbescheid* verstoßen wurde.

Hinweis

Die Bewilligung wird regelmäßig als ***abschließend*** *gewertet werden, wenn nicht ein Vorbehalt die Vorläufigkeit regelt.*[103]

Ziel ist es, durch den Zuwendungsbescheid als Verwaltungsakt Rechtsfrieden und Bestandskraft[104] herbeizuführen.

Daher wird dem Zuwendungsempfänger im Regelfall *verbindlich zugesagt*[105], dass das bewilligte Fördervorhaben *dem Grunde nach*[106] förderfähig ist.

Praxistipp

Die Begrifflichkeiten wie z.B. „Förderfähigkeit", „Förderwürdigkeit" oder „Zuwendungsfähigkeit" werden bundesweit nicht einheitlich verwendet. Letztlich kommt es darauf an, dass die Zuwendungsgeber den Begrifflichkeiten für Dritte nachvollziehbar konkrete Sachverhalte zuordnen. Z.B. kann sich eine Zuordnung wie folgt darstellen:

- *Welche Vorhaben können nach den Förderrichtlinien Gegenstand der Förderung sein? Dabei handelt es sich um eine Frage der Förderwürdigkeit.*
- *Welche Ausgaben können nach den Förderrichtlinien grundsätzlich Gegenstand einer Förderung sein? Dabei handelt es sich um eine Frage der Förderfähigkeit.*
- *Für welche konkreten Ausgaben können nach entsprechender Prüfung Zuwendungsmittel ausgezahlt werden? Dabei handelt es sich um eine Frage der Zuwendungsfähigkeit.*

Hinweis

Der in den Bescheiden häufig formulierte ***„Vorbehalt des Widerrufs"*** *ist* ***nicht als Vorläufigkeitsregelung*** *im Sinne eines vorläufigen Bewilligungsbescheids zu verstehen. Der*

102 Die Landesverwaltungsverfahrensgesetze sehen vergleichbare Regelungen vor.
103 S.o.D.I.1. in diesem Kapitel.
104 VG Ansbach, Urteil vom 10.11.2015 – AN 4 K 14.00983.
105 VG Ansbach, Urteil vom 10.11.2015 – AN 4 K 14.00983 m.w.N.; BVerwG, Urteil vom 15.3.2017 – 10 C 1.16 Rn. 15.
106 Zur Unterscheidung dem Grunde und der Höhe nach: s.o. D.I.1.b) in diesem Kapitel.

Widerruf ist, anders als der Schlussbescheid, von seinem Regelungsziel her nicht auf die Beendigung der Regelungswirkung des Ausgangsbescheides ausgerichtet.[107]

Die für die Durchführung des Fördervorhabens notwendigen Maßnahmen werden u.a. mit der *Auflage* bewilligt, dass die öffentlichen Vergabevorschriften eingehalten werden.[108] Wenn der Zuwendungsnehmer gegen die Auflage verstößt, wird die ursprüngliche, abschließende Entscheidung durch einen *Widerruf für die Vergangenheit* ganz oder teilweise abgeändert. *Rechtsgrundlage* dafür ist **§ 49 Abs. 3 S. 1 Nr. 2 VwVfG** Bund/Land.

Hinweis

*Die **Haushaltsvorschriften der Länder** sehen dazu teilweise folgende Verpflichtung vor:*

„Die Bewilligungsbehörde hat zu prüfen, ob der Zuwendungsbescheid nach §§ 49 Abs. 3, 49a HVwVfG mit Wirkung auch für die Vergangenheit ganz oder teilweise zu widerrufen(...) ist (...).“[109]

Die BHO trifft hierzu keine gesonderte Regelung.

2. Kontrollfragen für den Beispielsfall

- Wie entscheidet der Zuwendungsgeber über die Kürzung?

Im Beispielsfall hätte der Zuwendungsgeber die Zuwendung abschließend mit der Möglichkeit eines Widerrufs für die Vergangenheit bewilligen können. Dann wäre der *Widerrufsbescheid für die Vergangenheit* die richtige Entscheidungsform über die Kürzung der ausgesprochenen Zuwendung gewesen. Mit dem Widerruf hätte der Zuwendungsgeber

- über die Höhe der Kürzung und damit gleichzeitig
- über die Höhe der danach zu gewährenden Zuwendung entschieden.
- Der Ausgangsbescheid wäre im Übrigen bestehen geblieben.

Der Zuwendungsgeber entscheidet sich also im Rahmen der Bewilligung, ob er die Auflage zur Einhaltung der öffentlichen Vergabebestimmungen als Voraussetzung für die Förderfähigkeit der Maßnahme durch eine

- *abschließende* Regelung mit der *Möglichkeit eines Widerrufs für die Vergangenheit (gesetzlich normierter Regelfall nach § 35 VwVfG)*

  oder

- eine vorläufige Regelung mit der Notwendigkeit eines abschließenden Schluss- oder Festsetzungsbescheides für die Vergangenheit (anerkannte Alternative in analoger Anwendung des § 35 VwVfG)[110]

trifft.

107 *Krämer/Schmidt*, Zuwendungsrecht Zuwendungspraxis, Januar 2021, Abschnitt D VIII Rn. 166 ff.
108 S.o. B.II. in diesem Kapitel.
109 Z.B.: Ziffer 8.2.5 VV zu § 44 LHO/Hessen.
110 Zu den Voraussetzungen einer Vorläufigkeitsregelung s.o. D.I.1.b) in diesem Kapitel.

IV. Exkurs: vorläufige Bewilligung der Höhe nach

Die Bewilligung der in Aussicht gestellten *Höhe*[111] der Zuwendung enthält *häufig* eine *vorläufige* Regelung. Die endgültige Höhe der Förderung wird nach Prüfung der nachgewiesenen Ausgaben und ggf. Einnahmen durch den *Schlussbescheid* festgelegt.[112]

Hinweis

Die ***Vorläufigkeit*** *der Bewilligung* ***der Höhe nach*** *wird vielfach mit den entsprechenden Regelungen in* ***Ziffer 2 der ANBest-P/GK/I(P-Kosten) zu § 44 LHO/BHO*** *begründet.* ***Danach ermäßigt sich die Zuwendung, wenn sich gegenüber dem ursprünglichen Finanzierungsplan die Gesamtausgaben ermäßigen oder sich die Deckungsmittel erhöhen oder neue Deckungsmittel hinzukommen.*** *Dabei handelt es sich letztlich um einen Plan-/Ist-Abgleich von Einnahmen und Ausgaben. Dieser steht* ***unabhängig neben der Frage, ob Ausgabenpositionen infolge eines Auflagenverstoßes aus der Förderung herausgenommen werden müssen***.

Der Vorbehalt der Höhe nach ist im Zweifel so zu verstehen, dass die Bewilligung der Zuwendungsmittel zunächst nur bis zum Erlass der endgültigen Regelung in Form eines *Schlussbescheides* Bestand haben soll.[113]

Diese endgültige Regelung ist

- *beabsichtigt* (im Unterschied zu einer auflösenden Bedingung[114], deren Eintritt ungewiss ist) und auch
- *notwendig*, da anderenfalls die vorläufige Regelung mit offenem Ausgang „in der Luft" hinge und der Zuwendungsempfänger keine Rechtssicherheit erhielte.

V. Exkurs: Abgrenzung zur auflösenden Bedingung

Der Verstoß gegen die Vorschriften für die öffentliche Auftragsvergabe kann nicht als auflösende Bedingung im Sinne von **§ 36 Abs. 2 Ziffer 2 VwVfG**[115] in den Zuwendungsbescheiden aufgenommen werden.

Beim Eintritt der auflösenden Bedingung führt die Neubewertung der Förderfähigkeit ohne weiteres zum Entfall der Zuwendungen für die Förderbestandteile, die von der auflösenden Bedingung umfasst sind.[116]

111 Zur Unterscheidung der Bewilligung dem Grunde und der Höhe nach s.o.: D.I.1.b) in diesem Kapitel.
112 VG Ansbach, Urteil vom 10.11.2015 – AN 4 K 14.00983 m.w.N.
113 *Krämer/Schmidt*, Zuwendungsrecht Zuwendungspraxis, Januar 2021, Abschnitt D VIII Rn. 167 f.
114 S.u. D.I.5. in diesem Kapitel.
115 Die Landesverwaltungsverfahrensgesetze sehen vergleichbare Regelungen vor.
116 VG Ansbach, Urteil vom 10.11.2015 – AN 4 K 14.00983 m.w.N.

Hinweis

*Die auflösende Bedingung regelt also eine konkrete **„wenn-dann-Beziehung"** zwischen Eintritt der auflösenden Bedingung und Kürzung der entsprechenden Zuwendung.*

Es stellt sich allerdings bei näherer Betrachtung heraus, dass weder der Vergabeverstoß an sich noch die Entscheidung des Zuwendungsgebers über die Kürzung infolge des Vergabeverstoßes eine solche auflösende Bedingung sein können, da es am ungewissen Ereignis fehlt, weil die Feststellung eines Verstoßes das Ergebnis des Prüfungsvorgangs eines Sachbearbeiters ist

Hinweis

Eine auflösende Bedingung wird nach dem Bundesverwaltungsgericht[117] angenommen, wenn eine Regelung

- *den Eintritt oder den Wegfall*
- *einer Belastung oder Vergünstigung*
- *von dem ungewissen Eintritt*
- *eines zukünftigen Ereignisses*

abhängig macht.

*Als **Ereignisse** kommen dabei nur Handlungen, Erklärungen und Geschehnisse in Betracht,*

- *die sowohl von der Behörde*
- *als auch vom Adressaten des Bescheides*
- *gleichermaßen und ohne weiteres*
- *wahrgenommen (erlebt, gehört, gesehen)*

werden können.

Fazit

***Der Verstoß gegen die Vorschriften über die öffentliche Auftragsvergabe kann nicht als auflösende Bedingung im Zuwendungsbescheid geregelt werden.** Die vom Bundesverwaltungsgericht aufgestellten Kriterien sind nicht erfüllt. Denn der Zuwendungsgeber prüft nach den förderrechtlichen Vorgaben, ob die Vorschriften über die öffentliche Auftragsvergabe eingehalten wurden und ob und in welchem Umfang eine Kürzung erforderlich wird. Diese förderrechtliche Bewertung findet erst einmal allein in der Sphäre des Zuwendungsgebers statt. **Das Ergebnis der förderrechtlichen Bewertung muss dem Zuwendungsnehmer erst mitgeteilt werden und erschließt sich ihm nicht unmittelbar.** Daher ist es für ihn auch **nicht ohne weiteres wahrnehmbar**.*

117 BVerwG, Urteil vom 15.3.2017 – 10 C 1.16 Rn. 12-14.

VI. Exkurs: Abgrenzung zur Rücknahme rechtswidriger (abschließender) Zuwendungsbescheide

1. Überblick

Die Rücknahme eines rechtswidrigen Verwaltungsaktes nach § 48 Abs. 2 VwVfG[118] setzt voraus, dass der Verwaltungsakt, in unserem Fall der Zuwendungsbescheid,

- *im Zeitpunkt seines Erlasses*
- *rechtswidrig* war und der Zuwendungsempfänger
- *kein schutzwürdiges Interesse am Bestand* des Verwaltungsaktes hatte.

Der Gesetzgeber nennt in **§ 48 Abs. 2 VwVfG** verschiedene Gründe, wann der Zuwendungsnehmer sich nicht auf sein schutzwürdiges Interesse berufen kann.

In der Förderpraxis relevant ist vor allem der Fall nach § 48 Abs. 2 Satz 3 Ziffer 2. VwVfG. Danach kann sich der Zuwendungsempfänger nicht auf ein schutzwürdiges Interesse berufen, wenn er den Zuwendungsbescheid durch Angaben erwirkt, die in wesentlicher Beziehung unvollständig oder unrichtig waren.

Hinweis

*Die Frage des **Verschuldens**, also ob der Zuwendungsnehmer im Falle des **§ 48 Abs. 2 Satz 3 Ziffer 2 VwVfG** die Unrichtigkeit seiner Angaben kannte oder hätte kennen müssen, spielt für den Ausschluss des Vertrauensschutzes keine Rolle.*

*Sie ist vom Zuwendungsgeber erst im Zusammenhang mit der Ausübung des **Ermessens** über die Rücknahme zu prüfen.*[119]

2. Kontrollfrage für den Beispielsfall

- Wie entscheidet der Zuwendungsgeber über die Kürzung?

Zur Erläuterung folgende *Abwandlung* zu unserem Beispielsfall:

Der Zuwendungsgeber stimmte auf Antrag des Zuwendungsempfängers dem vorzeitigen Beginn der Maßnahme zu. Der Zuwendungsempfänger wird darauf hingewiesen, dass Voraussetzung für eine künftige Förderung die Einhaltung der Vorschriften für die öffentliche Auftragsvergabe ist. Bevor der Zuwendungsbescheid erlassen wird, vergibt der Zuwendungsempfänger den Auftrag und bestätigt auf Nachfrage gegenüber dem Zuwendungsgeber, dass er die Vorschriften über die öffentliche Auftragsvergabe eingehalten hat. Erst nach Erlass des Zuwendungsbescheides und im Rahmen der Verwendungsnachweisprüfung stellt sich heraus, dass die Auftragsvergabe unter Missachtung der einschlägigen, öffentlichen Vergabevorschriften stattfand.

---

118 Die Landesverwaltungsverfahrensgesetze sehen vergleichbare Regelungen vor.
119 *Kopp/Ramsauer*, VwVfG, Kommentar, 25. Aufl., 2024, § 48 Rn. 119.

Bewertung:

Der Zuwendungsbescheid war rechtswidrig und muss daher nach **§ 48 Abs. 2 VwVfG** zurückgenommen werden. Denn der Zuwendungsempfänger hat vor Erlass des Zuwendungsbescheides unrichtige Angaben gemacht, die

- ursächlich und
- entscheidungserheblich

für den Zuwendungsgeber waren. Hätte der Zuwendungsgeber gewusst, dass die Vorschriften über die öffentliche Auftragsvergabe nicht eingehalten wurden, wäre der Zuwendungsbescheid nicht erlassen worden. Die Zuwendung wurde daher zu Unrecht gewährt, entsprechend war der Zuwendungsbescheid rechtswidrig. Die Entscheidung über die Kürzung erfolgt daher über das Instrument der Rücknahme.

E. Geltendmachung des Erstattungsanspruchs nach § 49a VwVfG (analog)

Auf der Grundlage des Widerrufs oder des Schlussbescheides, der jeweils *für die Vergangenheit* erlassen wird, macht der Zuwendungsgeber die *Rückzahlung bereits ausgezahlter Zuwendungsmittel* geltend. Rechtsgrundlage für Geltendmachung des *Erstattungsanspruch* ist **§ 49a Abs. 1 VwVfG**[120] *in direkter oder analoger Anwendung.*

I. Direkte Anwendung beim Widerruf für die Vergangenheit

Der Erstattungsanspruch nach **§ 49a Absätze 1-3 VwVfG** ist direkt anwendbar für den Fall, dass ein *abschließender* Bescheid aufgrund einer Kürzungsentscheidung wegen eines Auflagenverstoßes *mit Wirkung für die Vergangenheit widerrufen* wird.

Dazu gehört auch die Entscheidung über die Zuwendungskürzung wegen des Verstoßes gegen die Auflage, die Regeln für die öffentliche Auftragsvergabe gemäß Zuwendungsbescheid anzuwenden.[121]

Praxistipp

▶ *Um Missverständnisse zu vermeiden, formulieren Zuwendungsgeber in der Tenorierung der Widerrufsentscheidung* ***ausdrücklich****, wenn der Widerruf gemäß den einschlägigen Förderbestimmungen*[122] *nach* ***§ 49 Abs. 3 VwVfG für die Vergangenheit*** *erfolgen soll.*

120 Die Verwaltungsverfahrensgesetze der Länder enthalten wortgleiche Regelungen.
121 S.o. B. in diesem Kapitel.
122 S.o. B.II.1. in diesem Kapitel.

II. Entsprechende Anwendung bei Schlussbescheiden

Grundsätzlich kann die Frage gestellt werden, ob der Erstattungsanspruch aus einem Schlussbescheid im Wege des allgemeinen Erstattungsanspruchs nach §§ 812 ff. BGB (analog) oder nach § 49a Absätze 1-3 VwVfG (analog) geltend gemacht werden kann.

Rechtsprechung und Literatur sehen **§ 49a Absätze 1-3 VwVfG** allgemein als entsprechend anwendbar an, wenn ein *„vorläufiger" Zuwendungsbescheid* aufgrund einer Kürzungsentscheidung wegen eines Vergabeverstoßes *mit Wirkung für die Vergangenheit* durch einen *Schlussbescheid* ersetzt wird.[123]

Hinweis

*Teilweise wird in den **Haushaltsvorschriften der Länder** konkret festgelegt, dass ein Erstattungsanspruch auch entsteht, sobald und soweit der Zuwendungsbescheid nach anderen Rechtsvorschriften als z.B. dem Widerruf unwirksam geworden ist. So wird z.B. in **Ziffer 8.1 ANBest-P/Hessen** bestimmt:*

„Die Zuwendung ist unverzüglich zu erstatten, soweit ein Zuwendungsbescheid nach (...) anderen Rechtsvorschriften unwirksam (...) wird."

*Eine Möglichkeit dafür ist der abschließende Schlussbescheid, wenn die Zuwendung aufgrund eines sog. **„vorläufigen" Zuwendungsbescheides** bewilligt wurde. Regelt der Schlussbescheid die Kürzung der ursprünglich bewilligten Zuwendung **für die Vergangenheit**, entfällt das Recht, die Zuwendung insoweit behalten zu dürfen. Sie ist dann zu erstatten.*

III. Festsetzung der zu erstattenden Zuwendungsmittel durch Verwaltungsakt

Zwar *entsteht* der Erstattungsanspruch infolge des rückwirkenden Widerrufs oder des rückwirkenden Schlussbescheides nach **§ 49a Abs. 1 Satz VwVfG** kraft Gesetzes.[124]

Um ihn aber *geltend zu machen*, sind die Zuwendungsgeber nach **§ 49a Abs. 1 Satz 2 VwVfG** verpflichtet, ihn durch schriftlichen *Verwaltungsakt* gegenüber den Zuwendungsnehmern festzusetzen.

Hinweis

*Die Festsetzung des Erstattungsanspruchs kann (muss aber nicht) **zusammen mit dem Widerruf oder dem Schlussbescheid** in einem Verwaltungsakt erfolgen.*[125]

123 BVerwG, Urteil vom 15.3.2017 – 10 C 1.16 Rn. 17; *Krämer/Schmidt*, Zuwendungsrecht Zuwendungspraxis, November 2016, Abschnitt G V Rn. 37 f.; *Kopp/Ramsauer*, VwVfG, Kommentar, 25. Aufl., 2024, § 49a Rn. 4.

124 H.M.: *Krämer/Schmidt*, Zuwendungsrecht Zuwendungspraxis, November 2016, Abschnitt G V Rn. 45 f.

125 *Krämer/Schmidt*, Zuwendungsrecht Zuwendungspraxis, November 2016, Abschnitt G V Rn. 53.

IV. Kontrollfrage für den Beispielsfall (Festsetzung des Erstattungsanspruchs)

- Wie können Zuwendungsgeber ihren Erstattungsanspruch für bereits ausgezahlte Zuwendungsmittel geltend machen?

Im Beispielsfall konnte der Zuwendungsgeber die Zuwendung durch einen vorläufigen oder durch einen abschließenden Zuwendungsbescheid bewilligen. Entsprechend war die Entscheidung über die Kürzung der Zuwendungsmittel wegen des Vergabeverstoßes entweder mit einem *Schlussbescheid (bei einem vorläufigen Zuwendungsbescheid) oder mit einem Widerruf (bei einem abschließenden Zuwendungsbescheid), jeweils für die Vergangenheit*, zu treffen. *In beiden Fällen wird die Erstattung der zu viel gezahlten Zuwendungsmittel durch den öffentlich-rechtlichen Erstattungsanspruch nach § 49a VwVfG (analog) geltend gemacht.* Der Zuwendungsgeber hat die *Wahl:* entweder er macht den Erstattungsanspruch zusammen mit dem Schlussbescheid bzw. Widerrufsbescheid geltend oder erlässt dafür einen gesonderten Bescheid.

V. Ermessen und Interessensabwägung nur in Ausnahmefällen

1. Überblick

Die Zuwendungsgeber haben bei der Geltendmachung des Erstattungsanspruchs erst einmal *keinen Ermessensspielraum.*[126] Das Ermessen und die Verhältnismäßigkeit der zurückzufordernden Zuwendungsmittel haben die Zuwendungsgeber bei der Entscheidung über den Widerruf bzw. den Schlussbescheid ausgeübt.[127]

Hinweis

In folgenden Fällen findet ***ausnahmsweise*** *eine Interessensabwägung bzw. eine Ermessensentscheidung im Zusammenhang mit der Geltendmachung des Erstattungsanspruchs statt:*

- *Entreicherung*[128]*:*
  Wenn der Zuwendungsempfänger Umstände geltend macht, die eine Entreicherung nach **§ 49a Abs. 2 VwVfG** *begründen, muss u.U. eine weitere Interessenabwägung stattfinden.*[129]

- *Zinsbeginn*[130] *bei Erstattungsansprüchen aufgrund von Schlussbescheiden:*
  Wurde die Zuwendung zunächst mit einem vorläufigen Zuwendungsbescheid bewilligt, erfolgt die Entscheidung über die Kürzung durch den Schlussbescheid.[131] *Der Schlussbescheid wird in der Regel für die Vergangenheit erlassen und wirkt auf den*

---

126 *Krämer/Schmidt*, Zuwendungsrecht Zuwendungspraxis, November 2016, Abschnitt G V Rn. 51.
127 *Kopp/Ramsauer*, VwVfG, Kommentar, 25. Aufl., 2024, § 49a Rn. 11.
128 S.u. E.VI. in diesem Kapitel.
129 S.u. E.VI. in diesem Kapitel.
130 S.u. F.II. in diesem Kapitel.
131 S.o. D.I.1. in diesem Kapitel.

Zeitpunkt des Erlasses des Zuwendungsbescheides zurück. Da es für den Erlass des Schlussbescheides grundsätzlich keine Entscheidungsfrist gibt,[132] *wird geprüft werden müssen, ab wann die Verzinsung des Erstattungsanspruchs nach* **§ 49a Abs. 3 Satz 1 VwVfG analog** *für ein sachgerechtes Ergebnis beginnen kann. Zu berücksichtigen sind dabei folgende Aspekte:*

- *Wurde gegen das verfahrensrechtliche Zügigkeitsgebot von Seiten des Zuwendungsgebers verstoßen? Dann können für den Zeitraum, in dem der Zuwendungsnehmer die Verzögerung der Entscheidung nicht zu vertreten hat, keine Zinsen erhoben werden.*[133]
- *Außerdem wird im Wege einer Ermessensabwägung berücksichtigt, warum der Zuwendungsbescheid vorläufig und der Schlussbescheid entsprechend verzögert erging: Lagen die Gründe dafür z.B. ausschließlich in der Sphäre des Zuwendungsgebers, ist dieser Umstand bei der Festsetzung des Fristbeginns zu berücksichtigen.*[134]

• *Zinserhebung:*
Im Rahmen einer Ermessensentscheidung kann der Zuwendungsgeber gemäß **§ 49a Abs. 3 Satz 2 VwVfG** *unter gewissen Umständen von der Erhebung der Zinsen absehen.*[135]

2. Stundung oder Erlass nach § 59 BHO/LHO

Es besteht unabhängig von den vorgenannten Ausnahmen die Möglichkeit, auf Antrag des Zuwendungsempfängers die Erstattungsforderung **nach § 59 BHO bzw. LHO** zu *stunden* oder zu *erlassen*.[136] Die Voraussetzungen dafür sind in den entsprechenden **VV zu § 59 BHO/ LHO** geregelt.

In diesem Zusammenhang spielt die besondere bzw. die erhebliche Härte der Erstattungsforderung für den Zuwendungsnehmer als Anspruchsgegner eine Rolle. Was das konkret bedeutet, definieren z.B. die **VV zu § 59 BHO**[137]**:**

- Eine *erhebliche Härte* für den Anspruchsgegner ist dann anzunehmen, wenn er sich aufgrund ungünstiger wirtschaftlicher Verhältnisse vorübergehend in ernsthaften Zahlungsschwierigkeiten befindet oder im Falle der sofortigen Einziehung in diese geraten würde.
- Eine *besondere Härte* ist insbesondere anzunehmen, wenn sich der Anspruchsgegner in einer unverschuldeten wirtschaftlichen Notlage befindet und zu besorgen ist, dass die Weiterverfolgung des Anspruchs zu einer Existenzgefährdung führen würde.

132 S.o. D.I.1. in diesem Kapitel.
133 BVerwG, Urteil vom 15.3.2017 – 10 C 1.16.
134 *Kopp/Ramsauer*, VwVfG, Kommentar, 25. Aufl., 2024, § 49a Rn. 4.
135 S.u. F.III. in diesem Kapitel.
136 *Krämer/Schmidt*, Zuwendungsrecht Zuwendungspraxis, November 2016, Abschnitt G V Rn. 51.
137 Teilweise treffen die Länder in den VV zu § 59 LHO vergleichbare Regelungen.

3. Kontrollfrage für den Beispielsfall

- Welche Rolle spielen Ermessen, Interessensabwägung und Besonderheiten des Einzelfalls?

Im Beispielsfall wurde im Zusammenhang mit der Entscheidung, *ob und in welcher Höhe zu kürzen ist, bereits das Ermessen ausgeübt*. Dabei wurden die unterschiedlichen Interessen von Zuwendungsgeber und Zuwendungsnehmer ebenso berücksichtigt wie die Besonderheiten des Einzelfalls[138]. Eine weitergehende Ermessensabwägung im Rahmen der Zinsentscheidung oder der Entreicherungsprüfung steht noch aus.

Wenn der Zuwendungsnehmer einen Antrag auf *Stundung oder Erlass* stellt, muss er belegen, dass er die engen Voraussetzungen nach **§ 59 BHO** (bzw. LHO) erfüllt: für eine Stundung muss eine erhebliche und für einen Erlass die besondere Härte belegt werden.

Der Zuwendungsgeber prüft, ob und inwieweit er die *Entscheidung nach den* **VV zu § 59 BHO** (bzw. LHO) *selbst treffen kann oder dafür die Zustimmung einer anderen Behörde bedarf.*

VI. Wegfall der Bereicherung beim Zuwendungsempfänger aus nationaler sowie aus EU-Sicht

1. Überblick

Die Zuwendungsnehmer haben nach **§ 49a Abs. 2 Satz 2 VwVfG** die Möglichkeit, sich auf den Wegfall der Bereicherung (Entreicherung) zu berufen: Haben sie noch einen Vorteil aus der Zuwendung, den sie für den Fall, dass sie ihn zu Unrecht erhalten haben, zurückerstatten können? Oder ist dieser Vorteil, der einmal entstand, später weggefallen?

Hinweis

Ob Entreicherung eingetreten ist, beurteilt sich grundsätzlich nach einem saldenmäßigen Abgleich ***des Aktiv- und Passivvermögens*** *des Zuwendungsnehmers im Zeitpunkt der letzten Verwaltungsentscheidung (sog. Saldotheorie[139]). Es stellt sich also ganz pauschal die Frage:* ***Steht der Zuwendung im Vermögen des Zuwendungsnehmers noch ein Wert gegenüber?***

Dafür muss der Zuwendungsnehmer die Umstände für eine Entreicherung selbst geltend machen.[140] Er kann sich also nicht etwa darauf berufen, dass der Zuwendungsgeber von Amts wegen zu prüfen hat, ob eventuell der Vorteil durch die Zuwendung später entfallen sein könnte. Allerdings kann der Zuwendungsnehmer die Entreicherung nur geltend machen, wenn er *nicht bösgläubig* ist.

138 S.o. C.II.1.d)), C.II.2.e), C.III.5., E.V., E.VI., F.III. in diesem Kapitel.
139 *Kopp/Ramsauer*, VwVfG, Kommentar, 25. Aufl., 2024, § 49a Rn. 13 f.
140 *Kopp/Ramsauer*, VwVfG, Kommentar, 25. Aufl., 2024, § 49a Rn. 14; *Krämer/Schmidt*, Zuwendungsrecht Zuwendungspraxis, November 2016, Abschnitt G V Rn. 65.

Praxistipp

*Zuwendungsnehmer sind **nicht bösgläubig**, wenn sie die tatsächlichen **Umstände** für die Aufhebung oder Unwirksamkeit weder kannten noch infolge grober Fahrlässigkeit nicht kannten. Ob sie diese Umstände auch **rechtlich** gewertet haben, ist hingegen **nicht von Bedeutung**.*

Hinweis

Praxisrelevante Einzelthemen zur Frage der Entreicherung im Überblick:

- *Ob andere Hoheitsträger wie Behörden und öffentliche Körperschaften sich ebenfalls auf den Wegfall der Bereicherung berufen können, ist nicht abschließend geklärt.[141] Dazu bedarf es einer grundlegenden Entscheidung des jeweiligen Zuwendungsgebers im Sinne einer dem Gleichbehandlungsgrundsatz folgenden Verwaltungspraxis.*
- *Da es für die Bösgläubigkeit nicht auf die Kenntnis bzw. Unkenntnis der rechtlichen Wertung ankommt, dürfte allein der Umstand, dass gegen die Auflage zur Einhaltung des öffentlichen Vergaberechts gemäß Zuwendungsbescheid verstoßen wurde, die Berufung auf die Entreicherung ausschließen.*
- *Für den Fall, dass die EU-Kommission die Rückforderung von EU-Zuwendungsmitteln angeordnet hat, kommt die Berufung auf die Entreicherung regelmäßig nicht in Betracht. Denn es wird davon ausgegangen, dass der Vertrauensschutz bereits durch die EU-Kommission berücksichtigt wurde[142] und dem EU-rechtlichen Effektivitätsgrundsatz („effet utile") Rechnung zu tragen ist.*
- *Wurde im Wege eines vorläufigen Zuwendungsbescheides bewilligt und die Kürzung durch den Schlussbescheid beschieden, erfolgt auch im Rahmen der Entreicherungsprüfung eine Abwägung des Interesses des Zuwendungsempfängers mit dem öffentlichen Interesse an der Beseitigung der Vermögenslage.[143]*

Praxistipp

*Zu den vorgenannten Themen **begründet** der Zuwendungsgeber seine Entscheidung aufgrund des Vorbringens des Zuwendungsnehmers im Sinne einer **dem Gleichbehandlungsgrundsatz folgenden Verwaltungspraxis** und **dokumentiert** diese.*

2. Kontrollfrage für den Beispielsfall

- Welche Rolle spielen dabei Ermessen, unterschiedliche Interessen und Besonderheiten des Einzelfalls?

---

141 *Kopp/Ramsauer*, VwVfG, Kommentar, 25. Aufl., 2024, § 49a Rn. 14 m.w.N.; Krämer/Schmidt, Zuwendungsrecht Zuwendungspraxis, November 2016, Abschnitt G V Rn. 66.
142 *Kopp/Ramsauer*, VwVfG, Kommentar, 25. Aufl., 2024, § 49a Rn. 18.
143 *Kopp/Ramsauer*, VwVfG, Kommentar, 25. Aufl., 2024, § 49a Rn. 17.

Im Beispielsfall könnte der Zuwendungsnehmer keine Entreicherung geltend machen. Denn er hat einen Gegenwert für die Zuwendungsmittel, die er verausgabt hat, erhalten: Die Datenbank bildet einen Teil seines Aktivvermögens.

VII. Sonderfall: institutionelle Förderung

Bei der *institutionellen Förderung* gilt es zu vermeiden, dass die Erstattung der zu viel gezahlten Zuwendungsmittel durch den Einsatz anderer Zuwendungsmittel erfolgt.

Daher werden bereits im Rahmen der grundsätzlichen Frage, ob überhaupt gekürzt werden soll, folgende Erwägungen angestellt: Ergibt eine umfassende Prüfung des Zuwendungsgebers, dass der Zuwendungsnehmer keine Möglichkeit hat, die Erstattung aus anderen als aus Zuwendungsmitteln zu finanzieren, muss eine Entscheidung getroffen werden, ob diese Kürzung überhaupt durchgeführt werden soll. U.u. kommt im Zuge dessen bereits der Widerruf[144] oder der Schlussbescheid[145] nicht in Betracht.

Hinweis

Diese Prüfung sollte daher ***bereits im Zusammenhang mit der Ermessensabwägung bei der Kürzungsentscheidung***[146] *stattfinden.*

F. Zinserhebungspflicht nach § 49a Abs. 3 VwVfG (analog)

I. Grundsatz der Zinserhebungspflicht

1. Überblick

Grundsätzlich müssen die Zuwendungsgeber nach **§ 49a Abs.Abs. 3 Satz 1 VwVfG** für den zu erstattenden Zuwendungsbetrag Zinsen im Umfang von fünf Prozentpunkten über dem jeweiligen Basiszins vom Eintritt der (teilweisen) Unwirksamkeit des Zuwendungsbescheides an erheben. Zu unterscheiden sind die Zinsen im Sinne des § 49a Abs. 3 VwVfG von den so genannten Zwischenzinsen nach § 49a Abs. 4 VwVfG. Wird eine Leistung nicht alsbald nach der Auszahlung für den bestimmten Zweck verwendet, so können für die Zeit bis zur zweckentsprechenden Verwendung diese Zwischenzinsen ebenfalls unter Verweis auf § 49 Abs. 3 Satz 1 VwVfG verlangt werden. Diese Zwischenzinsen entstehen insbesondere, wenn im Rahmen von Mittelabrufen Mittel durch den Zuwendungsgeber ausgezahlt werden, die der Zuwendungsempfänger nicht innerhalb der im Bewilligungsbescheid festgelegten Fristen aufgrund seiner getätigten Ausgaben abfließen lässt.

144 *Krämer/Schmidt*, Zuwendungsrecht Zuwendungspraxis, November 2016, Abschnitt G V Rn. 49.
145 S.o. D.I.1. in diesem Kapitel.
146 S.o. D. in diesem Kapitel.

Hinweis

Teilweise sehen die Landesverfahrensgesetze oder auch die ANBest der Länder abweichende Zinssätze vor.

Das gilt unabhängig davon, ob die (teilweise) Unwirksamkeit des Zuwendungsbescheides rückwirkend durch

- den (teilweisen) Widerruf eines abschließenden Zuwendungsbescheides

  oder

- den Schlussbescheid infolge eines sog. „vorläufigen" Zuwendungsbescheides[147]

entstanden ist. Im Falle des Schlussbescheides wird **§ 49a Abs. 3 Satz 1 VwVfG** wiederum entsprechend angewendet,[148], weil der Zinsregelung ein über die Anwendung auf abschließende Verwaltungsakte hinausgehender allgemeiner Rechtsgedanke zugrunde liegt.

2. Kontrollfrage für den Beispielsfall

- Müssen Zinsen erhoben werden?

Im Beispielsfall muss der Zuwendungsgeber grundsätzlich sowohl bei Erlass eines rückwirkenden Schlussbescheides[149] als auch bei Erlass eines rückwirkenden Widerrufs[150] Zinsen nach **§ 49a Abs. 3 Satz 1 VwVfG** (analog) erheben.

II. Zeitpunkt des Zinsbeginns

1. Überblick

Die Zuwendungsgeber berechnen die Zinsen *ab der (teilweisen) Unwirksamkeit* des Zuwendungsbescheides oder, wenn die Zuwendung später ausgezahlt wurde, *ab dem Auszahlungszeitpunkt.*

Dabei *beginnt* die Verzinsung mit dem Tag, der auf den Tag der *Auszahlung* der Zuwendung folgt.[151] Die Verzinsung *endet* mit Zahlungseingang beim Zuwendungsgeber.

Hinweis

Erfolgte die Entscheidung über die Kürzung durch den Schlussbescheid infolge eines sog. „vorläufigen" Zuwendungsbescheides[152], üben die Zuwendungsgeber ihr ***Ermessen hinsichtlich des Zeitpunktes des Zinsbeginns*** *aus. Dabei berücksichtigen sie die Gründe, die zur verzögerten, abschließenden Entscheidung geführt haben. Sind diese*

147 S.o. D.I.1. in diesem Kapitel.
148 *Kopp/ Ramsauer*, VwVfG, Kommentar, 25. Aufl., 2024, § 49a Rn. 4.
149 S.o. D.I.1. in diesem Kapitel.
150 S.o. D.I.2. in diesem Kapitel.
151 *Krämer/Schmidt*, Zuwendungsrecht Zuwendungspraxis, November 2016, Abschnitt G VI Rn. 51.
152 S.o. D.I.1. in diesem Kapitel.

z.B. im Verantwortungsbereich des Zuwendungsnehmers zu verorten, kommt jedenfalls eine Verzinsung ab Auszahlungszeitpunkt in Betracht.

2. Kontrollfrage für den Beispielsfall

- Wie erfolgt die Zinsberechnung bei einer Rückforderung?

Im Beispielsfall werden die Zinsen ab dem Zeitpunkt erhoben, in dem die jeweiligen Zuwendungsmittel ausgezahlt wurden. Die Auszahlung erfolgt regelmäßig nach einem Mittelabruf des Zuwendungsnehmers. Werden mehrere Mittelabrufe gestellt, muss der Zuwendungsgeber die von der Kürzung betroffenen Ausgaben den abgerufenen Zuwendungsauszahlungen zuordnen.

III. Ausnahmen von der Zinserhebungspflicht

1. Gesetzliche Ausnahme nach § 49a Abs. 3 Satz 2 VwVfG

Nach **§ 49a Abs. 3 Satz 2 VwVfG** können die Zuwendungsgeber nach einer Ermessensabwägung *insbesondere* von der Zinserhebung absehen, wenn

- der Zuwendungsempfänger die Umstände, die zum Widerruf oder Schlussbescheid geführt haben, nicht zu vertreten hat. Dabei reicht *jedes Verschulden, auch leichte Fahrlässigkeit*, aus

  und

- der Zuwendungsempfänger den zu erstattenden Betrag innerhalb der vom Zuwendungsgeber gesetzten Frist leistet.

Hinweis

*Hier ist der **Ermessensspielraum** für die Zuwendungsgeber **eröffnet**. Die Zuwendungsnehmer haben einen Anspruch auf eine **ermessensfehlerfreie Entscheidung**. Daher empfiehlt es sich für die Zuwendungsgeber, eine **Verwaltungspraxis** zum Zinsverzicht **festzulegen** und zu **dokumentieren**. Die Entscheidung darüber orientiert sich am **Gleichbehandlungsgrundsatz** und dem nach **§ 49a Abs. 3 Satz 2 VwVfG** gesetzten **Beurteilungsmaßstab**. Außerdem muss die Möglichkeit für die Beachtung der Besonderheiten des konkreten Einzelfalls gegeben sein.*

2. Ausnahme nach Haushaltsrecht § 59 BHO/LHO

Unabhängig von der vorbenannten gesetzlichen Ausnahmeregelung haben die Zuwendungsgeber nach den allgemeinen Grundsätzen des Haushaltsrechts die Möglichkeit, auf Antrag der Zuwendungsempfänger auch die Zinsforderung nach **§ 59 BHO bzw. LHO** zu stunden oder zu erlassen. Erforderlich ist, dass die Forderung für den Zuwendungsnehmer *besondere bzw. erhebliche Härte* bedeutet: Für eine Stundung muss die erhebliche und für einen Erlass die besondere Härte belegt werden. Die Voraussetzungen dafür sind in den entsprechenden **VV zu § 59 BHO/LHO** geregelt und eng auszulegen.[153]

3. Kontrollfrage für den Beispielsfall

- Welche Rolle spielen Ermessen, unterschiedliche Interessen und Besonderheiten des Einzelfalls?

Im Beispielsfall kann sich der Zuwendungsnehmer nicht auf den Ausnahmetatbestand nach **§ 49a Abs. 3 Satz 2 VwVfG** berufen, da er die Umstände, die zur Rückforderung führen, zu vertreten hat. Die Voraussetzungen für eine Direktvergabe sind eindeutig geregelt. Es gab für den Zuwendungsnehmer keinen Handlungs- oder Auslegungsspielraum (z.B. unklare Rechtslage), der seine Entscheidung der Direktvergabe hätte rechtfertigen können. Wegen der „und"-Beziehung der Merkmale des Ausnahmetatbestandes nach **§ 49a Abs. 3 Satz 2 VwVfG** könnte auch die fristgerechte Leistung des Erstattungsbetrages allein nicht helfen.

Über einen Antrag auf *Stundung oder Verzicht* nach **§ 59 BHO/LHO** müsste der Zuwendungsgeber nach *pflichtgemäßem Ermessen* entscheiden. Es wäre zu prüfen, ob eine erhebliche bzw. besondere Härte vorliegt. Die Voraussetzungen dazu sind in den **VV zu § 59 BHO/LHO** geregelt und *eng auszulegen*.

IV. Art der Geltendmachung der Zinsen

1. Überblick

Die Zinsen werden vom Zuwendungsgeber durch *Verwaltungsakt* geltend gemacht, der zusammen mit Widerruf bzw. dem Schlussbescheid[154] erlassen werden kann, aber nicht muss.[155]

Hinweis

H *Regelmäßig kann die* ***abschließende Zinshöhe*** *erst nach Eingang des Rückzahlungsbetrages beim Zuwendungsgeber festgelegt werden. Daher bietet es sich an, im Rahmen des* ***Schlussbescheides bzw. des Widerrufs auch den Zinsanspruch dem Grunde nach und für*** *die Vergangenheit geltend zu machen. Dabei wird auch festgelegt, dass die abschließende Zinsentscheidung ergeht, sobald der Erstattungsbetrag beim Zuwendungsgeber eingegangen ist. Das hat den Vorteil, dass die Verjährung gemäß § 53 VwVfG zunächst gehemmt sein und die Verjährungsfrist 30 Jahre betragen kann, sodass dem Zuwendungsgeber damit ein längerer Zeitraum zur Einziehung der Zinsforderung zur Verfügung steht.*

153 S.o. E.V.2. und 3. in diesem Kapitel.
154 S.o. D.I.1. und D.I.2. in diesem Kapitel.
155 *Kopp/Ramsauer*, VwVfG, Kommentar, 25. Aufl., 2024, § 49a Rn. 23.

2. Kontrollfrage für den Beispielsfall

- Wie (und wann) wird der Zinsanspruch geltend gemacht?

Im Beispielsfall macht der Zuwendungsgeber den Zinsanspruch durch einen *Verwaltungsakt* geltend. Regelmäßig erfolgt dieser Verwaltungsakt *dem Grunde nach* mit der Geltendmachung des Erstattungsanspruchs. Nachdem die Zahlung des Erstattungsanspruchs beim Zuwendungsgeber gutgeschrieben wurde, erfolgt die abschließende Zinsberechnung zum Stichtag der Gutschrift. Die daraufhin ermittelte Höhe der Zinsen insgesamt wird *der Höhe nach* in einem gesonderten Bescheid gegenüber dem Zuwendungsnehmer geltend gemacht.

G. Fristen

I. Widerruf

1. Jahresfrist nach § 49 Abs. 3 S. 2 i.V.m. § 48 Abs. 4 VwVfG[156]

Die Entscheidung über die Kürzung von Zuwendungen durch Widerruf ist nach **§ 49 Abs. 3 S. 2 i.V.m. § 48 Abs. 4 VwVfG** zulässig innerhalb von

- einem Jahr, seit dem
- Zeitpunkt der Kenntnisnahme durch die (entscheidende) Behörde über
- die Tatsachen, die den Widerruf rechtfertigen.

2. Beginn der Jahresfrist

Es ist allgemein anerkannt, dass die Jahresfrist eine *Entscheidungsfrist* ist.[157] Sie beginnt erst, wenn die *entscheidende Behörde* sich aufgrund der ihr bekannten Tatsachen über die *Erforderlichkeit des Widerrufs bewusst* ist. Dazu gehört letztlich auch, dass sie über alle Tatsachen Kenntnis erlangt hat, die ihr die erforderliche *Ermessensentscheidung*[158] ermöglichen. Es muss also die *Entscheidungsreife* erreicht sein.

Hinweis

*Zum Thema werden **unterschiedliche Auffassungen** vertreten: So wird auf der einen Seite angenommen, dass ein „Kennenmüssen" der entscheidenden Behörde ausreicht. Auf der anderen Seite soll die Jahresfrist nach ständiger Rechtsprechung erst mit Abschluss des Anhörungsverfahrens beginnen.[159] **Anerkannt ist**, dass die Jahresfrist (spätestens) dann in Gang gesetzt wird, wenn sich der Widerruf geradezu aufdrängt, also **keine weiteren Ermittlungsmaßnahmen** von Seiten der entscheidenden Behörde mehr erforderlich sind. Das kann z.B. dann angenommen werden, wenn*

156 Gleichlautende Regelungen sehen die Landesverfahrensgesetze vor.
157 BVerwGE, Urteil vom 23.1.2019 – 10 C 6.17, II.2.a) m.w.N.
158 S.o. C.II.1.d), C.II.2.e), C.III.5., E.V, E.VI., F.III. in diesem Kapitel.
159 BVerwGE, Urteil vom 23.1.2019 – 10 C 6.17, II.2.a) m.w.N.

- *das Anhörungsverfahren im Sinne des § 28 VwVfG durch Stellungnahme des Zuwendungsempfängers auf die Anhörung des Zuwendungsgebers hin abgeschlossen wird oder*
- *der Verstoß gegen die Auflage zur Einhaltung der Vorschriften über die öffentliche Auftragsvergabe zweifelsfrei feststeht, z.B. vom Zuwendungsnehmer nicht bestritten wird.*

Der Umfang oder die Komplexität der Stellungnahme des Zuwendungsempfängers stellt grundsätzlich keinen Umstand dar, der den Beginn der Jahresfrist zeitlich hinausschiebt oder unterbricht. *Unterlässt die Behörde die Anhörung, so läuft die Frist nicht. Wird sie von der Behörde verzögert, so läuft die Frist gleichwohl nicht früher; allerdings greifen dann gegebenenfalls die Grundsätze der Verwirkung ein.*[160]

Praxistipp

▶ *In der Verwaltungspraxis ist die Entscheidung über den Beginn der Jahresfrist wegen der* ***unterschiedlichen Auffassungen*** *mit* ***Unsicherheiten*** *verbunden. Für Zuwendungsgeber empfiehlt es sich daher, im Sinne einer* ***dem Gleichbehandlungsgrundsatz folgenden Verwaltungspraxis einheitliche Entscheidungsparameter festzulegen*** *und zu* ***dokumentieren****.*

3. Kenntnis der (entscheidenden) Behörde

Anerkannt ist, dass die *entscheidende* Behörde Kenntnis von den den Widerruf rechtfertigenden Tatsachen haben muss, damit die Jahresfrist in Gang gesetzt wird. Das ist der Fall, wenn die Behörde ohne weitere Sachaufklärung objektiv in der Lage ist, unter sachgerechter Ausübung ihres Ermessens über die Rücknahme oder den Widerruf zu entscheiden. Die Jahresfrist ist dementsprechend keine Bearbeitungsfrist, sondern eine Entscheidungsfrist.[161]

Teilweise gibt es auf Seiten des Zuwendungsgebers *unterschiedliche Zuständigkeiten*, die mit der Bearbeitung des Fördervorhabens befasst sind. Dabei können z.B. die Zuständigkeit für die fachliche Prüfung der Einhaltung der vergaberechtlichen Bestimmungen auf der einen Seite und die Entscheidung über die Kürzung auf der anderen Seite auseinanderfallen.

Hinweis

▶ *Vor allem im Baubereich wird oftmals die vergaberechtliche Prüfung der Fördermaßnahme z.B. durch* ***fachtechnische Prüfstellen*** *durchgeführt, die* ***von der Entscheidungsbehörde getrennt organisiert*** *sind. In diesen Fällen geben die fachtechnischen Prüfstellen ihr Prüfergebnis zur zuwendungsrechtlichen Beurteilung an die Entscheidungsbehörde weiter. Dann ist es gut vertretbar, erst auf die Kenntnis der zuständigen Entscheidungsbehörde abzustellen.*

160 BVerwG, Urteil vom 23.1.2019 – 10 C 6.17 Ziffer II.2.a). m.w.N.
161 BVerwG, Urteil vom 23.1.2019 – 10 C 6.17 Ziffer II.2.a). m.w.N.

Wenn ***innerhalb der Entscheidungsbehörde*** *unterschiedliche Organisationeinheiten (Abteilungen) mit der Prüfung bzw. Entscheidung befasst sind, wird auf die Kenntnis des zuständigen Amtswalters abgestellt. Es genügt nicht, dass die entscheidungserheblichen Tatsachen „irgendwo" in der Entscheidungsbehörde aktenkundig sind.*[162]

Praxistipp

▶ ***Ziffer 8.3 VV zu § 44 BHO*** *trifft insoweit eine Festlegung. Danach beginnt die Frist, wenn* ***„dem zuständigen Amtsverwalter der Behörde"*** *die Tatsachen, die den Widerruf rechtfertigen,* ***„vollständig bekannt sind."*** *Teilweise sehen die* ***VV zu § 44 LHO*** *der Länder vergleichbare Festlegungen vor.*

4. Kontrollfrage für den Beispielsfall

- Welche Fristen sind zu beachten?

Angenommen, im Beispielsfall wurde ein *abschließender Zuwendungsbescheid* mit der Möglichkeit des rückwirkenden Widerrufs erlassen. Dann müsste die Entscheidung nach **§ 49 Abs. 3 i.V.m. § 48 Abs. 4 VwVfG** innerhalb *eines Jahres* seit Kenntnis aller entscheidungserheblichen Tatsachen durch den Zuwendungsgeber erfolgen.

Im Zuge der Verwendungsnachweisprüfung wurde der Verstoß gegen die Regeln der Direktvergabe nach **§ 14 UVgO** (bzw. Landesvergaberecht, z.B. Hessen) festgestellt. Es ist *nicht ausgeschlossen, dass der Zuwendungsnehmer im Rahmen des Anhörungsverfahrens Umstände benennt*, die eine abweichende Beurteilung zum Verstoß zulassen. Z.B. könnte es sein, dass er doch noch die Einholung von Vergleichsangeboten belegen kann. Dann wäre dieser Sachverhalt neu zu werten. Also steht zwar der Verstoß *nach Aktenlage* zweifelsfrei fest, der Zuwendungsnehmer hat ihn aber (noch) *nicht anerkannt*. Also wäre das *Anhörungsverfahren* durchzuführen, *nach dessen Abschluss spätestens die Jahresfrist zu laufen beginnt.*

II. Schlussbescheid

Wird die Zuwendung unter dem Vorbehalt der Einhaltung der Vorschriften über die öffentliche Auftragsvergabe gemäß Zuwendungsbescheid bewilligt, ergeht zunächst ein *„vorläufiger"* Zuwendungsbescheid über die abschließende Förderzusage *dem Grunde nach*. Die abschließende Entscheidung über die ungewissen Umstände, die sich auf die Höhe der Förderung bezieht, wird dann durch den sogenannten *Schlussbescheid* getroffen.[163]

1. Keine Entscheidungsfrist im Sinne von §§ 48, 49 VwVfG

Eine direkte Entscheidungsfrist gibt es für die Entscheidung durch den Schlussbescheid nicht. Der Zuwendungsgeber ist beim Erlass des Schlussbescheides an die Einschränkungen der **§§ 48, 49 VwVfG** nicht gebunden.[164] Aus diesem Grunde ist auch die Jahresfrist des § 48

162 BVerwG, Urteil vom 23.1.2019 – 10 C 6.17 Ziffer II.2.a). m.w.N.
163 S.o. D.I.1. in diesem Kapitel.
164 *Krämer/Schmidt*, Zuwendungsrecht Zuwendungspraxis, November 2016, Abschnitt G V Rn. 37 f. m.w.N.

Abs. 4 VwVfG nicht anwendbar. Die regelmäßige Verjährungsfrist von drei Jahren, die allgemein für Ansprüche im Sinne der §§ 195 ff. BGB mangels anderer spezieller Verjährungsregelung gilt, ist nicht einschlägig, da die Möglichkeit des Zuwendungsgebers, nach einem vorläufigen Bewilligungsbescheid einen Schlussbescheid zwecks endgültiger Festsetzung der Zuwendung zu erlassen, kein Anspruch, sondern ein Gestaltungsrecht in Form einer Ersetzungsbefugnis ist.[165]

Hinweis

Allerdings folgt aus dem Gebot der Belastungsklarheit und -vorhersehbarkeit: Die längste im Zivilrecht und im öffentlichen Recht vorkommende ***Frist von 30 Jahren bildet den absoluten zeitlichen Schlusspunkt****, nach dem die Ausübung einer Befugnis abgeschlossen sein muss.*[166]

2. Verwirkung

Außerdem besteht die Möglichkeit, dass der Zuwendungsgeber sein Recht auf Kürzung der zunächst vorläufig und nur dem Grunde nach bewilligten Förderung im Wege des Schlussbescheides *verwirkt*. Es stellt sich dabei die Frage, ob der Zuwendungsgeber unabhängig vom Ablauf einer Frist überhaupt noch ein Recht auf Korrektur geltend machen kann.

Die Voraussetzungen für eine Verwirkung müssen im *Einzelfall* geprüft werden.

Praxistipp

Folgende Prüfpunkte sind dafür hilfreich:

Seit der Möglichkeit, das Recht auf Erlass eines Schlussbescheides geltend zu machen

- *ist längere Zeit verstrichen (Zeitmoment) und*
- *es sind besondere Umstände hinzugetreten (Umstandsmoment), welche*
- *die verspätete Geltendmachung als treuwidrig*[167] *erscheinen lassen und dadurch*
- *das Vertrauen des Schuldners (Zuwendungsnehmers) genährt haben, nicht mehr in Anspruch genommen zu werden.*[168]

Hinweis

Im Rahmen der Verwendungsnachweisprüfung kann es aus organisatorischen Gründen beim Zuwendungsgeber zu einem Bearbeitungsstau und damit zu einer zeitlichen Verzögerung im Prüfablauf kommen. Selbst bei einem Prüfzeitraum von 15 Jahren seit Einreichen des Verwendungsnachweises wird darin ***keine treuwidrige Verfahrensverschlep-***

165 BVerwG, Urteil vom 15.3.2017 – 10 C 1.16 Rn. 29.
166 BVerwG, Urteil vom 15.3.2017 – 10 C 1.16 Rn. 29.
167 BVerwG, Urteil vom 15.3.2017 – 10 C 1.16 Rn. 19.
168 Eichel, NJW 2019, 394, 397.

pung gesehen, wenn der Zuwendungsgeber die Zeitdauer mit mangelnder Arbeitskapazität begründen kann. [169]

3. Kontrollfrage für den Beispielsfall

- Welche Fristen sind zu beachten?

Angenommen, im Beispielsfall wurde ein vorläufiger Zuwendungsbescheid Anfang 2024 mit dem *Vorbehalt eines Schlussbescheides* u.a. nach Prüfung der Verpflichtung zur Einhaltung der öffentlichen Vergabevorschriften erlassen.

Dann wäre die Entscheidung durch den Schlussbescheid an *keine Regelfrist* gebunden.

Für eine *Verwirkung* liegen schon auf der Zeitschiene keine Anhaltspunkte vor. Ebenso scheidet im konkreten Fall der Ablauf der *längsten Frist von 30 Jahren* mangels entsprechenden Zeitablaufs aus.

III. Verjährung des Erstattungsanspruchs nach § 49a Abs. 1 VwVfG (analog) und des Zinsanspruch § 49a Abs. 3 VwVfG (analog)

Grundsätzlich sind die Verjährungsregeln der **§§ 195 ff. BGB** auf den öffentlich-rechtlichen Erstattungs- und Zinsanspruch entsprechend anwendbar. Nach der Regelverjährungsfrist gemäß **§§ 195, 199 Abs. 1 BGB** verjähren die Ansprüche drei Jahre beginnend mit dem Schluss des Kalenderjahres,

- in dem der Anspruch entstanden ist *und*
- der Zuwendungsgeber von den Anspruch begründenden Umständen und der Person des Schuldners (Zuwendungsnehmers bzw. dessen Rechtsnachfolgers) Kenntnis erlangt oder ohne grobe Fahrlässigkeit erlangen müsste.

Im Verwaltungsverfahrensrecht gelten allerdings auch Besonderheiten, die nachfolgend beschrieben werden.

1. (Zins)Ansprüche sind entstanden und durchsetzbar

Das Bundesverwaltungsgericht hat entschieden, dass die kenntnisabhängige, regelmäßige dreijährige Verjährungsfrist erst mit dem Schluss des Kalenderjahres zu laufen beginnt, wenn der *Erstattungsanspruch*

- entstanden *und*
- durchsetzbar

ist.

169 BVerwG, Urteil vom 15.3.2017 – 10 C 1.16 Rn. 19.

Hinweis

▶ *Zwar wirken der Schlussbescheid und auch der rückwirkende Widerruf auf den Zeitpunkt des Erlasses des Ausgangsbescheides zurück. Der Anspruch ist aber erst* ***nach Erlass des Schlussbescheides bzw. des Widerrufs durchsetzbar****.*[170]

Es sprechen gute Gründe dafür, diese Grundsätze auch auf die Frage der Verjährung von *Zinsansprüchen* anzuwenden.

Hinweis

▶ *Entgegen einer teilweise vertretenen Auffassung*[171] *gibt es bereits* ***ausreichend Korrekturmechanismen***[172]***, die den Zuwendungsnehmer vor hohen Zinsforderungen infolge langer Entscheidungsphasen des Zuwendungsgebers schützen****, z.B.:*

- *§ 49a Abs. 3 VwVfG bietet schon von sich aus die Möglichkeit, von der Zinserhebung unter gewissen Voraussetzungen abzusehen.*[173]
- *§ 49 Abs. 3 i.V.m. § 48 Abs. 4 VwVfG sieht die einjährige Entscheidungsfrist für den Widerruf vor und begrenzt dadurch bereits den Entscheidungs- und dadurch auch den Verzinsungszeitraum.*[174]
- *Erfolgt die Entscheidung durch Schlussbescheid, muss dort im Rahmen des Ermessens und der Interessensabwägung nach dem „Verursacherprinzip" geprüft werden, wer die verzögerte Entscheidung zu vertreten hat. Ist die Ursache z.B. in der Sphäre des Zuwendungsnehmers zu finden, ist es interessensgerecht, ihm das Zinsrisiko spätestens ab Beginn der Auszahlung zuzurechnen.*[175]

2. Hemmung der Verjährung

Häufig machen Zuwendungsgeber *Zinsanspruch und Erstattungsanspruch in einem Bescheid* geltend. Auch dann tritt durch den Bescheid für beide Ansprüche die Verjährungshemmung nach **§ 53 VwVfG**[176] ein.

Die Hemmung *beginnt* mit Wirksamkeit der Entscheidung (Verwaltungsakt) des Zuwendungsgebers nach **§ 43 VwVfG**, also mit deren Bekanntgabe gegenüber dem Zuwendungsnehmer nach **§ 41 VwVfG**.

Die Verjährungsfrist *läuft für den Zeitraum der Hemmung nicht weiter* und *setzt nach Ablauf der Hemmung wieder ein*.

---

170 BVerwG, Urteil vom 15.3.2017 – 10 C 1.16 Rn. 18.

171 Zum Streitstand: BVerwG, Urteil vom 15.3.2017 – 10 C 1.16 Rn. 18.

172 *Teuber*, Der Beginn der Verjährungsfrist zuwendungsrechtlicher Erstattungs- und Zinsansprüche, NVwZ 2017, 1814, 1819.

173 S.o. F. in diesem Kapitel.

174 S.o. G.I. in diesem Kapitel.

175 S.o. F.II. in diesem Kapitel.

176 Die Landesverfahrensgesetze sehen vergleichbare Regelungen vor.

Die Hemmung der Verjährungsfrist *endet* mit dem Eintritt der Unanfechtbarkeit des Bescheides oder sechs Monate nach seiner anderweitigen Erledigung, **§ 53 Abs. 1 Satz 2 VwVfG.**

Hinweis

▶ *Oftmals können die* ***Zinsen*** *in dem Zeitpunkt, in dem der Erstattungsanspruch festgesetzt wird, noch nicht der Höhe nach festgestellt werden, z.B. weil der Zuwendungsnehmer die Rückzahlung noch nicht geleistet hat.*

Dann setzen Zuwendungsgeber den ***Zinsanspruch*** *häufig zusammen mit dem Erstattungsanspruch zunächst* ***dem Grunde nach*** *fest. In einem späteren Bescheid, z.B. nach erfolgter Rückzahlung, erfolgt dann die Festsetzung* ***der Höhe nach****. Auch der erste Bescheid* ***dem Grunde nach*** *hemmt die Verjährung des Zinsanspruchs.*[177]

3. Geltendmachung der Einrede der Verjährung

Der Zuwendungsnehmer muss in der Regel die *Einrede* der Verjährung geltend machen. Das gilt unabhängig davon, ob er die Verjährung des Erstattungsanspruchs oder der Zinsen geltend machen möchte.

Hinweis

▶ *Zuwendungsnehmer und Zuwendungsgeber prüfen in den einschlägigen Bestimmungen, z.B. in den landesrechtlichen Ausführungsgesetzen zum BGB, ob die Einrede der Verjährung erforderlich oder ob ein* ***Erlöschen des öffentlich-rechtlichen Zahlungsanspruchs nach Ablauf der Verjährungsfrist***[178] *(rechtsvernichtende oder -aufhebende Wirkung) vorgesehen ist. Im Falle des Erlöschens muss die Verjährungsfrist von Amts wegen beachtet werden. Einer Geltendmachung durch den Zuwendungsnehmer bedarf es dann nicht.*

4. Kontrollfrage für den Beispielsfall

- Welche Fristen sind zu beachten?

Im Beispielsfall würde die dreijährige, kenntnisabhängige Verjährungsfrist nach **§§ 195 ff. BGB** erst mit dem Schluss des Kalenderjahres beginnen, in dem der Schlussbescheid oder der Widerrufsbescheid erlassen wurde. Denn erst ab diesem Zeitpunkt sind Erstattungs- und Zinsanspruch *durchsetzbar*[179].

Nach Ablauf von drei Jahren verjähren der Erstattungs- und der Zinsanspruch. Die Verjährung muss der Zuwendungsnehmer grundsätzlich *geltend* machen. Ausnahme: Die landesrechtlichen Regelungen sehen ein Erlöschen des öffentlich-rechtlichen Zahlungsanspruchs nach Ablauf der Verjährungsfrist vor. Dann wäre die Verjährung durch den Zuwendungsgeber *von Amts wegen* zu beachten.

177 *Teuber*, Der Beginn der Verjährungsfrist zuwendungsrechtlicher Erstattungs- und Zinsansprüche, NVwZ 2017, 1814, 1820.
178 Z.B. Artikel 71 Absatz 1 AGBGB Bayern.
179 S.o. zur Frage der Durchsetzbarkeit G.III.1. in diesem Kapitel.

H. Anhörung

I. Ziel und Funktionen der Anhörung im Überblick

1. Überblick

Die Pflicht des Zuwendungsgebers, den Zuwendungsnehmer grundsätzlich vor jedem belastenden Verwaltungsakt anzuhören, ergibt sich aus **§ 28 VwVfG**.[180]

Ziel der Anhörung ist es, den Anspruch des Zuwendungsempfängers auf rechtliches Gehör als Ausfluss des Art. 103 Abs. 1 GG und des Rechtsstaatprinzips zu erfüllen. Daher sind an die Durchführung enge Maßstäbe zu setzen.

Hinweis

▶ *Folgende* ***Funktionen*** *der Anhörung geben dem Zuwendungsgeber aber auch dem Zuwendungsnehmer die Möglichkeit,* ***die Förderung sach- und interessensgerecht abzuschließen****:*

- *Sie gibt dem Zuwendungsnehmer die Möglichkeit, zur geplanten Entscheidung des Zuwendungsgebers Stellung zu nehmen und bereits in diesem Stadium eventuelle Missverständnisse zu beseitigen.*
- *Sie gibt dem Zuwendungsgeber die Möglichkeit, seine Entscheidungsgrundlage im Hinblick auf den Sachverhalt, die rechtliche Würdigung und sein Ermessen vor einem aufwendigen Widerspruchs- oder Klageverfahren zu überprüfen und ggf. zu korrigieren.*
- *Spätestens mit Abschluss des Anhörungsverfahrens beginnt die einjährige Entscheidungsfrist*[181] *des Zuwendungsgebers zum Erlass eines Widerrufs*[182] *oder der Rücknahme*[183]*.*

Teilweise wird die Anhörung vom Zuwendungsgeber auch dazu genutzt, *bekanntermaßen offene Sachverhaltsfragen* zu klären, um eine Entscheidung über die Höhe der Zuwendung treffen zu können.

Praxistipp

▶ *Wenn die Möglichkeit besteht, dass z.B. fehlende* ***Unterlagen beim Zuwendungsempfänger vorhanden sind****, kann die einfachere* ***Sachverhaltsermittlung*** *im Rahmen des* ***Untersuchungsgrundsatzes nach § 24 VwVfG***[184] *in Erwägung gezogen werden. Dabei wird*

180 Die Landesverwaltungsverfahrensgesetze sehen vergleichbare Regelungen vor.
181 S.o. G.I. in diesem Kapitel.
182 S.o. D.I.2. in diesem Kapitel.
183 S.o. D.I.6. in diesem Kapitel.
184 Die Landesverwaltungsverfahrensgesetze sehen vergleichbare Regelungen vor.

der Zuwendungsnehmer aufgefordert, die fehlenden Unterlagen innerhalb einer angemessenen Frist nachzureichen.

2. Kontrollfrage für den Beispielsfall

- Muss der Zuwendungsgeber vor Bescheiderlass die Anhörung durchführen?

Angenommen, der Zuwendungsnehmer war nach dem Zuwendungsbescheid verpflichtet, die Veröffentlichung der Auftragsbekanntmachung und das Submissionsprotokoll vorzulegen. Beides fehlt im Verwendungsnachweis. Zum weiteren Vorgehen fragt sich der Zuwendungsgeber:

- Ob und, wenn ja, mit welchem Verfahren er die Unterlagen *nachfordern* soll.
- Ob nach *Aktenlage* entschieden werden soll.

Aufgrund der *Aktenlage* könnte der Zuwendungsgeber entscheiden, dass die Unterlagen fehlen und daher von einem Vergabeverstoß auszugehen ist. Die geplante Entscheidung wäre für den Zuwendungsnehmer belastend, sodass vorab die *Anhörung* durchzuführen wäre. Diese muss aber gewissen Anforderungen genügen, wie sich in den folgenden Ausführungen zeigen wird. Daher wäre zunächst die einfache *Sachverhaltsermittlung* i.S.v. **§ 24 VwVfG** empfehlenswert. Wenn diese Möglichkeit keine weiteren, entscheidungserheblichen Erkenntnisse (mehr) verspricht, wäre der nächste Schritt die Anhörung.

II. Anhörung vor jeder belastenden Verwaltungsentscheidung

1. Überblick

Im Zusammenhang mit den *Kürzungsentscheidungen infolge des Verstoßes gegen die Auflage zur Einhaltung der öffentlichen Vergabevorschriften* werden verschiedene Verwaltungsentscheidungen getroffen.

Hinweis

▶ *Die folgenden Verwaltungsentscheidungen sind alle für den Zuwendungsnehmer* ***belastend*** *im Sinne des* ***§ 28 VwVfG*** *und bedürfen daher grundsätzlich der* ***vorherigen Anhörung****:*

- *Die Entscheidung über die Kürzung der Zuwendung durch*
  1. *Rücknahme nach* ***§ 48 Abs. 2 VwVfG*** *bei einem rechtswidrigen Zuwendungsbescheid*[185]*,*
  2. *Widerruf nach* ***§ 49 Abs. 3 VwVfG*** *bei einem rechtmäßigen Zuwendungsbescheid, der eine abschließende Regelung über die Zuwendung enthält*[186]*,*

185 S.o. D.I.6. in diesem Kapitel.
186 S.o. D.I.2. in diesem Kapitel.

   3. *Schlussbescheid bei einem rechtmäßigen Zuwendungsbescheid, der eine vorläufige Regelung über die Zuwendung enthält.*[187]

- *Bescheid über die Erstattung von zu viel gezahlten Zuwendungsmitteln nach* **§ 49a Abs. 1 VwVfG** *(analog) im Anschluss oder zusammen mit der vorbenannten Kürzungsentscheidung.*
- *Bescheid über die Erhebung von Zinsen nach* **§ 49a Abs. 3 VwVfG** *(analog) infolge oder zusammen mit der vorgenannten Erstattungsentscheidung.*

2. Kontrollfrage für den Beispielsfall

- Muss der Zuwendungsgeber vor Bescheiderlass die Anhörung durchführen?

Im Beispielsfall beabsichtigt der Zuwendungsgeber, über die Kürzung von Zuwendungsmitteln zu entscheiden. Unabhängig davon, ob diese durch *Schlussbescheid* oder *Widerruf* erfolgen soll: In beiden Fällen wird die Entscheidung *belastend* für den Zuwendungsnehmer sein. Gleiches gilt für die Geltendmachung der *Rückforderung* und der *Verzinsung* der Zuwendungsmittel, soweit diese bereits an den Zuwendungsnehmer ausgezahlt wurden.

In allen Fällen (Widerruf, Schlussbescheid, Erstattungsbescheid, Zinsbescheid) ist wegen der *belastenden Wirkung aller Entscheidungen* die vorherige Durchführung einer Anhörung erforderlich.

Praxistipp

▶ *Soweit der Zuwendungsgeber* ***Entscheidungen in einem Bescheid zusammenfassen*** *möchte, muss aus der Anhörung hervorgehen, welche Entscheidungen auf welcher Rechtsgrundlage und aufgrund welcher Umstände getroffen werden sollen. Insofern ist die* ***deutliche Unterteilung*** *solcher kombinierten Anhörungen in konkrete Themenabschnitte hilfreich.*

III. Inhalt einer Anhörung

Das Ziel der Anhörung ist es, dem Zuwendungsempfänger vor der geplanten Entscheidung die *Möglichkeit auf rechtliches Gehör* zu geben.

Hinweis

▶ *Zum Inhalt der Anhörung gibt es unterschiedliche Auffassungen. Anerkannt ist aber, dass sie Gelegenheit zur Äußerung zum Gang des Verfahrens, zum Gegenstand, den entscheidungserheblichen Tatsachen und zum möglichen Ergebnis innerhalb einer angemessenen Frist geben soll.*[188]

187 S.o. D.I.1. in diesem Kapitel.
188 *Kopp/Ramsauer*, VwVfG, Kommentar, 25. Aufl., 2024, § 28 Rn. 12 m.w.N.

Praxistipp

Um Rechtsunsicherheiten zu vermeiden, sollte der Zuwendungsempfänger im Zuge der Anhörung über

- *die geplante Entscheidung,*
- *die entscheidungsrelevanten Tatsachen,*
- *die rechtlichen Schlussfolgerungen,*
- *die Ermessens- und Interessenabwägungen*[189]*,*
- *die Möglichkeit der Stellungnahme,*
- *die Folgen einer Fristversäumung,*
- *das weitere Verfahren*

informiert werden.

IV. Aufbau einer Anhörung

Es ist nicht zwingend Voraussetzung, dass die Anhörung wie die geplante Verwaltungsentscheidung aufgebaut ist.

Praxistipp

In der Verwaltungspraxis stellt sich aber häufig die Frage, wie der o.g. Inhalt der Anhörung[190] *z.B. in ein Anschreiben gefasst werden kann, um den Anforderungen des rechtlichen Gehörs zu genügen.*

Als ***Grundgerüst gibt die geplante Verwaltungsentscheidung eine gute Vorlage*** *für die Anhörung. Sie wird umrahmt mit den anhörungsspezifischen Hinweisen zum rechtlichen Gehör:*

1. *Hinweis, dass es sich um eine Anhörung handelt.*
2. *Geplanter Entscheidungstenor.*
3. *Der Entscheidung zugrundeliegende Sachverhalt einschließlich aller Aufklärungsmaßnahmen und Sachverhaltslücken.*
4. *Rechtliche Wertung.*
5. *Ermessens-/Interessensabwägung.*
6. *Angemessene Frist zur Stellungnahme. Die Angemessenheit einer Frist richtet sich z.B. nach*

   Art und Umfang des Sachverhalts, z.B. ob noch Sachverständigengutachten eingeholt werden müssen,

   dem Anspruch, den die rechtliche Wertung an den Zuwendungsempfänger stellt.

189 S.o. C.II.1.d), C.II.2.e), C.III.5., E.V, E.VI., F.III. in diesem Kapitel.
190 S.o. H.III. in diesem Kapitel.

7. *Hinweis, dass nach Ablauf der Frist eine Neubewertung unter Berücksichtigung des Vorbringens des Zuwendungsempfängers erfolgt. Für den Fall, dass der Zuwendungsempfänger sich nicht innerhalb der Frist äußert, erfolgt der Hinweis, dass die Entscheidung dann nach Aktenlage erfolgt.*

V. Form der Anhörung

Die Anhörung kann grundsätzlich formfrei erfolgen. Die Wahl der Form steht im Ermessen des Zuwendungsgebers.[191]

Praxistipp

▶ *Erfolgt die Anhörung ganz oder teilweise* ***mündlich,*** *ist es wichtig, dass*

- *dem Zuwendungsnehmer deutlich gemacht wird, dass es sich um ein Anhörungsgespräch handelt,*
- *welchen Teil der Anhörung das Gespräch betrifft und zu welchem Teil eventuell noch eine schriftliche Anhörung erfolgen wird,*
- *insgesamt alle Elemente der Anhörung durch das Gespräch allein oder zusammen mit einem schriftlichen Teil abgearbeitet werden,*[192]
- *das Gespräch zweifelsfrei für alle Beteiligten dokumentiert ist, bspw. durch Gesprächsprotokolle, die allen Beteiligten zur Kenntnis gegeben werden,*
- *Unklarheiten aufgrund von Gesprächsprotokollen umgehend dokumentiert und möglichst aufgeklärt werden. Ist eine Aufklärung nicht möglich, werden die Unklarheiten im Rahmen der Verwaltungsentscheidung vom Zuwendungsgeber als solche benannt und bewertet.*

VI. Kontrollfrage für den Beispielsfall (Form, Inhalt/Aufbau der Anhörung)

- Gibt es Vorgaben für die Form und den Inhalt/Aufbau einer Anhörung?

Zwar besteht grundsätzlich Formfreiheit bei der Durchführung des Anhörungsverfahrens. Im Beispielsfall sind keine Besonderheiten ersichtlich, die ein Anhörungsgespräch erforderlich machen würden. Daher würde es sich im Beispielsfall empfehlen, zur *Dokumentation* des Verfahrens, zur *Vermeidung von Missverständnissen* und *nachträglichem Protokollierungsaufwand schriftlich* anzuhören.

Der Zuwendungsnehmer soll möglichst lückenlos Gelegenheit zur Äußerung zum Gang des Verfahrens, zum Gegenstand, den entscheidungserheblichen Tatsachen und zum möglichen Ergebnis innerhalb einer angemessenen Frist erhalten. Dem Zuwendungsgeber bietet dazu

191 *Kopp/Ramsauer*, VwVfG, Kommentar, 25. Aufl., 2024, § 28 Rn. 39.
192 S.o. H.III. in diesem Kapitel.

der *Aufbau und der Inhalt der geplanten Entscheidung (Schlussbescheid, Widerruf, Erstattungs- sowie Zinsbescheid) eine gute Orientierung.*

VII. Ausnahmen von der Pflicht zu Anhörung

Die Ausnahmetatbestände nach **§ 28 Abs. 2 VwVfG** lassen durch ihre „insbesondere"-Aufzählung Interpretationsspielräume zu. Wegen der verwaltungsverfahrensrechtlichen Bedeutung des Anhörungsverfahrens sind sie allerdings *eng auszulegen*.

1. Das Anerkenntnis als Ausnahmefall

Im Zusammenhang mit *Kürzungsentscheidungen* infolge des Verstoßes gegen die Auflage zur Einhaltung von öffentlichen Vergabevorschriften kommt eine Ausnahme regelmäßig nur in Betracht, *wenn der Zuwendungsempfänger den Vergabeverstoß und auch die geplante Kürzung der Zuwendung anerkennt.* Denn dann wird im Sinne von **§ 28 Abs. 2 Ziffer 3 VwVfG** nicht von den tatsächlichen Angaben des Zuwendungsempfängers zu seinen Ungunsten abgewichen. *Alle anderen Ausnahmetatbestände* nach § 28 Abs. 2 VwVfG spielen in diesem Zusammenhang eine eher *untergeordnete Rolle*.

2. Die „intendierte" Entscheidung – kein Ausnahmefall

Verhaltenslenkende Vorschriften, eine eigene Verwaltungspraxis oder sonstige interne Anweisungen und Erlasse, die die Entscheidung des Zuwendungsgebers im Sinne der Gleichbehandlung der Zuwendungsnehmer grundsätzlich in eine bestimmte Richtung lenken, führen zu sogenannten „intendierten" Entscheidungen des Zuwendungsgebers.

Hinweis

▶ *Auch bei „intendierten" Entscheidungen ist die Durchführung eines Anhörungsverfahrens erforderlich.*[193] *Das gilt auch dann, wenn die entsprechenden Vorgaben erst einmal nur eine Entscheidung zulassen. Denn es ist nicht ausgeschlossen, dass sich aufgrund des Anhörungsverfahrens Aspekte des Einzelfalls ergeben, die ein Abweichen von den Vorgaben erforderlich erscheinen lassen.*

Praxistipp

▶ *Daher ist auch in folgenden Entscheidungssituationen die Durchführung eines Anhörungsverfahrens erforderlich:*

Eigene Verwaltungspraxis des Zuwendungsgebers:

Teilweise entwickeln Zuwendungsgeber eine eigene Verwaltungspraxis zur Beurteilung der Verstöße gegen die Auflage zur Einhaltung der öffentlichen Vergabevorschriften. So werden intern im Sinne einer Gleichbehandlung aller Zuwendungsnehmer Parameter für Art und Umfang der Kürzung festgelegt. Das Anhörungsverfahren kann zu Erkenntnis-

193 *Kopp/Ramsauer*, VwVfG, Kommentar, 25. Aufl., 2024, § 28 Rn. 48.

sen im konkreten Einzelfall führen, die in der Verwaltungspraxis nicht abgebildet sind und daher den Zuwendungsgeber zu einer abweichenden Entscheidung veranlassen.

COCOF-Leitlinien als verhaltenslenkende Vorschriften:

*Bei der Verwendung von EU-Zuwendungsmitteln werden die **COCOF-Leitlinien**[194] **als verhaltenslenkende Vorschriften herangezogen**. Der dabei anzuwendende Katalog für Korrekturen der häufigsten Unregelmäßigkeiten gibt vor, bei welchem Vergabeverstoß welche Korrektur in welchem Rahmen durchgeführt werden soll.[195] Das Anhörungsverfahren kann zu Erkenntnissen im konkreten Einzelfall führen, die im Korrekturkatalog nicht abgebildet sind. Für diese Fälle sieht die EU-Kommission eine mögliche, abweichende Einzelfallentscheidung durch den Zuwendungsgeber vor.*

3. Kontrollfrage für den Beispielsfall

- Gibt es Ausnahmen von der Anhörungspflicht?

Im Beispielsfall könnte der Zuwendungsgeber nur auf die Anhörung verzichten, wenn der Zuwendungsnehmer den Vergabeverstoß als Auflagenverstoß und auch die geplante Kürzung anerkennt.

Allein der Umstand, dass die Regelungen nach den VV bzw. ANBest zu § 44 BHO/LHO sowie die COCOF-Leitlinien nach Aktenlage keine andere Entscheidung als eine 100%-ige Kürzung der Ausgaben für die von den Vergabeverstößen betroffenen Auftragseinheiten zulässt, führt nicht per se zu einer Ausnahme von der Anhörungspflicht. Denn *die Anhörung kann noch Umstände hervorbringen, die eine abweichende Einzelfallentscheidung erforderlich erscheinen lassen.*

VIII. Nachholen der Anhörung

Eine fehlende Anhörung kann nach **§ 45 Abs. 2 VwVfG**[196] bis zum Abschluss der mündlichen Verhandlung im Verwaltungsgerichtsverfahren nachgeholt werden. Das gilt auch, wenn vor einer Klage das Widerspruchsverfahren nach § 68 VwGO durchgeführt werden muss.

An das Nachholen sind enge Voraussetzungen geknüpft.

Hinweis

Vor allem muss die Anhörung auch im Rahmen eines Verwaltungsgerichtsverfahrens

- *als eigenes Anhörungsverfahren für alle Beteiligten erkennbar sein,*
- *dem Gebot des rechtlichen Gehörs gerecht werden,*
- *den Zuwendungsgeber veranlassen, seine angegriffene Entscheidung anhand des Vorbringens des Zuwendungsnehmers zu überdenken.*

194 S.o. C.III. in diesem Kapitel.
195 S.o. C.III.3. in diesem Kapitel.
196 Die Landesverwaltungsverfahrensgesetze sehen vergleichbare Regelungen vor.

> *Bleibt er bei der angegriffenen Entscheidung, muss diese genauso nachvollziehbar begründet werden wie eine abgeänderte Entscheidung.*

Die Anhörung kann nicht nur „nebenbei" erfolgen. ***Der Austausch gerichtlicher Schriftsätze reicht demnach nicht aus.***

Überlagerung durch das EU-Recht

Übersicht Seite

A. Einleitung

Bei der Gewährung von Förderungen erfährt das Zuwendungsrecht in vielerlei Hinsicht fachliche Ergänzungen. Von besonderer Relevanz sind in der Praxis daneben aber auch die „Überlagerungen" durch das europäische Recht. Hierzu gehören neben den Einflüssen der EU-Grundfreiheiten, dem sog. EU-Primärrecht (hierzu sogleich unter B.), insbesondere die Einwirkungen des europäischen Beihilfenrechts (hierzu unter C.) und der Regulatorien für die Verwendung von Mitteln aus den Europäischen Investitions- und Strukturfonds oder anderen Kohäsionsmitteln wie dem Just Transition Fund („JTF")[1] (Fonds, hierzu unter D.).

B. Binnenmarktrelevanz und EU-Vergabeprimärrecht

Das Vergaberecht wird im Wesentlichen durch die EU-Vergaberichtlinien geprägt. Diese greifen aber erst ab Erreichen bestimmter Schwellenwerte. Das Richtlinienrecht wurde im 4. Teil des GWB sowie in mehreren Rechtsverordnungen (VgV, SektVO, KonzVgV und VSVgV) in nationales Recht übernommen. Jedoch bestehen auch bei der Vergabe von öffentlichen Aufträgen unterhalb der EU-Schwellenwerte bei Binnenmarktrelevanz unionsrechtliche Bindungen. Aus den Grundfreiheiten des AEUV leitet der EuGH in ständiger Rechtsprechung Vergabegrundsätze ab, die ein Mindestmaß an Wettbewerb, Gleichbehandlung, Transparenz und Rechtsschutz gewährleisten sollen.[2] Die aus den EU-Grundfreiheiten abgeleiteten Vergabegrundsätze werden als sog. EU-Vergabeprimärrecht bezeichnet.[3]

I. Bindung von Fördermittelempfängern an das EU-Vergabeprimärrecht

Zunächst ist zu fragen, ob ein Fördermittelempfänger überhaupt zur Beachtung des aus den EU-Grundfreiheiten abgeleiteten EU-Vergabeprimärrechts verpflichtet ist. Hierbei muss grundsätzlich zwischen „staatlichen" Fördermittelempfängern, die zugleich öffentliche Auftraggeber im Sinne des § 99 GWB sind und daher unabhängig von dem Förderverhältnis zur Beachtung des Vergaberechts verpflichtet sind, und privaten Fördermittelempfängern unterschieden werden.

Bei Fördermittelempfängern, die zugleich öffentliche Auftraggeber im Sinne des § 99 GWB sind, besteht eine originäre Bindung an die primärrechtlichen Anforderungen. Es besteht eine weitgehende Parallelität zwischen dem durch die RL 2014/24/EU determinierten Begriff des öffentlichen Auftraggebers gemäß § 99 GWB und den Adressaten primärrechtlicher Anforderungen. Die EU-Grundfreiheiten verpflichten die Mitgliedsstaaten mit ihren Untergliederungen. In Deutschland also Bund, Länder und Kommunen sowie alle sonstigen juristischen Personen des öffentlichen Rechts.[4] Im Sinne eines funktionalen Verständnisses des Auftraggebers sind jedoch darüber hinaus auch alle (privatrechtlichen) Einrichtungen gebunden, die von staatlichen Verwaltungsträgern beherrscht werden.[5] Fördermittelempfänger, die zugleich öffentliche Auftraggeber im Sinne des § 99 GWB sind, müssen daher bei binnenmarktrelevanten Aufträgen das EU-Vergabeprimärrecht unabhängig von etwaigen Auflagen im Zuwen-

1 Deutsch: Fonds für einen gerechten Übergang.
2 Vgl. grundlegend EuGH, Urteil vom 7.12.2000 – Rs. C-324/98 (Telaustria), Rn. 60.
3 Vgl. *Dörr*, in: Müller-Wrede, Kompendium des Vergaberechts, 2. Auflage 2013, Kap. 2, Rn. 5.
4 Vgl. *Dörr*, in: Müller-Wrede, Kompendium des Vergaberechts, 2. Auflage 2013, Kap. 2, Rn. 24.
5 Vgl. *Dörr*, in: Müller-Wrede, Kompendium des Vergaberechts, 2. Auflage 2013, Kap. 2, Rn. 24; *Gabriel*, VergabeR 2009, 7 (9 f.).

dungsverhältnis beachten. Dies gilt jedoch nur in Bezug auf das Rechtsverhältnis kraft ihrer Eigenschaft als öffentlicher Auftraggeber i.S.d. § 99 GWB und die damit verbundene Überprüfungsmöglichkeit durch die Rechnungshöfe. Für das reine Zuwendungsverhältnis zwischen Fördermittelgeber und Fördermittelempfänger kommt es hingegen auch auf die konkreten Auflagen im Förderbescheid bzw. die Regelungen des Fördervertrages an. Insbesondere setzt eine Rückforderung von einem Zuwendungsempfänger, der auch öffentlicher Auftraggeber ist, aufgrund eines Verstoßes gegen Vergabeprimärrecht voraus, dass die Einhaltung des Vergabeprimärrechts auch zum Gegenstand des Zuwendungsverhältnisses gemacht wurde.[6]

Eine originäre Bindung von rein privaten Fördermittelempfängern, die nicht öffentliche Auftraggeber im Sinne des § 99 GWB sind, an die Grundfreiheiten des AEUV und damit das Vergabeprimärrecht besteht hingegen nicht.[7] Eine Verpflichtung zur Anwendung des Vergaberechts kann sich hier allein durch allgemeine Nebenbestimmungen oder zusätzliche Auflagen in den Förderbescheiden ergeben. Die Bindung an vergabeprimärrechtliche Anforderungen hängt somit ausschließlich von dem konkreten Zuwendungsverhältnis und den Auflagen im Förderbescheid ab.

Für das Zuwendungsverhältnis und etwaige Rückforderungen aufgrund von darin gemachten Auflagen kommt es somit für private und öffentliche Zuwendungsempfänger darauf an, dass die Einhaltung des Vergabeprimärrechts dem Zuwendungsempfänger auch auferlegt wurde. Förderbescheide verweisen jedoch in der Regel weder auf die Grundfreiheiten des AEUV noch erwähnen sie die Binnenmarktrelevanz. Auch eine Subsumtion unter zum Teil in den Bescheiden zu findenden Verweisen auf *„andere Vergabebestimmungen"* ist nach hier vertretener Auffassung regelmäßig nicht möglich. Nach Sinn und Zweck des Verweises dürften hiermit Landesvergabegesetze und/oder sonstige kodifizierte Vergabebestimmungen gemeint sein, nicht jedoch das EU-Vergabeprimärrecht. Bei dem EU-Vergabeprimärrecht handelt es sich – wie oben dargestellt – nicht um kodifiziertes Recht, sondern um durch die EuGH-Rechtsprechung aus den EU-Grundfreiheiten abgeleitete Vergabegrundsätze. Allein aus Transparenzgründen kann der Verweis auf *„Vergabebestimmungen"* daher nicht als Verweis auf das EU-Vergabeprimärrecht verstanden werden. Auch ergibt sich eine Bindung an das EU-Vergabeprimärrecht nicht unmittelbar aus dem nationalen Haushaltsrecht. Dieses dient vorrangig der Einhaltung von Wirtschaftlichkeit und Sparsamkeit bei der Verwendung öffentlicher Gelder, nicht jedoch der Sicherung und Verwirklichung des EU-Binnenmarkts.[8]

Etwas anderes kann bei Förderungen gelten, die mit Mitteln aus den Europäischen Investitions- und Strukturfonds (ESI-Fonds) oder dem JTF (gemeinschaftlich nachfolgend: EU-Fonds)[9] kofinanziert werden. Hier muss wiederum zwischen Fördermittelempfängern, die öffentliche Auftraggeber i.S.d. § 99 GWB (bzw. i.S. der europäischen Vergaberichtlinien) sind,

6 Vgl. hierzu im Einzelnen auch die Erläuterungen im Kapitel "Verpflichtung zur Einhaltung des Vergaberechts in der Förderung" in diesem Buch.

7 Eine Bindung von Privaten an die Grundfreiheiten (sog. Drittwirkung) ist nur in Ausnahmekonstellationen gegeben und kommt regelmäßig nur bei Kollektivregelungen in Betracht, vgl. zum aktuellen Stand ausführlich *Forsthoff/Eisendle*, in: Grabitz/Hilf/Nettesheim, Das Recht der Europäischen Union, 83. Ergänzungslieferung, Stand: Juli 2024, Art. 45 AEUV, Rn. 148 bis 177.

8 Vgl. *Pilarski*, Rückforderung von Fördermitteln bei Nichtbeachtung der Binnenmarktrelevanz öffentlicher Aufträge, Vergabeblog.de vom 14.6.2018, Nr. 37281.

9 Vgl. hierzu auch nachfolgend unter C.IV.4.

und privaten Fördermittelempfängern unterschieden werden. Eine Bindung jeglicher Zuwendungsempfänger an das EU-Vergabeprimärrecht wird durch die Inanspruchnahme von EU-Fondsmitteln nicht verlangt. Wie bereits oben dargelegt, sind private Fördermittelempfänger, die nicht durch den Staat beherrscht werden, nicht an die Grundfreiheiten gebunden. Zwar sind bei Förderungen mit Mitteln der EU-Fonds auch sonstige Vorgaben des EU-Rechts, insbesondere auch das europäische Vergaberecht und das EU-Haushaltsrecht zu beachten. Dies kann allerdings nur so weit gelten, wie auch eine rechtliche Bindung an das entsprechende Recht besteht.

Etwas anderes folgt auch nicht daraus, dass nach der Rechtsprechung des EuGH in dem Verstoß eines mit Mitteln der Strukturfonds geförderten öffentlichen Auftraggebers gegen nationale Vergaberechtsvorschriften, die für Aufträge unterhalb der EU-Schwellenwerte gelten, eine gemäß den Vorschriften der EU-Fonds[10] zu korrigierende Unregelmäßigkeit liegen kann.[11] Als öffentlicher Auftraggeber unterliegt der Zuwendungsempfänger gerade den Bindungen des nationalen Vergaberechts, die wiederum in unionskonformer Weise das unterhalb der Schwellenwerte geltende Vergabeprimärrecht zu berücksichtigen haben. Auch die Tatsache, dass der Begriff der Unregelmäßigkeit sich nach der u.a. in der Dachverordnung der EU-Fonds niedergelegten Definition (Art. 2 Nr. 31 VO 2021/1060) auf Handlungen und Unterlassungen von Wirtschaftsteilnehmern, mithin auch auf solche von Privaten und auf Verstöße gegen nationale Rechtsvorschriften bezieht, führt grundsätzlich zu keiner anderen Herleitung. Private, die keine öffentlichen Auftraggeber sind, sind nicht an die Grundfreiheiten gebunden. Mithin kann die Nichtbeachtung der Binnenmarktrelevanz durch einen solchen Privaten auch keinen Verstoß gegen Unionsrecht bzw. die Grundfreiheiten zur Folge haben. Eine originäre Verpflichtung privater Zuwendungsempfänger kann daher nach hier vertretener Auffassung nicht unmittelbar aus den Regelungen für die EU-Fonds abgeleitet werden.[12]

In Einzelfällen können sich die mit der Umsetzung der EU-Fonds betrauten nationalen Stellen allerdings dafür entschieden haben, dass die Pflichten, die für öffentliche Auftraggeber gelten, gleichermaßen auch für Zuwendungsempfänger gelten sollen, die keiner genuinen Bindung an das Haushalts- und Vergaberecht unterliegen. Die Verpflichtung zur Einhaltung von EU-Vergabeprimärrecht ergibt sich in diesen Fällen aus den anzuwendenden Allgemeinen/ Besonderen Nebenbestimmungen und/oder dem Zuwendungsbescheid. So verwiesen etwa die brandenburgischen ANBest-EU bis 2019 in Ziffer 3.2 auf die Einhaltung der Verwaltungsvorschriften zu § 55 LHO. In Ziffer 2.4 der Verwaltungsvorschriften zu § 55 hieß es:

> *„Bei allen Vergabeverfahren unterhalb der EU-Schwellenwerte ist immer auch das Vorliegen einer Binnenmarktrelevanz des Auftrags nach den Kriterien der „Mitteilung der Kommission zu Auslegungsfragen in Bezug auf das Gemeinschaftsrecht, das für die Vergabe öffentlicher Aufträge gilt, die nicht oder nur teilweise unter die Vergaberichtlinien fallen (2006/C 179/ 02)" zu prüfen. Im Falle der Binnenmarktrelevanz haben Auftraggeber das Primärrecht der*

---

10 Vgl. Art. 2 Nr. 31 und 33 sowie Art. 69 Abs. 2, 103, 104 der Verordnung (EU) Nr. 2021/1060, ABl.(EU) Nr. L 231 vom 30.6.2021, S. 159, zuletzt i.d. durch die Verordnung (EU) Nr. 2024/795 geänderten Fassung.

11 Vgl. u.a. EuGH, Urteil vom 26.5.2016 – verb Rs. C-260/14 und C-261/14 (Judeţul Neamţ und Judeţul Bacău), Rn. 46.

12 A.A. *Pilarski*, Rückforderung von Fördergeldern wegen Vergabefehlern trotz unwirksamer Auflage?, Vergabeblog.de vom 29/01/2018, Nr. 35265.

Europäischen Union zu beachten. Hierzu zählen die EU-Grundfreiheiten sowie insbesondere die Grundsätze der Gleichbehandlung, Verhältnismäßigkeit und Transparenz."

In einem entsprechenden Fall findet somit über die Instrumente des nationalen Zuwendungsrechts eine Bindung auch von privaten Zuwendungsempfängern an die Regelungen zur Einhaltung des EU-Vergabeprimärrechts statt. Wird eine entsprechende Bindung hergestellt, müssen diese Verpflichtungen auch von den die EU-Förderung umsetzenden Stellen geprüft und Verstöße als Unregelmäßigkeiten korrigiert werden. Das Land Brandenburg hat zwischenzeitlich seine ANBest-EU überarbeitet und die entsprechende Verpflichtung für Zuwendungsempfänger, die nicht originär dem Vergaberecht unterfallen, gestrichen. Zudem wird nun ausdrücklich in Ziffer 3.2a der ANBest-EU 21 klargestellt, dass Zuwendungsempfangende, die nicht öffentlicher Auftraggeber i.S.d. GWB sind. „zur Anwendung des formellen Vergaberechts nicht verpflichtet" sind.

Im Ergebnis sind Fördermittelempfänger, die keine öffentlichen Auftraggeber sind, daher grundsätzlich nicht zur Einhaltung des EU-Vergabeprimärrechts verpflichtet, es sei denn eine solche Verpflichtung ergibt sich eindeutig aus den Regelungen des Förderbescheids. Eine Rückforderung wegen Nichtbeachtung der Binnenmarktrelevanz kommt regelmäßig nur in Betracht, wenn hierzu in dem Förderbescheid eine eindeutige Auflage enthalten ist.

Für „öffentliche" Zuwendungsempfänger, die an die Grundfreiheiten gebunden sind, stellt die Nichtbeachtung des Vergabeprimärrechts bei binnenmarktrelevanten Aufträgen hingegen einen Verstoß gegen Unionsrecht bzw. die Grundfreiheiten dar. In diesem Verstoß gegen das Unionsrecht durch einen mit Mitteln der EU-Fonds geförderten öffentlichen Auftraggebers kann nach der Rechtsprechung des EuGH eine zu korrigierende Unregelmäßigkeit liegen.[13] Zwar hatte sich der EuGH (bislang) nur mit dem Verstoß gegen nationale Vergaberechtsvorschriften, die für Aufträge unterhalb der EU-Schwellenwerte gelten, zu beschäftigen. Derartige nationale Vergaberechtsvorschriften müssen jedoch auch die Vorgaben des Vergabeprimärrechts in Bezug auf binnenmarktrelevante Aufträge umsetzen bzw. unionsrechtskonform ausgelegt werden. Die EU-Regelungen verpflichten dazu, dass bei der Förderung von Vorhaben aus den Fonds das bei der Vergabe öffentlicher Aufträge anzuwendende Unionsrecht einzuhalten ist (vgl. Art. 2 Nr. 3, 73 Abs. 2 lit. f) VO 2021/1060). Hierzu gehört auch das Vergabeprimärrecht. Die mit der Verwaltung und Kontrolle der EU-Fonds betrauten Stellen haben mithin dafür zu sorgen, dass die Verpflichtung zur Einhaltung des Vergabeprimärrechts bei öffentlichen Auftraggebern zum Bestandteil des Zuwendungsverhältnisses gemacht wird. Dies erfolgt in der Praxis häufig entweder dadurch, dass die einschlägigen EU-Verordnungen zur Grundlage des Förderverhältnisses gemacht werden oder durch spezifische Allgemeine/ Besondere Nebenbestimmungen, die für mit EU-Fondsmitteln kofinanzierte Zuwendungen gelten. Jedenfalls in diesen Fällen muss daher davon ausgegangen werden, dass das Unionsrecht und damit eben auch das Vergabeprimärrecht Bestandteil des Zuwendungsverhältnisses sind, auch wenn in dem Förderbescheid kein unmittelbarer Hinweis auf die Vorschriften des AEUV und die Binnenmarktrelevanz enthalten ist.

13 Vgl. EuGH, Urteil vom 26.5.2016 – verb Rs. C-260/14 und C-261/14 (Judeţul Neamţ und Judeţul Bacău), Rn. 46.

Praxistipp

Da die Zulässigkeit von Rückforderungen von Fördermittelempfängern bei Nichtbeachtung von Vergabeprimärrecht bei binnenmarktrelevanten Aufträgen bislang nicht abschließend rechtlich geklärt ist, sollten sich Fördermittelempfänger – und zwar sowohl private als auch „öffentliche" –, sofern der Förderbescheid nicht - wie etwa inzwischen bei den brandenburgischen ANBest-EU - hierzu eine eindeutige Klarstellung enthält, frühzeitig mit dem Fördermittelgeber in Verbindung setzen und klären, inwieweit im Rahmen des Zuwendungsverhältnisses bei Binnenmarktrelevanz des Auftrags auch das EU-Vergabeprimärrecht zu beachten ist. Nur so kann rechtssicher die Gefahr einer späteren Rückforderung ausgeschlossen werden. Dies gilt insbesondere bei Förderungen aus den EU-Fonds.

II. Kriterien für das Vorliegen von Binnenmarktrelevanz

Da die Grundfreiheiten nicht auf rein inländische Sachverhalte anwendbar sind, können die primärrechtlichen EU-Vergabegrundsätze nur bei Aufträgen mit grenzüberschreitendem Charakter Geltung beanspruchen. Anwendungsvoraussetzung für die aus den Grundfreiheiten abgeleiteten primärrechtlichen Anforderungen an die Auftragsvergabe ist daher, dass dem jeweiligen öffentlichen Auftrag Binnenmarktrelevanz zukommt.

Wann eine Auftragsvergabe als binnenmarktrelevant einzustufen ist und ein eindeutiges grenzüberschreitendes Interesse an einem Auftrag vorliegt, muss im jeweiligen Einzelfall bestimmt werden. Mangels konkreter gesetzlicher Vorgaben ist auf die durch den EuGH und auch die nationale Rechtsprechung entwickelten Maßstäbe und Fallgruppen abzustellen. Die Rechtsprechung des EuGH wird in einer interpretatorischen *„Mitteilung zu Auslegungsfragen in Bezug auf das Gemeinschaftsrecht, das für die Vergabe öffentlicher Aufträge gilt, die nicht oder nur teilweise unter die Vergaberichtlinien fallen"*[14] der Kommission zusammengefasst. Demnach müssen bei der Prüfung, ob Binnenmarktrelevanz eines Auftrags gegeben ist, der Auftragsgegenstand, der geschätzte Auftragswert, die Besonderheiten des betreffenden Sektors (Größe und Struktur des Marktes, wirtschaftliche Gepflogenheiten usw.) sowie die geographische Lage des Orts der Leistungserbringung berücksichtigt werden.[15] Auch der BGH hält eine Prognose des Auftraggebers für erforderlich, ob der Auftrag nach den konkreten Marktverhältnissen in der betreffenden Branche für ausländische Anbieter interessant sein könnte und stellt hierbei auf Parameter wie den Ort der Auftragsausführung und das geschätzte Auftragsvolumen ab.[16]

Wichtiges Kriterium für die Binnenmarktrelevanz bzw. das potenzielle Interesse ausländischer Anbieter ist daher zunächst der geschätzte Auftragswert. Grundsätzlich gilt, je höher der geschätzte Auftragswert ist, desto eher ist ein Auftrag auch für Unternehmen aus dem europäischen Ausland interessant. Nur bei einem Auftrag von *„wirtschaftlich sehr geringer Bedeutung"* kann ein potenzielles Interesse ausländischer Bieter vernünftigerweise ausge-

14 ABl. 2006, C 179, S. 2 ff.
15 ABl. 2006, C 179, S. 3.
16 Vgl. BGH, Urteil vom 30.11.2011 – X ZR 55/10.

schlossen sein.[17] Aus der Rechtsprechung des EuGH und der Kommissionspraxis lässt sich als Faustregel ableiten, dass bei Liefer- und Dienstleistungen etwa 10%[18] und bei Bauleistungen bereits 1% des EU-Schwellenwertes für das Vorliegen von Binnenmarktrelevanz ausreichen können.[19] Jedenfalls wird man ab dieser Grenze Binnenmarktrelevanz nicht mehr allein aufgrund des Auftragswertes ausschließen können. Auf der anderen Seite genügt allein ein bestimmter Auftragswert auch nicht für die Annahme eines grenzüberschreitenden Interesses. So hat der EuGH bei einem Auftrag, der nicht einmal ein Viertel des unionsrechtlichen Schwellenwerts erreichte, weitere objektive Kriterien für das Vorliegen eines grenzüberscheitenden Interesses verlangt.[20]

Für die Binnenmarktrelevanz kommt es zudem auf den Auftragsgegenstand sowie die Besonderheiten des betreffenden Wirtschaftssektors an. So ist insbesondere zu fragen, ob für die Erbringung der Leistung deutsche Sprach- oder Rechtskenntnisse von essenzieller Bedeutung sind. Sofern keine besonderen Kenntnisse erforderlich sind, wie z.B. bei vielen IT-Leistungen, spricht dies für eine Binnenmarktrelevanz des Auftrags, da die Leistung auch ohne weiteres von ausländischen Anbietern erbracht werden kann. Auf der anderen Seite dürfte bei Rechtsberatungsleistungen regelmäßig ein grenzüberschreitendes Interesse abzulehnen sein. Das OLG Düsseldorf hat für baubegleitende Rechtsberatungen entschieden, dass es praktisch ausgeschlossen sei, dass in anderen Mitgliedstaaten ansässige Rechtsanwälte ein Interesse an einem derartigen Beratungsauftrag hätten, da sie nicht über die geforderte „spezifische und auf das Inland bezogene Sachkompetenz und Erfahrung" verfügten.[21] Etwas anderes kann allerdings bei Rechtsberatungsleistungen in Bezug auf europarechtliche Fragestellungen gelten.[22] Neben unmittelbar für die Leistungserbringung erforderlichen Sprach- und Rechtskenntnissen müssen aber auch die allgemeinen nationalen Rahmenbedingungen einbezogen werden. So hat der EuGH betont, dass die Verpflichtung der (ausländischen) Anbieter berücksichtigt werden muss, sich an den Rechts- und Verwaltungsrahmen des Mitgliedstaats des Leistungsorts und an sprachliche Anforderungen anzupassen und sie dadurch Belastungen und zusätzlichen Kosten ausgesetzt sind.[23] Mithin ist auch der im Verhältnis zu nationalen Bietern ggf. erhöhte Aufwand ausländischer Bieter aufgrund von rechtlichen und sprachlichen Hürden bei der Frage zu berücksichtigen, ob ein Auftrag für ausländische Bieter interessant ist.

Nicht zuletzt ist für die Beurteilung, ob ein grenzüberschreitendes Interesse besteht, der Ort der Leistungserbringung in den Blick zu nehmen. Die örtliche Nähe des Leistungsortes zu anderen EU-Mitgliedsstaaten ist ein objektives Kriterium für die Binnenmarktrelevanz eines Auftrags.[24] Bei grenznahen Regionen, wie z.B. dem Saarland, und den damit verbundenen Beson-

17 Vgl. EuGH, Urteil vom 21.7.2005 – Rs. C-231/03 (Coname), Rn. 20 m.w.N.; EuG, Urteil vom 29.5.2013 – Rs. T-384/10, Rn. 114.

18 Vgl. EuGH, Urteil vom 16.4.2015 – Rs. C-278/14 (Enterprise Focused Solutions), Rn. 8 ff. für die Beschaffung von PCs im Wert von 58.000 €.

19 Vgl. Leitfaden Vergabe für private und öffentliche Auftraggeber im Rahmen von ELER-Förderprojekten des Landes Brandenburg, Stand: 1.12.2023, S. 7.

20 Vgl. EuGH, Urteil vom 6.10.2016 – Rs. C-318/15 (Tecnoedi Costruzioni Srl), Rn. 24.

21 Vgl. OLG Düsseldorf, Beschluss vom 21.4.2010 – VII-Verg 55/09.

22 Vgl. *Terwiesche/Lompa*, KommJur 2015, 407 (408).

23 Vgl. EuGH, Urteil vom 6.10.2016 – Rs. C-318/15 (Tecnoedi Costruzioni Srl), Rn. 25.

24 Vgl. OLG Düsseldorf, Urteil vom 21.3.2018 – VI-2 U (Kart) 6/16.

derheiten, dürfte ein grenzüberschreitendes Interesse bereits bei relativ niedrigen Auftragswerten anzunehmen sein, da hier davon auszugehen ist, dass Unternehmen grundsätzlich weniger Schwierigkeiten in Bezug auf sprachliche und bürokratische Hürden haben.

Im Ergebnis wird man somit nicht isoliert auf eines der genannten objektiven Kriterien abstellen können, sondern es ist eine Gesamtschau vorzunehmen, bei der alle Aspekte berücksichtigt werden.

Praxistipp

Ab Erreichen der oben genannten Auftragsgrenzen (10% bei Liefer- und Dienstleistungen und 1% bei Bauleistungen) sollte der Fördermittelempfänger bei Verneinung von Binnenmarktrelevanz intensiv begründen (und dokumentieren), warum er ein grenzüberschreitendes Interesse ablehnt und dabei auf alle oben genannten Kriterien eingehen. Entscheidend ist, dass aus der Dokumentation hervorgeht, dass sich der Auftraggeber mit der Binnenmarktrelevanz auseinandergesetzt hat.

III. Primärrechtliche Anforderungen an eine Auftragsvergabe mit Binnenmarktrelevanz

Der EuGH leitet in ständiger Rechtsprechung aus den EU-Grundfreiheiten die vergabeprimärrechtlichen Grundsätze der Nichtdiskriminierung, Gleichbehandlung, Verhältnismäßigkeit und Transparenz ab.[25] Übergeordnetes Ziel ist es, Interessenten aus anderen EU-Mitgliedsstaaten eine gleichberechtigte Chance zu ermöglichen, am Wettbewerb um den Auftrag teilzunehmen.

Zentral ist hierfür zunächst der Transparenzgrundsatz. Er verpflichtet die öffentlichen Auftraggeber einen *„angemessenen Grad von Öffentlichkeit"* herzustellen.[26] Interessenten aus den EU-Mitgliedsstaaten müssen Kenntnis von der beabsichtigten Auftragsvergabe erlangen, damit sie am Wettbewerb teilnehmen können. Dies bedeutet insbesondere, dass eine hinreichend zugängliche Bekanntmachung des Auftrags erfolgt, die sich auf eine Kurzbeschreibung der wesentlichen Punkte des Auftrags und des Vergabeverfahrens beschränken kann.[27] Die Wahl des für die Bekanntmachung am besten geeigneten Mediums ist Sache des jeweiligen Auftraggebers.

Unterhalb der Schwellenwerte besteht zwar keine Verpflichtung zur Veröffentlichung im EU-Amtsblatt.[28] Allerdings gilt, dass je interessanter der Auftrag für potenzielle Bieter aus ande-

25 Ständige Rechtsprechung seit EuGH, Urteil vom 7.12.2000 – Rs. C-324/98 (Telaustria), Rn. 60. Vgl. aus neuerer Zeit EuGH, Urteil vom 27.11.2019 – Rs. C-402/18 (Tedeschi Srl), Rn. 33.

26 Vgl. EuGH, Urteil vom 6.4.2006 – Rs. C-410/04 (ANAV), Rn. 21; Urteil vom 13.10.2005 – Rs. C-458/03 (Parking Brixen), Rn. 49.

27 Vgl. auch Ziffer 2.1.3. der Auslegungsmitteilung der Kommission, ABl. 2006, C 179, S. 5.

28 Vgl. Ziffer 2.1.2. der Auslegungsmitteilung der Kommission, ABl. 2006, C 179, S. 4. Demnach ist ein Verfahren ohne vorherige Veröffentlichung einer Bekanntmachung jedenfalls in den Ausnahmefällen zulässig, die durch die RL 2014/24/EU geregelt werden. Diese sind aber nicht ganz deckungsgleich mit den Katalogen der UVgO und der VOB/A.

ren Mitgliedstaaten ist, desto weiter sollte er bekannt gemacht werden.[29] Bei öffentlichen Ausschreibungen und beschränkten Ausschreibungen bzw. Verhandlungsvergaben mit Teilnahmewettbewerb sollte mindestens eine Bekanntmachung im Internet (ermittelbar über die Suchfunktion des Portals www.service.bund.de) erfolgen (vgl. auch § 28 Abs. 1 UVgO und § 12 Abs. 1 Nr. 1 VOB/A). Idealerweise erfolgt jedoch darüber hinausgehend auch eine Bekanntmachung auf EU-Ebene im EU-Amtsblatt. In diesem Fall ist gewährleistet, dass auch Interessenten aus den EU-Mitgliedsstaaten hinreichend über die beabsichtigte Auftragsvergabe informiert waren. Bei Bekanntmachungen nur auf der eigenen Homepage des Auftraggebers oder einem bloß regionalen Vergabeportal ist dies nicht gewährleistet.[30]

Auch bei beschränkten Ausschreibungen oder Verhandlungsvergaben ohne Teilnahmewettbewerb sollte Transparenz geschaffen werden, auch wenn hier nach nationalem Recht keine Bekanntmachung erforderlich ist. Nach Auffassung der EU-Kommission ist zwar ein Verzicht auf eine Bekanntmachung bei Auftragsvergaben unterhalb der Schwellenwerte jedenfalls dann zulässig, wenn es sich um Ausnahmetatbestände handelt, bei denen auch nach der RL 2014/24/EU ein Verfahren ohne vorherige Veröffentlichung einer Bekanntmachung möglich ist.[31] Die Tatbestände in der UVgO und der VOB/A sehen jedoch z.T. deutlich mehr und weitergehende Ausnahmetatbestände vor, bei denen der Verzicht auf einen Teilnahmewettbewerb möglich ist. Bei Ausnahmetatbeständen, die nicht der RL 2014/24/EU entsprechen ist somit fraglich, ob nur eine begrenzte Anzahl von Unternehmen aufgefordert werden darf, wie es das nationale Recht vorsieht. Bei Aufträgen mit Binnenmarktrelevanz empfiehlt es sich in solchen Fällen, ein ausreichendes Transparenzlevel dadurch herzustellen, dass der Aufforderung zur Angebotsabgabe ein Interessenbekundungsverfahren vorgeschaltet wird, das als eine Art Teilnahmewettbewerb „light" fungiert. Dadurch erhalten interessierte Unternehmen die Möglichkeit, sich an dem Verfahren zu beteiligen. In diesem Sinne verweisen z.B. die brandenburgischen ANBest-EU in Ziffer 3.2 auf die Einhaltung der Verwaltungsvorschriften zu § 55 LHO. In Ziffer 3.3. der Verwaltungsvorschriften zu § 55 ist geregelt, dass auch über beabsichtigte Verhandlungsvergaben ohne Teilnahmewettbewerb oder Beschränkte Ausschreibungen ohne Teilnahmewettbewerb vor erteiltem Auftrag auf dem Vergabemarktplatz Brandenburg informiert werden muss, wenn der Auftragswert insgesamt mindestens 10.000 € netto beträgt. Die Bekanntmachung hat dabei grundsätzlich 14 Tage vor der ersten Kontaktaufnahme mit den ausgewählten Bietern zu erfolgen. Sofern sich hierauf geeignete Unternehmen melden und ihr Interesse bekunden, sollten diese zur Angebotsabgabe aufgefordert werden.

Neben dem Bekanntmachungserfordernis verlangt der Transparenzgrundsatz auch, dass die Bedingungen und Modalitäten des Vergabeverfahrens zu Beginn des Verfahrens feststehen, klar und bestimmt sind und den Bietern in der Bekanntmachung oder dem Lastenheft bekannt gegeben werden.[32] Bei der Vergabe von Liefer- und Dienstleistungen ist dies bei Anwendung der UVgO gewährleistet. Nach § 43 Abs. 6 Satz 1 UVgO ist der Auftraggeber zur Angabe der Zuschlagskriterien und deren Gewichtung in der Auftragsbekanntmachung oder den Ver-

29 Vgl. Ziffer 2.1.2. der Auslegungsmitteilung der Kommission, ABl. 2006, C 179, S. 4.

30 Vgl. *Summa*, in: Summa/Schneevogl, jurisPK-Vergaberecht, 7. Auflage 2024, Stand: 15.11.2024, Einleitung, Rn. 37.

31 Vgl. Ziffer 2.1.4. der der Auslegungsmitteilung der Kommission, ABl. 2006, C 179, S. 5.

32 Vgl. EuGH, Urteil vom 10.5.2012 – Rs. C-368/10 (Max Havelaar), Rn. 109.

gabeunterlagen verpflichtet. Bei Bauvergaben ist trotz des eigentlich eindeutigen Wortlauts (§ 16d Abs. 1 Nr. 5 Satz 1 VOB/A) umstritten, ob in jedem Fall eine Verpflichtung zur Bekanntgabe der Zuschlagskriterien besteht.[33] Bei Aufträgen mit Binnenmarktrelevanz sollten die Zuschlagskriterien, auch wenn hier nach nationalem Recht für Bauleistungen eine entsprechende Verpflichtung streitig ist, spätestens in den Vergabeunterlagen bekanntgegeben werden. Das EU-Vergabeprimärrecht verlangt jedoch nicht zwingend die Angabe der Gewichtung der veröffentlichten Zuschlagskriterien.[34] Auch die Eignungskriterien sind bei öffentlichen Ausschreibungen und Verfahren mit Teilnahmewettbewerb in der Bekanntmachung, ansonsten in den Vergabeunterlagen aufzuführen (vgl. § 33 Abs. 1 Satz 3 UVgO).

Den primärrechtlichen Grundsätzen der Gleichbehandlung und Nichtdiskriminierung kommt bei Anwendung der UVgO und VOB/A keine eigenständige Bedeutung zu. Das EU-Vergabeprimärrecht verlangt insbesondere eine diskriminierungsfreie Beschreibung des Auftragsgegenstandes (Gebote der eindeutigen und erschöpfenden Leistungsbeschreibung und Produktneutralität), gleiche und angemessene Fristen sowie durchgängig transparente und gleiche Bedingungen für alle Teilnehmer.[35] Diese Anforderungen sind in UVgO und dem 1. Abschnitt der VOB/A umfänglich umgesetzt.[36]

Ferner ist der Verhältnismäßigkeitsgrundsatz zu beachten. Dieser verlangt, dass die Vergabemodalitäten den Besonderheiten und der Bedeutung des jeweiligen Auftragsgegenstands angemessen sein müssen.[37] Mithin müssen Eignungs- und Zuschlagskriterien mit dem Auftragsgegenstand in Verbindung stehen und zu diesem in einem angemessen Verhältnis stehen. Dies kommt sowohl in der UVgO (vgl. § 33 Abs. 1 Satz 2 UVgO und § 43 Abs. 3 Satz 1 UVgO) als auch dem 1. Abschnitt der VOB/A (vgl. § 16d Abs. 1 Nr. 6 VOB/A) deutlich zum Ausdruck. Mithin ergibt sich auch hier keine Abweichung zu den nationalen Vergabeverfahren.

C. EU-Beihilfenrecht

Das europäische Beihilfenrecht hat auf die Förderpraxis einen erheblichen Einfluss und ist von den mit Fördermitteln in Berührung kommenden Stellen stets im Auge zu behalten.

Das EU-Beihilfenrecht ist Teil des EU-Wettbewerbsrechts und hat seinen Ursprung in den Artikeln 107-109 des Vertrages über die Arbeitsweise der Europäischen Union (AEUV). Ergänzt wird dieses primärrechtliche Regelungsgefüge durch die speziellen Genehmigungsvorschriften in Artikel 106 Abs. 2 und 93 AEUV und eine Vielzahl an sekundärrechtlichen Regelungen (Verordnungen, Beschlüsse) sowie *soft law* in Form von Mitteilungen, Leitlinien, Gemeinschafts- bzw. Unionsrahmen. Dieses *soft law* enthält Erläuterungen zur Kommissionspraxis bei der Anwendung des Begriffs der staatlichen Beihilfe und Präzisierungen der Kriterien zur

33 So hat der BGH in einem Beschluss vom 10.5.2016 – X-ZR 66/15 ausgeführt, dass es bei Unterschwellenwertvergaben nicht in jedem Fall der Festlegung und Bekanntmachung von Kriterien zur Ermittlung des wirtschaftlichsten Angebots bedürfe.

34 Vgl. EuGH, Urteil vom 18.11.2010 – Rs. C-226/09 (Kommission/Irland), Rn. 43.

35 Vgl. Ziffer 2.2.1. der der Auslegungsmitteilung der Kommission, ABl. 2006, C 179, S. 5 f.

36 Vgl. etwa in Bezug auf das Gebot der eindeutigen und erschöpfenden Leistungsbeschreibung und das Gebot der Produktneutralität § 23 UVgO sowie § 7 VOB/A.

37 Vgl. *Dörr*, in: Müller-Wrede, Kompendium des Vergaberechts, 2. Auflage 2013, Kap. 2, Rn. 43 m.w.N.

Genehmigung bestimmter Gruppen anzumeldender Beihilfen. Die Mitteilungen, Leitlinien und Rahmen sind gegenüber den Mitgliedstaaten nicht verbindlich, stellen aber eine Selbstbeschränkung der Kommission dar, da sich diese damit in der Ausübung ihres Ermessens bindet. Die Regelungen sind damit den Verwaltungsvorschriften des deutschen Verwaltungsrechts nicht unähnlich. Die Kommission ist aufgrund des Grundsatzes der Gleichbehandlung verpflichtet, die in Leitlinien, Rahmen oder Mitteilungen festgelegten Kriterien in gleichgelagerten Fällen einheitlich anzuwenden.[38] Es bleibt ihr allerdings unbenommen, entsprechende Regelungen aufzuheben oder zu ändern, wenn es die Umstände gebieten.[39]

Praxistipp

Auf den Internetseiten der Generaldirektion Wettbewerb der EU-Kommission gibt es für das Beihilfenrecht einen eigenen Bereich (allerdings nur auf Englisch verfügbar: unter „State Aid").[40] Auf den hierzu gehörigen Unterseiten „Legislation"[41] finden sich alle gegenwärtig anwendbaren Regelungen sowie eine Verlinkung auf ein Archiv mit den zwischenzeitlich außer Kraft getretenen Vorschriften für das Beihilfenrecht.

I. Zielsetzungen und wesentliche Grundsätze des Beihilfenrechts

Zielsetzung des EU-Beihilfenrechts ist es, Wettbewerbsverfälschungen durch staatliche Begünstigungen zu unterbinden und für einen einheitlichen europäischen Binnenmarkt ohne Subventionswettläufe und mit einem *„level playing field"* für die dort tätigen Unternehmen zu sorgen. Mit dem aus den europäischen Grundfreiheiten abgeleiteten Vergaberecht hat das Beihilfenrecht somit gemein, dass beide auf die Sicherung des freien Dienstleistungs- und Warenverkehrs zwischen den Mitgliedstaaten unter diskriminierungsfreien Wettbewerbsbedingungen gerichtet sind.[42] Beide Rechtsregime haben gleichwohl ganz eigene spezifische Anwendungsbereiche, unterliegen eigenen Verfahrensregeln und haben unterschiedliche Rechtfertigungstatbestände, Rechtsfolgen und Rechtsschutzmöglichkeiten. Keiner der Regelungsbereiche ist gegenüber dem anderen prioritär oder verdrängt diesen – Vergaberecht und Beihilfenrecht sind nebeneinander anwendbar.[43] Die Einhaltung der Vorschriften des einen Rechts sagt dabei *per se* nichts über die Konformität mit den Regelungen des anderen aus: In der Vergabe eines öffentlichen Auftrags nach den Vorschriften des Vergaberechts kann im Einzelfall eine staatliche Beihilfe liegen.[44] Die Durchführung eines nach beihilferechtlichen

38 EuG, Urteil vom 30.4.1998 – Rs. T-214/95, Vlaams Gewest, Rn. 89; EuGH, Urteil vom 24.3.1993 – Rs. C-313/90, CIRFS u. a./Kommission, Rn. 34 und 36; EuG, Urteil vom 5.11.1997 – Rs. T-149/95, Ducros/Kommission, Rn. 61.

39 EuG, Urteil vom 30.4.1998 – Rs. T-214/95, Vlaams Gewest, Rn. 89.

40 https://ec.europa.eu/competition/state_aid/overview/index_en.html.

41 https://ec.europa.eu/competition/state_aid/legislation/legislation.html.

42 Vgl. EuGH, Urteil vom 5.6.1986 – Rs. 103/84, Kommission ./. Italienische Republik, Rn. 19; EuGH, Urteil vom 20.3.1990 – Rs. C-21/88, Du Pont de Nemours Italiana SpA, Rn. 20.

43 Vgl. *Kaelble*, in: Müller-Wrede, Kompendium des Vergaberechts, 2. Auflage 2013, Kapitel 36, Rn. 8; *von Donat*, in: Heidenhain, European State Aid Law, 2010, § 46, Rn. 1; *Bultmann*, Beihilfenrecht und Vergaberecht, S. 111.

44 Ausführlich hierzu auch: *von Donat*, in: Heidenhain, European State Aid Law, 2010, § 46; *Kaelble*, in: Müller-Wrede, Kompendium des Vergaberechts, 2. Auflage 2013, Kapitel 36.

Maßstäben zum Ausschluss einer Begünstigung geeigneten wettbewerblichen, transparenten, diskriminierungs- und bedingungsfreien Bietverfahrens wiederum sagt noch nichts über die Konformität mit den Anforderungen des Vergaberechts aus.[45] Vergaberecht und Beihilferecht greifen jedoch zum Teil ineinander. Insbesondere bei Gewährung von Zuwendungen für komplexere Vorhaben mit mehreren Ebenen oder langfristige Projekte ergeben sich häufig Schnittpunkte und Abgrenzungsfragen.[46]

Das Beihilfenrecht ist wesentlich dadurch geprägt, dass Artikel 107 AEUV ein grundsätzliches Beihilfenverbot (Art. 107 Abs. 1 AEUV) mit Genehmigungsvorbehalten (aufgrund der Legal-Ausnahmen in Art. 107 Abs. 2 AEUV[47] und den Ermessenstatbeständen in Art. 107 Abs. 3 AEUV[48] sowie den speziellen Rechtfertigungstatbeständen in Art. 106 Abs. 2 und Art. 93 AEUV) statuiert.[49] Das Monopol für die Genehmigung neuer oder umgestalteter Beihilfen sowie für die Kontrolle bestehender Beihilfen liegt dabei bei der Europäischen Kommission. Sie allein ist (unter der Kontrolle von EuG und EuGH) zuständig und berechtigt, für eine Maßnahme, die als Beihilfe i.S.d. Art. 107 Abs. 1 AEUV zu qualifizieren ist, die Vereinbarkeit mit dem Binnenmarkt festzustellen und einen entsprechenden Genehmigungsbeschluss zu erlassen. Außerhalb von sog. Freistellungstatbeständen und bestehenden Beihilfen[50] können die Mitgliedstaaten Beihilfemaßnahmen daher nur durchführen, wenn sie diese zuvor bei der Kommission angemeldet („notifiziert") haben und die Kommission eine positive Entscheidung getroffen hat. Anders als das übrige EU-Wettbewerbsrecht (Art. 101 ff. AEUV) gilt das Beihilfenrecht nicht unmittelbar im Verhältnis zwischen Unternehmen, sondern richtet sich an die Mitgliedstaaten. Es ist daher auch eine Besonderheit des Beihilfenrechts, dass die europäischen Verfahren zur Beihilfenaufsicht zwischen der Kommission und dem jeweiligen Mitgliedstaat stattfinden. Dritte, wie die beihilfebegünstigten Unternehmen, ihre Wettbewerber oder Unternehmens- bzw. Interessensvereinigungen sind nicht Parteien der Verfahren und verfügen als sog. Beteiligte nur über eingeschränkte Verfahrensrechte. Sie dienen verfahrensrechtlich als Informationsquelle.[51]

Praxistipp

Für die Verfahren zur Kontrolle von staatlichen Beihilfen durch die Europäische Kommission gelten – außerhalb von besonderen Situationen (wie z.B. aufgrund der Corona-Pandemie) – die Regelungen der Verordnung (EU) 2015/1589 („Beihilfeverfahrensverordnung") und der hierzu erlassenen Durchführungsverordnung 794/2004 (i.d.F. der Verordnung (EU) 2015/2282).[52] *Ergänzend hat die EU-Kommission in einer Mitteilung den sog. Verhaltenskodex für die Durchführung von Beihilfeverfahren zusammengefasst.*[53] *Dieser*

45 Vgl. *von Donat*, in: Heidenhain, European State Aid Law, 2010, § 46, Rn. 2.
46 Zu Schnittpunkten im Bereich des Zuwendungsrechts siehe auch unter C.III.
47 Vgl. hierzu im Einzelnen z.B. *von Wallenberg/Schütte*, in: Grabitz/Hilf/Nettesheim, Das Recht der Europäischen Union, 83. EL 2024, Art. 107 AEUV, Rn. 134 ff.
48 Vgl. hierzu im Einzelnen z.B. *von Wallenberg/Schütte*, in: Grabitz/Hilf/Nettesheim, Das Recht der Europäischen Union, 83. EL 2024, Art. 107 AEUV, Rn. 147 ff.
49 *Koenig/Kühling/Ritter*, EG-Beihilfenrecht, 2. Aufl. 2005, Rn. 3.
50 Hierzu im Einzelnen nachfolgend unter II.3.
51 EuGH, Urteil vom 6.10.2005 – Rs. C-276/03P (Scott SA), Rn. 34; EuG, Urteil vom 8.7.2004 – Rs. T-198/01(Technische Glaswerke Ilmenau GmbH), Rn. 193.
52 veröffentlicht im ABl. (EU) Nr. L 248 vom 24.9.2015, S. 9 und im ABl. (EU) Nr. L 325 vom 10.12.2015, S. 1.
53 Veröffentlicht im ABl. (EU) Nr. C 253 vom 19.7.2018, S. 14.

soll den Mitgliedstaaten, Beihilfeempfängern und anderen Beteiligten Orientierungshilfen für den praktischen Ablauf von Beihilfeverfahren an die Hand geben und die Verfahren so transparent, vorhersehbar und zügig wie möglich gestalten. Die Verfahrensregeln sind auch auf den Beihilfe-Webseiten der Homepage der Generaldirektion Wettbewerb der Kommission abrufbar.[54]

Vor einer abschließenden Entscheidung der Kommission über eine tatbestandliche Beihilfemaßnahme gilt das in Art. 108 Abs. 3 Satz 3 AEUV verankerte *Durchführungsverbot*. Dieses soll gewährleisten, dass nur Beihilfen, die von der Kommission geprüft und als mit dem Binnenmarkt vereinbar erklärt wurden, durchgeführt[55] werden. Das Durchführungsverbot schützt damit zum einen, das vom AEUV eingerichtete Kontrollsystem mit dem Entscheidungsmonopol der Kommission und zum anderen die potenziell beeinträchtigten Wettbewerber des Beihilfebegünstigten.[56] Verstoßen die Mitgliedstaaten gegen das Durchführungsverbot, so ist die Beihilfemaßnahme (formell) rechtswidrig.

Nach ständiger Rechtsprechung des EuGH hat das Durchführungsverbot unmittelbare Wirkung. Das heißt, alle Träger öffentlicher Gewalt in den Mitgliedstaaten (einschließlich der dezentralen Stellen) sind verpflichtet, dieses anzuwenden und für die volle Wirksamkeit des Art. 108 Abs. 3 Satz 3 AEUV zu sorgen.[57] Der Gerichtshof hat hieraus insbesondere eine eigenständige Rolle der nationalen Gerichte bei der Sicherung des beihilferechtlichen Kontrollsystems abgeleitet. Die Gerichte sind dafür verantwortlich, unter Anwendung des nationalen Rechts zugunsten des Einzelnen sämtliche Konsequenzen aus einer Verletzung des Durchführungsverbots zu ziehen. Sie haben alle Maßnahmen zu ergreifen, die geeignet sind, die Rechtswidrigkeit der Durchführung der Beihilfen zu beseitigen, damit der Beihilfeempfänger in der bis zu einer Entscheidung der Kommission verbleibenden Zeit nicht weiterhin frei über sie verfügen kann.[58] Dies umfasst sowohl Konsequenzen hinsichtlich der Gültigkeit der Akte, auf denen die Durchführung der fraglichen Beihilfe beruht, als auch Maßnahmen zur Beitreibung der unter Verletzung des Art. 108 Abs. 3 Satz 3 AEUV gewährten finanziellen Unterstützungen und/oder vorläufige Maßnahmen zur Verhinderung der (weiteren) Ausreichung.[59] Das Durchführungsverbot hat daher auch Drittwirkung und ist der Rechtsdurchsetzung durch die von einer rechtswidrigen Beihilfengewährung (mutmaßlich) Betroffenen, insbesondere die

54 https://ec.europa.eu/competition/state_aid/legislation/rules.html.

55 Der Begriff der Durchführung umfasst nicht nur die Auszahlung der Beihilfe. Eine Durchführung liegt bereits vor, wenn der Mitgliedstaat die Grundlage dafür geschaffen hat, dass die Gewährung der Beihilfe ohne weitere Förmlichkeit zulässig ist, vgl. EuG, Urteil vom 6.3.2002 – verb. Rs. T-127/99, T-129/99 u. T-148/99 (Teritorio Histórico de Álava u.a.), Rn. 181 ff. Vgl hierzu auch: *Sinnaeve*, in: Heidenhain, European State Aid Law, 2010, § 31, Rn. 23 sowie *Werner*, in: Münchener Kommentar Europäisches und Deutsches Wettbewerbsrecht, Band 5 Beihilfenrecht, 4. Aufl. 2022, Art. 108 AEUV, Rn. 138 m.w.N.

56 Vgl. EuGH, Urteil vom 5.3.2019 – Rs. C-349/17 (Eesti Pagar), Rn. 56, 84 ff.; EuGH, Urteil vom – Rs. C-39/94, SFEI, Rn. 39 ff.; auch: *Werner*, in: Münchener Kommentar Europäisches und Deutsches Wettbewerbsrecht, Band 5 Beihilfenrecht, 4. Aufl. 2022, Art. 108 AEUV, Rn. 140.

57 Vgl. u.a. EuGH, Urteil vom 5.3.2019 – Rs. C-349/17(Eesti Pagar), Rn. 88 f.; EuGH, Urteil vom 21.11.2013 – Rs. C-284/12 (Deutsche Lufthansa), Rn. 29; EuGH, Urteil vom 21.11.1991 – Rs. C-354/90(FNCE), Rn. 11.

58 EuGH, Urteil vom 21.11.2013 – Rs. C-284/12(Deutsche Lufthansa), Rn. 31; EuGH, Urteil vom 11.3.2010 – Rs. C-1/09(CELF), Rn. 30.

59 EuGH, Urteil vom 21.11.2013 – Rs. C-284/12(Deutsche Lufthansa), Rn. 27 ff.; EuGH, Urteil vom 21.11.1991 – Rs. C-354/90(FNCE), Rn. 11; EuGH, Urteil vom 11.7.1996 – Rs. C-39/94(SFEI u. a.), Rn. 40 f.; EuGH, Urteil vom 21.10.2003 – Rs. C-261/01 und C-262/01(van Calster u. a.), Rn. 74ff.

Wettbewerber des Beihilfenempfängers, zugänglich (sog. *„private enforcement"*). Hiermit wird ein gewisser Ausgleich zu den begrenzten Beteiligungsmöglichkeiten in den beihilferechtlichen Prüfverfahren der Kommission geschaffen: Auf nationaler Ebene sind den Betroffenen individuelle Rechte zuzugestehen und sie müssen die Möglichkeit haben, sich vor den nationalen Gerichten unmittelbar auf die Verletzung des Durchführungsverbots berufen zu können.[60]

Ein Verstoß gegen das Durchführungsverbot wird dabei auch nicht durch die spätere Feststellung der Binnenmarktvereinbarkeit durch die Kommission geheilt.[61] Die nationalen Gerichte bleiben daher auch dann, wenn die Kommission für die vorzeitig eingeführte Beihilfemaßnahme einen Genehmigungsbeschluss erlässt, dafür verantwortlich, die Interessen der von der frühzeitigen Gewährung Betroffenen zu wahren und sämtliche Folgerungen aus der Verletzung des Durchführungsverbotes zu ziehen.[62]

Praxistipp

Die von der Rechtsprechung der Unionsgerichte konkretisierte Aufgabenverteilung zwischen den nationalen Gerichten und der Europäischen Kommission sind in der „Bekanntmachung der Kommission über die Durchsetzung des Beihilfenrechts durch die einzelstaatlichen Gerichte" dargestellt.[63]

Wie der EuGH in dem 2019 ergangenen Grundsatzurteil *„Eesti Pagar"*[64] nochmals klargestellt hat, haben aber nicht nur die nationalen Gerichte, sondern auch die Verwaltungsbehörden für die wirksame Anwendung des Durchführungsverbots zu sorgen. Die Verpflichtung, aus einem Verstoß sämtliche Konsequenzen zur Beseitigung der durch den Wettbewerbsvorteil des Beihilfenempfängers verursachten Wettbewerbsverzerrung zu ziehen, gilt daher genauso für die innerstaatlichen Behörden und abgeleitete Träger öffentlicher Gewalt (z.B. Förderbanken, Projektträger, etc.). Stellen diese fest (ggf. auf den Drittwiderspruch eines Wettbewerbers), dass eine Beihilfe ausgereicht wurde, die nicht der Kommission angemeldet wurde und für die auch keine Ausnahme von der Anmeldepflicht einschlägig ist (Genehmigung, Freistellung), haben sie diese grundsätzlich aus eigener Initiative zurückzufordern. Die beihilfegewährenden Stellen sind zudem verpflichtet, für jeden Einzelfall sorgfältig zu prüfen, ob die Voraussetzungen für die Gewährung einer Beihilfe im Einklang mit den aus Art. 108 Abs. 3 Satz 3 AEUV folgenden Verpflichtungen gegeben sind.[65] Ist dem nicht so, sind entweder die erforderlichen Schritte für eine Notifizierung zu veranlassen oder der Förderan-

---

60 Zu den Folgen im Bereich von Zuwendungen sogleich unter C. IV.

61 EuGH, Urteil vom 12.2.2008 – Rs. C-199/06 (CELF/SIDE), Rn. 40; EuGH, Urteil vom 23.1.2019 – Rs. C-387/17(Fallimento Traghetti de Mediterraneo), Rn. 59.

62 EuGH, Urteil vom 23.1.2019 – Rs. C-387/17(Fallimento Traghetti de Mediterraneo), Rn. 59; EuGH, Urteil vom 5.10.2006 – Rs. C-368/04(Transalpine Ölleitung), Rn. 41; EuGH, Urteil vom 21.11.1991 – Rs. C-354/90(FNCE), Rn. 12.

63 ABl. (EU) Nr. C 85 vom 9.4.2009, S. 1.

64 EuGH, Urteil vom 5.3.2019 – Rs. C-349/17(Eesti Pagar) = EuZW 2019, 379 mit Anm. *Lipinsky/von Donat*, Beitrag auf beihilfen-blog.eu vom 2.9.2019, https://beihilfen-blog.eu/eesti-pagar-oder-die-entzauberung-der-agvo/.

65 EuGH, Urteil vom 5.3.2019 – Rs. C-349/17(Eesti Pagar), Rn. 91 ff.; im Einzelnen hierzu siehe auch nachfolgend unter C.III.3b und C.IV.

trag abzulehnen. Die Kenntnis, Prüfung und Einhaltung der Anmelde- und Wartepflichten des Art. 108 Abs. 3 AEUV gehört auch nach der Rechtsprechung des BGH zu den Kardinalspflichten von Fördermittel gewährenden Stellen.[66]

Kommt die Kommission nach Prüfung einer notifizierten oder von ihr aufgegriffenen (formell rechtswidrigen) Maßnahme zu dem Ergebnis, dass es sich um eine tatbestandliche Beihilfe handelt, die mit dem Binnenmarkt unvereinbar ist, stellt sie dies in einem sog. Negativbeschluss fest. Im Fall angemeldeter Beihilfen steht – vorbehaltlich einer späteren Aufhebung des Beschlusses durch die Unionsgerichte – fest, dass die Beihilfe nicht gewährt werden darf.[67] Im Fall einer rechtswidrig bereits durchgeführten Beihilfe hat die Kommission den Beschluss grundsätzlich zudem mit der Anordnung zu verbinden, dass der betroffene Mitgliedstaat die Beihilfe (nebst Zinsen seit Gewährung) von den Empfängern zurückzufordern hat.[68] Zu dieser – aus Sicht der Unionsgerichte – *„logischen und normalen Folge der Feststellung der Unvereinbarkeit"*, die mithin keine Sanktion darstellt sondern der Beseitigung der Wettbewerbsverzerrung und Wiederherstellung der früheren rechtmäßigen Lage dient[69], gibt es nur sehr enge Ausnahmen.[70] Der betroffene Mitgliedstaat wiederum muss dem Beschluss nachkommen und die Rückforderung unverzüglich und nach seinen innerstaatlichen Verfahren umsetzen (vgl. Art. 16 Abs. 3 VO 2015/1589). Etwaige Nichtigkeitsklagen vor den Unionsgerichten haben keine aufschiebende Wirkung.[71] Kommt der Mitgliedstaat seinen Verpflichtungen aus einem Negativ- bzw. Rückforderungsbeschluss[72] innerhalb der ihm gesetzten Fristen nicht nach, besteht für die Kommission (und jeden durch die Nichtbeachtung betroffenen Mitgliedstaat) die Möglichkeit, gemäß Art. 108 Abs. 2 UAbs. 2 AEUV unmittelbar den EuGH anzurufen (d.h. ohne das normalerweise bei Vertragsverletzungsverfahren nach Art. 258, 259 AEUV erforderliche Vorverfahren). Es geht in diesem Verfahren dann – anders als im Verfahren der Nichtigkeitsklage – nur um die Nichtbeachtung der Rückforderungspflichten durch den adressierten Mitgliedstaat. Die Rechtswidrigkeit des Ausgangsbeschlusses kann in dem Verfahren nicht geltend gemacht bzw. überprüft werden. In der Regel strengt die Kommission ein solches Verfahren an, wenn ein Mitgliedstaat seinen Verpflichtungen nicht nachkommt und ihr gegenüber auch keine Schwierigkeiten bei der Beihilfenrückforderung anmeldet. Das

---

66 BGH, Urteil vom 6.11.2008 – III ZR 279/07, Rn. 19.

67 Vgl. Art. 16 Abs. 5 VO 2015/1589.

68 Vgl. Art. 16 Abs. 1 VO 2015/1589.

69 EuGH, Urteil vom 21.3.1990 – Rs.C-142/87(Belgien/Kommission), Rn. 66; EuGH, Urteil vom 21.12.2016 – Rs. C-164/15 P u. C-165/15 P(Aer Lingus), Rn. 116; EuGH, Urteil vom 6.11.2018 – Rs. C-622/16 P bis C-624/16 P(Scuola Elementare Maria Montessori), Rn. 77; EuGH, Urteil vom 5.3.2019 – Rs. C-349/17(Eesti Pagar), Rn. 131.

70 Es kann von der Rückforderung abgesehen werden, wenn dies gegen einen allgemeinen Grundsatz des Unionsrechts verstößt (Art. 16 Abs. 1 Satz 2 VO 2015/1589) Hierzu gehört u.a. der Grundsatz des Vertrauensschutzes sowie der Grundsatz der absoluten Unmöglichkeit Die Kommission legt hier allerdings – im Einklang mit der Rechtsprechung des EuGH – strenge Maßstäbe an. Vgl. hierzu auch *Sinnaeve*, in: Heidenhain, European State Aid Law, 2010, § 31, Rn. 22 sowie *Köster*, in: Münchener Kommentar Europäisches und Deutsches Wettbewerbsrecht, Band 5 Beihilfenrecht, 4. Aufl. 2022, Art. 16 VO (EU) 2015/1589, Rn. 22 ff.

71 Art. 278 AEUV sowie Art. 16 Abs. 3 VO 2015/1589.

72 Art. 108 Abs. 2 Uabs. 2 AEUV erfasst auch Aufhebungs- oder Umgestaltungsbeschlüsse und bedingte Vereinbarkeitsbeschlüsse. An dieser Stelle sein aber nur auf Negativ- und Rückforderungsbeschlüsse eingegangen. Näher hierzu auch: *Werner*, in: Münchener Kommentar Europäisches und Deutsches Wettbewerbsrecht, Band 5 Beihilfenrecht, 4. Aufl. 2022, Art. 108 AEUV, Rn. 105 ff.

Klageverfahren kann mit der Beantragung von Sanktionsmaßnahmen nach Art. 260 AEUV (Pauschalbeträge, Zwangsgeld) verbunden werden.

II. „Überlagerung" des haushaltsrechtlichen Zuwendungsrechts durch das Beihilfenrecht

Das EU-Beihilfenrecht findet im Bereich staatlicher Zuwendungen Anwendung, wenn durch die Zuwendung eine Beihilfe i.S.d. Unionsrechts gewährt wird. Dies ist der Fall, wenn auf Ebene des Zuwendungsempfängers und/oder eines (nachgelagerten) Dritten alle Tatbestandsmerkmale des Art. 107 Abs. 1 AEUV kumulativ erfüllt sind. Es muss mithin durch eine staatliche Maßnahme oder eine Maßnahme unter Inanspruchnahme staatlicher Mittel einem Begünstigten ein selektiver Vorteil gewährt werden und dieser muss geeignet sein, den Handel zwischen den Mitgliedstaaten zu beeinträchtigen und den Wettbewerb zu verfälschen bzw. zu verfälschen drohen.[73] Da das europäische Wettbewerbsrecht und somit auch das Beihilfenverbot nur die Tätigkeit von Unternehmen betrifft, muss es sich bei dem Empfänger der Begünstigung zudem um ein Unternehmen i.S.d. Definition des europäischen Wettbewerbsrechts handeln.[74] Lässt sich nur eines der vorgenannten Merkmale ausschließen, findet das Beihilfenrecht keine Anwendung.

Eine „Überlagerung" des Zuwendungsrechts durch das Beihilfenrecht erfolgt damit faktisch in zwei Varianten: Entweder dergestalt, dass sich der öffentliche Fördermittelgeber für eine beihilfefreie Ausgestaltung seiner Förderung entscheidet und dann dafür zu sorgen hat, dass die einzelne Zuwendung den Tatbestand des Art. 107 Abs. 1 AEUV nicht erfüllt (hierzu nachfolgend unter bb.). Oder aber dahingehend, dass die Voraussetzungen für die Gewährung einer rechtmäßigen Beihilfe bei der Förderung gewahrt werden müssen (hierzu unter cc.).

1. Grundsätzliches zum Begriff der staatlichen Beihilfe

Bei der Überprüfung der Beihilferelevanz einer Zuwendung ist stets zu berücksichtigen, dass der Beihilfenbegriff ein Rechtsbegriff des Unionsrechts ist, der anhand objektiver Kriterien ausgelegt wird.[75] Die Auslegung erfolgt nach unionsrechtlichen Grundsätzen für alle EU-Mitgliedstaaten einheitlich und obliegt letztverbindlich dem EuGH. Einstufungen des nationalen Rechts sind nicht von Relevanz. Ebenso wenig kommt es auf die Gründe oder Ziele der staatlichen Förderung an; entscheidend ist allein die Wirkung als Beihilfe.[76] Die Zielsetzung des staatlichen Eingriffs wird allerdings bei der Prüfung der Vereinbarkeit einer Beihilfe mit dem Binnenmarkt durch die Kommission relevant.

Der Beihilfenbegriff wird im Lichte des *„effet utile"* des Unionsrechts seit jeher weit verstanden.[77] Er ist hinsichtlich der Form der begünstigenden Maßnahme „blind". Umfasst werden

73 Vgl. u.a. EuGH, Urteil vom 21.12.2016 – Rs. C-524/14 P(Hansestadt Lübeck), Rn. 40; EuGH, Urteil vom 21.12.2016 – Rs. C-20/15 P und C-21/15 P(World Duty Free Group u. a.), Rn. 53.

74 Vgl. u.a. EuGH, Urteil vom 27.6.2017 – Rs. C-74/16(Congregación de Escuelas Pías Provincia Betania), Rn. 39.

75 Vgl. EuGH, Urteil vom 16.5.2000 – Rs. C-83/98 P(Ladbroke Racing), Rn. 25.

76 Ständ. Rspr. seit EuGH, Urteil vom 2.7.1974 – Rs. 173-73 (Italien ./. Kommission), Rn. 26 ff.

77 Vgl. im Einzelnen hierzu Arhold, in: Münchener Kommentar Europäisches und Deutsches Wettbewerbsrecht, Band 5 Beihilfenrecht, 2. Aufl. 2018, Art. 107 AEUV, Rn. 126 und 129.

daher sowohl positive Leistungen (wie Subventionen, Bürgschaften, Darlehen, Kapitalzuführungen oder Leistungen aufgrund von Verträgen) als auch Maßnahmen, die in verschiedener Form Belastungen mindern, die ein Unternehmen unter normalen Umständen zu tragen hätte.[78] Der Begriff der Beihilfe ist damit sowohl weiter als der Begriff der Subvention als auch der der Zuwendung nach § 23 BHO/LHO. Letzterer erfasst so z.B. keine Sachleistungen, Bürgschaften oder Entgelte aufgrund von Verträgen.[79]

Das Vorliegen einer Beihilfe ist für jeden potenziellen Beihilfenempfänger und für jede geförderte Tätigkeit gesondert zu überprüfen. Im Zusammenhang mit der Gewährung von Zuwendungen ist dabei im Blick zu behalten, dass ein beihilferelevanter Vorteil nicht zwingend (nur) beim unmittelbaren Empfänger der Zuwendung eintreten muss. Vielmehr kann unter bestimmten Umständen die Beihilfe zusätzlich oder ausschließlich einem Unternehmen zufließen, das auf einer nachgeordneten Ebene tätig ist (sog. „mittelbare Beihilfe").[80] Ein Beispiel hierfür können Konstellationen der Zuwendungsweiterleitung sein: Ist der Erstempfänger der Zuwendung eine Einrichtung, die keine unternehmerische Tätigkeit ausübt bzw. wird durch die Zuwendung eine nicht-wirtschaftliche Tätigkeit des Erstempfängers gefördert, ist seine Förderung beihilfefrei. Anders kann es aber auf der Ebene der Letztempfänger aussehen: Soweit es sich hier um Unternehmen i.S.d. Definition des europäischen Wettbewerbsrechts handelt und sich keines der übrigen Tatbestandsmerkmale des Beihilfenbegriffs ausschließen lässt[81], liegt eine Beihilfe vor, deren Gewährung der Rechtfertigung bedarf.

Zum Tragen kommt das Erfordernis der Prüfung mehrerer Ebenen von Beihilfeempfängern zudem regelmäßig bei komplexeren Projektgestaltungen mit mehreren Beteiligten und im Bereich der Infrastrukturförderung. Seit dem Grundsatzurteil des EuGH im der Sache *„Leipzig-Halle"*[82] ist zweifelsfrei geklärt, dass die öffentliche Finanzierung des Baus und des Betriebs von Infrastrukturen dem Beihilfenrecht unterfällt, soweit es sich um eine wirtschaftlich genutzte Infrastruktur handelt.[83] Soweit dies der Fall ist, ist regelmäßig zu bewerten, ob die öffentliche Finanzierung zu beihilferechtlichen Vorteilen auf Ebene des Trägers bzw. Eigentümers der Infrastruktur, des Betreiber und/oder der Nutzer der Infrastruktur führt und wie derartige Vorteile ggf. beihilfenkonform ausgestaltet werden können.

Praxistipp

Als Handreichung zur Bewertung des Vorliegens und der Rechtfertigung von staatlichen Beihilfen im Zusammenhang mit der öffentlichen Finanzierung von Infrastrukturmaßnah-

78 St. Rspr., vgl. u.a. EuGH, Urteil vom 8.5.2003 – Rs. C-328/99 u. C-399/00(Italien und SIM 2), Rn. 35; EuGH, Urteil vom 8.11.2001 – Rs. C-143/99(Adria-Wien Pipeline), Rn. 38, EuGH, Urteil vom 15.7.2004 – Rs. C-501/00 (Spanien ./. Kommission), Rn. 90.

79 Vgl. auch *Müller/Richter/Ziekow*, Handbuch Zuwendungsrecht, Abschnitt E.1, Rn. 3.

80 Vgl. Rn. 115 f. der Bekanntmachung zum Beihilfenbegriff, ABl. (EU) Nr. C 262 vom 19.7.2016, S. 1.

81 Bei einer Zuwendungsweiterleitung wird in der Regel von einer Gewährung staatlicher Mittel und der staatlichen Zurechenbarkeit sowie des Vorliegens einer selektiven Begünstigung auszugehen sein. Möglicherweise lässt sich allerdings in begründeten Einzelfällen eine Beeinträchtigung des Handels oder eine Wettbewerbsverfälschung ausschließen.

82 EuGH, Urteil vom 19.12.2012 – Rs. C-288/11 P (Mitteldeutsche Flughafen AG und Flughafen Leipzig-Halle GmbH) mit dem das Urteil des EuG vom 24.3.2011 – Rs. T-443/08 u. T-455/08 (Freistaat Sachsen und Land Sachsen-Anhalt u.a) aufrechterhalten wurde.

83 Vgl. hierzu auch die ausführlichen Erläuterungen in Abschnitt 7 der Bekanntmachung zum Beihilfenbegriff.

men hat die Europäische Kommission für verschiedene Formen von Infrastrukturen (z.B. Sport- und Kulturinfrastrukturen, Häfen und Flughäfen, Straßen/Tunnel/Brücken/Wasserwege, Breitband, lokale Transportinfrastrukturen, Energie-, Wasser- und Abfallbeseitigung) sog. „analytical grids" veröffentlicht. Ferner wurden im Zusammenhang mit der Aufbau- und Resilienzfazilität (Recovery und resilience facility, RRF) sog. „Guiding Templates" für bestimmte Infrastrukturen erstellt (beides allerdings nur in englischer Sprache). Die Handreichungen sind auf den Webseiten der Generaldirektion Wettbewerb abzurufen[84] und bieten einen guten Überblick zur Abgrenzung von wirtschaftlichen und nicht-wirtschaftlichen Infrastrukturen sowie der möglichen Freistellungs- und Genehmigungstatbestände.

2. Gewährung beihilfefreier Zuwendungen

Wie bereits einleitend erörtert, fehlt es an der Beihilfequalität einer Maßnahme, wenn eines der Tatbestandsmerkmale des Art. 107 Abs. 1 AEUV belastbar ausgeschlossen werden kann. Um den Rahmen dieses Kapitels nicht zu sprengen und der Zielsetzung des Handbuchs gerecht zu werden, soll an dieser Stelle auf eine ausführliche Darstellung des Verständnisses der einzelnen Tatbestandsmerkmale des Beihilfenbegriffs verzichtet werden. Es sei hier nur überblicksweise darauf eingegangen, wie die Merkmale des Beihilfenbegriffs im Bereich von Zuwendungen regelmäßig Anwendung finden und insbesondere, wo sich Ansatzpunkte für eine beihilfefreie Gestaltung von Zuwendungen bieten können. Zu weiteren Einzelheiten zum Verständnis der Tatbestandsmerkmale ist daher auf die im Jahr 2016 von der Kommission veröffentlichte *Bekanntmachung zum Begriff der staatlichen Beihilfe*[85] sowie die einschlägige Literatur und Rechtsprechung zu verweisen.

Mit der Bekanntmachung zum Beihilfenbegriff – die z.T. auch im deutschsprachigen Raum aufgrund der Abkürzung des englischen Titels „Notion of Aid" als „NoA" bezeichnet wird – hat die Kommission den Versuch unternommen, die Schlüsselkonzepte des Tatbestandes der Beihilfe zu erläutern und einen Überblick über den Stand der Rechtsprechung und Entscheidungspraxis zu geben. Nach anfänglicher Zurückhaltung und Vorbehalten gegenüber Gültigkeit und Zulässigkeit einer solchen Mitteilung ist die Bekanntmachung inzwischen zu einem von Praktikern geschätzten Hilfsmittel geworden. Zu berücksichtigen bleibt in der Anwendung allerdings einerseits, dass die Bekanntmachung nur den *status quo* der Auslegungspraxis zur Mitte des Jahres 2016 wiedergibt und andererseits, dass die Kommission an einigen Stellen über bestehende Rechtsprechung hinausgeht. Die Kommission erläutert hier bei Fragen, mit denen die Unionsgerichte noch nicht befasst waren, wie ihres Erachtens der Beihilfebegriff auszulegen ist. Dies wird in den entsprechenden Passagen allerdings durch den Hinweis gekennzeichnet, dass es sich um die Auffassung der Kommission handelt.

84 https://competition-policy.ec.europa.eu/state-aid/legislation/notion-aid_en und https://competition-policy.ec.europa.eu/state-aid/legislation/rrf-guiding-templates_en.

85 Mitteilung 2016/C 262/01, Bekanntmachung der Kommission zum Begriff der staatlichen Beihilfe im Sinne des Artikels 107 Absatz 1 des Vertrages über die Arbeitsweise der Europäischen Union (nachfolgend: „Bekanntmachung zum Beihilfenbegriff"), veröffentlicht im ABl. (EU) Nr. C 262 vom 19.7.2016, S. 1.

Zu den Merkmalen des Beihilfenbegriffs im Einzelnen:

a) Finanzierung aus staatlichen Mitteln

Bei der Gewährung von Zuwendungen ist das Tatbestandsmerkmal der Finanzierung aus staatlichen Mitteln in der Regel erfüllt. Mit dem Merkmal werden staatliche und aus staatlichen Mitteln gewährte Maßnahmen umfasst. Diese Unterscheidung dient dem Zweck, in den Beihilfenbegriff nicht nur die Mittel einzubeziehen, die unmittelbar durch den Staat gewährt werden, sondern darüber hinaus auch solche Mittel der Beihilfekontrolle zu unterwerfen, die durch vom Staat benannte oder errichtete öffentliche oder private Stellen zur Verfügung gestellt werden.[86] Nach der ständigen Rechtsprechung der Unionsgerichte erfordert das Tatbestandsmerkmal insoweit das Vorliegen von zwei kumulativen[87] Voraussetzungen: Die eingesetzten Mittel müssen unmittelbar oder mittelbar staatlicher Herkunft sein (Erfordernis der Staatlichkeit der Mittel) und die Übertragung der Mittel muss dem Staat zuzurechnen sein (Erfordernis der Zurechenbarkeit).[88]

Zuwendungen werden primär aus Haushaltsmitteln des Bundes, der Länder, der Landkreise oder Kommunen finanziert, die unfraglich staatliche Mittel darstellen. Staatliche Mittel umfassen sämtliche Mittel des öffentlichen Sektors, mithin alle Mittel der Mitgliedstaaten und ihrer selbständigen oder unselbständigen, nationalen, regionalen oder lokalen öffentlichen Einrichtungen.[89] Unerheblich ist, ob eine Einrichtung des öffentlichen Sektors unabhängig ist.[90] Maßgeblich ist, dass der Staat in der Lage ist, die Verwendung der Mittel zu steuern.[91] Im Ergebnis ist somit nicht die Herkunft der Mittel relevant, sondern vielmehr die Frage, ob die konkreten Mittel, bevor sie direkt oder indirekt an den Begünstigten gelangen, unter staatlicher Kontrolle und somit den nationalen Behörden zur Verfügung standen.[92] Es genügt für die Annahme der Staatlichkeit, dass die Behörden einen tatsächlichen Zugriff auf die Mittel haben, ohne dass diese auf Dauer zum Vermögen des Staates gehören.[93] Soweit der Staat kontrollierenden Einfluss auf die Mittel hat, können daher auch Mittel privater Einrichtungen

86 EuGH, Urteil vom 15.7.2004 – Rs. C-345/02 (Pearle), Rn. 34 f.; EuGH, Urteil vom 13.3.2001 – Rs. C-379/98, (Preussen Elektra), Rn. 58; EuGH, Urteil vom 17.3.1993 – verb. Rs. C-72/91 u. C-73/91 (Sloman Neptun), Rn. 19.

87 EuGH, Urteil vom 16.5.2002 – Rs. C-482/99 (Stardust Marine), Rn. 24; EuGH, Urteil vom 20.11.2003 – Rs. C-126/01 (GEMO), Rn. 24.

88 EuGH, Urteil vom 16.5.2002 – Rs. C-482/99 (Stardust Marine), Rn. 24; EuGH, Urteil vom 21.3.1991 – Rs. C-305/89 (Italien/Kommission), Rn. 13; EuGH, Urteil vom 20.11.2003 – Rs. C-126/01 (GEMO), Rn. 23 ff.

89 EuG, Urteil vom 12.12.1996 – Rs. T-358/94, Air France, Rn. 56; EuGH, Urteil vom 14.10.1987 – Rs. 248/84, Deutschland ./. Kommission, Rn. 17.

90 EuG, Urteil vom 12.12.1996 – Rs. T-358/94 (Air France), Rn. 56

91 Vgl. EuGH, Urteil vom 16.5.2002 – Rs. C-482/99 (Stardust Marine), Rn. 37; EuGH, Urteil vom 16.5.2000 – Rs. C-83/98 (Ladbroke Racing), Rn. 48-51, auch: Rn. 47 ff. der Bekanntmachung zum Beihilfenbegriff, ABl. (EU) Nr. C 262 vom 19.7.2016, S. 1.

92 EuGH, Urteil vom 17.7.2008 – Rs. C-206/06 (Essent Netwerk Noord), Rn. 70; EuGH, Urteil vom 16.5.2002 – Rs. C-482/99 (Stardust Marine), Rn. 37; EuGH, Urteil vom 16.5.2000 – Rs. C-83/98 (Ladbroke Racing), Rn.50.

93 EuGH, Urteil vom 16.5.2002 – Rs. C-482/99 (Stardust Marine), Rn. 37; EuGH, Urteil vom 17.7.2008 – Rs. C-206/06 (Essent Netwerk Noord u.a), Rn. 70; EuGH, Urteil vom 3.5.2013 – Rs. C-677/11 (Doux Élevage), Rn. 35.

oder Mittel öffentlicher Unternehmen staatlich sein.[94] Unschädlich ist es damit, wenn Haushaltsmittel über Projektträger, Förder- oder Investitionsbanken oder öffentliche Unternehmen ausgereicht werden. Auch Mittel, die aus den Europäischen Investitions- und Strukturfonds (insbesondere EFRE, ESF) oder dem JTF zur Verfügung gestellt werden, sind als staatliche Mittel anzusehen, da ihre Verwendung, insbesondere die Auswahl der Zuwendungsempfänger und der geförderten Projekte, im Ermessen der nationalen Behörden liegt.[95]

Die Gewährung von Zuwendungen ist daneben auch staatlich zurechenbar, da sie von Bund, Ländern, Kommunen, etc. veranlasst wird. In Fällen, in denen eine Behörde einem Begünstigten eine Beihilfe gewährt oder eine öffentliche oder private Einrichtung mit der Durchführung der Maßnahmen beauftragt, ist eine staatliche Zurechenbarkeit unproblematisch gegeben.[96] Werden die Mittel über zwischengeschaltete Stellen oder öffentliche Unternehmen zur Verfügung gestellt, ist die staatliche Zurechenbarkeit nicht mehr unbedingt offensichtlich. Sie muss in diesem Fall dann konkret geprüft werden.[97] Nicht ausreichend für die Zurechenbarkeit ist dabei, dass die Maßnahme von einer öffentlichen Stelle durchgeführt wurde oder diese Stelle unter staatlicher Kontrolle steht. Geprüft werden muss vielmehr, ob die staatlichen Behörden in irgendeiner Weise am Erlass der konkreten Maßnahme beteiligt sind. Ein konkreter Nachweis für die Beteiligung muss dafür nicht erfolgen. Vielmehr kann die staatliche Zurechenbarkeit nach ständiger Rechtsprechung über einen Komplex von Indizien belegt werden, die sich aus den Umständen des Einzelfalls und aus dem Kontext ergeben, in dem die Maßnahme ergangen ist:[98] Hierzu gehört u.a., dass die gewährende Stelle neben den organisationsrechtlichen Faktoren, die diese mit dem Staat verbindet, rechtliche Vorgaben staatlicher Stellen zu beachten hat.[99] Gerade dies ist in der Regel bei Zuwendungen gegeben, die über zwischengeschaltete Stellen ausgereicht werden. Weitere Indizien können die Eingliederung des öffentlichen Unternehmens in die Strukturen der Verwaltung, der Umfang und die Form der öffentlichen Aufsicht und ihre Beteiligung an der konkreten Entscheidung sein sowie jeder andere Hinweis, der auf eine Beteiligung der öffentlichen Hand schließen lässt.[100]

Eine Maßnahme ist dagegen nicht dem Mitgliedstaat, sondern der EU zuzurechnen, wenn der Mitgliedstaat nach dem Unionsrecht zu ihrer Durchführung verpflichtet ist und dabei über keinerlei Ermessen verfügt.[101] Maßnahmen, die von mehreren Mitgliedstaaten gemeinsam durchgeführt werden, sind wiederum allen betroffenen Mitgliedstaaten zuzurechnen.[102] Diese Konstellation kann sich z.B. im Bereich von INTERREG-Projekten oder von sog. wichtigen Vor-

94 Zu den Anforderungen im Einzelnen vgl. Abschnitt 3.2 der Bekanntmachung zum Beihilfenbegriff, ABl. (EU) Nr. C 262 vom 19.7.2016, S. 1.
95 Vgl. Rn. 60 der Bekanntmachung zum Beihilfenbegriff, ABl. (EU) Nr. C 262 vom 19.7.2016, S. 1 m.w.N. sowie Erläuterungen zu weiteren Mitteln europäischer Einrichtungen.
96 EuG, Urteil vom 12.12.1996 – Rs. T-358/94 (Air France), Rn. 62.
97 EuGH, Urteil vom 16.5.2002 – Rs. C-482/99 (Stardust Marine), Rn. 52.
98 EuGH, Urteil vom 16.5.2002 – Rs. C-482/99 (Stardust Marine), Rn. 53.
99 EuGH, Urteil vom 16.5.2002 – Rs. C-482/99 (Stardust Marine), Rn. 55f.
100 EuGH, Urteil vom 16.5.2002 – Rs. C-482/99 (Stardust Marine), Rn. 55f.
101 EuG, Urteil vom 5.4.2006 – Rs. T-351/02 (Deutsche Bahn), Rn. 102.
102 Vgl. Kommission, Beschluss vom 28.12.2012 – Staatliche Beihilfen SA.33760, SA.33763, SA.33764, SA.30521, SA.26653, SA.34925, SA.34927 u. SA.34928, Dexia; auch: Rn. 46 der Bekanntmachung der Kommission zum Beihilfenbegriff.

haben von gemeinsamem europäischem Interesse (*Important Projects of Common European Interests*, „IPCEI")[103] ergeben.

b) Selektive Begünstigung

Nicht ausschließen lässt sich bei der Gewährung von Zuwendungen in der Regel auch das Vorliegen einer selektiven Begünstigung. Zuwendungen sind nach den Vorgaben des Haushaltsrechts u.a. dadurch gekennzeichnet, dass es sich um Geldleistungen der öffentlichen Hand an eine Stelle außerhalb der Verwaltung des Zuwendungsgebers handelt, auf die der Zuwendungsempfänger vor der Bewilligung keinen Rechtsanspruch hat und für die kein unmittelbarer Leistungsaustausch stattfindet.[104] Die Zuwendung wird dem Empfänger – anders als der öffentliche Auftrag – zur Erfüllung eigener Aufgaben bzw. Projekte bewilligt. An diesen muss zwar ein erhebliches Interesse des Staates bestehen, dieser benötigt die Leistung aber nicht zur Erfüllung seiner öffentlichen Aufgaben.[105] In der Regel führt die Zuwendung beim Zuwendungsempfänger zur Entlastung von Kosten bzw. Ausgaben, die er unter normalen Marktbedingungen und ohne ein Einschreiten des öffentlichen Fördermittelgebers selbst zu tragen hätte. Dies entspricht der Definition der Begünstigung i.S.d. Art. 107 Abs. 1 AEUV. Diese liegt nach der ständigen Rechtsprechung der Unionsgerichte in jeder wirtschaftlichen Vergünstigung, die ein Unternehmen unter normalen Marktbedingungen, d.h. ohne Eingreifen des Staates, nicht erhalten könnte.[106] Hiervon erfasst sind nicht nur positive staatliche Leistungen, sondern auch Maßnahmen, die geeignet sind, Belastungen zu mindern, die ein Unternehmen normalerweise zu tragen hat.[107] Ziele oder Gründe für die Beihilfegewährung sind nicht entscheidend, es kommt allein auf ihre begünstigende Wirkung an.[108] Eine Begünstigung ist daher anzunehmen, sobald sich die finanzielle Lage des Begünstigten verbessert (er also einen wirtschaftlichen Vorteil erhält), ohne dass er hierfür eine marktgerechte Gegenleistung erbringt (der Staat also zu Konditionen eingreift, die von den marküblichen abweichen).[109]

Eine Begünstigung kann dagegen ausgeschlossen werden, wenn der Nachweis erbracht wird, dass die öffentliche Hand sich wie ein privater Wirtschaftsteilnehmer verhält und wirtschaftliche Transaktionen unter normalen Marktbedingungen vornimmt. Für die Bewertung,

---

103 Siehe zu diesen besonderen Projekten auch die Mitteilung der Kommission zu Kriterien für die Würdigung der Vereinbarkeit von staatlichen Beihilfen zur Förderung wichtiger Vorhaben von gemeinsamem europäischem Interesse mit dem Binnenmarkt, ABl. (EU) Nr. C 528 vom 30.12.2021, S. 10 sowie die weiteren Erörterungen und Vorgaben, die auf den Webseiten der EU-Kommission zusammengefasst sind: https://competition-policy.ec.europa.eu/state-aid/ipcei_en.

104 *Krämer/Schmidt*, Zuwendungsrecht, online, 30. Update, Rn. 19 f. zu B.III.

105 *Krämer/Schmidt*, Zuwendungsrecht, online, 30. Update, Rn. 81 ff. zu B.IV; *Dittrich*, Bundeshaushaltsordnung, 67. EL 2025, Erl. 3.5 zu § 23 BHO.

106 St. Rspr. siehe z.B. EuGH, Urteil vom 11.7.1996 – Rs. C-39/94(SFEI u.a.), Rn. 60; EuGH, Urteil vom 27.6.2017 – Rs. C-74/16 (Congregación de Escuelas Pías Provincia Betania), Rn. 65.

107 EuGH, Urteil vom 23.2.1961 – Rs. 30/59 (De Gezamenlijke Steenkolenmijnen); EuGH, Urteil vom 15.3.1994 – Rs. C-387/92 (Banco Exterior Espana), Rn. 13.

108 EuGH, Urteil vom 5.6.2012 – Rs. C-124/10 P (EDF), Rn. 77; EuGH, Urteil vom 3.3.2005 – Rs. C-172/03(Heise)r, Rn. 46.

109 Vgl. *Heidenhain*, in: Heidenhain, Handbuch des Europäischen Beihilfenrechts, 2003, § 4, Rn. 2; *Arhold*, in: Münchener Kommentar Europäisches und Deutsches Wettbewerbsrecht, Band 5 Beihilfenrecht, 4. Aufl. 2022, Art. 107 AEUV, Rn. 138, auch: Rn. 66 ff. der Bekanntmachung zum Beihilfenbegriff, ABl. (EU) Nr. C 262 vom 19.7.2016, S. 1.

ob dies der Fall ist, hat sich in Rechtsprechung und Kommissionspraxis der *Grundsatz des marktwirtschaftlich handelnden Wirtschaftsbeteiligten* (sog. Market Economy Operator Test oder „*MEOT*") herausgebildet.[110] Maßstab ist, ob das staatliche Handeln dem Verhalten eines umsichtigen und nach wirtschaftlichen Gesichtspunkten handelnden privaten Marktteilnehmers vergleichbarer Größe und in ähnlicher Lage entspricht.[111] Ob ein entsprechendes Verhalten vorliegt und damit ein marktgerechtes Handeln anzunehmen ist, muss *ex ante* der Durchführung der Maßnahme und auf der Grundlage der zum Zeitpunkt der Entscheidung verfügbaren Informationen geprüft werden.[112] Es wird unterstellt, dass ein umsichtiger privater Wirtschaftsteilnehmer vor einer wirtschaftlichen Handlung eine Bewertung der Strategie und der finanziellen Aussichten des Vorhabens (z.B. anhand eines Geschäftsplans) vornehmen würde.[113] Nachträglich vorgenommene wirtschaftliche Bewertungen reichen daher für den Beleg marktwirtschaftlichen Verhaltens nicht aus – auch nicht, wenn sie rückblickend die tatsächliche Rentabilität der getätigten Investition belegen.[114] Die Beweislast dafür, dass entsprechende Bewertungen vor der Durchführung einer Maßnahme vorgenommen wurden, obliegt dem Mitgliedstaat. Unabhängig davon, ob sich ein Mitgliedstaat hierauf beruft, ist die Kommission allerdings verpflichtet, den MEOT in die Prüfung des Beihilfenbegriffs einzubeziehen.[115] Da die Anwendung des MEOT in der Regel mit komplexen wirtschaftlichen Beurteilungen einhergeht, steht der Kommission dabei ein weiter Beurteilungsspielraum zu, der nur der beschränkten gerichtlichen Kontrolle auf Verfahrensfehler unterliegt.[116]

Nicht zu berücksichtigen sind bei der Anwendung des MEOT Vorteile und Verpflichtungen, die mit der Rolle der handelnden Einrichtung als Träger öffentlicher Gewalt bzw. den hiermit verknüpften Interessen verbunden sind (z.B. Gemeinwohlinteressen oder Erwägungen der regionalen oder sozialen Entwicklung).[117] Denn ein privater Wirtschaftsteilnehmer würde entsprechende Erwägungen nicht berücksichtigen. Einzubeziehen sind mithin lediglich Vorteile und Verpflichtungen, die mit der Rolle des Staates als Wirtschaftsbeteiligten zusammenhän-

110 Vgl. EuGH, Urteil vom 6.8.2018 – Rs. C-579/16 P, (FIH), Rn. 45; EuGH, Urteil vom 5.6.2012 – Rs.C-124/10 P, Urteile vom 5. Juni 2012 (EDF), Rn. 78; EuGH, Urteil vom 20.9.2017 – Rs. C-300/16 P (Frucona Košice), C-300/16 P, Rn. 21 und 22; im Einzelnen hierzu auch Abschnitt 4.2. der Bekanntmachung zum Beihilfenbegriff m.w.N., ABl. (EU) Nr. C 262 vom 19.7.2016, S. 1.

111 EuGH, Urteil vom 21.3.1990 – Rs. C-142/82 (Tubemeuse), Rn.29; EuGH, Urteil vom 21.3.1991 – Rs. C-305/89 (Alfa Romeo), Rn.18 f.

112 EuGH, Urteil vom 5.6.2012 – Rs. C-124/10 P (EDF), Rn. 82 ff.; Urteil vom 16.5.2002 – Rs. C-482/99 (Frankreich/Kommission), Rn. 71 f.

113 Vgl. Rn. 78 der Bekanntmachung zum Beihilfenbegriff, ABl. (EU) Nr. C 262 vom 19.7.2016, S. 1.

114 EuGH, Urteil vom 5.6.2012 – Rs. C-124/10 P (EDF,) Rn. 82 ff.; EuGH, Urteil vom 16.5.2002 – Rs. C-482/99 (Frankreich/Kommission), Rn. 71 f.

115 Vgl. EuGH, Urteil vom 5.6.2012 – Rs. C-124/10 P (EDF), Rn. 103; Urteil vom 6.8.2018 – Rs. C-579/16 P (FIH), Rn. 46f.

116 EuGH, Urteil vom 24.10.2013 – verb. Rs. C-214/12 P, C-215/12 P, C-223/12 P (Bank Burgenland), Rn. 77 f.; Urteil vom 2.9.2010 – Rs. C-290/07 P (Scott), Rn. 64 ff.; EuG, Urteil vom 6.3.2003 – Rs. T-228/99 u. T-233/99 (WestLB), Rn. 282 ff.

117 Vgl. EuGH, Urteil vom 10.7.1986 – Rs. 234/84 (Belgien/Kommission), Rn. 14; Urteil vom 14.9.1994 – Rs.C-278/92 bis C-280/92 (Spanien/Kommission), Rn. 22; EuGH, Urteil vom 28.1.2003 – Rs. C-334/99 (Deutschland/Kommission), Rn. 134.

gen.[118] Die Gewährung vorangegangener staatlicher Beihilfen gehört insoweit nicht dazu, da diese Mittel grundsätzlich in Ausübung hoheitlicher Befugnisse gewährt werden.[119]

Der Grundsatz des marktwirtschaftlich handelnden Wirtschaftsbeteiligten findet in der Praxis unterschiedlichste Ausprägungen – je nachdem, um was für eine Maßnahme des Staates es sich handelt. So wird er bei staatlichen Investitionen bzw. Kapitalzuführungen als Kriterium des privaten Investors (Private Investor-Test, *„PIT"*), bei der Beitreibung von Forderungen als Kriterium des privaten Gläubigers und bei Verkäufen oder Beschaffungen der öffentlichen Hand als Kriterium des privaten Verkäufers oder Einkäufers angewendet. Im Ergebnis folgen diese Prüfungen aber dem gleichen Ansatz. Die Form der Gewährung der wirtschaftlichen Leistung oder die Art der eingesetzten Mittel ist für die Anwendbarkeit des MEOT mithin nicht maßgeblich.[120]

Für die Feststellung, ob ein staatliches Handeln dem Verhalten eines marktwirtschaftlich handelnden Wirtschaftsteilnehmers entspricht, haben sich verschiedene Methoden herausgebildet. Hierzu gehört neben dem Vergleich mit sog. *pari-passu*-Investitionen Privater[121], einem Benchmark-Abgleich mit vergleichbaren Transaktionen vergleichbarer privater Wirtschaftsteilnehmer[122], die Durchführung einer kontrafaktischen Analyse[123], die Erstellung von Sachverständigengutachten[124] und die Durchführung eines offenen transparenten, nicht-diskriminierenden und bedingungsfreien Bietverfahrens.[125]

Besteht eine staatliche Maßnahme in einer Ausgleichsleistung für die Erbringung von Dienstleistungen von allgemeinem wirtschaftlichem Interesse (DAWI) gilt hinsichtlich der Beurteilung des Vorliegens einer Begünstigung der besondere Maßstab, den der EuGH in seinem Grundsatzurteil *„Altmark Trans"* aufgestellt hat.[126] Demnach fehlt es an einer Begünstigung und dem Tatbestand der Beihilfe, wenn kumulativ die folgenden Kriterien („Altmark-Kriterien") erfüllt sind:

- Erstens muss das Empfängerunternehmen tatsächlich mit der Erfüllung von Gemeinwohlverpflichtungen betraut sein und diese Verpflichtungen müssen klar definiert sein („Betrauungsakt").
- Zweitens sind die Parameter, anhand deren der Ausgleich berechnet wird, zuvor objektiv und transparent festzulegen.

---

118 Vgl. EuGH, Urteil vom 5.6.2012 – Rs. C-124/10 P (EDF), Rn. 79; Urteil vom 24.10.2013 – verb. Rs. C-214/12 P, C-215/12 P, C-223/12 P (Bank Burgenland), Rn. 52; Urteil vom 6.8.2018 – Rs. C-579/16 P, FIH, Rn.55f.

119 EuGH, Urteil vom 6.8.2018 – Rs. C-579/16 P (FIH), Rn.57.

120 Vgl. insbesondere EuGH, Urteil vom 5.6.2012 – Rs. C-124/10 P (EDF), Rn. 82 ff., wonach die Anwendbarkeit des MEOT auch auf Fiskalmaßnahmen nicht vor vornherein auszuschließen ist.

121 Vgl. Rn. 86 ff. der Bekanntmachung zum Beihilfenbegriff, ABl. (EU) Nr. C 262 vom 19.7.2016, S. 1.

122 Vgl. Rn. 98 ff. der Bekanntmachung zum Beihilfenbegriff.

123 Vgl. Rn. 106 ff. der Bekanntmachung zum Beihilfenbegriff.

124 Vgl. 101 ff. der Bekanntmachung zum Beihilfenbegriff.

125 Vgl. Rn. 89 ff. der Bekanntmachung zum Beihilfenbegriff.

126 EuGH, Urteil vom 24.7.2003 – Rs. C-280/00, (Altmark Trans GmbH und Regierungspräsidium Magdeburg), Rn. 88 ff.

- Drittens darf der Ausgleich nicht über das hinausgehen, was erforderlich ist, um die Kosten für die Erfüllung der Gemeinwohlverpflichtungen unter Berücksichtigung der dabei erzielten Einnahmen und eines angemessenen Gewinns ganz oder teilweise zu decken.
- Wenn viertens das Unternehmen, das mit der Erfüllung von Gemeinwohlverpflichtungen betraut werden soll, nicht im Rahmen einer öffentlichen Ausschreibung ausgewählt wird, um sicherzustellen, dass der erfolgreiche Bieter diese Dienste zu den geringsten Kosten für die Allgemeinheit erbringen kann, so ist die Höhe des erforderlichen Ausgleichs auf der Grundlage einer Analyse der Kosten zu bestimmen, die einem durchschnittlichen, gut geführten Unternehmen, das angemessen ausgestattet ist, so dass es den gestellten Gemeinwohlverpflichtungen genügen kann, bei der Erfüllung der betreffenden Verpflichtungen entstehen würden; dabei sind die erzielten Einnahmen und ein angemessener Gewinn aus der Erfüllung dieser Verpflichtungen zu berücksichtigen.

Die Kommission hat die Altmark-Kriterien in ihrer Mitteilung über die Anwendung der Beihilfevorschriften der Europäischen Union auf Ausgleichsleistungen für die Erbringung von Dienstleistungen von allgemeinem wirtschaftlichem Interesse[127] näher erläutert. Diese Mitteilung ist Bestandteil des sog. DAWI-Pakets, welches neben einem DAWI-Freistellungsbeschluss und einer DAWI-De-minimis-Verordnung auch einen Unionsrahmen enthält, der bei der Genehmigung anmeldepflichtiger DAWI-Beihilfen Anwendung findet.

Praxistipp

Im Zusammenhang mit der Verabschiedung des sog. DAWI-Pakets im Jahr 2012 hat die Kommission einen Leitfaden zur Anwendung der Vorschriften der Europäischen Union über staatliche Beihilfen, öffentliche Aufträge und den Binnenmarkt auf Dienstleistungen von allgemeinem wirtschaftlichem Interesse und insbesondere auf Sozialdienstleistungen von allgemeinem Interesse erlassen (SWD(2013) 53 final/2 vom 29.04.2013). Dieser Leitfaden enthält in der Art eines FAQ hilfreiche Ausführungen zum DAWI-Paket und der Behandlung von DAWI im Bereich der Auftragsvergabe. Der Leitfaden ist auf den Internetseiten der Generaldirektion Wettbewerb abzurufen.[128]

Soweit für eine Zuwendung das Vorliegen einer beihilferelevanten Begünstigung nicht ausgeschlossen werden kann, ist regelmäßig auch von deren Selektivität auszugehen. Denn die Gewährung von Zuwendungen beruht auf einer behördlichen Ermessensentscheidung hinsichtlich der Auswahl der Zuwendungsempfänger und der zu fördernden Vorhaben bzw. Tätigkeiten. Zuwendungen haben gerade keinen allgemeinen Charakter in dem Sinne, dass sie allen Wirtschaftszweigen zugutekommen. Die Tatsache, dass eine Beihilfe nicht für einen spezifischen vorab definierten Empfänger bestimmt ist, sondern aufgrund einer festgelegten Gesamtmittelausstattung einer nicht vorhersehbaren Zahl von Empfängern zugutekommt, die bestimmte objektive Kriterien erfüllen müssen, genügt nicht für den Ausschluss der Selektivität.[129]

---

127 ABl.(EU) Nr. C 8 vom 11.1.2012, S. 4.

128 https://competition-policy.ec.europa.eu/state-aid/legislation/sgei_en.

129 Vgl. zum Merkmal der Selektivität im Einzelnen Abschnitt 5 der Bekanntmachung zum Beihilfenbegriff, ABl. (EU) Nr. C 262 vom 19.7.2016, S. 1.

c) Förderung einer nicht-wirtschaftlichen Tätigkeit

Während die Merkmale der Staatlichkeit der Mittel und der selektiven Begünstigung bei Zuwendungen zumeist nur in besonderen Einzelfällen auszuschließen sind, kommt es in der Praxis häufiger vor, dass Fördermaßnahmen auf Zuwendungen für nicht-wirtschaftliche Tätigkeiten beschränkt werden und damit beihilfefrei erfolgen.

Wie eingangs erörtert, bedarf es für die Anwendbarkeit des Beihilfenrechts der Begünstigung eines Unternehmens i.S.d. Definition des europäischen Wettbewerbsrechts. Nach der ständigen Rechtsprechung der Unionsgerichte umfasst dieser Begriff jede wirtschaftlich tätig werdende Einheit, unabhängig von ihrer Rechtsform und der Art ihrer Finanzierung.[130] Der Unternehmensbegriff ist somit tätigkeitsbezogen aufzufassen. Nicht relevant sind der öffentlich-rechtliche oder der private Status der geförderten Einheit oder Begriffsdefinitionen des nationalen Rechts. Entscheidend ist allein, ob eine wirtschaftliche Tätigkeit nach dem Verständnis des Unionsrechts ausgeübt wird. Eine wirtschaftliche Tätigkeit liegt demnach in jeder Tätigkeit, die im Anbieten von Waren oder Dienstleistungen auf einem bestimmten Markt besteht.[131] Auch das Fehlen einer Gewinnerzielungsabsicht schließt somit den Status als Unternehmen nicht aus, sofern das Angebot der betreffenden Einrichtung mit dem anderer Wirtschaftsteilnehmer konkurriert, die Erwerbszwecke verfolgen.[132]

Die Einstufung als Unternehmen erfolgt immer in Bezug auf eine bestimmte Tätigkeit.[133] Hieraus folgt zum einen, dass eine Einrichtung auch nur in Bezug auf einen Teil ihrer Tätigkeiten als Unternehmen angesehen werden kann. So können z.B. auch Behörden oder Einrichtungen, die primär kulturelle, soziale, bildende oder kirchliche Zwecke verfolgen, mit einzelnen ihrer Tätigkeiten als Unternehmen einzuordnen sein und die Begünstigung nur dieser Tätigkeit dem Beihilfenbegriff unterfallen.[134] Zum anderen ist damit bei der Gewährung von Zuwendungen stets zu prüfen, welcher Tätigkeit die Förderung zugutekommt.

Da die Einordnung einer Tätigkeit als wirtschaftlich u.a. davon abhängt, wie die Leistung in einem Mitgliedstaat organisiert ist und ob sich Marktbedingungen entwickelt haben, kann sich die Qualifizierung von Mitgliedstaat zu Mitgliedstaat unterscheiden und ist nicht statisch. Vor diesem Hintergrund lässt sich kein abschließender Kanon an Tätigkeiten festlegen, die *per se* unternehmerischer oder nicht-wirtschaftlicher Natur sind. Die Rechtsprechung hat jedoch einige Leitlinien zur Differenzierung entwickelt. Demnach sind nicht-wirtschaftliche Tätigkeiten solche, bei denen der Staat „als öffentliche Hand" bzw. öffentliche Stellen in Ausübung hoheitlicher Befugnisse bzw. als Träger öffentlicher Gewalt handeln.[135] Nach der

---

130 EuGH, Urteil vom 23.3.2006 – Rs. C-237/04 (Enirisorse), Rn. 28; Urteil vom 23.4.1991 – Rs. C-41/90 (Höfner und Elser), Rn. 21.

131 EuGH, Urteil vom 23.3.2006 – Rs. C-237/04 (Enirisorse), Rn. 29; Urteil vom 16.6.1987 – Rs. 118/85 (Kommission/Italien), Rn. 7.

132 EuGH, Urteil vom 1.7.2008 – Rs. C-49/07 (MOTOE), Rn. 27 f.; Urteil vom 27.6.2017 – Rs. C-74/16, (Congregación de Escuelas Pias Provincia Betania), Rn. 46.

133 EuGH, Urteil vom 27.6.2017 – Rs. C-74/16 (Congregación de Escuelas Pias Provincia Betania), Rn. 44; Urteil vom 24.10.2002 – Rs. C-82/01 P (Aéroports de Paris), Rn. 75.

134 EuGH, Urteil vom 27.6.2017 – Rs. C-74/16 (Congregación de Escuelas Pias Provincia Betania), Rn. 51; Urteil vom 16.11.1995 – Rs. C-244/94 (FFSA), Rn. 21; Urteil vom 1.7.2008 – Rs. C-49/07 (MOTOE), Rn. 27 f.; EuG, Urteil vom 12.9.2013 – Rs. T-347/09 (Deutschland / Kommission), Rn. 40.

135 EuGH, Urteil vom 4.5.1988 – Rs. 30/87 (Bodson), Rn. 18; Urteil vom 19.1.1994 – Rs. C-364/92 (SAT Eurocontrol), Rn. 27ff.

Rechtsprechung des EuGH gehören hierzu insbesondere die genuinen hoheitlichen Tätigkeiten wie z.B. Armee, Polizei und Justiz, Flug- und Seeverkehrssicherung oder öffentliche Stadt- und Raumplanung.[136] Des Weiteren können Bereiche des Gesundheitswesens, der sozialen Sicherheit, der Bildung und der Kultur unter bestimmten Umständen als nicht-wirtschaftlich eingeordnet werden.[137]

Auch hier gilt aber zu berücksichtigen, dass soweit eine öffentliche Einrichtung eine wirtschaftliche Tätigkeit ausübt, die von der Ausübung ihrer hoheitlichen Befugnisse losgelöst werden kann, sie in Bezug auf diese Tätigkeit als Unternehmen zu qualifizieren ist. Etwas anderes gilt nur dann, wenn die wirtschaftliche Tätigkeit mit der Ausübung ihrer hoheitlichen Befugnisse untrennbar verbunden ist. In diesem Fall bleiben sämtliche Tätigkeiten der Einheit Tätigkeiten in Ausübung hoheitlicher Befugnisse.[138] Der EuGH stellt an die Annahme der Untrennbarkeit grundsätzlich relativ hohe Anforderungen. In dem Verfahren *„TenderNed"*[139], in dem es um die Beihilfequalität der Finanzierung der niederländischen E-procurement-Plattform ging, welche durch das niederländische Wirtschaftsministerium im Lichte der Anforderungen der Vergaberichtlinien aus dem Jahr 2014 zur elektronischen Vergabe eingerichtet wurde, hat der EuGH allerdings die Einschätzung des Gerichts der Europäischen Union (EuG) und der Kommission[140] bestätigt. Diese waren zu der Auffassung gelangt, dass die Funktionen der Vergabeplattform, die auch von kommerziellen Anbietern am Markt angeboten werden (u.a. ein sog. submission module, über das Bieterfragen und -antworten ausgetauscht werden können und das Hochladen von Angeboten ermöglicht), so untrennbar mit der hoheitlichen Aufgabe der Plattform verbunden seien, dass die Tätigkeit des Plattformbetreibers insgesamt als nicht-wirtschaftlich eingeordnet werden könne. Der EuGH verwies hier darauf, dass die öffentlichen Auftraggeber nach den in den Niederlanden geltenden Rechtsvorschriften verpflichtet seien, die Plattform für die Veröffentlichung ihrer Vergabebekanntmachungen und Zuschlagsentscheidungen gemäß den Vergaberichtlinien zu nutzen. Diese Tätigkeit und damit auch das Publikationsmodul seien dem hoheitlichen Bereich zuzuordnen. Zwischen den übrigen Modulen der Plattform und dem Publikationsmodul bestünde wiederum ein funktionaler Zusammenhang. Die Stilllegung oder Beseitigung der übrigen Module der Plattform würde dazu führen, die Aktivitäten von TenderNed zu beeinträchtigen und die durch die Vergaberichtlinien verfolgten Ziele zu untergraben.[141] Der EuGH hebt insoweit darauf ab, dass zwei Tätigkeiten nicht als trennbar angesehen werden könnten, wenn eine in Ermangelung der anderen weitgehend unbrauchbar würde oder wenn diese beiden Tätigkeiten eng miteinander verbunden sind.[142]

---

136 Vgl. im Einzelnen hierzu Rn. 17 der Bekanntmachung zum Beihilfenbegriff m.w.N., ABl. (EU) Nr. C 262 vom 19.7.2016, S. 1.

137 Vgl. zu den einzelnen Voraussetzungen hierzu die Zusammenfassung in Ziffern 2.2 – 2.6 der Bekanntmachung zum Beihilfenbegriff m.w.N., ABl. (EU) Nr. C 262 vom 19.7.2016, S. 1.

138 EuGH, Urteil vom 26.3.2009 – Rs. C-113/09P (SELEX Sistemi Integrati/Kommission), Rn. 71 bis 80.

139 EuGH, Urteil vom 7.11.2019 – Rs. C-687/19 P (Tender Net).

140 Kommission, Beschluss vom 18.12.2014, Staatliche Beihilfe SA.34646 (2014/NN) (ex 2012/CP) – The Netherlands E-procurement platform TenderNed.

141 EuGH, Urteil vom 7.11.2019 – Rs. C-687/19 P (Tender Net), Rn. 41 ff.

142 EuGH, Urteil vom 7.11.2019 – Rs. C-687/19 P (Tender Net), Rn. 44 unter Hinweis auf EuGH, Urteil vom 12.7.2012 – Rs. C-138/11 (Compass Datenbank), Rn. 41; Urteil vom 26.3.2009 – Rs. C-113/07 P (*Selex Sistemi Integrati / Kommission)*, Rn. 76 f.

Ein klassisches Beispiel für die Förderung nicht-wirtschaftlicher Tätigkeiten von Einrichtungen, die auch wirtschaftliche Tätigkeiten ausüben, sind Zuwendungen für sog. primäre Forschungs- und Entwicklungstätigkeiten oder Tätigkeiten des Wissenstransfers durch Universitäten oder Forschungseinrichtungen. Die Kommission erläutert in Abschnitt 2.1.1 des *Unionsrahmens für staatliche Beihilfen zur Förderung von Forschung, Entwicklung und Innovation*[143], welche Tätigkeiten von Forschungseinrichtungen[144] und Forschungsinfrastrukturen[145] ihrer Ansicht nach regelmäßig als nichtwirtschaftlich betrachtet werden können. Hierzu gehören u.a. die Ausbildung von mehr oder besser qualifizierten Humanressourcen (also die klassische öffentliche Bildung), die unabhängige Forschung und Entwicklung zur Wissenserweiterung (auch im Verbund oder in wirksamer Zusammenarbeit[146] mit Unternehmen) und die weite Verbreitung von Forschungsergebnissen auf nichtausschließlicher und nichtdiskriminierender Basis sowie Tätigkeiten des Wissenstransfers.[147] Wirtschaftliche Tätigkeiten sind hingegen die abhängige Forschung, d.h. die Auftragsforschung oder die Erbringung von Forschungsdienstleistungen. Wird gewährleistet, dass die beiden Tätigkeitsbereiche durch getrennte Buchungs- und Finanzierungskreisläufe voneinander getrennt sind und somit die Gefahr einer Quersubventionierung verhindert ist[148], fällt eine öffentliche Förderung der nichtwirtschaftlichen Tätigkeiten nicht unter den Anwendungsbereich des Art. 107 Abs. 1 AEUV.

Ein weiteres Beispiel stellt die Förderung von nicht-wirtschaftlich genutzten Infrastrukturen dar. Zuwendungen für den Bau oder Betrieb von Infrastrukturen, die nicht kommerziell genutzt werden, unterfallen nicht dem Beihilfenbegriff. Hierzu gehören z.B. Infrastrukturen, die der Staat i.d.R. in Ausübung hoheitlicher Befugnisse nutzt (wie z.B. militärische Anlagen, Justizvollzugsanstalten, Flugsicherung und Feuerwehren an Flughäfen, etc.) sowie Infrastrukturen, die nicht zum Angebot von Waren oder Dienstleistungen am Markt genutzt werden (wie Straßen, Wanderwege, Brücken, Radwege, touristische Informationstafeln, o.ä. die unentgeltlich für die öffentliche Nutzung bereitgestellt werden).[149]

d) Fehlende Handelsbeeinträchtigung oder Fehlen einer Wettbewerbsverfälschung

Nach der Rechtsprechung der Unionsgerichte werden grundsätzlich keine hohen Anforderungen an das Vorliegen der Tatbestandsmerkmale der Handelsbeeinträchtigung und der Wettbewerbsverfälschung gestellt. Für die Qualifizierung einer Maßnahme als Beihilfe bedarf es nicht des Nachweises tatsächlicher Auswirkungen auf den grenzüberschreitenden Handel oder einer tatsächlichen Wettbewerbsverzerrung, die Feststellung der Eignung hierzu ge-

143 ABl. (EU) Nr. C 414 vom 28.10.2022, S. 1, nachfolgend: FuEuI-Unionsrahmen.

144 Zur Definition siehe Ziffer 1.3 lit. ff) FuEuI-Unionsrahmen, zur Auslegung siehe EuGH, Urteil vom 13.10.2022- Rs. C-164/21 und C-318/21 (Baltijas Starptautiskā Akadēmija u. Stockholm School of Economics in Riga).

145 Zur Definition siehe Ziffer 1.3 lit.)gg) FuEuI-Unionsrahmen.

146 Zur Definition siehe Ziffer 1.3 lit. h) FuEuI-Unionsrahmen.

147 Zur Definition siehe Ziffer 1.3 lit. w) FuEuI-Unionsrahmen.

148 Für den Bereich der Forschung- und Entwicklung siehe auch Rn. 19 FuEuI-Unionsrahmen.

149 Vgl. auch Abschnitt 7 der Bekanntmachung zum Beihilfenbegriff m.w.N., ABl. (EU) Nr. C 262 vom 19.7.2016, S. 1 sowie die Analytical Grids der Kommission zu Infrastrukturen; auch: Comfort Letter der Kommission zur GRW-Förderung kommunaler wirtschaftsnaher Infrastrukturen, Staatliche Beihilfe SA.37755 -(2013 PN).

nügt.[150] In der Praxis werden die Handelsbeeinträchtigung und die Wettbewerbsverfälschung häufig gemeinsam geprüft – es handelt sich aber um zwei getrennte Voraussetzungen.[151] Beide Merkmale können daher auch in begründeten Einzelfällen unabhängig voneinander zum Ausschluss des Beihilfentatbestandes führen.

Ist eine staatliche Maßnahme geeignet, die Wettbewerbsposition des Empfängers gegenüber seinen Konkurrenten zu verbessern, so ist von einer Eignung zur Wettbewerbsverfälschung i.S.d. Art. 107 Abs. 1 AEUV auszugehen. Der konkrete Nachweis einer Verbesserung der Wettbewerbsposition des Empfängers, z.B. durch Vergrößerung seiner Marktanteile, ist nicht erforderlich. Auch eine Erheblichkeit- bzw. Spürbarkeitsgrenze gibt es nicht. Im Allgemeinen wird das Tatbestandsmerkmal der Wettbewerbsverfälschung daher festgestellt, sobald der Staat einem Unternehmen in einem liberalisierten Wirtschaftszweig, in dem Wettbewerb herrscht oder herrschen könnte, einen finanziellen Vorteil gewährt.[152] Maßnahmen, die Unternehmen von Kosten befreien sollen, die es normalerweise im Rahmen seiner laufenden Geschäftsführung oder seiner üblichen Tätigkeiten zu tragen gehabt hätte, verfälschen insoweit grundsätzlich die Wettbewerbsbedingungen.[153] Angesichts dieser Grundsätze wird das Tatbestandsmerkmal der Wettbewerbsverfälschung bei Zuwendungen für wirtschaftliche Tätigkeiten in der Regel erfüllt sein. Eine – eng zu verstehende – Ausnahme existiert allerdings bei der Förderung von Dienstleistungen, die keinem Wettbewerb ausgesetzt sind. Dies kann der Fall sein, weil sie einem (im Einklang mit dem Unionsrecht errichteten) rechtlichen Monopol unterliegen und dieses Monopol sowohl den Wettbewerb auf als auch den Wettbewerb um den Markt ausschließt und die Dienstleistung nicht mit anderen Dienstleistungen konkurriert. Schließlich muss gewährleistet sein, dass eine Quersubventionierung von im Wettbewerb ausgeübten Tätigkeiten des geförderten Dienstleisters ausgeschlossen wird (Zweckbindung und Trennungsrechnung).[154] Vergleichbar hat die Kommission für den Bau bestimmter nicht substituierbarer Infrastrukturen (z.B. flächendeckende Netze wie z.B. das nationale Schienennetz oder Wasser-/Abwasserversorgungsnetze[155]) das Vorliegen eines natürlichen, jeglichen Wettbewerb ausschließenden Monopols anerkannt. Die öffentliche Finanzierung des Baus (nicht des Betriebs) entsprechender Infrastrukturen aufgrund des Fehlens eines Wettbewerbs, der beeinträchtigt werden könnte, nicht dem Beihilfentatbestand.[156]

Mit dem Merkmal der Handelsbeeinträchtigung rekurriert der Beihilfentatbestand auf das Erfordernis eines grenzüberschreitenden Bezugs. Nach Art. 107 Abs. 1 AEUV genügt allerdings bereits eine drohende Beeinträchtigung des grenzüberschreitenden Handels, um den Beihilfentatbestand zu erfüllen. Nach der von den Unionsgerichten verwandten Formel ist der Handel zwischen den Mitgliedstaaten durch eine staatliche Maßnahme beeinflusst, wenn diese

150 Vgl. EuGH, Urteil vom 27.6.2017 – Rs. C-74/16 (Congregación de Escuelas Pias Provincia Betania), Rn. 78; Urteil vom 29.7.2019 – Rs. C-659/17 (INPS), Rn. 29.

151 Vgl. Abschnitt 6 der Bekanntmachung zum Beihilfenbegriff m.w.N., ABl. (EU) Nr. C 262 vom 19.7.2016, S. 1.

152 Vgl. Rn. 187 der Bekanntmachung zum Beihilfenbegriff m.w.N.

153 Vgl. EuGH, Urteil vom 27.6.2017 – Rs. C-74/16 (Congregación de Escuelas Pias Provincia Betania), Rn. 80; Urteil vom 29.7.2019 – Rs. C-659/17 (INPS), Rn. 32.

154 Vgl. im Einzelnen Rn. 188 der Bekanntmachung zum Beihilfenbegriff m.w.N., ABl. (EU) Nr. C 262 vom 19.7.2016, S. 1.

155 Vgl. *Bonhage/Dieterich*, (Neue) Beihilfenrechtliche Maßstäbe für lokale Infrastrukturförderung, EuZW 2018, 716 (718).

156 Vgl. Rn. 211 der Bekanntmachung zum Beihilfenbegriff m.w.N., ABl. (EU) Nr. C 262 vom 19.7.2016, S. 1.

die Stellung eines Unternehmens gegenüber anderen, konkurrierenden Unternehmen im grenzüberschreitenden Handel stärkt.[157] Das begünstigte Unternehmen braucht insoweit nicht selbst am Handel zwischen den Mitgliedstaaten teilzunehmen. Es wird angenommen, dass wenn ein Mitgliedstaat einem Unternehmen eine Beihilfe gewährt, dessen inländische Tätigkeit dadurch beibehalten oder verstärkt werden kann, so dass sich dadurch die Chancen der in anderen Mitgliedstaaten niedergelassenen Unternehmen, in den Markt dieses Mitgliedstaats einzudringen, verringern.[158] Die Voraussetzung der Handelsbeeinträchtigung hängt daher nicht vom örtlichen oder regionalen Charakter der geförderten Dienste, der Größe des begünstigten Unternehmens, dem Tätigkeitsgebiet oder der Höhe der Beihilfe ab.[159]

Gleichwohl dürfen die Auswirkungen auf den grenzüberschreitenden Handel auch nicht nur hypothetischer Natur sein oder vermutet werden können, um das Vorliegen einer Beihilfe festzustellen.[160] Dies ist daher zu prüfen. Angesichts dieser Anforderung hat die Kommission in ihrer Entscheidungspraxis immer wieder Sachverhalte ausmachen können, in denen die Auswirkungen der geprüften staatlichen Maßnahme rein lokal waren und sich nicht auf den Handel zwischen den Mitgliedstaaten auswirkten. Beginnend mit einer konzertierten Beschlussfassung von sieben Fällen im April 2015[161] und einem weiteren Pakt von fünf Beschlüssen im September 2016 hat die Kommission ein Prüfraster aufgestellt, anhand dessen sie bewertet, ob staatliche Förderungen rein lokale Wirkung haben und nicht geeignet sind, die grenzüberschreitenden Handel zu beeinträchtigen.[162] Die Kommission stellt insoweit auf drei Punkte ab, und zwar[163]:

- Der Beihilfeempfänger bietet Güter und Dienstleistungen nur in einem geografisch beschränkten Gebiet eines Mitgliedstaates an.
- Es ist unwahrscheinlich, dass Kunden aus anderen Mitgliedsstaaten durch das Angebot angezogen werden.
- Die Fördermaßnahme hat keine – oder höchstens marginale – vorhersehbare Auswirkungen auf grenzüberschreitende Investitionen oder die Niederlassung von Unternehmen in anderen Mitgliedstaaten.

157 Vgl. Rn. 211 der Bekanntmachung zum Beihilfenbegriff m.w.N.

158 Vgl. EuGH, Urteil vom 27.6.2017 – Rs. C-74/16 (Congregación de Escuelas Pias Provincia Betania), Rn. 79; Urteil vom 29.7.2019 – Rs. C-659/17 (INPS), Rn. 30.

159 Vgl. EuGH, Urteil vom 14.1.2015 – Rs. C-518/13 (Eventech), Rn. 69; Urteil vom 29.7.2019 – Rs. C-659/17 (INPS), Rn. 31.

160 EuG, Urteil vom 14.5.2019 – Rs. T-728/17 (Marinvest), Rn. 81; Urteil vom 24.7.2003 – Rs. C-280/00 (Altmark Trans GmbH und Regierungspräsidium Magdeburg), Rn. 79. EuG, Urteil vom 6.7.1995 – verb. Rs. T-447/93 bis T-449/93 (AITEC), Rn. 141.

161 Zum Teil als „sieben Zwerge" bezeichnet, vgl. zu den Fällen die zusammenfassende Pressemitteilung der Kommission IP-15-4889 vom 29.4.2015.

162 Zusammenfassend hierzu auch: *Quardt/Nägeler*, Beitrag auf beihilfen-blog.eu vom 18.6.2015, https://beihilfen-blog.eu/ausstieg-aus-der-handelsbeeintraechtigung-auf-lokaler-ebene/ ; *Fiebelkorn/Petzold*, Zum Begriff des „Lokalen" im EU-Beihilfenrecht – Ist ein beihilferechtlicher Kompass in Sicht?, BRZ 2017, 3; *Rung*, Die Beeinträchtigung des Handels zwischen den Mitgliedstaaten in der neueren beihilferechtlichen Entscheidungspraxis der Kommission. Mehr Rechtssicherheit oder Konflikt mit dem EuGH?, NVwZ 2017, 1174; Bonhage/Dieterich, (Neue) Beihilfenrechtliche Maßstäbe für lokale Infrastrukturen, EuZW 2018, 716; Petzold, Kommunale Infrastrukturen und Europäisches Beihilferecht, KommJur 2017, 401.

163 Vergleiche zusammenfassend Rn. 196 – 198 der Bekanntmachung zum Beihilfenbegriff m.w.N., ABl. (EU) Nr. C 262 vom 19.7.2016, S. 1.

Das Ergebnis der Prüfung dieser Punkte ist letztlich eine Frage der spezifischen Umstände des Einzelfalls – es lassen sich nicht von vornherein bestimmte Kategorien für rein lokal wirkende Maßnahmen bilden. Die Fallpraxis der Kommission entwickelt sich jedoch seit den Entscheidungspaketen aus 2015 und 2016 beständig fort, so dass sich dieser durchaus Indizien für den eigenen Einzelfall entnehmen lassen. In der Bekanntmachung zum Beihilfenbegriff gibt die Kommission einen ersten Überblick.[164] Bis zu einer etwaigen Ergänzung der Bekanntmachung bleibt dem Rechtsanwender darüber hinaus allerdings nur die Auswertung neuerer Beschlüsse der Kommission und ggf. die Notifizierung des eigenen Sachverhalts aus Gründen der Rechtssicherheit. Festzuhalten bleibt hierbei, dass ein Berufen auf das Fehlen der Handelsbeeinträchtigung in der Praxis mit der Verpflichtung des Fördermittelgebers einhergeht, für hinreichend belastbare Nachweise der rein lokalen Auswirkungen zu sorgen (Marktrecherche, Auswertungen von Besucherzahlen, etc.) und sich zugleich angesichts der Einzelfallpraxis der Kommission im konkreten Fall noch nicht gelöste Einzelfragen stellen können.

Zu berücksichtigen bleibt auch, dass die Herangehensweise der Kommission bislang keiner Prüfung durch den EuGH unterzogen wurde und es daher an einer höchstrichterlichen Bestätigung noch fehlt. Zwar hat das Gericht der Europäischen Union (EuG) die durch Wettbewerber erhobene Nichtigkeitsklage gegen den Beihilfenbeschluss betreffend den slowenischen Hafen *Komunala Izola*[165] zurückgewiesen, in dem die Kommission zu dem Schluss gelangt war, dass die Finanzierung des Hafens durch die slowenischen Behörden nur rein lokale Auswirkungen hätte.[166] Das Gericht hat dem Prüfansatz der Kommission nicht widersprochen und die konkrete Bewertung der Umstände, die die Kommission der Einschätzung eines rein lokalen Sachverhalts zugrunde gelegt hat, nicht beanstandet. Gleichwohl bleiben auch nach diesem Urteil einige Fragen offen (wie z.B. die Prüftiefe der Beeinträchtigung des Investorenmarkts)[167] und es ist fraglich, ob der EuGH angesichts der von ihm bisher sehr niedrig angelegten Anforderungen an den Nachweis der Handelsbeeinträchtigung hier noch Grenzen setzen wird. Das Verfahren zur *Komunala Izola* wird hier allerdings keine Klärung herbeiführen können, da gegen das Urteil des EuG kein Rechtsmittel eingelegt wurde. Auch gegen das Urteil „Ighoga"[168], in dem das EuG die Anwendung des Ansatzes im Hinblick auf den Bau eines Kongresszentrums in Ingolstadt gebilligt hat, wurde kein Rechtsmittel zum EuGH eingelegt.

3. Gerechtfertigte Gewährung staatlicher Beihilfen

Würde eine Zuwendung zur Gewährung einer tatbestandlichen Beihilfe führen, kann die Förderung nur erfolgen, wenn für die Beihilfe eine von der Kommission genehmigte Beihilferege-

164 Vergleiche Rn. 197 der Bekanntmachung zum Beihilfenbegriff m.w.N.

165 EuG, Urteil vom 14.5.2019 – Rs. T-728/17 (Marinvest); hierzu auch: *Quardt*, Beitrag auf beihilfen-blog.eu vom 24.6.2019, https://beihilfen-blog.eu/erste-rueckmeldung-aus-luxemburg-zu-lokalen-sachverhalten/.

166 Kommission, Beschluss vom 20.7.2017, Staatliche Beihilfe SA.45220 (2016/FC) – Slovenia – Alleged aid in favour of Komunala Izola d.o.o.

167 auch: *Quardt*, Beitrag auf beihilfen-blog.eu vom 24.6.2019, https://beihilfen-blog.eu/erste-rueckmeldung-aus-luxemburg-zu-lokalen-sachverhalten/.

168 EuG, Urteil vom 19.10.2022 – Rs. T-585/20 (Ighoga Region 10).

lung[169] oder eine Genehmigung als Einzelbeihilfe[170] existiert oder aber ein sog. Freistellungstatbestand in Anspruch genommen werden kann.

a) Gewährung von Beihilfen auf der Grundlage einer genehmigten Beihilferegelung (Förderrichtlinie) oder einer Einzelfallgenehmigung

Die Notifizierung einer Einzelbeihilfe stellt in der zuwendungsrechtlichen Praxis eher den Ausnahmefall dar. Insbesondere seit der Existenz der Allgemeinen Gruppenfreistellungsverordnung (AGVO) wird dieser Weg vor allem bei besonders großvolumigen oder komplexen Vorhaben beschritten. Die Gründe für eine Einzelnotifizierung können dabei jedoch unterschiedlichster Art sein: So kann etwa eine Zuwendung beabsichtigt sein, die über die beihilferechtlichen Grenzen (insbesondere für die Förderhöhe oder -intensität) einer bereits genehmigten oder freigestellten Beihilferegelung hinaus geht oder die über den Anmeldeschwellen einer Freistellungsverordnung für Einzelbeihilfen liegt. Möglich ist auch die Anmeldung aus Gründen der Rechtssicherheit – z.B. in Fällen, in denen keine gesicherte Entscheidungspraxis der Kommission vorliegt oder Auslegungsfragen bestehen. Gleiches gilt bei Notifizierungen von Förderungen mit dem Ziel, von der Kommission die Bestätigung des Nichtvorliegens einer Beihilfe zu erlangen.

Deutlich häufiger liegt Zuwendungen eine Beihilferegelung zugrunde. Beihilferegelungen sind dadurch gekennzeichnet, dass sie die Vergabe von Beihilfen an einen allgemein und abstrakt definierten Kreis von Empfängern aufgrund gleicher oder ähnlicher rechtlicher, verwaltungstechnischer, finanzieller oder wirtschaftlicher Gesichtspunkte für den Einzelfall vorsehen.[171] In Deutschland entsprechen regelmäßig Förderprogramme und Förderrichtlinien dieser Definition. Existiert für diese eine Genehmigung als Beihilferegelung, müssen die einzelnen hierauf beruhenden Förderungen der Kommission nicht mehr angemeldet werden, soweit sie den Kriterien der genehmigten Regelung entsprechen. Dies jedenfalls, solange in der Regelung selbst keine weitere Anmeldeschwelle vorgesehen ist und der Einzelfall diese Schwelle nicht überschreitet. Liegt für eine Förderrichtlinie eine Genehmigung als Beihilferegelung vor und hält die einzelne Zuwendung einen genehmigten Fördertatbestand ein, kann sie somit ohne weiteres Zuwarten bewilligt werden. Der durch den Genehmigungsbeschluss vorgegebene Rahmen für die zulässige Förderung ist in der Regel in der genehmigten Förderrichtlinie unterlegt, so dass mit der Anwendung der Richtlinie die Anforderungen der beihilferechtlichen Genehmigung umgesetzt werden. Die beihilferechtliche Grundlage bestimmt dabei insbesondere die höchstzulässige Förder-/Beihilfeintensität, förder- bzw. beihilfefähigen Kosten, den Fördergegenstand und die zulässigen Zuwendungsempfänger. Niederschlagen kann sie sich zudem z.B. auf die Zulässigkeit von Aufschlägen auf den Förderbetrag (z.B. für KMU), die Kumulierung mit anderen öffentlichen Mitteln oder die Anforderungen an den Nachweis eines Anreizeffektes. Bei Auslegungsfragen lohnt gleichwohl der Blick in den Genehmigungsbeschluss und die ggf. die diesem Beschluss zugrundeliegenden Leitlinien, Unionsrahmen oder Mitteilungen.

---

169 Zur Definition vgl. Art. 1 lit. d) VO 2015/1589.

170 Zur Definition vgl. Art. 1 lit. e) VO 2015/1589.

171 *Werner*, in: Münchener Kommentar Europäisches und Deutsches Wettbewerbsrecht, Band 5 Beihilfenrecht, 4. Aufl. 2022, Art. 1 VO (EU) 2015/1589, Rn. 23.

Das Beihilfenrecht konkretisiert („überlagert") damit die durch das Haushaltsrecht und die Förderentscheidung des Zuwendungsgebers gesetzten Rahmen für die zulässige Förderung. Dies wird besonders deutlich, wenn eine Förderrichtlinie sowohl Zuwendungen umfasst, die den Tatbestand der Beihilfe erfüllen als auch solche, bei denen dies nicht der Fall ist – beispielsweise, weil Zuwendungsempfänger auch Einrichtungen sein können, die keine wirtschaftliche Tätigkeit i.S.d. Unionsrechts ausüben und daher nicht dem Unternehmensbegriff unterfallen. Hier kann es dazu kommen, dass die von der Förderrichtlinie grundsätzlich ermöglichten Förderhöchstsätze durch die nicht-wirtschaftlich tätigen Zuwendungsempfänger ausgeschöpft werden können, für die wirtschaftlich tätigen Zuwendungsempfänger aber beihilferechtlich bedingt eine Begrenzung gilt.

b) Gewährung von freigestellten Beihilfen

Entsprechendes gilt, wenn für eine Förderrichtlinie oder eine Einzelzuwendung zwar keine Genehmigung der Kommission vorliegt, für diese aber ein (bei mehreren Fördertatbeständen einer Förderrichtlinie ggf. auch mehrere) sog. Freistellungstatbestände in Anspruch genommen werden. Freistellungstatbestände finden sich in Freistellungsverordnungen und -beschlüssen, die von der Kommission[172] oder dem Rat[173] erlassen werden können. Mit den entsprechenden Rechtsakten werden bestimmte Kategorien von Beihilfen unter bestimmten Voraussetzungen quasi *ex ante* als mit dem Binnenmarkt vereinbar erklärt und daher von den Verfahren des Art. 108 Abs. 3 AEUV ausgenommen. Mitgliedstaatliche Beihilfemaßnahmen, die alle einschlägigen Voraussetzungen des jeweiligen Freistellungsaktes einhalten, sind somit von der Anmelde- und Wartepflicht des Art. 108 Abs. 3 Satz 3 AEUV freigestellt.

Die in dieser Hinsicht prominenteste und wichtigste Regelung ist die zuletzt im Jahr 2014 umfassend reformierte und im Jahr 2023 erheblich ergänzte sog. Allgemeinen Gruppenfreistellungsverordnung (AGVO).[174] Diese enthält inzwischen über 70 Freistellungstatbestände – darunter solche für Regionalbeihilfen, für Beihilfen für kleine und mittlere Unternehmen, für Beihilfen zur Erschließung von KMU-Finanzierungen (insbesondere Risikokapital), für Beihilfen für Forschung und Entwicklung und Innovation, für Ausbildungsbeihilfen, für Beihilfen für benachteiligte Arbeitnehmer und Arbeitnehmer mit Behinderungen, für Umweltschutz- und Energiebeihilfen, für Beihilfen zur Bewältigung der Folgen bestimmter Naturkatastrophen, für Sozialbeihilfen für die Beförderung von Einwohnern entlegener Gebiete, Beihilfen für Breitbandinfrastrukturen, Kulturbeihilfen, Beihilfen für Sportinfrastrukturen und multifunktionale Freizeitinfrastrukturen sowie Beihilfen für lokale Infrastrukturen, für Regionalflughäfen und Seehäfen sowie für Finanzprodukte, die aus dem Fonds „InvestEU" unterstützt werden. Des

172 Aufgrund sog. Ermächtigungsverordnungen nach Art. 109, 108 Abs. 4 AEUV, vgl. z.B. für die AGVO die Verordnung (EU) 2015/1588 des Rates vom 13. Juli 2015 über die Anwendung der Artikel 107 und 108 des Vertrags über die Arbeitsweise der Europäischen Union auf bestimmte Gruppen horizontaler Beihilfen, ABl. (EU) Nr. L 248 vom 24.9.2015, S. 1, aktuell in der Fassung der Verordnung (EU) 2018/1911 vom 26.11.2018.

173 Vgl. Art. 109 AEUV.

174 Verordnung (EU) Nr. 651/2014 der Kommission vom 17.6.2014 zur Feststellung der Vereinbarkeit bestimmter Gruppen von Beihilfen mit dem Binnenmarkt in Anwendung der Artikel 107 und 108 des Vertrags über die Arbeitsweise der Europäischen Union (ABl. (EU) Nr. L 187 vom 26.6.2014, S.1) i.d.F. der Verordnung (EU) Nr. 2023/1315 vom 23.6.2023 (ABl. (EU) Nr. L 167 vom 30.6.2023, S.1. Die AGVO gilt ausweislich ihres Art. 59 bis zum 31.12.2026. Es bleibt abzuwarten, ob die Laufzeit danach zunächst verlängert oder die geltende AGVO durch eine Neufassung ersetzt wird.

Weiteren existieren gesonderte Freistellungen für spezifische Bereiche. Hierzu gehören der sog. DAWI-Freistellungsbeschluss 2012/21/EU[175] für Beihilfen in Form von Ausgleichsleistungen an Unternehmen die sog. Dienstleistungen von allgemeinem wirtschaftlichem Interesse (DAWI) erbringen und die Verordnung (EG) Nr. 1370/2007 über öffentliche Personenverkehrsdienste auf Schiene und Straße.[176] Spezielle allgemeine Gruppenfreistellungsverordnungen gibt es zudem für Beihilfen im Agrar- und Fischereibereich.[177]

Eine Art „Zwitterstellung" nimmt die De-minimis-Verordnung (EU) Nr. 2023/2831[178] ein: Diese beruht zwar -wie die AGVO – auf der Ermächtigungsverordnung für Freistellungen von der Verpflichtung des Art. 108 Abs. 3 AEUV. Die De-minimis-Verordnung unterstellt allerdings nicht das Vorliegen einer tatbestandlichen Beihilfe. Vielmehr bestimmt sie, dass sofern der einem einzigen Unternehmen von einem Mitgliedstaat in einem Zeitraum von drei Jahren gewährte De-minimis-Höchstbetrag[179] nicht überschritten wird, nicht alle Tatbestandsmerkmale des Art. 107 Abs. 1 AEUV erfüllt sind, es insbesondere an der Handelsbeeinträchtigung und Wettbewerbsverfälschung fehlt.[180] Diese Annahme steht in einem gewissen Spannungsverhältnis zu der Rechtsprechung des EuGH, wonach es für die Wettbewerbsverfälschung und Handelsbeeinträchtigung nicht auf die Spürbarkeit ankommt und weder der verhältnismäßig geringe Umfang noch die verhältnismäßig geringe Größe des begünstigten Unternehmens von vornherein die Möglichkeit der Handelsbeeinträchtigung ausschließt.[181] Jedoch ist

---

175 Beschluss der Kommission 2012/21/EU vom 20.12. 2011 über die Anwendung von Artikel 106 Absatz 2 des Vertrags über die Arbeitsweise der Europäischen Union auf staatliche Beihilfen in Form von Ausgleichsleistungen zugunsten bestimmter Unternehmen, die mit der Erbringung von Dienstleistungen von allgemeinem wirtschaftlichem Interesse betraut sind, ABl. (EU) Nr. L 7 vom 11.1.2012, S. 3.

176 Verordnung (EG) Nr. 1370/2007 des Europäischen Parlaments und des Rates vom 23.10.2007 über öffentliche Personenverkehrsdienste auf Schiene und Straße und zur Aufhebung der Verordnungen (EWG) Nr. 1191/69 und (EWG) Nr. 1107/70 des Rates (ABl. Nr. L 315 vom 3.12.2007) i.d.F. der Verordnung (EU) 2016/2338 vom 14.12.2016, ABl. (EU) Nr. L 354 vom 23.12.2016, S. 22.

177 Verordnung (EU) Nr. 2022/2472 der Kommission vom 14. Dezember 2022 zur Feststellung der Vereinbarkeit bestimmter Arten von Beihilfen im Agrar- und Forstsektor und in ländlichen Gebieten mit dem Binnenmarkt in Anwendung der Artikel 107 und 108 des Vertrags über die Arbeitsweise der Europäischen Union, ABl. (EU) Nr. L 327 vom 21.12.2022, S. 1, i.d.F. der Verordnung (EU) Nr. 2023/2607 sowie Verordnung (EU) Nr. 2022/2473 der Kommission vom 14. Dezember 2022 zur Feststellung der Vereinbarkeit bestimmter Gruppen von Beihilfen zugunsten von in der Erzeugung, Verarbeitung und Vermarktung von Erzeugnissen der Fischerei und der Aquakultur tätigen Unternehmen mit dem Binnenmarkt in Anwendung der Artikel 107 und 108 des Vertrags über die Arbeitsweise der Europäischen Union, ABl. (EU) Nr. L 327 vom 21.12.2022, S. 82, i.d.F. der Verordnung (EU) 2023/2603.

178 Verordnung (EU) Nr. 2023/2831der Kommission vom 13. Dezember 2023 über die Anwendung der Artikel 107 und 108 des Vertrags über die Arbeitsweise der Europäischen Union auf De-minimis-Beihilfen Text von Bedeutung für den EWR, ABl. (EU) Nr. L 2023/2831 vom 15.12.2023.

179 Mit Inkrafttreten der neuen De-minimis-Verordnung zum 1.1.2024 wurde der De-minimis-Höchstbetrag gemäß Art. 3 Abs. 2VO 2023/2831 von 200.000 € in drei Steuerjahren auf 300. 000 € in drei Jahren erhöht. D.h. es haben sich sowohl der Höchstbetrag als auch die Bemessung des 3-Jahres-Zeitraums geändert. De-minimis-Beihilfen sind aus unionsrechtlicher Sicht grundsätzlich nicht an einen bestimmten Zweck bzw. eine bestimmte Zielsetzung gebunden. Zu beachten sind allerdings der Geltungsbereich der De-minimis-Verordnung nach Art. 2 VO 2023/2831. Besonderheiten ergeben sich, sofern kein Zuschuss oder Zinszuschuss gewährt wird (z.B. bei Darlehen). De-minimis-Beihilfen können nur für gewährt werden, wenn es sich um transparente Beihilfen handelt, d.h. das Bruttosubventionsäquivalent im Voraus genau berechnet werden kann. Die Voraussetzungen hierfür sind in Art. 4 VO 2023/2831 niedergelegt.

180 Vgl. Erwägungsgrund 1 und 3 und Art. 3 Abs. 1 VO 2023/2831.

181 Vgl. u.a. EuGH, Urteil vom 21.3.1990 – Rs. C-142/87 (Belgien ./. Kommission), Rn. 43.

die Zulässigkeit von De-minimis-Verordnungen (bislang) nicht in Zweifel gezogen worden. Besondere „De-minimis"-Verordnungen existieren für den Bereich der DAWI-Ausgleichsleistungen[182] sowie für den Agrar- und Fischereibereich.[183]

Um eine beihilfenrelevante Zuwendung als freigestellte Beihilfe gewähren zu können, muss gewährleistet sein, dass die nach der einschlägigen Rechtsgrundlage (z.B. AGVO, DAWI-Freistellungsbeschluss oder De-minimis-Verordnung) erforderlichen allgemeinen und besondere Freistellungsvoraussetzungen eingehalten werden. Zu den allgemeinen Freistellungsvoraussetzungen gehören dabei in der Regel die Beachtung des Geltungsbereichs und der Begriffsbestimmungen des jeweiligen Freistellungsrechtsaktes (z.B. Art. 1 und 2 AGVO), die Einhaltung der Anmeldeschwellen für die einschlägige Gruppe von Beihilfen (z.B. Art. 4 AGVO), die Transparenz der Beihilfe (z.B. Art. 5 AGVO), die Sicherstellung des Anreizeffektes (z.B. Art. 6 AGVO), die Einhaltung der Anforderungen an die Berechnung der Beihilfeintensität und die Bestimmung der beihilfefähigen Kosten (z.B. Art. 7 AGVO), die Einhaltung der Kumulierungsregeln (z.B. Art. 8 AGVO) und die Anforderungen zur Veröffentlichung und Information[184] (z.B. Art. 9 AGVO). Die Anforderungen variieren je nach Freistellungsrechtsakt. Die besonderen Freistellungsvoraussetzungen sind wiederum auf die jeweilige Gruppe von Beihilfen zugeschnitten. Während bei Förderrichtlinien der Richtliniengeber häufig bereits eine Vielzahl der sich aus dem einschlägigen Freistellungsrechtsakts ergebenden Voraussetzungen in den Richtlinientext aufgenommen hat, bedarf es bei der Einzelfallzuwendung i.d.R. der weitergehenden Prüfung, welche Voraussetzungen im Zuwendungsbescheid oder Zuwendungsvertrag verankert werden müssen. Eine Besonderheit ergibt sich auch hier für den Bereich der Dienstleistungen von allgemeinem wirtschaftlichem Interesse. Hier muss gewährleistet werden, dass der Zuwendungsbescheid den Anforderungen an einen Betrauungsakt i.S.d. DAWI-Freistellungsbeschlusses entspricht.

Praxistipp

▶ *Das für Grundsatzfragen der europäischen Beihilfenkontrollpolitik in Deutschland federführende Bundesministerium für Wirtschaft und Energie (BMWi) stellt auf seinen Webseiten[185] eine Reihe von Handreichungen zum Umgang mit staatlichen Beihilfen in der Praxis zur Verfügung. Hierzu gehören u.a. Checklisten für einzelne Freistellungstatbestände der AGVO, ein Beihilfen-Handbuch, Sensibilisierungspapiere zu beihilferechtlichen Spezialthemen, ein Informationspaket für Kleine Kommunen (u.a. mit einem Musterbetrauungs-*

182 Verordnung (EU) Nr. 2023/2832 der Kommission vom 13. Dezember 2023, ABl. (EU) 2023/2832 vom 15.12.2023.

183 Für den Agrarsektor: Verordnung (EU) Nr.1408/2013 vom 18.12.2013, ABl. (EU) Nr. L 352 vom 24.12.2013, S. 9 i.d.F. der Verordnung (EU) 2024/3118. Für den Fischerei- und Aquakultursektor: Verordnung (EU) Nr. 717/2014 vom 27. Juni 2014, ABl. (EU) Nr. L 190 vom 28.6.2014, S. 45 i.d.F. der Verordnung (EU) 2023/2391.

184 Vgl. zur verpflichtenden Einhaltung der formalen Freistellungsvoraussetzungen auch: EuGH, Urteil vom 21.07.2016 – Rs. C-493/14, Dilly`s Wellnesshotel; auch: *Lipinsky*, Beitrag auf beihilfen-blog.eu vom 22.03.2016 unter: https://beihilfen-blog.eu/dillys-wellnesshotel-keine-entspannung-trotz-agvo/.

185 https://www.bmwk.de/Redaktion/DE/Dossier/europa-beihilfen.html.

akt) sowie Hilfestellungen zur Handhabung des Transparenzmoduls der Kommission für die Bewilligung staatlicher Beihilfen (TAM).[186]

Da es sich bei Freistellungsrechtsakten und den darin vorgesehenen Voraussetzungen um Ausnahmen zu der allgemeinen Regel der Anmelde- und Stillhaltepflicht des Art. 108 Abs. 3 Satz 3 AEUV handelt, sind diese grundsätzlich eng auszulegen.[187] Nach der neueren Rechtsprechung des EuGH verlangen die Ziele, die einerseits mit der Beihilfenkontrolle und andererseits mit dem Erlass von Freistellungsrechtsakten verbunden sind zudem, dass die Kriterien für die Anwendung einer Freistellung klar und von den nationalen Stellen einfach anzuwenden sein müssen. Soweit die Formulierung eines Freistellungstatbestandes unklar oder seine Auslegung nicht ohne weiteres eindeutig sein sollte, dürfte es nach dieser Rechtsprechung daher an einer freistellenden Wirkung fehlen.[188] Die Formulierung klarer und eindeutiger Freistellungsvoraussetzungen obliegt dabei der Kommission. Den beihilfegewährenden Stellen in den Mitgliedstaaten steht insoweit kein Beurteilungsspielraum hinsichtlich der für eine Freistellung aufgestellten Voraussetzungen zu.[189] Fehlt es an Definitionen im Freistellungsrechtsakt selbst oder an Leitlinien, Mitteilungen oder ähnlichen verbindliche Akten der Kommission[190], die eine eindeutige Auslegung der Voraussetzungen ermöglichen, ist bei der Anwendung des Freistellungstatbestandes Vorsicht geboten. Nach den Grundsätzen, die der EuGH in der Rechtssache *„Eesti Pagar"* aufstellt, sollten Beihilfen in entsprechenden Fällen jedenfalls aus Gründen der Rechtssicherheit bei der Kommission angemeldet werden. Die Vorgaben der Rechtsprechung haben in der 2023er-Überarbeitung der AGVO bereits ihre Folgen gezeigt: Viele Freistellungstatbestände sind deutlich ausführlicher geraten.

Aus dem Umstand, dass es sich bei Freistellungstatbeständen um Ausnahmen vom üblichen Beihilfekontrollverfahren handelt und der Verpflichtung zur Gewährleistung der praktischen Wirksamkeit des Durchführungsverbotes folgt im Übrigen, dass innerstaatliche Zuwendungsgeber unter Berücksichtigung der ihnen vorgelegten Gesichtspunkte (d.h. der Informationen zur Sach- und Rechtslage) für den Einzelfall sorgfältig prüfen müssen, ob die beantragte Zuwendung sämtlichen Freistellungsvoraussetzungen entspricht.[191] Wenn eine der Voraussetzungen nicht erfüllt ist, muss die Gewährung der Beihilfe abgelehnt oder eine Ge-

186 Beihilfen, mit einem Betrag von mehr als 100 000 € betragen, fallen unter die Transparenzpflichten und ihre Bewilligung muss in dem elektronischen Transparenzregister der Kommission veröffentlicht werden – unabhängig davon, ob es sich um eine Einzelbeihilfe unter einer Beihilferegelung handelt oder eine ad hoc-Beihilfe. D.h. auch jede Zuwendung unter einem freigestellten oder genehmigten Förderprogramm (Beihilferegelung) wird erfasst. In der AGVO ist diese Verpflichtung in Art. 9 Abs. 1 lit. c) AGVO verankert. Hierbei handelt es sich um eine Freistellungsvoraussetzung.

187 EuGH, Urteil vom 5.3.2019 – Rs. C-349/17 (Eesti Pagar), Rn. 60.

188 EuGH, Urteil vom 5.3.2019 – Rs. C-349/17 (Eesti Pagar), Rn. 60f. und 68, vgl. auch *Lipinsky*, Anm. zum Urteil Eesti Pagar, EuZW 2019, 386; *von Donat*, Beitrag auf beihilfen-blog.eu vom 2.9.2019, https://beihilfen-blog.eu/eesti-pagar-oder-die-entzauberung-der-agvo/.

189 Vgl. EuGH, Urteil vom 29.7.2019 – Rs. C-654/17P(BMW), Rn. 142.

190 Das von der Kommission eingerichtete, nicht-öffentliche „State Aid"-Wiki dürfte jedenfalls in der gegenwärtigen Handhabung nicht ausreichend sein, um für klare Kriterien zu sorgen. Das Tool dient dem informellen Austausch zwischen den Diensten der Kommission und den Mitgliedstaaten und steht nur einer begrenzten Nummer von Nutzern offen. In Deutschland besteht für die Beihilfereferenten des Bundes und der Länder die Möglichkeit des Zugangs.

191 EuGH, Urteil vom 5.3.2019 – Rs. C-349/17 (Eesti Pagar), Rn. 93; Urteil vom 29.7.2019 – Rs. C-654/17P (BMW), Rn. 143.

nehmigung der Kommission herbeigeführt werden. Inwieweit eine Verletzung dieser Sorgfaltspflichten zu Schadenersatzansprüchen gegen die Bewilligungsbehörde führen kann, ist im Einzelnen von der Rechtsprechung noch nicht geklärt.[192] Da dem Beihilfenempfänger die rechtswidrige Beihilfe nicht mit anderen Mitteln verschafft werden darf, wird sich ein Anspruch auf das positive Interesse, d.h. den Gegenwert der rechtswidrigen Beihilfe, insoweit zwar nicht begründen lassen.[193] Der Ausgleich des negativen Interesses wird dagegen im Einzelfall in Betracht kommen können.[194]

Stellt eine fördernde Stelle fest, dass – ggf. entgegen der Einschätzung bei der Bewilligung der Zuwendung – die Freistellungsvoraussetzungen nicht vorliegen, hat sie den hierin liegenden Verstoß gegen das Durchführungsverbot unverzüglich durch Rückforderung der Beihilfen (mit Zinsen) abzustellen.[195] Die fördernden Stellen sind insoweit zu eigeninitiativen Handeln verpflichtet. Sie dürfen nicht darauf hoffen, dass kein nationales Gericht mit dem Fall befasst wird oder die Kommission den Fall nicht aufgreift und es so nicht zur ausdrücklichen Feststellung des Verstoßes gegen das Durchführungsverbot oder einem Rückforderungsbeschluss kommt.[196] Auch die nachträgliche Anmeldung und Genehmigung einer Beihilfe, die ursprünglich fehlerhaft unter Inanspruchnahme eines Freistellungstatbestandes ausgereicht wurde, entbindet die staatlichen Stellen nicht von der Verpflichtung zur Rückforderung. Diese kann aber ggf. auf die Forderung der Zinsen begrenzt sein, die der Beihilfeempfänger auf die vereinbare Beihilfe gezahlt hätte, wenn er sich diesen Betrag bis zum Erlass des Kommissionsbeschlusses auf dem Markt hätte leihen müssen.[197]

Zu berücksichtigen ist schließlich, dass bei der Notifizierung von Zuwendungen, welche die Einzelanmeldeschwellen eines Freistellungsrechtsakts (wie z.B. der AGVO) überschreiten, die Kommission nicht gehindert ist, auch für den Teil der Zuwendung, der unterhalb der Einzelanmeldeschwelle bleibt, eine Prüfung der Vereinbarkeit mit dem Binnenmarkt durchzuführen. Auch Beihilfen, die nach der Auffassung eines Mitgliedstaates alle Voraussetzungen eines Freistellungsrechtsaktes erfüllen, können von der Kommission überprüft bzw. in Frage gestellt werden. Sie stellen keine bestehenden Beihilfen i.S.d. Definition des Art. 1 lit. b) VO 2015/1589 dar.[198] Die Kommission ist zwar grundsätzlich verpflichtet, eine Beihilfe, die den materiellen Voraussetzungen eines Freistellungstatbestandes entspricht, zu genehmi-

---

192 Vgl. für einen Fall außerhalb der AGVO: BGH, Urteil vom 6.11.2008 – III ZR 279/07.

193 Vgl. *Karpenstein/Dingemann*, in: Münchener Kommentar Europäisches und Deutsches Wettbewerbsrecht, Band 5 Beihilfenrecht, 4. Aufl. 2022, Teil 12: Beihilfenrückforderung im deutschen Recht, Rn. 140 m.w.N.

194 Vgl. *von Donat*, Beitrag auf beihilfen-blog.eu vom 2.9.2019, https://beihilfen-blog.eu/eesti-pagar-oder-die-entzauberung-der-agvo/; vgl. *Karpenstein/Dingemann*, in: Münchener Kommentar Europäisches und Deutsches Wettbewerbsrecht, Band 5 Beihilfenrecht, 4. Aufl. 2022, Teil 12: Beihilfenrückforderung im deutschen Recht, Rn: 141.

195 EuGH, Urteil vom 5.3.2019 – Rs. C-349/17 (Eesti Pagar), Rn. 92 u. 131 ff.

196 *von Donat*, Beitrag auf beihilfen-blog.eu vom 2.9.2019, https://beihilfen-blog.eu/eesti-pagar-oder-die-entzauberung-der-agvo/.

197 EuGH, Urteil vom 12.2.2008 – Rs. C-199/06 (CELF./.SIDE), Rn. 51.

198 Vgl. EuGH, Urteil vom 29.7.2019 – Rs. C-654/17P (BMW), Rn. 147 ff.

gen.[199] Die Vereinbarkeit einer Beihilfe, die im Umfang oder hinsichtlich anderer Kriterien nicht mehr den Freistellungskriterien entspricht, ist von der Kommission aber auf der Grundlage der einschlägigen Rahmen, Mitteilungen, Leitlinien, etc. und Art. 107 Abs.3 AEUV (bzw. ggf. Art. 106 Abs. 2 AEUV oder Art. 93 AEUV) zu bewerten. Es besteht daher kein Anspruch auf die Genehmigung eines über die freigestellte Beihilfe hinausgehenden Betrages.

III. Schnittstelle von Beihilfen- und Vergaberecht im Bereich des Zuwendungsrechts

Mit Blick auf den Titel dieses Handbuchs soll an dieser Stelle in der gebotenen Kürze auf die sich im Förderbereich häufig ergebenden Schnittstellen zwischen dem Beihilfe- und dem Vergaberecht eingegangen werden. Gerade bei komplexeren Fördervorhaben, Infrastrukturprojekten, der staatlichen Finanzierung von DAWI und gestuften Zuwendungsverhältnissen rückt so z.B. in den Fokus, inwieweit die Anwendung des Vergaberechts zum Ausschluss der Gewährung einer Beihilfe genutzt werden kann (hierzu sogleich unter aa.). Umgekehrt kann sich aber auch die Frage stellen, ob ein öffentlicher Zuwendungsempfänger durch die Vergabe eines zuwendungsfinanzierten Auftrages Beihilfen gewährt (hierzu unter bb.). Eine weitere Schnittstelle ergibt sich schließlich bei der Verpflichtung zur Anwendung des Vergaberechts als Voraussetzung für die Gewährung rechtmäßiger Beihilfen (hierzu unter cc.).

1. Anwendung des Vergaberechts zum Ausschluss einer Beihilfe

Wie bereits erläutert, fehlt es am Tatbestand der Beihilfe, wenn wirtschaftliche Transaktionen öffentlicher Stellen zu Marktbedingungen erfolgen. Dieser Grundsatz gilt auch im Bereich der Beschaffung von Waren, Dienstleistungen und Vermögenswerten. Dabei ist anerkannt, dass wenn der Einkauf in einem wettbewerblichen, transparenten, diskriminierungsfreien und bedingungsfreien Ausschreibungsverfahren erfolgt, das zur Ermittlung des Marktpreises führt, es an einer Begünstigung i.S.d. Art. 107 Abs. 1 AEUV fehlt.[200] Dies jedenfalls, soweit das Erworbene den tatsächlichen Bedarf der staatlichen Stellen widerspiegelt.[201]

Die Anforderungen, die aus beihilferechtlicher Sicht an ein entsprechendes Ausschreibungsverfahren zu stellen sind, hat die Kommission inzwischen in den Rn. 89 ff. der Bekanntmachung zum Beihilfenbegriff[202] zusammengefasst. Dabei hebt die Kommission hervor, dass die Einhaltung und Anwendung der in den europäischen Vergaberichtlinien vorgesehenen Verfahren regelmäßig ausreichen, um den Anforderungen an ein die beihilferechtliche Begünstigung ausschließendes Ausschreibungsverfahren zu genügen. Maßgeblich ist aller-

---

199 Vgl. EuGH, Urteil vom 29.7.2019 – Rs. C-654/17P (BMW), Rn. 164; zur Frage der Begrenzung der Rückforderung von Beihilfen, die versehentlich einem falschen Tatbestand der AGVO zugeordnet wurden vgl. Lipinsky, Alles klar nach Eesti Pagar?, https://beihilfen-blog.eu/alles-klar-nach-eesti-pagar-begrenzung-der-rueckforderung-rechtswidriger-beihilfen-durch-anwendung-der-agvo/ unter Bezugnahme auf EuGH, Urteil vom 07.04.2022 – verb. Rs. C-102/21 u. C-103/21 (Autonome Provinz Bozen).

200 Vgl. Rn. 89 der Bekanntmachung zum Beihilfenbegriff m.w.N., ABl. (EU) Nr. C 262 vom 19.7.2016, S. 1; zuvor bereits ständige Auffassung der Kommission, vgl. u.a. XXI. Bericht über die Wettbewerbspolitik (1991), Rn. 248, 251 und die Grundstücksmitteilung von 1997, ABl. (EG) Nr. C 209 vom 10.7.1997, S. 3.

201 EuG, Urteil vom 5.8.2003 – verb. Rs. T-116/01 und T-118/01 (P&O European Ferries (Vizcaya) SA u.a.), Rn. 116 f.

202 ABl. (EU) Nr. C 262 vom 19.7.2016, S. 1.

dings, dass alle Voraussetzungen des jeweiligen Verfahrens erfüllt sind und keine Umstände vorliegen, welche die Ermittlung eines Marktpreises unmöglich machen.[203] Derartige Umstände sind beispielsweise anzunehmen, wenn auf ein Vergabeverfahren zurückgegriffen wird, das nicht für ausreichende Transparenz oder offenen Wettbewerb sorgt. Hierzu gehören nach der Auffassung der Kommission z.B. der Rückgriff auf das Verhandlungsverfahren ohne Veröffentlichung der Bekanntmachung oder Inhouse-Vergaben – seien diese auch nach dem Vergaberecht zulässig.[204] Gleichermaßen bestehen Zweifel an der Ermittlung des Marktpreises, wenn die Durchführung vergaberechtlicher Verfahren zur Abgabe nur eines einzigen Angebots führt. In diesem Falle bedarf es des Nachweises, dass bei der Ausgestaltung des Verfahrens besonders strenge Vorkehrungen getroffen wurden, um echten und wirksamen Wettbewerb herzustellen und nicht offensichtlich ist, dass realistisch betrachtet nur ein einziger Wirtschaftsbeteiligter in der Lage sein dürfte, ein glaubwürdiges Angebot einzureichen.[205] Alternativ können die staatlichen Behörden auch zusätzliche Maßnahmen unternehmen, um sich zu vergewissern, dass das Ergebnis der Ausschreibung dem Marktpreis entspricht.[206] Das wohl in der Praxis häufigste Instrument dürfte die Einholung eines unabhängigen Sachverständigengutachtens sein.[207]

Die weiter aufgestellte Anforderung, dass die Ausschreibungsbedingungen (insbesondere die Auswahl- und Zuschlagsbedingungen) diskriminierungsfrei und in einem engen und objektiven Zusammenhang mit dem Vertragsgegenstand und dem jeweiligen wirtschaftlichen Ziel der Ausschreibung stehen müssen, dürfte bei der Anwendung der Regelungen der Vergaberichtlinien in der Regel erfüllt sein. Akzeptiert wird von der Kommission nunmehr auch, dass die Ausschreibungsbedingungen die Beschaffung des wirtschaftlich günstigsten Angebots ermöglichen (und nicht zwingend das Angebot mit dem besten Preis). Ein Augenmerk soll allerdings daraufgelegt werden, dass der erfolgreiche Bieter eine marktübliche Rendite erzielt, aber nicht mehr. Dementsprechend sollte bei der Gestaltung der Ausschreibung der Preis-Komponente weiterhin großes Gewicht beigemessen werden oder es sind Maßnahmen zu ergreifen, mit denen sichergestellt wird, dass ein wettbewerbsgerechtes Ergebnis erzielt wird.[208]

Von besonderer Bedeutung werden Auflagen zur Durchführung eines wettbewerblichen, transparenten, diskriminierungsfreien und bedingungsfreien Ausschreibungsverfahrens bzw. ggf. die unmittelbare Verpflichtung eines Zuwendungsempfängers als öffentlicher Auftraggeber zur Anwendung des Vergaberechts häufig dann, wenn sichergestellt werden soll, dass der Zuwendungsempfänger keine staatlichen Beihilfen „weiterleitet". Dies kann z.B. der Fall sein, wenn eine öffentlich finanzierte Einrichtung im Rahmen eines zuwendungsfinanzierten Vor-

203 Vgl. hierzu dezidiert: *Kaelble*, in: Müller-Wrede, Kompendium des Vergaberechts, 2. Auflage 2013, Kapitel 36, Ziffer III.; *von Donat*, in: Heidenhain, European State Aid Law, 2010, § 46, Ziffer II.

204 Vgl. Rn. 93 der Bekanntmachung zum Beihilfenbegriff m.w.N., ABl. (EU) Nr. C 262 vom 19.7.2016, S. 1;

205 Vgl. Rn. 93 der Bekanntmachung zum Beihilfenbegriff m.w.N.

206 Vgl. Rn. 93 der Bekanntmachung zum Beihilfenbegriff m.w.N.

207 Zu berücksichtigen ist, dass wenn beim staatlichen Verkauf von Vermögenswerten, Waren oder Dienstleistungen mittels ordnungsgemäßen offenen, transparenten, diskriminierungs- und bedingungsfreien Ausschreibungsverfahrens ein verlässliches und verbindliches Höchstpreisangebot gefunden wurde, nicht mittels nachträglichen unabhängigen Sachverständigengutachtens der Marktpreis belegt werden kann, vgl. EuGH, Urteil vom 24.10.2013 – Rs. C-214/12 P, C-215/12 P u. C-223/12 P (Bank Burgenland u.a.), Rn. 95 ff.

208 Vgl. Rn. 96 der Bekanntmachung zum Beihilfenbegriff m.w.N.

habens Dienstleistungen oder Waren von Dritten beschafft und eine staatliche Zurechenbarkeit anzunehmen ist.

2. Gewährung einer Beihilfe durch die Vergabe eines Auftrags

Die Kehrseite zu Fallgestaltungen, in denen das Vergaberecht zum Ausschluss einer beihilferelevanten Begünstigung genutzt werden kann, bilden Fälle, in denen sich die Frage stellt, ob durch die Erteilung eines öffentlichen Auftrags eine Beihilfe gewährt wird. Im Bereich des Zuwendungsrechts kann diese Konstellation z.B. zum Tragen kommen, wenn Zuwendungsempfänger eine Einrichtung ist, die als öffentlicher Auftraggeber unmittelbar an das Vergaberecht gebunden ist. Ein Beispiel hierfür können öffentliche Hochschulen oder öffentliche Forschungseinrichtungen sein. Eine beihilferelevante Begünstigung kann insoweit in der Vergabe von Aufträgen liegen, die zu überhöhten Preisen oder unter Vereinbarung von Konditionen erfolgt, die ein unter marktwirtschaftlichen Bedingungen handelnder privater Wirtschaftsteilnehmer nicht akzeptieren würde.[209] Hierzu gehören z.B. marktunübliche und nicht objektiv gerechtfertigte Vertragslaufzeiten oder Verpflichtungen und unter Umständen auch vergabefremde Kriterien[210]. Auch die Beschaffung von Leistungen, die in keinem Verhältnis zum tatsächlichen Bedarf des Auftraggebers stehen, kann eine beihilferelevante Begünstigung begründen.

3. Verpflichtung zur Anwendung des Vergaberechts zur Gewährung einer rechtmäßigen Beihilfe

Die Verpflichtung zur Anwendung und Einhaltung des Vergaberechts kann schließlich auch Teil der Voraussetzungen einer rechtmäßigen Beihilfe sein. Grundsätzlich ist davon auszugehen, dass die Verletzung der verfahrensrechtlichen Vorschriften des Vergaberechts es für sich allein nicht rechtfertigt, die auf dieser Grundlage gewährten Mittel als mit dem Binnenmarkt unvereinbar anzusehen.[211] Allerdings kann die Kommission die Einhaltung des Vergaberechts zur Auflage bei der Genehmigung von staatlichen Beihilfen machen. Des Weiteren sehen einzelne Freistellungstatbestände, u.a. der AGVO, vor, dass in bestimmten Konstellationen die geltenden Vergabevorschriften einzuhalten sind. Dies gilt insbesondere im Bereich der Förderung von Infrastrukturen für den Fall der Erteilung von Konzessionen oder Aufträgen zum Betrieb der Infrastruktur (z.B. die Freistellung für Sportinfrastrukturen und multifunktionalen Freizeitinfrastrukturen in Art. 55 Abs. 6 AGVO und die Freistellung für Investitionsbeihilfen für lokale Infrastrukturen in Art. 56 Abs. 4 AGVO).

---

209 Vgl. ausführlich hierzu: *Kaelble*, in: Müller-Wrede, Kompendium des Vergaberechts, 2. Auflage 2013, Kapitel 36, Ziffer II.; *von Donat*, in: Heidenhain, European State Aid Law, 2010, § 46, Ziffer I.

210 Siehe *von Donat*, in: Heidenhain, European State Aid Law, 2010, § 46, Ziffer I.3; *Bartosch*, EU-Beihilfenrecht, 2. Auflage 2016, Einl., Rn.16.

211 Vgl. *Bartosch*, EU-Beihilfenrecht, 3. Auflage 2020, Einl., Rn.13, kritisch: Generalanwältin Medina in ihren Schlussanträgen vom 27.2.2025 in der Rs C-59/23P (Paks II). Das Urteil des EuGH stand zum Zeitpunkt der Verfassung dieses Textes noch aus.

IV. Folgen bei Verstößen gegen das EU-Beihilfenrecht

Liegt in einer Zuwendung eine Beihilfe i.S.d. Art. 107 Abs. 1 AEUV, kann diese in dreierlei Hinsicht gegen das EU-Beihilfenrecht verstoßen: Erstens, kann die Beihilfe unter Verletzung gegen das Durchführungsverbot des Art. 108 Abs. 3 Satz 3 AEUV ausgereicht werden (sog. formell rechtswidrige Beihilfe). Zweitens, kann sie (ggf. zusätzlich) mit dem Binnenmarkt unvereinbar und damit nicht von der Kommission auf der Grundlage des AEUV genehmigungsfähig sein (sog. materiell rechtswidrige Beihilfe). Drittens, kann es sich um eine missbräuchlich angewendete Beihilfe i.S.d. Definition des Art. 1 lit. g) VO 2015/1589 handeln. Sollte die Beihilfe bereits ausgereicht worden sein, gebietet das Unionsrecht in allen drei Fällen deren Rückforderung durch den betroffenen Mitgliedstaat bzw. die zuständigen mitgliedstaatlichen Stellen.[212]

1. Verpflichtung zur Rückforderung rechtswidriger Beihilfen sowie weitere Folgen eines Verstoßes gegen das Durchführungsverbot

Im Falle von formell rechtswidrigen Beihilfen folgt die Rückforderungsverpflichtung direkt aus der unmittelbaren Wirkung des Art. 108 Abs. 3 Satz 3 AEUV. Diese verpflichtet die zuständigen innerstaatlichen Stellen für die volle praktische Wirksamkeit („*effet utile*") des Durchführungsverbots zu sorgen. Hieraus resultiert, dass die nationalen Gerichte und Verwaltungsbehörden unter Anwendung des nationalen Rechts grundsätzlich sämtliche Konsequenzen aus einer Verletzung von Art. 108 Abs. 3 Satz 3 AEUV sowohl hinsichtlich der Gültigkeit der Durchführungsakte als auch hinsichtlich der Wiedereinziehung der unter Verletzung dieser Bestimmung gewährten finanziellen Unterstützungen ziehen müssen.[213] Ihre Aufgabe ist somit die Anordnung von Maßnahmen, die geeignet sind, der Rechtswidrigkeit der Durchführung der Beihilfen abzuhelfen, damit der Empfänger in der bis zur Entscheidung der Kommission noch verbleibenden Zeit nicht weiterhin frei über sie verfügen kann.[214] Hierzu gehört die Verpflichtung zur sofortigen Einstellung der Durchführung der Beihilfe und zur Rückforderung der bereits gewährten Beihilfe zzgl. Zinsen[215] (sofern keine außergewöhnlichen Umstände vorliegen).[216] Diese Verpflichtung gilt ungeachtet der möglichen Vereinbarkeit der Beihilfe mit dem Binnenmarkt und unbeschadet des Rechts des Mitgliedstaates, die Beihilfe später erneut zu gewähren.[217] Ein Genehmigungsbeschluss der Kommission heilt nicht den Verstoß gegen

212 Zu den unterschiedlichen Zielen der Rückforderung bei formell rechtswidrigen und materiell rechtswidrigen Beihilfen vgl. *Karpenstein/ Dingemann*, in: Münchener Kommentar Europäisches und Deutsches Wettbewerbsrecht, Band 5 Beihilfenrecht, 4. Aufl. 2020, Teil 12: Beihilfenrückforderung im deutschen Recht, Rn. 1 ff.

213 Vgl. EuGH, Urteil vom 5.3.2019 – Rs. C-349/17 (Eesti Pagar), Rn.89; EuGH, Urteil vom 21.11.2013 – Rs. C-284/12 (Lufthansa), Rn. 30.

214 Vgl. EuGH, Urteil vom 5.3.2019 – Rs. C-349/17 (Eesti Pagar), Rn.89; Urteil vom 21.11.2013 – Rs. C-284/12 (Lufthansa), Rn. 30.

215 Sog. Rechtswidrigkeits- oder Rückforderungszinsen, EuGH, Urteil vom 12.2.2008 – Rs. C-199/06 (CELF/SIDE), Rn. 52; Urteil vom 8.12.2011 – Rs. C-275/10 (Residex), Rn. 33 – 35, hierzu auch nachfolgend unter IV.3.cc.

216 Vgl. EuGH, Urteil vom 11.7.1996 – Rs.C-39/94 (SFEI u. a.), Rn. 68-71; Urteil vom 5.3.2019 – Rs. C-349/17 (Eesti Pagar), Rn. 92-94.

217 Vgl. EuGH, Urteil vom 21.11.1991 – Rs. C-354/90 (FNCE), Rn. 16; Urteil vom 11.7.1996 – Rs.C-39/94 (SFEI u. a.), Rn. 67 ff.

das Durchführungsverbot.[218] Sofern die Kommission zwischenzeitlich die Vereinbarkeit der Beihilfe mit dem Binnenmarkt festgestellt hat, bedarf es allerdings nicht mehr der vollständigen Rückforderung der gewährten Beihilfe. Ausreichend ist hier die Rückforderung des Zinsvorteils, der zwischen der rechtswidrigen Gewährung der Beihilfe und dem Genehmigungsbeschluss der Kommission entstanden ist.[219]

Der Verstoß gegen das Durchführungsverbot schlägt sich zudem auf die Wirksamkeit der Rechtsakte nieder, auf denen die Durchführung der Beihilfe beruht. Dies betrifft sowohl die zivilrechtliche als auch die öffentlich-rechtliche Gewährung von Beihilfen.[220]

Zivilrechtliche Verträge sind nach inzwischen ständiger Rechtsprechung des BGH nach § 134 BGB nichtig, da das Durchführungsverbot ein Verbotsgesetz im Sinne dieser Vorschrift darstellt.[221] Sie sind daher grundsätzlich im Rahmen des Bereicherungsrechts (§§ 812 ff. BGB) rückabzuwickeln. Nicht bis in alle Einzelheiten geklärt ist bislang allerdings die Frage, wie weit die Nichtigkeit des beihilfegewährenden Vertrages reicht, wenn die Kommission zwischenzeitlich einen Beschluss zur Genehmigung der rechtswidrig gewährten Beihilfe erlassen hat oder nur eine bestimmte Klausel eines Vertrages ein Beihilfeelement enthält. In dem Urteil *„CEPS-Pipeline"* hat der BGH im Lichte der *„CELF"*-Rechtsprechung des EuGH anerkannt, dass ein Verstoß gegen das Durchführungsverbot nicht zwingend zur Gesamtnichtigkeit des Vertrages führen muss, durch den eine Beihilfe gewährt wird. Das Beihilfenrecht verlange nicht mehr als die Beseitigung der Beihilfe in Form der mit ihr verbundenen Wettbewerbsverzerrung, so dass im Einzelfall auch eine Teilnichtigkeit genüge, um den unionsrechtlichen Verpflichtungen nachzukommen.[222] Da in dem vom BGH konkret zu entscheidenden Fall das Beihilfeelement allerdings in der Kaufpreisvereinbarung eines Kaufvertrages lag, kam eine Teilnichtigkeit des Vertrages nicht in Betracht, da der Kaufpreis zu den unverzichtbaren *essentialia negotii* des Kaufvertrages gehört.[223] Im Lichte der Rechtsprechung des BGH stellt sich in der Praxis in der Regel allerdings die Aufgabe, Verträge durch Erhaltens- oder Ersetzungsklauseln so zu formulieren, dass für den (unerwarteten) Fall der Feststellung eines rechtswidrigen Beihilfeelements die Gesamtnichtigkeit des Vertrages vermieden und eine beihilfenkonforme Geltungserhaltung erzielt wird.[224]

Die Rechtsprechung des BGH zu zivilrechtlichen Verträgen ist auf öffentlich-rechtliche Verträge übertragbar, da § 134 BGB über die §§ 59, 62 VwVfG auch hier Anwendung findet.[225]

---

218 EuGH, Urteil vom 12.2.2008 – Rs. C-199/06 (CELF/SIDE), Rn. 40; Urteil vom 23.1.2019 – Rs. C-387/17 (Fallimento Traghetti de Mediterraneo), Rn. 59.

219 EuGH, Urteil vom 12.2.2008 – Rs. C-199/06 (CELF/SIDE), Rn. 49 ff.; auch: BGH, Urteil vom 5.12.2012 – I ZR 92/11 (CEPS-Pipeline), Rn. 37.

220 Vgl. *Werner*, in: Münchener Kommentar Europäisches und Deutsches Wettbewerbsrecht, Band 5 Beihilfenrecht, 4. Aufl. 2022, Art. 108 AEUV, Rn. 157.

221 BGH, Urteil vom 4.4.2003 – V ZR 314/02 = EuZW 2003, 444, 445; Urteil vom 20.1.2004 – XI ZR 53/03 = EuZW 2004, 252, 253; Urteil vom 5.7.2007 – IX ZR 256/06, BGHZ 173, 129 Rn. 3; Beschluss vom 13.9.2012 – III ZB 3/12.

222 BGH, Urteil vom 5.12.2012 – I ZR 92/11 (CEPS-Pipeline), Rn. 46.

223 BGH, Urteil vom 5.12.2012 – I ZR 92/11 (CEPS-Pipeline), Rn. 51 ff.

224 Vgl. für den Fall von Forschungs- und Entwicklungsverträgen *Rödel*, Rechts- und Planungsunsicherheit durch die drohende Gesamtnichtigkeit beihilfegewährender Forschungs- und Entwicklungsverträge?!, PharmR 2014, 141.

225 Vgl. *Stelkens*, in: Stelkens/Bonk/Sachs, Verwaltungsverfahrensgesetz, 10. Aufl. 2023, § 59 VwVfG, Rn. 73 ff.

Für den Fall, das Beihilfen – wie im Zuwendungsrecht – durch Leistungsbescheid in Form eines Verwaltungsaktes gewährt werden, ist der Bescheid nach der ständigen Rechtsprechung des Bundesverwaltungsgerichts nicht nichtig, sondern rechtswidrig.[226]

Des Weiteren sind die nationalen Gerichte verpflichtet, die Rechte Dritter bei Verstößen gegen das Durchführungsverbot wirksam zu schützen. Betroffene (wie direkte Wettbewerber des Beihilfenempfängers)[227] müssen sich mithin vor staatlichen Gerichten auf ihre Rechte aus Art. 108 Abs. 3 Satz 3 AEUV direkt berufen und diese geltend machen können. Ausfluss dieser sog. drittschützende Wirkung[228] des Art. 108 Abs. 3 Satz 3 AEUV ist das Berufen und die Geltendmachung von Ansprüchen auf Beseitigung, Unterlassung und Schadenersatz sowie von Maßnahmen des einstweiligen Rechtsschutzes nach dem innerstaatlichen Recht.[229] Art. 108 Abs. 3 Satz 3 AEUV ist insoweit ein individuell einklagbares Recht i.S.d. § 42 Abs. 2 VwGO.[230] Zudem hat der BGH anerkannt, dass es Schutzgesetz i.S.d. § 823 Abs.2 BGB und Marktverhaltensregel i.S.d. UWG ist, so dass Wettbewerber auf diesen Grundlagen gegen die rechtswidrige Beihilfengewährung vorgehen können.[231] Aus der Qualifizierung als Schutzgesetz und Marktverhaltensregel folgt zudem, dass Wettbewerber im Wege der Stufenklage nach § 254 ZPO in erster Stufe die Offenlegung der für die Leistungs- bzw. Unterlassungsklage erforderlichen Informationen einklagen können.[232] Wettbewerber können zudem versuchen, über IFG-Anträge an die für ihre Beschwerden erforderlichen Informationen zu gelangen.

2. Verpflichtung zur Rückforderung von mit dem Binnenmarkt unvereinbaren Beihilfen

Im Falle missbräuchlicher oder mit dem Binnenmarkt unvereinbarer Beihilfen wird die Kommission nach Durchführung des sog. förmlichen Prüfverfahrens[233] einen Negativbeschluss (Art. 9 Abs. 5 VO 2015/1589) erlassen. Wurde die geprüfte Beihilfe entgegen Art. 108 Abs. 3 Satz 3 AEUV bereits durchgeführt, ordnet die Kommission grundsätzlich zugleich die Rückforderung der Beihilfe (Art. 16 VO 2015/1589) an. Die Verpflichtung der staatli-

226 Vgl. BVerwG, Urteil vom 16.12.2010 – 3 C 44.09, Rn. 16 = EuZW 2011, 269 mit Anm. *von Donat*; BVerwG, Urteil vom 23.4.1998 – 3 C 15/97, NJW 1998, 3278.

227 Vgl. *Werner*, in: Münchener Kommentar Europäisches und Deutsches Wettbewerbsrecht, Band 5 Beihilfenrecht, 4. Aufl. 2022, Art. 108 AEUV, Rn. 167.

228 EuGH, Urteil vom 21.11.1991 – Rs. C-354/90 (FNCE), Rn. 12; dem folgend: BGH, Urteil vom 10.2.2011 – I ZR 136/09 (Flughafen Hahn); BVerwG, Urteil vom 16. Dezember 2010 – 3 C 44.09, Rn. 13 m.w.N.

229 Vgl. hierzu im Einzelnen *Werner*, in: Münchener Kommentar Europäisches und Deutsches Wettbewerbsrecht, Band 5 Beihilfenrecht, 4. Aufl. 2022, Art. 108 AEUV, Abschnitt F; auch: *Rennert*, Beihilferechtliche Konkurrentenklage vor deutschen Verwaltungsgerichten, EuZW 2011, 576.

230 BVerwG, Urteil vom 16.12.2010 – 3 C 44.09, Zweckverband Tierkörperbeseitigung; OVG Koblenz, Urteil vom 24. 11. 2009 – 6 A 10113/09, unter I.1; *Wahl/Schütz*, in: Schoch/Schneider/Bier, Verwaltungsgerichtsordnung, 46. EL 2024, Art. 42 Abs. 2 VwGO, Rn. 302.

231 Vgl. BGH, Urteil vom 10.2.2011 – I ZR 136/09, Rn. 16 ff.; Urteil vom 21.7.2011 – I ZR 209/09, Rn. 22 und 35.

232 Vgl. BGH, Urteil vom 21.7.2011 – I ZR 209/09, dazu auch: *Arhold* EWS 2011, 209 (214); *Koenig/Hellstern* EWS 2011, 216 (219 f.).

233 Vgl. Art. 6 VO 2015/1589 sowie ausführlich zum Ablauf der Prüfverfahren: *Werner*, in: Münchener Kommentar Europäisches und Deutsches Wettbewerbsrecht, Band 5 Beihilfenrecht, 4. Aufl. 2024, Kommentierung zu Art. 108 AEUV sowie zu Art. 1 – Art. 6 VO 2015/1589.

chen Stellen zur Rückforderung der Beihilfe bzw. Zuwendung folgt in diesem Fall direkt aus dem Beschluss der Kommission.

Nach Artikel 16 Abs. 2 der VO 2015/1589 muss die Beihilfe einschließlich der Zinsen, die bis zu ihrer tatsächlichen Rückzahlung auflaufen[234], zurückgezahlt werden. Gemäß Art. 16 Abs. 3 VO 2015/1589 hat die innerstaatliche Rückforderung unverzüglich und nach dem Verfahren des betreffenden Mitgliedstaates zu erfolgen – und zwar unbeschadet eines etwaigen Vorgehens gegen den Beschluss der Kommission im Wege der Nichtigkeitsklage. Das innerstaatliche Recht muss insoweit gewährleisten, dass die sofortige und tatsächliche Vollstreckung des Rückforderungsbeschlusses ermöglicht wird (Art. 16 Abs. 3 VO 2015/1589). Das heißt, dass die innerstaatlichen Stellen (nicht nur die nationalen Gerichte) alle in ihren Rechtsordnungen verfügbaren Schritte, einschließlich vorläufiger Maßnahmen unternehmen müssen und diese die Umsetzung auch tatsächlich bewirken müssen.[235]

Praxistipp

▶ *Die Kommission hat die Einzelheiten der Verfahren und Anforderungen, die für die innerstaatlichen Stellen bei der Rückforderung rechtswidriger und mit dem Binnenmarkt unvereinbarer Beihilfen gelten, in einer Bekanntmachung zusammengefasst. Hierin erläutert die Kommission u.a. auch, wie die Kommission mit den Mitgliedstaaten im Rahmen der Rückforderung zusammenarbeitet. Die erstmals im Jahr 2007 veröffentlichte Rückforderungsbekanntmachung wurde im Zuge der Agenda zur Modernisierung des Beihilfenrechts überarbeitet und im Juli 2019 neu veröffentlicht.*[236]

Auch das BMWi hat im Jahr 2015 als Orientierung für die zur Rückforderung verpflichteten Stellen eine Bekanntmachung über die Rückforderung unionsrechtswidrig gewährter Beihilfen veröffentlicht.[237] *Auch wenn diese angesichts der zwischenzeitlich ergangenen Rechtsprechung und der Modernisierung des Beihilfenrechts durch die Kommission einer Überarbeitung bedürfte, gibt sie doch einen guten Überblick über die anwendbaren Verfahren und Grundsätze.*

3. Konsequenzen der Rückforderungspflicht bei der Gewährung von Zuwendungen

Die Rückforderung von Beihilfen erfolgt mangels unionsrechtlichem Verfahrensrecht auf der Grundlage des nationalen Rechts, welches allerdings im Lichte der vom EuGH – insbesondere mit der sog. *„Alcan"*-Rechtsprechung[238] – aufgestellten Grundsätze zum *effet utile* der Rückforderungsverpflichtung modifiziert wird. Die Modalitäten des nationalen Rechts dürfen demnach nicht ungünstiger sein als diejenigen, die bei ähnlichen innerstaatlichen Sachverhalten gelten (Grundsatz der Äquivalenz) und das innerstaatliche Recht ist so anzuwenden,

234 Siehe hierzu nachfolgend unter IV.3 b) cc).
235 Vgl. EuGH, Urteil vom 11.9.2014 – Rs. C-527/12(Biria), Rn. 27 ff., mit Anm. *Karpenstein/Corzilius*, EuZW 2014, 827 f.
236 ABl. (EU) Nr. 247 vom 23.7.2019, S. 1.
237 Rückforderungsbekanntmachung des BMWi, Bundesanzeiger BAnz AT 13.2.2015 B1.
238 EuGH, Urteil vom 20.3.1997 – Rs. C-24/95 (Alcan II).

dass es die unionsrechtlich vorgeschriebene Rückforderung nicht übermäßig erschwert oder praktisch unmöglich macht (Grundsatz der Effektivität).[239]

a) Rechtsgrundlagen der Rückforderung

Liegt der rechtswidrig gewährten, mit dem Binnenmarkt unvereinbaren oder missbräuchlich verwendeten Beihilfe – wie im Zuwendungsrecht überwiegend der Fall – ein Leistungsbescheid nach deutschem Verwaltungsrecht zugrunde, erfolgt die Rückforderung im Wege des *actus contrarius* durch einen Rückforderungsbescheid. Hierzu bedarf es in einem ersten Schritt der Aufhebung des begünstigenden Verwaltungsaktes gemäß §§ 48[240],49[241] VwVfG[242] und in einem zweiten Schritt des Rückforderungsbescheides nach § 49a VwVfG.[243] Ergeht der Rückforderungsbescheid zur Vollziehung eines Negativ- und Rückforderungsbeschlusses der Kommission ist dieser zwingend mit der Anordnung der sofortigen Vollziehung (§ 80 Abs. 2 Nr. 4 VwGO) zu verbinden.[244] Aufgrund der Verpflichtungen aus der Beihilfeverfahrensverordnung sind zum Vollzug des Kommissionsbeschlusses ferner unmittelbar Schritte der Verwaltungsvollstreckung zu unternehmen.[245]

Liegt der Beihilfe kein Zuwendungsbescheid, sondern z.B. ein öffentlich-rechtlicher Vertrag zugrunde, kommt als Rechtsgrundlage der öffentlich-rechtliche Erstattungsanspruch in Betracht.[246] Der Rechtsgrund der staatlichen Vermögensverschiebung ist mit der Nichtigkeit des beihilfegewährenden Vertrages entfallen. Die im Lichte der unionsrechtlichen Verpflichtung zur effektiven Beihilfenrückforderung anzunehmende Reichweite des Anspruchs ebenso wie die Maßnahmen zu seiner Geltendmachung sind umstritten und in der Rechtsprechung noch nicht abschließend geklärt. So erfolgt die Geltendmachung des Erstattungsanspruchs grundsätzlich im Wege der Leistungsklage vor den Verwaltungsgerichten.[247] Vorzugswürdig wird allerdings vertreten, dass in begründeten Einzelfällen – konkret zur unverzüglichen Umsetzung von Negativbeschlüssen der Kommission – auch der Erlass eines

239 Vgl. EuGH, Urteil vom 20.3.1997 – Rs. C-24/95 (Alcan II), Rn. 24 und die darin in Bezug genommene Rechtsprechung; auch: EuGH, Urteil vom 11.11.2015 – Rs. C-505/14 (Klausner Holz), Rn. 40; Urteil vom 5.3.2019 – Rs. C-349/17 (Eesti Pagar), Rn. 137.

240 Im Fall eines gegen Art. 107 AEUV und/oder Art. 108 Abs. 3 Satz 3 AEUV verstoßenden Zuwendungsbescheides.

241 Im Fall von genehmigten aber missbräuchlich verwendeten Beihilfen.

242 Bzw. den entsprechenden Landesgesetzen.

243 Vgl. *Karpenstein/ Dingemann* in: Münchener Kommentar Europäisches und Deutsches Wettbewerbsrecht, Band 5 Beihilfenrecht, 4. Aufl. 2022, Teil 12. Beihilfenrückforderung im deutschen Recht, Rn. 12 ff.

244 In der Regel gilt hier, dass das Unionsinteresse an der sofortigen Beseitigung der Wettbewerbsverfälschung und Wiederherstellung der rechtmäßigen Lage die Interessen des Beihilfenempfängers überwiegen, vgl. EuGH, Urteil vom 5.10.2006 – Rs. C-232/05 (Kommission ./. Frankreich), Rn. 46 ff; Urteil vom 20.3.1997 – Rs. C-24/95 (Alcan II), Rn. 34.

245 Vgl. Abschnitt 4.2 und 5 der Rückforderungsbekanntmachung des BMWi, Bundesanzeiger BAnz AT 13.02.2015 B1.; hierzu auch: *Karpenstein/Dingemann*, in: Münchener Kommentar Europäisches und Deutsches Wettbewerbsrecht, Band 5 Beihilfenrecht, 4. Aufl. 2022, Teil 12. Beihilfenrückforderung im deutschen Recht, Rn. 24.

246 Zum Streitstand hinsichtlich der Reichweite und der Rechtsfolgen des Anspruchs im Anwendungsbereich des Beihilfenrechts, vgl. *Karpenstein/Dingemann*, in: Münchener Kommentar Europäisches und Deutsches Wettbewerbsrecht, Band 5 Beihilfenrecht, 4. Aufl. 2022, Teil 12. Beihilfenrückforderung im deutschen Recht, Rn. 29ff.

247 *Bungenberg/Motzkus*, in: Birnstiel/Bungenberg/Heinrich, Europäisches Beihilfenrecht, 2013, Kap. 5, Rn. 116.

Rückforderungsbescheides mit Anordnung der sofortigen Vollziehung gerechtfertigt sein kann.[248]

b) Modifizierungen des innerstaatlichen Rechts durch die Verpflichtung zur effektiven Rückforderung

Aus der Verpflichtung der nationalen Stellen zur Beihilfenrückforderung entsprechend des unionsrechtlichen Effektivitätsgrundsatzes folgt, dass die für die Rückforderung herangezogenen nationalen Rechtsgrundlagen in ihrer Anwendung erhebliche Modifizierungen erfahren:

aa. Gebundenes Ermessen

Hierzu gehört zunächst, dass die innerstaatlichen Behörden hinsichtlich der Rückforderung grundsätzlich über kein Ermessen verfügen.[249] Dies gilt sowohl für den Fall (nur) formell rechtswidriger als auch im Fall materiell rechtswidriger Beihilfen. Lediglich für den Ausnahmefall, dass die Kommission eine formell rechtswidrige Beihilfe nach der verfrühten Durchführung genehmigt, dürfen die zuständigen Behörden von der vollständigen Aufhebung und Rückforderung der Beihilfe absehen. Ist eine Entscheidung der Kommission noch nicht ergangen aber aufgrund eines Prüfverfahrens absehbar, können mitunter einstweilige Maßnahmen zur Rückforderung der Beihilfe und die Aussetzung der weiteren Durchführung genügen.[250] Auch in den Fällen, in denen die Kommission einen Genehmigungsbeschluss erlässt, bleiben die zuständigen Behörden aber verpflichtet, vom Zuwendungsempfänger Rechtswidrigkeitszinsen zu fordern. Da es im Verwaltungsrecht hierfür keine einschlägigen Rechtsgrundlage gibt, kann eine entsprechende „Rückforderung" im Wege der Teilaufhebung des ursprünglichen Zuwendungsbescheides in Höhe des gewährten Zinsvorteils[251] und der Anordnung der „Rückzahlung" des entsprechenden Betrages gemäß §§ 48, 49a VwVfG analog erfolgen.[252]

bb. Einschränkung der Berufung auf Vertrauensschutz

Des Weiteren resultiert aus der sog. *„Alcan"*-Rechtsprechung des EuGH, der die deutsche Rechtsprechung weitestgehend folgt, dass bei der Anwendung von Vorschriften wie denen

248 OVG Berlin-Brandenburg vom 7. November 2005 –8 S 93.05 und vom 29. Dezember 2006 – 8 S 42.06; vgl. auch Ziffer 4.5 der Rückforderungsbekanntmachung des BMWi, BAnz AT 13.2.2015 B 1; zum Überblick auch: *Karpenstein/Dingemann*, in: Münchener Kommentar Europäisches und Deutsches Wettbewerbsrecht, Band 5 Beihilfenrecht, 4. Aufl. 2022, Teil 12. Beihilfenrückforderung im deutschen Recht, Rn. 34 ff.

249 EuGH, Urteil vom 20.3.1997 – Rs. C-24/95 (Alcan II), Rn. 34; Urteil vom 5.3.2019 – Rs. C-349/17(Eesti Pagar), Rn. 89; vgl. auch: *Karpenstein/Dingemann*, in: Münchener Kommentar Europäisches und Deutsches Wettbewerbsrecht, Band 5 Beihilfenrecht, 4. Aufl. 2022, Teil 12. Beihilfenrückforderung im deutschen Recht, Rn. 13; auch *Stelkens*, in: Stelkens/Bonk/Sachs, Verwaltungsverfahrensgesetz, 10. Aufl. 2023, § 48 VwVfG, Rn. 272 f. weist darauf hin, dass ein Ermessen ausscheidet, wenn unionsrechtlich die Rücknahme und Rückforderung zwingen vorgeschrieben ist.

250 Vgl. EuGH, Urteil vom 11.11.2015 – Rs. C-505/14 (Klausner Holz), Rn. 26; Urteil vom 21.11.2013 – Rs. C-284/12 (Deutsche Lufthansa), Rn. 43.

251 Vgl. hierzu die Ausführungen zuvor unter FN 211 und 215.

252 Vgl. *Karpenstein/Dingemann*, in: Münchener Kommentar Europäisches und Deutsches Wettbewerbsrecht, Band 5 Beihilfenrecht, 4. Aufl. 2022, Teil 12. Beihilfenrückforderung im deutschen Recht, Rn. 16; m.w.N.

der §§ 48 ff. VwVfG, bei denen die Rücknahme eines Verwaltungsaktes von der Abwägung verschiedener widerstreitender Interessen abhängig gemacht wird, das Unionsinteresse in vollem Umfang Berücksichtigung finden muss.[253] Hieraus folgt, dass sich der Begünstigte einer rechtswidrigen Beihilfe gegen die Rückforderung in aller Regel nicht auf Vertrauensschutzgesichtspunkte berufen kann. Die für Zuwendungsbescheide normalerweise geltenden Regelungen in § 48 Abs. 2 VwVfG finden keine Anwendung.[254] Zwar gehört das Recht, sich auf den Grundsatz des Vertrauensschutzes berufen zu können, auch in der Unionsrechtsordnung zu den anerkannten Grundsätzen. Nach dem mit Blick auf Art. 108 Abs. 3 Satz 3 AEUV anzulegenden unionsrechtlichen Maßstab, setzt dieses Recht allerdings voraus, dass die zuständigen Unionsbehörden dem Betroffenen klare, unbedingte und aus befugten und zuverlässigen Quellen stammende Zusicherungen erteilt haben.[255] Da die Überwachung von staatlichen Beihilfen durch die Kommission in Art. 108 AEUV zwingend vorgeschrieben ist, darf ein durch eine Beihilfe begünstigtes Unternehmen auf die Ordnungsmäßigkeit seines Vorteils damit grundsätzlich nur dann vertrauen, wenn die Beihilfe unter Einhaltung des in dieser Vorschrift vorgeschriebenen Verfahrens gewährt wurde.[256] Nach ständiger Rechtsprechung ist es einem sorgfältigen Wirtschaftsteilnehmer regelmäßig möglich, sich zu vergewissern, dass dieses Verfahren eingehalten wurde.[257] Der Empfänger einer Beihilfe, die ohne vorherige Anmeldung bei der Kommission gewährt wurde, kann dementsprechend kein berechtigtes Vertrauen in die Ordnungsmäßigkeit ihrer Gewährung haben[258] Dies gilt unabhängig davon, dass die Verantwortung für die Rechtswidrigkeit der Beihilfe ggf. im überwiegendem Maße im Verantwortungsbereich der beihilfegewährenden Behörde liegt.[259] Hier kommen ggf. nur Schadenersatzansprüche des Beihilfenempfängers in Betracht, die allerdings nicht dazu führen dürfen, dass die Beihilfenrückforderung umgangen wird.

Der EuGH hat zwischenzeitlich klargestellt, dass diese Grundsätze auch im Fall von Beihilfen gelten, die von nationalen Stellen unter Inanspruchnahme eines Freistellungstatbestandes gewährt werden. Die nationalen beihilfegewährenden Stellen können den Beihilfeempfängern insoweit keinen Vertrauensschutz vermitteln. Denn ihnen wird durch die Freistellungsrechtsakte nicht die Befugnis eingeräumt, eine endgültige Entscheidung zu erlassen, wonach keine Pflicht zur Anmeldung der ausgereichten Beihilfen bei der Kommission besteht.[260] Auch im Falle einer fehlerhaften Gewährung freigestellter Beihilfen durch nationale Behörden bleibt es daher dabei, dass sich der Beihilfeempfänger gegen die Rückforderung der Beihilfe nicht auf ein berechtigtes Vertrauen in die Rechtmäßigkeit seiner Förderung berufen kann.[261]

---

253 EuGH, Urteil vom 20.3.1997 – Rs. C-24/95 (Alcan II), Rn. 24.

254 Vgl. OVG Lüneburg, Urteil vom 19.11.2013 – 10 LB 57/12; BVerfG, Beschluss vom 17.2.2000 – Az. 2 BvR 1210/98; BVerwG, Urteil vom 23.4.1998 – 3 C 15/97, NJW 1998, 3278; EuGH, Urteil vom 20.3.1997 – Rs. C-24/95, Alcan, Rn. 25.

255 Vgl. EuGH, Urteil vom 5.3.2019 – Rs. C-349/17 (Eesti Pagar), Rn. 97 m.w.N.

256 EuGH, Urteil vom 20.3.1997 – Rs. C-24/95 (Alcan II), Rn. 25; Urteil vom 5.3.2019 – Rs. C-349/17 (Eesti Pagar), Rn. 98.

257 EuGH, Urteil vom 20.3.1997 – Rs. C-24/95 (Alcan II), Rn. 24; Urteil vom 5.3.2019 – Rs. C-349/17 (Eesti Pagar), Rn. 98.

258 EuGH, Urteil vom 5.3.2019 – Rs. C-349/17 (Eesti Pagar), Rn. 98.

259 EuGH, Urteil vom 20.3.1997 – Rs. C-24/95 (Alcan II), Rn. 41 ff.

260 EuGH, Urteil vom 5.3.2019 – Rs. C-349/17 (Eesti Pagar), Rn. 101 ff.

261 EuGH, Urteil vom 5.3.2019 – Rs. C-349/17 (Eesti Pagar), Rn. 104f.

Eine Sonderkonstellation stellt schließlich die Situation dar, in welcher der Rückforderungsanordnung der Kommission oder der Rückforderungsverpflichtung wegen Verstoßes gegen das Durchführungsverbot die Rechtskraft eines nationalen Gerichtsurteils entgegensteht. Die Rechtskraft ist auch in der Unionsrechtsordnung als allgemeiner Rechtsgrundsatz von hoher Bedeutung anerkannt. Der EuGH hat daher bestätigt, dass die Rechtskraft eine Schranke im Rahmen der Ausübung der Verpflichtung zur unionsrechtskonformen Auslegung des nationalen Rechts durch den nationalen Richter sein kann.[262] Das Unionsrecht gebiete es den nationalen Gerichten daher nicht in jedem Fall, von der Anwendung innerstaatlicher Verfahrensvorschriften abzusehen, nach denen eine Entscheidung Rechtskraft erlangt, selbst wenn dadurch ein durch die fragliche Entscheidung eingetretener Verstoß gegen das Unionsrecht beseitigt werden könnte.[263] Allerdings müssten die innerstaatlichen Vorschriften, die die Modalitäten der Wirkung der Rechtskraft festlegten, im Zusammenhang mit der Umsetzung unionsrechtlicher Verpflichtungen so angewendet werden, dass die Grundsätze der Äquivalenz und der Effektivität gewahrt würden. Für den Fall, dass ein nationales Gerichtsurteil zeitlich nach einem Rückforderungsbeschluss der Kommission und in offensichtlichem Widerspruch zu diesem ergeht, hat der EuGH hieraus gefolgert, dass die Rechtskraft des nationalen Urteils der Rückforderungsanordnung nicht entgegen gehalten werden kann.[264] Hier seien die nationalen Gerichte zur Herstellung des *effet utile* und angesichts der unionsrechtlich vorgegebenen alleinigen Kompetenz der Kommission zur Beurteilung der Vereinbarkeit von Beihilfemaßnahmen mit dem Binnenmarkt gehalten, entgegenstehendes innerstaatliches Recht entweder unionskonform auszulegen oder unangewendet zu lassen.[265] Im Urteil des Vorabentscheidungsverfahrens *„Klausner Holz"* ist der EuGH zudem zu dem Ergebnis gekommen, dass der Empfänger (formell) rechtswidriger Beihilfen die Weitergewährung (formell) rechtswidriger Beihilfen nicht mit dem Hinweis auf die Rechtskraft eines zu seinen Gunsten ergangenen Feststellungsurteils erzwingen kann, in dessen Rahmen die Beihilferelevanz der dem Empfänger gewährten staatlichen Leistungen (konkret ging es um Holzlieferungsverträge) überhaupt nicht erörtert wurde. Unter den Umständen wie denen des Ausgangsfalles sei es mit dem Effektivitätsgrundsatz nicht vereinbar, wenn ein nationales Gericht, das erstmals den Beihilfecharakter der staatlichen Maßnahme und die Verletzung von Art. 108 Abs. 3 Satz 3 AEUV feststelle, durch die Rechtskraft des vorangegangenen Feststellungsurteils gehindert werde, die erforderlichen Konsequenzen aus dem Verstoß gegen das Durchführungsverbots zu ziehen.[266] Der EuGH verwies hier auch darauf, dass bei einer anderweitigen Auslegung bzw. Anwendung der nationalen Rechtskraftvorschriften die Gefahr der Umgehung des Durchführungsverbotes und der Beeinträchtigung des Entscheidungsmonopols der Kommission bestehe. Denn es bestünde dann die Möglichkeit, Feststellungsurteile zu erwirken, die eine jahrelange Weitergewährung rechtswidriger Beihilfen ermöglichten und die Vollziehung anderslautender Kommissionsbeschlüsse behinderten.[267]

262 EuGH, Urteil vom 11.11.2015 – Rs. C-505/14 (Klausner Holz), Rn. 32 u. 38 f.; Urteil vom 3.9.2009 – Rs. C-2/08 (Fallimento Olimpiclub), Rn. 22 f.

263 EuGH, Urteil vom 11.11.2015 – Rs. C-505/14 (Klausner Holz), Rn. 39.; Urteil vom 3.9.2009 – Rs. C-2/08 (Fallimento Olimpiclub), Rn. 23.

264 EuGH, Urteil vom 18.7.2007 – Rs. C-119/05 (Lucchini), Rn. 60 ff.

265 EuGH, Urteil vom 18.7.2007 – Rs. C-119/05 (Lucchini), Rn. 60 ff.

266 EuGH, Urteil vom 11.11.2015 – Rs. C-505/14 (Klausner Holz), Rn. 41 ff.

267 EuGH, Urteil vom 11.11.2015 – Rs. C-505/14 (Klausner Holz), Rn. 43 f.

cc. Zinsen

Auch die Regelung des § 49a Abs. 3 VwVfG zu der Höhe der zurückzufordernden Zinsen wird durch die Vorgaben des Unionsrechts zu den Rückforderungszinsen überlagert. Dabei gelten je nachdem, ob die Rückforderung aufgrund eines Verstoßes gegen das Durchführungsverbot oder aufgrund eines Rückforderungsbeschlusses der Kommission erfolgt, unterschiedliche Berechnungsansätze.

Bei der Rückforderung *nur formell rechtswidriger Beihilfen* bestimmt sich die Berechnung der Zinsen in Ermangelung unionsrechtlicher Vorschriften zwar grundsätzlich nach dem anwendbaren nationalen Recht. Dabei sind jedoch die Grundsätze der Äquivalenz und der Effektivität zu berücksichtigen. Hieraus resultiert, dass gewährleistet sein muss, dass dem Beihilfeempfänger aufgegeben wird, für den gesamten Zeitraum, in dem er in den Genuss der Beihilfe gekommen ist, Zinsen in Höhe eines Zinssatzes zu zahlen, der genauso hoch ist wie derjenige, der angewandt worden wäre, wenn er den Betrag der in Rede stehenden Beihilfe während dieses Zeitraums auf dem Markt hätte leihen müssen.[268]

Für die *Rückforderung aufgrund eines Beschlusses* der Kommission werden die Zinsen nach einem von der Kommission festgelegtem Satz berechnet (vgl. Art. 16 Abs. 2 VO 2015/1589). Die Kommission hat den entsprechenden Satz in den Art. 9 – 11 VO 794/2004 festgelegt, die zwischenzeitlich mehrfach überarbeitet worden ist (zuletzt durch die VO 2016/2105).[269]

dd. Enge Ausnahmen von der Verpflichtung zur Rückforderung

Unter sehr engen Voraussetzungen kann von einer Beihilferückforderung im Falle außergewöhnlicher Umstände oder bei absoluter Unmöglichkeit abgesehen werden. In der Praxis kommen diese Konstellationen allerdings zum einen nur selten vor und werden zum anderen nur äußerst vereinzelt von der Kommission und den Unionsgerichten anerkannt.[270]

Aus der Verpflichtung zur effektiven Beihilfenrückforderung folgt ferner, dass der Beihilfenempfänger sich gegen diese nicht auf seine Gutgläubigkeit beim Wegfall der Bereicherung (§ 48 Abs. 2 Satz 2 VwVfG) berufen kann.[271]

ee. Verjährungsfristen

Klarheit besteht inzwischen auch hinsichtlich der Verjährungsfristen für die Rückforderung formell rechtswidriger Beihilfen auf eigene Initiative der beihilfegewährenden Stellen oder auf Anordnung durch ein nationales Gericht: Die Fristen bestimmen sich hier nach dem maßgeblichem nationalen Recht, wobei dieses im Lichte des Effektivitätsgrundsatzes anzuwenden ist. Damit steht der Anwendung der üblichen Fristenregelungen, wie z.B. § 48 Abs. 4 VwVfG, grundsätzlich nichts entgegen. Etwas anderes gilt nur, wenn speziellere unionsrechtliche Verjährungsregeln einschlägig sind (z.B. die Regelungen der Verordnung Nr. 2988/95 bei der Verwendung von Strukturfondsmitteln).[272] Die Zehnjahresfrist, die für das Aufgreifen rechtswidriger Beihilfen durch die Kommission gilt (Art. 17 Abs. 1 VO 2015/1589) ist für die nationalen

268 Vgl. EuGH, Urteil vom 5.3.2019 – Rs. C-349/17 (Eesti Pagar), Rn. 135 – 141.
269 Die konsolidierte Fassung ist über eur-lex.europa.eu abrufbar.
270 Siehe zum Überblick und zu den Einzelheiten: *Karpenstein/Dingemann*, in: Münchener Kommentar Europäisches und Deutsches Wettbewerbsrecht, Band 5 Beihilfenrecht, 4. Aufl. 2022, Teil 12. Beihilfenrückforderung im deutschen Recht, Rn. 101ff.
271 BVerwG, Urteil vom 23.4.1998 – 3 C 15/97, NJW 1998, 3278, unter 3. d).
272 EuGH, Urteil vom 5.3.2019 – Rs. C-349/17 (Eesti Pagar), Rn. 101 ff.

Stellen somit nicht verbindlich. Zu berücksichtigen ist allerdings, dass die Verjährung des Rückforderungsanspruchs nach nationalem Recht einer beihilfegewährenden Stelle nicht entgegen gehalten werden kann, wenn sie aufgrund eines (späteren) Negativ- und Rückforderungsbeschlusses der Kommission tätig wird. Die zuständigen Behörden sind in diesem Falle auch dann noch zur Rückforderung berechtigt, wenn die nationalen Ausschlussfristen, wie z.B. die Frist nach § 48 Abs. 4 VwVfG verstrichen sind.[273]

4. Konsequenzen für die Gewährung neuer Beihilfen: Die Deggendorf-Formel

Seit dem Urteil des EuGH in der Rechtssache „TWD Textilwerke Deggendorf GmbH"[274] steht fest, dass die Kommission die Genehmigung einer neuen staatlichen Beihilfe verweigern bzw. aussetzen kann, bis der Empfänger der neuen Beihilfe den Verpflichtungen nachgekommen ist, die sich aus einer früheren Kommissionsentscheidung, insbesondere einer solchen zur Rückforderung rechtswidriger Beihilfen, ergeben.[275] Denn die Kommission hat bei der Prüfung der Genehmigungsfähigkeit von Beihilfen alle einschlägigen Umstände zu berücksichtigen, die sich auf den Binnenmarkt auswirken. Hierzu gehört auch der Umstand, dass sich die neuen Beihilfen ggf. mit alten, rechtswidrigen Beihilfen an dasselbe Unternehmen kumulierend auf den Wettbewerb auswirken.[276]

Diese sog. *Deggendorf-Formel* (oder „Deggendorf-Doktrin") wird seither von der Kommission zur Grundlage der Prüfung der Vereinbarkeit von Beihilfen mit dem Binnenmarkt gemacht und hat entsprechend seinen Niederschlag nicht nur in den Rahmen, Leitlinien und Mitteilungen der Kommission gefunden, sondern auch als allgemeine Freistellungsvoraussetzung in den Verordnungen und Beschlüssen für die Freistellung von Beihilfen (z.B. AGVO, De-minimis-Verordnung, etc.). Sie ist daher regelmäßig in den nationalen Förderrichtlinien zu finden, die als genehmigte oder freigestellte Beihilferegelung umgesetzt werden. Damit stellt die „Deggendorf"-Formel einen Prüfbestandteil für die Bewilligung von Zuwendungen dar. Üblicherweise bereitet ihre Einhaltung aber keine Schwierigkeiten, da sie sich nur auf die noch nicht erfolgte Rückzahlung von rechtswidrigen Beihilfen bezieht, die von der Kommission angeordnet wurde.

Teilweise wird die Frage, ob der Antragsteller Schuldner noch ausstehender Rückzahlungsforderungen ist, auch außerhalb der Deggendorf-Formel zum Gegenstand der Antragsprüfung für Zuwendungen gemacht. D.h. die Frage bezieht sich dann auch auf Rückforderungsanordnungen, die ihre Grundlage nicht in einem Negativbeschluss der Kommission haben. Derartige Abfragen sind streng genommen nicht Ausfluss der Deggendorf-Formel, sondern der Entscheidung der nationalen Behörden, diese Frage in die Antragsprüfung einzubeziehen, um sie beispielsweise zum Teil der Bonitätsprüfung oder des Ausschlusses des Unternehmens in Schwierigkeiten zu machen.

273 Im Einzelnen hierzu vgl. *Sachs*, in: Stelkens/Bonk/Sachs, Verwaltungsverfahrensgesetz, 10. Aufl. 2023, § Rn. 285 m.w.N.; auch: *Karpenstein/Dingemann,* in: Münchener Kommentar Europäisches und Deutsches Wettbewerbsrecht, Band 5 Beihilfenrecht, 4. Aufl. 2022, Teil 12. Beihilfenrückforderung im deutschen Recht, Rn. 102.

274 EuGH, Urteil vom 15.05.1997 – Rs. C-355/95 P (TWD Textilwerke Deggendorf GmbH).

275 EuGH, Urteil vom 15.05.1997 – Rs. C-355/95 P (TWD Textilwerke Deggendorf GmbH), Rn. 26.

276 EuGH, Urteil vom 15.05.1997 – Rs. C-355/95 P (TWD Textilwerke Deggendorf GmbH), Rn. 27.

D. Förderung mit Mitteln aus den Europäischen Investitions- und Strukturfonds und dem JTF

Weitere unionsrechtliche Vorgaben sind bei der Gewährung von Zuwendungen zu beachten, die aus Mitteln der EU-Fonds kofinanziert werden. Unter dem Begriff der EU-Fonds fasst die Kommission die europäischen Fonds zusammen, die für die Unterstützung der europäischen Kohäsionspolitik errichtet wurden (Art. 174 ff. AEUV). Hierzu gehören die Strukturfonds, d.h. der Europäischen Fonds für regionale Entwicklung (EFRE) und der Europäische Sozialfonds Plus (ESF+), sowie der Kohäsionsfonds, der Europäische Landwirtschaftsfonds für die Entwicklung des ländlichen Raumes (ELER), Teile des Europäischen Meeres-, Fischerei- und Aquakulturfonds (EMFAF). Neu hinzugekommen sind in der Förderperiode ab 2021 der Fonds für einen gerechten Übergang (JTF), der Asyl- und Migrationsfonds (AMIF), der Fonds für die innere Sicherheit (ISF) und das Instrument für Grenzmanagement und Visa (BMVI). Den Fonds sind Haushaltsmittel der Europäischen Union zugewiesen, die im Rahmen der sog. geteilten Mittelverwaltung zwischen der Kommission und den Mitgliedstaaten vollzogen werden. Konkret bedeutet dies, dass den Mitgliedstaaten Haushaltsvollzugsaufgaben und insbesondere die primäre Bewirtschaftung der Mittel übertragen werden. Die Mitgliedstaaten sind im Bereich der geteilten Mittelverwaltung zudem verpflichtet, sämtliche zum Schutz der finanziellen Interessen der Union erforderlichen Maßnahmen (einschließlich Rechts- und Verwaltungsmaßnahmen) zu ergreifen. Hierzu gehören insbesondere Maßnahmen, die für eine im Einklang mit den sektorspezifischen Vorschriften stehende, wirksame Umsetzung von aus dem Unionshaushalt finanzierten Maßnahmen sorgen, die Errichtung und Überwachung von Einrichtungen eines funktionierenden Verwaltungs- und Kontrollsystems, die Aufdeckung und Korrektur von Unregelmäßigkeiten und Betrug sowie die Zusammenarbeit mit der Kommission, dem Europäischen Rechnungshof, dem Europäischen Amt für Betrugsbekämpfung (OLAF) sowie der Europäischen Staatsanwaltschaft nach Maßgabe der Haushaltsordnung und den sektorspezifischen Vorschriften (Art. 63 Abs. 2 Haushaltsordnung der EU[277]).

Die Mittel der Europäischen Investitions- und Strukturfonds (z.B. ESF, EFRE) werden im Rahmen sog. Partnerschaftsvereinbarungen, die zwischen der Kommission und den einzelnen Mitgliedstaaten abgeschlossen werden, durch die Mitgliedstaaten verwaltet. Die Partnerschaftsvereinbarungen legen die Strategie, die Prioritäten und die Vorkehrungen für eine effiziente und wirksame Nutzung der zugewiesenen Strukturfonds-Mittel durch den einzelnen Mitgliedstaat fest. Sie werden wiederum mit einer Reihe von Investitionsprogrammen, den sog. Operationellen Programmen, unterlegt, die von der Kommission genehmigt werden müssen. Die Operationellen Programme enthalten Aussagen zur Wahl und Umsetzung der Prioritäten und strategischen Ausrichtung der Verwendung der Fonds-Mittel auf mitgliedstaatlicher Ebene sowie zu den geplanten Maßnahmentypen und Zielsetzungen. In Deutschland erfolgt die Auflegung von Operationellen Programmen sowohl auf Bundes- als auch auf Landesebene. Die Programmplanung und Umsetzung erfolgt in Förderperioden (von gegenwärtig sieben Jahren), wobei die für eine Förderperiode zur Verfügung gestellten Mittel noch

277 Verordnung (EU) 2024/2509 vom 23.9.2024, ABl.(EU) Nr. L 2024/2509 vom 26.9.2024.

für einen näher bestimmten Zeitraum nach dem Ende der Förderperiode eingesetzt werden können.

Neben dem Haushaltsrecht der Union gilt für die Europäischen Investitions- und Strukturfonds spezifisches Unionssekundärrecht. Der einschlägige Rechtsrahmen wird in der Regel vor dem Beginn einer neuen Förderperiode und im Lichte des hierfür maßgeblichen mehrjährigen Finanzrahmens der EU überarbeitet. Dabei folgt der Rechtsrahmen seit einiger Zeit dem Grundmuster, dass es zum einen eine allgemeine Dachverordnung für die EU-Fonds gibt, in der gemeinsame Bestimmungen für alle Fonds niedergelegt sind und zum anderen spezifische Verordnungen und Durchführungsverordnungen für die einzelnen Fonds. Diese werden wiederum durch Verordnungen, Entscheidungen, Leitlinien und Handreichungen für spezifische Themen ergänzt. Die entsprechenden Regelungen wie auch die Vorgaben des einschlägigen Operationellen Programms sind bei der Gewährung von Zuwendungen zu berücksichtigen, die mit Mitteln aus den EU-Fonds kofinanziert werden. In der Praxis stellen hierbei die Mittel aus den Strukturfonds EFRE und ESF+ die wohl präsentesten Finanzierungsmittel dar.

In der andauernden Förderperiode 2021-2027 sind die gemeinsamen Bestimmungen für die EU-Fonds in der Verordnung 2021/1060 niedergelegt. Aus den Regelungen der Verordnung folgt, dass aus den EU-Fonds geförderte Vorhaben dem Unionsrecht und dem in Bezug auf dessen Umsetzung einschlägigen nationalen Recht entsprechen müssen. Zu dem anzuwendenden Unionsrecht kann neben dem EU-Beihilfenrecht insbesondere auch das europäische Vergaberecht gehören. Zu dem einschlägigen nationalen Recht gehören die nationalen Fördervorschriften, also besonders das haushaltsrechtliche Zuwendungsrecht und die zur Durchführung der Förderung erlassenen Förderrichtlinien, Verwaltungsvorschriften, Förderprogramme, etc. Art. 63 Abs. 1 VO 2021/1060 legt insoweit fest, dass die Förderfähigkeit von Ausgaben mit Mitteln der EU-Fonds grundsätzlich auf der Grundlage der nationalen Regelungen festgelegt wird. Etwas anderes gilt nur, wenn in der VO 2021/1060 oder den fondsspezifischen Rechtsakten bzw. auf diesen basierend spezifische Regelungen vorgesehen sind. Aus diesen Festlegungen folgt zweierlei: *Zum einen* können bei Kosten, Fördermaßnahmen und -instrumenten, die durch EU-Mittel kofinanziert werden, neben dem Zuwendungsrecht spezifische unionsrechtliche Regelungen (und ggf. Grenzen) zu berücksichtigen sein. Beispiele hierfür sind die Verwendung von Pauschalsätzen, der Einsatz von Finanzinstrumenten oder die Förderung von Sachleistungen oder einnahmenschaffende Vorhaben.[278] Auch gelten bei der Förderung durch die EU-Fonds in der Regel spezielle Dokumentations- und Publizitätspflichten. *Zum anderen* stellt das nationale Förderrecht zusammen mit dem einschlägigen Unionsrecht die „Unionsbestimmungen" dar, anhand derer die Ausgabe der Fonds-Mitteln im Einzelfall zu messen ist. Hieraus folgt, dass die innerstaatlichen Behörden nicht nur für deren Einhaltung zuständig sind, sondern Verstöße gegen das nationale Förderrecht auch unter dem Blickwinkel ihrer Verpflichtung zur Verfolgung und Korrektur von *Unregelmäßigkeiten*

278 Vgl. u.a. Art. 54 ff. und 64 ff. VO 2021/1060.

(d.h. Verstößen mit Gefährdungswirkung für den Unionshaushalt[279]) zu betrachten haben (vgl. Art. 69 Abs. 2, 103 VO 2021/1060).[280]

Werden die nationalen Behörden zur Untersuchung und finanziellen Berichtigung von Unregelmäßigkeiten tätig, erfolgt dies grundsätzlich auf der Grundlage des innerstaatlichen Rechts (im Zuwendungsrecht mithin auf der Grundlage der §§ 48 ff. VwVfG), wobei es auch hier zu Modifizierungen aufgrund des Unionsrechts kommt. So richtet sich bereits die Definition dessen, was als Unregelmäßigkeit zu betrachten ist, nach dem Unionsrecht, insbesondere der einschlägigen Dachverordnung und der Verordnung Nr. 2988/95[281] sowie ihrer Auslegung durch die Unionsgerichte. Eine Unregelmäßigkeit liegt demnach in einem durch die Handlung oder Unterlassung eines Wirtschaftsteilnehmers herbeigeführten Verstoß gegen das Unionsrecht, der dadurch einen Schaden für den Gesamthaushaltsplan der Europäischen Union bewirkt hat oder haben würde, dass ihm eine ungerechtfertigte Ausgabe angelastet werden muss oder müsste.[282] Eine ungerechtfertigte Ausgabe ist dabei eine, die nicht in vollständigem Einklang mit dem Unionsrecht durchgeführt wird. Ein Unionsrechtsverstoß ist demnach als Unregelmäßigkeit anzusehen, wenn er als solcher Auswirkungen auf den Haushalt haben kann. Nicht erforderlich ist, dass das Vorliegen einer konkreten finanziellen Auswirkung nachgewiesen wird.[283] Die Tatsache, dass ein Vorhaben trotz eines Unionsrechtsverstoßes vollständig umgesetzt wurde und die Förderung damit erfolgreich war, ist für die Feststellung einer Unregelmäßigkeit irrelevant. Verstöße gegen die Vorschriften des Vergaberechts stellen insoweit klassischerweise zu korrigierende Unregelmäßigkeiten dar. Die Korrektur hat dabei im Wege der „finanziellen Berichtigung" zu erfolgen (vgl. Art. 103 Abs. 1 VO 2021/1060), was auf die Rückerstattung des Vorteils hinausläuft, den der betreffende Wirtschaftsteilnehmer unrechtmäßig erhalten hat, insbesondere im Wege der Verpflichtung zur Rückzahlung der zu Unrecht aus den Unionsfonds gezahlten Geldbeträge.[284]

Hinzu kommt, dass die Kommission insbesondere für den Bereich von Verstößen gegen die europäischen Vorschriften zur öffentlichen Auftragsvergabe Leitlinien erlassen hat, nach denen sie sich bei der Festsetzung von Finanzkorrekturen gegenüber den Mitgliedstaaten richtet.[285] Diese Leitlinien stellen zwar formell nur eine Ermessensbindung der Kommission dar. In der Praxis orientieren sich allerdings auch die mitgliedstaatlichen Behörden bei der Ermessensausübung an den in den Leitlinien niedergelegten Korrekturkriterien und Pauschalsätzen,

279 Vgl. die Definition des Art. 1 VO 2988/95 und Art. 2 Nr. 31 VO 2021/1060.

280 Streitig noch angesichts der unklaren Formulierungen in der für die Förderperiode 1994-1999 geltenden Verordnung Nr. 4253/88. Vgl. EuG, Urteil vom 21.11.2012 – Rs. T-270/08 (EFRE Berlin); Urteil vom 19.9.2012 – Rs. T-265/08 (EFRE Thüringen); klargestellt durch: EuGH, Urteil vom 26.5.2016 – Rs. C-260/14 u.a. (Neamţ und Bacău), Rn. 37.

281 ABl. (EG) Nr. L 312 vom 23.12.1995, S. 1; vgl. zum Zusammenspiel zwischen der VO 2988/95 und der maßgeblichen Dachverordnung auch: EuGH, Urteil vom 26.5.2016 – Rs. C-260/14 u.a. (Neamţ und Bacău), Rn. 31 ff.

282 EuGH, Urteil vom 14.7.2016 – Rs. C-406/14 (Stadt Breslau), Rn. 43f.; Urteil vom 21.12.2011 – Rs. C-465/10 (Chambre de commerce und d'industrie de l'Indre), Rn. 46 f.

283 EuGH, Urteil vom 14.7.2016 – Rs. C-406/14 (Stadt Breslau), Rn. 43f.; Urteil vom 21.12.2011 – Rs. C-465/10 (Chambre de commerce und d'industrie de l'Indre), Rn. 46 f.

284 EuGH, Urteil vom 26.5.2016 – Rs. C-260/14 u.a. (Neamţ und Bacău), Rn. 49.

285 Beschluss der Kommission C (2019) 3452 vom 14.5.2019 zur Festlegung der Leitlinien für die Festsetzung von Finanzkorrekturen, die bei Verstößen gegen die Vorschriften für die Vergabe öffentlicher Aufträge auf von der Union finanzierte Ausgaben anzuwenden sind.

da sie den Maßstab für die Kürzungen bieten, den die Kommission vornimmt, sollten die Mitgliedstaaten nicht selbst gegenüber dem Fördermittelempfänger korrigierend tätig geworden sein.[286] Vereinzelt haben die Grundsätze der Kommissionsleitlinien auch Eingang in verschriftlichte Ermessensleitlinien der Verwaltungsbehörden gefunden.

Bei der Ahndung von Unregelmäßigkeiten sind von den nationalen Behörden schließlich die besonderen Verjährungsvorschriften der Fonds-Verordnungen und der Verordnung Nr. 2988/95 zu berücksichtigen.[287]

286 Vgl. auch *Braun*, Rückforderungen von europäischen Zuwendungen bei Vergaberechtsverstößen, NZBau 2010, 279.

287 Vgl. hierzu im Einzelnen EuGH, Urteil vom 5.3.2019 – Rs. C-349/17 (Eesti Pagar), Rn. 116 ff.

Rechtsschutz in der Förderung

Übersicht Seite

Nachfolgendes Kapitel behandelt die Rechtsschutzmöglichkeiten der öffentlichen und privaten Auftraggeber als Zuwendungsempfänger im Bereich der Förderung. Beide können als Zuwendungsempfänger zur Einhaltung von Auflagen bzw. Regelungen durch den Zuwendungsgeber verpflichtet werden.

Öffentliche Auftraggeber und Private, die Zuwendungen erhalten, werden regelmäßig auf der Grundlage von verwaltungsrechtlichen Anwendungsbefehlen im Rahmen eines Verwaltungsaktes oder eines zuwendungsrechtlichen Vertrages durch den Zuwendungsgeber zur Beachtung vergaberechtlicher Vorschriften verpflichtet.[1]

Verstößt der Auftraggeber als Zuwendungsempfänger gegen die Auflagen des Zuwendungsgebers, droht ein Widerruf des Zuwendungsbescheides. Mit dem Widerruf kann sodann eine Rückforderung von Mitteln verbunden sein, wobei die Höhe der Rückforderung – ganzer Betrag oder Teilbetrag jeweils nebst Verzinsung – im Ermessen des Zuwendungsgebers steht. Dies ist grundsätzlich auch bei rechtmäßigen und bestandskräftigen Verwaltungsakten möglich (vgl. § 49a VwVfG).[2] Insoweit ist es möglich und damit ein erhebliches Risiko für die Planung des Öffentlichen Auftraggebers, dass es auch Jahre nach der Zuschlagserteilung und Vertragsdurchführung zu einer Rückforderung von Zuwendungsmitteln kommen kann.

Da in der Regel Zuwendungsbescheide in Form eines Verwaltungsaktes ergehen, befasst sich das hiesige Kapitel im Schwerpunkt mit den verwaltungsgerichtlichen Rechtsschutzmöglichkeiten. Ebenso kommt der Erhalt von Zuwendungen über einen öffentlich-rechtlichen Vertrag in Betracht. Auch hier ist der verwaltungsgerichtliche Rechtsschutz möglich. Handelt es sich hingegen um einen Zuwendungsvertrag, gelten die zivilrechtlichen Rechtschutzmöglichkeiten.[3]

Der Rechtsweg zu den Verwaltungs- und Zivilgerichten hat den Nachteil, dass in der Sache vergaberechtliche Verstöße zu prüfen sind, für die es im Oberschwellenvergaberecht Spezialinstanzen – die Vergabekammern und Vergabesenate – gibt, die hier aber nicht zuständig sind. Dies kann den Rechtsschutz erschweren, sodass bei der gerichtlichen Verteidigung darauf zu achten ist, dass vergaberechtliche Verfahrensregeln und gegebenenfalls unterschiedliche gerichtliche Rechtsauffassungen, die ein Handeln des Öffentlichen Auftraggebers rechtfertigen, detailliert dargestellt werden.

Nachstehend wird insbesondere auf die Anhörung als dem Widerspruch vorausgehender Verfahrensschritt und das verwaltungsrechtliche Vorverfahren (Widerspruch) eingegangen.

---

1 *Donhauser*, in: Goede/Stoye/Stolz (Hrsg.), Handbuch des Vergaberechts, 2. Aufl. 2021, Kapitel 16, Rn. 6.
2 *Donhauser*, in: Goede/Stoye/Stolz (Hrsg.), Handbuch des Vergaberechts, 2. Aufl. 2021, Kapitel 16, Rn. 11.
3 *Donhauser*, in: Goede/Stoye/Stolz (Hrsg.), Handbuch des Vergaberechts, 2. Aufl. 2021, Kapitel 16, Rn. 13; hierzu auch *Krämer/Schmidt*, Zuwendungsrecht/Zuwendungspraxis, 171. Auflage 2024, Abschnitt G I, Rn. 5.

Im Anschluss folgt eine Befassung mit den im Verwaltungsrecht zur Verfügung stehenden Klagearten.

A. Anhörung

Die Anhörung dient dem Anspruch des Zuwendungsempfängers auf rechtliches Gehör (vgl. Art. 103 GG) im Verwaltungsverfahren (vgl. § 28 VwVfG), bedingt durch die Tatsache, dass der Widerruf in die Rechte des Zuwendungsempfängers eingreift.[4] Vor dem Widerruf eines Zuwendungsbescheides muss daher grundsätzlich eine Anhörung des Zuwendungsempfängers stattfinden.[5] Hierauf verweisen auch die Verwaltungsvorschriften Nr. 8.3 zu § 44 BHO und die vergleichbaren Verwaltungsvorschriften der Länder.

Praxistipp

▶ *Die Anhörung ist als Chance zu sehen, die Argumente, die gegen einen Verstoß gegen die Auflagen sprechen, vollständig und gut aufbereitet vorzubringen. Insoweit gilt es, die Anhörung zu nutzen und die vergaberechtlichen Spielräume entsprechend vorzutragen.*

Grundsätzlich kommt es vor der Anhörung zu einer Ermittlung des Sachverhaltes von Amts wegen durch die Behörde (vgl. § 24 VwVfG).

I. Inhalte der Anhörung

Dem Zuwendungsempfänger ist seitens der Behörde mitzuteilen, welche erheblichen Tatsachen ihrer beabsichtigten Entscheidung zugrunde liegen und dass beabsichtigt ist, einen bestimmten Verwaltungsakt – den Widerruf – zu erlassen. Fehlt die Konkretisierung der beabsichtigten behördlichen Maßnahme, geht der Zweck der Anhörung ins Leere.[6] Insoweit muss der Zuwendungsempfänger Gelegenheit erhalten, sich zu den entscheidungserheblichen Tatsachen zu äußern.

Es bedarf zwar nicht einer ausdrücklichen Aufforderung oder eines Hinweises zur Stellungnahme. Allerdings ist es erforderlich, dass der Zuwendungsempfänger anhand der Verfahrenshandlung der Behörde erkennt, sich vor der abschließenden behördlichen Entscheidung zu dem maßgeblichen Sachverhalt äußern zu können.[7] Das Anhörungsschreiben ist per E-Mail möglich. Für die Antwort kann eine angemessene Frist gesetzt werden mit dem Hinweis, dass nach Aktenlage entschieden wird, wenn bis zum Fristablauf keine Stellungnahme eingeht.[8] Ein Versäumen dieser Frist führt jedoch nicht zur Präklusion, sondern lediglich zu dem Recht der Behörde, auch ohne die Stellungnahme des Beteiligten zu entscheiden, so-

4 *Krämer/Schmidt*, Zuwendungsrecht/Zuwendungspraxis, 171. Auflage 2024, Abschnitt G I, Rn. 45.

5 Ax, KommJur 2010, 201 (203); *Pape/Holz*, NVwZ 2011, 1231 (1234).

6 VG Köln, Urteil vom 21.3.2013 – 16 K 6430/11; *Krämer/Schmidt*, Zuwendungsrecht/Zuwendungspraxis, 171. Auflage 2024, Abschnitt G I, Rn. 46.

7 VG Köln, Urteil vom 18.2.1987 – 9 K 6535/85; *Krämer/Schmidt*, Zuwendungsrecht/Zuwendungspraxis, 171. Auflage 2024, Abschnitt G I, Rn. 45.

8 *Dittrich*, BHO mit Schwerpunkt Zuwendungsrecht, Stand: November 2024, Teil III, 63.1 Anhörung nach § 28 VwVfG.

dass auch ein der Behörde nach Fristablauf zugegangenes Vorbringen des Beteiligten zu berücksichtigen ist.[9]

Für eine Anhörung genügt es aber nicht, wenn sich der Zuwendungsempfänger zu einer Prüfungsmitteilung äußert, die die Absicht verfolgt, den Sachverhalt zunächst der Entscheidungsreife über einen Widerruf zuzuführen. In dem vom VGH München[10] zu entscheidenden Fall diente dies lediglich einer Klärung der tatsächlichen und rechtlichen Sachlage zwecks Vorbereitung einer Widerrufsentscheidung. Erst nach Klärung der Sachlage konnte eine Anhörung stattfinden.

II. Beginn der Jahresfrist für den Widerruf

Der Widerruf eines Zuwendungsbescheides darf grundsätzlich nur innerhalb eines Jahres nach Kenntnis des Zuwendungsgebers über die Rechtswidrigkeit des Verwaltungsaktes und die für die Widerrufsentscheidung erheblichen Tatsachen erfolgen.[11] Dazu gehören die Umstände, deren Kenntnis es der Behörde objektiv ermöglicht, ohne weitere Sachverhaltsaufklärung unter sachgerechter Ausübung ihres Ermessens über den Widerruf eines begünstigenden Verwaltungsaktes zu entscheiden.[12] Hierzu ist auch die Anhörung des Zuwendungsempfängers erforderlich, damit auch diesem der im Verwaltungsverfahren gebotene Grundsatz des rechtlichen Gehörs gewährt wird.[13]

In der Praxis ist es nicht unüblich, dass sich der Schriftwechsel zwischen Zuwendungsempfänger und Zuwendungsgeber über ein Jahr hinauszieht. Der Zuwendungsgeber darf die Anhörung nicht dazu missbrauchen, in Kenntnis der für den Widerruf erheblichen Tatsachen durch immer weitere Nachfragen den Fristbeginn für den Widerruf hinauszuzögern.

Die Jahresfrist nach § 48 Abs. 4 VwVfG wird auch dann nicht in Gang gesetzt, wenn die anhörende Behörde trotz des Ablaufs der von ihr gesetzten Frist den Eingang der Stellungnahme abwartet.[14] Jedoch wird die Frist jedenfalls dann in Gang gesetzt, wenn alle für die Entscheidung erheblichen Tatsachen vollumfänglich der Behörde vorliegen und sich hieraus die Rechtswidrigkeit des Verwaltungsaktes geradezu aufdrängt - hierbei bedarf es auch nicht etwa einer offiziellen „Feststellung" dieser Tatsachen durch die Behörde.[15]

III. Absehen von Anhörung

Wird eine Anhörung seitens der Behörde unterlassen, liegt grundsätzlich ein Verfahrensfehler vor. Die Widerrufsentscheidung der Behörde ist somit rechtswidrig und anfechtbar.

---

9 BeckOK VwVfG, Herrmann, Stand: 1.7.2024, § 28 Rn. 20.

10 VGH München, Beschluss vom 20.1.2016, 21 ZB 14.1428.

11 BVerwG, Urteil vom 19.12.1984 – Gr. Sen. 1.84 – NJW 1985, 819 (821): *Schilder*, NZBau 2009, 155 (158).

12 BVerwG, Urteil vom 19.12.1995, 5 C 10/94; Urteil vom 27.4.2006, 3 C 23/05; VG Gelsenkirchen, Urteil vom 2.11.2011, 7 K 2137/10.

13 BVerwG, Beschluss vom 4.12.2008 – 2 B 60.08; vgl. auch: *Donhauser*, in: Goede/Stoye/Stolz (Hrsg.), Handbuch des Vergaberechts, 2. Aufl. 2021, Kapitel 16, Rn. 28.

14 VGH Bayern, Urteil vom 6.4.2001 – 4 B 00.334 – BayVBl. 2002, 80; *Krämer/Schmidt*, Zuwendungsrecht/Zuwendungspraxis, 171. Auflage 2024, Abschnitt G I, Rn. 45.

15 BeckOK VwVfG, J. Müller, Stand: 1.7.2024, § 48 Rn. 116.

Dies gilt aber nicht für die in § 28 Abs. 2 VwVfG genannten Fälle, in denen von einer Anhörung abgesehen werden kann oder wenn der Anhörung gemäß § 28 Abs. 3 VwVfG ein zwingendes öffentliches Interesse entgegensteht.

Beispiel

Aus den tatsächlichen Angaben im Verwendungsnachweis ergibt sich, dass Minderausgaben angefallen sind und die Zuwendung noch nicht in Höhe der Ermäßigungsregelung der Nr. 2.1 ANBest-P zurückgezahlt worden ist. Dann ist der Ausnahmetatbestand des § 28 Abs. 2 Nr. 3 VwVfG erfüllt.[16]

Nach § 46 VwVfG bleibt aber eine fehlende Anhörung auch dann ohne Rechtsfolge, wenn offensichtlich ist, dass die Verletzung die Entscheidung in der Sache nicht beeinflusst hat.

IV. Heilung von Anhörungsmängeln

Eine fehlende Anhörung kann seitens der Behörde bis zum Abschluss der letzten Tatsacheninstanz einer verwaltungsgerichtlichen Klage nachgeholt werden (vgl. § 45 Abs. 1 Nr. 3, Abs. 2 VwVfG).[17]

Sie setzt jedoch voraus, dass die Anhörung nachträglich ordnungsgemäß durchgeführt und ihre Funktion für den Entscheidungsprozess der Behörde uneingeschränkt erreicht wird. Das setzt voraus, dass der Zuwendungsempfänger – nachträglich – eine vollwertige Gelegenheit zur Stellungnahme erhält und die Behörde die vorgebrachten Argumente zum Anlass nimmt, die ohne vorherige Anhörung getroffene Entscheidung kritisch zu überdenken.[18]

Dabei ist anerkannt, dass allein ein Austausch von Schriftsätzen im gerichtlichen Verfahren für eine Heilung nicht genügt, weil durch bloße Äußerungen und Stellungnahmen von Beteiligten im Prozess die Funktion einer Anhörung für den Entscheidungsprozess der Behörde nicht vollständig erreicht werden kann.[19]

B. Widerspruch

Ist ein Widerrufsbescheid ergangen, kann – sofern dem Widerruf entgegengetreten werden soll – vor einem verwaltungsgerichtlichen Klageverfahren fristgemäß Widerspruch erhoben werden. Das Widerspruchsverfahren dient der Selbstkontrolle der Verwaltung, der Entlastung der Gerichte und dem Rechtsschutz des Bürgers.[20] Mit dem Widerspruchsverfahren ist die

16 *Dittrich*, BHO mit Schwerpunkt Zuwendungsrecht, Stand: November 2024, Teil III, 63.1 Anhörung nach § 28 VwVfG.

17 *Krämer/Schmidt*, Zuwendungsrecht/Zuwendungspraxis, 171. Auflage 2024, Abschnitt G I, Rn. 47.

18 VGH Kassel, Beschluss vom 6.11.2012 – 6 B 1267/12; *Kopp/Ramsauer*, VwVfG, Kommentar, 20. Aufl. 2019, § 45 Rn. 26; *Fehling/Kastner*, Verwaltungsrecht, Handkommentar, 5. Aufl. 2021, § 45 VwVfG, Rn. 29.

19 BVerwG, Urteile v. 24.6.2010 – 3 C 14.9, und vom 22.3.2012 – 3 C 16.11; VG Köln, Urteil vom 21.11.2013 – 16 K 6430/11; vgl. ausführlich *Emmenegger*, in: Mann/Sennekamp/Uechtritz, VwVfG, 2. Auflage 2019, § 45 Rn. 110; noch strenger *Meyer*, in: Knack/Henneke, VwVfG, 11. Aufl. 2020, § 45 Rn. 36 ff.

20 *Krämer/Schmidt*, Zuwendungsrecht/Zuwendungspraxis, 171. Auflage 2024, Abschnitt D VIII, Rn. 61.

Prüfung der Recht- und Zweckmäßigkeit des Verwaltungsaktes verbunden. Will die Behörde dem Widerspruch nicht abhelfen, ergeht ein Widerspruchsbescheid.

Die Widerspruchsbehörde ist zuständig für das Widerspruchsverfahren. Sie entscheidet jedoch erst dann über einen Widerspruch, wenn die Ausstellungsbehörde ihre Entscheidung des Widerrufs der Mittel überprüft hat und der Auffassung ist, dass dieser rechtmäßig und der Widerspruch somit unbegründet ist. Erst dann wird das Verfahren an die zuständige Widerspruchsbehörde abgegeben.

Die Widerspruchsbehörde ist in aller Regel die nächsthöhere Behörde. Sie ist dann dazu verpflichtet, den angegriffenen Verwaltungsakt auf seine Recht- und Zweckmäßigkeit hin zu prüfen und über den Widerspruch zu entscheiden. In Ausnahmefällen kann auch die Ausgangsbehörde für die Widerspruchsentscheidung zuständig sein, was bei zentralen Zuwendungsgebern, insbesondere Landesförderbanken, grundsätzlich der Fall ist.

Im Folgenden werden die Voraussetzungen eines Widerspruchsverfahrens im Detail erläutert.

I. Zulässigkeit des Widerspruchs

Ein Widerspruch muss zulässig sein. Dies bestimmt sich eingangs danach, ob der Verwaltungsrechtsweg für eine spätere Klage eröffnet ist (vgl. § 40 Abs. 1 Satz 1 VwGO analog).

Der Verwaltungsrechtsweg ist in allen öffentlich-rechtlichen Streitigkeiten nichtverfassungsrechtlicher Art gegeben, soweit die Streitigkeiten nicht durch Bundesgesetz einem anderen Gericht ausdrücklich zugewiesen sind.

Obwohl der Grund für Aufhebungen von Bewilligungen und Rückforderungen von Fördermitteln Vergabeverstöße sind, ist hier nicht die Vergabekammer zuständig. Diese ist grundsätzlich lediglich für Nachprüfungsverfahren im Oberschwellenbereich wegen laufender beanstandeter Vergabeverfahren zuständig. Bei einer Rückforderung ist der aufgrund von Vergabeverstößen ergangene Aufhebungs- und Rückforderungsbescheid im konkreten Zuwendungsverhältnis Streitgegenstand. Das dem Zuwendungsgeber bei deren Erlass zustehende Ermessen hat dieser ermessensfehlerfrei auszuüben. Bei der Ermessensausübung ist der Gleichheitssatz aus Art. 3 Abs. 1 GG zu beachten, der aufgrund der tatsächlichen ständigen Verwaltungspraxis zur Selbstbindung der Förderverwaltung und damit zu einer mittelbaren Außenwirkung der das Ermessen steuernden Förderrichtlinien, Verwaltungsvorschriften und Vergabeleitlinien führt. Durch diese aufgrund von Art. 3 Abs. 1 GG grundrechtlich entstehende mittelbare Außenwirkung ist der Streitgegenstand öffentlich-rechtlich, sodass das Verwaltungsgericht für eine spätere Klage zuständig ist.

II. Statthaftigkeit des Widerspruchs

Der Widerspruch muss statthaft sein (vgl. § 68 VwGO). Dies bedeutet, dass die Durchführung des Widerspruchs grundsätzlich erforderlich sein muss.

Ein Widerspruch ist nur dann zu erheben, sofern nicht das Widerspruchsverfahren im jeweiligen Bundesland auf der Grundlage von § 68 Abs. 1 Satz 2 VwGO abgeschafft wurde. In den

Bundesländern, in denen das Widerspruchsverfahren abgeschafft wurde, ist unmittelbar fristgemäß die entsprechende Klage einzureichen.[21]

Aktuell entfällt grundsätzlich das Widerspruchsverfahren in den Bundesländern:

- Bayern,
- Niedersachsen und
- Nordrhein-Westfalen.[22]

Auch wenn in den vorgenannten Bundesländern das Widerspruchsverfahren grundsätzlich entfällt, ist zu beachten, dass es einzelne Ausnahmebereiche geben kann, die weiterhin ein Widerspruchsverfahren vorsehen. So sieht z. B. das Niedersächsische Justizgesetz in § 80 eine Ausnahme vor, dass bei Verwaltungsakten der NBank als Zuwendungsgeber ein Widerspruchsverfahren stattzufinden hat. In NRW wird dies für manche Förderbereiche in § 110 JustG NRW geregelt und in Bayern in Art. 15 AGVwGO.

III. Entbehrlichkeit des Widerspruchs

Kraft Gesetzes entfällt das Widerspruchsverfahren z. B. beim förmlichen Verwaltungsverfahren (§ 70 VwVfG) oder vor Erhebung einer Untätigkeitsklage (§ 75 VwGO).

IV. Widerspruchsbefugnis

Der Zuwendungsempfänger als Widerspruchsführer muss auch widerspruchsbefugt sein (vgl. § 42 Abs. 2 VwGO analog). Diese bedeutet, dass er eine eigene Rechtsverletzung oder eine eigene Interessenbeeinträchtigung (bei möglicher Zweckwidrigkeit) geltend machen muss. Ein Popularwiderspruch ist grundsätzlich unzulässig. Es kann demnach nicht ein beliebiger Bürger, der in der Sache nicht betroffen ist, Widerspruch erheben. Da der Zuwendungsempfänger durch einen Widerrufs- und Rückforderungsbescheid wegen Vergabeverstößen in der Regel in seinen subjektiven Rechten beeinträchtigt ist bzw. zumindest die Möglichkeit der Rechtsverletzung gegeben ist, wird die Widerspruchsbefugnis grundsätzlich vorliegen.

V. Form des Widerspruchs

Die Erhebung des Widerspruchs erfolgt nach § 70 Abs. 1 Satz 1 VwGO schriftlich oder zur Niederschrift der Behörde. Gemäß § 3a Abs. 2, 3 VwVfG kann die Erhebung bei Vorliegen der besonderen Voraussetzungen stattdessen auch in elektronischer Form erfolgen.

Bevollmächtigte Rechtsanwälte der Zuwendungsempfänger erheben den Widerspruch auf sicherem Übermittlungsweg über das besondere elektronische Anwaltspostfach (beA) an das besondere elektronische Behördenpostfach (beBPo) des Zuwendungsgebers, was die Schriftform ersetzt. Gleichsam können Steuerberater für die Erhebung den sicheren Über-

21 *Bretzel*, in: Dageförde, Handbuch für den Fachanwalt für Vergaberecht, 1. Auflage, III. Rechtsschutz gegen Sanktionen; zu den Vor- und Nachteilen des Widerspruchsverfahrens: *Steinbeiß-Winkelmann*, NVwZ 2009, 686.

22 Ausführlich hierzu und zu den Regelungen in den anderen Bundesländern: *Krämer/Schmidt*, Zuwendungsrecht/Zuwendungspraxis, 171. Auflage 2024, Abschnitt D VIII, Rn. 64 ff.

mittlungsweg des besonderen Steuerberaterpostfachs (beST) sowie Bürgerinnen und Bürger des besonderen Bürger- und Organisationspostfachs (eBO) an das beBPo wählen. Zu beachten ist, dass Rechtsanwälte und Steuerberatung einer hinsichtlich dieser besonderen Postfächer einer Nutzungspflicht unterliegen und bei Nichtbeachtung durch diese Bevollmächtigte grundsätzlich eine formwidrige Einreichung vorliegt kann.

Diese digitalen Übermittlungsmöglichkeiten sind effizienter und weniger aufwändig als eine Einreichung in Schriftform mit Postlaufzeiten oder die persönliche Erhebung zur Niederschrift des Zuwendungsgebers.

Nach Auffassung unter anderem des OVG Münster[23] steht der Erhebung eines Widerspruchs nicht entgegen, dass nicht „formal" die Bezeichnung Widerspruch verwendet wurde. Es ist allgemein anerkannt, dass die Bezeichnung „Widerspruch" nicht erforderlich ist. Es reicht aus, dass erkennbar ist, dass der Betroffene sich durch den Verwaltungsakt beschwert fühlt und eine Nachprüfung begehrt.

Im Fall des VG Saarlouis[24] hat der Widerspruchsführer nach dem Erhalt des Bescheids vom 01.04.2009 der Behörde gegenüber – da der Bescheid vom 01.04.2009 keine Rechtsbehelfsbelehrung enthielt – im Rahmen der Jahresfrist nach § 58 Abs. 2 VwGO fristgerecht und zweifelsfrei zu erkennen gegeben, mit der Entscheidung nicht einverstanden zu sein. Dies hatte die Behörde zum Anlass genommen, den Vorgang nochmals zu überprüfen, wie sich aus seinen Schreiben an die Behörde ergab; die Behörde war also selbst von der Erhebung eines Widerspruchs durch den Widerspruchsführer ausgegangen. Vor diesem Hintergrund und mit Blick auf den entsprechenden Vortrag des Widerspruchsführers, dem von der Behörde nicht widersprochen wurde, war von der Erhebung des Widerspruchs (zur Niederschrift bei der Behörde) nach § 70 VwGO auszugehen.

Für die Erfüllung des Formerfordernisses ist keine Begründung des Widerspruchs durch den Zuwendungsempfänger erforderlich. In der Praxis fordert der Zuwendungsgeber den Zuwendungsempfänger üblicherweise dennoch zur Ein- bzw. Nachreichung einer Begründung unter Fristsetzung auf. Auch dann begründet die Aufforderung jedoch keine Verpflichtung. Eine Begründung bietet sich aber an, weil der Zuwendungsgeber ohne neue vorgetragene Umstände bzw. Tatsachen bei der Beurteilung der Recht- und Zweckmäßigkeit seiner Ausgangsentscheidung von dieser grundsätzlich nicht abweichen wird.

Das OVG Lüneburg[25] hatte darüber zu entscheiden, ob eine Rechtsbehelfsbelehrung deshalb rechtswidrig war, weil nicht auf die Möglichkeit der elektronischen Klageerhebung hingewiesen wurde. Entgegen der Rechtsauffassung manch anderer Oberverwaltungsgerichte[26] hat das OVG Lüneburg sich hier für die Richtigkeit der Rechtsbehelfsbelehrung ausgesprochen, da nach dessen Ansicht die Möglichkeit der elektronischen Übermittlung keine eigenständige Form der Klageerhebung sei, sondern eben nur eine weitere Übermittlungsmöglichkeit. Diese strittige Frage stellt sich natürlich auch im Rahmen der Rechtsbehelfsbelehrung eines Wider-

---

23 OVG Münster, Urteil vom 10.5.1984 – 14 A 1822/80.

24 VG Saarlouis, Urteil vom 23.10.2012 – 3 K 184/12.

25 OVG Lüneburg, Beschluss vom 30.9.2019 – 9 LB 59/17, so nun auch BVerwG, Urteil vom 25.1.2021 – 9 C 8.19.

26 Z.B. OVG Rheinland-Pfalz, Urteil vom 8.3.2012 – 1 A 11258/11; OVG Berlin-Brandenburg, Beschluss vom 22.4.2010 – 2 S 12.10.

rufsbescheides und ob darin auf die Möglichkeit einer elektronischen Einlegung des Widerspruchs hingewiesen werden muss.

VI. Widerspruchsfrist

Der Widerspruch muss innerhalb eines Monats nach Bekanntgabe des Verwaltungsaktes schriftlich oder zur Niederschrift bei der Behörde erhoben werden, die den Widerruf als Verwaltungsakt ausgesprochen hat. Für den Beginn der Frist ist erforderlich, dass eine ordnungsgemäße Bekanntgabe des Ausgangsbescheides erfolgt ist.

Eine Bekanntgabe des Ausgangsbescheides ist formlos oder durch förmliche Zustellung möglich. Bei der formlosen Bekanntgabe gilt die Bekanntgabefiktion nach § 41 Abs. 2 Satz 1 VwVfG. Danach gilt der Ausgangsbescheid am vierten Tag nach Aufgabe zur Post als bekanntgegeben. Die Fiktion gilt auch bei elektronischer Übermittlung (§ 41 Abs. 2 Satz 2 VwVfG), wenn der Zuwendungsempfänger hierfür einen Zugang eröffnet hat (§ 3a Abs. 1 VwVfG).

Die Berechnung der Widerspruchsfrist richtet sich nach § 57 Abs. 2 VwGO i.V.m. § 222 Abs. 1 ZPO i.V.m. §§ 187 ff. BGB. Als fristauslösendes Ereignis i.S.d. § 187 Abs. 1 BGB gilt die formgerechte Bekanntgabe des Ausgangsbescheides.

Bei fehlender oder fehlerhafter Rechtsbehelfsbelehrung ist der Widerspruch innerhalb eines Jahres nach Bekanntgabe zu erheben, vgl. § 58 Abs. 2 VwGO.

Die Widerspruchsfrist wird auch gewahrt, wenn der Widerspruch wie oben ausgeführt ohne Begründung erhoben wird. Diese ist nicht Voraussetzung zur Einhaltung der Rechtsbehelfsfrist.

Praxistipp

Die Rechtsbehelfsbelehrung ist z. B. fehlerhaft, wenn ein zwingender Bestandteil (vgl. § 58 Abs. 1 VwGO) fehlt oder sie geeignet ist, beim Zuwendungsempfänger einen Irrtum über die formellen und materiellen Voraussetzungen des Widerspruchs hervorzurufen und dadurch die Erhebung des Widerspruchs erschwert wird.

Nach Ablauf der Widerspruchsfrist liegt es im Ermessen der Widerspruchsbehörde, einen Widerspruch zu prüfen und hierüber zu entscheiden.

Alternativ gibt es bei verfristeten Widersprüchen die Möglichkeit, die Wiedereinsetzung in den vorigen Stand zu beantragen (vgl. § 70 Abs. 2 i.V.m. § 60 Abs. 1 bis 4 VwGO). Wenn jemand ohne Verschulden verhindert war, eine gesetzliche Frist einzuhalten, so ist ihm auf Antrag Wiedereinsetzung in den vorigen Stand zu gewähren.; z.B., wenn für die Fristversäumnis ein wichtiger Grund wie Krankheit nachgewiesen werden kann. Der Antrag ist binnen zwei Wochen nach Wegfall des Hindernisses zu stellen. Die Tatsachen zur Begründung des Antrags sind bei der Antragstellung oder im Verfahren über den Antrag glaubhaft zu machen. Innerhalb der Antragsfrist ist dann die versäumte Rechtshandlung nachzuholen. Ist dies geschehen, so kann die Wiedereinsetzung sogar ohne Antrag gewährt werden.

Die Entscheidung über die Genehmigung des Antrages liegt im Ermessen der Behörde. Nur in engen Ausnahmefällen kann auch noch nach Jahren Widerspruch erhoben werden.[27]

VII. Begründetheit des Widerspruchs

Der Widerspruch ist begründet, wenn der Widerruf rechtswidrig und der Widerspruchsführer dadurch in seinen Rechten verletzt ist (§ 113 I 1, § 113 V 1 VwGO).

Praxistipp

Hat der Zuwendungsgeber im Rahmen des Widerrufs des Zuwendungsbescheides die sofortige Vollziehung angeordnet (vgl. § 80 Abs. 2 Satz 1 Nr. 4 VwGO), ist parallel zum Widerspruch oder zur Anfechtungsklage ein Antrag auf Wiederherstellung der aufschiebenden Wirkung zu stellen (vgl. § 80 Abs. 5 VwGO).

Aus § 80 Abs. 2 S. 1 Nr. 1 VwGO resultiert keine sofortige Vollziehbarkeit, da die Rückforderung von Fördermitteln keine öffentlichen Abgaben oder Kosten darstellt. Grundsätzlich sind Aufhebungs- und Rückforderungsbescheide der Zuwendungsgeber daher nicht sofort vollziehbar.

VIII. Kosten des Widerspruchsverfahrens

Ist ein Widerspruch erfolgreich, hat der Rechtsträger, dessen Behörde den Verwaltungsakt erlassen hat, dem Zuwendungsempfänger, der den Widerspruch erhoben hat, die notwendigen Aufwendungen zu erstatten (vgl. § 80 VwVfG). Die Höhe der Kosten eines Widerspruchsverfahrens wird in der Regel mit dem 1,5-fachen Betrag festgesetzt, die der ursprüngliche Bescheid ausgemacht hatte, zuzüglich Portokosten. Ist ein Widerspruch nur teilweise erfolgreich, sind die Kosten grundsätzlich zu quoteln (vgl. § 155 Abs. 1 Satz 1 Alt. 2 VwGO). Bei bloß geringfügigem Unterliegen erfolgt in der Praxis meist eine vollständige Kostenübernahme (vgl. § 155 Abs. 1 Satz 3 VwGO). Das Zuwendungsvergaberecht ist derart komplex, dass die Kosten für die Hinzuziehung eines Bevollmächtigten regelmäßig übernommen werden (vgl. § 80 Abs. 2 VwVfG).

C. Gerichtlicher Rechtsschutz vor dem Verwaltungsgericht

Begehren Zuwendungsempfänger oder Zuwendungsgeber gerichtlichen Rechtsschutz, hängt die Wahl des Rechtswegs von der Ausgestaltung des Zuwendungsverhältnisses ab. Grundsätzlich ist die Zuständigkeit entweder der Verwaltungsgerichtsbarkeit oder der ordentlichen Gerichtsbarkeit möglich.[28]

---

27 VG Frankfurt/Oder, Urteil vom 25.6.2008 – 6 K 584/04.

28 BGH, Urteil vom 17.11.2011 – II ZR 234/10; *Hildebrandt/Conrad*, Rechtsfragen der Rückforderung von Zuwendungen bei Verstößen gegen das Vergaberecht, ZfBR 2013, 130 (130); *Müller/Richter/Ziekow*, Handbuch Zuwendungsrecht, 2017, Abschnitt D, Rn. 1.

Eine Abgrenzung, ob der Verwaltungsrechtsweg gemäß § 13 GVG, § 40 Abs. 1 Satz 1 VwGO eröffnet ist, richtet sich danach, ob eine Streitigkeit öffentlich- oder bürgerlich-rechtlich ist. Soweit eine ausdrückliche Rechtswegzuweisung des Gesetzgebers fehlt, ist die Natur des Rechtsverhältnisses, aus dem der Klageanspruch hergeleitet wird, entscheidend.[29] Dabei kommt es regelmäßig darauf an, ob die Beteiligten zueinander in einem hoheitlichen Verhältnis der Über- und Unterordnung stehen und, ob sich der Träger hoheitlicher Gewalt der besonderen Rechtssätze des öffentlichen Rechts bedient.

Entsprechend Ziffer 4.1. der Allgemeinen Verwaltungsvorschriften zu § 44 BHO werden Zuwendungen im Regelfall durch einen Verwaltungsakt im Sinne von § 35 Satz 1 VwVfG bewilligt.[30] In diesem Fall bedient sich die Verwaltung einer hoheitlichen Handlungsform. Daran muss sie sich bei der Wahl des Rechtswegs messen lassen. Der Verwaltungsrechtsweg ist grundsätzlich eröffnet.[31]

Jedoch besteht für die Verwaltung Wahlfreiheit, wie sie Fördermittel gewährt. Dies kann unter Umständen privatrechtlich geschehen.[32] Die in der rechtswissenschaftlichen Literatur entwickelte Figur der sogenannten Zwei-Stufen-Theorie, nach der die Verwaltung lediglich auf der zweiten Stufe privatrechtlich handeln kann, wenn sie über das „Wie" einer Leistung entscheidet, hat die Rechtsprechung zumindest im Subventionsrecht nicht übernommen.[33] Sie ist hier auch nicht Thema, da der Fall einer öffentlich-rechtlichen Zuwendung mittels privatrechtlichen Vertrags die Ausnahme darstellt.[34]

Daneben können Zuwendungen in seltenen Fällen durch öffentlich-rechtlichen Vertrag (§ 54 VwVfG) bewilligt werden.[35] Ist der Vertragsgegenstand einem Sachbereich des öffentlichen Rechts zuzuordnen, liegt öffentlich-rechtliches Handeln vor.[36] Da die Bewilligung von Zuwendungen häufig aufgrund nur intern wirkender haushaltsrechtlicher Vorschriften erfolgt, ist das Handeln des Zuwendungsgebers zwar öffentlich-rechtlich, jedoch zunächst nach außen nicht anspruchsbegründend. Dies ergibt sich wie oben zum Widerspruchsverfahren ausgeführt erst in Zusammenschau mit der gängigen Verwaltungspraxis. Aus dem allgemeinen Gleichheitsgrundsatz (Art. 3 Abs. 1 GG) resultiert in Verbindung mit dem Grundsatz der Selbstbindung der Verwaltung die Verpflichtung des Zuwendungsgebers, eine den Grundsätzen der Gleichbehandlung entsprechende Anwendung haushaltsrechtlicher Vorschriften und Ermessensausübung.

---

29 *Kopp/Schenke*, VwGO, 28. Aufl. 2022, § 40, Rn. 6.

30 *Dittrich*, BHO mit Schwerpunkt Zuwendungsrecht, Stand: November 2024, Erläuterungen zu § 44, 58.1; BVerwG, Urteil vom 11.2.1983 – 7 C 70.80.

31 *Kopp/Schenke*, VwGO, 28. Aufl. 2022, § 40, Rn. 8b.

32 *Dittrich*, BHO mit Schwerpunkt Zuwendungsrecht, Stand: November 2024, Erläuterungen zu § 44, 18, 18.3.

33 BVerwG, Beschluss vom 30.5.2006 – 3 B 78/05; *Winkelmüller*, in: Schulte/Kloos (Hrsg.), Handbuch öffentliches Wirtschaftsrecht, 2016, § 2 Subventionsrecht, Rn. 13; *Siegel*, Die Zwei-Stufen-Theorie auf dem Rückzug, DVBl. 2007, 942; a.A. *Ebeling/Tellenbröker*, Subventionsrecht als Verwaltungsrecht, JuS 2014, 217 (218).

34 *Müller/Richter/Ziekow*, Handbuch Zuwendungsrecht, 2017, Abschnitt A, Rn. 138.

35 *Winkelmüller*, in: Schulte/Kloos (Hrsg.), Handbuch öffentliches Wirtschaftsrecht, 2016, § 2 Subventionsrecht, Rn. 12.

36 *Kopp/Schenke*, VwGO, 28. Aufl. 2022, § 40, Rn. 23.

Streitigkeiten um den Erhalt und die Rückforderung von Fördermitteln sind daher im Regelfall öffentlich-rechtlicher Natur.[37] In der Folge ist der Rechtsweg zu den Verwaltungsgerichten nach § 13 GVG und § 40 Abs. 1 Satz 1 VwGO eröffnet.

Neben der Bewilligung von Zuwendungen besteht die Möglichkeit, Zuweisungen zu erteilen. Dabei handelt es sich – kurz zusammengefasst – um eine Delegation von Haushaltsbefugnissen[38] an öffentliche Haushaltsträger[39]. Auch bei dieser Form des Verwaltungshandelns liegt, bedingt durch die Rechtsfigur der Selbstbindung der Verwaltung in Verbindung mit Art. 3 Abs. 1 GG, öffentlich-rechtliches Handeln vor, sodass die Zuständigkeit der Verwaltungsgerichtsbarkeit nach § 40 Abs. 1 Satz 1 VwGO eröffnet ist.[40]

Durch die Verbindung von Zuwendungen mit den Allgemeinen Nebenbestimmungen für die institutionelle (ANBest-I) oder die Projektförderung (ANBest-P) erfolgt eine Verknüpfung des Zuwendungs- mit dem Vergaberecht. Denn die ANBest verpflichten in ihrer jeweiligen Ziffer 3 zur Anwendung des Vergaberechtsregimes, in der Regel, soweit die Zuwendung mehr als 100.000 € beträgt. Dadurch ist im Falle eines Verstoßes gegen vergaberechtliche Bestimmungen und einer im Nachgang damit verbundenen Rückforderung der Fördermittel eine verwaltungsgerichtliche Zuständigkeit auf dem Gebiet des Vergaberechts begründet. Den Verwaltungsgerichten kommt die Aufgabe der inzidenten Nachprüfung der Anwendung des Vergaberechts zu,[41] obwohl für die Nachprüfung von Vergabeverfahren im Kartellvergaberecht, also im Anwendungsbereich des § 106 GWB, die Vergabekammern (§§ 160 ff. GWB) und die Oberlandesgerichte (§§ 171 ff. GWB) und im Bereich der Unterschwelle in der Regel die ordentlichen Gerichte[42] zuständig sind.

Ist der Rechtsweg zur Verwaltungsgerichtsbarkeit eröffnet, richtet sich die Wahl der statthaften Klageart nach dem Rechtsschutzbegehren des Klägers, wie es sich bei objektiver Würdigung darstellt (vgl. §§ 88, 86 Abs. 1 VwGO). Das Rechtsschutzbegehr hängt wiederum von der Art und Weise der Bewilligung der Zuwendung bzw. ihrer Rückforderung ab. Im Folgenden werden die in Betracht kommenden verwaltungsgerichtlichen Klagearten im Hinblick auf ihre Rechtsschutzbedeutung bei vergaberechtlichen Problematiken im Zuwendungsrecht beleuchtet.

I. Anfechtungsklage

In der Praxis von herausragender Bedeutung ist der Rechtsschutz gegen die Rückforderung von Fördermitteln, da eine Rückforderung für Zuwendungsempfänger besonders einschneidend sein kann.[43] Dies gilt auch deshalb, weil Zuwendungen, sofern entsprechende Zuwen-

37 *Brüning*, Rückforderung von Zuwendungen wegen Vergabefehlern, ZfBR 2020, 154 (155); *Kopp/Schenke*, VwGO, 28. Aufl. 2022, § 40, Rn. 21.

38 *Dittrich*, BHO mit Schwerpunkt Zuwendungsrecht, Stand: November 2024, Erläuterungen zu § 44, 18.4.

39 *Müller/Richter/Ziekow*, Handbuch Zuwendungsrecht, 2017, Abschnitt A, Rn. 199.

40 Exemplarisch OVG Brandenburg, Urteil vom 19.5.2004 – 1 A 707/01.

41 *Hildebrandt/Conrad*, Rechtsfragen der Rückforderung von Zuwendungen bei Verstößen gegen das Vergaberecht, ZfBR 2013, 130 (130).

42 BVerwG, Beschluss vom 2.5.2007 – 6 10.07.

43 *Pape/Holz*, Die Rückforderung von Zuwendungen bei Vergabeverstößen in der behördlichen Praxis, NVwZ 2011, 1231 (1234); *Zöpfl*, Staatliche Zuwendungen – unsichere Rechtslage für Kommunen, KommJur 2013, 88 (88).

dungsbescheide nach § 49 VwVfG widerrufen werden, in ihrer gesamten Höhe und für die Vergangenheit zurückgefordert werden können (vgl. § 49 Abs. 3 VwVfG).[44] Diesbezüglich hat der Zuwendungsgeber, soweit er – wie im Regelfall – zuständige Behörde im Sinne von § 49 VwVfG ist, ein Ermessen.[45] Häufig erfolgen Aufhebungen und Rückforderungen wegen eines Verstoßes gegen die vergaberechtlichen Bestimmungen, deren Einhaltung durch den Zuwendungsgeber zur Auflage im Sinne von § 36 Abs. 2 Nr. 4 VwVfG gemacht worden sind.[46]

1. Statthaftigkeit der Klage

Da Zuwendungen im Regelfall durch Bescheid im Sinne von § 35 Satz 1 VwVfG bewilligt werden (vgl. Ziffer 4.1. der Verwaltungsvorschriften zu § 44 BHO), erfolgt ihre Rückforderung nach den Regeln von §§ 48, 49, 49a VwVfG und damit als Kehrseite[47] des Zuwendungsbescheids ebenfalls durch Bescheid.[48] Die Aufhebung eines Zuwendungsbescheids kann entweder als Rücknahme eines rechtswidrigen Verwaltungsakts (§ 48 VwVfG) oder als Widerruf eines (ursprünglich) rechtmäßigen Verwaltungsakts (§ 49 VwVfG) vorgenommen werden, wobei jedoch auch rechtswidrige Verwaltungsakte im Sinne eines Erst-Recht-Schlusses auf Grundlage des § 49 VwVfG analog widerrufen werden können.[49] Bei der Aufhebung von Zuwendungsbescheiden geht es in der Regel um die Aufhebung rechtmäßiger Zuwendungsbescheide, wobei für die Beurteilung der Rechtmäßigkeit die Sach- und Rechtslage zum Zeitpunkt der Bewilligung maßgeblich ist.[50] War also der Zuwendungsbescheid bei Erlass rechtmäßig, weil alle Voraussetzungen für die Bewilligung vorlagen, so ist die Aufhebung als Widerruf zu qualifizieren. Daher steht in der Förderpraxis der Widerruf von Zuwendungsbescheiden im Vordergrund.[51] Denn zum Zeitpunkt seines Erlasses entspricht der Bewilligungsbescheid zumeist der geltenden Rechtslage. Rückforderungen sind vielfach auf Auflagenverstöße zurückzuführen. Ein solcher Verstoß führt jedoch nicht zur Unwirksamkeit des Bewilligungsbescheids.[52]

Der Widerruf stellt einen belastenden Verwaltungsakt dar. Statthafte Klageart für ein Vorgehen gegen belastende Verwaltungsakte im Sinne von § 35 Satz 1 VwVfG ist die Anfechtungsklage (§ 42 Abs. 1 Alt. 1 VwGO). Wendet sich der Zuwendungsempfänger gegen einen Aufhe-

---

44 *Dittrich*, BHO mit Schwerpunkt Zuwendungsrecht, Stand: November 2024, Erläuterungen zu § 44, 59.4.

45 *Dittrich*, BHO mit Schwerpunkt Zuwendungsrecht, Stand: November 2024, Erläuterungen zu § 44, 59.4.

46 VG Gelsenkirchen, Urteil vom 4.4.2011 – 11 K 4198/09; VGH München, Beschluss vom 29.7.2008 – 4 ZB 07.2230; OVG Magdeburg, Beschluss vom 5.3.2010 – 1 L 6/10; OVG NRW, Urteil vom 22.2.2005 – 15 A 1065/04; VG Aachen, Urteil vom 5.11.2010 – 9 K 721/09; *Hildebrandt/Conrad*, Rechtsfragen der Rückforderung von Zuwendungen bei Verstößen gegen das Vergaberecht, ZfBR 2013, 130 (132) m. w. N. in FN 21; *Pape/Holz*, Die Rückforderung von Zuwendungen bei Vergabeverstößen in der behördlichen Praxis, NVwZ 2011, 1231.

47 BVerwG, Urteil vom 11.2.1983 – 7 C 70.80; *Dittrich*, BHO mit Schwerpunkt Zuwendungsrecht, Stand: November 2024, Erläuterungen zu § 44, 58.1.

48 *Brüning*, Rückforderung von Zuwendungen wegen Vergabefehlern, ZfBR 2020, 154 (155); *Dittrich*, BHO mit Schwerpunkt Zuwendungsrecht, Stand: November 2024, Erläuterungen zu § 44, 58.1.

49 BeckOK VwVfG, MigR/Decker, Stand: 1.7.2024, § 48 Rn. 7.

50 *Dittrich*, BHO mit Schwerpunkt Zuwendungsrecht, Stand: November 2024, Erläuterungen zu § 44, 58.

51 *Dittrich*, BHO mit Schwerpunkt Zuwendungsrecht, Stand: November 2024, Erläuterungen zu § 44, 58.1; *Folnovic/Hellriegel*, Der Widerruf im Zuwendungsrecht – eine Systematik, NVwZ 2016, 638; *Pape/Holz*, Die Rückforderung von Zuwendungen bei Vergabeverstößen in der behördlichen Praxis, NVwZ 2011,1231 (1232).

52 *Krämer/Schmidt*, Zuwendungsrecht/Zuwendungspraxis, 171. Auflage 2024, Abschnitt G I, Rn. 2.

bungs- und/oder Rückforderungsbescheid, ist die Anfechtungsklage der statthafte Rechtsbehelf. Sie ist zumindest dann zu wählen, wenn sich das klägerische Begehr lediglich auf die Beseitigung der Aufhebung und Rückforderung richtet.[53]

Zu beachten ist, dass die Aufhebung (§§ 48, 49 VwVfG) und die Rückforderung (§ 49a VwVfG) der Fördermittel zwar in einem Schreiben vorgenommen werden können, es sich jedoch um zwei verschiedene Regelungen[54] und damit um zwei Verwaltungsakte im Sinne von § 35 Satz 1 VwVfG handelt. Insofern müssen beide Verwaltungsakte angegriffen werden. Diese dürfen jedoch im Wege der objektiven Klagehäufung (§ 44 VwGO) innerhalb einer Klage miteinander verbunden werden.[55]

Anders stellt es sich jedoch dar, wenn der Zuwendungsbescheid lediglich vorläufig Mittel bewilligt. In diesem Fall erfolgt aufgrund des vom Zuwendungsempfänger beigebrachten Verwendungsnachweises ein Schlussbescheid, mit dem der endgültige Auszahlungsbetrag festgesetzt wird. Begehrt der Zuwendungsempfänger nun auf den von ihm eingereichten Verwendungsnachweis eine entsprechend dem vorläufigen Bewilligungsbescheid festgesetzte Auszahlung, dürfte sein Rechtsschutzziel nicht vollständig von der Anfechtungsklage abgedeckt sein.[56]

2. Zuständiges Verwaltungsgericht

In Bezug auf die Zuständigkeit des Verwaltungsgerichts ist im Zuwendungsrecht besondere Aufmerksamkeit geboten, wenn es um die Anfechtung des Bescheids einer Förderbank geht. Diese sind regelmäßig zentrale Landesfördermittelgeber. Trotz dieser zentralen Organisation richtet sich die verwaltungsgerichtliche örtliche Zuständigkeit nach § 52 Nr. 3 VwGO und ist dezentral. Örtlich zuständig ist grundsätzlich das Verwaltungsgericht, in dessen Bezirk der Verwaltungsakt erlassen wurde. Ist er von einer Behörde, deren Zuständigkeit sich auf mehrere Verwaltungsgerichtsbezirke erstreckt, oder von einer gemeinsamen Behörde mehrerer oder aller Länder erlassen, so ist das Verwaltungsgericht zuständig, in dessen Bezirk der Beschwerte seinen Sitz oder Wohnsitz hat. Nur wenn ein solcher innerhalb des Zuständigkeitsbereichs der Behörde fehlt, so ist dasjenige Verwaltungsgericht örtlich zuständig, in dessen Bezirk der Beklagte seinen Sitz, Wohnsitz oder in Ermangelung dessen seinen Aufenthalt hat oder seinen letzten Wohnsitz oder Aufenthalt hatte. Die sachliche Zuständigkeit des Verwaltungsgerichts ergibt sich aus § 45 VwGO.

In der Praxis kommt es entgegen dieser grundsätzlich dezentralen Regelung regelmäßig vor, dass der Zuwendungsgeber an seinem Sitz und damit am unzuständigen Verwaltungsgericht verklagt wird. Dies schadet regelmäßig nicht, da das angerufene unzuständige Verwaltungsgericht die Rechtssache an das zuständige Gericht verweist; grundsätzlich, ohne dass Versäumnisse in Bezug auf die Klagefristen entstehen.

53 Vgl. z.B.: VG Gelsenkirchen, Urteil vom 4.4.2011 – 11 K 4198/09; VG Gera, Urteil vom 30.11.2011 – 5 K 394/08; VG Aachen, Urteil vom 5.11.2010 – 9 K 721/09; VG München, Urteil vom 13.3.2014 – M 15 K 12.6087; VG Magdeburg, Urteil vom 19.9.2017 – 3 A 180/16; BVerwG, Urteil vom 23.1.2019 – 10 C 6.17.

54 *Dittrich*, BHO mit Schwerpunkt Zuwendungsrecht, Stand: November 2024, Erläuterungen zu § 44, 58.1.

55 *Ebeling/Tellenbröker*, Subventionsrecht als Verwaltungsrecht, JuS 2014, 217 (220, 222).

56 Zum Beispiel: VG Düsseldorf, Urteil vom 17.7.2013 – 20 K 7520/12; siehe auch in diesem Kapitel C.II.

3. Klagebefugnis

Für die Zulässigkeit der Anfechtungsklage bedarf es gemäß § 42 Abs. 2 VwGO der Klagebefugnis. Der Kläger muss geltend machen, durch den Verwaltungsakt in einem seiner Rechte verletzt zu sein. Eine eigene Rechtsverletzung muss durch diese Geltendmachung zumindest denkbar und möglich sein.[57] Da die Rückforderung von Fördermitteln immer einen belastenden Verwaltungsakt darstellt, dürfte sich im Sinne der sogenannten Adressatentheorie, nach welcher der Adressat eines belastenden Verwaltungsakts jedenfalls in seiner durch Art. 2 Abs. 1 GG geschützten Handlungsfreiheit verletzt ist,[58] unter diesem Punkt kein Problem ergeben.

Als spezielleres Recht könnte auch die Geltendmachung eines Eingriffs in das Eigentumsrecht aus Art. 14 Abs. 1 GG in Betracht kommen. Sofern es um die Rückforderung einer bislang unter Vorbehalt gewährten Zuwendung geht, dürfte jedoch zu beachten sein, dass das Grundrecht auf Eigentum nur rechtlich gesicherte Ansprüche und nicht reine Erwerbschancen oder zukünftiges Eigentum schützt.[59]

Ist der Zuwendungsempfänger öffentlicher Auftraggeber und selbst staatliche Stelle, z.B. eine Gebietskörperschaft, stellt sich ihm das Problem, dass er sich gerade nicht auf Grundrechte berufen kann. Denn bei den Grundrechten handelt es sich um Abwehrrechte des Bürgers gegen den Staat.[60] Art. 3 Abs. 1 GG gewährt juristischen Personen des öffentlichen Rechts daher kein subjektives Recht. In Betracht kommt allenfalls die objektiv-rechtliche Seite des Gleichbehandlungsgrundsatzes oder auch das Rechtsstaatsprinzip.[61] Insofern kommt auch für öffentlich-rechtliche Zuwendungsempfänger die Geltendmachung von Art. 3 Abs. 1 GG in Betracht.[62] Die Klagebefugnis sollte jedoch vorrangig aus einfachem Recht hergeleitet werden (Anwendungsvorrang). Nicht auszuschließen ist zudem die Herleitung von Rechten aus Art. 28 Abs. 2 Satz 1 GG, der kommunalen Selbstverwaltungsgarantie.

Ist der öffentliche Auftraggeber überwiegend privatrechtlich organisiert und somit nicht „vom Staat beherrscht“, ist er grundrechtsberechtigt.[63]

4. Vorverfahren

Vor Erhebung der Anfechtungsklage sieht die Verwaltungsgerichtsordnung nach § 68 Abs. 1 Satz 1 VwGO grundsätzlich die Durchführung eines Vorverfahrens vor.[64] Ist dieses entweder aufgrund landesrechtlicher Bestimmungen (§ 68 Abs. 1 Satz 2 VwGO) oder einer der beiden anderen Ausnahmen – Verwaltungsakt einer obersten Landes- oder Bundesbehörde (§ 68 Abs. 1 Satz 2 Nr. 1 VwGO) oder erstmalige Beschwer durch Abhilfe- oder Widerspruchsbescheid (§ 68 Abs. 1 Satz 2 Nr. 2 VwGO) – nicht entbehrlich, so führt eine Außerachtlassung dieses Verfahrens zur Unzulässigkeit der Klage. Dies gilt aus Gründen der Prozessökonomie

57 BVerwG, Beschluss vom 21.7.2014 – 3 B 70/13; *Kopp/Schenke*, VwGO, 28. Aufl. 2022, § 42, Rn. 59.
58 *Kopp/Schenke*, VwGO, 28. Aufl. 2022, § 42, Rn. 69.
59 *Jarass*, GG, 18. Aufl. 2024, Art. 14, Rn. 19.
60 *Jarass*, GG, 18. Aufl. 2024, Art. 19, Rn. 30 ff.
61 *Jarass*, GG, 18. Aufl. 2024, Art. 3, Rn. 8.
62 *Zöpfl*, Staatliche Zuwendungen – unsichere Rechtslage für Kommunen, KommJur 2013, 90 (91).
63 *Jarass*, GG, 18. Aufl. 2024, Art. 19, Rn. 25 ff.
64 Zum Ablauf siehe in diesem Kapitel B.

nur dann nicht, wenn die Überprüfung der Rechts- und Zweckmäßigkeit schon auf andere Weise erreicht worden ist oder nicht mehr möglich ist. Dies ist z.B. dann der Fall,

- wenn der angefochtene Verwaltungsakt einen vorangegangenen ersetzt oder wiederholt,[65]
- einer von mehreren Klägern, die aus demselben Rechtsgrund in Anspruch genommen werden, bereits ein Vorverfahren durchgeführt hat,
- die Ausgangsbehörde zugleich die Widerspruchsbehörde ist und sie durch die zuständige Aufsichtsbehörde zu ihrer Entscheidung verbindlich angewiesen worden ist,
- sich aus dem Bescheid der Ausgangsbehörde, die zugleich auch Widerspruchsbehörde ist, bereits ergibt, dass ein Widerspruch keinen Erfolg hätte,[66]
- die Behörde irrtümlich annimmt, ein Vorverfahren sei nicht erforderlich, weil dessen Zweck, die Selbstkontrolle auf Rechts- und Zweckmäßigkeit des Verwaltungshandelns, bereits erreicht oder nicht mehr zu erreichen sei,
- wenn der Beklagte das Fehlen des Vorverfahrens zwar rügt, sich hilfsweise aber dennoch auf die Klage einlässt und deren Abweisung als sachlich unbegründet beantragt.[67]

Praxistipp

Sofern das sog. Widerspruchsverfahren durchzuführen ist, sollte es als Gelegenheit genutzt werden, um eine Abhilfeentscheidung herbeizuführen. Für den Fall, dass seine Durchführung aufgrund der von der Rechtsprechung etablierten Ausnahmen als entbehrlich erscheint, sollte gut erwogen werden, ob ein Widerspruch nicht aus Gründen der Vorsicht durchgeführt werden sollte, soweit ein ausreichendes Zeitfenster besteht.

5. Klagefrist

Nach § 74 Abs. 1 VwGO beträgt die Klagefrist zur Erhebung der Anfechtungsklage einen Monat. Das bedeutet, der Rechtsbehelf muss innerhalb eines Monats nach Zustellung des Widerspruchsbescheids erhoben werden (§ 74 Abs. 1 Satz 1 VwGO), soweit ein Widerspruchsverfahren stattgefunden hat. Falls ein solches entbehrlich war, ist die Anfechtungsklage innerhalb eines Monats nach Bekanntgabe des Aufhebungs- und/oder Rückforderungsbescheids einzulegen (§ 74 Abs. 1 Satz 2 VwGO). Entscheidend ist, dass für den Fristbeginn auf zwei verschiedene Formen der Bekanntgabe abgestellt wird. Der Fristbeginn hinsichtlich eines Widerspruchsbescheids beginnt nur zu laufen, soweit der Widerspruch nach den Regeln des Verwaltungszustellungsgesetzes (§ 41 Abs. 5 VwVfG) in Verbindung mit dem jeweiligen Verwaltungszustellungsgesetz des Landes oder bei Bundesbehörden des Bundes förmlich zugestellt worden ist. Hingegen reicht für die Bekanntgabe eines Erstbescheids eine formlose Bekanntgabe (§ 41 Abs. 1 bis 4 VwVfG) aus.

65 BVerwGE 65, 167, BVerwG, Urteil vom 23.3.1982 – 1 C 157.79.
66 BVerwGE 138, 1, BVerwG, Urteil vom 15.9.2010 – 8 C 21.09.
67 BVerwGE 148, 217, BVerwG, Urteil vom 30.10.2013 – 2 C 23.12.

a) Formlose Bekanntgabe auf dem Postweg

Bei einer Bekanntgabe durch die Übersendung mit der Post ist § 41 Abs. 2 Satz 1 VwVfG zu beachten, nach dem der Verwaltungsakt am vierten Tag nach Abgabe bei der Post im Inland als bekannt gegeben gilt. Der Zugang wird auf diese Weise fingiert. Dies gilt für die aufhebende Behörde auch dann, wenn der Aufhebungs- und/oder Rückforderungsbescheid dem Empfänger früher zugeht. Die Fiktion greift jedoch nicht, wenn der Empfänger, den Bescheid gar nicht oder erst später erhalten hat (§ 41 Abs. 2 Satz 3 VwVfG). Dies muss der Empfänger jedoch nachweisen, wobei an den Nachweis keine allzu hohen Anforderungen gestellt werden dürfen. Schlichtes Bestreiten des Zugangs binnen dreier Tage reicht jedoch nicht aus, da die Fiktion des Zugangs sonst ihren Sinn verlöre. Der Empfänger muss einen atypischen Geschehensablauf plausibel darstellen.[68] So genügt beispielsweise der Vortrag des Empfängers, er habe den Bescheid oder die Mitteilung über die Niederlegung nicht im Briefkasten vorgefunden, nicht. Er muss vielmehr vortragen, dass und wie er regelmäßig und in der fraglichen Zeit den Inhalt seines Briefkastens überprüft und gleichwohl das fragliche Schriftstück nicht vorgefunden hat. Ein solches qualifiziertes Bestreiten soll nur dann nicht erforderlich sein, wenn die Behörde den Zeitpunkt der Aufgabe des Bescheides zur Post in ihren Akten nicht vermerkt hat.[69] Das OVG Greifswald fordert neben dem substantiierten Bestreiten auch ein substantiiertes Vorbringen der Behörde nach den Grundsätzen des Beweises des ersten Anscheins, mit dem sie vorträgt, dass und wie aus der allgemeiner Lebenserfahrung geschlossen werden kann, dass der Empfänger den Bescheid tatsächlich erhalten haben muss.[70]

b) Berechnung der Klagefrist

Die Berechnung der Klagefrist erfolgt nach § 57 Abs. 2 VwGO in Verbindung mit § 222 Abs. 1 ZPO und richtet sich nach den Bestimmungen der §§ 188 Abs. 2, 187 Abs. 1 BGB. Das heißt in der Regel beginnt sie an dem auf die Bekanntmachung folgenden Tag zu laufen (§ 187 Abs. 1 BGB) und endet einen Monat später um 24:00 Uhr (§ 188 Abs. 2 BGB). Es sei denn es handelt sich bei dem Tag des Fristendes um einen gesetzlichen Feiertag, einen Samstag oder einen Sonntag (§ 222 Abs. 2 ZPO).

Die einmonatige Klagefrist besteht ausnahmsweise nicht, wenn der Bescheid mit einer fehlerhaften Rechtsbehelfsbelehrung versehen war oder eine solche Belehrung ganz fehlte.[71] In diesem Fall gilt eine einjährige Ausschlussfrist (§ 58 Abs. 2 Satz 1 VwGO).

68 Für die Anforderungen an den Nachweis bei nicht bekannt gegebenen Verwaltungsakten: OVG NRW, Beschluss vom 26.11.2014 – 6 A 1784/12; SächsOVG, Beschluss vom 9.6.2015 – 3 B 136/15; für die Anforderungen an den Nachweis bei später bekannt gegebenen Verwaltungsakten: OVG NRW, Beschluss vom 13.11.2014 – 2 B 1111/14.

69 BeckOK VwVfG, Tiedemann, Stand: 1.7.2024, § 41 Rn. 81; VGH Mannheim, Beschluss vom 29.04.1991 – 4 S 1601/89; VG Bremen, Urteil vom 17.10.1995 – 2 A 95/94; OVG Greifswald, Beschluss vom 19.5.2016 – 2 M 31/16.

70 OVG Greifswald, Beschluss vom 19.5.2016 – 2 M 31/16.

71 Siehe in diesem Kapitel B.VI.

Praxistipp

▶ *Die Rechtsbehelfsbelehrung ist z. B. fehlerhaft, wenn ein zwingender Bestandteil (vgl. § 58 Abs. 1 VwGO) fehlt oder sie geeignet ist, beim Zuwendungsempfänger einen Irrtum über die formellen und materiellen Voraussetzungen der Klageerhebung hervorzurufen und dadurch die Einreichung der Klage erschwert wird.*

Sollte die Klagefrist versäumt worden sein, ist gegebenenfalls die Wiedereinsetzung in den vorigen Stand gemäß § 60 VwGO möglich. Bezüglich der Voraussetzungen wird auf das Kapitel B. IV. verwiesen.

6. Klagegegner

Die Wahl des richtigen Klagegegners bestimmt sich nach § 78 VwGO. Soweit das Landesrecht nicht das Behördenprinzip[72] vorschreibt (§ 78 Abs. 1 Nr. 2 VwGO) gilt das Rechtsträgerprinzip (§ 78 Abs. 1 Nr. 1 VwGO). Die Klage ist dann gegen den Rechtsträger derjenigen Behörde, die den Verwaltungsakt, in diesem Fallen den Rückforderungsbescheid oder den Bescheid in Gestalt des Widerspruchsbescheids (§ 78 Abs. 2 VwGO) erlassen hat, zu richten.

Handelt es sich bei dem Zuwendungsgeber um eine in der Rechtsform einer Anstalt des öffentlichen Rechts organisierte Förderbank, so ist die Anfechtungsklage gegen die handelnde Förderbank direkt zu richten. Der Begriff der „Körperschaft" in § 78 Abs. 1 Nr. 1 VwGO ist weit auszulegen und in diesem Sinne als „Einrichtung" zu verstehen, sodass auch Anstalten und Stiftungen von dem Begriff umfasst sind, soweit diese als juristische Person verfasst sind.[73]

Soweit eine rechtlich selbständige sowie rechtsfähige Bundes- bzw. Landesförderbank im Eigentum des jeweiligen Bundes oder Landes steht oder (nur) eine entsprechende Trägerhaftung bestehen sollte, ist grundsätzlich dennoch nicht das Land oder der Bund der richtige Klagegegner, sondern die Bundes- bzw. Landesförderbank.

7. Begründetheit einer Anfechtungsklage

Eine Anfechtungsklage gegen einen Aufhebungsbescheid ist begründet, soweit der Verwaltungsakt rechtswidrig und der Kläger in seinen Rechten verletzt ist (§ 113 Abs. 1 Satz 1 VwGO). Da die Aufhebung eines Verwaltungsakts sich nach den §§ 48, 49 VwVfG richtet, ist entscheidend, ob diese Ermächtigungsgrundlagen rechtsfehlerfrei angewendet worden sind.

Mit Blick auf die Vergabe in der Zuwendung ist hier insbesondere der Widerruf eines Förderbescheids wegen eines Auflagenverstoßes von Relevanz, wenn die vergaberechtlichen Nebenbestimmungen im Zuwendungsbescheid nicht eingehalten wurden (§ 49 Abs. 3 Satz 1 Nr. 2 VwVfG).[74] Denn die Nichtbeachtung des Vergaberechts bedeutet eine Nichtbeachtung der Auflagen des Förderbescheids, sofern die ANBest-I/-P gemäß § 36 Abs. 2 Nr. 4 VwVfG zur

72 So in Brandenburg § 8 Abs. 1, 2 BbgVwGG, Mecklenburg-Vorpommern § 14 Abs. 1, 2 MVGerStrukGAG, Saarland § 19 Abs. 1, 2 SaarlAGVwGO, Niedersachsen § 79 Abs. 2 NJG, Sachsen-Anhalt § 8 S. 2 AGVwGO, Schleswig-Holstein § 6 S. 2 AGVwGO.

73 *Kopp/Schenke*, VwGO, 28. Aufl. 2022, § 78, Rn. 4.

74 *Folnovic/Hellriegel*, Der Widerruf im Zuwendungsrecht – eine Systematik, NVwZ 2016, 638.

Auflage gemacht wurden.[75] Auf diese Weise wird ein ursprünglich rechtmäßiger Verwaltungsakt rechtswidrig und kann widerrufen werden. Dies gilt auch für die Vergangenheit (§ 49 Abs. 3 VwVfG).

Ist die Aufhebung rechtmäßig, so können schwere Verstöße gegen das Vergaberecht zur Rückforderung der bereits gewährten Fördermittel führen.[76] Diese Rückforderung kann sich je nach Bundesland auf bis zu 25 Prozent belaufen. Bei vorsätzlichen Verstößen kommt jedoch auch die Rückforderung des gesamten Betrags in Betracht.[77] Hinzu kommt eine im Ermessen des Zuwendungsgebers stehende Verzinsung des Rückerstattungsbetrags (§ 49a Abs. 3 VwVfG). Dies halten die Runderlasse einiger Länder so auch fest.[78]

Liegt kein Vergabeverstoß vor oder zumindest kein schwerer, so sollte die Verteidigung auf dieses Argument gestützt werden. Dabei ist nicht entscheidend, ob sich ein etwaiger Vergabeverstoß auch tatsächlich wettbewerbsverzerrend ausgewirkt hat. Verlangen die Nebenbestimmungen beispielsweise vom Zuwendungsempfänger, mindestens drei Angebote einzuholen, führt dieser aber ein Verfahren durch, mit dem er mehr Wettbewerb schafft (öffentliche Ausschreibung oder offenes Verfahren), so dürfte dies keinen Vergabeverstoß darstellen, obwohl den Nebenbestimmungen nicht vollständig entsprochen wurde. Diese Fälle dürften jedoch eher selten sein.

In der Praxis unterliegen Fördermittelempfänger in den verwaltungsgerichtlichen Verfahren, mit denen die Aufhebung und Rückforderung angegriffen werden, häufig.[79] Dies hat mehrere im Folgenden dargestellte Ursachen.

Praxistipp

Wegen der geringen Erfolgsaussichten der Anfechtungsklagen gegen die Rückforderung von Zuwendungen, sollte der Zuwendungsempfänger bereits im Vorfeld mit der Bitte um Beratung oder inhaltliche Abstimmung das Gespräch mit der Zuwendungsbehörde suchen. Die Zuwendungsbehörden stehen diesem Anliegen in der Regel offen gegenüber.[80]

a) Eingeschränkte Ermessensüberprüfung

Sowohl der Widerruf eines rechtmäßigen Bewilligungsbescheids (§ 49 Abs. 3 VwVfG) als auch die Rücknahme (§ 48 Abs. 1 und 2 VwVfG) eines rechtswidrigen Bescheids stehen

75 *Dittrich*, BHO mit Schwerpunkt Zuwendungsrecht, Stand: November 2024, Erläuterungen zu § 44, 42.15.

76 *Krämer/Schmidt*, Zuwendungsrecht/Zuwendungspraxis, 171. Auflage 2024, Abschnitt D XI, Rn. 317; BVerwG, Beschluss vom 13.2.2013 – 3 B 58.12; OVG NRW, Urteil vom 20.4.2012 – 3 B 58/12; VG Göttingen, Urteil vom 27.11.2019 – 1 A 71/16; siehe auch im Kapitel „Abschluss der Förderung" C.II.2.

77 *Dittrich*, BHO mit Schwerpunkt Zuwendungsrecht, Stand: November 2024, Erläuterungen zu § 44, 59.4; *Pape/Holz*, Die Rückforderung von Zuwendungen bei Vergabeverstößen in der behördlichen Praxis, NVwZ 2011, 1231 (1234).

78 Z.B. Ziff. 2 und 3 RdErl. d. Finanzministeriums NRW v. 18.12.2003 – I 1 – 0044 – 3/8; Burgi, Vergaberecht, 2. Aufl. 2018, § 22, Rn. 13.

79 So auch *Pape/Holz*, Die Rückforderung von Zuwendungen bei Vergabeverstößen in der behördlichen Praxis, NVwZ 2011, 1231 (1335); *Zöpfl*, Staatliche Zuwendungen – unsichere Rechtslage für Kommunen, KommJur 2013, 88 (91).

80 *Zöpfl*, Staatliche Zuwendungen – unsichere Rechtslage für Kommunen, KommJur 2013, 88 (91).

– letzterer zwar unter den Einschränkungen des § 48 Abs. 2 bis 4 VwVfG – im Ermessen der Behörde bzw. des Zuwendungsgebers. Diese Ermessensentscheidung verdichtet sich jedoch durch den in § 7 Abs. 1 BHO, LHO normierten Grundsatz der Wirtschaftlichkeit und Sparsamkeit zu einem intendierten Ermessen.[81] Zudem sind die entsprechenden Verwaltungsvorschriften, die zwar nur intern wirken, auch ermessenslenkend. Dies stellt den Zuwendungsgeber als handelnde Behörde nicht von seiner Ausübung des Ermessens nach § 40 VwVfG frei. Er muss sich mit der Verwaltungsvorschrift und den Gegebenheiten des Sachverhalts gründlich und nachvollziehbar auseinandersetzen.[82]

Gerichtlich kann eine Ermessensentscheidung allerdings nur eingeschränkt überprüft werden (§ 114 Satz 1 VwGO). Das Verwaltungsgericht kann überprüfen, ob der Zuwendungsgeber von seinem Ermessen überhaupt Gebrauch gemacht hat. Nimmt er zu Unrecht an, er sei in seinem Ermessen beschränkt oder gebunden, so handelt er ermessensfehlerhaft (Ermessensunterschreitung).[83] Zudem kann das Verwaltungsgericht überprüfen, ob der Zuwendungsgeber die gesetzlichen Grenzen des Ermessens nach § 114 Satz 1 VwGO eingehalten hat. Geprüft wird unter diesem Aspekt insbesondere, ob die Ermessensentscheidung verhältnismäßig ist und nicht gegen Gesetz und Recht verstößt (Ermessensüberschreitung). Schließlich kann das Gericht überprüfen, ob das Ermessen zweckwidrig ausgeübt wurde, also ein Ermessensfehlgebrauch vorliegt. Ermessensfehlerhaft sind z.B. Entscheidungen, bei denen der Zuwendungsgeber von unzutreffenden tatsächlichen oder rechtlichen Voraussetzungen ausgeht oder einzelne Tatsachen falsch gewichtet (Ermessensfehlgebrauch).[84]

Zudem kann der Zuwendungsgeber seine Ermessenserwägungen sogar im gerichtlichen Verfahren noch ergänzen (§ 114 Satz 2 VwGO). Eine Grenze ergibt sich jedoch, wenn er bislang gar kein Ermessen ausgeübt hat und dies nun erstmalig im gerichtlichen Verfahren nachzuholen versucht.[85]

b) Ständige Verwaltungspraxis in der Förderung

Bei Richtlinien der Förderung handelt es sich um Verwaltungsvorschriften, die – im Gegensatz zu Rechtsnormen – regelmäßig nicht eigenständige Rechte des Bürgers begründen. Vielmehr entscheidet die Bewilligungsbehörde aufgrund ihres pflichtgemäßen Ermessens und unter dem Vorbehalt der Verfügbarkeit der veranschlagten Haushaltsmittel, ob eine Förderung stattfinden soll. Dabei ist die Richtlinie dazu bestimmt, für die Verteilung der Fördermittel Maßstäbe zu setzen und eine einheitliche und gleichmäßige Anwendung des Ermessens im Hinblick auf die Gewährung der Fördermittel sicherzustellen. Bei unklarem und auslegungsbedürftigem Wortlaut der Richtlinie ist es vorrangig Sache der Behörde, die Richtlinie auszulegen und eine regelmäßig anzuwendende Verwaltungspraxis zu entwickeln.[86]

81 *Folnovic/Hellriegel*, Der Widerruf im Zuwendungsrecht – eine Systematik, NVwZ 2016, 638 (639).

82 *Kopp/Schenke*, VwGO, 28. Aufl. 2022, § 114, Rn. 10a.

83 OVG Schleswig-Holstein, Urteil vom 6.8.1992 – 3 L 17/91; VG Bayreuth, Urteil vom 18.6.2014 – B 4 K 12.924; Kopp/Schenke, VwGO, 28. Aufl. 2022, § 114, Rn. 14; Krämer/Schmidt, Zuwendungsrecht/Zuwendungspraxis, 171. Auflage 2024, Abschnitt G I, Rn. 64.

84 *Kopp/Schenke*, VwGO, 28. Aufl. 2022, § 114, Rn. 12 f.

85 *Kopp/Schenke*, VwGO, 28. Aufl. 2022, § 114, Rn. 50.

86 BVerwG, Urteil vom 14.3.2018 – 10 C 1/17; VG Frankfurt a.M., Urteil vom 17.11.2010 – 1 K 1531/10.F; VG Magdeburg, Urteil vom 6.3.2014 – 3 A 44/12; VG Köln, Urteil vom 3.9.2015 – 16 K 2428/14.

Ohne sachlichen Grund ist es einer Zuwendungsbehörde sodann nicht gestattet, von einer ständigen Verwaltungspraxis abzuweichen.[87]

Obwohl also zunächst kein Anspruch auf eine Förderung besteht, besteht zumindest aber ein Anspruch auf Gleichbehandlung bei der Gewährung. Somit kann sich ein Anspruch auf Gleichbehandlung aus dem Gleichbehandlungsgrundsatz aus Art. 3 Abs. 1 GG und dem im Rechtsstaatsprinzip verankerten Gebot des Vertrauensschutzes aus Art. 20, 28 GG i.V.m. der allgemeinen Verwaltungspraxis ergeben.[88]

Hierbei ist es einem Gericht verwehrt, die Richtlinie selbst wie Gesetzesvorschriften zu interpretieren. Die Überprüfung der Anwendung solcher Richtlinien durch die Verwaltungsgerichte hat sich an den Maßstäben des § 114 VwGO zu orientieren. Folglich kann das der Bewilligungsbehörde bei der Vergabe der Fördermittel eingeräumte Ermessen vom Gericht nur dahin überprüft werden, ob die Ablehnung des Verwaltungsakts rechtswidrig ist, weil die gesetzlichen Grenzen des Ermessens überschritten sind oder von dem Ermessen in einer dem Zweck der Ermächtigung nicht entsprechenden Weise Gebrauch gemacht wurde. Insbesondere darf die Bewilligungsbehörde den Gleichheitsgrundsatz des Art. 3 I GG nicht verletzen; entscheidend ist insoweit, wie die zuständigen Behörden die Richtlinie zum maßgeblichen Zeitpunkt in ständiger Praxis gehandhabt haben. Der Gleichheitssatz ist dann verletzt, wenn eine Gruppe von Normadressaten oder Normbetroffenen im Vergleich zu einer anderen anders behandelt wird, obwohl zwischen beiden Gruppen keine Unterschiede von solcher Art und solchem Gewicht bestehen, dass sie die unterschiedliche Behandlung rechtfertigen könnten. Unerheblich ist dabei, ob es beispielsweise weitere Antragssteller gibt, die ebenfalls zu Unrecht von einer Förderung ausgeschlossen wurden – maßgebliche Vergleichsgruppe ist diejenige, mit der eine Gleichbehandlung angestrebt wird.[89]

Das Gleichbehandlungsgebot kann auch zu Lasten von Subventionsbewerbern Bedeutung gewinnen. Versagt eine Behörde in Anwendung der einschlägigen Richtlinien unter bestimmten Voraussetzungen regelmäßig die Gewährung einer Zuwendung, so verletzt sie das Gleichbehandlungsgebot, wenn sie sich im Einzelfall ohne rechtfertigende Gründe über diese Praxis hinwegsetzt und trotz des Fehlens ansonsten geforderter Voraussetzungen die Leistung gewährt.[90]

Allerdings ist die Verwaltung zur Gegensteuerung von Fehlentwicklungen im Wege der Änderung stets befugt; im Fall zwischenzeitlich erkannter Rechtsverstöße der bisherigen Förderungspraxis ist sie sogar regelmäßig verpflichtet, eine Änderung ihrer Vorgehensweise herbeizuführen. Denn eine Selbstbindung der Verwaltung kann sich nur innerhalb einer rechtmäßigen Verwaltungspraxis entwickeln. Die rechtswidrige Bewilligungspraxis kann nicht

87 BVerwG, Beschluss vom 29.1.2014 – 8 B 29.13; BVerwG, Urteil vom 14.3.2018 – 10 C 1/17.

88 BVerwG, Beschluss vom 8.4.1997 – 3 C 6/95; BVerwG, Urteil vom 18.7.2002 – 3 C 54/01; BVerwG, Urteil vom 23.4.2003 – 3 C 25/02; BVerwG, Urteil vom 14.3.2018 – 10 C 1/17; VG Düsseldorf, Urteil vom 28.2.2007 – 20 K 871/05I; OVG Berlin-Brandenburg, Urteil vom 27.2.2013 – 6 B 34.12; VGH Kassel, Beschluss vom 22.6.2016 – 9 A 419/14.Z.

89 BVerwG, Urteil vom 14.3.2018 – 10 C 1/17; VG Düsseldorf, Urteil vom 28.2.2007 – 20 K 871/05; VG Würzburg, Urteil vom 12.12.2013 – W 3 K 12.1074; VG Magdeburg, Urteil vom 6.3.2014 – 3 A 44/12; VG Köln, Urteil vom 3.9.2015 – 16 K 2428/14; VG Karlsruhe, Urteil vom 20.7.2017 – 3 K 105/16.

90 VG Karlsruhe, Urteil vom 20.7.2017 – 3 K 105/16.

Grundlage eines Förderanspruchs sein, da aus Art. 3 Abs. 1 GG kein „Fehlerwiederholungsanspruch" folgt.[91]

Zur Feststellung der tatsächlich geübten Verwaltungspraxis kann neben den einschlägigen Förderbestimmungen ergänzend auch auf öffentliche Verlautbarungen des Mittelgebers zurückgegriffen werden. Insoweit ist aber zu beachten, dass maßgeblich für die Selbstbindung der Verwaltung nicht etwa der Wortlaut der einschlägigen Vollzugshinweise ist, sondern ausschließlich das Verständnis des Mittelgebers und die daraus resultierende tatsächliche Verwaltungspraxis der von ihm mit dem Vollzug betrauten Bewilligungsstelle zum maßgeblichen Zeitpunkt.[92]

Weicht die Bewilligungsstelle in ständiger Praxis von den Förderbestimmungen ab, so verlieren diese insoweit ihre ermessensbindende Wirkung. Ob das Verwaltungshandeln mit dem Gleichbehandlungsgebot vereinbar ist, beurteilt sich dann nur nach der tatsächlichen Verwaltungspraxis, mit der Folge, dass eine in ständiger Übung praktizierte Abweichung von den Vollzugshinweisen die Ermessensausübung nicht rechtswidrig macht.[93]

Soweit es um die Fördermittelvergabe auf Länderebene geht, kommt es nicht auf die Vergabepraxis in anderen Bundesländern an, da hier nicht etwa Förderrichtlinien des Bundes, sondern des jeweiligen Bundeslandes, einschlägig sind. Denn Voraussetzung für eine Verletzung des Art. 3 Abs. 1 GG ist, dass die Vergleichsfälle der gleichen Stelle zuzurechnen sind. Daran fehlt es aber, wenn Sachverhalte von zwei verschiedenen Trägern öffentlicher Gewalt gestaltet werden. Der Gleichheitssatz bindet nämlich jeden Träger der öffentlichen Gewalt allein in dessen Zuständigkeitsbereich. Ein Land verletzt daher den Gleichheitssatz nicht deshalb, weil ein anderes Land den gleichen Sachverhalt anders behandelt.[94]

Zuletzt ist zu beachten, dass der maßgebliche Zeitpunkt für die Bewertung der Voraussetzungen der Förderung nicht der Zeitpunkt der Antragstellung im Verwaltungsverfahren bei der Behörde und auch nicht der Zeitpunkt der Entscheidung des Gerichts ist. Es ist vielmehr auf den Zeitpunkt des Erlasses des streitgegenständlichen Bescheides abzustellen sodass – abgesehen von vertiefenden Erläuterungen – ein neuer Tatsachenvortrag oder die Vorlage neuer Unterlagen im Klageverfahren grundsätzlich irrelevant sind. Alles, was im Verwaltungsverfahren nicht vorgebracht oder erkennbar war, kann und muss die Behörde auch im Rahmen der konkreten Ermessensausübung nicht berücksichtigen, sodass ermessensrelevante

91 BVerwG, Beschluss vom 8.4.1997 – 3 C 6/95; BVerwG, Beschluss vom 22.5.2008 – 5 B 36.08; BVerwG, Urteil vom 17.7.2009 – 5 C 25/08; VGH Mannheim, Urteil vom 2.2.2022 – 13 S 1553/20.

92 BVerwG, Urteil vom 25.4.2012, 8 C 18/11; VGH Mannheim, Beschluss vom 21.10.2021 – 13 S 3017/21 mit Verweis auf BVerwG, Beschluss vom 11.11.2008 – 7 B 38/08; VG Gera, Urteil vom 30.5.2023 – 5 K 551/22 Ge; OVG Münster, Urteil vom 8.9.2023 – 4 A 3042/19; VG Hamburg, Urteil vom 8.11.2023 – 16 K 3083/22.

93 BVerwG, Urteil vom 25.4.2012 – 8 C 18/11; VG Gera, Urteil vom 30.5.2023 – 5 K 551/22 Ge; OVG Münster, Urteil vom 8.9.2023 – 4 A 3042/19; VG Hamburg, Urteil vom 8.11.2023 – 16 K 3083/22.

94 BVerfG, Beschluss vom 12.5.1987 – 2 BvR 1226/83; BVerfG, Beschluss vom 8.5.2008 – 1 BvR 645/08; VGH Kassel, Beschluss vom 6.2.2023 – 10 A 909/22.Z; VG Hamburg, Urteil vom 8.11.2023 – 16 K 3083/22.

Tatsachen, die erstmals im Klageverfahren vorgebracht werden, im Nachhinein keine Berücksichtigung finden können.[95]

c) Unter Umständen kein Vertrauensschutz bei der Rücknahme eines rechtswidrigen Zuwendungsbescheids

Geht es ausnahmsweise um die Rücknahme eines rechtswidrigen Zuwendungsbescheids nach § 48 Abs. 2 VwVfG, so ordnet § 48 Abs. 3 Satz 1 VwVfG an, dass für den Zuwendungsempfänger grundsätzlich Vertrauensschutz besteht. Die Rücknahme müsste unterbleiben, wenn der Zuwendungsempfänger auf den Bestand des Zuwendungsbescheids vertraut hat. Insbesondere für Kommunen als Zuwendungsempfänger und öffentliche Auftraggeber gilt in dieser Hinsicht jedoch eine Ausnahme. Im Gegensatz zu Privaten genießen sie keinen Vertrauensschutz.[96] Dies begründet das Bundesverwaltungsgericht damit, dass das Institut des Vertrauensschutzes konzipiert ist, die Bürger, also Private, unter gewissen Voraussetzungen in ihrem Vertrauen auf die Rechtmäßigkeit und den Bestand von Maßnahmen der Verwaltung zu schützen. Kommunen – auch in ihrer Rolle als Zuwendungsempfänger – seien jedoch dem Gemeinwohl und dem Grundsatz der Gesetzmäßigkeit der Verwaltung verpflichtet, sodass jedenfalls kein vergleichbares Bedürfnis für Vertrauensschutz wie bei Privatpersonen bestehe.[97] Für Kommunen ist es daher besonders wichtig, von vorneherein die Rechtmäßigkeit eines Zuwendungsbescheids zu prüfen.

d) Rückforderung aufgrund vorläufigen Bewilligungsbescheids

Eine Besonderheit gilt im Rahmen der Begründetheit hinsichtlich der Rückforderung von Zuwendungen, die auf der Grundlage eines vorläufigen Bewilligungsbescheids ausgezahlt wurden. Da sich zu Beginn der Förderung die Entwicklung der Fördermaßnahme nicht immer genau abschätzen lässt, bewilligen viele Zuwendungsgeber die Maßnahme zunächst vorläufig.[98] Dies ist in den Verwaltungsvorschriften zu § 44 BHO zwar nicht vorgesehen, jedoch zulässig[99] und gängige Praxis. Die Bewilligung steht dann unter dem Vorbehalt einer späteren – endgültigen – bestätigenden oder auch abweichenden Schlussentscheidung.[100] Durch die Verbindung des vorläufigen Bescheids mit entsprechenden – zur Anwendung des Vergaberechts verpflichtenden – Nebenbestimmungen kann der Zuwendungsgeber den Verwaltungsakt und die Förderung rückabwickeln, ohne auf die Vorschriften zur Aufhebung eines Verwaltungsakts zurückgreifen zu müssen. Denn mit Erlass des endgültigen Schlussbe-

95 VG München, Beschluss vom 25.6.2020 – M 31 K 20.2261; VG Weimar, Urteil vom 17.9.2020 – 8 K 609/20; VG Würzburg, Urteil vom 26.7.2021 – W 8 K 20.2031; BayVGH, Beschluss vom 18.5.2022 – 6 ZB 20.438; VG Aachen, Urteil vom 21.11.2022 – 7 K 2197/20; VG Würzburg, Urteil vom 17.4.2023 – W 8 K 22.1233.

96 *Krämer/Schmidt*, Zuwendungsrecht/Zuwendungspraxis, 171. Auflage 2024, Abschnitt G II, Rn. 54; Zöpfl, Staatliche Zuwendungen – unsichere Rechtslage für Kommunen, KommJur 2013, 88 (91 f.).

97 BVerwG, Urteil vom 20.6.1967 – V C 175.66; BVerwG, Urteil vom 17.9.1970 – II C 48.68; BVerwG, Urteil vom 29.5.1980 – 5 C 11.78; BVerwG, Urteil vom 11.2.1982 – 2 C 9.81; BVerwG, Beschluss vom 29.4.1999 – 8 B 87.99; a.A. *Kopp/Ramsauer*, VwVfG, 20. Aufl. 2019, § 48 Rn. 101.

98 *Müller/Richter/Ziekow*, Handbuch Zuwendungsrecht, 2017, Abschnitt B, Rn. 169.

99 *Krämer/Schmidt*, Zuwendungsrecht/Zuwendungspraxis, 171. Auflage 2024, Abschnitt D VIII, Rn. 168.

100 *Müller/Richter/Ziekow*, Handbuch Zuwendungsrecht, 2017, Abschnitt B, Rn. 169; Krämer/Schmidt, Zuwendungsrecht/Zuwendungspraxis, 171. Auflage 2024, Abschnitt D VIII, Rn. 168.

scheids erledigen sich die vorläufigen Regelungen (vgl. § 43 Abs. 2 VwVfG).[101] Fällt die endgültige Entscheidung negativ aus, so endet der Rechtsgrund für das Behaltendürfen der Zuwendung im Rahmen des öffentlich-rechtlichen Erstattungsanspruchs nicht wegen des negativen Inhalts der endgültigen Entscheidung, sondern weil mit dem Erlass der endgültigen Entscheidung die Regelungswirkung der vorläufigen Entscheidung erschöpft ist.[102] Maßgeblich für die Frage, ob der Zuwendungsempfänger die gewährte Zuwendung endgültig behalten darf, ist die Sach- und Rechtslage zum Zeitpunkt des Erlasses des endgültigen Bewilligungsbescheids.[103]

e) Rechtsschutz gegen Vollstreckungsmaßnahmen

Der Erstattungsbescheid (§ 49a VwVfG) ist Rechtsgrundlage für die Verwaltungsvollstreckung. Es handelt sich um eine öffentlich-rechtliche Geldforderung, die auf dem Verwaltungsweg vollstreckt werden kann.[104] Diese richtet sich nach dem Verwaltungsvollstreckungsgesetz entweder des Bundes oder des jeweiligen Landes. Die Vollstreckung wird gemäß § 3 VwVG durch Vollstreckungsanordnung eingeleitet. Die Anordnung hat keine Verwaltungsaktqualität, denn sie enthält keine Regelung (vgl. § 35 Satz 1 VwVfG).[105] Insofern kann die Anordnung nicht angefochten werden.

8. Anfechtungsklage gegen Nebenbestimmungen

Die ANBest-I/-P werden dem Zuwendungsbescheid regelmäßig als Nebenbestimmung beigefügt[106] und so von der rein intern wirkenden Verwaltungsvorschrift zum Regelungs- und Außenwirkung entfaltenden Teil eines Verwaltungsakts.[107] Nach ständiger Rechtsprechung handelt es sich bei dieser Nebenbestimmung um eine Auflage im Sinne von § 36 Abs. 2 Nr. 4 VwVfG.[108] Die Nebenbestimmung ist als Auflage in diesem Sinne selbstständig durchsetzbar.[109]

Nicht nur für private Zuwendungsempfänger, die über die Nebenbestimmungen des Zuwendungsbescheids erstmals mit der Anwendung des Vergaberechts in Berührung kommen, liegt hier eine Fehlerquelle, die anschließend zu einer Rückforderung der Fördermittel führen

101 *Müller/Richter/Ziekow*, Handbuch Zuwendungsrecht, 2017, Abschnitt B, Rn. 170.
102 *Krämer/Schmidt*, Zuwendungsrecht/Zuwendungspraxis, 171. Auflage 2024, Abschnitt D VIII, Rn. 168.
103 VG Stuttgart, Urteil vom 20.10.2006 – 10 K 5152/10; *Müller/Richter/Ziekow*, Handbuch Zuwendungsrecht, 2017, Abschnitt B, Rn. 170.
104 *Krämer/Schmidt*, Zuwendungsrecht/Zuwendungspraxis, 171. Auflage 2024, Abschnitt G V, Rn. 59.
105 BVerwG, Urteil vom 18.11.1960 – VII C 184.57.
106 *Müller/Richter/Ziekow*, Handbuch Zuwendungsrecht, 2017, Abschnitt B, Rn. 157.
107 *Brüning*, Rückforderung von Zuwendungen wegen Vergabefehlern, ZfBR 2020, 154 (155); *Hildebrandt/Conrad*, Rechtsfragen der Rückforderung von Zuwendungen bei Verstößen gegen das Vergaberecht ZfBR 2013, 130 (131).
108 BayVGH, Urteil vom 18.11.1999 – 4 B 98.3534; OVG NRW, Urteil vom 22.2.2005 – 15 A 1065/04; OVG NRW, Beschluss vom 22.6.2006 – 4 A 2134/05; OVG NRW, Urteil vom 12.6.2007 – 15 A 1243/05: OVG NRW, Urteil vom 2.9.2008 – 15 A 2328/06; OVG Rheinland-Pfalz, Urteil vom 25.9.2012 – 6 A 10478/12; OVG Sachsen-Anhalt, Beschluss vom 5.3.2010 – 1 L 6/10; VGH Baden-Württemberg, Urteil vom 28.9.2011 – 9 S 1273/10; Brüning, Rückforderung von Zuwendungen wegen Vergabefehlern, ZfBR 2020, 154 (155); Hildebrandt/Conrad, Rechtsfragen der Rückforderung von Zuwendungen bei Verstößen gegen das Vergaberecht, ZBR 2013, 130 (132).
109 BVerwG, Urteil vom 12.3.1982 – 8 C 23.80; Brüning, Rückforderung von Zuwendungen wegen Vergabefehlern, ZfBR 2020, 154 (155); Kopp/Ramsauer, VwVfG, 20. Aufl. 2019, § 36, Rn. 68.

kann.[110] Auch eine Vielzahl öffentlicher Auftraggeber, die nur wenige Berührungspunkte mit dem Zuwendungs- und dem Kartellvergaberecht haben, stehen diesbezüglich vor einer komplexen Herausforderung.[111] Da die Zuwendungsempfänger überwiegend in den anschließenden gerichtlichen Verfahren über die Rückzahlung von Fördermitteln unterliegen und dies unter anderem darauf zurückzuführen ist, dass die Auflagen bereits in Bestandskraft erwachsen und damit wirksame Rechtsgrundlage sind,[112] sollten rechtswidrige Nebenbestimmungen innerhalb eines Monats nach Bekanntgabe angefochten werden (Klagefrist § 74 Abs. 1 VwGO).[113]

Praxistipp

Die überwiegende Anzahl der gerichtlichen Verfahren über die Rückforderung von Zuwendungen hat keinen Erfolg. Daher sollten bereits die Nebenbestimmungen, bevor sie wirksam werden, geprüft und gegebenenfalls angefochten werden.

Nebenbestimmungen können, soweit sie logisch von dem Verwaltungsakt teilbar sind, isoliert angefochten werden. Dies ergibt sich nicht nur aus dem Wortlaut von § 113 Abs. 1 Satz 1 VwGO „soweit", sondern ist auch durch die Rechtsprechung endgültig geklärt.[114]

II. Verpflichtungsklage

Die Verpflichtungsklage nach § 42 Abs. 1 Alt. 2 VwGO ist statthafte Klageart, wenn der Erhalt eines Zuwendungsbescheids begehrt wird. Die Anfechtung eines vorhergegangenen ablehnenden Bescheids ist nicht erforderlich.[115]

Die Verpflichtungsklage ist auch der statthafte Rechtsbehelf, wenn der erlassene Bescheid Zuwendungen in einer geringeren Höhe gewährt als beantragt wurde.

Zudem ist die Verpflichtungsklage im Hinblick auf die Fälle einer vorläufigen Bewilligung statthaft und empfehlenswert. Um effektiven Rechtsschutz zu erhalten, bietet sich die Verpflichtungsklage insbesondere dann an, wenn nach Einreichen des Verwendungsnachweises ein Rückforderungsbescheid (§ 49a VwVfG) ergeht und der Schlussbescheid einen Betrag festsetzt, der in der Höhe der Auszahlung nicht dem vorläufigen Bescheid entspricht. Die Anfechtung der Rückforderung allein führt nicht dazu, dass der Schlussbescheid entfällt. In diesem Fall bietet sich ein Antrag dahingehend an, den beklagten Fördermittelgeber unter Aufhebung des Rückforderungsbescheids zu verpflichten, unter Berücksichtigung der Rechtsauffassung des Gerichts ermessenfehlerfrei über den Verwendungsnachweis zu entscheiden. Ficht der Zuwendungsempfänger ausschließlich den Rückforderungsbescheid an, besteht die Gefahr, dass eine erneute Klage über den Antrag auf Festsetzung der Zuwendung in der

110 *Burgi*, Vergaberecht, 2. Aufl. 2018, § 33, Rn. 16 f.
111 *Zöpfl*, Staatliche Zuwendungen – unsichere Rechtslage für Kommunen, KommJur 2013, 88 (89 f.).
112 *Pape/Holz*, Die Rückforderung von Zuwendungen bei Vergabeverstößen in der behördlichen Praxis, NVwZ 2011, 1231 (1234).
113 Burgi, Vergaberecht, 2. Aufl. 2018, § 22, Rn. 16.
114 BVerwGE 112, 221, BVerwG, Urteil vom 22.11.2000 – 11 C 2/00; *Kopp/Ramsauer*, VwVfG, 20. Aufl. 2019, § 36, Rn. 88.
115 *Kopp/Schenke*, VwGO, 28. Aufl. 2022, § 42, Rn. 29.

im Verwendungsnachweis beantragten Höhe, dann verfristet ist. Im Falle eines Antrags, der das Begehr des Zuwendungsempfängers nicht klar zu erkennen gibt, besteht zwar eine richterliche Hinweispflicht nach § 86 Abs. 3 VwGO. Dies hilft dem Adressaten eines in Bestandskraft erwachsenen Schlussbescheids jedoch nicht. Daher ist frühzeitig zu erwägen, worin das Interesse des von einer Rückforderung betroffenen Zuwendungsempfängers besteht und ein entsprechender Antrag zu formulieren.

1. Zulässigkeitsvoraussetzungen

Hinsichtlich der Klagebefugnis (§ 42 Abs. 2 VwGO) muss der Kläger plausibel geltend machen, dass er in einem subjektiven Recht verletzt ist. Er muss also, um die vorgenannten Fälle aufzugreifen, entweder geltend machen, dass sein Anspruch auf die Förderung nicht offensichtlich ausgeschlossen ist,[116] oder im Falle der Rückforderung einer vorläufigen Bewilligung, einen Anspruch auf einen höheren Auszahlungsbetrag nachvollziehbar geltend machen.

Für alle weiteren Zulässigkeitsvoraussetzungen (Zuständigkeit, Vorverfahren, Klagefrist, Klagegegner) kann im Wesentlichen auf die Ausführungen zur Anfechtungsklage verwiesen werden[117], da die Regelungen für die Anfechtungsklage durch jeweiligen gesetzlichen Verweis auch für die Verpflichtungsklage gelten (§§ 52 Nr. 3 Satz 5, 68 Abs. 2, 74 Abs. 2 VwGO) und der 8. Abschnitt der VwGO die Voraussetzungen für Anfechtungs- und Verpflichtungsklage betrifft.

2. Begründetheit

Die Verpflichtungsklage ist begründet, soweit die Ablehnung oder Unterlassung des begehrten Zuwendungsbescheids rechtswidrig und der Kläger dadurch in seinen Rechten verletzt ist (§ 113 Abs. 5 Satz 1 VwGO). Ist die Sache spruchreif, so kann das Verwaltungsgericht den begehrten Verwaltungsakt selbst erlassen („vornehmen" § 113 Abs. 5 Satz 1 VwGO). Ist die Sache nicht spruchreif, so verpflichtet das Verwaltungsgericht die Behörde über den Antrag unter Beachtung der Rechtsauffassung des Gerichts neu zu bescheiden (§ 113 Abs. 5 Satz 2 VwGO). Spruchreif ist die Sache nur dann, wenn alle Tatsachen feststehen und es sich nicht um eine Ermessensentscheidung handelt. Sollte das Ermessen der Behörde auf null reduziert sein, so kann das Gericht Spruchreife annehmen.[118] Da die Bewilligung von Fördermitteln jedoch im Ermessen der Zuwendungsbehörde steht, kommt in den allermeisten Fällen ausschließlich die Beantragung eines sogenannten Bescheidungsurteils (§ 113 Abs. 5 Satz 2 VwGO) in Betracht.

a) Darlegung einer Anspruchsgrundlage

Die Darlegung einer Anspruchsgrundlage kann sich schwierig gestalten. Ein Anspruch auf die Gewährung von Zuwendungen ergibt sich selten aus dem Gesetz, höchstens aus spezialgesetzlichen Regelungen.[119] Im Regelfall besteht die Anspruchsgewährung im Ermessen der

116 *Ebeling/Tellenbröker*, Subventionsrecht als Verwaltungsrecht, JuS 2014, 217 (220).
117 Siehe in diesem Kapitel C.I.1-6.
118 *Müller/Richter/Ziekow*, Handbuch Zuwendungsrecht, 2017, Abschnitt D., Rn. 9.
119 *Müller/Richter/Ziekow*, Handbuch Zuwendungsrecht, 2017, Abschnitt A., Rn. 144.

Zuwendungsbehörde.[120] Der gesetzliche Rahmen für die Gewährung und Bewilligung von Fördermitteln ist wegen der vielfältigen Fördermöglichkeiten und -gegenstände bewusst weit und flexibel gehalten.[121] Die gesetzlichen Regelungen – insbesondere die Haushaltsgesetze (Haushaltsgrundsätzegesetz, §§ 23, 44 Haushaltsordnung, Haushaltsgesetz, Haushaltsplan, entsprechende Fachgesetze) – und die untergesetzlichen Regelungen des Bundes und der Länder erhalten Ermessensspielräume und unbestimmte Rechtsbegriffe für möglichst sachgerechte Einzelfallentscheidungen.[122] Zumeist sind die Voraussetzungen zur Gewährung von Zuwendungen durch – verwaltungsintern bindende – Förderrichtlinien konkretisiert.[123] Daher kommt dem in Art. 3 Abs. 1 GG verankerten Grundsatz der Selbstbindung der Verwaltung herausragende Bedeutung zu.[124] Voraussetzungen für einen Anspruch nach den Grundsätzen der Selbstbindung der Verwaltung sind:

1. Die Verwaltung hat gegenüber einem Dritten gehandelt,
2. dieses Handeln war rechtmäßig,
3. die Voraussetzungen der Gewährung liegen im konkreten Fall vor und
4. die Verwaltung ist nicht berechtigt, von ihrem üblichen Handeln abzuweichen.[125]

b) Ermessen

Da es sich bei der Gewährung von Zuwendungen in den meisten Fällen um Ermessensentscheidungen handelt, ist auch im Rahmen der Verpflichtungsklage zu beachten, dass Ermessensentscheidungen gerichtlich nur eingeschränkt überprüfbar sind (§ 114 Satz 1 VwGO).[126]

c) Behördliche Zusicherung

Als Anspruchsgrundlage könnte zudem in Einzelfällen auch eine behördliche Zusicherung im Sinne des § 38 Abs. 1 Satz 1 VwVfG in Betracht kommen, soweit sich diese auf den künftigen Erlass eines Zuwendungsbescheids bezieht. Die Zusicherung muss konkret-individuell und eindeutig sein und einen Bindungswillen der Behörde erkennen lassen.[127] Wohl nicht ausreichend soll dagegen sein, wenn sich die Zusicherung auf die Auszahlung der Leistung selbst bezieht.[128]

Sichert der Fördermittelgeber einen Zuwendungsbescheid mit einem bestimmten Inhalt zu, ergibt sich aus dieser Zusicherung ebenfalls eine Anspruchsgrundlage. Dies könnte sich beispielsweise als relevant erweisen, wenn der Zuwendungsgeber verbindlich in Aussicht ge-

120 *Müller/Richter/Ziekow*, Handbuch Zuwendungsrecht, 2017, Abschnitt A., Rn. 144, 151.
121 *Müller/Richter/Ziekow*, Handbuch Zuwendungsrecht, 2017, Abschnitt A., Rn. 85.
122 *Müller/Richter/Ziekow*, Handbuch Zuwendungsrecht, 2017, Abschnitt A., Rn. 85.
123 *Dittrich*, BHO mit Schwerpunkt Zuwendungsrecht, Stand: November 2024, Erläuterungen zu § 44, 2.5; *Müller/Richter/Ziekow*, Handbuch Zuwendungsrecht, 2017, A., Rn. 144.
124 *Müller/Richter/Ziekow*, Handbuch Zuwendungsrecht, 2017, Abschnitt A., Rn. 85 f, 145.; *Ebeling/Tellenbröker*, Subventionsrecht als Verwaltungsrecht, JuS 2014, 217 (220).
125 *Ebeling/Tellenbröker*, Subventionsrecht als Verwaltungsrecht, JuS 2014, 217 (220).
126 Siehe in diesem Kapitel C.I.7.a).
127 *Ebeling/Tellenbröker*, Subventionsrecht als Verwaltungsrecht, JuS 2014, 217 (219); Hellriegel, Vertrauensschutz im Zuwendungsrecht, NVwZ 2009, 571 (573).
128 *Ebeling/Tellenbröker*, Subventionsrecht als Verwaltungsrecht, JuS 2014, 217 (219).

stellt hat, nicht die Anwendung vergaberechtlicher Grundsätze zur Auflage zu machen oder nur ein bestimmtes vergaberechtliches Verfahren.

d) Kein Vertrauensschutz

Grundsätzlich lässt sich kein Anspruch aus einer vorherigen jahrelangen Bewilligung von Fördermitteln herleiten. Denn die Förderpraxis unterliegt vor allem den zur Verfügung stehenden Haushaltsmitteln.[129]

III. Fortsetzungsfeststellungsklage

Die Fortsetzungsfeststellungsklage (§ 113 Abs. 1 Satz 4 VwGO) kommt dann in Betracht, wenn sich das ursprüngliche Begehren des Zuwendungsempfängers entweder vor oder nach Erhebung der Klage erledigt hat und sein Rechtsschutzziel entweder der Anfechtung eines Bescheids oder dem Erhalt eines begünstigenden Bescheids entsprochen hat. Die Fortsetzungsfeststellungsklage ist dann statthaft, wenn entweder eine Anfechtungs- oder eine Verpflichtungssituation (dann § 113 Abs. 1 Satz 4 VwGO analog) vorlag.

Zur Klärung der Frage, ob eine Behörde zum Erlass des begehrten Bescheids verpflichtet gewesen wäre, ist die Fortsetzungsfeststellungsklage jedoch unzulässig.[130] Daher muss das Begehr des Zuwendungsempfängers dahin gehen, dass die Ablehnung des Bewilligungsantrags rechtswidrig gewesen sei.[131]

1. Zulässigkeitsvoraussetzungen

Da der Fortsetzungsfeststellungsklage entweder eine Anfechtungs- oder eine Verpflichtungssituation zugrunde liegt, müssen die Voraussetzungen für die Zulässigkeit dieser Klagearten vorliegen.[132] Darüber hinaus muss der Kläger ein besonderes Fortsetzungsfeststellungsinteresse darlegen. Für dieses Interesse gibt es vier durch die Rechtsprechung entwickelte Fallgruppen:

- Wiederholungsgefahr,
- Rehabilitationsinteresse,
- kurzfristig sich erledigender, nicht unerheblicher Grundrechtseingriff,
- sowie in Vorbereitung auf einen Amtshaftungsprozess ein berechtigtes Interesse an Präjudizialität.[133]

In Bezug auf eine Fortsetzungsfeststellungsklage im Zusammenhang mit der Anwendung des Vergaberechts im Zuwendungsrecht dürfte eigentlich nur die Fallgruppe der Wiederholungsgefahr einschlägig sein. Wiederholungsgefahr besteht bei einer hinreichend konkreten

129 BVerwG, Urteil vom 11.5.2006 – 5 C 10.05, BVerwGE 126, 33 (48); BVerfG, Beschluss vom 8.10.1996 – 1 BvR 875/92, BVerfGE 95, 64 (92); *Hellriegel*, Vertrauensschutz im Zuwendungsrecht, NVwZ 2009, 571 (571 f.); *Müller/Richter/Ziekow*, Handbuch Zuwendungsrecht, 2017, Abschnitt A., Rn. 247.

130 BVerwG, Urteil vom 2.10.1986 – 2 C 31.85.

131 Vgl. *Kopp/Schenke*, VwGO, 28. Aufl. 2022, § 113, Rn. 111.

132 Siehe in diesem Kapitel C.I. und II.

133 *Kopp/Schenke*, VwGO, 28. Aufl. 2022, § 113, Rn. 136, 141 f., 146.

Gefahr, dass die Behörde unter im Wesentlichen unveränderten tatsächlichen und rechtlichen Verhältnissen erneut einen vergleichbaren Verwaltungsakt erlassen wird.[134] Hebt z.B. der Zuwendungsgeber einen Zuwendungsbescheid mit der Begründung eines Vergabeverstoßes auf, lässt jedoch unmittelbar vor oder während der Klageerhebung von diesem Vorgehen ab, so besteht für den Zuwendungsempfänger zumindest dann ein Interesse die Rechtmäßigkeit des Aufhebungsbescheids gerichtlich überprüfen zu lassen, wenn vergleichbare Zuwendungsbescheide noch existieren und auch bei diesen eine Aufhebung aus ähnlichen Gründen erfolgen könnte. Es dürfte in dieser Situation durchaus klärungsbedürftig sein, ob z.B. Nebenbestimmungen, die zur Anwendung bestimmter vergaberechtlicher Vorschriften „zwingen", verletzt wurden und eine Aufhebung rechtmäßig gewesen wäre.

2. Begründetheit

Damit die Klage begründet ist, muss der Verwaltungsakt entweder zurückgenommen worden sein oder sich vor (dann § 113 Abs. 1 Satz 4 VwGO analog) oder nach Klageerhebung anderweitig erledigt haben und er muss rechtswidrig und klägerrechtsverletzend gewesen sein (§ 113 Abs. 1 Satz 4 VwGO). Dabei muss sich der Verwaltungsakt tatsächlich und endgültig erledigt haben. Dies ist der Fall, wenn er auch keine Grundlage mehr für eine Vollstreckungsmaßnahme sein kann.[135] Dies ist z.B. der Fall, wenn die Bewilligungsbehörde im laufenden Anfechtungsklageverfahren den Aufhebungsbescheid bzw. den Aufhebungsbescheid in Form des Widerspruchsbescheids plötzlich prüft und aufhebt oder die begehrte Bewilligung während des Verfahrens erlässt.

Im Übrigen richtet sich der Prüfungsumfang im Rahmen der Begründetheit einer Fortsetzungsfeststellungsklage nach dem für die Anfechtungs- oder Verpflichtungsklage, sodass auf die obigen Ausführungen verwiesen werden kann.[136]

IV. Leistungsklage

Auch wenn die allgemeine Leistungsklage in der VwGO zwar nicht geregelt ist, so ist sie als verwaltungsgerichtliche Klageart dennoch anerkannt[137] und in §§ 43 Abs. 2, 111, 113 Abs. 5 VwGO vorausgesetzt.

Sie ist statthaft, wenn der Kläger ein schlichtes Verwaltungshandeln, also gerade keinen Verwaltungsakt, begehrt. In ihrer negativen Ausprägung als sogenannte Unterlassungsklage ist sie statthaft, wenn sie auf ein Unterlassen (analog § 1004 BGB) gerichtet ist.[138]

Die allgemeine Leistungsklage kommt insbesondere in den nachfolgenden Konstellationen in Betracht:

Zum einen ist sie statthaft, wenn eine Zuwendung ausnahmsweise im Rahmen eines öffentlich-rechtlichen Vertrags im Sinne von § 54 VwVfG erfolgt ist. Denn dann erfolgt die Rückforderung der Fördermittel gerade nicht mittels Aufhebungs- und Rückforderungsbescheid nach

134 BVerwG, Urteil vom 16.5.2013 – 8 C 15/12.
135 *Kopp/Schenke*, VwGO, 28. Aufl. 2022, § 113, Rn. 102.
136 Siehe in diesem Kapitel C.I.7. und II.2.
137 *Kopp/Schenke*, VwGO, 28. Aufl. 2022, Vor § 40, Rn. 8a.
138 *Kopp/Schenke*, VwGO, 28. Aufl. 2022, Vor § 40, Rn. 8a.

§§ 48, 49, 49 a VwVfG, sondern entweder auf der Basis einer vertraglichen Regelung oder der Ausübung eines gesetzlichen Rücktritts- oder Kündigungsrechts (vgl. § 60 VwVfG). Für den Fall, dass ausnahmsweise ein öffentlich-rechtlicher Vertrag zur Bewilligung von Zuwendungen abgeschlossen worden ist, legt Ziffer 4.3 der Verwaltungsvorschriften zu § 44 BHO fest, dass die Vorschriften für eine Zuwendung durch Bescheid sinngemäß anzuwenden sind. Daher muss ein öffentlich-rechtlicher Vertrag alle Regelungen erhalten, die auch ein Zuwendungsbescheid enthalten hätte. Insbesondere sind die ANBest-I/-P und etwaige Besondere Nebenbestimmungen zum Bestandteil des Vertrags zu machen.[139] Durch die Aufnahme dieser Bestimmungen können Fehler bei der angeordneten Anwendung des Vergaberechts also ebenfalls zur Rückforderung von bewilligten Fördermitteln führen. Da diese Form der Bewilligung in der Praxis keine besondere Bedeutung erlangt hat,[140] kommt es nur selten zu solchen Klagen, mit denen die Zuwendungsbehörde ihren Leistungsanspruch gerichtlich durchsetzen kann.

Mit Blick auf diese Konstellation ist die allgemeine Leistungsklage auch statthaft, wenn ein Zuwendungsempfänger einen Zuschuss im Rahmen eines öffentlich-rechtlichen Vertrags nicht erhält, z.B. weil er die ANBest-I/-P, die wirksamer Vertragsbestandteil sind, nicht eingehalten hat. Mit der allgemeinen Leistungsklage kann der Zuwendungsempfänger den Zuwendungsgeber zur Auszahlung verurteilen lassen.

Weiterhin ist die Allgemeine Leistungsklage statthafter Rechtsbehelf, um den Zuwendungsgeber auf den Abschluss des öffentlich-rechtlichen Vertrags zu verurteilen, da der Abschluss eines solchen Vertrags eine schlicht hoheitliche Maßnahme darstellt.[141] Da die Bewilligungsbehörden im Regelfall Zuwendungen per Bescheid gewähren (Ziff. 4.1 Verwaltungsvorschriften zu § 44 BHO), dürfte dies selten der Fall sein.

Schließlich ist die Leistungsklage zudem für eine weitere Konstellation relevant. In der Förderpraxis hat sich das Instrument der Zuweisung (vgl. Ziffer 1.1 Verwaltungsvorschriften zu § 23 BHO) herausgebildet. Dabei handelt es sich um die Delegation von Haushaltsbefugnissen in Form von Zuweisungsschreiben[142]. Eigene Dienststellen werden auf diese Weise ermächtigt, Fördermittel für eigene Projekte zu verwenden.[143] Neben dieser Form der Zuweisung für Projekte gibt es auch die Zuweisung von Fördermitteln an die Länder zur Bewilligung an bestimmte Zuwendungsempfänger.[144] Da eine solche Zuweisung mangels Regelungsgehalt kein Verwaltungsakt im Sinne von § 35 Satz 1 VwVfG ist, kann zum Rechtsschutz nicht auf die Anfechtungs- oder Verpflichtungsklage zurückgegriffen werden. Den Empfängern einer Zuweisung, also selbst öffentlich-rechtliche „Haushaltsträger“[145], steht als Rechtsbehelf die

139 *Dittrich*, BHO mit Schwerpunkt Zuwendungsrecht, Stand: November 2024, Erläuterungen zu § 44, 18.2; *Müller/Richter/Ziekow* (Hrsg.), Handbuch Zuwendungsrecht, 2017, Abschnitt B., Rn. 193.

140 *Dittrich*, BHO mit Schwerpunkt Zuwendungsrecht, Stand: November 2024, Erläuterungen zu § 44, 18.2.

141 *Kopp/Ramsauer*, VwVfG, 20. Aufl. 2019, § 54, Rn. 17.

142 *Dittrich*, BHO mit Schwerpunkt Zuwendungsrecht, Stand: November 2024, Erläuterungen zu § 44, 18.4.

143 *Dittrich*, BHO mit Schwerpunkt Zuwendungsrecht, Stand: November 2024, Erläuterungen zu § 44, 18.4.

144 *Dittrich*, BHO mit Schwerpunkt Zuwendungsrecht, Stand: November 2024, Erläuterungen zu § 44, 18.5.

145 *Müller/Richter/Ziekow*, Handbuch Zuwendungsrecht, 2017, Abschnitt A., Rn. 199.

Leistungsklage zur Verfügung. Ihr Begehr ist auf eine Zahlung von Geldmitteln, mithin auf eine schlichte Amtshandlung gerichtet.[146]

1. Zulässigkeitsvoraussetzungen

Für die Zulässigkeit der allgemeinen Leistungsklage ist nach ganz herrschender Meinung analog § 42 Abs. 2 VwGO eine Klagebefugnis geltend zu machen.[147] Darüber hinaus bestehen keine besonderen Voraussetzungen. Es gelten die allgemeinen Prozessgrundsätze. Nach diesen ist die Klage gegen diejenige Rechtsperson zu richten, von der ein entsprechendes Handeln gefordert wird.[148] Im Falle von Landesbanken, die als Fördermittelgeber agieren und in der Rechtsform einer Anstalt des öffentlichen Rechts organisiert sind, ist die Klage gegen die Förderbank selbst zu richten. Die Leistungsklage ist nicht fristgebunden.

2. Begründetheit

Im Rahmen der Begründetheit der Klage ist es erforderlich, das Bestehen eines (Unterlassungs-)Anspruchs geltend zu machen.

a) Öffentlich-rechtlicher Erstattungsanspruch

Hinsichtlich der Rückforderung von Zuschüssen wegen eines Verstoßes gegen vergaberechtliche Bestimmungen wird regelmäßig der gewohnheitsrechtlich anerkannte öffentlich-rechtliche Erstattungsanspruch die maßgebliche Anspruchsgrundlage sein.[149] Die Verteidigung gegen eine solche Rückforderung besteht vor allem darin, darzulegen, dass der Zuschuss nicht rechtsgrundlos erfolgt ist. Insofern müsste an dieser Stelle nachgewiesen werden, dass gerade kein Verstoß gegen vergaberechtliche Bestimmungen vorliegt.

Hinsichtlich des öffentlich-rechtlichen Erstattungsanspruchs ist zu beachten, dass sich Hoheitsträger auch bei der Geltendmachung dieses Anspruchs nicht auf den Vertrauensschutz berufen können.[150] Insbesondere ist der im Zivilrecht verankerte Einwand der Entreicherung beim öffentlich-rechtlichen Erstattungsanspruch grundsätzlich ausgeschlossen.[151]

b) Zuweisung

Die Beurteilung der Erfolgsaussichten einer Klage auf eine Zuweisung dürfte ebenfalls selten als zielführend bewertet werden. Denn ein Vertrauensschutz hinsichtlich einer jahrelang ge-

---

146 VG Gießen, Urteil vom 19.12.2007 – 8 E 1792/05; so auch VG Mainz, Urteil vom 21.4.1993 – 2079/91 zitiert nach *Krämer/Schmidt*, Zuwendungsrecht/Zuwendungspraxis, 171. Auflage 2024, Abschnitt J I 1 Nr.4; a.A. VG Potsdam, Urteil vom 23.8 2005 – 3 K 423/00. In diesem Fall ist die Zuweisung jedoch durch Verwaltungsakt erfolgt.

147 *Kopp/Schenke*, VwGO, 28. Aufl. 2022, § 42, Rn. 62.

148 *Kopp/Schenke*, VwGO, 28. Aufl. 2022, § 78, Rn. 2.

149 BVerwG, Urteil vom 12.3.1985 – 7 C 48/82, BVerwGE 71, 85 (88); BVerwG, Urteil vom 18.1.2002 – 3 C 7.00, BVerwGE 112, 351 (353 f.); *Müller/Richter/Ziekow*, Handbuch Zuwendungsrecht, 2017, Abschnitt B., Rn. 124.

150 Siehe in diesem Kapitel C.I.7.b).

151 Palandt, BGB, 79. Aufl. 2020, Vor § 812, Rn. 9.

währten Zuweisung kann auch in diesem Bereich keinen Anspruch auf die Weitergewährung begründen.[152]

V. Feststellungsklage

Durch die Feststellungsklage kann die Feststellung des Bestehens oder Nichtbestehens eines Rechtsverhältnisses oder der Nichtigkeit eines Verwaltungsakts begehrt werden, wenn der Kläger ein berechtigtes Interesse an der baldigen Feststellung hat (§ 43 Abs. 1 VwGO). Das der Klärung bedürftige Rechtsverhältnis muss also feststellungsfähig sein. Dafür muss sich dieses aus einem konkreten Sachverhalt ergeben und aufgrund einer öffentlich-rechtlichen Rechtsnorm die Beziehung zu einer anderen Person oder Sache regeln. Entscheidend ist, dass Gegenstand des Rechtsverhältnisses ein subjektives-öffentliches Recht ist.[153] Die Feststellungsklage dürfte unter hiesigen Gesichtspunkten insbesondere relevant sein, um feststellen zu lassen, dass kein Vergaberechtsverstoß vorliegt.

Relevanz kann die Feststellungsklage zudem entfalten, wenn es um behördeninterne Zuweisungen (vgl. Ziff. 1.1 Verwaltungsvorschriften zu § 23 BHO) geht. Die regelmäßige Delegation von Zuwendungsermächtigungen stellt ein feststellungsfähiges Rechtsverhältnis dar.[154] Sofern der Zuweisungsempfänger gegen den Umfang oder eine plötzliche Nichtgewährung vorgehen möchte, bietet sich unter anderem die Feststellungsklage an.

1. Subsidiarität

Gegenüber den anderen Klagearten ist die Feststellungsklage subsidiär (§ 43 Abs. 2 VwGO). Soweit die Gestaltungsklagen oder die Leistungsklage intensiveren Rechtsschutz bieten, ist eine dieser Klagen zu wählen. Daher ist im Falle der vorgenannten Zuweisung zu erwägen, ob nicht die Leistungsklage rechtsschutzintensiver und damit statthaft wäre. Jedoch gilt dann eine Ausnahme, wenn die besonderen Zulässigkeitsvoraussetzungen der anderen Klagearten nicht unterlaufen werden.[155] Insbesondere dürfte auch davon ausgegangen werden, dass die beklagte Behörde wegen ihrer grundgesetzlichen Bindung an Recht und Gesetz (Art. 20 Abs. 3 GG) die Feststellungen des Urteils befolgt.

Beispiel

Das OVG für das Land Brandenburg[156] führt dazu im Rechtsstreit um das Begehren einer Zuweisung aus:

„Der Streit dreht sich [...] im Schwerpunkt nicht um die konkrete Höhe von Erstattungsbeträgen, sondern um die vorrangige Frage, ob überhaupt [...] eine weitergehende Verpflichtung des Beklagten erwächst oder ob ein solcher Anspruch ausgeschlossen ist. Damit

152 VG Potsdam, Urteil vom 23.8.2005 – 3 K 423/00; *Hellriegel*, Vertrauensschutz im Zuwendungsrecht, NVwZ 2009, 571 (572); *Müller/Richter/ Ziekow*, Handbuch Zuwendungsrecht, 2017, Abschnitt A., Rn. 247.

153 *Kopp/Schenke*, VwGO, 28. Aufl. 2022, § 43, Rn. 11.

154 OVG Brandenburg, Urteil vom 19.5.2004 – 1 A 707/01.

155 BVerwG, Urteil vom 28.11.2002 – 2 C 30.01; BVerwG, Urteil vom 4.7.2002 – 2 C 13.01; BVerwGE 114, 356, BVerwG, Urteil vom 10.7.2001 – 1 C 35.00; a.A. Kopp/Schenke, VwGO, 28. Aufl. 2022, § 43, Rn. 28.

156 OVG Brandenburg, Urteil vom 19.5.2004 – 1 A 707/01, Rn. 35, 40.

ist ein streitiges konkretes Rechtsverhältnis gegeben, dessen Feststellung mit einer Klage nach § 43 Abs. 1 VwGO verfolgt werden kann […].

Die Regelung des § 43 Abs. 2 VwGO, wonach die Feststellung nicht begehrt werden kann, soweit der Kläger seine Rechte durch Gestaltungs- oder Leistungsklage verfolgen kann oder hätte verfolgen können, steht der Zulässigkeit der Feststellungsklage nicht entgegen. Die in § 43 Abs. 2 Satz 1 VwGO angeordnete Subsidiarität der Feststellungsklage gegenüber einer Leistungsklage greift bei Klagen gegen den Staat nur dort ein, wo andernfalls die für Anfechtungs- und Verpflichtungsklagen geltenden besonderen Vorschriften über Fristen und Vorverfahren unterlaufen würden […]. Ein solches Unterlaufen der für Anfechtungs- und Verpflichtungsklagen geltenden besonderen Sachurteilsvoraussetzungen droht hier nicht, weil anstelle der erhobenen Feststellungsklage allein eine Leistungsklage auf Zahlung des von dem Kläger geltend gemachten Differenzbetrages in Betracht käme, aber keine Anfechtungs- oder Verpflichtungsklage."

2. Berechtigtes Feststellungsinteresse

Darüber hinaus muss der Kläger ein berechtigtes Feststellungsinteresse nach § 43 Abs. 1 VwGO geltend machen. Dies umfasst jedes schutzwürdige rechtliche, wirtschaftliche, ideelle oder persönliche Interesse. Das Interesse an dem Erhalt von Zuweisungen dürfte wirtschaftlicher und rechtlicher Art sein.

3. Begründetheit

Darzulegen ist ein konkretes Rechtsverhältnis. Auch im Rahmen der Feststellung, dass ein Anspruch auf Erhalt einer Zuwendung bestehe, kann ein Anspruch regelmäßig nicht mit Erwägungen des Vertrauensschutzes begründet werden.[157]

Geht es um die Feststellung, ein Vergabeverstoß habe nicht vorgelegen, so ist dies darzulegen.

VI. Exkurs: Konkurrentenklage

Haben sich mehrere Interessenten als Konkurrenten um dieselbe – nicht für alle zur Verfügung stehende – Förderung beworben, bestehen für die nicht begünstigten Konkurrenten ebenfalls Rechtsschutzmöglichkeiten. Begehrt ein Interessent in erster Linie selbst Fördermittel, kommt die Verpflichtungsklage (§ 42 Abs. 1 Alt. 2 VwGO) in Betracht („positive Konkurrentenklage"). Wendet sich ein Konkurrent primär gegen die Förderung eines anderen, so ist statthafte Klageart die Anfechtungsklage (negative Konkurrentenklage). Diese ließe sich auch darauf stützen, dass eine Zuwendung zu Unrecht erteilt wurde, weil der Zuwendungsempfänger vergaberechtliche Nebenbestimmungen nicht eingehalten habe.

157 *Hellriegel*, Vertrauensschutz im Zuwendungsrecht, NVwZ 2009, 571 (572).

Beispiel

So kann z.B. der Konkurrent eines Beihilfeempfängers, der sich selbst nicht um die Beihilfen beworben hat, die Gewährung dieser Beihilfe, die im Rahmen eines Vergabeverfahrens erteilt wurde, anfechten und zugleich den Verpflichtungsantrag stellen, die zu Unrecht gewährten Beihilfen zurückzufordern.[158]

Das Vorgehen, in dem Fall, dass der Konkurrent eine Begünstigung anstelle eines anderen begehrt (Konkurrentenverdrängungsklage), z.B. wenn keine weiteren Fördermittel zur Verfügung stehen, ist nicht eindeutig geklärt. Die Verpflichtungsklage ist auf jeden Fall erforderlich, um den eigenen Anspruch durchzusetzen. Ob daneben eine Anfechtungsklage gegen den Förderbescheid eines Konkurrenten erhoben werden muss, wird im Schrifttum nicht einheitlich beantwortet. Teilweise wird dies angenommen.[159] Die neuere Rechtsprechung tendiert im Hinblick auf den Grundsatz des effektiven Rechtsschutzes (Art. 19 Abs. 4 GG) dahin, dass eine Verpflichtungsklage auf ermessensfehlerfreie Neubescheidung ausreichend sei.[160] Jedoch ist auch die Rechtsprechung in Bezug auf diese Konstellation uneinheitlich.[161]

HINWEIS

Vorsorglich sollte in der Konstellation einer Konkurrentenverdrängungsklage sowohl die Verpflichtung auf eine ermessenfehlerfreie Neubescheidung beantragt werden als auch die Anfechtung der – falls bekannt – erlassenen Zuwendungsbescheide an einen oder mehrere Konkurrenten.

Die Klagebefugnis des nicht begünstigten Unternehmens wird sich in der Regel aus Art. 3 Abs. 1 GG in Form der wirtschaftlichen Chancengleichheit, aus Art. 2 Abs. 1 GG der Wettbewerbsfreiheit bzw. der Teilnahme am wirtschaftlichen Wettbewerb, aus Art. 12 Abs. 1 GG als mittelbarer Eingriff in die Berufsausübung oder aus Art. 14 Abs. 1 GG dem Recht am eingerichteten und ausgeübten Gewerbebetrieb herleiten lassen.[162] Allerdings dürfte es hinsichtlich Art. 2 Abs. 1 GG darauf ankommen, ob es durch die Gewährung von Fördermitteln an einen anderen zu einer Art Verdrängungswettbewerb kommen kann.

Der Konkurrent wird zu dem Verfahren beigeladen (§ 65 VwGO) und kann Anträge stellen und Stellungnahmen abgeben.

Auf der Ebene der Begründetheit ist die Konkurrentenklagen ebenfalls selten erfolgreich, da eine Rechtsverletzung des nicht begünstigten Konkurrenten nur vorliegt, wenn dieser willkürlich nicht berücksichtigt wurde oder zu seinen Lasten eine unzumutbare wettbewerbliche Schädigung eintritt.[163]

158 VG Freiburg, Urteil vom 29.11.2016 – 3 K 2814/14.

159 *Müller/Richter/Ziekow*, Handbuch Zuwendungsrecht, 2017, Abschnitt D., Rn. 12.

160 BVerfG, Beschluss vom 15.8.2002 – 1 BvR 1790/00; *Kopp/Schenke*, VwGO, 28. Aufl. 2022, § 42, Rn. 48 m. w. N.; *Ebeling/Tellenbröker*, Subventionsrecht als Verwaltungsrecht, JuS 2014, 217 (220).

161 Vgl. dazu *Kopp/Schenke*, 28. Aufl. 2022, § 42, Rn, 48; für die Erforderlichkeit von Anfechtungs- und Verpflichtungsklage siehe VGH München, Beschluss vom 26.7.2024 – 12 CE 24.1035.

162 *Kopp/Schenke*, VwGO, 28. Aufl. 2022, § 42, Rn. 143; *Müller/Richter/Ziekow*, Handbuch Zuwendungsrecht, 2017, Abschnitt D, Rn. 12.

163 *Müller/Richter/Ziekow*, Handbuch Zuwendungsrecht, 2017, Abschnitt D, Rn. 12.

VII. Exkurs: Zuständige Gerichtsbarkeit bei sozialrechtlicher Förderung

Bei der Vergabe sozialrechtlicher Förderung erscheint es zunächst fraglich, welcher Rechtsweg beschritten werden kann. Einerseits kommen im Rahmen der Vergabe die Zivilgerichte in Betracht, andererseits könnte aber auch der Weg zu den Sozialgerichten der richtige sein.

Zunächst ist festzuhalten, dass das Vergaberecht grundsätzlich auch auf Sozialleistungsträger und die Nachfrage nach sozialen Dienstleistungen Anwendung findet.[164] Die Voraussetzungen der Art und Weise von Vergaben im Sozialleistungsbereich richten sich nach § 130 GWB und der VgV – soweit das EU-Recht hier Spielräume zulässt. Diese haben aber auf nationaler Ebene keinen Vorrang gegenüber den Regeln zum (Vergabe-)Verfahren im Sozialrecht, weil hier keine Vorgaben vom EU-Recht bestehen. Im Konfliktfall hat nach den allgemeinen Regeln das speziellere Recht Vorrang, also grundsätzlich die Bestimmungen des Sozialrechts zum Verhältnis von Leistungsträger-Leistungserbringer. Diese müssen allerdings deutlich vom GWB abweichen. Bei fehlender sozialrechtlicher Regelung gilt das Vergaberecht des GWB.[165]

Weder das Grundgesetz noch das Recht der Europäischen Gemeinschaften verlangen, dass ausschließlich Gerichte der ordentlichen Gerichtsbarkeit Entscheidungen der Vergabekammern überprüfen. Die Zuweisung des Vergaberechtsweges zu den Gerichten der ordentlichen Gerichtsbarkeit nach Maßgabe des GWB ist keine ausschließliche; sie gilt nicht für Rechtsbeziehungen, bei denen eine Zuweisung vergaberechtlicher Streitigkeiten zu einer anderen Gerichtsbarkeit – beispielsweise zur Sozialgerichtsbarkeit – besteht. In einer früheren Entscheidung hatte das Bundessozialgericht entschieden, dass bei Rechtstreitigkeiten, bei denen im Konfliktfall der Rechtsweg zu den Gerichten der Sozialgerichtsbarkeit eröffnet ist, dieser auch dann zu beschreiten ist, wenn darüber gestritten wird, ob vor Begründung derartiger Rechtsbeziehungen und Abschluss entsprechender Verträge Vergaberecht Anwendung findet oder vergaberechtliche Bestimmungen verletzt worden sind.[166]

In einer neueren Entscheidung hat das LSG Nordrhein-Westfalen hingegen ausgeführt, dass auch im Bereich des Sozialrechts grundsätzlich die Vergabekammern zuständig sind, soweit es um die Art und Weise der Durchführung des mit der Ausschreibung eröffneten Vergabeverfahrens geht. Dies wurde auch vom Bundessozialgericht sodann zumindest konkludent bestätigt.[167] Geht es allerdings um die grundsätzliche Zulässigkeit der Durchführung des Vergabeverfahrens, sind die Fachgerichte zuständig, also im Bereich des Sozialrechts regelmäßig die Sozialgerichte.[168]

Der Rechtsweg zu den Sozialgerichten ist beispielsweise eröffnet bei:

- Streitigkeiten gegen Entscheidungen der Vergabekammern des Bundes oder der Länder wegen Arzneimittel-Rabattverträgen nach § 130a SGB V[169]

164 *Krahmer/Trenk-Hinterberger*, Sozialgesetzbuch I, 4. Auflage 2020, Anh. § 17 Rn. 15.
165 *Krahmer/Trenk-Hinterberger*, Sozialgesetzbuch I, 4. Auflage 2020, Anh. § 17 Rn. 17.
166 Bundessozialgericht B 1 SF 1/08 R Beschluss vom 22.4.2008.
167 Bundessozialgericht, Urteil vom 17.5.2023, B 8 SO 12/22 R.
168 LSG Nordrhein-Westfalen (12. Senat), Urteil vom 23.3.2022 – L 12 SO 227/19.
169 Bundessozialgericht B 1 SF 1/08 R Beschluss vom 22.4.2008.

- Streitigkeiten in Angelegenheiten der gesetzlichen Krankenversicherung gem. § 51 I Nr. 2 SGG[170]
- Streitigkeiten zwischen einer gesetzlichen Krankenkasse und einem Anbieter von medizinischen Hilfsmitteln über die Versorgung von Versicherten im Rahmen von Versorgungsverträgen nach §127 II SGB V[171]
- Streitigkeiten über die dem Vergabeverfahren vorgelagerte Frage, ob die Durchführung eines Vergabeverfahrens für Leistungen der Eingliederungshilfe überhaupt rechtmäßig ist[172]

VII. Annex: Vorläufiger Rechtsschutz

Neben den Rechtsbehelfen in der Hauptsache stehen auch im Zuwendungsrecht die Möglichkeiten des einstweiligen Rechtsschutzes zur Verfügung.

Hat die rückfordernde Behörde den Aufhebungsbescheid wegen eines Verstoßes gegen das Vergaberecht mit der Anordnung einer sofortigen Vollziehung nach § 80 Abs. 5 Satz 1 Alt. 1 VwGO versehen, kommt neben der Erhebung der Anfechtungsklage auch die Möglichkeit in Betracht, einstweiligen Rechtsschutz zu beantragen, mit dem Begehr die aufschiebende Wirkung wiederherzustellen.

Für die Konstellationen einer Verpflichtungs-, Leistungs- oder Feststellungsklage in der Hauptsache ist die einstweilige Anordnung in Form der Sicherungs- (§ 123 Abs. 1 Satz 1 VwGO) oder Regelungsanordnung (§ 123 Abs. 1 Satz 2) der richtige Rechtsbehelf. In Betracht kommt die einstweilige Anordnung insbesondere, um zu verhindern, dass Zuwendungen an Konkurrenten ausgezahlt werden, z.B. weil diese vergaberechtlichen Bestimmungen nicht eingehalten haben. Die Zulässigkeitsvoraussetzungen für einen Antrag im vorläufigen Rechtsschutzverfahren orientieren sich analog an denen des Hauptsacheverfahrens.

Im Rahmen der Begründetheit eines Antrags nach § 80 Abs. 5 VwGO kommt es zunächst darauf an, ob die Anordnung der sofortigen Vollziehung rechtmäßig ist und im Weiteren, ob bei summarischer Prüfung der Tatsachen eine Interessenabwägung ergibt, dass das Aussetzungsinteresse das Vollziehungsinteresse überwiegt.[173] Insofern wird auch bereits eine Rechtsfolgenabwägung vorgenommen, ob ein Interesse am Vollzug eines rechtswidrigen Verwaltungsakts bestehen könnte oder ob für einen rechtswidrigen Verwaltungsakt schadlos zunächst einmal die aufschiebende Wirkung wiederhergestellt werden kann.

Im Rahmen des einstweiligen Rechtsschutzes nach § 123 Abs. 1 VwGO bedarf es der Darlegung eines Anordnungsanspruchs und eines entsprechenden Anordnungsgrunds.[174] Beides muss glaubhaft gemacht werden (§ 123 Abs. 3 VwGO in Verbindung mit § 920 Abs. 2, § 294 ZPO). Entscheidend ist zudem, dass die Hauptsache nicht vorweggenommen werden darf. Da es sich lediglich um die Gewährung vorläufigen Rechtsschutzes handelt, dürfen grundsätzlich nur vorläufige Regelungen getroffen und keine vollendeten Tatsachen geschaffen

---

170 OLG Düsseldorf, Beschl. v. 20.3.2019 – VII-Verg 65/18.
171 OLG Düsseldorf, Beschl. v. 20.3.2019 – VII-Verg 65/18.
172 Bundessozialgericht, Urteil vom 17.5.2023, B 8 SO 12/22 R.
173 *Kopp/Schenke*, VwGO, 28. Aufl. 2022, § 80, Rn. 152.
174 *Kopp/Schenke*, VwGO, 28. Aufl. 2022, § 123, Rn. 23.

werden.[175] Eine Vorwegnahme der Hauptsache liegt dann vor, wenn die Entscheidung und ihre Folgen aus rechtlichen oder tatsächlichen Gründen auch nach der Hauptsacheentscheidung nicht mehr rückgängig gemacht werden können. Im Interesse effektiven Rechtsschutzes (Art. 19 Abs. 4 GG) kann es jedoch geboten sein, die Hauptsache vorwegzunehmen, sofern eine Versagung vorläufigen Rechtsschutzes den Antragsteller schwer und unzumutbar oder irreparabel belasten würde.[176] Allein der etwaige Verlust wirtschaftlicher Vorteile für die Dauer des Hauptsacheverfahrens allein ist allerdings kein die Vorwegnahme der Hauptsache ausnahmsweise rechtfertigender schwerer und unzumutbarer, anders nicht abwendbarer Nachteil.[177] Eine vorläufige Auszahlungsverpflichtung würde die Hauptsache nicht zwingend vorwegnehmen.[178]

175 *Kopp/Schenke*, VwGO, 28. Aufl. 2022, § 123, Rn. 13.
176 BeckOK VwGO, Kuhla, Stand: 1.7.2024, § 123 Rn. 156 m.w.N.; BVerfG, Beschluss vom 15.8.2002 – 1 BvR 1790/00; BVerwG, Beschluss vom 13.8.1999 – 2 VR 1/99.
177 BeckOK VwGO, Kuhla, Stand: 1.7.2024, § 123 Rn. 156a; OVG Lüneburg, Beschluss vom 27.4.2022 – 14 ME 116/22.
178 VG Münster, Beschluss vom 5.5.2006 – 5 L 242/06.

Angriffspunkte beim Zuwendungsgeber

Übersicht

Zuwendungsempfänger sollten sich im Übrigen stets des Umstandes bewusst sein, dass es sich sowohl im Rahmen der Projektförderung als auch im Rahmen der institutionellen Förderung durchaus lohnen kann, sich gegen eine drohende Rückforderung wegen behaupteter Vergabeverstöße gegenüber dem Zuwendungsgeber zur Wehr zu setzen. Denn die Zuwendungspraxis zeigt, dass Zuwendungsgeber mit Blick auf ihr Kerngebiet „Zuwendungsrecht" im Regelfall gut aufgestellt sein mögen, auf ihrem „Annexgebiet Vergaberecht" (Vergabeauflage) jedoch oftmals nicht das gebotene vergaberechtliche Verständnis besitzen bzw. schlichtweg aus Kapazitäts- und/oder – etwa bei EU-Kofinanzierung – Vorsichtsgründen zunächst eine übertrieben formale Vergabeprüfung mit vorsorglicher Mittelkürzung vornehmen, welche sich bei genauerer Betrachtung allerdings als vorschnell bzw. als rechtswidrig erweist.

Richtiger Zeitpunkt, überzeugende Einwände gegenüber dem Zuwendungsgeber zu formulieren, kann insofern bereits eine Art informelle Abstimmung mit dem Zuwendungsgeber sein, wenn – wie in der Praxis häufig zu erleben – entsprechende Mittelkürzungen zunächst mündlich in Aussicht gestellt werden. Spätestens jedoch im Anhörungsverfahren (§ 28 VwVfG) sollten Zuwendungsempfänger dann auf Grundlage einer einzelfallbasierten Argumentation fundiert – d.h. mit Blick auf jeden einzelnen behaupteten Vergabeverstoß unter Heranziehung einschlägiger Rechtsprechung und Literatur – dazu vortragen, warum eine Rückforderung der Fördermittel rechtswidrig wäre.

Die *erste wesentliche Argumentationsebene* stellt dabei womöglich bereits eine nicht hinreichend bestimmte Vergabeauflage dar *(Tatbestand)*; hinzu kommt tatbestandlich ggf. noch das Argument bereits verfristeter Rückforderungen. Zweite wesentliche Argumentationsebene ist sodann stets die Frage, ob der Zuwendungsgeber mit Blick auf den von ihm behaupteten Vergabeverstoß das ihm insoweit jeweils zustehende *„Rückforderungsermessen", das genau genommen ein Aufhebungsermessen" ist*, überhaupt zutreffend erkannt und – wenn ja – auch durchweg rechtsfehlerfrei ausgeübt hat *(Rechtsfolgenseite)*.

Ausgehend hiervon dürfte es für den Zuwendungsempfänger sinnvoll sein, seine gegen die jeweilige Mittelkürzung bereits vorgebrachten Einwände aus dem Anhörungsverfahren später zunächst im Widerspruchsverfahren[1] (§ 68 ff. VwGO) sowie auch im anschließenden Klageverfahren vor den Verwaltungsgerichten (§§ 74 ff. VwGO) einzelfallorientiert zu vertiefen.

1 Sofern ein solches im jeweiligen Bundesland als Vorverfahren vorgesehen ist.

A. (Un-)Bestimmtheit der Auflage/des Vorbehalts (Tatbestandsebene)?

Reine Landes- und/oder Bundesförderung (ohne EU-Kofinanzierung)

Jedenfalls, soweit es sich um eine reine Landes- und/oder Bundesförderung ohne EU-Kofinanzierung (EFRE, ELER, ESF, etc.) handelt, sollten Zuwendungsempfänger im Falle einer drohenden Rückforderung wegen behaupteten Vergabeverstoßes – also in der Regel im Falle eines drohenden Widerrufes des Zuwendungsbescheides wegen Auflagenverstoßes nach § 49 Abs. 3 S. 1 Nr. 2 VwVfG – in einem 1. Schritt stets prüfen, ob ihnen nach Maßgabe des verwaltungsverfahrensrechtlichen Bestimmtheitsgebotes (§ 37 Abs. 1 VwVfG) insoweit zuvor überhaupt eine hinreichend bestimmte Vergabeauflage als Nebenbestimmung (§ 36 Abs. 2 Nr. 4 VwVfG) zum Zuwendungsbescheid (§ 35 Satz 1 VwVfG) auferlegt wurde[2].

Der Inhalt einer Verwaltungsvorschrift kann selbst dann zu einer Auflage als Nebenbestimmung i.S.d § 36 VwVfG gemacht werden, wenn das der Verwaltungsvorschrift zu Grunde liegende materiell-rechtliche Gesetz bereits außer Kraft getreten ist.[3] An diesem Beispiel zeigt sich einmal mehr, dass das spezielle Zuwendungsvergaberecht des Fördermittelgebers im konkreten Einzelfall keineswegs dem allgemein geltenden Vergaberecht entsprechen muss.

Eine *Auflage* ist eine mit einem Verwaltungsakt verbundene Nebenbestimmung. § 36 Abs. 2 Nr. 4 VwVfG definiert sie als eine Bestimmung, durch die dem Begünstigten ein Tun, Dulden oder Unterlassen vorgeschrieben wird. Sie stellt damit eine dem Hauptverwaltungsakt beigefügte Nebenregelung dar, die auch in der Form einer Verwaltungsvorschrift einem Bescheid beigefügt werden kann. Erforderlich ist aber, dass der Adressat des Bescheids der Verwaltungsvorschrift entnehmen kann, was von ihm gefordert wird[4].

Eine zeitlich relevante Problematik im Kontext von§ 37 Abs. 1 VwVfG ist insoweit diejenige der sog. „rückwirkenden Vergabeauflage". Dies betrifft die Rechtsfrage, ob im frühen Projektstadium zwischen Einreichung des Förderantrags und dem späteren Erhalt des Zuwendungsbescheides – etwa nach ausnahmsweise genehmigtem vorzeitigen Maßnahmebeginn – überhaupt bereits eine sanktionsfähige vergaberechtliche Bindung des Zuwendungsempfängers entstehen kann. Mit dem VG Cottbus ist dies aus den überzeugenderen rechtsdogmatischen Gründen für den Regelfall abzulehnen.[5] Denn eine (Vergabe-)Auflage entfaltet Wirksamkeit erst mit Bekanntgabe des Bescheids, vgl. § 43 Abs. 1 Satz 1 VwVfG. Ob der Zuwendungsempfänger allgemein gegen Vorgaben zur Einhaltung von Vergabebestimmungen verstoßen hat, ist unerheblich. Es kommt darauf an, ob und wann die Einhaltung vergaberechtlicher Vorgaben in das Zuwendungsverhältnis einbezogen wurde. Eine rückwirkende Anwendung einer Auflage im Zuwendungsbescheid zur Einhaltung des Vergaberechts kann al-

---

2 Vgl. hierzu auch die vorstehenden Ausführungen von *Plauth/Lipinski* in dem Kapitel „Verpflichtung zur Einhaltung des Vergaberechts in der Förderung" unter B I. 1.

3 VG Magdeburg, Urteil vom 8.12.2022 - 3 A 117/20.

4 Vgl. OVG Sachsen, Urteil vom 11.5.2017 – 1 A 140/16 unter Verweis auf BVerwG, Urteil vom 26.6.2002 – 8 C 30.1 sowie ausführlich zur Entwicklung der Vergabeauflagen in Bund und Ländern bei Gass, ZfBR 2023, 653.

5 VG Cottbus, Urteil vom 21.12.2021 – 3 K 2560/17; a.A.: VG Magdeburg, Urteil vom 19.9.2017 – 3 A 180/16.

lenfalls angenommen werden, wenn die Auflage ihrem Inhalt nach rückwirkend in Kraft treten soll.

Ist eine Vergabeauflage aus Sicht des Zuwendungsempfängers unklar, scheidet ein Widerruf wegen Auflagenverstoßes bereits auf Tatbestandsebene aus, ohne dass es – in einem 2. Schritt – überhaupt auf eine Bewertung des dem Zuwendungsgeber insoweit zustehenden Ermessens („Ein rechtmäßiger Verwaltungsakt .... *kann* .... widerrufen werden ...") ankommen würde. Denn nach Auffassung des VG Köln ist eine Auflage nur dann inhaltlich hinreichend bestimmt, wenn die von der Behörde getroffene Regelung so vollständig, klar und unzweideutig erkennbar ist, dass der Adressat sein Verhalten danach richten kann. Ist eine Vergabeauflage hingegen in einer die Schwelle der Nichtigkeit (§ 44 Abs. 1 VwVfG) überschreitenden Weise unbestimmt, ist sogar unerheblich, dass sie zunächst zusammen mit dem Zuwendungsbescheid bestandskräftig geworden ist.[6]

Nach zutreffender Auffassung des OVG Sachsen[7] gilt dies etwa für die in der Zuwendungspraxis häufig als Vergabeauflage vorzufindende Formulierung in Nr. 3.2 ANBest. Diese enthält mit Blick auf Zuwendungsempfänger, die gleichzeitig öffentliche Auftraggeber sind und die damit zwar grundsätzlich – aber eben nicht zwingend auch als Zuwendungsempfänger – das Vergaberecht zu beachten haben – die Formulierung, dass *„weitergehende vergaberechtliche Verpflichtungen des Zuwendungsempfängers bleiben unberührt"* bleiben. Hierbei, so der Senat mit Blick auf die von ihm zu beurteilende Nr. 3.2 ANBest-K[8], handle es sich mangels hinreichend klarer Bestimmtheit (§ 37 Abs. 1 VwVfG) im Ergebnis um keine Vergabeauflage, sondern allein um einen „Tipp". Denn es stelle sich die Frage, was überhaupt Inhalt der Formulierung *„bleiben unberührt"* sein solle. Der Auslegung sei dabei die nach den §§ 133, 157 BGB maßgebliche Sicht eines objektiven Empfängers zugrunde zu legen, d. h. wie der Adressat den Verwaltungsakt unter Berücksichtigung der ihm bekannten oder erkennbaren Umstände bei objektiver Auslegung habe verstehen müssen. Insbesondere der sich deutlich von Nr. 3.1 ANBest-K[9] abhebende Wortlaut (*„bleiben... unberührt"*) lasse erkennen, dass eine Pflicht zur Anwendung des 2. Abschnitts nicht durch die Nebenbestimmung selbst begründet werden solle, sondern sich aus anderweitigen Rechtsgründen ergebe. Mit Nr. 3.2. komme also gerade zum Ausdruck, dass insoweit gerade kein bestimmtes „Tun" vom (öffentlichen) Zuwendungs-

6 VG Köln, Beschluss vom 3.3.2023 – 16 K 2955/20 sowie bereits Beschluss vom 3.9.2015 – 16 K 3369/14.

7 OVG Sachsen, Urteil vom 11.5.2017 – 1 A 140/16.

8 ANBest-K = Allgemeine Nebenbestimmungen für Zuwendungen zur Projektförderung an kommunale Körperschaften.

9 Nach Nr. 3.2 ANBest-K sollten Verpflichtungen des Zuwendungsempfängers nach §§ 98 ff. des Gesetzes gegen Wettbewerbsbeschränkungen (GWB) und der Verordnung über die Vergabe öffentlicher Aufträge (Vergabeordnung -VgV), wonach die Abschnitte 2 ff. der VOB/A beziehungsweise der VOL/A oder die Vergabeordnung für freiberufliche Leistungen (VOF) anzuwenden oder andere Vergabebestimmungen einzuhalten sind, unberührt bleiben. Nach Nr. 3.1 ANBest-K waren bei der Vergabe von Aufträgen für Bauleistungen das Gesetz über die Vergabe öffentlicher Aufträge im Freistaat Sachsen (SächsVergabeG) sowie der Abschnitt 1 der Vergabe- und Vertragsordnung für Bauleistungen – Teil A (VOB/A) sowie bei der Vergabe von Aufträgen für Lieferungen und Leistungen (ausgenommen Bauleistungen) das SächsVergabeG sowie Abschnitt 1 der Vergabe- und Vertragsordnung für Leistungen – Teil A (VOL/A) anzuwenden. Eben mit dieser Formulierung „sind anzuwenden" werde dem Zuwendungsempfänger ein bestimmtes Tun vorgeschrieben, nämlich die Anwendung der zuvor genannten vergaberechtlichen Vorschriften mit den in diesen normierten Schwellenwerten, so das OVG Sachsen.

empfänger erwartet werde, sondern nur auf die sonstigen allgemein für ihn geltenden vergaberechtlichen Bestimmungen hingewiesen werden solle.

Beide dieser praxisrelevanten Entscheidungen zeigen übrigens die besondere Charakteristik dieser vergaberechtlichen Sondermaterie als Schnittstellenmaterie zwischen Zuwendungs- und Vergaberecht auf, sodass man diese Sondermaterie durchaus als „Zuwendungsvergaberecht"[10] begreifen und definieren sollte. Es handelt sich somit auch im Rahmen der späteren Verwendungsnachweisprüfung – anders als dies Zuwendungsgeber oftmals praktizieren bzw. Zuwendungsempfänger annehmen – gerade um keine „allgemeine Vergaberechtskontrolle", sondern einen belastbaren Prüfungsmaßstab vermag allein das an der Schnittstelle wirksam beauflagte Vergaberecht des Zuwendungsgebers bilden.

Der Zuwendungsempfänger sollte also spätestens im vorgeschalteten Anhörungsverfahren (§ 28 VwVfG) zunächst immer erst die Vergabeauflage des Zuwendungsgebers näher in den Blick nehmen. Diese findet sich regelmäßig in Nr. 3 ANBest, also den Allgemeinen Nebenbestimmungen zum Zuwendungsbescheid (ANBest-P, ANBest-I, etc.), ansonsten im jeweiligen Zuwendungsbescheid selbst.

In der Praxis haben sich mit Blick auf die Tatbestandsebene im Wesentlichen drei Fallgruppen von „Auflagenfehlern" herauskristallisiert, wonach Zuwendungsgeber bei der standardmäßigen Integration „ihrer" Vergabeauflage zur Schaffung ihres eigenen „Zuwendungsvergaberechts" im Zuwendungsbescheid regelmäßig folgende Angriffspunkte bieten:

- Verpflichtung zur Einhaltung vergaberechtlichen Bestimmungen bei der Mittelverwendung wird *gar nicht aufgenommen;*
- Verpflichtung zur Einhaltung vergaberechtlichen Bestimmungen bei der Mittelverwendung wird nur *unvollständig aufgenommen*;
- Verpflichtung zur Einhaltung Vergabe rechtlicher Bestimmungen bei der Mittelverwendung ist zwar *vollständig, aber nur intransparent aufgenommen.*

Insoweit hat sich in der verwaltungsrechtlichen Rechtsprechung bereits eine umfassende Kasuistik herausgebildet. Hierzu folgende Beispiele:

In der Vergangenheit wurde etwa für die Vergabe freiberuflicher Leistungen regelmäßig nur die VOF (a.F.) als relevante Vergabeauflage für den Oberschwellenbereich vorgegeben. Für den Unterschwellenbereich waren die Bestimmungen der VOL/A (a.F.) zu beachten, welche jedoch auf freiberufliche Leistungen nicht anwendbar war (§ 1 Satz 2 VOL/A a.F.). Soweit nun mit Blick auf den unterschwellig vergebenen freiberuflichen Auftrag ein relevanter Verstoß behauptet wurde, um den Zuwendungsbescheid widerrufen zu können, ging dies mangels transparenter Vergabeauflage ins Leere.[11]

Zukünftig wird nach diesen Maßgaben mit Spannung zu beobachten sein, ob eine Vergabeauflage, welche für die Vergabe freiberuflicher Leistungen im Unterschwellenbereich lediglich pauschal die Beachtung von § 50 UVgO vorschreibt, überhaupt dem verwaltungsverfahrens-

10 So ebenfalls *Pilarski*, VergabeR 2020, 149 (155) mit begrüßenswerten Reformvorschlägen; ebenso und ausführlich hierzu Binder, Zuwendungsvergaberecht, Diss., Verlag Dr. Kovac 2017.

11 VG Köln, Beschluss vom 3.9.2015 – 16 K 3369/14.

rechtlichen Bestimmtheitsgebot des § 37 Abs. 1 VwVfG entspricht. Denn nach Auffassung des Autors ist § 50 UVgO allein als Vergabeauflage unklar. Dieser lautet wörtlich wie folgt:

> *„Öffentliche Aufträge über Leistungen, die im Rahmen einer freiberuflichen Tätigkeit erbracht oder im Wettbewerb mit freiberuflich Tätigen angeboten werden, sind grundsätzlich im Wettbewerb zu vergeben. Dabei ist so viel Wettbewerb zu schaffen, wie dies nach der Natur des Geschäfts oder nach den besonderen Umständen möglich ist."*

Was aber bedeutet „so viel Wettbewerb wie möglich"? Die UVgO-Erläuterungen des BMWi vom 07.02.2017[12] verhalten sich hierzu erstaunlicherweise mit keinem Wort. Auch von einem öffentlichen Zuwendungsempfänger – geschweige denn von einem privaten – kann im Übrigen nicht verlangt werden, sich hierzu die jeweilige Interpretation seines Bundeslandes im haushaltsvergaberechtlichen UVgO-Anwendungsbefehl herauszusuchen, geschweige denn, dass er hierzu zuwendungsrechtlich verpflichtet wäre. Denn die haushaltsvergaberechtlichen Regelungen gelten selbst für öffentliche Zuwendungsempfänger nicht automatisch, sondern wie gesagt ausschließlich nur das, was (wirksam und hinreichend bestimmt) per Vergabeauflage vorgegeben wurde. Darüber hinaus kann insbesondere von einem privaten Zuwendungsempfänger – oftmals ein rechtlicher Laie – auch nicht verlangt werden, sich erst nach intensiver Recherche und Auswertung einschlägiger Rechtsprechung und Literatur ein eigenes – zuwendungsvergaberechtlich belastbares – Bild von § 50 UVgO zu machen.

Wie ein Zuwendungsgeber seine Vergabeauflage verstanden wissen will, muss er demzufolge selbst lückenlos festlegen – und zwar so, dass diese im Ergebnis nach dem objektiven Empfängerhorizont eines Zuwendungsempfängers hinreichend verständlich ist. Dementsprechend muss der Zuwendungsgeber die konkrete Reichweite und Interpretation seines eigenen „Zuwendungsvergaberechts" bestimmen. Dies hat idealerweise in der Vergabeauflage (ANBest) selbst, ansonsten jedenfalls im Zuwendungsbescheid oder gegebenenfalls erst in dessen weiteren Anlagen (z.B. Vergabeleitfaden, etc.) zu geschehen. Lässt ein Zuwendungsgeber zukünftig offen, wie er das weitgehend formlose Vergabeverfahren nach § 50 UVgO versteht, um diesbezügliche Fehler überprüfen zu können, bleibt dies als Vergabeauflage nach Maßgabe der Rechtsprechung intransparent. Rückforderungen wegen Verstößen gegen die Bestimmung des § 50 UVgO dürften dann im Regelfall ausscheiden.

Zuwendungsgeber sind vor diesem Hintergrund also gut beraten, hinreichend transparent festzulegen, wie § 50 UVgO von seinem Zuwendungsempfänger anzuwenden ist. Dabei dürfte sich etwa anbieten, verschiedene Fallgruppen vorzugeben, z.B. wann (ausnahmsweise) die Einholung nur eines Angebotes ausreicht, wann drei Angebote eingeholt werden müssen (Regelfall) bzw. wann (noch) mehr Wettbewerb geschaffen werden muss, um im Sinne des § 50 UVgO „so viel Wettbewerb wie möglich" zu schaffen.

Der Zuwendungsgeber könnte § 50 UVgO alternativ hierzu aber auch durch eine eigene transparente Regelung zur unterschwelligen Vergabe freiberuflicher Leistungen ersetzen. Um dies möglichst effektiv und hinreichend klar umzusetzen, bietet sich aus Sicht des Zuwendungs-

12 Vgl. UVgO-Erläuterungen des BMWi vom 7.2.2017, BAnZ AT 7.2.2017 B2, dort S. 14.

gebers insbesondere der Rückgriff auf die jüngere einschlägige Kommentarliteratur[13] sowie auch die – mit Blick auf § 50 UVgO z.T. spürbar modifizierten – UVgO-Anwendungsbefehle der Bundesländer an.

Ein weiteres zuwendungsvergaberechtliches „Minenfeld" im Bereich der Auflage sind die haushaltsrechtlichen Wertgrenzen[14] für unterschwellige Vergaben (bis zum Erreichen des EU-Schwellenwerts), bis zu deren Erreichen „schlanke" Verfahrensarten ohne vorgeschaltete Bekanntmachung ohne weiteres zulässig sind, ohne, dass hierfür ein bestimmter Ausnahmetatbestand vorliegen müsste. Auch hier zeigt sich die besondere Eigenart des speziellen Zuwendungsvergaberechts. Denn es gelten stets die Wertgrenzen des Zuwendungsgebers, mithin nicht zwingend diejenigen, die ein öffentlicher Zwangsempfänger in seinem Bundesland regelmäßig einzuhalten hat. Erhält beispielsweise eine brandenburgische Kommune Fördermittel des Bundes, so gelten mangels anderweitiger Vorschriften allein die Wertgrenzen des Bundes. Handelt es sich um eine gemeinsame Förderung von Bund und Land Brandenburg, tut der Zuwendungsempfänger gut daran, die für die Zuwendungsvergabe rechtlich maßgebliche Wertgrenze proaktiv mit beiden Zuwendungsgebern zu klären.

Praxistipp

▶ *Das Berufen auf eine intransparente Vergabeauflage ist für Zuwendungsempfänger oftmals bereits ein wirksames – da ausreichendes – Instrument, um Rückforderungen – allerdings nur – bei rein nationalen Fördermaßnahmen zu vermeiden. Gerade in diesem Kontext zeigt sich die besondere Verbindung zwischen Zuwendungs- und Vergaberecht, dem sog. „Zuwendungsvergaberecht". Der Begriff des „Zuwendungsvergaberechts" ist nicht legaldefiniert, macht jedoch die Abgrenzung zum „klassischen" allgemeinen Vergaberecht deutlich. Denn hierbei handelt es sich um eine vergaberechtliche Sondermaterie an der Schnittstelle zwischen Zuwendungs- und Vergaberecht, sozusagen das „Vergaberecht des Zuwendungsgebers". Das spezielle Zuwendungsvergaberecht folgt in der Regel aus der Vergabeauflage zum jeweiligen Zuwendungsbescheid, weshalb das Vergaberecht haushaltsrechtlich als zuwendungsrechtliches Instrument zur Sicherstellung einer wirtschaftlichen und sparsamen Mittelverwendung angesehen werden kann. Reichweite und Aktualität der jeweiligen Vergabeauflage können sich dementsprechend durchaus von den Vorgaben des allgemeinen Vergaberechts sowie auch der Vergaberechtsprechung unterscheiden. Flankiert wird die jeweilige Vergabeauflage im Übrigen oftmals durch weitere – dem jeweiligen Zuwendungsbescheid zusätzlich als Anlage beigefügte – erläuternde Vorgaben, etwa sog. „Vergabeleitfäden", welche ebenfalls zu beachten sind. Da es sich somit um ein „Vergaberecht allein aus der Zuwendung" handelt, folgt die Rückforderung der Zuwendung wegen Vergabeverstößen allein verwaltungsver-*

13 Vgl. hierzu etwa das „Stufenmodell" bei *Geitel/Jansen*, in: Kulartz/Röwekamp/Portz/Prieß, UVgO-Kommentar, 2. Aufl. 2023, § 50 Rdnr. 1 ff. für § 50 UVgO, wonach im Wesentlichen abhängig davon, ob die Leistung eindeutig und erschöpfend beschreibbar ist, für die Verfahrenswahl nach § 50 UVgO insgesamt drei Fallgruppen zu bilden sind.

14 Vgl. dazu die ABSt-Übersicht hinsichtlich der Wertgrenzen für Bund und Länder (Stand 03/2024): https://auftragsberatungsstellen.de/images/ABST/Uebersicht/Wertgrenzen_Bund_%20Bundeslnder_Maer_2024.pdf.

fahrensrechtlichen Regeln, sodass im Streitfall am Ende auch nicht die klassischen Vergabenachprüfungsinstanzen, sondern vielmehr die Verwaltungsgerichte zuständig sind.

Ohnehin gilt: Um spätere Auseinandersetzungen rund um die Einhaltung der Vergabeauflage im beiderseitigen Interesse zu vermeiden, sollte das Prinzip „Kooperation statt Konfrontation" von Beginn an das förderrechtliche Verhältnis zwischen Zuwendungsempfänger und Zuwendungsgeber prägen, d.h. eine stets von Offenheit und Kommunikation geprägte Projektkultur, die rechtzeitig Klarheit schafft, anstatt wieder einmal in eine von Formalitäten und Missverständnissen charakterisierte „Schreibtischtäterei" zu verfallen, welche das notwendige Verständnis für die jeweils andere Seite vermissen lässt. Denn: Die Fördergelder sollten am Ende möglichst vollständig im Projekt verbleiben, anstatt weitere unnötige bürokratische Konfrontationen wegen vermeintlicher Auflagenverstöße aufzubauen.

Merke: EU-Kofinanzierung – „Höherrangiges EU-Recht bricht nationales Bestimmtheitsgebot"

Handelt es sich hingegen um Fördermaßnahmen, an welchen die Europäische Union – ggf. auch mit nur völlig untergeordneter Förderquote – beteiligt ist („EU-Kofinanzierung"), also um Fördermittel aus den EU-Fonds – v.a. Maßnahmen zur Stärkung der Infrastruktur (EFRE), des ländlichen Raumes (ELER) oder im Sozialbereich (ESF) –, kann sich ein Zuwendungsempfänger hingegen – also anders als bei reiner Landesförderung – nicht erfolgreich auf die Intransparenz der Vergabeauflage berufen. Dies bedeutet für den Zuwendungsempfänger bei EU-kofinanzierten Maßnahmen somit eine deutliche Einschränkung in der Auseinandersetzung mit dem Zuwendungsgeber im Rückforderungsverfahren.

Denn bei EU-Kofinanzierung ist stets das unionsrechtliche Effektivitätsgebot (sog. „effet utile") aus Art. 4 Abs. 3 EUV zu beachten, spätestens von den nationalen Verwaltungsgerichten des jeweiligen Mitgliedstaates im Rückforderungsverfahren[15]. Der europäische Effektivitätsgrundsatz bedeutet, dass das EU-Recht dem nationalen Recht im Zweifel vorgeht (Anwendungsvorrang), soweit nationale Vorschrift mit dem Zweck des konkreten EU-Rechts nicht vereinbar sind („effektive Durchsetzung des EU-Rechts" als Auslegungsgrundsatz). Mit Blick auf das hier in Rede stehende tatbestandliche Problem der Vergabeauflage führt dies dazu, dass die nationale Vorschrift des § 37 Abs. 1 VwVfG, welche das Bestimmtheitsgebot für die Vergabeauflage des Zuwendungsgebers enthält, hinter entgegenstehendes EU-Recht – und damit gegen entgegenstehende Sichtweisen des EuGHs und der EU-Kommission – zurücktreten muss. Bei EU-Fördermitteln ist also aus Sicht der europäischen Institutionen nicht gewollt, dass relevante Vergabeverstöße allein unter Berufung auf nationale Normen im Ergebnis unsanktioniert bleiben – was dementsprechend aber der Fall wäre, wenn sich ein Zuwendungsempfänger mit Blick auf die Vergabeauflage erfolgreich auf den Bestimmtheitsgrundsatz des § 37 Abs. 1 VwVfG berufen könnte, um bereits hierdurch eine Rückforderung zu verhindern.

15 Vgl. etwa VG Regensburg, Urteil vom 14.6.2018 – RN K 16.1879.

Praxistipp

> *Im Falle einer EU-Kofinanzierung sollten Zuwendungsempfänger nicht vorschnell – sowie nicht ausschließlich – mit einer intransparenten bzw. fehlenden Vergabeauflage argumentieren, da ihnen eine derartige Argumentation wegen des hier vorrangig zu beachtenden „effet utile" im Rückforderungsverfahren spätestens vor den Verwaltungsgerichten voraussichtlich „auf die Füße fällt". Kurzum: Die günstige nationale „Schutznorm" wird unionsrechtlich „kassiert".*

Sonderproblem: Binnenmarktrelevanz[16] unterschwelliger Aufträge als Vergabeauflage und Umsetzung zusätzlicher Transparenzanforderungen?

In der Praxis ist neuerlich – v.a. in den Bundesländern NRW, Niedersachsen und Brandenburg – zu beobachten, dass Zuwendungsgeber zunehmend – z.T. erhebliche – Mittelkürzungen (sog. „Finanzkorrekturen") wegen eines behaupteten Verstoßes gegen die unionsrechtlichen Vorgaben der sog. „Binnenmarktrelevanz" (auch „grenzüberschreitendes Interesse") vornehmen.

Vereinfacht gesprochen handelt es sich hierbei offensichtlich um einen neuen „Prüfungstrend", welcher den (nationalen) Zuwendungsgebern bei EU-Förderungen von übergeordneter EU-Ebene vorgegeben wird, um Mittelkürzungen wegen Vergabeverstößen („Unregelmäßigkeiten") nicht nur im Oberschwellenbereich (EU-Vergaberecht), sondern gleichermaßen im Unterschwellenbereich effektiv durchzusetzen.

Dementsprechend wurde ein Verstoß gegen die Vorgaben der Binnenmarktrelevanz von der EU-Kommission auch bereits ausdrücklich als sanktionsfähige „Unregelmäßigkeit" deklariert, sodass die sog. „COCOF-Leitlinien" Stand 2019[17], welche Vorgaben der EU-Kommission für Finanzkorrekturen bei vergaberechtlichen „Unregelmäßigkeiten" enthalten, auch auf diese Fälle Anwendung entsprechend finden, wenn es dort wörtlich heißt:

> 1.2.2. Nicht unter die Richtlinie fallende Aufträge
>
> Wenn die Richtlinien nicht anwendbar sind[9], das Vergabeverfahren jedoch in den Geltungsbereich des Vertrags fällt und die nationalen Vorschriften für die Vergabe öffentlicher Aufträge anwendbar sind, sind die vorliegenden Leitlinien anwendbar, wenn mindestens eine der nachstehenden Bedingungen erfüllt ist:
>
> i) es ist ein eindeutiges grenzüberschreitendes Interesse im Sinne von Punkt 1.2.3 vorhanden und bei der Vergabe dieser Aufträge wurde den im Vertrag niedergelegten Grundsätzen der Transparenz und der Nichtdiskriminierung nicht Rechnung getragen;
>
> ii) es liegt in Bezug auf die Aufträge ein eindeutiger Verstoß gegen die nationalen Vorschriften zur öffentlichen Auftragsvergabe vor.

---

16 Vgl. hierzu auch die vorstehenden Ausführungen von Plauth/Lipinski in dem Kapitel „Überlagerung durch das EU-Recht" unter B., vgl. ebenso *Stein/v. Rummel*, NZBau 2018, 589 ff.; *Tomerius/Gottwald*, LKV 2019, 289.; *Baudis*, VergabeR 2019, 589 ff.; EuGH, Urteil vom 20.3.2018 – Rs. C 187/16.

17 Vgl. Ziff. 1.2.2. Beschluss der EU-Kommission vom 14.5.2019, EU-Abl. C(2019) 3452 final nebst Anhang (Leitlinien).

Dies steht im Einklang mit der Sichtweise des EuGHs, wonach EU-Fördermittel im Übrigen auch bei Verstößen gegen (nur) nationales Unterschwellenvergaberecht zurückzufordern sind, da hierdurch mittelbar gegen Unionsrecht verstoßen werde[18]. Denn bei Verstößen gegen das nationale Haushaltsvergaberecht wird danach gleichzeitig auch das EU-Recht verletzt („effet utile"), sodass es sich auch hierbei um Unregelmäßigkeiten im Sinne der einschlägigen EU-Vorgaben handelt, was nationale Instanzen tendenziell zur Rückforderung zwingt.[19]

Binnenmarktrelevanz im Unterschwellenbereich – also nur unterhalb der einschlägigen EU-Schwellenwerte – besteht sozusagen immer dann, wenn die Vergabe eines öffentlichen Auftrages bzw. einer Konzession eindeutig auch für Unternehmen aus anderen EU-Mitgliedstaaten interessant sein könnte. Oberhalb der Schwellenwerte ist dies natürlich immer der Fall, aber auch unterhalb könnte dies z.B. insbesondere in grenznahen Regionen der Fall sein oder etwa dann, wenn ein potenzielles Bieterunternehmen aus dem EU-Ausland eine einschlägige Spezialisierung sowie die weiteren für den Auftrag notwendigen Kenntnisse aufweist. Das Problem in der Praxis ist: Was Binnenmarktrelevanz[20] bedeutet, findet sich indes an keiner Stelle legaldefiniert, was den Umgang mit dieser zuwendungsvergaberechtlichen Gefahr nicht gerade erleichtert.

Für die Prüfung gibt es lediglich diverse Indikatoren, welche vom Zuwendungsempfänger mit Blick auf den konkret zu vergebenden Auftrag sämtlich im Rahmen einer einzelfallorientierten Gesamtschau zu prüfen sind, um ihr Vorliegen sicher ausschließen zu können. Diese Indikatoren wiederum folgen aus den – bis heute leider weitgehend konturlos gebliebenen – Vorgaben von EU-Kommission und EU-Rechtsprechung. Binnenmarktrelevanz kann sich danach ergeben aus:

- Geschätzter Auftragswert (Problem: Grenzwerte?)
- Auftragsgegenstand (Problem: Rechtsberater/Planer?)
- Besonderheiten des betreffenden Sektors (Größe und Struktur des Marktes, wirtschaftliche Gepflogenheiten)
- *(v.a.) Geografische Lage* des Ortes der Leistungserbringung („Grenznähe")

Die „COCOF-Leitlinien" Stand 2019[21] besagen dementsprechend hierzu unter Ziff. 1.2.3. folgendes:

1.2.3. Bestehen eines eindeutigen grenzüberschreitenden Interesses

Zu Zwecken der Bewertung des Bestehens eines eindeutigen grenzüberschreitenden Interesses an nicht unter die Richtlinie fallenden Aufträgen ist gemäß Rechtsprechung des Europäischen Gerichtshofs[11] die Kommission beweispflichtig.

18 EuGH, Urteil vom 26.5.2016 – Rs. C-261/14.

19 Vgl. EuGH, Urteil vom 26.5.2016 – Rs. C-261/14.

20 Vgl. zusammenfassend zur bisherigen EU-Rechtsprechung zur BMR inkl. der Empfehlung zur sorgfältigen Dokumentation der BMR-Prüfung etwa *Stein/v. Rummel*, NZBau 2018, 589; vgl. hierzu auch *Tomerius/Gottwald*, LKV 2019, 289, welche den praktischen Umgang mit den Vorgaben zur Binnenmarktrelevanz durch Kommunen auch bei geförderten Maßnahmen zutreffend als „Stochern im vergaberechtlichen Nebel" bezeichnen.

21 Beschluss der EU-Kommission vom 14.5.2019, EU-Abl. C(2019) 3452 final nebst Anhang (Leitlinien).

> In diesem Kontext muss in erster Linie festgestellt werden, ob es tatsächliche Gesichtspunkte gibt, die insgesamt das grenzüberschreitende Interesse untermauern, wozu die folgenden Gesichtspunkte zählen: i) der Auftragsgegenstand, ii) der geschätzte Wert, iii) die technischen Anforderungen des Auftrags, iv) die geographische Lage des Orts der Leistungserbringung, v) der Nachweis von Angeboten aus anderen Mitgliedstaaten oder Interessensbekundungen von Unternehmen aus anderen Mitgliedstaaten.

Insofern ist und bleibt beispielsweise unklar, ob und bejahendenfalls ab welchem Honorarwert Planungsleistungen überhaupt binnenmarktrelevant sein können. Hierzu lassen sich nach Auffassung des Autors weiterhin keine belastbaren Aussagen treffen, wenngleich die Vergabeleitfäden einiger Zuwendungsgeber für Dienstleistungsvergaben grundsätzlich (undifferenziert) annehmen, dass eine Binnenmarktrelevanz bereits ab 10 % des einschlägigen EU Schwellenwertes anzunehmen sei.[22] Hiermit müsste man sich vielmehr von Fall zu Fall auseinandersetzen, wobei festzustellen ist, dass die Vorgaben der EU-Rechtsprechung ohnehin immer mehr von einer rein quantitativen Bewertung – also geschätzter Auftragswert – abrücken, um zunehmend eine qualitative Beurteilung anhand der weiteren qualitativen Indikatoren vorzunehmen (s.o.). Dies eröffnet für den Zuwendungsempfänger folglich Spielräume, um eine Binnenmarktrelevanz im konkreten Fall auszuschließen, was dann allerdings stets gut dokumentiert sein will.

Gerade im Bereich von Planervergaben kann über eine Binnenmarktrelevanz natürlich trefflich gestritten werden, da diese Leistungen regelmäßig auch hinreichende Kenntnisse des deutschen Rechts (Vergaberecht, öffentliches und privates Baurecht, Vertragsrecht, etc.) voraussetzen, was von potenziellen Bietern mit Sitz in den jeweiligen EU-Nachbarstaaten kaum in der erforderlichen Qualität geleistet werden dürfte.

Erst recht gilt dies natürlich mit Blick auf Rechtsberatungsleistungen, deren Binnenmarktrelevanz nach den einschlägigen Maßgaben regelmäßig abzulehnen ist – wenngleich auch hier in der Praxis immer wieder unreflektierte (rechtswidrige) Kürzungen wegen Nichtbeachtung der Binnenmarktrelevanz zu beobachten sind.

Kommt ein Zuwendungsempfänger (womöglich rein vorsorglich) zu dem Ergebnis, dass der nach nationalem Recht zu vergebende Auftrag in anderen EU-Mitgliedsstaaten potenziell ein Interesse an der Teilnahme am Wettbewerb hervorrufen kann – also Binnenmarktrelevanz gegeben ist –, muss er die diesbezüglichen Vorgaben seines Zuwendungsgebers jedenfalls durchweg beachten, was in der Regel gesteigerte Transparenzanforderungen nach Maßgabe der sog. „EU-Unterschwellenmitteilung“[23] (bereits) aus dem Jahre 2006 mit sich bringt.

Konkret wird er in der Regel dann vorgeschaltet eine sog. „ex ante-Transparenzbekanntmachung“ auf der nationalen Vergabeplattform veröffentlichen müssen, das heißt eine zusätzliche freiwillige Vorabbekanntmachung – ausschließlich – bei Verfahrensarten *ohne* vorgeschalteten Teilnahmewettbewerb, um vorab einen breiteren Markt anzusprechen, der sich daraufhin bei Interesse rechtzeitig melden kann, um bei der anschließenden Angebotsaufforderung ebenfalls berücksichtigt zu werden. Anschließend sollte der Zuwendungsempfänger

---

22 So etwa der ELER-Vergabeleitfaden des Landes Brandenburg (Stand: 01/2024), verfügbar unter https://eler.brandenburg.de/sixcms/media.php/9/Vergabeleitfaden%20ELER%2001.pdf.

23 EU-Abl. 2006/C 179/02 v.1.8.2006.

dann vorsorglich auch nicht nur die (drei bis fünf) von ihm ursprünglich als geeignet vorgesehenen, sondern vielmehr sämtliche nachweislich interessierten (geeigneten) Unternehmen zur Angebotsabgabe aufzufordern, um mit Blick auf den binnenmarktrelevanten Auftrag einen breiteren (grenzüberschreitenden) Markt herzustellen. Beachtet der Zugangsempfänger derartige Vorgaben nicht, handelt er in der Regel vergaberechtswidrig und muss empfangene Fördermittel zurückzahlen.

Praxistipp

Erfahrungsgemäß bestehen auf Seiten der Zuwendungsempfänger erhebliche Unsicherheiten im Umgang mit diesem Thema, d.h. zunächst – mangels weiterhin belastbarer Vorgaben – bei der vorgelagerten Prüfung der Binnenmarktrelevanz sowie – im Falle ihrer Bejahung – auch bei der anschließenden Umsetzung zur Einhaltung der weitergehenden Transparenzanforderungen. Zuwendungsempfängern ist daher dringend anzuraten, mögliche Vorgaben des Zuwendungsgebers zur Binnenmarktrelevanz unterschwelliger Aufträge genauestens anhand der jeweiligen Vergabeauflage und ihrer Leitfäden zu prüfen, notfalls hierzu auch eine Rücksprache mit dem Zuwendungsgeber zu suchen, um auch dieses Problem möglichst ohne Rückforderung von Beginn an zu umschiffen. Umgekehrt zeigen die Prüfungsergebnisse der Zuwendungsgeber, dass das Thema der Binnenmarktrelevanz auch dort vielfach nicht beherrscht wird, sodass sich die diesbezügliche Auseinandersetzung im Rückforderungsverfahren für den Zuwendungsempfänger oftmals lohnen dürfte, z.B. bei vermeintlich binnenmarktrelevanten Planungs- und Rechtsberatungsleistungen.

Klar muss demgegenüber aber auch sein:

Fehlt es an einer speziellen vergaberechtlichen Auflage des Zuwendungsgebers zur Binnenmarktrelevanz, können Rückforderungen grundsätzlich nicht auf entsprechende Verstöße des Zuwendungsempfängers gestützt werden, jedenfalls dann nicht, wenn es sich um rein nationale Fördersachverhalte handelt. In der Regel findet sich die Binnenmarktrelevanz nicht ausdrücklich in den Bewilligungsbescheiden oder Nebenbestimmungen der Zuwendungsgeber erwähnt. Auch kann sie nicht mittelbar in die Bestimmungen zur Einhaltung des Vergaberechts in der Förderung hineingelesen werden. Die Binnenmarktrelevanz ist nämlich nicht Ausfluss des öffentlichen Vergaberechts. Sie resultiert weder aus den europäischen Vergaberichtlinien noch auf der VgV, der EU VOB/A, der UVgO bzw. der VOL/A oder der VOB/A, auf die in der Förderung grundsätzlich nur Bezug genommen wird. Vielmehr ist sie laut EuGH Ausfluss des EU-Primärrechts. Daraus resultieren für Aufträge mit Binnenmarktrelevanz erhöhte Anforderung insbesondere in Bezug auf Transparenz, Nichtdiskriminierung und Gleichbehandlung. Dieses EU-Primärrecht wird in den Bewilligungsbescheiden und Nebenbestimmung in der Regel aber nicht in Bezug genommen. Es lässt sich auch nicht mit entsprechender Formulierung durch die Festlegung der Geltung „übriger Vergabebestimmungen" zur Geltung bringen. Denn EU-Primärrecht mit seinen Grundsätzen und Grundfreiheiten ist kein öffentliches Vergaberecht und keine Vergabebestimmung. Im Ergebnis fehlt den Zuwendungsgeber daher häufig die Rechtsgrundlage in Form der Auflage bzw. des Vorbehalts, um im Zuwendungsrechtsverhältnis gegenüber dem Zuwendungsempfänger wegen Verstößen gegen die Grundsätze der Binnenmarktrelevanz Rückforderungen zu generieren.[24]

B. Klassische Vergabefehler[25] vermeiden (Checkliste)

Selbstredend sollten Zuwendungsempfänger darüber hinaus gleich von Beginn klassische Vergabefehler vermeiden, also solche, hinsichtlich derer Zuwendungsgeber regelmäßig bereits ein besonderes Störgefühl entwickelt haben. Kurzum: Auf welche konkreten Vergabefehler achten Zuwendungsgeber im Rahmen der späteren Prüfung besonders?

Für die Feststellung der Vergabeverstöße auf (1.) Tatbestandsebene kommt es nicht auf die Kenntnis des Zuwendungsnehmers hiervon bzw. auf ein entsprechendes Verschulden an, sondern lediglich auf die objektive Rechtslage. Subjektive Merkmale können allerdings im Rahmen der Ausübung des Widerrufermessens Berücksichtigung finden.[26]

Nachfolgend – nur thematisch und grob skizziert aufgeführt – eine Auswahl klassischer Vergabeverstöße („Unregelmäßigkeiten") aus der bisherigen Beratungs-, Prüf- und Vertretungspraxis des Autors in Form einer Checkliste:

Themenfeld	**Vergabeverstoß („Unregelmäßigkeit")**
Aktivierung von Ausnahmetatbeständen (GWB-Bereichsausnahmen)	Es liegt keine GWB-Bereichsausnahme (§ 107 Abs. 1 Nr. 2 GWB, § 108 GWB, § 116 GWB, § 137 GWB, § 149 GWB, etc.) vor
Leistungsbeschreibung	Unklarheiten, keine hinreichend transparente Kalkulationsgrundlage, keine vergleichbaren Angebote (Gebot eindeutiger und erschöpfender Leistungsbeschreibung); Wettbewerbsverengende Produktvorgaben (Gebot produktneutraler Ausschreibung)
Vergaberegime	Fehlerhafte Klassifizierung der Leistungsart, d.h. Wahl der falschen Vergabeordnung
Schätzung des Auftragswertes	Veraltete Schätzgrundlage bzw. fehlerhafte Schätzung; künstliche Aufteilung der Aufträge, um unzulässig national auszuschreiben; Sonderproblem bei Planungsleistungen: Missachtung Additionsgebot aus § 3 Abs. 7 Satz 1 VgV (HOAI-Objektplanung + HOAI-Fachplanungen)

24 *Pilarski*, in: Vergabeblog.de vom 14/06/2018, Nr. 37281, Rückforderung von Fördermitteln bei Nichtbeachtung der Binnenmarktrelevanz öffentlicher Aufträge.

25 Vgl. hierzu auch die vorstehenden Ausführungen in dem Kapitel „Typische Fehler in Vergabeverfahren im Zuwendungsrechtsverhältnis".

26 Vgl. VG München, Urteil vom 25.4.2024 - 31 K 21.2797.

„80/20-Regel“ bzw. „nationales 20%-Kontingent“	Keine „Festlegungsliste“ mit anfänglicher Kontingentierung (nationale/EU-Vergaben); Nachträgliche „Umverteilung“ (nationale Vergabe statt wie festgelegt EU-Vergabe, z.B. nach gescheitertem EU-Verfahren Wechsel ins nationale Verfahren)
Gesamtvergabe	Unzulässiger Verzicht auf Losbildung, d.h. auf mittelstandsfreundliche Fach-/Teillose (z.B. TU-/GU-/GP-Vergabemodelle ohne hinreichende technische/wirtschaftliche Begründung)
Wahl der Verfahrensart	Wahl des falschen Verfahrens, insb. freihändige Vergabe/Verhandlungsvergabe im nationalen Bereich unzulässig; unterbliebene/unzureichende Markterkundung
Eignungs- und Zuschlagskriterien	Keine bzw. Festlegung unzulässiger Kriterien; Wertungsfehler bzw. Nichtanwendung des bekanntgemachten Wertungssystems; Verlinkung von Eignungskriterien unzulänglich bzw. „aktiver Link“ während Bekanntmachung später nicht nachweisbar
Auftragsbekanntmachung	Unzulässiger Verzicht; Inhaltliche Fehler (Sonderfall: auch eine freiwillige ex-ante- Transparenzbekanntmachung nach § 135 Abs. 3 GWB beseitigt den Vergabeverstoß nicht!)
Binnenmarktrelevanz („grenzüberschreitendes Interesse“)	Keine/fehlerhafte Prüfung; keine freiwillige ex-ante-Transparenzbekanntmachung (nur) bei (nationalen) Vergabeverfahren (ohne Auftragsbekanntmachung)
Fristen	Unzulässige Verkürzung von Teilnahme-/Angebotsfrist; Verstoß gegen Angebotsbindefrist bzw. fehlende Angebotsbindung
Bewerber-/Bieterfragen	Keine bzw. unzureichende Beantwortung; Beantwortung nur gegenüber anfragendem Bewerber/Bieter, obwohl Antwort wettbewerbsrelevant
Geheimwettbewerb	Bewerber-/Bieteridentitäten werden unzulässig offengelegt, z.B. durch Ortsbesichtigungen; Akzeptanz unzulässiger Bewerbungskonstellationen (z.B. „doppelte“ Bieter)
Teilnahmeanträge/Angebote	Wettbewerbswidriges Übersehen gebotener Ausschlüsse (formale und materielle Verstöße, z.B. unzureichende Eignung oder Vorliegen von fakultativen/zwingenden Ausschlussgründen)

Preisprüfung	Fehlende/unzureichende Aufklärung preislicher Auffälligkeiten (Über-/Unterkostenangebote); kein gebotener Ausschluss des Angebotes
Verhandlungen	...im 1-stufigen Verfahren trotz Verhandlungsverbot, insb. unzulässige Preisverhandlungen im Rahmen von Aufklärungsgesprächen (<-> Bieter-/Verhandlungsgespräche)
Informationspflichten	Keine bzw. unzureichende Information, wodurch relevante Wettbewerbsnachteile entstehen bzw. wodurch Rechtsschutz bewusst vereitelt wird
Auftragsänderungen	„Nachträge" ohne gebotene Neuausschreibung bzw. unzureichende Begründung für Neuausschreibungsverzicht
Dokumentation	Fehlt bzw. unzureichend, insb. zu wettbewerbsbeschränkenden Ausnahmebegründungen

Praxistipp

▶ *Zuwendungsempfänger sollten diese „Checkliste" – ebenso wie die jeweils aktuellen „COCOF-Vorgaben" der EU-Kommission – von Beginn an beherzigen, um Rückforderungen wegen Vergabeverstößen zu vermeiden. Denn liegt nach den Vorgaben des jeweiligen Zuwendungsvergaberechts nachweislich schon kein Vergabeverstoß auf der (1.) Tatbestandsebene vor, kommt es auf der (2.) Rechtsfolgenseite auch nicht mehr auf eine fehlerfreie Ermessensauübung durch den Zuwendungsgeber an, d.h. eine Rückforderung wegen Vergabeverstoßes wäre dann bereits tatbestandlich gesehen rechtswidrig. Dabei gilt mit Blick auf die notwendige Vergabedokumentation für die spätere Verwendungsnachweisprüfung als Faustformel: Ausnahmen von der vergaberechtlichen Regel sind immer besonders sorgfältig zu begründen (und ggf. im Vorfeld mit dem Zuwendungsgeber abzustimmen)!"*

C. Keine bzw. keine fehlerfreie Ermessensausübung (Rechtsfolgenseite)?

Der Zuwendungsgeber, der (1.) auf der Tatbestandsebene einen formalen Vergabeverstoß festgestellt hat, muss (2.) auf der Rechtsfolgenseite im Rahmen des ihm insoweit zustehenden Ermessens[27] sodann grundsätzlich entscheiden, ob und bejahendenfalls in welchem Umfang der konkrete Verstoß zuwendungsrechtlich nachteilige Folgen für den Zuwendungsempfänger hat. Denn wie gesagt: Das Vergaberecht ist das zentrale Instrument, um die Zu-

27 Vgl. etwa für den Widerruf § 49 Abs. 3 Satz 1 Nr. 2 VwVfG, wonach ein rechtmäßiger (finanziell) begünstigender Verwaltungsakt (Zuwendungsbescheid) beim Auflagenverstoß (Vergabeauflage) widerrufen werden „kann".

wendung wirtschaftlich und sparsam zu verwenden.[28] Mit anderen Worten: Die Vergabeauflage – regelmäßig verortet in Nr. 3 ANBest – „dient" insoweit der höherrangigen haushaltsrechtlichen Auflage in Nr. 1.1 ANBest („*Die Zuwendung ist wirtschaftlich und sparsam zu verwenden.*").

Bei der Ermessensentscheidung des Zuwendungsgebers über Rücknahme und Widerruf ist stets der *Grundsatz der Verhältnismäßigkeit* zu beachten. Es sind nur solche Erwägungen als sachgerecht und ermessensfehlerfrei anzuerkennen, die sich im Rahmen der Zwecksetzungen des Haushaltstitels halten, weil sowohl der im Zuwendungsbescheid bestimmte Zweck als auch die dem Zuwendungsbescheid beigefügten Auflagen sich auf den Haushaltstitel zurückführen lassen.[29]

Relevante Ermessenfehler, auf welche sich Zuwendungsempfänger im Rückforderungsprozess berufen können, sind Ermessensnichtgebrauch, Ermessensfehlgebrauch und Ermessensüberschreitung. Prüfungsmaßstab für Verwaltungsgerichte im Streitfall ist § 114 VwGO, der wörtlich folgendes besagt:

> *„Soweit die Verwaltungsbehörde ermächtigt ist, nach ihrem Ermessen zu handeln, prüft das Gericht auch, ob der Verwaltungsakt oder die Ablehnung oder Unterlassung des Verwaltungsakts rechtswidrig ist,* **weil die gesetzlichen Grenzen des Ermessens überschritten sind oder von dem Ermessen in einer dem Zweck der Ermächtigung nicht entsprechenden Weise Gebrauch gemacht ist. Die Verwaltungsbehörde kann ihre Ermessenserwägungen** *hinsichtlich des Verwaltungsaktes auch* **noch im verwaltungsgerichtlichen Verfahren ergänzen**."

Dem Zuwendungsgeber verbleibt nach § 114 Satz 2 VwGO somit stets noch im verwaltungsgerichtlichen Prozess die Möglichkeit, seine Ermessenerwägungen zu ergänzen, mithin bisher unberücksichtigt gelassene Argumente im Rahmen des prozessual Möglichen nachzuschieben, um die Rückforderung – im Regelfall den Widerruf des Zuwendungsbescheides – in voller Höhe als rechtmäßig rechtfertigen zu können.

Nationale und europäische Ermessensleitlinien[30] / Typische Ermessensfehler

Hat ein Zuwendungsgeber sein Ermessen überhaupt erkannt, kommen als Überprüfungsmaßstab mit Blick auf eine fehlerfreie Ermessensausübung maßgeblich die jeweiligen *„ermessensleitenden" bzw. „ermessenslenkenden" Vorgaben* – üblicherweise des jeweils für die Fördermaßnahme zuständigen Ministeriums/Zuwendungsgebers – zum Tragen, welche in unterschiedlicher Ausprägung und Aktualität auf Landesebene existieren.[31] Üblicherweise definieren diese nationalen Leitlinien zunächst in Form eines (nicht abschließenden!) Katalogs, was „schwere" Vergabeverstöße auf der (1.) Tatbestandsebene sind. Für den Fall, dass deren Vorliegen festgestellt wird, ist dann das (2.) rechtsfolgenseitige Widerrufsermessen zugunsten des Zuwendungsgebers regelmäßig in Richtung Rückforderung „gelenkt".[32] Zweck der

28 Vgl. ausführlich hierzu: *Binder*, Zuwendungsvergaberecht, Diss., Verlag Dr. Kovac 2017.
29 *Müller/Richter/Ziekow*, Handbuch Zuwendungsrecht, 1. Aufl. 2017, Teil C, Rdnr. 59 ff. m.w.N.
30 Vgl. hierzu auch die vorstehenden Ausführungen von *Baecker* in dem Kapitel „Abschluss der Förderung" unter C.
31 Vgl. exemplarisch etwa für Bayern: Richtlinie zur Rückforderung von Zuwendungen bei schweren Vergabeverstößen (Rückforderungsrichtlinie – RZVR) des Bayerischen Staatsministeriums der Finanzen und für Heimat vom 25.2.2021, Az. 11-H 1007-1/8 (BayMBl. Nr. 182).
32 Vgl. dazu ausführlich bei *Gass*, ZfBR 2023, 653 und ZfBR 2022, 33.

Leitlinien ist dementsprechend, eine einheitliche Rückforderungspraxis im jeweiligen Bundesland sicherstellen.

Auch wenn der Bund insoweit über keine eigenen Leitlinien für die Ermessenslenkung bei Rückforderungen verfügt, ist im Rahmen der Ausübung des Rückforderungsermessens bei Bundesförderungen jedenfalls stets der Verhältnismäßigkeitsgrundsatz zu beachten.[33]

Sofern es sich darüber hinaus um eine EU-kofinanzierte Maßnahme handelt (EFRE, ELER, ESF, etc.), finden in der (nationalen) Rückforderungspraxis stattdessen regelmäßig die für die jeweils aktuelle EU-Förderperiode geltenden *„COCOF-Leitlinien“*[34] Anwendung. Um bei EU-Kofinanzierungen eine einheitliche Rückforderungspraxis zu gewährleisten, empfiehlt die EU-Kommission hierin – anders als die nationalen Leitlinien – bestimmte Finanzkorrektursätze zur Anwendung bei der Feststellung von „Unregelmäßigkeiten“ (Vergabestößen) im Umgang mit EU-Mitteln, d.h. bestimmte prozentuale Regelsätze zur Kürzung des vergaberechtlich fehlerhaft vergebenen Auftrages, welche im Regelfall auch dem bei EU-Förderung zwingend zu wahrenden Verhältnismäßigkeitsgrundsatz[35] entsprechen:

EUROPÄISCHE
KOMMISSION

Brüssel, den 14.5.2019
C(2019) 3452 final

BESCHLUSS DER KOMMISSION

vom 14.5.2019

zur Festlegung der Leitlinien für die Festsetzung von Finanzkorrekturen, die bei Verstößen gegen die Vorschriften für die Vergabe öffentlicher Aufträge auf von der Union finanzierte Ausgaben anzuwenden sind

Praxistipp

Auf Seiten mancher Zuwendungsempfänger ist nach wie vor das Missverständnis vorhanden, dass durch einen relevanten Vergabefehler automatisch bereits die gesamte För-

33 Vgl. OVG Schleswig-Holstein, Urteil vom 23.8.2022 – 5 LB 9/20.
34 Vgl. Beschluss der EU-Kommission vom 14.5.2019, EU-Abl. C(2019) 3452 final nebst Anhang (Leitlinien).
35 Vgl. dazu EuGH, Urteil vom 4.10.2024 - Rs. C-175/23, wonach nicht jeder Vergaberechtsverstoß eine sanktionswürdige Unregelmäßigkeit darstellt.

derung für das Projekt verloren ginge, was selbstverständlich nur ein Irrglaube ist. Vorsorglich klarzustellen ist daher auch an dieser Stelle, dass eine Mittelkürzung bzw. Finanzkorrektur stets nur mit Blick auf die aus Sicht des Zuwendungsgebers vergaberechtswidrige Auftragseinheit erfolgt. Mit anderen Worten: Eine – anteilige oder vollständige – Mittelkürzung erfolgt nur hinsichtlich des jeweils betroffenen Auftrags unter Berücksichtigung der jeweiligen Förderquote (Bund/Land/EU) aus dem Zuwendungsbescheid.

Nahezu allen Ermessensleitlinien – seien es nationale Leitlinien, seien es die COCOF-Leitlinien – gemein ist ihre Wirkung, wonach das Ermessen des Zuwendungsgebers bei formal festgestelltem schwerem Vergabeverstoß (nur) ein eingeschränktes, sog. „intendiertes Ermessen", ist. Dies bedeutet, dass das Rückforderungsinteresse des Zuwendungsgebers im Regelfall das Interesse des Zuwendungsempfängers am Behaltendürfen der Zuwendung (genauer: des auftragsbezogenen Zuwendungsanteils) überwiegt. Nach nationalem Rechtsverständnis folgt dies bereits aus den – jeweils zentral in §/Art. 7 BHO/LHO verankerten – haushaltsrechtlichen Grundsätzen der Wirtschaftlichkeit und Sparsamkeit.[36]

So bestimmen etwa die einschlägigen Ermessensleitlinien Bayerns vom 25.02.2021[37] für das Vorliegen schwerer Vergabeverstöße unter Ziff. 2.2 wörtlich Folgendes:

> [1]Liegt ein schwerer Vergabeverstoß vor, ist grundsätzlich ein Widerruf des Zuwendungsbescheids und die Neufestsetzung (Kürzung) der Zuwendung vorzunehmen. [2]Dabei ist davon auszugehen, dass im Rahmen der vorzunehmenden Interessenabwägung das öffentliche Interesse an einer Rückforderung überwiegt. [3]Im Interesse eines möglichst einheitlichen Verwaltungsvollzugs und zur gebotenen Gleichbehandlung der Zuwendungsempfänger sind bei schweren Vergabeverstößen (vergleiche Nr. 3) im Regelfall förderrechtliche Konsequenzen dergestalt zu ziehen, dass die Ausgaben für die jeweilige Auftragseinheit (zum Beispiel Teillos oder Fachlos), bei der der Verstoß ermittelt wurde, von der Förderung ausgeschlossen werden. [4]Würde der Ausschluss der jeweiligen Auftragseinheit, etwa weil VOB-widrig nicht in Teillosen oder nur in großen Teillosen vergeben wurde, zu einem völligen oder sehr weitgehenden Förderausschluss für die Gesamtmaßnahme und damit zu einer erheblichen Härte für den Zuwendungsempfänger führen, kann der Kürzungsbetrag auf 20 bis 25 % der Gesamtzuwendung beschränkt werden. [5]Es handelt sich hierbei um einen Rahmen, der bei Vorliegen besonderer Gründe sowohl über- als auch unterschritten werden kann.

Dies wiederum knüpft maßgeblich an eine Entscheidung des Bundesverwaltungsgerichtes, wonach jeder festgestellte schwere Vergabeverstoß grundsätzlich zur Rückforderung führen muss, ohne, dass auf Seiten des Zuwendungsgebers noch Ermessen bestünde[38].

Denn nach Auffassung der Verwaltungsgerichte indizieren schwere Vergabeverstöße die Unwirtschaftlichkeit der jeweiligen Auftragsvergabe.[39]

36 *Müller/Richter/Ziekow*, Handbuch Zuwendungsrecht, 1. Aufl. 2017, Teil C, Rdnr. 59 ff. m.w.N.

37 https://www.gesetze-bayern.de/Content/Document/BayVV_6321_F_11879/true.

38 BVerwGE, Beschluss vom 29.1.2014 – 8 B 26.13; vgl. überdies für „Unregelmäßigkeiten" bei EU-Konfinanzierung EuGH, Urteil vom 30.1.2024 - Rs. C-471/22.

39 Vgl. etwa OVG Münster, Urteil vom 20.4.2012 – 4 A 1055/09; BayVGH v. 22.5.2017 – 4 ZB 16.577; VG Augsburg v. 23.2.2016 – Au 3 K 15.1070.

Welche Vergabefehler „schwer" sind[40], wird dementsprechend einheitlich sowohl in den nationalen als auch in den europäischen Ermessensleitlinien im Rahmen einer tabellarischen Aufzählung festgelegt sowie darüber hinaus auch durch die Rechtsprechung der für die gerichtlichen Rückforderungsfälle zuständigen Verwaltungsgerichte bestimmt[41].

Exemplarisch hierfür wiederum besagen die Ermessensleitlinien Bayerns[42] unter Ziff. 3:

> [1]Schwere Vergabeverstöße liegen insbesondere vor
>
> a) bei Direktaufträgen, Freihändigen Vergaben oder Verhandlungsvergaben ohne die dafür notwendigen vergaberechtlichen Voraussetzungen,
>
> b) bei einer ungerechtfertigten Einschränkung des Wettbewerbs (zum Beispiel lokale Begrenzung des Bieterkreises) sowie vorsätzliches oder fahrlässiges Unterlassen einer vergaberechtlich erforderlichen europaweiten Bekanntmachung,
>
> c) bei Übergehen oder Ausscheiden des wirtschaftlichsten Angebots durch grob vergaberechtswidrige Wertung,
>
> d) bei vorsätzlichen Verstößen gegen Grundsätze nach § 2 Abs. 1 und 2 VOB/A, § 2 Abs. 1 und 2 der Unterschwellenvergabeordnung (UVgO) oder § 97 des Gesetzes gegen Wettbewerbsbeschränkungen (GWB),
>
> e) bei Vergabe an einen Generalübernehmer, sofern dies nicht zugelassen ist, oder
>
> f) bei fehlender oder fehlerhafter Dokumentation mit der Folge, dass die ordnungsgemäße Durchführung des Vergabeverfahrens nicht nachgewiesen werden kann.
>
> [2]Bei Vorliegen dieser Tatbestände ist im Regelfall und soweit nicht die Umstände des Einzelfalls eine mildere Beurteilung erfordern (alle Umstände und Gesichtspunkte, auch etwaige Entlastungsmomente, sind in die Beurteilung einzubeziehen), förderrechtlich nach Maßgabe der Nr. 2 zu verfahren.

An vorgenanntem bayerischem Beispiel wird anhand der Formulierung *„Schwere Verstöße liegen insbesondere vor, wenn..."* deutlich, dass Diskussionen v.a. dann entstehen können, wenn im Rahmen der zuwendungsvergaberechtlichen Mittelprüfung behauptete Verstöße als „schwer" eingeordnet werden, die nicht ausdrücklich im ermessenslenkenden Katalog der „schweren Verstöße" aufgelistet sind, um daran die Regelfolge der Mittelkürzung zu knüpfen. Anders gesagt: Was also ist ein „schwerer" bzw. nur „mittlerer" oder „leichter" Vergabeverstoß, an den womöglich keine bzw. mildere Rechtsfolgen zu knüpfen sind? In diesem Fällen besteht für den Zuwendungsempfänger ersichtlich einiges an Argumentationspotenzial, um eine Rückforderung schon auf dieser Ebene erfolgreich scheitern zu lassen.

---

40 Vgl. hierzu auch die Übersicht bei *Krämer/Schmidt*, Zuwendungsrecht, 129. EL, Abschnitt G, III. Rdnr. 86 ff. m.w.N..; *Portz*, VergabeR 2014, 280 ff.
41 Vgl. hierzu auch den Überblick bei *Gass*, GewArch 2018, 55 ff. m.w.N.
42 https://www.gesetze-bayern.de/Content/Document/BayVV_6321_F_11879/true.

Praxistipp

Als Regel gilt „Keine Zuwendung bei schweren Vergabeverstößen".

Liegt ein schwerer Vergabeverstoß vor, sind also grundsätzlich ein Widerruf des Zuwendungsbescheids und die Neufestsetzung (Kürzung) der Zuwendung vorzunehmen.[43] Leichte Fehler hingegen führen hingegen im Regelfall lediglich zu disziplinierenden Hinweisen des Zuwendungsgebers, was unter Berücksichtigung Grundsatzes der Verhältnismäßigkeit auch geboten erscheint.[44]

Bei der Bewertung eines Vergabeverstoßes als „schwer" muss nach der Rechtsprechung im Übrigen auch Berücksichtigung finden, dass ein Vergabeverfahren nur schwierig rechtssicher zu bewerten ist. Ein „schwerer" Verstoß setzt dementsprechend voraus, dass der Zuwendungsempfänger eine Vergabevorschrift in nicht mehr vertretbarer Weise interpretiert und anwendet. Insbesondere scheidet ein „schwerer Verstoß" danach aus, wenn der Zuwendungsempfänger sich zur Unterstützung seiner Sicht des Verständnisses auf die gleichlautende Auffassung der obergerichtlichen Rechtsprechung in einem vergleichbaren Fall berufen kann.[45]

Soweit das Vergaberecht einem Zuwendungsempfänger zudem einen Beurteilungsspielraum einräumt, kann ein Vergabeverstoß jedenfalls dann nicht als schwerer Verstoß gewertet werden, wenn die Beurteilung des Zuwendungsempfängers diskussionswürdig war bzw. er sich bei der Auftragsvergabe nicht offensichtlich und eindeutig von den Vorgaben des Vergaberechts entfernt hat.[46]

Unstreitig ist dementsprechend, dass nicht jeder Verstoß gegen Vergaberecht einen Widerruf zur Folge haben darf.[47] Selbst, wenn die ermessenslenkenden Verwaltungsvorschriften aufgrund der dahinterstehenden haushaltsrechtlichen Ziele tendenziell in Richtung Rückforderung ausgerichtet sind und daher von der obergerichtlichen Rechtsprechung als zulässige generalisierende Regelvermutung bestätigt wurden, entbindet dies den behördlichen Zuwendungsgeber dementsprechend nicht von der Einzelfallprüfung.[48]

Trotz Ermessenslenkung kann der Zuwendungsgeber über die jeweiligen Leitlinien also auch im Falle der katalogisierten schweren Vergabeverstöße zur einzelfallbezogenen Ermessensausübung angehalten sein. Denn der Widerruf – etwa bei Pflichtverletzungen von geringem Gewicht oder im Hinblick auf die wirtschaftliche Situation des Zuwendungsempfängers –

43 Vgl. etwa VG Halle, Beschl v. 13.10.2023 – 3 A 256/21; VG Gießen, Beschluss vom 11.12.2023 – 4 K 1641/22; VG Cottbus, Urteil vom 03.02.2023 - 3 K 1618/19; VGH BW, Urteil vom 28.9.2011 – 9 S 1273/10.

44 *Müller/Richter/Ziekow*, Handbuch Zuwendungsrecht, 1. Aufl. 2017, Teil E, Rdnr. 76 m.w.N.

45 Vgl. *Müller/Richter/Ziekow*, Handbuch Zuwendungsrecht, 1. Aufl. 2017, Teil E, Rdnr. 70 ff. m.w.N.

46 Vgl. *Müller/Richter/Ziekow*, Handbuch Zuwendungsrecht, 1. Aufl. 2017, Teil E, Rdnr. 70 ff. m.w.N.

47 Vgl. EuGH, Urteil vom 4.10.2024 - Rs. C-175/23; *Müller/Richter/Ziekow*, Handbuch Zuwendungsrecht, 1. Aufl. 2017, Teil C, Rdnr. 66 m.w.N.

48 Vgl. OVG Münster, Beschluss vom 24.2.2021 – 4 A 2038/16 sowie bereits Beschluss vom 15.8.2019 – 15 A 2792/18; OVG Sachsen-Anhalt, Beschluss vom 23.3.2021 – 1 L 45/19; so i.E. auch *Binder*, Zuwendungsvergaberecht, Diss., Verlag Dr. Kovac 2017, S. 143; www.dgstb.de: Positionspapier des DGStB vom 22.3.2018 zu „Rückforderungen von Zuwendungen bei Vergaberechtsverstößen."

kann nach der oberverwaltungsgerichtlichen Rechtsprechung aus Gründen der Verhältnismäßigkeit auf bestimmte Zeiträume oder in anderer Weise zu beschränken sein[49]. Ferner hat selbst das BVerwG nicht ausdrücklich verneint, dass eine trotz schweren Vergabeverstoßes im Ergebnis möglicherweise bestehende sparsame und wirtschaftliche Mittelverwendung eine eigene, ordnungsgemäß begründete Ermessensentscheidung erfordert.[50]

Während sich die nationalen Leitlinien dabei allerdings auf eine eher ungeordnete – überdies z.T. unverständliche – Aneinanderreihung schwerer Verstöße beschränken sowie im Übrigen ersichtlich auch eine Härtefallregelung[51] zugunsten des Zuwendungsempfängers – insbesondere mit Blick auf ein existenzgefährdendes Rückforderungsszenario – dahingehend enthalten, dass die gesamte Förderung im Falle mehrerer Vergabeverstöße nur auf einen bestimmten Maximalbetrag (z.B. 25 % der Gesamtförderung) gekürzt werden darf, erscheinen die Leitlinien der EU-Kommission bei vergleichender Betrachtung nicht nur aktueller, sondern auch deutlich strukturierter und anwenderfreundlicher sowie im Ergebnis vergleichsweise belastbarer.

Denn die hierin enthaltene „COCOF-Liste" enthält – anders als die nationalen Leitlinien – gerade keine ungeordnete Aufzählung möglicher Vergabeverstöße, sondern benennt diese strukturiert und durchweg nachvollziehbar anhand der vergaberechtlichen Verfahrenschronologie. Ferner weist die EU-Liste jedem möglichen Vergabeverstoß – jeder „Unregelmäßigkeit" – als empfohlenen Finanzkorrektursatz einen bestimmten Regelsatz (in % des Auftragswertes) zu, was auf beiden Seiten eine etwas belastbarere Prognose/Einschätzung hinsichtlich der zu erwartenden finanziellen Folgen zulässt. Die Leitlinien listen also die wichtigsten Arten von Unregelmäßigkeiten chronologisch anhand des Verfahrensablaufes auf und legen die hierfür anzuwendenden Korrektursätze (Kürzungen um 5%, 10%, 25% und 100%) fest.[52]

Zu beachten ist jedoch: Bevor der Zuwendungsgeber auf einen pauschalen Kürzungssatz aufgrund der COCOF-Leitlinien zurückgreift, muss er aufgrund von Verhältnismäßigkeitsaspekten, die der gesamten Leitlinie innewohnen[53], nach Ziffer 1.1 der COCOF-Leitlinie prüfen, ob sich die Finanzkorrektur unter Umständen konkret und genau bestimmen lässt, sie also bezifferbar ist. Diese Prüfung erfolgt vorrangig, da sie zunächst unabhängig von den pauschalierten Prozentsätzen für Kürzungen vorrangig an den in der Praxis nur in Ausnahmefällen ermittelbaren und damit tatsächlichen Schaden für den öffentlichen Haushalt anknüpft.

Wenn also bspw. ein Angebot, das sich bei Wertung als das wirtschaftlichste herausstellt, den Zuschlag erhält, obwohl es hätte ausgeschlossen werden müssen, dann lässt sich die Preisdifferenz zwischen dem wirtschaftlichsten zu Unrecht Gewerteten und dem zweitwirtschaftlichsten zu Unrecht nicht Bezuschlagten genau beziffern. In diesem Fall dürfte kein pauschaler Prozentsatz angesetzt werden, was regelmäßig vorteilhafter für den Zuwendungsempfänger sein kann.

49 Vgl. etwa OVG Schleswig-Holstein, Urteil vom 23.8.2022 – 5 LB 9/20; OVG Münster, Urteil vom 22.2.2005 – 15 A 1065/04.
50 Vgl. BVerwG, Beschluss vom 13.2.2013 – 3 B 58.12.
51 Vgl. *Müller/Richter/Ziekow*, Handbuch Zuwendungsrecht, 1. Aufl. 2017, Teil E, Rdnr. 73 f. m.w.N.
52 Vgl. zur Anwendung der COCOF-Leitlinien bei EU-Kofinanzierung etwa VG Halle, Beschluss vom 13.10.2023 - 3 A 256/21.
53 Vgl. EuGH, Urteil vom 4.10.2024 - Rs. C-175/23.

Den zuständigen Behörden (Zuwendungsgeber/Prüfbehörden) in den Mitgliedstaaten, die selbst Unregelmäßigkeiten feststellen, empfehlen diese Leitlinien, dieselben Kriterien und Sätze für die Korrektur von Unregelmäßigkeiten anzuwenden, es sei denn, dort gelten strengere Vorschriften. Dabei kommen diese im Rahmen der nationalen Rückforderungspraxis der Zuwendungsgeber standardmäßig nicht nur bei EU-Kofinanzierungen zur Anwendung, sondern zunehmend auch bei rein nationalen Fördersachverhalten (Bund/Land).

Nachfolgend ein exemplarischer Auszug zu Struktur und Inhalten der aktuellen „COCOF-Liste" (Fassung 2019)[54]:

2. Arten von Unregelmäßigkeiten und entsprechende Finanzkorrektursätze

2.1. **Auftragsbekanntmachung und Verdingungsunterlagen**

Nr.	Art der Unregelmäßigkeit	Anwendbares Recht[18]	Beschreibung der Unregelmäßigkeit	Korrektursatz
1.	Auftragsbekanntmachung wurde nicht veröffentlicht Oder unbegründete unmittelbare Vergabe (d. h. Anwendung des Verhandlungsverfahrens ohne vorherige Veröffentlichung einer Vertragsbekanntmachung)	Artikel 31 der Richtlinie 2014/23/EU Artikel 26, 32 und 49 der Richtlinie 2014/24/EU Artikel 44, 67 und 69 der Richtlinie 2014/25/EU	Die Auftragsbekanntmachung wurde nicht gemäß den einschlägigen Vorschriften veröffentlicht (z. B. Veröffentlichung im *Amtsblatt der Europäischen Union* (ABl.), sofern dies in den Richtlinien vorgeschrieben ist). Dies gilt auch für die unmittelbare Vergabe oder Anwendung des Verhandlungsverfahrens ohne vorherige Veröffentlichung einer Vertragsbekanntmachung, wenn die Kriterien für deren Anwendung nicht erfüllt sind.	100 %
			Wie oben, es sei denn, die Veröffentlichung ist mit anderen angemessenen Mitteln erfolgt[19].	25 %

Die Liste wird sodann verfahrenschronologisch fortgesetzt und endet mit lfd. Nr. 23 wie folgt:

2.3. **Auftragsdurchführung**

Nr.	Art der Unregelmäßigkeit	Rechtsgrundlage	Beschreibung der Unregelmäßigkeit	Korrektursatz
23.	Änderungen der in der Auftragsbekanntmachung oder den Verdingungsunterlagen dargelegten Auftragselemente unter Verstoß gegen die Richtlinien	Artikel 43 der Richtlinie 2014/23/EU Artikel 72 der Richtlinie 2014/24/EU Artikel 89 der Richtlinie 2014/25/EU Rechtssache C-496/99P, *Succhi di Frutta* EU:C:2004:236, Rn. 116 und118 Rechtssache C-454/06, *Pressetext* EU:C:2008:351 Rechtssache C-340/02, *Kommission/Frankreich*,	(1) Es gibt Änderungen des Auftrags (einschließlich der Einschränkung des Umfangs des Auftrags), die gegen Artikel 72 Absatz 1 der genannten Richtlinie verstoßen; Die Änderungen der Auftragselemente werden nicht als eine eine Finanzkorrektur bedingende Unregelmäßigkeit betrachtet, sofern die Bedingungen gemäß Artikel 72 Absatz 2 eingehalten sind, d. h.: a) der Wert der Änderung liegt unter beiden folgenden Werten: i) den Schwellenwerten gemäß Artikel 4 der Richtlinie 2014/24/EU[46] und ii) 10 % des ursprünglichen Auftragswerts bei Liefer- und Dienstleistungsaufträgen und 15 % des ursprünglichen Auftragswerts bei Bauleistungsaufträgen und b) der Gesamtcharakter des Auftrags oder der Rahmenvereinbarung verändert sich aufgrund der Änderung nicht[47].	25 % des ursprünglichen Auftrags und der (etwaigen) Bauleistungen, Lieferungen und Dienstleistungen gehen auf die Änderungen zurück

Nachteilig für Zuwendungsempfänger, die mit Blick auf einen bestimmten Auftrag gleich mehrere Vergabeverstöße in demselben Vergabeverfahren begangen haben, ist insoweit indes der Umstand, dass die EU-Kommission in Ziff. 1.4 COCOF-Beschluss[55] lediglich eine „kleine Härtefallregelung" in Form eines sog. „Kumulationsverbotes" vorsieht, d.h. eine Deckelung des Finanzkorrekturbetrages lediglich bezogen auf den jeweils vergaberechtswidrig ver-

54 Vgl. Beschluss der EU-Kommission vom 14.5.2019, EU-Abl. C(2019) 3452 final nebst Anhang (Leitlinien).
55 Vgl. Beschluss der EU-Kommission vom 14.5.2019, EU-Abl. C(2019) 3452 final nebst Anhang (Leitlinien).

gebenen Auftrag, nicht jedoch – wie dies eben üblicherweise die nationalen Ermessensleitlinien der Bundesländer vorsehen – mit Blick auf die gesamte Fördersumme:

> Sofern mehr als eine Unregelmäßigkeit im selben Vergabeverfahren festgestellt wird, werden die Korrektursätze nicht kumuliert. Die gravierendste Unregelmäßigkeit wird in Übereinstimmung mit Abschnitt 2 beim Beschluss über den auf den Auftrag anzuwendenden Korrektursatz berücksichtigt.

Gleichwohl betonen die Erwägungsgründe zum „COCOF-Beschluss" 2019 – wie bereits die Vorgängerfassung 2013 – mehrfach, dass auch bei der Anwendung dieser EU-Leitlinien und ihrer Regelsätze zur Vornahme von Finanzkorrekturen stets der Grundsatz der Verhältnismäßigkeit zu wahren ist, was dementsprechend auch bei einer EU-Kofinanzierung Spielräume für Zuwendungsempfänger eröffnet:

> (4) Diese Leitlinien spiegeln die Erfahrungen mit der Anwendung der bisherigen Leitlinien für die Festsetzung der Finanzkorrekturen, die bei Verstößen gegen die Vorschriften für die öffentliche Auftragsvergabe gemäß Beschluss der Kommission vom 19. Dezember 2013[5] anzuwenden sind, wider und verdeutlichen, welches Maß an Korrekturen gemäß dem Grundsatz der Verhältnismäßigkeit und den Richtlinien 2014/23/EU, 2014/24/EU und 2014/25/EU angewendet werden soll. Diese Leitlinien sollten gegebenenfalls auch in Bezug auf gemäß Richtlinie 2009/81/EG[6] vergebene Verträge Anwendung finden.

> (6) Die vorliegenden Leitlinien sollen der Kommission dabei helfen, bei der Anwendung von Finanzkorrekturen auf die von der Union finanzierten Ausgaben Gleichbehandlung der Mitgliedstaaten, Transparenz und Verhältnismäßigkeit sicherzustellen –

Ermessensfehlerhaft im Lichte all dieser nationalen/unionsrechtlichen Maßgaben agiert ein Zuwendungsgeber bereits dann, wenn er sein Ermessen schon gar nicht erkannt und ausgeübt hat, weil er fehlerhaft von einer gebundenen Entscheidung ausging[56].

Zudem liegt ein Ermessensfehler vor, wenn fälschlich eine Qualifikation als (schwerer) Vergabeverstoß erfolgt, obwohl der festgestellte (leichte) Verstoß in der einschlägigen nationalen/unionsrechtlichen Ermessenleitlinie gar nicht benannt ist.

Gegen eine Rückforderung kann vor diesem Hintergrund etwa auch sprechen, wenn den Zuwendungsempfänger schon kein Verschulden am Vergabeverstoß trifft, etwa, wenn er die Rechtslage sorgfältig geprüft, soweit erforderlich Rechtsrat eingeholt, und die höchstrichterliche Rechtsprechung sorgfältig beachtet hat. Angesichts der Komplexität des Vergaberechts trifft den Zugangsempfänger kein Verschulden, wenn er sich notgedrungen für eine von mehreren Auslegungsvarianten der vergaberechtlichen Vorgaben entscheidet und nicht mit einer abweichenden Beurteilung durch die Gerichte zu rechnen braucht.[57]

56 Vgl. etwa VG Schleswig, Urteil vom 13.12.2017 – 12 A 205/15.
57 Vgl. *Müller/Richter/Ziekow*, Handbuch Zuwendungsrecht, 1. Aufl. 2017, Teil E, Rdnr. 75 ff. m.w.N.

Angreifbar ist schließlich auch ein Verhalten des Zuwendungsgebers, wenn dieser eine (nationale/europäische) Härtefallregelung unbeachtet lässt, die COCOF-Regelsätze falsch zuordnet oder die vorgesehenen Regelsätze durch den von ihm gewählten Korrektursatz unter Außerachtlassung relevanter Einzelfallgesichtspunkte unverhältnismäßig überschreitet.

Hält sich die Behörde bei der Ermessensentscheidung über den Umfang der Rückforderung innerhalb des durch die jeweilige Richtlinie vorgegebenen engen Rahmens von im „Normalfall" 20 bis 25 %, so ist sie nicht gehalten, mit zusätzlichen Ermessenserwägungen ausdrücklich darzulegen, weshalb sie gerade den gewählten Prozentsatz und keinen geringeren oder höheren für angemessen hält. Das ist aber dann erforderlich, wenn die bisherige Vollzugspraxis hierfür Ansatzpunkte bietet. Wenn also in gleichgelagerten Fällen ein anderer (geringerer) Prozentsatz angewandt wurde, wäre das eine Ungleichbehandlung und somit ermessensfehlerhaft.[58]

Nur, wenn besondere Gründe vorliegen, die eine Unter- oder Überschreitung des Kürzungsrahmens von 20 bis 25 % in Betracht kommen lassen, muss die Behörde in Ausübung pflichtgemäßen Ermessens also entscheiden, ob sie den vorgegebenen Kürzungsrahmen – bei für den Zuwendungsempfänger sprechenden Erwägungen – unterschreitet, ob sie – bei gegen diesen sprechenden Erwägungen – über den Kürzungsrahmen hinausgeht oder ob sie – in beiden genannten Fällen – gleichwohl innerhalb des Kürzungsrahmens bleibt. Verneint sie das Vorliegen besonderer Gründe, muss sie die dieser Entscheidung zugrundeliegenden Erwägungen ausführlich und nachvollziehbar im Widerrufsbescheid darstellen. In den landesspezifischen Rückforderungsrichtlinien ist der Begriff „besondere Gründe" indes im Regelfall nicht näher umschrieben. Welche Gründe „besondere Gründe" sind, wird nicht ohne Wertungen entschieden werden können. Insbesondere wird bei der Prüfung des Vorliegens solcher „besonderen Gründe" auf den Vortrag des Zuwendungsempfängers im Anhörungsverfahren (§ 28 VwVfG) abzustellen sein. Das Verwaltungsgericht kann bei seiner Wertung gleichwohl möglicherweise zu einem anderen Ergebnis als die Behörde kommen. Hat die Zuwendungsbehörde keine Ermessensausübung vorgenommen, weil sie das Vorliegen „besonderer Gründe" verneint hat, wird das Verwaltungsgericht bei gegenteiliger Ansicht den Widerrufsbescheid wegen Ermessensnichtgebrauchs – und damit auch die Rückforderung – aufheben.[59]

Umstritten[60] ist überdies die Frage, ob sich ein formaler Vergabeverstoß auch finanziell ausgewirkt haben muss, wobei dieser Gedanke von den meisten Verwaltungsgerichten regelmäßig keine gesteigerte Beachtung findet.[61] Auf die Frage, ob der Verstoß gegen vergaberechtliche Auflagen zu einer unnötigen Mehrausgabe von öffentlichen Mitteln geführt hat, kommt

58 Vgl. *Gass*, GewArch 2018, 55 ff. m.w.N.

59 Vgl. *Gass*, GewArch 2018, 55 ff. m.w.N.

60 Vgl. zum aktuellen Streitstand sowie im Ergebnis mit der herrschenden Rechtsprechung verneinend *Müller/Richter/Ziekow*, Handbuch Zuwendungsrecht, 1. Aufl. 2017, Teil E, Rdnr. 72 ff. m.w.N. sowie jüngst auch *Pilarski*, VergabeR 2020, 149 m.w.N.; a.A. jüngst etwa *Brüning*, ZfBR 2020, 154 ff. sowie *Antweiler*, VergabeR 2018, 280 unter Verweis auf EuGH, Urteil vom 6.12.2017 – C – 408/16 – „Compania Nationale", jeweils m.w.N.; ausführlich hierzu auch *Binder*, Zuwendungsvergaberecht, Diss., Verlag Dr. Kovac 2017, S. 142 ff. m.w.N.; www.dgstb.de: Positionspapier des DGStB vom 22.3.2018 zu „Rückforderungen von Zuwendungen bei Vergaberechtsverstößen."

61 Vgl. etwa VG Magdeburg, Urteil vom 19.9.2017 – 3 A 180/16; BayVGH v. 22.5.2017 – 4 ZB 16.577; OVG Nordrhein-Westfalen v. 22.2.2005 – 15 A 1065/04; v. 20.4.2012 – 4 A 1055/09; VG Aachen v. 14.5.2013 – 3 KL 244/11.

es nach der herrschenden Verwaltungsrechtsprechung also nicht an. Der Widerruf einer Zuwendung wegen Vergabeverstößen ist danach jedenfalls dann nicht ermessensfehlerhaft, wenn die Verstöße geeignet sind, sich auf die Wirtschaftlichkeit und Sparsamkeit der Verwendung der Zuwendung auszuwirken, wofür danach im Übrigen auch kein konkreter Nachweis erforderlich ist.[62] Ob ein Vergabeverstoß im Einzelfall zu einem Schaden des Zuwendungsgebers führt, lässt sich im Übrigen der Natur der Sache nach oftmals weder widerlegen noch verifizieren. Es entspricht danach im Regelfall gerade dem Sinn der Einbeziehung vergaberechtlicher Vorschriften in den Zuwendungsbescheid, hypothetischen Wirtschaftlichkeitsüberlegungen mittels Durchführung eines formalisierten Verfahrens zur Ermittlung des wirtschaftlichsten Angebots vorzubeugen und der für den Widerruf zuständigen Behörde solche praktisch kaum durchführbaren Nachforschungen zu ersparen.[63]

Interessant ist in diesem Kontext weiterhin, dass nationale Ermessensleitlinien vereinzelt bereits eine konkrete Anweisung gegenüber dem prüfenden Zuwendungsgeber dahingehend enthalten, dass jedenfalls in Fällen leichter Vergabeverstöße, aber auch bei mangelnder finanzieller Auswirkung des Vergabeverstoßes regelmäßig von einer Mittelkürzung abzusehen ist.[64] Derartige Ermessensvorgaben sind im Sinne des – sicher beidseitig gewollten – Projekterfolges ausdrücklich zu begrüßen sowie nicht zuletzt auch unter Berücksichtigung des Verhältnismäßigkeitsgrundsatzes geboten, wenngleich im Regelfall zugegeben nicht unerhebliche Nachweisschwierigkeiten für den Zuwendungsempfänger verbleiben.[65]

Denn Unschärfen verbleiben auch in diesen Fällen freilich allein deswegen, weil es in der Praxis für Zuwendungsempfänger überaus schwierig sein dürfte, nachzuweisen, dass die vergaberechtswidrige Verfahrensweise einem vergaberechtskonformen Handeln wirtschaftlich gleichsteht, d.h. dass der formale Vergabeverstoß im Ergebnis wirtschaftlich „neutral" bleibt.[66] Man denke insoweit etwa an Konstellationen, in denen der Zuwendungsempfänger eine aus Sicht des Zuwendungsgebers rechtswidrige/sanktionsfähige Gesamtvergabe nun rechnerisch einer vergaberechtskonformen Losvergabe als wirtschaftlich gleichwertig erscheinen lassen muss. Weiterhin dürften sich Nachweisprobleme für den Zuwendungsemp-

---

62 a.A. etwa *Andrés Martin-Ehlers*, NVwZ 2007, 289 m.w.N.; ebenso *Krist*, NZBau 2013, 481 ff., der zusätzlich einen Verstoß gegen den Wirtschaftlichkeitsgrundsatz fordert.

63 i.E. ebenso OVG Sachsen, Beschluss vom 5.3.2010 – 1 L 6/10; *Müller/Richter/Ziekow*, Handbuch Zuwendungsrecht, 1. Aufl. 2017, Teil E, Rdnr. 72 m.w.N.

64 So etwa die Arbeitsanweisung des brandenburgischen Ministeriums für Wirtschaft und Energie (MWE) als VB EFRE 2014-2020 Nr. 0203/2015/FP2014-2020 „Vergabe" vom 3.1.2017, wo es auf S. 12 zum Beurteilungsmaßstab für festgestellte Verstöße heißt: „Die Festsetzung der Kürzungsbeträge erfolgt hierbei nach dem Grundsatz der Verhältnismäßigkeit unter Beachtung der Art und des Schweregrades des Verstoßes sowie der finanziellen Folgen der festgestellten Mängel für den EU-Haushalt. Handelt es sich um einen Verstoß lediglich formaler Art ohne tatsächliche oder potenzielle finanzielle Auswirkungen, so ist i.d.R. keine Kürzung vorzunehmen."

65 *Müller/Richter/Ziekow*, Handbuch Zuwendungsrecht, 1. Aufl. 2017, Teil C, Rdnr. 67 m.w.N, ebenso Teil E, Rdnr. 76 m.w.N.

66 Vgl. hierzu insbesondere *Pilarski* mit – begrüßenswerten – Reformvorschlägen dahingehend, dass daher eine Anpassung von Zuwendungs- und Vergaberecht durch den Gesetzgeber stattfinden müsse, wonach das Vergaberecht als Vergabeauflage nicht als Ganzes zum Gegenstand des Zuwendungsrechtsverhältnisses (Zuwendungsbescheides) gemacht werden dürfe, sondern vielmehr ein eigenes Regelwerk i.S.e. „Zuwendungsvergaberechts" nur für diejenigen Verstöße geschaffen werden müsse, die sich am Ende auch bezifferbar nachteilig auf den öffentlichen Haushalt (Wirtschaftlichkeit und Sparsamkeit) auswirkten, wovon dementsprechend Vergabevorschriften auszunehmen seien, die allein dazu dienten, reine Wettbewerbsaspekte durchzusetzen.

fänger stellen, wenn er – vermeintlich vergaberechtswidrig – nur ein Verfahren ohne Auftragsbekanntmachung gewählt hat und nun im Streitfall belegen muss, warum dessen Ergebnisse denjenigen eines „wettbewerblicheren" Verfahrens mit Auftragsbekanntmachung entsprechen. In der Regel handelt es sich bei der monierten Vergabe ohnehin um einen einmaligen Vorgang, was Vergleichsberechnungen nebst überzeugender Nachweisführung erschwert. Gleichwohl verbleiben bei entsprechender Nachweismöglichkeit im Einzelfall auch in diesem Bereich gewisse Spielräume für Zuwendungsempfänger.

Auch an dieser Stelle sei erneut auf den aktuellen COCOF-Beschluss[67] verwiesen, wo es unter Ziff. 1.4 wörtlich wie folgt heißt:

> **1.4. Bei der Festlegung eines verhältnismäßigen Korrektursatzes zu berücksichtigende Kriterien**
>
> Wenn es – wie in Punkt 1.1 angemerkt – aufgrund der Art der Unregelmäßigkeit nicht möglich ist, die finanziellen Auswirkungen exakt zu bestimmen, die Unregelmäßigkeit als solche jedoch Auswirkungen auf den Haushalt haben kann, kann die Kommission die Höhe der Finanzkorrektur
>
> unter Berücksichtigung dreier Kriterien, nämlich der Art und des Schweregrads[14] der festgestellten Unregelmäßigkeit sowie des dem betreffenden Fonds entstandenen finanziellen Verlusts bestimmen. Dies bedeutet, dass die Finanzkorrekturen, die ausgehend von einer in Abschnitt 2 dieser Leitlinien aufgeführten Skala der Pauschalsätze (5 %, 10 %, 25 % und 100 %) angewendet werden, den Grundsatz der Verhältnismäßigkeit einhalten. Davon unbeschadet ist die Tatsache, dass bei der Festsetzung des Endbetrags der vorzunehmenden Berichtigung sämtliche Eigenheiten zu berücksichtigen sind, die die festgestellte Unregelmäßigkeit im Vergleich zu den für die Festlegung dieses Pauschalsatzes herangezogenen Aspekten kennzeichnen[15].

Diskrepanzen auf Seiten der Zuwendungsgeber und damit weitere Angriffspunkte für Zuwendungsempfänger entstehen in der jüngeren Rückforderungspraxis z.B. auch aufgrund des Umstandes, dass die europäischen COCOF-Vorgaben in den einzelnen Bundesländern nun zunehmend (z.T. ohne weitere Konkretisierung) auch bei reinen Landes- und/oder Bundesförderungen die nationalen Ermessensleitlinien ersetzen. Das Problem, welches dann für den Zuwendungsgeber entsteht, liegt auf der Hand: Eine unreflektierte analoge Anwendung der unionsrechtlichen COCOF-Leitlinien – die sich nun einmal ausschließlich auf Vergabeverstöße in EU-Verfahren beziehen – auf rein nationale Sachverhalte macht angreifbar.[68] Denn hierbei entstehen Unschärfen, soweit Unregelmäßigkeiten bei EU-Vergaben freilich nicht immer mit begangenen Vergabeverstößen in nationalen Verfahren gleichzusetzen sind bzw. unter Beachtung des Verhältnismäßigkeitsgrundsatzes jedenfalls eine unterschiedliche Behandlung derartiger Sachverhalte rechtlich geboten erscheint.

---

67 Vgl. Beschluss der EU-Kommission vom 14.5.2019, EU-Abl. C(2019) 3452 final nebst Anhang (Leitlinien).

68 Vgl. hierzu auch *Binder*, Zuwendungsvergaberecht, Diss., Verlag Dr. Kovac 2017, S. 149 ff., (zutreffend) zum weiteren Reformbedarf des Zuwendungsvergaberechts. So würden bspw. das – regelmäßig parallel im Zuwendungsbescheid beauflagte – EU-Kartellvergaberecht (Wettbewerb) und das nationale Haushaltsvergaberecht (Wirtschaftlichkeit und Sparsamkeit) z.T. grundlegend andere Ziele verfolgen, weshalb aus einem EU-Vergabeverstoß nicht zwingend auf einen Verstoß gegen nationale Vorschriften geschlossen werden könne.

Eine äußerst interessante jüngere nationale Entwicklung im Bereich der Ermessenslenkung auf Ebene der Bundesländer ist insoweit der sog. „Berliner Finanzkorrekturkatalog für den Unterschwellenbereich" der zuständigen Senatsverwaltung als EFRE-Verwaltungsbehörde für die Förderperiode 2021 bis 2027.[69] Dabei handelt es sich kurz gesagt um eine „Übersetzung" des europäischen (oberschwelligen) COCOF-Katalogs innerhalb der nationalen Vergaberegime, verbunden mit entsprechenden – z.T. bis auf 0 % – festgelegten Korrektursätzen, um im Rahmen der EU-Konfinanzierung auch bei Verstößen/Unregelmäßigkeiten im Unterschwellenbereich eine möglichst einheitliche Rückforderungspraxis zu erreichen. Aus Sicht des Autors ist dieser „Berliner Weg" ausdrücklich zu begrüßen, da ein nationaler Katalog für beide Seiten deutlich mehr Belastbarkeit hinsichtlich möglicher Rückforderungsrisiken bei unterschwelligen Vergaben schafft, welche aus EU-Fördermitteln finanziert werden.

Praxistipp

Aus Sicht des Zuwendungsempfängers dürfte es sich also nicht nur zum Beleg der Rechtwidrigkeit der Mittelkürzung, sondern gleichermaßen (jedenfalls) zur Reduktion des vom Zuwendungsgeber gewählten Korrektursatzes lohnen, frühzeitig – möglichst schon vor Einleitung eines formalen Anhörungsverfahren (§ 28 VwVfG) – möglichst viele günstige Einzelfallgesichtspunkte gegenüber Zuwendungsgeber und Verwaltungsgericht vorzutragen.

Wenn all dies nicht hilft, mag sich in geeigneten Fällen auch ein „geschicktes Abrechnungsverhalten" empfehlen, um trotz (unstreitigen) Vergabeverstoßes einer drohenden Rückforderung von Beginn an aus dem Weg zu gehen:

Zuwendungsvergaberechtlicher Ausgangspunkt einer Finanzkorrektur ist die von dem Vergabefehler konkret betroffene „Ausgaben- bzw. Auftragseinheit". In der Praxis ist dies beim Zuwendungsgeber immer derjenige Betrag, der im Rahmen der Mittelanforderungen bzw. des Verwendungsnachweises auch tatsächlich in den Beleglisten des Zuwendungsempfängers abgerechnet wird. In den Beleglisten wird insoweit immer der tatsächlich bezuschlagte Auftragswert (brutto) eingestellt, nicht etwa der Wert aus der vorgelagerten Kostenschätzung des Auftraggebers (bei Bauvorhaben: DIN 276), auf welcher ursprünglich der Förderantrag basierte bzw. welche später auch dem Zuwendungsbescheid zu Grunde liegt. Wenn vom Zuwendungsgeber also zunächst festgestellt wird, dass eine bestimmte Ausgabe, die nach Vergabe einen konkreten Brutto-Auftragswert hat, einem Vergabefehler unterliegt, dann wird eben diese Ausgabe für die Kürzung als Ausgangswert hergenommen. Betrifft der Vergabefehler nur eines mehrerer Lose, dann gilt dies nur bezogen auf das vergaberechtswidrige Los, wenn nicht der gleiche Vergabefehler auch bei den übrigen Losen begangen wurde. Sofern also – dies vorweg geschickt – der Zuwendungsempfänger den vergaberechtswidrigen Auftrag im Rahmen des Verwendungsnachweises später gar nicht gegenüber dem Zuwendungsgeber abrechnet, sondern ausschließlich aus Eigenmitteln deckt, dann dürfte es grundsätzlich auch zu keiner Kürzung kommen, weil die vergaberechtswidrige Auftragseinheit mit ihren Ausgaben eben gerade nicht in den Beleglisten des Zuwendungsempfängers auf-

69 https://www.berlin.de/sen/wirtschaft/gruenden-und-foerdern/europaeische-strukturfonds/efre-foerderperiode-2021-2027/handbuch-fuer-zgs/#finanzkorr

taucht. Stattdessen könnte sogar die Abrechnung anderer förderfähiger Ausgaben erwogen werden, um die bewilligte maximale Zuwendungssumme auszuschöpfen. Ein solches Vorgehen mag sich dementsprechend auch vor dem Hintergrund des zeitlichen Ablaufs bzw. der sukzessiven Finanzierung einer Gesamtbaumaßnahme anbieten.

D. Bestehen von Vertrauensschutz?

(Rein) Nationale Förderung

In der Regel ist der Zuwendungsbescheid ein rechtmäßiger Verwaltungsakt, welcher in den hier relevanten Rückforderungskonstellationen infolge Vergabeverstoßes (Auflagenverstoßes) nach § 49 Abs. 3 Satz 1 Nr. 2 VwVfG ganz oder teilweise widerrufen werden kann, ohne, dass sich der Zuwendungsempfänger – wie etwa bei der Rücknahme eines rechtswidrigen Zuwendungsbescheides als Ausnahmefall – nach Maßgabe von § 48 Abs. 2 und 3 VwVfG erfolgreich auf Vertrauensschutz berufen könnte. Der Einwand des Zuwendungsempfängers, er habe die Fördermittel bereits ausgegeben, seine Mittel seien verbraucht, greift beim Widerruf als Regelfall der Rückforderung dementsprechend ebenso wenig durch wie ein antragsgemäßer Vermögensausgleich.

Vertrauensschutz im Rückforderungsszenario ist dementsprechend woanders zu suchen, konkret im – ursprünglich zivilrechtlichen – Grundsatz von Treu und Glauben (§ 242 BGB):

Das Institut des Vertrauensschutzes ist in Anlehnung an die Rechtsprechung zu § 242 BGB im Verwaltungsrecht entwickelt worden, um den Staatsbürger unter gewissen Voraussetzungen im Vertrauen auf Maßnahmen der Verwaltung zu schützen.[70]

Ein Zuwendungsgeber verhält sich später etwa dann treuwidrig, wenn er bereits in Aussicht gestellt hat, dass er mit der Möglichkeit von Vergabeverstößen rechnet, wodurch beim Zuwendungsempfänger ein Vertrauenstatbestand dahingehend geschaffen wurde, dass bei Nichtbeachtung des Zuwendungsvergaberechts keine negativen förderrechtlichen Konsequenzen drohen.[71]

Ferner ist es einem Zuwendungsgeber nach dem Grundsatz von Treu und Glauben verwehrt, sich zur Begründung des angefochtenen Widerrufs auf die festgestellten Auflagen Verstöße zu stützen, weil er gegenüber dem Zuwendungsempfänger in zurechenbarer Weise den Eindruck erweckt hat, mit der Auftragsvergabe unter den vorliegenden Umständen einverstanden zu sein.[72]

---

70 Vgl. BVerwG, Urteil vom 27.4.2006 – 3 C 23/05, welches einen solchen Vertrauensschutz im Verhältnis zwischen Trägern öffentlicher Gewalt – mithin das Berufen öffentlicher Zuwendungsempfänger auf Vertrauensschutzgründe – verneint hat; a.A. *Sachs* in: Stelkens/Bonk/Sachs, VwVfG, 6. Aufl. 2001, § 48 Rn. 204. Selbst, wenn öffentliche Zuwendungsempfänger nach der Rechtsprechung des BVerwG grundsätzlich keinen Vertrauensschutz genießen sollten, entbinden auch diese „öffentlich-öffentlichen" Konstellationen den rückfordernden Zuwendungsgeber nach gleicher BVerwG-Rechtsprechung freilich nicht von der gebotenen Ermessensausübung im Einzelfall, vgl. wiederum BVerwG, Urteil vom 27.4.2006 – 3 C 23/05. Öffentliche Zuwendungsempfänger agieren mit ihren diesbezüglichen Einwänden somit lediglich auf einer anderen rechtlichen Argumentationsebene als Private.

71 VG Düsseldorf, Urteil vom 4.9.2013 – 10 K 5144/12.

72 VG Köln, Urteil vom 21.11.2013 – 16 K 6287/11.

Praxistipp

Zuwendungsempfänger sollten sich vorsorglich darum bemühen, vergaberechtlich sensible Modelle, d.h. solche, die zwar in wettbewerbsverengender Art und Weise von der vergaberechtlichen Regel abweichen (Gesamtvergabe, Direktvergabe, etc.), welche aber nachweislich von sachlichen Gründen getragen sind (Vergabevermerk), möglichst frühzeitig mit dem Zuwendungsgeber abzustimmen. Die Erfahrung zeigt, dass ein persönliches Gespräch, im Rahmen dessen dem Zuwendungsgeber eine fundierte, nachvollziehbare Einzelfallbegründung präsentiert wird, viel mehr Wert sein kann als lediglich eine kurze telefonische Anfrage oder E-Mail. Findet der Zuwendungsgeber das persönlich vor Ort erläuterte Vergabemodell überzeugend, spricht bereits einiges dafür, dass er dieses im Rahmen der Verwendungsnachweisprüfung später auch nicht mehr beanstanden wird. Notfalls könnte dem Zuwendungsgeber im Rahmen eines späteren Rückforderungsprozesses dann aber jedenfalls wirkungsvoll entgegengehalten werden, dass er für den insoweit später wider Erwarten monierten Vergabeverstoß maßgeblich mitverantwortlich ist. Idealerweise sollten sich Zuwendungsnehmer aus prozessualen Gründen daher auch um entsprechende schriftliche Bestätigungen („Freigaben") des Zuwendungsgebers bemühen. Die Bereitschaft von Zuwendungsgebern, mit dem Zuwendungsempfänger frühzeitig auf eine solche Weise zu kooperieren, darf gleichwohl als eher bescheiden bezeichnet werden. Denn die meisten Zuwendungsgeber sind sich des Umstandes bewusst, dass ihnen ihre anfängliche Kooperationsbereitschaft im späteren Streitfall unter dem Gesichtspunkt des Mitverschuldens vom Zuwendungsempfänger wirkungsvoll angelastet werden kann.

EU-Kofinanzierung

Im Falle von EU-Kofinanzierungen erweist sich allerdings auch der Einwand des Vertrauensschutzes lediglich als „stumpfes Schwert", da ein solcher – ebenso wie bereits der tatbestandliche Einwand einer unbestimmten Vergabeauflage[73] – von den Verwaltungsgerichten im Streitfall unberücksichtigt bleiben dürfte.[74] Denn vertrauensschützende nationale Normen treten infolge unionsrechtlichen Anwendungsvorrangs zugunsten des rückfordernden Zuwendungsgebers hinter den Effektivitätsgrundsatz aus Art. 4 Abs. 3 EUV zurück.[75]

E. Rückforderungsfrist verstrichen?

Nationale Förderung

Bis dato existierten in der Rückforderungspraxis nahezu keine zeitlich wirksamen Begrenzungen, wenn ein Zuwendungsgeber die gewährte Zuwendung wegen Vergabeverstößen zurückfordern wollte.

73 Vgl. hierzu bereits die Ausführungen unter A.

74 Vgl. etwa VG Augsburg, Urteil vom 8.10.2019 – Au 8 K 18.1863; VG Regensburg, Urteil vom 14.6.2018 – RN K 16.1879.

75 Vgl. weitergehend zum primärrechtlichen Vertrauensschutz, welchen die st. EuGH-Rechtsprechung aus dem Grundprinzip der Rechtssicherheit als einem unionsrechtlichen Grundprinzip ableitetet, BVerwG, Beschluss vom 4.1.2022 - 3 B 14.21.

Jedoch markiert die gesetzliche Regelung in § 48 Abs. 4 VwVfG i.V.m. § 49 Abs. 3 Satz 2 VwVfG insoweit den Beginn der relevanten Jahresfrist für Rücknahme und Widerruf, nach deren Ablauf eine Rückforderung von Zuwendungen rechtswidrig ist. Gleichwohl wurde diese zeitliche Komponente von Seiten der Zuwendungsgeber in der Praxis immer wieder (unnötig) herausgezögert.

Nunmehr hat das Bundesverwaltungsgericht[76] allerdings nochmals unmissverständlich klargestellt, dass es sich bei der Jahresfrist und eine *Entscheidungsfrist* handelt, welche im Regelfall mit dem *Eingang der Stellungnahme des Zuwendungsempfängers im Anhörungsverfahren* (§ 28 VwVfG) zu laufen beginnt, sodass der mit der Angelegenheit befasste Sachbearbeiter des Zuwendungsgebers dann innerhalb eines Jahres per Rückforderungsbescheid entschieden haben muss, weil ansonsten – infolge eines mit verstrichener Entscheidungsfrist zugunsten des Zuwendungsempfängers begründeten Vertrauenstatbestandes – eine Rückforderung ausscheidet:

Die Jahresfrist beginne erst zu laufen, wenn die Behörde die Rechtswidrigkeit des Verwaltungsakts erkannt habe und ihr die für die Rücknahmeentscheidung außerdem erheblichen Tatsachen vollständig bekannt seien. Maßgeblich sei die Kenntnis des zuständigen Amtswalters. Dass die erheblichen Tatsachen aktenkundig seien, genüge nicht. Entsprechendes gelte für den Widerruf eines Verwaltungsakts. Hier komme es auf die vollständige Kenntnis der Behörde vom Widerrufsgrund und ebenso von den für die Widerrufsentscheidung außerdem erheblichen Tatsachen an.

Die Frist beginne also zu laufen, wenn die Behörde vollständige Kenntnis von dem für die Rückforderung des Verwaltungsaktes (Zuwendungsbescheides) erheblichen Sachverhalt erlangt habe. Dies sei der Fall, wenn die Behörde objektiv in der Lage sei, unter sachgerechter Ausübung ihres Ermessens über die Rückforderung zu entscheiden. Sei die Sache bei Anlegung eines objektiven Maßstabes zur Entscheidung reif, so beginne die Jahresfrist auch dann zu laufen, wenn die Behörde weitere Schritte zur Sachverhaltsaufklärung unternehme, die objektiv nicht mehr erforderlich seien. So liege es insbesondere, wenn das Ermessen der Behörde auf null reduziert oder doch im Sinne eines „intendierten" Ermessens regelhaft gebunden sei.

Die vollständige Kenntnis auch von den für die Ausübung des Ermessens maßgeblichen Umständen erlange die Behörde regelmäßig nur infolge einer – mit einer angemessenen Frist zur Stellungnahme verbundenen – Anhörung des Betroffenen. Unterlasse die Behörde die Anhörung, so laufe die Frist nicht, verzögere sie die Anhörung, so laufe die Frist gleichwohl nicht früher, allerdings griffen dann ggf. die Grundsätze der Verwirkung ein. Die Anhörung selbst setze die Frist noch nicht in Lauf, sondern erst mit der Stellungnahme des Betroffenen erhalte die Behörde Kenntnis von den Umständen, die ggf. bei ihrer Ermessenausübung zu berücksichtigen seien, jedenfalls aber die Gewissheit, dass ihre bisherige Kenntnis vollständig sei – dann eben laufe die Frist. Entsprechendes gelte, wenn der Betroffene die gesetzte Frist zur Stellungnahme verstreichen lasse, ohne Stellung zu nehmen. Veranlasse die Stellungnahme des Betroffenen die Behörde zu weiterer Sachverhaltsaufklärung, so laufe die Frist erst mit

76 Vgl. BVerwG, Urteil vom 23.1.2019 – BVerwG 10 C 5.17.

deren Abschluss und gegebenenfalls einer erneuten Anhörung, zweckmäßigerweise weise die Behörde den Betroffenen hierauf hin.[77]

Sei die Jahresfrist verstrichen, bevor die Behörde verfüge, so werde sie auch dann nicht wieder in Lauf gesetzt, wenn der Betroffenen der Rückforderung widerspreche und die Behörde dem Widerspruch aufgrund ergänzender Ermittlungen teilweise stattgebe. Denn der Eintritt in eine erneute Sachprüfung könne die bereits abgelaufene Frist nicht erneut in Lauf setzen. Ebenso wenig änderte sich dies, wenn dies durch die von der Ausgangsbehörde verschiedene Widerspruchsbehörde geschähe, so das Bundesverwaltungsgericht. Auf den Ablauf der Jahresfrist bleibe schließlich auch ohne Einfluss, wenn die erst nach Fristablauf verfügte Aufhebung des Verwaltungsakts noch zusätzlich aus anderen Gründen rechtswidrig sei, etwa, weil die Behörde über den einschlägigen Widerrufstatbestand irrte oder einen Widerruf aussprach, obwohl ein Rücknahmegrund vorlag.

Umgekehrt sperre der Fristablauf allerdings nur den konkreten Rücknahme- oder Widerrufsgrund, so das Bundesverwaltungsgericht. Eine Rücknahme oder ein Widerruf aus einem anderen Grund blieben möglich, selbst wenn dieser der Behörde erst später bekannt werde. Ebenso liege es bei einem bekannten Rücknahme- oder Widerrufsgrund, der von der Behörde in der Annahme der Geringfügigkeit zunächst hingenommen worden sei, wenn sie nach Fristablauf Kenntnis davon erlange, dass dieser Rücknahme- oder Widerrufsgrund zusätzliche Gefahren hervorrufe.

Kurzum: Ein „auf Zeit spielen" der Behörde ist damit nahezu ausgeschlossen. Im Übrigen kann es dann auch nicht auf den Umfang oder die Komplexität der Stellungnahme des Zuwendungsempfängers ankommen, wenn die Sache objektiv entscheidungsreif ist.

Praxistipp

Zuwendungsempfänger sind im drohenden Rückforderungsszenario grundsätzlich auch mit Blick auf das weitere (tatbestandliche) Argument einer bereits verstrichenen Jahresfrist gut beraten, bereits im Anhörungsverfahren eine möglichst umfangreiche Stellungnahme zu verfassen, welche zahlreiche relevante Einzelfallgesichtspunkte enthält. Denn zwingt man dem zuständigen Sachbearbeiter auf Seiten des Zuwendungsgebers eine möglichst zeitintensive Befassung auf, besteht die gesteigerte Hoffnung, dass eine Rückforderung bereits infolge verstrichener Jahresfrist rechtlich ausscheidet, ohne dass es dann auf weitere Auseinandersetzungen auf Tatbestands- und Ermessensebene ankommen müsste. Kurzum: Ist nachweislich bereits die Rückforderungsfrist verstrichen, „fällt" die Rückforderung „als Ganzes".

EU-Kofinanzierung

Handelt es sich indes um einen Rückforderungssachverhalt mit EU-Kofinanzierung, bleibt wiederum allerdings auch dieses Argument, die Rückforderungsfrist – „das Jahr zur Entscheidung" – sei bereits verstrichen, nicht mehr als ein „zahnloser Tiger". Denn auch eine nachweislich verstrichene Jahresfrist hat gegenüber dem höherrangigen „effet utile" aus

77 Vgl. ebenso VG Magdeburg, Urteil vom 08.12.2022 - 3 A 117/20.

Art. 4 Abs. 3 EUV das Nachsehen und muss daher infolge unionsrechtlichen Anwendungsvorrangs zugunsten des rückfordernden Zuwendungsgebers unberücksichtigt bleiben.[78]

F. Mitverschulden des Zuwendungsgebers?

Ermessensfehlerhaft ist eine trotz schwerer Vergabeverstöße ohne weitere Prüfung getroffene Widerrufsentscheidung ferner dann, wenn der Zuwendungsgeber für die vergaberechtlichen Verstöße mitverantwortlich ist. Denn die Zuwendungsbehörde muss dem Umstand ihrer Mitverantwortung bei der Bemessung des Widerrufsanteils die ihm zukommende Bedeutung beimessen.[79]

Auch unter dem Gesichtspunkt des Mitverschuldens des Zuwendungsgebers lässt sich dementsprechend regelmäßig Vertrauensschutz anführen, wenn der Zugangsempfänger das Vergabeverfahren mit der Bewilligungsbehörde abgestimmt und deren Vorgaben beachtet hat. Dann nämlich darf er sich grundsätzlich darauf verlassen, dass der Bewilligungsbescheid nicht wegen Fehlern bei der Auftragsvergabe widerrufen wird.[80]

G. Vergabeverstöße vor Erlass des Zuwendungsbescheides?

Nationale Förderung

In zeitlicher Hinsicht ist mit Blick auf den vom Zuwendungsempfänger begangenen Vergabeverstoß schließlich – und nur bei Projektförderungen – weiter wie folgt zu differenzieren:

Beginnt ein Zuwendungsempfänger mit Zustimmung des Zuwendungsgebers im Zeitraum zwischen Einreichung seines Projektantrags und vor Erlass des Zuwendungsbescheides ein Vorhaben vorzeitig („Genehmigung des vorzeitigen Maßnahmebeginns – VzM“[81]) und beachtet dabei die Vergabevorschriften nicht, kommt insoweit der Widerruf eines später gleichwohl erlassenen Zuwendungsbescheids mit Wirkung für die Vergangenheit nicht in Betracht. Denn Auflagen, so auch die zur Beachtung von Vergabevorschriften, werden erst mit ihrer Bekanntgabe wirksam. Die Rechtsnatur der Auflage als in die Zukunft gerichtetes Ge- und Verbot schließt es nämlich aus, ihr Rückwirkung beizulegen.[82]

---

78 Vgl. etwa VG Oldenburg, Urteil vom 28.3.2019 – 12 A 5360/16; VG Regensburg, Urteil vom 14.6.2018 – RN K 16.1879.

79 VGH BW, Beschluss vom 17.10.2013 – 9 S 123, 13; Beschluss vom 22.5.2017 – 4 ZB 16.577.

80 *Müller/Richter/Ziekow*, Handbuch Zuwendungsrecht, 1. Aufl. 2017, Teil E, Rdnr. 75; Antweiler, NVwZ 2005, 168 ff.; a.A. wohl VG Minden, Urteil vom 17.7.2019 – 11 K 2021/19 zum VzM-Verstoß, was sinngemäß durchaus auf Vergabeverstöße übertragbar sein könnte – wobei das VG übersieht, dass das einzelfallbezogen auszuübende Ermessen selbst zwischen Behörden nicht eingeschränkt ist, vgl. BVerwG, Urteil vom 27.4. 2006 – 3 C 23/05.

81 Vgl. ausführlich hierzu *Häberer*, NVwZ 2019, 1230.

82 *Gass*, GewArch 2018, 55 ff. m.w.N.; OVG Sachsen, 11.5.2017, Az. 1 A 140/16; .a.A. VG Magdeburg, Urteil vom 19.9.2017 – 3 A 180/16, welches – indes ohne überzeugende Begründung – eine Rückwirkung der Vergabeauflage annimmt.

EU-Kofinanzierung

Bei EU-Kofinanzierungen wiederum dürfte Vorstehendes nicht entsprechend gelten, d.h. auch der Einwand einer zum Zeitpunkt des behaupteten Vergabeverstoßes fehlenden Vergabeauflage geht vor den Verwaltungsgerichten – ebenso wie bereits der tatbestandliche Einwand einer unbestimmten Vergabeauflage[83] – voraussichtlich ins Leere.[84] Denn auch die nationale Norm des § 43 Abs. 1 VwVfG, wonach ein Zuwendungsbescheid als Verwaltungsakt (inkl. Vergabeauflage) erst mit Bekanntmachung wirksam wird, dürfte infolge des unionsrechtlichen Anwendungsvorrangs zugunsten des rückfordernden Zuwendungsgebers hinter den Effektivitätsgrundsatz aus Art. 4 Abs. 3 EUV zurück.

83 Vgl. hierzu bereits die Ausführungen oben unter A.
84 Vgl. etwa VG Augsburg, Urteil vom 8.10.2019 – Au 8 K 18.1863; VG Regensburg, Urteil vom 14.6.2018 – RN K 16.1879.

Tipps für Zuwendungsempfänger in Kürze

Übersicht Seite

A. Erster Tipp

Ständige Abstimmung/Kommunikation mit dem Zuwendungsgeber von Förderberatung bis zur endgültigen Abwicklung des Fördervorhabens

Das ist ein Tipp, der einfach und simpel klingt, der jedoch regelmäßig unterschätzt wird und im gesamten Verlauf der Förderabwicklung, von der Förderberatung bis zum Widerspruchs- und sogar Klageverfahren, von Zuwendungsempfängern beherzigt werden sollte.

Sicherlich kommt es in der Förderpraxis durchaus vor, dass Zuwendungsgeber sich auf den Standpunkt zurückziehen, den Zuwendungsempfängern insbesondere nicht rechtlich beratend zur Seite stehen zu dürfen, da sie als unabhängige Prüfinstanz zum einen keine Rechtsdienstleistungen erbringen dürften und zum anderen für die engmaschige Beratung einer solchen Vielzahl von Zuwendungsempfängern keine zeitlichen und personellen Kapazitäten vorhalten würden.

Dennoch sollte jeder Zuwendungsempfänger versuchen, vom Zuwendungsgeber wie auch immer geartete Informationen im Rahmen einer Kommunikation zu erhalten. Es kann dem Zuwendungsempfänger in der Regel in Bezug auf den Erhalt sowie Behalt seiner Fördermittel nur zugutekommen.

Wenn er keinerlei Austausch pflegt, erhält er mit 100%iger Sicherheit keinerlei Informationen, die ihn bezüglich der Abwicklung seines Förderprojekts voranbringen können, sodass er auf sich allein gestellt ist.

Hier gilt entsprechend Watzlawicks Kommunikationstheorie, „man kann nicht nicht kommunizieren“: Nur die Kommunikation entlockt dem Zuwendungsgeber Informationen oder zumindest ein Verhalten zum konkreten Förderfall, ob durch positive, negative Erklärungen oder durch Schweigen, da es ein Nichtverhalten ebenso wenig gibt wie eine Nichtkommunikation.

Sollten Zuwendungsempfänger nämlich später mit einer Rückforderung von Fördermitteln konfrontiert werden, können sämtliche Erklärungen, soweit sie belegt bzw. dokumentiert werden können, zumindest im Rahmen des Vertrauenstatbestandes, Ermessens bzw. Mitverschuldens angeführt werden.

Gibt der Zuwendungsgeber dem Zuwendungsempfänger eine positive, aber fehlerhafte Auskunft, dann darf der Zuwendungsempfänger unter Umständen darauf vertrauen, weil sein Verhalten als vergabekonform deklariert wurde, sodass durch die fehlerhafte Auskunft des Zuwendungsgebers zumindest sein Mitverschulden begründet werden kann, das sich im Rahmen der Rückforderung positiv zu Gunsten des Zuwendungsempfängers auswirken kann.

Gibt der Zuwendungsgeber eine negative, aber richtige Auskunft, kann sich der Zuwendungsempfänger zumindest darauf verlassen, dass das von ihm geplante Vorgehen vergabewidrig wäre, er Abstand davon nehmen und einen anderen Weg einschlagen sollte. Insoweit erhält er Klarheit und Rechtssicherheit in Bezug auf das geförderte Vorhaben.

Gibt der Zuwendungsgeber gar keine Auskunft, dann kann der Zuwendungsempfänger im Rahmen des Vertrauenstatbestandes, Ermessens bzw. Mitverschuldens zumindest anführen, dass er sich bei dem Zuwendungsgeber erkundigt, ihn damit bösgläubig gemacht und dieser sein Vorgehen bei der Vergabe geduldet hat. Dadurch erhält er eine weitere gute „Karte" in einem etwaigen verwaltungsgerichtlichen Prozess.

B. Zweiter Tipp

▶ *Bei Unsicherheiten/Zweifeln externen Rechtsrat einholen*

Sollten beim Zuwendungsempfänger hinsichtlich der Förderabwicklung und insbesondere des vergaberechtlichen Vorgehens Unsicherheiten bzw. Zweifel bestehen, die auch der Zuwendungsgeber durch seine Auskünfte im Rahmen der gemeinsamen Kommunikation nicht ausräumen kann, ist unter Berücksichtigung des wirtschaftlichen Interesses des Zuwendungsempfängers, insbesondere im Hinblick auf die Höhe der Zuwendungssumme im Rahmen der Förderung zu empfehlen, externen Rat einzuholen.

Eine Vielzahl von Zuwendungsempfängern macht den auf den ersten Blick durchaus nachvollziehbaren Fehler, Kosten zu sparen und damit keinen externen Rechtsrat einzuholen. Immerhin kann das Fördervorhaben schon nur aufgrund der Fördermittel durchgeführt werden, weil zu wenig Eigenmittel vorhanden sind. Daher sind erst recht keine finanziellen Kapazitäten für externen Rechtsrat vorhanden. Die damit verbundenen Risiken bewahrheiten sich sodann zum Ende des Fördervorhabens in der Regel im Rahmen der Verwendungsnachweisprüfung und der Zuwendungsempfänger wird aufgrund der Kosteneinsparung und des damit verbundenen fehlenden Rechtsrats mit einer Rückforderung und sogar dem finanziellen Ruin oder zumindest einer nicht unerheblichen Haushaltslücke konfrontiert.

Im Nachhinein wird klar:

Der durch die Rückforderung eintretende finanzielle Schaden hätte ohne Weiteres vermieden werden können, wenn ein solcher externer Rechtsrat bemüht worden wäre. Denn entweder wäre der Rechtsrat hinsichtlich der durchgeführten Vergabeverfahren fehlerfrei gewesen, sodass in der Prüfung der Abrechnung im Verwendungsnachweis durch den Zuwendungsgeber kein Vergabeverstoß festgestellt worden und es nicht zu einer Rückforderung gekommen wäre oder der Rechtsrat könnte zwar fehlerhaft gewesen sein, sodass der Zuwendungsempfänger mit einer Rückforderung konfrontiert worden wäre. Jedoch könnte er den externen Dienstleister wegen Pflichtverletzung in Form eines Beratungsfehlers auf Schadenersatz in Regress nehmen. Rechtsanwälte verfügen zudem über eine verpflichtende Vermögenshaftpflichtversicherung, die gerade solche Beratungsfehler abgedeckt. Auch wenn der Regressweg ebenfalls mitunter aufwändig sein kann, bestehen doch regelmäßig Erfolgsaussichten für die diesbezügliche Rechtsverfolgung.

Um den Anreiz einer Förderung zu erhöhen und den Zuwendungsempfängern die Entscheidung über die Einholung externen Rechtsrats zu erleichtern, ist es denkbar, dass derartige Ausgaben für die Rechtsberatung in Förderprojekten bereits in den Förderrichtlinien vorgesehen sind und als förderfähig anerkannt werden können, sodass sie in den der Bewilligung zugrundeliegenden Finanzierungs- bzw. Wirtschaftsplan eingestellt werden können.

Ergebnis wäre:

Kein Zuwendungsempfänger würde sich scheuen, diese Kosten zu verauslagen und er hätte eine gewisse rechtliche Sicherheit, da Rechtsexperten sein Vergabeverhalten überprüfen. In vereinzelten Bundesländern sind derartige Ausgaben für Rechtsberatung in den Förderrichtlinien sinnvollerweise als förderfähig anerkannt worden, um das Kosten- und Expertiseproblem zugunsten der Zuwendungsempfänger zu lösen. Diesbezüglich sollten Zuwendungsempfänger das konkrete Förderprogramm bzw. die Förderrichtlinie auf solche Möglichkeiten überprüfen.

C. Dritter Tipp

▶ *Vermögenshaftpflichtversicherung für drohende Schäden abschließen*

Unter Berücksichtigung des wirtschaftlichen Interesses im Rahmen einer Förderung ist den Zuwendungsempfängern zu empfehlen, die Möglichkeit des Abschlusses einer Vermögenshaftpflichtversicherung zu prüfen. Unter Umständen liegen die Voraussetzungen für eine passende Versicherung vor, sodass selbst Risiken für fehlerhaftes Handeln und insbesondere fehlerhafte Beratung im Förderprojekt abgedeckt werden können. Kommt es in diesem Fall zu einer nicht form- oder fristgerechten Einreichung von Förderanträgen, Mittelabrufen und Verwendungsnachweisen oder fehlerhaft durchgeführten Vergabeverfahren, könnte unter Umständen eine Vermögenshaftpflichtversicherung diese Schäden bei Vorliegen der Voraussetzungen entsprechend den Versicherungsbedingungen decken. Im Ergebnis kommt es bei der Entscheidung, ob eine solche Vermögenshaftpflichtversicherung abgeschlossen wird, auf das Kosten-Nutzen-Verhältnis an. Die Versicherungsprämien in Bezug auf die Versicherungssumme sind ins Verhältnis zum drohenden Verlust der Fördermittel anknüpfend an deren Höhe zu setzen. Bei geringfügigen Zuwendungssummen werden sich Deckungen durch Versicherungen nicht rentieren. Bei nicht unerheblichen Förderbeträgen wird die Frage jedoch durchaus anders beantwortet werden können, insbesondere auch, wenn dem Zuwendungsempfänger neben den allgemeinen Zuwendungspflichten Vergabepflichten auferlegt werden.

D. Vierter Tipp

▶ *Rechtsgrundlagen erkennen und sich der zuwendungsvergaberechtlichen Pflichten bewusst werden*

Unabhängig von der Kommunikation mit dem Zuwendungsgeber, externem Rechtsrat und dem Eintritt einer Vermögenshaftpflichtversicherung als „ultima ratio" sollte der Zuwendungsempfänger natürlich dafür Sorge tragen, selbst erfahrenes und qualifiziertes Personal vorzuhalten, um die ordnungsgemäße Abwicklung und Abrechnung des Fördervorhabens sicherzustellen.

Das auch durch die Überlagerung des EU-Rechts immer komplexer werdende öffentliche Vergaberecht stellt hohe Anforderungen an die ordnungsgemäße Abwicklung und Dokumentation der Fördervorhaben und somit gleichzeitig an das Personal, das mit der Abwicklung und Dokumentation beschäftigt ist. Sorgt der Zuwendungsempfänger nicht dafür, dass sein Personal die entsprechenden Erfahrungen und Qualifikationen für die Abwicklung der Zuwendungsverhältnisse vorhält, dann wird ihm dies unter Umständen im Rahmen eines Organisationsverschuldens zugerechnet.

Zuwendungsempfänger müssen also rechtzeitig gewährleisten, dass das Personal vergaberechtlich gut geschult ist, weil nur dann sichergestellt ist, dass die für das konkrete Fördervorhaben geltenden Rechtsgrundlagen erkannt werden und der Zuwendungsempfänger diese nicht nur zur Kenntnis nimmt, sondern sich tatsächlich seine Verpflichtungen gegenüber dem Zuwendungsgeber bewusstmacht und vor Augen führt.

Aus der Erfahrung heraus verhält es sich regemäßig so, dass der Zuwendungsempfänger bei Zugang des Bewilligungsbescheids ausschließlich oder hauptsächlich Interesse an der konkreten Zuwendungssumme hat, dabei aber die Vielzahl der Auflagen, Nebenbestimmungen und anderen Regelungen außer Acht lässt.

Es genügt regelmäßig nicht, sich darauf zu berufen, dass Personal Kenntnis und Erfahrungen im allgemeinen Vergaberecht hat. Das Vergaberecht bei Zuwendungen bzw. in der Förderung, das durch die Verknüpfung zu einem besonderen Zuwendungsvergaberecht wird, bringt zusätzliche und weitere Herausforderungen hervor.

So ist zuvörderst auch zu realisieren, ob tatsächlich das formalisierte öffentliche Vergaberecht oder lediglich das genannte Vergaberecht „light" durch den Zuwendungsgeber zur Anwendung gebracht werden. Die Maßstäbe für die Prüfung durch den Zuwendungsgeber sind diesbezüglich unterschiedliche, sodass der Zuwendungsempfänger im letzteren Fall mehr Raum zur Argumentation hat.

Insoweit kann nur zwingend angeraten werden, das Förderprogramm, die Förderrichtlinie sowie den individuellen Bewilligungsbescheid präzise zu prüfen, weil sie die rechtliche Grundlage des gesamten Fördervorhabens darstellen und bestenfalls einen Grundsatz-Ordner mit den im konkreten Förderfall geltenden rechtlichen, insbesondere vergaberechtlichen Regelungen, pro Zuwendungsverhältnis anzulegen.

E. Fünfter Tipp

▶ *Vorzeitigen Maßnahmebeginn durch gute zeitliche Planung und vertragliche Gestaltung vermeiden*

Der vorzeitige Maßnahmebeginn wurde bereits ausführlich erläutert. Zusammenfassend ist dem Zuwendungsempfänger daher noch einmal an die Hand zu geben, eine gute zeitliche Planung des gesamten Fördervorhabens vorzunehmen, damit die Vergabeverfahren weder zu früh noch gar nicht oder zu spät durchgeführt werden. Im ersten Fall liegt ein vorzeitiger Maßnahmebeginn, im zweiten ein Vergabeverstoß vor und im dritten sind die Ausgaben wegen des abgelaufenen Bewilligungszeitraums nicht zuwendungsfähig. Einer der wichtigsten Aspekte und gleichzeitig die „goldene Brücke" ist, sich in den „vorzeitig" geschlossenen Verträgen grundsätzlich ein kostenloses Rücktritts- oder eine Kündigungsrecht vorzubehalten oder sogar die Wirksamkeit der Vereinbarung unter den Vorbehalt der Gewährung der Fördermittel zu stellen. Insbesondere muss hier die für das konkrete und individuelle Förderprogramm bzw. die Förderrichtlinie geübte ständige Verwaltungspraxis des jeweiligen Zuwendungsgebers beachtet werden, weil nur so ein Verstoß gegen den Gleichheitssatz vermieden wird.

F. Sechster Tipp

▶ *Schwere Vergabeverstöße im Zuwendungsverhältnis vermeiden*

Ausgiebig behandelt wurden typische bzw. klassische Vergabeverstöße in der Förderung im Zuwendungsverhältnis, die als schwere Verstöße mit Rückforderungen durch die Zuwendungsgeber sanktioniert werden können. Auch dieser Tipp klingt banal, jedoch kann nur immer wieder darauf hingewiesen werden, sich als Zuwendungsempfänger insbesondere auf die Vermeidung der typischen bzw. klassischen Vergabeverstöße zu fokussieren, weil diese häufig begangen und als schwere Vergabeverstöße sanktioniert werden und zu Rückforderungen führen. Genau auf diese Fehler sind die Zuwendungsgeber bei der Prüfung sensibilisiert. Wie ausgeführt sind „Alarmwörter", auf die Prüfer „anspringen", tunlichst zu vermeiden.

Zur Fehlervermeidung gehört vor allem die ordnungsgemäße Vergabedokumentation der Vergabeverfahren, weil diese sich durch alle Stufen des Vergabeverfahrens zieht und dem Zuwendungsgeber die Möglichkeit gibt, auf einen Blick die Vergabekonformität der zugrundeliegenden Ausgaben festzustellen. Die vom Zuwendungsgeber gestellte formalen Anforderungen durch Nutzung bestimmter vorgegebener Formulare sind zu erfüllen. Von der Dokumentation speziell umfasst ist ein Nachtragsmanagement, das sämtliche in Auftrag gegebenen Nachträge kontrolliert. Besondere Bedeutung hat die Vergabedokumentation deshalb, weil sämtliche Vergabeverfahren so vergabekonform durchgeführt worden sein können, wie es nur möglich ist, dies dem Zuwendungsempfänger aber so lange nicht beim Erhalt der Fördermittel hilft, wie er diese Vergabekonformität nicht durch eine ordnungsgemäße Vergabedokumentation gegenüber dem Zuwendungsgeber nachweisen kann. Die Leitlinien zur Beurteilung der Schwere der Vergabeverstöße sind nicht „in Stein gemeißelt", sondern lediglich Leitlinien zur einheitlichen Steuerung des Ermessens der Bewilligungsbehörden, die, auch wenn nur auf Ermessensfehler eingeschränkt überprüfbar sind, durchaus Raum für Argumentationen bieten.

G. Siebter Tipp

▶ *Addition des geschätzten Auftragswertes bei freiberuflichen Leistungen nach § 3 VgV*

Im Rahmen des § 3 Abs. 7 S. 2 VgV a. F. ist regelmäßig die Addition von freiberuflichen bzw. Planungsleistungen im Rahmen der Schätzung des Netto-Auftragswertes vermieden worden, weil nach der alten Fassung vor Feststellung der Unionswidrigkeit der Regelung nur Lose über „gleichartige Leistungen" zusammenzurechnen waren. Nunmehr ist die Regelung aufgrund eines Vertragsverletzungsverfahrens verbunden mit der Feststellung der Unionswidrigkeit gestrichen worden. Umso mehr gilt nunmehr nach Streichung, dass freiberufliche Leistungen insbesondere in Form von Planungsleistungen wie Ingenieur- und Architektenleistungen vor allem in der Förderung in Bezug auf einzelne Lose zwingend zu addieren sind, weil ansonsten die Gefahr der Wahl falscher Verfahrensarten besteht.

H. Achter Tipp

▶ *Keinen Gebrauch von Ex-ante-Transparenzbekanntmachung nach § 135 GWB machen*

Kein typischer bzw. klassischer Vergabefehler ist zwar die Durchführung einer Ex-ante-Transparenzbekanntmachung, jedoch ist Zuwendungsempfängern in der Förderung aufgrund der möglichen weitreichenden Folgen von dem Gebrauch dieser Auftragsvergabe abzuraten.

Die Ex-ante-Transparenzbekanntmachung nach § 135 GWB erscheint zwar auf den ersten Blick als verlockende Möglichkeit der Auftragsvergabe ohne den Verwaltungsaufwand eines förmlichen Vergabeverfahrens. Jedoch wird auf den zweiten Blick ersichtlich, dass die Regelung hohe Anforderung für die Anwendung in der Praxis aufstellt und die Rechtslage daher schwer zu beurteilen ist.[1]

Dieses vergaberechtliche Vorgehen ist jedoch für öffentlich-geförderte Vorhaben nicht geeignet. Die Regelung des § 135 Abs. 3 GWB ordnet lediglich in den Rechtsfolgen einen Nichteintritt der Unwirksamkeit des direkt vergebenden öffentlichen Auftrags an. Sie sagt nichts darüber aus, ob ein Vergabefehler ausgeräumt, geheilt wird oder unbeachtlich ist. Hat der Fördermittelgeber als unabhängige Prüfinstanz folglich einen Vergabeverstoß festgestellt, ändert ein Beschluss der Nachprüfungsinstanzen mit dem Inhalt, dass der öffentliche Auftrag wegen § 135 Abs. 2 BGB wirksam ist, unter Umständen nichts an der Rückforderungsmöglichkeit des Zuwendungsgebers.[2]

I. Neunter Tipp

▶ *Berufen auf fehlende finanzielle Auswirkungen von Vergabeverstößen*

Oftmals stellt sich im Rahmen von Rückforderungen die Frage bzw. wird im verwaltungsgerichtlichen Verfahren gegenüber dem Zuwendungsgeber der Einwand eingebracht, dass die begangenen Vergabeverstöße sich finanziell nicht ausgewirkt hätten und dies daher im Ermessen in Bezug auf die Aufhebung des Bewilligungsbescheids zu berücksichtigen sei. Zwar verhält es sich so, dass die ständige Rechtsprechung dahin tendiert, dass eine solche substantiiert dargelegte und nachgewiesene finanzielle Auswirkung für eine Rückforderung aufgrund eines Vergabeverstoßes nicht erforderlich ist. Jedoch besteht hier dennoch bei konkret bezifferbaren Schäden für den öffentlichen Haushalt, die durch Vergabeverstöße nachweislich verursacht worden sind, durchaus Argumentationsspielraum seitens der Zuwendungsempfänger, den diese sich gegenüber dem Zuwendungsgeber jedenfalls im verwaltungsgerichtlichen Prozess zu Nutze machen können, indem zumindest die Rückforderungshöhe auf den bezifferbaren Teil „gedrückt" werden kann.

J. Zehnter Tipp

▶ *An Vergabeverstöße anknüpfende Rechtsfolgen ausloten*

Wenn es so weit gekommen ist, dass dem Zuwendungsempfänger Vergabeverstöße unterlaufen sind, so ist es wichtig, zunächst die Rechtsfolgen der Vergabeverstöße zu ermitteln. Nicht alle Vergabeverstöße führen zu Kürzungen der Zuwendung. Hier ist wie oben ausge-

1 *Pilarski*, Die Direktvergabe nach Ex-ante-Transparenzbekanntmachung, in: Verwaltungspraxis mittendrin – Öffentliche Verwaltung und Privatwirtschaft, S. 42 – 46.

2 *Pilarski*, Vergabe- und zuwendungsrechtliche Herausforderungen in der Förderung, in: Verwaltungspraxis mittendrin – Öffentliche Verwaltung und Privatwirtschaft, S. 37 – 42.

führt zwischen den Ermessensleitlinien, der COCOF-Leitlinie sowie etwaigen anderen Leitlinien als ermessenssteuernden Vorschriften zu unterscheiden.

Sollten Vergabeverstöße also vorliegen, so ist unter Heranziehung der im konkreten Fall anwendbaren Leitlinie zu überprüfen, ob der Vergabeverstoß auch ein „schwerer" Vergabeverstoß ist und daher überhaupt zu einer Rückforderung führen kann. Selbst wenn Vergabeverstöße zu einer Rückforderung führen, weil sie sich als schwere Vergabeverstöße im Sinne der Leitlinien darstellen, so sind die Leitlinien auf etwaige Härtefall-Klauseln zu überprüfen. Auch bei einer Vielzahl von Vergabeverstößen kann die Reduzierung der Zuwendung auf einen bestimmten Prozentsatz gedeckelt sein. Hintergrund ist, dass der Zuwendungsempfänger immerhin ein Projekt im Landesinteresse trotz der Vergabeverstöße erfolgreich und im Übrigen zweckentsprechend durchgeführt hat, sodass es nicht verhältnismäßig wäre, ihm den Großteil der Fördermittel zu entziehen.

Sollten die COCOF-Leitlinien im konkreten Fall Anwendung finden, die grundsätzlich von der EU-Kommission für Finanzkorrekturen bei Unregelmäßigkeit im Rahmen der Förderung mit EU-Mitteln erlassen worden sind, dann muss überprüft werden, ob der Vergabeverstoß sich tatsächlich unter eine der Ziffern, die für unterschiedliche Vergabewidrigkeiten bestimmte Kürzungs-Prozentsätze festlegt, fassen lässt. Denn die Leitlinien entspringen einer Erhebung der häufigsten Vergabeverstöße in den unterschiedlichen EU-Mitgliedstaaten und sind daher auch an das EU-Vergaberecht angepasst, nicht jedoch zwingend auf das nationale Vergaberecht der einzelnen Mitgliedstaaten. Daher müssen die Leitlinien auf die nationalen Vergabeverstöße übertragen werden, was wegen der vorhandenen Unterschiede zwischen europäischem und nationalen Vergaberecht regelmäßig keine eindeutige Beurteilung zulässt. An dieser Stelle können Zuwendungsempfänger bezüglich der Rechtsfolgen durchaus gute Argumente gegenüber dem Zuwendungsgeber vorbringen, warum geringfügigere Rückforderungen gerechtfertigt sind.

K. Elfter Tipp

Rechtsschutzmöglichkeiten bei drohenden Rückforderungen im Auge behalten

Wenn Vergabeverstöße und ihre Rechtsfolgen aus Sicht des Zuwendungsempfängers keine eindeutige Beurteilung zulassen, dann sollten die Rechtsschutzmöglichkeiten im Auge behalten werden. Damit gemeint ist nicht nur das verwaltungsgerichtliche Verfahren, sondern auch das außergerichtliche Widerspruchsverfahren sowie die Anhörung mit der Gelegenheit zur Stellungnahme im Hinblick auf die vom Zuwendungsgeber aufgeworfenen Beanstandungen. Jedes dieser „Rechtsbehelfsverfahren" ermöglicht und erlaubt dem Zuwendungsempfänger einen erneuten Austausch mit dem Zuwendungsgeber bezüglich der vergaberechtlich strittigen Punkte. Insbesondere die Anhörung und das Widerspruchsverfahren sind gute, weil nicht kostenintensive Möglichkeiten, dem Zuwendungsgeber die Möglichkeit zu geben, seine Entscheidung unter Berücksichtigung neuer Argumente des Zuwendungsempfängers zu überprüfen und ein Klageverfahren zu vermeiden. Eine Klage sollte aber gut überlegt sein, da die

Gerichts- und Anwaltskosten bei hohen Rückforderungen, die gleichzeitig den Streitwert sowie meist den Gegenstandswert abbilden, enorm hoch sein können.

Die Rechtsanwaltsvergütung nach dem Rechtsanwaltsvergütungsgesetz richtet sich grundsätzlich nach dem Gegenstandswert. Für den Gegenstandswert im Nachprüfungsverfahren besteht in §§ 23 Abs. 1 S. 3 RVG, 50 Abs. 2 GKG eine besondere Regelung. Für diesen Rechtsschutzweg ist noch bestimmt, dass der Gegenstandswert lediglich 5 Prozent der Bruttoauftragssumme beträgt.

Grundsätzlich lassen sich auf Vergaberecht spezialisierte Rechtsanwälte jedoch nicht auf die gesetzliche Regelung ein, sodass über die gesetzliche Regelung hinausgehende Stundenhonorare vereinbart werden, die wegen der Komplexität der speziellen Materie hohe Kosten verursachen können.

Wenn ein Zuwendungsempfänger demgegenüber ein verwaltungsgerichtliches Verfahren gegen eine Rückforderung aufgrund von Vergabeverstößen führt, dann gilt diese besondere Regelung für das Nachprüfungsverfahren vor der Vergabekammer nicht. Das heißt, der Gegenstandswert ist nicht gedeckelt auf den Prozentsatz der Bruttoauftragssumme, sondern richtet sich nach der genau bezifferten Rückforderungssumme, die der Zuwendungsgeber beschieden hat. Im Ergebnis kann es hier selbst bei einer Abrechnung auf RVG-Basis zu millionenschweren Streit- und Gegenstandswerten kommen, sodass gut überlegt sein sollte, ob entsprechende Kosten tragbar sind und im Verhältnis zu den Erfolgsaussichten der Rechtsverfolgung stehen.

Stichwortverzeichnis

A

B

C

I

J

K

L

M

N